E. Oberdorfer

Süddeutsche Pflanzengesellschaften
Teil IV, 2. Auflage
A. Textband

Süddeutsche Pflanzengesellschaften

Teil IV

Wälder und Gebüsche

A. Textband

Herausgegeben von **Erich Oberdorfer**, Freiburg i. Br.

Bearbeitet von **Theo Müller, Erich Oberdorfer und Paul Seibert**

Zweite, stark bearbeitete Auflage

Mit 3 Abbildungen und 104 Tabellen (B. Tabellenband)

SEMPER BONIS ARTIBUS

Gustav Fischer Verlag Jena · Stuttgart · New York 1992

Überblick über das Gesamtwerk:

Teil I: Fels- und Mauergesellschaften, alpine Fluren, Wasser-, Verlandungs- und Moorgesellschaften, 1977; ergänzter Nachdruck als 3. Auflage 1992

Teil II: Sand- und Trockenrasen, Heide- und Borstgras-Gesellschaften, alpine Magerrasen,
Saum-Gesellschaften, Schlag- und Hochstauden-Fluren, 1978

Teil III: Wirtschaftswiesen und Unkrautgesellschaften, 1983

Teil IV: Wälder und Gebüsche, 1992 (A. Text, B. Tabellen)

Angaben zu den Autoren:

Prof. Dr. rer. nat. Theo Müller, Fachhochschule Nürtingen/Bad.-Württ.
Prof. Dr. phil. nat. Dr. h. c. Erich Oberdorfer, Freiburg i. Br.
Prof. Dr. rer. nat. Paul Seibert, München

Die Deutsche Bibliothek − CIP-Einheitsaufnahme

Süddeutsche Pflanzengesellschaften / hrsg. von Erich
Oberdorfer. − Jena ; Stuttgart ; New York : G. Fischer.

1. Aufl. u. d. T.: Oberdorfer, Erich: Süddeutsche Pflanzengesellschaften
ISBN 3-334-60417-9
NE: Oberdorfer, Erich [Hrsg.]

Teil 4. Wälder und Gebüsche / bearb. von Theo Müller . . .
A. Textband. − 2., stark bearb. Aufl. − 1992
ISBN 3-334-60385-7
NE: Müller, Theo [Bearb.]

ISBN 3-334-60385-7
ISBN 3-334-60417-9 (Gesamtwerk)

Vorwort

Der lang erwartete und oft angemahnte Teil 4 der „Süddeutschen Pflanzengesellschaften" kann endlich vorgelegt werden. Wieder ergaben sich Verzögerungen, die zum einen in der beruflichen Belastung einiger Mitarbeiter verursacht waren, zum anderen aber auch mit der mühevollen Verarbeitung einer sehr großen Anzahl inzwischen angefallener pflanzensoziologischer Aufnahmen zusammenhängen. Das umfangreiche Material, das nicht nur aus dem eigenen Gebiet, sondern darüber hinaus aus ganz Europa vorliegt, erlaubt aber zugleich, einen größeren Überblick und damit eine naturnahe Gliederung im Rahmen des gemäßigt-europäischen Vegetationskreises zu gewinnen.[1]) Wieder hat sich auch nicht vermeiden lassen, daß die Bearbeitung einiger Kapitel einige Jahre auseinanderliegt, ohne daß es möglich war, das schon früher Fertiggestellte in allen Punkten auf den neuesten Stand zu bringen. Wir haben uns da und dort durch Anfügung von Nachträgen geholfen.

Grundsätzlich haben wir uns − wie in den vorhergehenden Teilen − auf die bewährte Kennarten-Methode gestützt, die allein es erlaubt, die Mannigfaltigkeit der Vegetation im Großen wie im Kleinen in ein übersichtliches und zugleich handhabbares System zu bringen.

Bei der Gliederung der vielschichtig aufgebauten Gehölzgesellschaften ergaben sich dabei einige Schwierigkeiten, die hier kurz angesprochen werden sollen: Die Vielschichtigkeit verlockt mehr als bei den vorhergehenden Teilen des Werkes, vom floristisch-soziologischen Prinzip abzuweichen und in die Reihenfolge der Arten auch physiognomische Gesichtspunkte einzubringen, wie dies von manchen Autoren seit Hueck mehrfach versucht wurde und wie es auch oft von den forstlichen Praktikern gefordert wird.

Ein floristisch-soziologisches System geht aber primär von der Qualität der Artenzusammensetzung aus und verweist Quantitäten, wie das Vorherrschen einzelner Baumarten ebenso wie das einzelner Grasarten im Grünland, und die morphologischen Strukturen der Schichtung in das zweite Glied der Betrachtung.

Den Aufbau der Vegetation nach Wuchs- und Lebensformen oder nach der Dominanz ihrer Arten zu beurteilen, ist Sache einer eigenen Sichtweise, der Formationskunde, die sich nicht immer mit der floristisch-soziologischen Betrachtung vereinen läßt. Die Systeme, zu denen beide Methoden führen, haben jedes ihre Berechtigung und können sich gegenseitig ergänzen, ohne daß sie vom Grundsatz her vermischt zu werden brauchen.

Ein physiognomisches System geht vom morphologischen Aufbau der Vegetation aus. Schon die Antike hat die Vegetation nach „Formationen" gegliedert (Pineta, Querceta). Das Abendland denkt mehr funktionell und verfiel nach einer ersten Anknüpfung an antike Betrachtungsweisen folgerich-

---

[1]) Es ist einleuchtend, daß eine syntaxonomische Ordnung nicht auf ein willkürlich begrenztes geographisches Gebiet, sondern nach dem Prinzip, von der Flora auszugehen, auf ein floristisch einheitlich strukturiertes Gebiet, den Vegetationskreis, bezogen werden muß.

tig darauf, das Pflanzenkleid nach der Zusammensetzung der Pflanzen selbst als Ausdruck des Lebenshaushaltes zu gliedern. − Damit wird der physiognomische Augenschein je und je durchbrochen! Die Methode kann aber auch helfen, Dinge, die durch ein Formationssystem auseinandergerissen werden oder schlecht zu fassen sind, in eine floristisch-soziologische und damit ökologische Ordnung zu bringen. Wie will man z. B. ein *Salix aurita*-Niedermoor-Gebüsch mit einzeln überstehenden Moorbirken, das in allen Übergängen zu einem dichter stehenden Birkenbestand überleitet, formationskundlich fassen? Floristisch-soziologisch bilden sie eine Einheit! Eine *Vaccinium uliginosum-Pinus rotundata*-Hochmoorgesellschaft bildet im Nordschwarzwald ein „Knieholz", im Südschwarzwald mit aufrechten Bäumen einen „Wald". Floristisch-soziologisch (und damit ökologisch) bilden sie aber eine Einheit und gehören zu einer Assoziation (Vaccinio-Pinetum rotundatae)! Ein *Rhododendron*-Gebüsch mit *Rhododendron ferrugineum* oder *hirsutum* und ein *Myrica gale*-Gebüsch gehören zur Formationsgruppe der Gebüsche, floristisch-soziologisch und damit auch ökologisch müssen sie aber in einem Falle den Klassen Vaccinio-Piceetea bzw. Erico-Pinetea, im anderen Falle den Alnetea glutinosae zugeordnet werden. Natürlich lassen sich auch physiognomische Systeme, die im Ansatz immer schon Floristisches enthielten (Lorbeerwälder, Nadelwälder usw.), durch Heraushebung bezeichnender Arten verfeinern, wie es z. B. Gams mit seinem Lebensformen-System versucht hat.

Auch der Schichtenaufbau eines Waldes ist ein dem floristisch-soziologischen Verfahren unterzuordnendes physiognomisches Element. Wir haben deshalb unsere Tabellen nicht − wie oft praktiziert oder gefordert − nach Baum- und Strauchschicht gegliedert, zumal es bei der Schichtenzuordnung manche Übergänge oder Zweifelsfälle gibt, sondern alle Arten einer Waldgesellschaft den floristisch-soziologischen Wertigkeiten zugeordnet, wie es übrigens bei Braun-Blanquet, Tüxen u. a. in der Regel der Fall war. Für „angewandte" Fälle mag man anders verfahren, wobei aber die Abstufung der soziologischen Wertigkeiten nicht verwischt werden sollte. Zur Verdeutlichung haben wir in den Tabellen, um dem physiognomischen Bedürfnis entgegenzukommen, bei den soziologischen Gruppen die Baumarten zusammengefaßt dargestellt und durch halbfetten Druck herausgehoben. Nicht alle Gehölze sind Kennarten einer Waldgesellschaft, auch wenn sie bestandsbildend auftreten. Auch bleibt zu bedenken, daß die Baumbestände in Mitteleuropa sehr oft anthropogen umgeformt sind oder standortsfremde Arten enthalten.

In diesem Zusammenhang muß auch wiederholt betont werden, daß es sich bei allen Charakterarten (Kennarten) immer nur um „Schwerpunktarten" handelt, die aufgrund einer umfassenden territorialen und regionalen Vergleichsarbeit ermittelt werden müssen. Das hat auch Braun-Blanquet nicht anders gesehen, der bei den Treuegraden nur von einer „fast ausschließlichen" (Treuegrad 5), einer „deutlich bevorzugenden" (Treuegrad 4) und einer zwar breiter gestreuten, aber doch deutlichen Bindung (Treuegrad 3) an eine bestimmte Gesellschaft spricht. Das gilt nicht nur für die Assoziation, sondern auch für die höheren Einheiten des floristisch-soziologischen Vegetationssystems. Wir haben uns in der Folgezeit angewöhnt, nicht drei Stufen, sondern nur zweigestuft „gute" („starke") und „schwache" Kennarten zu unterscheiden.

Da die Wälder von großer praktischer, kultureller und wirtschaftlicher Bedeutung sind, wird neben der Darstellung der durch eine Garnitur regionaler Kennarten definierten Assoziationen vor allem bei landschaftsbeherrschenden Waldtypen besonderer Wert auf die Schilderung der realitätsnäheren Untereinheiten der Assoziation gelegt. Wir bedienen uns dabei der Konzepte, die bereits in den schon erschienenen Teilen der „Süddeutschen Pflanzengesellschaften" angewandt und in der Einleitung zu Teil I (1977, S. 18/19) erläutert wurden: Geographische, nur durch Differentialarten gekennzeichnete Verschiedenartigkeiten der Assoziation (also geographische „Subassoziationen") werden, meist unter Hinzufügung einer bezeichnenden Differentialart, in der Horizontalen als geographische Vikarianten oder geographische Rassen, in der Vertikalen (nach einem Vorschlag von Th. Müller 1959) als Höhenformen bezeichnet; standörtliche, meist lokal durch Unterschiede der Feuchtigkeit, des Basengehaltes, auch durch Sukzessionsphasen bedingte Differenzierungen innerhalb der geographischen Ausbildungen werden als Subassoziationen, Varianten und Subvarianten gefaßt. In der geographischen Gliederung wird den von A. Schwabe (1985) weiterentwickelten Begriffen gefolgt, die neben der (geographischen) Vikariante (Rasse) noch Gebietsausbildungen (geographische Varianten) und Lokalausbildungen (geographische Subvarianten) unterscheiden.

Grundsätzlich ist also zu sagen, daß die Bestände einer durch Kennarten definierten Assoziation (abgesehen von Artenverbindungen ganz extremer Standorte) nur in Teilaspekten der sie bedingenden Faktoren − und zwar solcher des Klimas, wie sie in der Chorologie der Arten ihren Ausdruck finden − „ökologische Einheiten" sind. Erst bei den standörtlichen Untereinheiten, wenn zu den klimatischen die edaphischen Faktoren (Wasserhaushalt, Bodendichte, Chemismus usw.) treten, erreichen die Bestände eine größere ökologische Identität. Bei **angewandten** Standortsanalysen muß deshalb der Schwerpunkt bei der Erfassung der Untereinheiten (Subassoziationen, Varianten usw.) liegen, indessen die Assoziation im allgemeinen mit Vikarianten (Rassen) und Formen mehr ein Spiegelbild der klimatisch-geographischen Bezüge ist.

Bei der Darstellung der Assoziationen in der **Übersichtstabelle** hat die soziologisch-ökologische Komplexität des durch die Kennartengarnitur zusammengehaltenen Assoziationsbegriffes auch zur Folge, daß sie oft unscharf gegeneinander abgesetzt erscheinen. Wollte man ein scharfes Bild gewinnen, dürften nur die zusammengefaßten Aufnahmen von „reinen" oder „typischen" Ausbildungen der Assoziationen nebeneinander gestellt werden. Das müßte aber ebenso der Realität gegenüber verwirren, da wir es in der Natur meist nicht mit reinen Ausbildungen, sondern mit Beständen zu tun haben, die gestuft von einer zu einer anderen, oft benachbarten Assoziation in Form von Subassoziationen oder Varianten überleiten. − All das ist in der Übersicht in die Summe der Assoziation eingegangen. Mehr als in den vorhergehenden Teilen der Neuauflage sollen aber daneben die praktisch entscheidend wichtigen geographischen und standörtlichen Ausbildungen der Assoziation in **Spezialtabellen** dargestellt werden.

Das Werk wäre nicht möglich geworden ohne die vertrauensvolle Zusammenarbeit aller Mitarbeiter, den gegenseitigen Austausch von Aufnahmematerial und Tabellen sowie die mündlich und schriftlich geführten Diskussionen über die Gliederungsmöglichkeiten, die allerdings, wie es in der Natur aller systematisierenden Bemühungen liegt, nicht in allen Punkten zu völlig übereinstimmenden Ansichten führten. Darum ist − neben dem Bemühen um Vereinheitlichung − ganz bewußt die Eigenständigkeit bei den einzelnen Beiträgen gewahrt, und abweichende Auffassungen des Autors sind nicht im Sinne des Herausgebers „bereinigt", sondern durch „Anmerkungen" zur Diskussion gestellt worden. Um so mehr habe ich Herrn Prof. Dr. P. Seibert (München) und Herrn Prof. Dr. Th. Müller (Nürtingen) für die verständnisvolle und freundschaftliche Zusammenarbeit zu danken, vor allem auch für die große Mühe, die sie sich mit der Verarbeitung eines großen Materials in umfangreichen Tabellen gemacht haben. Dabei ist auch Th. Müllers lieber Frau, H. Müller (Steinheim), herzlich zu danken, die große Teile der Tabellen und Texte in die Schreibmaschine gegeben und damit nicht nur ihren Mann, sondern uns alle entlastet hat. Einer ähnlich dankenswerten, mühevollen Arbeit haben sich mit der Zusammenstellung des Literaturverzeichnisses auch Frau M. Conrad Brauner (Bad Heilbrunn) und P. Seibert (München) unterzogen.

Große Anforderungen hat das komplizierte Werk − wie immer − an die Lektoren und Hersteller des Verlages gestellt. Unser Dank gilt insbesondere der Leitenden Lektorin, Frau J. Schlüter, und ihrem die redaktionelle Arbeit unterstützenden Mann, Herrn Dr. habil. H. Schlüter (Jena). Sie alle haben sich viel Mühe gemacht, das einmal begonnene Werk in ansprechender Form endlich einem glücklichen Ende zuzuführen.

Freiburg i. Br., im Frühjahr 1992   E. Oberdorfer

Erläuterungen der Abkürzungen und Tabellen

Um die Lesbarkeit der Tabellen zu erleichtern, werden die schon in Teil I bis III publizierten Hinweise auf die Art ihrer Darstellung und die Abkürzungen übernommen und ergänzt.

1. Das verarbeitete Tabellen- und Aufnahmematerial wird, bis auf wenige Ausnahmen, in Form von Sammellisten (synthetischen Listen) wiedergegeben.

2. Die Stetigkeit der Arten wird durch Prozentzahlen ausgedrückt, nicht, um eine größere Genauigkeit vorzutäuschen, sondern höchstens, um das Vorkommen in dem verarbeiteten Material etwas differenzierter zu zeigen, vor allem aber, um die Möglichkeit zu geben, das absolute Vorkommen an Hand der Zahl der Aufnahmen leicht errechnen zu können. Dabei ist zu berücksichtigen, daß die Prozentzahlen, soweit sich Stellen hinter dem Komma ergaben, bei 0,5 und mehr Prozent aufgerundet, bei 0,4 und weniger Prozent abgerundet wurden. Die Umwandlung der Prozentzahlen in die üblichen fünf Stetigkeitsklassen ist jedenfalls, wenn gewünscht, leicht vollziehbar.

3. Mengenangaben wurden nur, wenn es für die Diagnose der Gesellschaft wichtig erschien, als Hochzahl den Stetigkeitsprozenten angefügt. Die Hochzahl ^{0} (Null) bedeutet „reduzierte Vitalität". Doppelzahlen bedeuten „von−bis" z. B. 13 = 1−3 (Tab. bei Th. Müller).

4. Beträgt die Zahl der Aufnahmen nur 1 bis 4, wird im allgemeinen das absolute Vorkommen angegeben. Sinkt bei hoher Aufnahmenzahl die Stetigkeit unter 0,5%, wird ein + oder r vermerkt. Für Arten, die selten außerhalb der Aufnahmeflächen oder in anderen, nicht in die Tabelle eingearbeiteten Aufnahmen vorkommen, wurde ein v = vorhanden eingesetzt.

5. Den wissenschaftlichen Bezeichnungen der Vegetationseinheiten werden die Autorenbezüge, die vor allem der literarischen Nachprüfung dienen sollen, mit den heute allgemein benützten Abkürzungen (Br.-Bl. = Braun-Blanquet, Tx = Tüxen usw.) oder in einer sonst möglichst unmißverständlichen Kurzform angefügt. Auch das Erscheinungsjahr wird, wie in der ersten Auflage, abgekürzt nur mit dem Jahr dieses Jahrhunderts angegeben (z. B. Tx. 37 = Tüxen 1937).

6. Bei der Gliederung der Tabellen werden folgende Symbole verwendet:

A	= Assoziationscharakterart	δ	= Differentialart der Höhenform
V	= Verbandscharakterart	Δ	= geographische Differentialart
O	= Ordnungscharakterart	grp	= Gruppe, group
K	= Klassencharakterart	l	= lokal (lA = lokale Assoziationscharakterart)
B	= Begleiter	p. p.	= pro parte (zum Teil)
D	= Differentialart, Trennart	em.	= emendiert (verbessert, begrifflich erweitert
DA	= Differentialart der Assoziation		oder eingeengt)
DV	= Differentialart des Verbandes	nov.	= neu (neue Assoziation usw.)
DO	= Differentialart der Ordnung	n. p.	= noch nicht veröffentlicht (publiziert)
v	= vorhanden	nom. inv. od. n. inv.	= nomen inversum
d	= Differentialart einer Subassoziation		(Reihenfolge der Arten gegenüber der
	oder Variante		ursprünglichen Schreibweise umgestellt)

An Stelle des Wortes Charakterart wird gelegentlich auch die Bezeichnung „Kennart" verwendet. Die Stetigkeitswerte der wichtigsten Charakterarten der Assoziation werden in der Tabelle halbfett, der wichtigsten Differentialarten (der Assoziation oder deren Untereinheiten) kursiv gedruckt.

In einigen Tabellen wird der Begriff der „Bezeichnenden Begleiter" eingeführt. Er entspricht dem nicht ganz korrekten Begriff der „Klassendifferentialart", wie er in der ersten Auflage (1957) verwendet wurde. Es sollen darunter Arten verstanden werden, die in räumlich benachbarten oder ökologisch verwandten Einheiten vorkommen bzw. aus solchen übergreifen und nur in ganz wenigen anderen Klassen in ähnlicher Häufigkeit, d. h. Menge und Stetigkeit, vorkommen. Sie stehen im Gegensatz zu den sonstigen oder rein zufälligen Begleitern, die eine viel weitere soziologische Amplitude aufweisen, und sind zum Teil auch schon als Kennarten der in Frage stehenden Klasse aufgefaßt worden oder in ihrem soziologischen Schwerpunkt (noch) umstritten. Jedenfalls sind sie wichtige Bestandteile der „charakteristischen Artenkombination".

7. Allgemein muß vermerkt werden, daß es bei der Fülle des zu verarbeitenden Materials unmöglich war, die Assoziationen in allen ihren Ausbildungen (Untereinheiten) darzustellen. Nur in Ausnahmefällen, wenn es sich z. B. um weit verbreitete oder für die Praxis wichtige Gesellschaften handelt, wurde versucht, wenigstens in Teiltabellen die Aspekte der standörtlichen Gliederung aufzuzeigen. In anderen Fällen wurden die Subassoziationen oder Varianten mit in die Typus-Darstellung einbezogen und die Trennarten durch den vorgesetzten d-Vermerk oder durch Kursivdruck gekennzeichnet. Vordringlich wurden aber fast durchweg die geographischen Rassen oder Höhenformen der Assoziation ausgegliedert. Im übrigen wird im Tabellentext, wenn nötig auch unter Nennung der wichtigsten Trennarten, auf das Mannigfaltigkeitsspektrum der Assoziation hingewiesen.

8. Die wissenschaftlichen Pflanzennamen richten sich im allgemeinen nach: E. Oberdorfer, Pflanzensoziologische Exkursionsflora, 5.–6. Aufl., Stuttgart 1983, 1990.
Die Nomenklatur der Kryptogamen wird von H. Gams, Die Moos- und Farnpflanzen, 5. Aufl., Stuttgart 1973 übernommen (Durch die lange Bearbeitungszeit bedingt, können vereinzelt auch ältere Auflagen benutzt worden sein).

Inhaltsverzeichnis und Übersicht
der Vegetationseinheiten

A. Textband

Klasse: Salicetea purpureae Moor 58

Weidengebüsche und -wälder (Tab. 241)

Von P. Seibert, unter Mitarbeit von Michaela Conrad

Die aus überwiegend schmalblättrigen *Salix*-Arten bestehenden Weidengebüsche und -wälder sind von Natur aus Pionier- und Folgegesellschaften häufig überfluteter Fluß- und Bachauen. Hier besiedeln sie frisch angeschwemmte Schotter, Sande und Lehme, die sich über den Bodentyp der Rambla zu Borowinen und Paternien entwickeln, bei Grundwassereinfluß auch zu Gleyen. In der Regel bleiben diese Standorte nach ihrer Körnung nicht gleich, sondern werden durch Standortsüberlagerung (Sedimentation) verändert. Die Weiden werden häufig überschwemmt, durch mitgeführtes Geschiebe oder Eisgang beschädigt, vermögen dies aber dank ihrer hohen Regenerationskraft wieder auszugleichen.

Als Nacktbodenkeimer vermögen die *Salix*-Arten nur auf offenen Böden zu keimen. Sie siedeln sich oft schon von Anfang an in den krautigen Pionierfluren an und bilden Bestandteile dieser Gesellschaften. Solange diese noch offen sind, können sie sich aber auch nachträglich auf unbewachsenen Lücken einstellen. Mit ihrem Aufwachsen verdrängen sie allmählich die lichtliebenden Pioniergesellschaften, und unter dem Schirm geschlossener Weidenbestände siedelt sich dann die ihnen eigene, weniger lichtbedürftige Bodenvegetation an. Es handelt sich hierbei, je nach der Lage zum Grundwasserspiegel, um Röhrichtarten oder um Arten nitrophiler Uferstauden- und Saumgesellschaften wie *Phalaris arundinacea, Urtica dioica, Rubus caesius, Galium aparine, Symphytum officinale, Angelica sylvestris* und *Convolvulus sepium*. Eigentliche Charakterarten sind nur die Weidenarten selbst, von denen *Salix purpurea* am regelmäßigsten vorkommt und deshalb als Klassen- (und Ordnungs-)Kennart gilt.

Die Weidengebüsche und -wälder entwickeln sich mit zunehmender Bodenreifung zu anderen Auenwaldgesellschaften weiter, sofern dieser Prozeß nicht durch Standortsüberlagerung verzögert oder verhindert wird oder gar die Erosion vorhandene Gehölzbestände wegräumt. In den älteren Phasen der Weidenauen äußert sich die Entwicklung in der Ansiedlung von Arten des Alno-Ulmion, die, solange es sich noch um solche der Bodenvegetation und um niedrige Sträucher handelt, an der Bestandesstruktur und seiner Physiognomie wenig ändern. Erst allmählich entstehen Gesellschaften, die nach ihrer gesamten Artenkombination je nach geographischer Lage und Standort einer Alno-Ulmion-Gesellschaft zugeordnet werden müssen.

Durch die Gewässerregulierungen sind die Wildfluß- und Wildbachauen als Standorte der Weidengebüsche und -wälder weitgehend verschwunden. Diese halten sich nur auf den schmalen Uferzonen der meist künstlichen Gewässerböschungen, wo sie durch natürliche Ereignisse beschädigt werden oder der vom Menschen ausgeübte Stockausschlagbetrieb ihre Regeneration und Verjüngung provoziert. Da die *Salix*-Arten in dieser Beziehung allen anderen Gehölzarten überlegen sind, bleiben ihnen auf diese Weise ihre Standorte gesichert. Das kann auch auf größeren Flächen in Auwaldgebieten der Fall sein, wo ein kurzumtriebiger Niederwaldbetrieb zur Erzeugung von Weiden-Faschinenmaterial durchgeführt wird. Da hier die Böden reifer als in der natürlichen Weidenau sind, besteht die Bodenvegetation zu einem guten Teil aus Alno-Ulmion-Arten, so daß man nicht mehr von einer echten Salicetea-Gesellschaft sprechen kann, sondern diese Bestände als Weiden-Niederwald, also als Ersatzgesellschaft der jeweiligen Alno-Ulmion-Gesellschaft, bezeichnen muß. Sie lassen sich höchstens strukturell, dagegen kaum floristisch von den älteren Phasen echter Weidengebüsche und -wälder unterscheiden.

So ist es verständlich, daß viele in der Literatur bekannt gewordene Vegetationsaufnahmen nicht die echten reinen Typen der Weidengebüsche und -wälder repräsentieren; denn diese sind in Mitteleuropa ausgesprochen selten. Vielmehr stammen die Aufnahmen aus solchen nieder-waldartig bewirtschafteten Beständen und Uferstreifen und enthalten viele Arten des Alno-Ulmion, im weiteren Sinne der Querco-Fagetea.

Eine weitere Schwierigkeit für die saubere Aufnahme von Weidenbeständen bringt die Tatsa-che, daß diese heute an den Ufern nur in schmalen Streifen vorhanden sind und aus den Kontakten gesellschaftsuntypische Arten in sie eindringen können. Sogar die Weidengesellschaf-ten selbst, nämlich Weidenwälder und Weidengebüsche als deren Mantelgesellschaften, sind dicht benachbart oder vermischen sich mosaikartig, so daß manche Aufnahmen ein Konglomerat verschiedener Weidengebüsch- und -waldgesellschaften darstellen.

So ist zu erklären, daß die Weidengebüsche lange Zeit, sei es über Alno-Ulmion und Popule-talia (Oberdorfer 1953, 1957) oder sei es über die selbständige Ordnung der Salicetalia purpu-reae, an die Querco-Fagetea angeschlossen wurden. Erst Moor 1958 hat ihre Eigenständigkeit erkannt und sie durch die Aufstellung einer eigenen Klasse Salicetea purpureae gewürdigt.

1. Ordnung: Salicetalia purpureae Moor 58

Die Klasse besteht nur aus einer Ordnung, so daß ihre Kennarten identisch sind (vgl. Tab. 241). Diese Ordnung gliedert sich in zwei Verbände: das Salicion elaeagni der Alpentäler und des südlichen Alpenvorlandes (montane Stufe) und das Salicion albae, das vom Unterlauf der Alpenflüsse bis ins meernahe norddeutsche Tiefland (submontane bis planare Stufe) reicht.

1. Verband: Salicion elaeagni Aich. 33

Dieser hauptsächlich in den Alpentälern und im südlichen Alpenvorland verbreitete Verband bevorzugt basenreiche Standorte. Seine Assoziationen stocken auf Kies, Sand und Schlick und bilden entsprechende Untereinheiten aus.

Charakterarten dieses Verbandes sind *Salix elaeagnos* und *S. daphnoides*. Moor 1958 nennt auch noch *Salix purpurea* var. *gracilis,* die aber in dem vorliegenden Tabellenmaterial selten von *Salix purpurea* abgetrennt wurde. Als Trennarten des Verbandes könnten auch einige Rohbodenbesiedler wie *Tussilago farfara* und die sog. alpinen Schwemmlinge aus der Ordnung Epilobietalia fleischeri (K Thlaspietea) gelten, ebenso auch Arten der Brometalia und andere Trockenheitszeiger wie *Calamagrostis epigeios, Achillea millefolium* und *Carex flacca*. Doch erreichen die meisten dieser Arten keine hohen Stetigkeiten.

Es werden zwei Assoziationen, nämlich Salici-Myricarietum und Salicetum elaeagni, unter-schieden.

1. Ass.: Myricarietum (Rübel 12) Jenik 55

(Myricarieto-Epilobietum Aich. 33, p.p., Myricario-Chondrilletum Br. Bl. 38 p.p., Salici-Myricarietum Moor 58)

Weiden — Tamariskenflur (Tab. 241/1; 242)

Die Gesellschaft wurde aus dem Alpenraum zunächst als eine Einheit der Thlaspietea beschrieben. Sie geht in der Sukzession aus solchen alpinen Schwemmlingsfluren hervor und enthält, vor allem in lichten offenen Beständen auf trockenen kiesigen Böden, eine Menge dieser Pionierarten. Daher rühren auch die älteren Namen Myricarieto-Epilobietum und Myricario-Chondrilletum. Moor (1958) hat die *Myricaria*-reichen Bestände von den Pionierfluren abgetrennt und als eigene Assoziation Salici-Myricarietum behandelt. Belegt ist die Gesellschaft aber nur mit Aufnahmen aus ihrem feuchten Flügel mit *Juncus articulatus, Equisetum variegatum* u.a., in dem die alpinen Schwemmlinge von Natur aus zurücktreten. Hierbei ist auch zu bedenken, daß sein Material aus sommerwarmen inneralpinen Trockentälern stammt.

Im bayerischen Alpenvorland kommt das Myricarietum an den größeren von den Alpen her kommenden Flüssen vor, soweit deren Wildflußcharakter erhalten ist. Infolge Eutrophierung der Standorte durch Abwassereinleitungen geht aber die Gesellschaft auch hier zurück. Im Bereich regulierter Flüsse findet sich die Gesellschaft nur noch an Kiesentnahmestellen innerhalb des Auenbereichs. Bei Meereshöhen zwischen 400 und 800 m gedeiht das Myricarietum auf frischen Aufschüttungen der Flüsse. Die Körnung reicht von Kies bis Feinsand, auch Grundwasseranschluß kann gegeben sein. Bodentypen sind dementsprechend Borowina, Kalkrambla und Gley. Diese größere Unabhängigkeit von der Bodenwasserversorgung verdankt die Gesellschaft vermutlich den hohen Sommer-Niederschlägen der nördlichen Kalkalpen und ihres Vorlandes und den damit verbundenen Hochwässern, die im Jahre mehrfach, aber immer nur kurze Zeit auftreten können. Am Bestandesaufbau nehmen neben *Myricaria germanica* vor allem *Salix purpurea* einschließlich der var. *gracilis, Salix elaeagnos* und mit geringerer Stetigkeit auch *Salix daphnoides* und *S. triandra* var. *discolor* teil. Die zunächst nur kniehohen Sträucher wachsen zu lockeren Gebüschen von 2 bis 4 m Höhe auf. Unter klimatisch wärmeren Bedingungen kann sich eine geographische Rasse mit *Hippophaë rhamnoides* entwickeln.

Auf den kiesigen Standorten sind die Bestände des Salici-Myricarietum offener und bleiben es auch längere Zeit. Solange sie noch regelmäßig überschwemmt werden, enthalten sie noch eine Reihe der alpinen Pionierarten (*Calamagrostis pseudophragmites*-Phase) und Feuchtigkeitszeiger. Relativ rasch wandern dann die Arten der Folgegesellschaft, nämlich des Erico-Pinetum, ein (*Erica*-Phase). Standorte, die längere Zeit nicht mehr überschwemmt wurden, auch Kiesgruben, werden von der typischen Phase besiedelt, deren Entwicklung schließlich auch beim Erico-Pinetum endet.

2. Ass.: Salicetum elaeagni (Hag. 16) Jenik 55

(Salix incana — *Hippophaë rhamnoides*-Assoziation Br.Bl. et Volk 40, Salicetum elaeagno-daphnoidis (Br.Bl. Volk 40) Moor 58, Petasiti-Salicetum triandrae Müll. et Görs 58 p.p.)

Lavendel- oder Grauweiden-Gebüsch und -Wald (Tab. 241/2; 243)

Die Gesellschaft ist schon früh aus dem Alpenraum beschrieben worden, und zwar meist in der Kombination von *Salix elaeagnos (S. incana)* mit *Hippophaë rhamnoides*. Die genaue Abgrenzung blieb hierbei unklar, zumal sich herausgestellt hat, daß *Hippophaë rhamnoides* seine

Hauptentfaltung in Berberidion-Gesellschaften hat. Auch *Salix elaeagnos* findet sich häufig als Relikt in den Gebüschen dieses Verbandes, ebenso auch in Wäldern des Erico-Pinion.

In den kühleren Nordalpen und im bayerischen Alpenvorland fehlt *Hippophaë rhamnoides* in den *Salix elaeagnos*-Gesellschaften, was Oberdorfer (1962) veranlaßte, die Assoziation als Salicetum elaeagni weiter zu fassen.

Unsere Gesellschaft ist auf basenreichen Standorten der Alpen bis über 1000 m ü. M. verbreitet, wo sie als Pionierstadium die kiesigen bis grobsandigen Sedimente der Flüsse und Bäche besiedelt, aber auch als Pioniergesellschaft auf Erosionshängen auftritt und hier zu deren allmählicher Festlegung beiträgt. Im Alpenvorland steigt sie vor allem entlang der größeren Flüsse bis an die Donau unter 400 m ü. M. herab, soweit entsprechend trockene Standorte vorliegen. Feuchte Ausbildungen des Salicetum elaeagni sind in diesen tieferen Lagen nicht mehr zu finden, da sich auf entsprechenden Standorten das Salicetum albae ansiedelt.

Die Böden sind grob- bis feinkiesig und können von einer Sandschicht verschiedener Mächtigkeit überdeckt sein. Bodentypen sind Kalkrambla und Borowina. Die größere Wasserhaltefähigkeit einer stärkeren Sandschicht bedingt eine frischere Ausbildung, Grundwassereinfluß führt zu einer feuchten Subassoziation. Die Bestände des Salicetum elaeagni liegen in unterschiedlicher Höhe über dem mittleren Sommerwasserspiegel. Bei grobkiesigen Böden haben die höher gelegenen Bestände (> 1,5 m) keinen Grundwasseranschluß mehr. Die sommerlichen Hochwässer haben eine starke Strömung und bringen Übersandungen und Überschotterungen. Sie halten aber nur kurze Zeit an.

Je nach Standort sind die Bestände des Salicetum elaeagni in der Catena: trocken-feucht als lockerer Busch, als Buschwald oder als geschlossener Wald entwickelt. Während die Gebüsche nur 2 bis 3 m hoch werden, können die grundwasserbeeinflußten Wälder Höhen von 12 bis 16 m erreichen.

In den Gebüschen ist die Krautschicht locker und enthält auch zahlreiche Trockenrasen-Arten, in den feuchten Wäldern dagegen findet sich eine üppige Krautschicht auch aus breitblättrigen hygrophilen Arten.

Neben *Salix elaeagnos* nimmt vor allem *S. purpurea* am Bestandesaufbau teil. Diese beiden Arten ertragen von allen Weiden die größte Trockenheit und sind daher auch für die Grünverbauung erodierter Hänge am besten geeignet. Moor (1958) unterscheidet bei *Salix purpurea* eine var. *gracilis,* die er als Charakterart anführt. *Salix daphnoides* ist seltener, aber auch Kennart unserer Gesellschaft. Häufiger ist *Salix triandra.* Von dieser Weide wurde in der Pupplinger Au an der Isar ausschließlich die var. *discolor* gefunden, die sandig-kiesige Böden und ein kontinentales Klima bevorzugt.

In einem Teil der untersuchten Gebiete nimmt *Hippophaë rhamnoides* am Aufbau der Bestände teil. Es handelt sich um die wärmeren Alpentäler in der Schweiz, um die Donau, vor allem in Österreich, und um den unteren Inn, wo die Vorkommen aber seit dem Staustufenbau erloschen sind. Die 2 Aufnahmen von der Donau bei Neuburg stammen freilich nicht von jüngeren Flußsedimenten, sondern von Rohböden, bei denen der humose Oberboden vom Menschen für andere Zwecke (Reichsparteitaggelände) abgetragen wurde. So kann man die Ausbildung mit *Hippophaë rhamnoides* am besten als eine geographische Rasse wärmerer Gebiete auffassen.

Daneben läßt sich das Salicetum elaeagni in zwei Subassoziationen untergliedern, von denen das S. e. euphorbietosum die kiesigen, höchstens mit einer geringeren Feinerdeschicht überlagerten Böden besiedelt, die keinen Grundwasseranschluß haben. Eine jüngere *Chondrilla*-Phase enthält neben der namengebenden Art einige weitere alpine Schwemmlinge. Der S. e. euphorbietosum gegenüber steht das S. e. phalaridetosum, das feuchtere und zugleich nährstoffreichere

Standorte hat, auch Grundwasseranschluß haben kann. Diese Subassoziation enthält auch Fage-talia-Arten, durch die eine größere Bodenreife angedeutet ist und die Entwicklung zum Alnetum incanae angezeigt wird (*Stachys sylvatica*-Phase).

Das Salicetum elaeagni ist eine Folgegesellschaft innerhalb einer Sukzession von Flußuferpio-niergesellschaften zu Dauergesellschaften der Flußaue. In vielen Fällen beginnt die Sukzession mit dem Chondrilletum chondrilloidis. Im späteren Verlauf führt sie zu *Hippophaë*-Gebüschen oder Erico-Pinion-Wäldern, in Süddeutschland vor allem zum Erico- und zum Molinio-Pinetum. Nur die feuchtere Subassoziation, das S. e. phalaridetosum, entwickelt sich zum Alnetum inca-nae weiter.

2. Verband: Salicion albae Soó 30 em. Moor 58

Dieser viel weiter verbreitete Verband, der bei uns vom Unterlauf der Alpenflüsse bis ins norddeutsche Tiefland reicht, hat seinen Schwerpunkt in der submontanen bis planaren Stufe; nur das Salicetum fragilis reicht in den Mittelgebirgen bis in die montane Stufe hinein. Seine Assoziationen entwickeln sich von Mittelwasserhöhe bis ein bis zwei Meter über dem Mittel-wasser auf sandigen bis lehmig-schlickigen Böden, die nach Basen- und Nährstoffgehalt recht unterschiedlich sein können. Diese recht verschiedenen Standorte bedingen vor allem innerhalb der Assoziationen eine Reihe von Untereinheiten. Charakterarten des Verbandes sind die oft übergreifenden Assoziationskennarten *Salix alba, S. rubens, S. fragilis, S. triandra* und *S. viminalis*. Differentialarten des Verbandes sind Arten der Röhrichte und Saumgesellschaften, die aber auch in die feuchten Subassoziationen der Salicion elaeagni-Gesellschaften übergreifen können.

Die Assoziationen wurden von den verschiedenen Autoren recht unterschiedlich gefaßt und benannt. Die alten Doppelbezeichnungen wie Salici-Populetum, Salicetum albo-fragilis u. a. sind meist den Bezeichnungen mit jeweils einer *Salix*-Art gewichen, weil sich mit zunehmender Kenntnis der Weidenauwälder und -gebüsche erwiesen hat, daß die genannten Arten keineswegs immer gemeinsam vorkommen, sondern je nach Standort und Verbreitung von ihnen beherrschte Bestände bilden, in denen die jeweils zweitgenannte Art absolut fehlen kann. Dementsprechend werden für unser Gebiet heute unterschieden: *Salix purpurea*-Gesellschaft. Salicetum triandrae, Salicetum fragilis, Salicetum albae.

3. Gesellschaft: Salix purpurea-Gesellschaft

Purpurweidengebüsch (Tab. 241/3; 244)

Gelegentlich kommen im Auenbereich Gebüsche vor, die von der Purpurweide (*Salix purpurea*) beherrscht werden. Sofern es sich nicht um eine *Salix purpurea*-Fazies eines anderen Weidenau-waldes oder -gebüsches handelt, muß man sie als *Salix purpurea*-Gesellschaft fassen; denn eigene Charakterarten besitzt sie nicht. *Salix purpurea* kommen als Ordnungs- und Klassen-kennart in fast allen anderen Salicetea purpureae-Gesellschaften vor. Ein Salicetum purpureae, wie es beispielsweise Wendelberger-Zelinka 1952 ausscheidet, kann deswegen nicht anerkannt werden.

Die *Salix purpurea*-Gesellschaft kommt von der planaren Stufe bis in die montane vor, hat jedoch ihren Verbreitungsschwerpunkt in den tieferen Lagen, also im Gebiet des Salicion albae, an das sie, wenn auch schwach, durch Verbandskenn- und trennarten gebunden ist. Im Bereich des Salicion elaeagni ist die Purpurweiden-Gesellschaft eher als Fragment des Salicetum elaeagni aufzufassen. Die *Salix purpurea*-Gesellschaft bildet Gebüsche von 3 bis 5 m Höhe. Wie das Salicetum triandrae kann auch sie als Pionier- und als Mantelgesellschaft aufgefaßt werden. Sie vertritt dieses Gebüsch auf nährstoffärmeren Standorten (saueroligotroph und kalkoligotroph) und geht weiter in den trockenen Bereich hinein, d. h. auf sandige, kiesige und steinige Standorte.

Als Pioniergesellschaft finden wir die *Salix purpurea*-Gesellschaft an kiesigen oder mit Steinen befestigten Ufern und auf jungen Schotterinseln im Flußbett in lockeren Beständen, in denen der Schotter sich stauen und die Gebüsche stark schädigen kann. An solchen Stellen finden wir meist die typische Ausbildung unserer Gesellschaft.

Als Mantelgesellschaft tritt die Gesellschaft an Altwassern etwa 0,5 m über dem mittleren Wasserspiegel auf. Diese feuchtere Ausbildung enthält neben *Phragmites australis* noch weitere Röhrichtarten.

Die Entwicklung geht gewöhnlich über das Salicetum albae weiter, gerade in der feuchten Ausbildung kann sie aber auch direkt zu Alno-Ulmion-Gesellschaften führen, wie die *Impatiens*-Phase der Tabelle zeigt.

4. Ass.: Salicetum triandrae (Malc. 29) Noirf. 55

(Salici-Populetum viminaletosum Oberd. 53 p.p., Petasiti-Salicetum triandrae Müller et Görs 58 p.p., Salicetum viminalis Wilzek 35, Salicetum albo-triandrae Koch 26 p.p., Salicetum triandrae Malc. 29 p.p., Salicetum triandro-viminalis Lohm. 52 ex Moor 58)

Uferweidengebüsch, Mandelweidengebüsch (Tab. 241/4; 245)

Das Uferweidengebüsch aus *Salix triandra* und *S. viminalis* ist an Flüssen und Bächen der planaren bis submontanen Stufe, etwa bis 500 m Meereshöhe, über ein großes Gebiet verbreitet. Dennoch ist es verhältnismäßig selten, weil seine Wuchsorte durch die Gewässerregulierungen verschwunden oder auf nur schmale Bereiche steiler Uferböschungen reduziert sind.

Die Gesellschaft bildet gegenüber dem Gewässer oder dem gewässerbegleitenden Röhricht die Mantelgesellschaft des Silberweidenauwaldes und liegt nur wenig über dem mittleren Sommerwasserstand. Sie wird bei Hochwasser ziemlich hoch überschwemmt und durch die reißenden Fluten stets von neuem beschädigt. In manchen Gebieten spielen auch Schäden durch Eisgang eine wichtige Rolle. Hierdurch wird das Aufkommen der Silberweide verhindert, die in Strauchform zwar Bestandteil des Uferweidengebüschs ist, aber infolge der ständigen Schäden nicht zu baumartigen Exemplaren aufwachsen kann. Wo diese Schäden ausbleiben, entwickelt sich der Silberweidenauwald, und nur in solchen Fällen kann das Uferweidengebüsch als eine Gesellschaft aufgefaßt werden, die dem Silberweidenauwald in der Sukzession vorausgeht. Ansonsten ist es eine Mantelgesellschaft, der aber häufig der angrenzende Wald fehlt, weshalb es nur als Gebüschstreifen entlang der Gewässer verbreitet ist. Das gilt vor allem für regulierte Fließgewässer mit ihren steilen Böschungen.

Die Gesellschaft bildet Gebüsche bis zu 5 m Höhe, die breit ausladend und im Kronenbereich ziemlich geschlossen sind. Das Gebüschinnere älterer Bestände ist verhältnismäßig offen und begehbar, sofern nicht angeschwemmtes Treibgut den Weg versperrt.

Charakterarten des Salicetum triandrae sind *Salix triandra* und *S. viminalis*. Regelmäßig sind auch *Salix purpurea* und *S. alba* vorhanden, letztere wie erwähnt nur buschförmig. Seltener ist *Salix fragilis*, die an die carbonatärmeren Standorte gebunden zu sein scheint.

Die Gesellschaft kommt auf recht verschiedenartigen Böden vor, die von Kies und Geröll bis zu Lehm reichen. Im nährstoffarmen Bereich verschwindet zunächst *Salix viminalis*, wobei es gleichgültig ist, ob es sich um sauer- oder um kalkoligotrophe Standorte handelt. Die *Salix viminalis* in den Aufnahmen von der Isar bei München stammen aus eingebautem Faschinenmaterial.

Angesichts der Besonderheit des Standorts ist eine Untergliederung des Salicetum triandrae kaum gegeben. *Phragmites australis*, das in anderen Weidenaugesellschaften eine feuchte Subassoziation kennzeichnet, kann schon wegen der reißenden Hochwässer kaum zur Entwicklung kommen. Fagetalia-Arten als Reifezeiger treten nur spärlich auf. Sie können sich erst einstellen, wenn aus dem Uferweidengebüsch ein Silberweidenauwald geworden ist. Über diesen geht die Entwicklung dann weiter zu verschiedenen Gesellschaften des Alno-Ulmion.

Im oberen Maingebiet ist als Salicetum triandrae chaerophylletosum bulbosi eine Subassoziation verbreitet, deren Trennarten den Ufersaumgesellschaften angehören und auf eine Verzahnung des Weidengebüschs mit diesen Staudenfluren hinweisen. Auch an der oberen Donau ist etwas ähnliches angedeutet.

Müller und Görs (1958) beschreiben ein Petasiti-Salicetum triandrae aus dem württembergischen Oberland. Ein Großteil der dort wiedergegebenen Aufnahmen gehört dem Salicetum elaeagni und der *Salix purpurea*-Gesellschaft an und wurde bei diesen eingeordnet. Unter dem Rest befinden sich 5 Aufnahmen, die dem Salicetum triandrae z. T. als Höhenform angegliedert werden können.

5. Ass.: Salicetum fragilis Pass. 57 (em.)

(Salicetum albo-fragilis Tx. (48) 55 p.p., Chaerophyllo-Salicetum Müll. et Görs 58)

Bruchweidenaubuschwald (Tab. 241/5; 246)

Die Gesellschaft ist auf den kalkarmen Alluvionen der Silikatgebirge und ärmerer Sandgebiete der Kreide oder des Tertiär verbreitet. Das Aufnahmematerial stammt aus Höhenlagen zwischen 350 und 800 m Meereshöhe. Die Bestände der Gesellschaft siedeln auf den jungen Anlandungen der Bäche knapp über dem Wasserspiegel und werden oft von reißenden Hochwässern überschwemmt. Die Bäume und Sträucher sind häufig beschädigt; der Boden zeigt Anrisse und frische Aufschüttungen. Die Gesellschaft ist recht selten und wenn sie an regulierten Bächen vorkommt, nur sehr schmal entwickelt.

Ihre Bestände sind Gebüsche von 2 bis 5 m Höhe oder kleine Wäldchen, in denen *Salix fragilis* bis 10, ausnahmsweise 15 m hoch werden kann.

Die reinsten Aufnahmen stammen aus dem Bayerischen Wald (Ilz, Regen) und aus dem Schwarzwald. Bei ihnen ist *Salix fragilis* die einzige Weidenart. Alle anderen *Salix*-Arten fehlen auch außerhalb der Aufnahmeflächen, was darauf schließen läßt, daß es sich hier um die basen- und nährstoffärmsten Ausbildungen unserer Assoziation handelt. Unter günstigeren Umständen nehmen auch andere *Salix*-Arten am Aufbau der Bestände teil, wie das auch bei den Aufnahmen der Erstbeschreibung dieser Gesellschaft (Passarge 1957) der Fall ist: Salicetum fragilis salicetosum triandrae.

Eine Höhenform mit *Chaerophyllum hirsutum* kommt in beiden Subassoziationen vor. Ihre Bestände liegen gewöhnlich höher als 600 m ü.M. Sie wurde von Müller und Görs (1958) als eigene Assoziation: Chaerophyllo-Salicetum fragilis beschrieben. Es erscheint jedoch besser, sie dem weiter gefaßten Salicetum fragilis als Höhenform anzuschließen.

Bei der Ausbildung mit *Elymus caninus* und anderen Fagetalia-Arten handelt es sich um eine reifere Phase der Gesellschaft.

Die Entwicklung des Salicetum fragilis geht weiter zum Stellario-Alnetum glutinosae, wie schon die Assoziationstrennart *Stellaria nemorum* vermuten läßt. Bei intensivem Stockausschlag-betrieb können sich im Stellario-Alnetum an *Salix fragilis* reiche Gebüschstadien entwickeln, die jedoch eine Menge Fagetalia-Arten enthalten und deshalb nicht zum Salicetum fragilis gehören. Für die erwähnte Ausbildung mit *Elymus caninus* betonen jedoch Müller u. Görs (1958) ausdrück-lich, daß es sich um eine natürliche Weidenbuschgesellschaft handelt.

6. Ass.: Salicetum albae Issl. 26

(Salici-Populetum (Tx. 31) Meyer-Drees 1936, Populetum nigrae salicosum Szafer 35, Salicetum albae Knapp 44 p.p., Salicetum triandrae Malcuit 29 p.p., Salici-Populetum Soó (27) 46, Salicetum albo-fragilis Tx. (44) 55).

Silberweidenauwald (Tab. 241/6; 247)

Der Silberweidenauwald ist an den Flüssen des Tieflandes und der tiefer gelegenen Täler des Mittelgebirgsraumes von Frankreich bis in das europäische Rußland und nach Ungarn verbreitet. In Süddeutschland reichen seine Vorkommen an der oberen Donau und im südlichen Alpenvor-land bis in Höhenlagen um 600 m. Die geographische Differenzierung ist über weite Strecken nur gering. Innerhalb der bei uns vorkommenden mitteleuropäischen Rasse lassen sich in Süddeutsch-land zwei Gebietsausbildungen unterscheiden, die sich zwar floristisch nicht differenzieren lassen, aber in dem weiteren Sukzessionsablauf voneinander abweichen. Im südwestdeutschen Gebiet, also im wesentlichen im Einzugsbereich des Rheins, schreitet die Vegetationsentwicklung unmit-telbar zum Querco-Ulmetum, ohne Beteiligung der Grauerle, fort. Im Donau-Einzugsgebiet entwickelt sich im Salicetum albae regelmäßig eine *Alnus*-Phase, die entweder zu einer *Alnus*-Phase des Querco-Ulmetum überleitet oder − etwa über 400 m Meereshöhe − zu einem Alnetum incanae, auf das erst später Querco-Ulmetum oder Adoxo-Aceretum = Aceri-Fraxinetum (Seibert 1969) folgen.

Der Silberweidenauwald stockt im Uferbereich der Flüsse, auf Inseln, an Altwasserarmen und in Überschwemmungsrinnen. Seine Bodenoberfläche liegt meist nur wenig über dem Mittelwas-serstand und wird bei jedem Hochwasser überschwemmt. Hierbei werden je nach Fließgeschwin-digkeit Sand, Schluff oder Lehm abgelagert. Diese Sedimentation ist die Grundvoraussetzung für die Ansamung von *Salix alba* und anderen *Salix*-Arten, die sich schon früh in den offenen Pioniergesellschaften ansiedeln, geschlossene Pflanzenbestände wie Röhrichte und Gebüsche jedoch nur erobern können, wenn diese durch Erosion oder Sedimentation lückig werden.

In den aufwachsenden Weidenbeständen wird bei Überflutungen die Bodenoberfläche durch Aufschüttungen und Anlandungen allmählich erhöht. Bei der hier ablaufenden allogenen Sukzes-sion bleiben auch unter älterem Baumbewuchs die jüngeren Sukzessionsstadien erhalten. Bei dem langsam fließenden Rückstauhochwasser dagegen fallen kaum Sedimente an. Hier kann die (autogene) Sukzession mehr oder weniger ungestört ablaufen. Beide Sukzessionsvorgänge sind prinzipiell in verschiedener Höhe über dem Mittelwasserstand möglich, doch ist es naheliegend, daß die jüngeren Sukzessionsstadien in den tiefer liegenden, die älteren in den höher gelegenen Flächen dominieren.

Die Bodenart reicht von Sand, seltener Kies, bis Lehm. Die wenig entwickelten Böden der Weidenau sind kalkreich (*pH-7-8*) und mit Nährstoffen meist gut versorgt. Sie gehören den Bodentypen der Rambla und hellgrauen bis grauen Kalkpaternia, häufiger noch einer Gley-Paternia oder dem Paternia-Gley an. Anmoorige Ausbildungen sind selten.

Die Baumweiden, an den kalkoligotrophen Alpenflüssen nur *Salix alba*, seltener *S. rubens*, an anderen Flüssen, wenn auch ebenfalls selten, *Salix fragilis*, bauen die 15 bis 20 m hoch werdenden Bestände auf. *Populus nigra* ist selten und bevorzugt trockenere (sandig-kiesige) Böden. In den älteren Phasen beteiligen sich *Alnus incana, Fraxinus excelsior* und *Prunus padus* am Aufbau der Baumschicht. Die bis 5 m hohe Strauchschicht ist spärlich und enthält Strauchweiden wie *Salix purpurea* und *S. triandra*; erst später wandern andere Sträucher ein, zuerst *Sambucus nigra*, dann auch *Lonicera xylosteum, Euonymus europaeus* und *Cornus sanguinea*. Der Deckungsgrad der bis über 1 m hohen Krautschicht kann sehr unterschiedlich sein. Meist ist er mit 80–90% sehr hoch. Bei lang andauernden Sommerhochwässern ist die Krautschicht dagegen nur spärlich ausgebildet. *Salix alba* und *S. rubens* sind die einzigen Assoziationscharakterarten.

Die Untergliederung des Salicetum albae ist durch die Höhe über dem Grundwasser bzw. dem Mittelwasserspiegel und die Stellung innerhalb der Sukzession bedingt. Es können 2 Subassoziationen unterschieden werden:

Das Salicetum albae phragmitetosum ist die feuchtere mit Grundwasserständen zwischen 20 und 60 cm unter Flur (tiefe Weidenau). Innerhalb dieser steht die *Mentha*-Variante auf dem nassesten Flügel. Ihre *Caltha*-Ausbildung meidet die extrem kalkreichen Flußauen und besiedelt gelegentlich schon etwas anmoorige Böden im Kontakt von Altwässern.

Die typische Variante steht dem Bodenwasserhaushalt nach zwischen der *Mentha*-Variante und dem Salicetum albae typicum. Auch bei ihr ist eine *Caltha*-Ausbildung vorhanden.

Das Salicetum albae typicum liegt höher, hat den Grundwasserspiegel bei 60 bis über 100 cm und wird seltener überschwemmt (hohe Weidenau, vgl. Salicetum cornetosum Oberd. 57). Das jüngste Sukzessionsstadium ist bei allen Subassoziationen und Varianten die Initial-Phase.

In der östlichen (Donau-) Gebietsausbildung entsteht bei weiterer Entwicklung – und zwar schon recht früh – die *Alnus*-Phase. Längere Zeit (etwa einige Jahrzehnte) ist notwendig, bis die Böden soweit gereift sind, daß sich das nächste Stadium, die *Prunus*-Phase mit *Alnus incana*, die durch eine Reihe von Querco-Fagetea-, Fagetalia- und Alno-Ulmion-Arten gekennzeichnet ist, ausbilden kann. Die weitere Entwicklung geht direkt oder über ein Alnetum incanae zum Querco-Ulmetum oder Adoxo-Aceretum.

In der westlichen (Rhein-) Gebietsausbildung und den nördlich angrenzenden Teilen Mitteleuropas kommt *Alnus incana* im Bereich des Salicetum albae (fast) nicht vor. Hier schreitet die Sukzession von den Initial-Phasen unmittelbar zur *Prunus padus*-Phase ohne *Alnus incana* voran, die später vom Querco-Ulmetum abgelöst wird.

Die Silberweidenau ist durch die Flußregulierung selten geworden, insbesondere gilt das für ihre jüngeren Sukzessionsstadien. Ihre heute noch vorhandenen Standorte sind zum großen Teil dem Anbau der euroamerikanischen Pappel-Hybriden zum Opfer gefallen. Dennoch hat der Silberweidenauwald von allen Salicetea purpureae-Gesellschaften den größten Flächenanteil. Ausgedehnte, vom Menschen fast unberührte Bestände aller Sukzessionsstadien finden sich in den Mündungsgebieten der Ammer in den Ammersee, der Tiroler Achen in den Chiemsee und im Bereich der Staustufen am unteren Inn.

Klasse: Alnetea glutinosae Br.-Bl. et Tx. 43

Erlen- und Moorbirken-Bruchwälder, Grauweidengebüsche (Tab. 248)

Von E. Oberdorfer

Laubwerfende Baum- und Gebüschgesellschaften nährstoff- oder mäßig nährstoffreicher (eutropher bis mesotropher) Standorte mit hochanstehendem oder zeitweise auch austretendem, stagnierendem oder langsam sickerndem Grundwasser, vorwiegend auf Niedermoorböden (Niedermoorgley).

Sie sind deshalb vor allem Charaktergesellschaften von Talauen und Muldenlagen, aber im Gebiet nur selten noch in ursprünglicher oder naturnaher Struktur entwickelt. Holzeinschlag, Umwandlung in Naßwiesen, Entwässerungsmaßnahmen haben nicht nur das einstige Bild der Pflanzengesellschaften beeinträchtigt, sondern auch irreversible Standortsveränderungen bewirkt, die das Areal der Alnetea hier − wie auch sonst in Mitteleuropa − im Laufe der Jahrhunderte mehr und mehr eingeschränkt und zu einer Gruppe „gefährdeter Pflanzengesellschaften" gemacht haben.

Trotz der laubwerfenden Gehölze ist die Garnitur der sie begleitenden Flora so tiefgreifend von der Artenzusammensetzung der klimatisch geprägten Sommerwälder des gemäßigten Europa unterschieden, daß sie in einer eigenen Klasse zusammengefaßt werden müssen. Neben den eigentlichen Kennarten stehen insbesondere Arten, die aus den Großseggen-Gesellschaften übergreifen oder solche, die in primären und sekundären Naßwiesen oder Quellfluren des Calthion oder Filipendulion sowie in Saumgesellschaften der Convolvuletalia ihre üppigste Entfaltung haben. Damit ergibt sich für alle Gesellschaften der Klasse ein ganz bezeichnendes, immer ähnliches Bild der charakteristischen Artenkombination.

Dabei können die teils primären, teils sekundären Grauweiden-**Gebüsche** oder Moorbirken-Stadien von Pioniercharakter nicht von den **wald**artigen Birken- und Erlen-Gesellschaften geschieden werden. Eine Trennung nach Formationen, sowieso angesichts zahlreicher Übergangs-Zustände fragwürdig, ist − wenn man sich von der „Soziologie" der Pflanzenarten leiten läßt − künstlich, und auch, soweit die Pflanzenwelt Ausdruck des Standortes, also der Umweltbedingungen ist, unnatürlich.

Die Zusammenstellung der pflanzensoziologischen Aufnahmen in der Übersichtstabelle (Tab. 248) ergibt mit den daraus ersichtlichen Kennarten eine, soweit belegt, für ganz Europa gültige Gliederung der Klasse in eine Ordnung der Alnetalia glutinosae mit zwei Verbänden, von denen der eine, das Salicion cinereae, die Grauweidengebüsche und Birkenbruchwälder, und der andere, das Alnion glutinosae, die Erlenbruchwälder umfaßt.

1. Ordnung: Alnetalia glutinosae Tx. 37 em. Th. Müll. et Görs 58

Grauweidengebüsche, Erlen- und Moorbirkenwälder

1. Verband: Salicion cinereae Th. Müll. et Görs 58

Grauweidengebüsche und Moorbirken-Bruchwälder

Die Pflanzengesellschaften dieses Verbandes tragen vornehmlich den Charakter von Pionier-Gehölzen, seien es solche primärer Natur an See- und Moorrändern mit verzögerter Weiterentwicklung, oder solche sekundärer Art, die auf extensiv genutzten oder aufgelassenen Naß- und Moorwiesen als Buschwerk die unmittelbare Wiederbewaldung einleiten. Sie können noch ganz ohne Baumwuchs sein oder mit einzeln stehenden Birken oder dann schließlich mit dichter stehendem Gehölz zu den Moorbirkenwäldern überleiten, ohne daß in der begleitenden Pflanzenarten-Verbindung ein wesentlicher Bruch eintritt. Auf mehr eutrophen Standorten, z. B. des Salicetum cinereae oder Salicetum pentandro-cinereae, tritt neben die Birke mehr und mehr die Schwarzerle *(Alnus glutinosa)* und zeigt den Übergang zum Erlenbruch an, der in seinen Endstadien mit den stärker schattenden Bäumen schließlich zu einem Florenbild führt, das einem eigenen Verband, dem Alnion glutinosae, zugeordnet werden muß.

1. Ass.: Betulo humilis-Salicetum repentis (Fijal. 60) Oberd. 64

(Betuletum humilis Fijal. 60 p. p., Betuletum humilis Steff. 31 + Salicetum rosmarinifoliae Steff. 31)

Das Zwergbirken-Kriechweiden-Gestrüpp (Tab. 248/1)

Bei der Typisierung der Gesellschaften wurde bei den älteren Autoren meist entweder allein von *Betula humilis* oder allein von *Salix rosmarinifolia* ausgegangen oder die Arten wie bei Passarge (1961) in Grauweidengebüsche oder auch bei Oberdorfer (1957) in eine Birkenmoorwald-Gesellschaft einbezogen. Zweifellos bilden aber *Betula humilis* und *Salix rosmarinifolia* durchaus eigenständig strukturierte niedere Gebüsche, die in Grauweiden- und Birkenbruch- oder Moorgesellschaften nur übergreifend, z. T. wohl als Sukzessionsrelikte vorkommen. Und da *Betula humilis* in hoher Stetigkeit mit *Salix rosmarinifolia* vergesellschaftet ist und sich benachbarte reine *Salix rosmarinifolia*-Bestände soziologisch in nichts von denen mit der Zwergbirke unterscheiden, dürfte es zweckmäßig sein, alle diese Ausbildungen in einem Assoziationsbegriff zusammenzufassen, wobei man die reinen Zwergweiden-Bestände als verarmte Ausbildung des Betulo-Salicetum repentis auffassen kann. Zur Gesellschaft kann im Alpenvorland als weitere seltene Kennart (wie im Norden) noch *Salix myrtilloides* treten (wozu uns aber leider ein Aufnahmebeleg fehlt).

Die Assoziation trägt mit ihren Arten einen bemerkenswert boreal-subkontinentalen Charakter und kommt in Süddeutschland optimal allein im Gebiet der praealpinen Moorlandschaften vor, das von der Baar im Westen über Oberschwaben bis in das oberbayerische (und oberösterreichische) Alpenvorland reicht. Durch Meliorationsmaßnahmen vielfach schon ausgerottet oder stark gefährdet, ist sie aber mancherorts (z. B. am Federsee bei Buchau) noch in eine Moorlandschaft eingebettet, die mit einem bezeichnenden Mosaik von offenen Zwischenmoorgesellschaften des Caricion lasiocarpae oder des Molinion mit gruppenweise auftretenden *Salix cinerea*- oder *S. pentandra*-Gebüschen sowie einzeln stehenden Moorbirken *(Betula pubescens*-Gruppe) lebhaft

an entsprechende Moorlandschaftsbilder erinnert, wie sie dem nordosteuropäischen Hauptverbreitungsgebiet der Assoziation eigen ist (vgl. Abb. 2 u. 3 bei Oberdorfer 1964). Mit begleitenden Arten wie *Salix myrtilloides* oder auch *Pedicularis sceptrum-carolinum* muß die vom
Hauptareal weit getrennte Assoziation mit dem sie begleitenden Vegetationskomplex als Relikt
späteiszeitlicher Vegetationszustände und deshalb als hervorragendes Naturdenkmal der Vegeta-
tionsgeschichte im voralpinen Landschaftsraum betrachtet werden (vgl. Abb. 1).

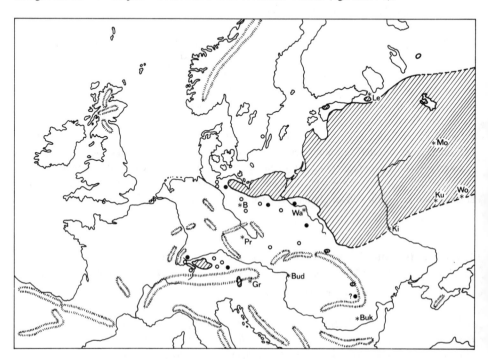

Abb. 1. Verbreitungsgebiet der Strauchbirke *(Betula humilis)*. Offene Kreise: in historischer Zeit ausgestor-
bene Vorkommen. Volle Kreise und schraffierte Flächen: gegenwärtig nachgewiesene Vorkommen (nach
Oberdorfer 1964).

Wie weit die mehr im Einzelstand wachsenden Vorkommen der *Salix repens*-Gruppe (teils *S.
repens*, teils *S. rosmarinifolia*) auf Moorwiesen-Resten der Oberrheinebene, im Jurazug oder in
Nordostbayern in Beziehung zum Betulo-Salicetum repentis stehen, ist bei der weitgehenden
Degradation der Flach- und Zwischenmoor-Biotope in diesen Gebieten nur noch schwer zu
beurteilen. Die schnitt- und verbißfeste Kriechweide ist hier meist im Einzelstand an Molinieten
gebunden, weshalb die Art auch schon als Kennart (oder Differentialart) des Molinion aufgefaßt
wurde.

Auch in den noch naturnah verbliebenen Moorlandschaften des weiteren Alpenvorlandes steht
die hier vorherrschende *Salix rosmarinifolia* wie auch *Betula humilis* zunächst als Pionier in
vereinzelten Exemplaren oder in Gruppen in Molinieten oder auch Caricion lasiocarpae-Gesell-
schaften; sie schließt aber dann im Saum von Grau- oder Lorbeerweiden sowie von Birkenmoor-
beständen zu einem dichten, die eigentliche Assoziation repräsentierenden Gestrüpp zusammen.

Dabei läßt sich von einer reinen Ausbildung der Gesellschaft auf offenbar nährstoffreicheren
Standorten eine Subassoziation mit *Filipendula ulmaria* trennen; auf nährstoffärmeren, mehr

bodensaueren Böden wachsen andererseits Bestände, die mit *Oxycoccus palustris* oder *Sphagnum magellanicum* als Subassoziation mit *Oxycoccus palustris* zu Hochmoorbult-Gesellschaften des Sphagnion magellanici überleiten.

2. Ass.: Salicetum pentandro-cinereae Pass. 61 em. et corr. Oberd. 64

(Pentandro-Salicetum cinereae Pass. 61, Salici pentandro-Betuletum pubescentis (Zolyomi 34) Soó 55 p. p.)

Das Lorbeerweiden-Gebüsch und der Lorbeerweiden-Birkenbruch (Tab. 248/2; 249)

Gesellschaften mit der Lorbeerweide haben eine pflanzengeographisch ähnlich boreal-subkontinentale Verbreitung wie die Kriechweiden-Gestrüppe, mit denen sie als Folgestadien des Betulo-Salicetum rosmarinifoliae oft in Kontakt stehen. Sie kommen im Gebiet vor allem im Alpenvorland, im Bodenseegebiet, in der Baar und im Ostschwarzwald vor, wo sie die Westgrenze ihrer Verbreitung erreichen. *Salix pentandra* kehrt dann im nördlichen und nordöstlichen Bayern wieder, wo sie den Anschluß an das nördlich davon gelegene Gebirgs- und Tieflands-Areal findet. Leider liegen uns von dort keine pflanzensoziologischen Aufnahmen vor. Unsere Kenntnis der Lorbeerweiden-Gesellschaften bezieht sich vor allem auf Studien, die im Ostschwarzwald, in der Baar oder am Bodensee von S. Görs, Th. Müller, G. Lang und dem Autor vorgenommen wurden.

Mit ihrer räumlichen Beschränkung und Abgrenzung gegen die reinen Ohr- und Grauweiden-Gebüsche erscheinen sie dabei als eigens charakterisierte Assoziation, deren Bestände sich in ihrer floristischen Zusammensetzung weitestgehend mit denen aus der nördlichen Tiefebene von Passarge (1961) als Pentandro-Salicetum cinereae beschriebenen decken. Die genannte Bezeichnung muß nach den Empfehlungen der Nomenklaturregeln allerdings korrigiert und insofern emendiert werden, als Passarge in seinen Begriff auch reines Salicetum cinereae sowie Bestände des Betulo-Salicetum rosmarinifoliae eingeschlossen hat.

Die Bestände der Assoziation treten physiognomisch in zwei Formen auf, einmal als initiales Buschwerk, dann baumförmig ausgewachsen und in Verbindung mit *Betula pubescens* grp als Lorbeerweiden-Birkenbruch, der schon als eigene Assoziation beschrieben wurde, im Gebiet z. B. als Salici-Betuletum pubescentis von S. Görs (1961), in identischer Zusammensetzung aus Ungarn als Salici pentandro-Betuletum pubescentis von Soó (1955).

Wie die tabellarische Zusammenstellung (Tab. 249) der beiden physiognomisch so unterschiedlich wirkenden Bestandsformen, die übrigens durch gleitende Übergänge miteinander verbunden sein können, zeigt, weisen aber „Busch" wie „Wald" eine so gleichartige charakteristische Artenkombination auf, daß sie nur als Untereinheiten einer Assoziation, eben des Salicetum pentandro-cinereae, gedeutet werden können. Neben das reine Salicetum pentandro-cinereae (Lorbeerweidenbusch) muß also ein Salicetum pentandro-cinereae betuletosum pubescentis (Lorbeerweiden-Birkenbruch) gestellt werden.

Beide Subassoziationen müssen ähnlich wie bei dem im folgenden beschriebenen Salicetum auritae in eine mehr oligotrophe Variante mit *Salix aurita, Sphagnum* div. spec. u. a. (von Passarge als Ausbildung mit *Comarum* bezeichnet), und eine mehr eutraphente Variante mit *Filipendula* oder *Eupatorium* gegliedert werden. Da unser Material leider wenig umfangreich ist, wurde auf eine diesbezügliche Darstellung verzichtet. Im ganzen überwiegen im Gebiet offenbar die mehr eutraphenten Bestände, wie man sich sowieso nicht des Eindrucks erwehren kann, daß *Salix pentandra* etwas höhere Ansprüche an den Nährstoffgehalt des Standorts stellt als *Salix aurita* oder *S.* × *multinervis*, sich damit also der Ökologie der reinen, noch anspruchsvolleren *Salix cinerea*-Gesellschaften nähert.

Im Ostschwarzwald wächst *Salix pentandra* nicht nur in typischer Vergesellschaftung an Moorrändern (Naturschutzgebiet Schollacher Moor), sondern auch weniger typisch auf quellig durchsickerten humosen Standorten in Bachnähe, z. B. im Bereich des Titisees. Solche Bilder erinnern dann an die zentralalpinen *Alnus incana-Salix pentandra*-Gesellschaften mit subalpinen Hochstauden, wie sie Braun-Blanquet (1950) beschrieben hat. Die Soziologie und Synsystematik dieser bach- und quellbegleitenden Lorbeerweiden-Gesellschaften der höheren Gebirgslagen bedarf wie der ganze Salicion pentandrae-Verband Br.-Bl. 50 einer weiteren Abklärung.

3. Ass.: Salicetum auritae Jonas 35 em. Oberd. 64

(Betulo-Salicetum auritae Meij.-Drees 36 p. p., Frangulo-Salicetum auritae Tx. 37 p. p.)

Das Ohrweiden-Gebüsch und der Ohrweiden-Birkenbruch (Tab. 248/3; 249, 250)

Die Gesellschaften mit der Ohrweide sind im südlichen Mitteleuropa vor allem in den kühl-humiden Berglagen oder im Alpenvorland, also in der submontanen und montanen Stufe, verbreitet. Sie begleiten hier Flach- und Quellmoore oder den Lagg von Hochmooren auf nassen, vorwiegend meso-oligotrophen Torfböden über kalkarmen, aber auch kalkreichen Unterlagen.

Kennart ist die meist vorherrschende *Salix aurita* sowie *Salix × multinervis (S. aurita × cinerea),* die im Gebiet, z. B. im Schwarzwald oder in der Baar, z. T. häufiger ist als die reine *Salix aurita* oder auch *Salix cinerea,* die vielerorts ganz fehlen kann (s. u.).

Wieder ergibt sich wie bei den Lorbeerweiden-Gesellschaften die Problematik, daß reine *Salix aurita*-Gebüsche in allen möglichen Übergangsstufen mit zunächst einzeln eingestreuten, dann dichter schließenden Moorbirken in einen Moorbirken-Bruch übergehen können, ohne daß es in der charakteristischen Artengarnitur oder gar bei den Kennarten wesentliche Verschiebungen gibt.

Übrigens ist gerade in diesem Zusammenhang schon die Frage aufgeworfen worden (Oberdorfer 1964), ob man nicht *Betula pubescens* s. l. als Schwerpunktart des „Birkenbruches" auffassen und damit den baumreichen Gesellschaften, also nicht nur dem Grauweiden-Birkenbruch, sondern auch dem Lorbeerweiden-Birkenbruch, den Rang einer Assoziation zuordnen könnte. Inzwischen hat sich aber durch Tabellenvergleich gezeigt, daß *Betula pubescens,* in den Berglagen unseres Gebietes meist zur ssp. *carpatica* gestellt, als Pionierholzart mit *Vaccinium uliginosum* oder *V. myrtillus* auch so weit in den Bereich der Vaccinio-Piceetalia hineinreicht, daß der Art ein eindeutiger Schwerpunkt von diagnostischem Wert nicht zuerkannt werden kann.

So bleibt in der Konsequenz unserer Methode nichts anderes übrig, als Ohrweidenbusch und Ohrweiden-Birkenbruch (wie schon beim Salicetum pentandro-cinereae) in einer Assoziation zusammenzufassen, die lediglich in zwei Subassoziationen, das reine Salicetum auritae und das Salicetum auritae betuletosum pubescentis, gegliedert werden kann (Tab. 249 u. 250).

Beide Untergesellschaften haben nun, wie die meisten Alnetalia-Gesellschaften, einen nährstoffreichen und einen nährstoffärmeren Flügel, die als Varianten der Subassoziationen aufgefaßt werden müssen. Die reine Variante des Salicetum auritae weist allein *Salix aurita* auf, die von Säure- und Basenarmutszeigern wie *Carex rostrata, Agrostis canina, Sphagnum palustre* u. a. begleitet wird. Man kann von einer *Carex rostrata*-Variante sprechen. Eine zweite Variante wird durch *Salix cinerea* und Nährstoffzeiger wie *Cirsium oleraceum* oder *Angelica sylvestris* differenziert. Sie vermittelt als *Salix cinerea*-Variante zum Salicetum cinereae. Dabei gibt es im montanen Bereich Grenzfälle (mit und ohne *Betula pubescens*), die bereits als *Carex rostrata*-Ausbildung des

Salicetum cinereae definiert werden könnten. Sie sind in der Literatur, wie im vorliegenden unveröffentlichten Aufnahmematerial, verhältnismäßig selten vertreten, und es fragt sich zudem, ob bei den sowieso schwierig zu unterscheidenden Salix-Sippen nicht öfter Salix cinerea mit Salix × multinervis verwechselt wurde.

Das für unser Gebiet ziemlich umfangreich vorliegende Aufnahmematerial läßt zugleich – insbesondere beim reinen Salicetum auritae-Busch – regionale Unterschiede deutlich werden. Nur in Ostbayern finden sich die boreal-subkontinentalen Arten Calla palustris und Lysimachia thyrsiflora, so daß hier von einer östlichen Lysimachia thyrsiflora-Rasse des Salicetum auritae gesprochen werden kann.

4. Ass.: Salicetum cinereae Zolyomi 31

(Frangulo-Salicetum cinereae Oberd. 64 non Malc. 29, Alno-Salicetum cinereae Pass. 61 p. p.)

Der Grauweiden-Busch (Tab. 248/4)

Reine Salix cinerea-Gebüsche sind mit ihren physiognomisch charakteristischen Halbkugelformen ausschließlich in wärmeren Tieflagen und auf nährstoffreichen Niedermoor-Böden zu finden. Sie bilden hier fast immer ein Sekundär-Gebüsch, das im offenen Naßwiesen-Gelände auf potentiellen Erlenbruch-Standorten die Wiederbewaldung einleitet. So ist es auf der ganzen Oberrheinfläche, in den tief gelegenen Donauniederungen oder am Bodensee. Überall tritt hier die Ohrweide völlig zurück oder fehlt ganz. Auch im submontanen Bereich kann auf sich zersetzenden Moorböden Salix cinerea zur Vorherrschaft gelangen.

Bei der synsystematischen Fassung der Gesellschaft wurde vom Bearbeiter (Oberdorfer 1964) versucht, einen Bezug zu einer Salix cinerea-Assoziation herzustellen, die Malcuit (1929) aus dem südwestlichen Vogesenvorland beschrieben hat. Aus formalen wie auch soziologisch-inhaltlichen Gründen ist aber eine solche Bezugnahme nicht möglich. Malcuit beschreibt mit einem dreiteiligen Namen eine „association a Salix cinerea, Betula alba et Rhamnus frangula" und fügt in Klammer „Alnetum sphagnetosum" bei. In der Tat enthält die „synthetische" Liste zahlreiche Arten des Sphagno-Alnetum (vgl. S. 31), wie Osmunda regalis, Blechnum spicant oder Scutellaria minor. Auch wenn man die Gesellschaft als Salix cinerea-„Busch" gelten läßt, wird damit eine Gleichsetzung mit unseren südmitteleuropäischen Grauweiden-Gebüschen ausgeschlossen. Dagegen schließt sie zwanglos an eine westeuropäische Osmunda-Salix cinerea-Gesellschaft an, wie sie schon Allorge (1922) als „Thelypteris-Salix cinerea-Assoziation" aus dem Pariser Becken beschrieben hat und die zum atlantischen Osmundo-Salicetum atrocinereae Br.-Bl. et Tx 52 überleitet.

Halten wir Ausschau nach schon beschriebenen reinen Salix cinerea-Gesellschaften, die den unseren gleichen, so finden sich solche in identischer Zusammensetzung z. B. im pannonischen Tiefland, wo sie schon Zolyomi (1931) mit 2 Aufnahmen als Salix cinerea-Assoziation und dann unter gleichem Namen Soó (1951) mit 5 Aufnahmen belegt haben. In diesen Räumen herrschen in der Tat auch ähnliche klimatische und weitere ökologische Bedingungen wie etwa am Oberrhein, so daß die Fassung der Assoziation ohne Bedenken an die Nomenklatur der ungarischen Autoren angeschlossen werden kann.

Im ganzen ist das Salicetum cinereae im Gegensatz zum Salicetum auritae offenbar an nährstoffreichere Standorte gebunden. In der Weiterentwicklung tritt an die Stelle der Moorbirke meist Alnus glutinosa und zeigt mit anderen Arten den Übergang zum Carici elongatae-Alnetum an. Deshalb gibt es auch keinen reinen Salix cinerea-Birkenbruch.

Nur im höher gelegenen Oberpfälzer Jura (Roßkopf 1971) oder im Alpenvorland (Chiemgau, W. Braun 1961) zeichnet sich mit vereinzelt auftretenden *Betula pubescens* grp oder *Sphagnum palustre* eine weniger eutraphente submontane Ausbildung der Gesellschaft ab. Zugleich werden diese ostbayerischen Bestände den rheinischen gegenüber durch das Vorkommen von boreal-subkontinentalen Arten wie *Carex cespitosa* (Oberpfalz) oder *Lysimachia thyrsiflora* (Alpenvorland) wieder als östliche *Lysimachia thyrsiflora*-Rasse der Assoziation gekennzeichnet.

Inwieweit schließlich Gesellschaften mit *Salix cinerea* und *Salix aurita*, in denen *Salix aurita* zugunsten der *S. cinerea* ganz zurücktritt, die aber nach ihrer floristischen Struktur und Dynamik doch dem Salicetum auritae gleichen, noch hierher z. B. als Subassoziation mit *Molinia caerulea* gezogen werden oder besser trotz der Vorherrschaft der *Salix cinerea* als *Salix cinerea*-Varianten des Salicetum auritae behandelt werden sollen, bleibt angesichts der oben schon angesprochenen Unsicherheit bei der Identifikation des *Salix cinerea-aurita*-Komplexes zweifelhaft.

2. Verband: Alnion glutinosae Malc. 29 em. Müll. et Görs 58 (u. Moor 58)

Erlenbruch-Wälder (Tab. 248)

Waldartige, zur Hauptsache durch *Alnus glutinosa* aufgebaute Gesellschaften auf nassen, niedermoorartigen Böden mit hochanstehendem, stagnierendem oder langsam sickerndem und oft austretendem Wasser.

Neben den Kennarten werden die Erlenbruchwald-Gesellschaften den Weidengebüschen und den Birkenbruchwäldern gegenüber durch eine Reihe von Schatten- oder Halbschatten-ertragender Arten wie *Athyrium filix-femina, Dryopteris spinulosa* oder übergreifenden Arten des Alno-Ulmion wie *Fraxinus excelsior* differenziert, so daß insgesamt die Aufstellung eines eigenen Verbandes gut fundiert wird.

5. Ass.: Carici elongatae-Alnetum glutinosae W. Koch 26 ex Tx. 31

Der Walzenseggen-Roterlen-Bruchwald (Tab. 251)

Dieser mitteleuropäisch-subkontinental verbreitete, mit einer an Kenn- und Trennarten im nordöstlichen Europa am reichsten ausgestattete Erlenbruch ist im Gebiet vorwiegend auf tiefgelegene Niederungs- und Muldenlagen beschränkt und steht auf verhältnismäßig nährstoffreichen organischen Naßböden. Er ist heute in der Folge einer intensiven Landkultur durch Abholzung oder Entwässerung zu einem recht seltenen und nur zerstreut noch größerflächig auftretenden Bild geworden und damit als bemerkenswerte Pflanzengesellschaft stark gefährdet.

Eine regionale Gliederung ergibt sich einmal mit der Höhenlage, zum anderen im West-Ost-Gefälle. Gegenüber den tiefgelegenen planaren Formen am Rhein oder an der Donau fallen in submontaner Lage, z. B. im Pfälzer Wald oder in der Oberpfalz, das häufige Auftreten von Arten wie *Polygonum bistorta, Crepis paludosa* oder sogar *Aconitum napellus* grp auf (submontane *Polygonum bistorta*-Form). Im allgemeinen werden Seehöhen von 500−600 m nicht überschritten. Nur ausnahmsweise werden z. B. von Pfadenhauer (1969) aus dem Alpenvorland (Landkreis Füssen) Bestände mit vollständiger Artenkombination noch aus über 800 m Höhe mitgeteilt.

Mit der West-Ost-Richtung ergibt sich − wie bei den Gesellschaften des Salicion cinereae-Verbandes − eine deutliche Zunahme boreal-subkontinentaler Arten, die mit *Calla palustris* und

Carex cespitosa in der Oberpfalz oder *Calla* und *Lysimachia thyrsiflora* im Alpenvorland die Abtrennung einer östlichen *Calla*-Rasse von einer westlichen Rasse (die z. B. durch die Massenhaftigkeit von *Convolvulus sepium* auffällt) zulassen.

Auch die soziologisch-standörtliche Gliederung entspricht den Verhältnissen bei den Salicion cinereae-Gesellschaften. Einer nährstoffarmen Ausbildung mit *Molinia caerulea, Sphagnum palustre* oder einzeln eingestreuter *Betula pubescens* grp steht neben einer reinen Ausbildung eine mit Nährstoffen offenbar besser versorgte mit *Carex acutiformis.* Sie ist besonders deutlich bei den submontanen Beständen der Assoziation ausgeprägt, während in den warmen und zugleich kulturintensiven Tieflagen naturgemäß die Ausbildung mit den Nährstoffzeigern fast allein herrscht. Als Beispiel der soziologischen Gliederung übernehmen wir mit Tabelle 251 in synthetischer Darstellung das von Pfadenhauer (1969) zusammengestellte Aufnahmematerial der Carici elongatae-Tabelle, die zugleich die östliche *Calla*-Rasse der Assoziation in ihrer submontanen Form zeigt. – Bei beiden Subassoziationen lassen sich zusätzlich *Cardamine amara*-Varianten abgliedern, die mit dem Bitter-Schaumkraut auf Sickerwasser und bessere Bodendurchlüftung schließen lassen. Sie entsprechen dem schon von Meijer-Drees (1936) und Tüxen (1937) aus dem nördlichen Tiefland beschriebenen „Alnetum cardaminetosum amarae", das an Alno-Ulmion-Gesellschaften anklingt. So gesellt sich im Gebiet zur *Cardamine amara* oft auch *Carex remota,* ohne daß das vorliegende süddeutsche Material wie im Norden, getrennt vom „cardaminetosum amarae", eine selbständige Subassoziation mit *Carex remota* erkennen läßt.

Mit Entwässerungsmaßnahmen verbundene Grundwasser-Absenkungen bewirken im übrigen im Umkreis fast aller noch bestehender Erlenbruchwaldflächen, ausgelöst durch Humuszersetzung und Nährstoffmobilisierung, das Eindringen von Eschen, Traubenkirschen oder dem Schneeball sowie einiger anspruchsvoller Gräser und Kräuter des Alno-Ulmion-Verbandes.

6. Ass.: Sphagno-Alnetum glutinosae Lemée 37 n. inv. Oberd.

(Alneto-Sphagnetum Lemée 37, Cariceto laevigatae-Alnetum sphagnosum Schwick. 38, Blechno-Alnetum Oberd. 57, Sphagneto-Alnetum trichocoleetosum Maas 59, non: Sphagno-Alnetum Pass. 68)

Der Torfmoos-Erlenbruchwald (Tab. 248/6)

Diese westeuropäisch-atlantisch verbreitete, von Roterlen *(Alnus glutinosa)* und mehr oder weniger stark beigemengter Moorbirke *(Betula pubescens* grp) begleitete Bruchwaldgesellschaft erreicht unser Gebiet von Westen her in der Pfalz und am Oberrhein und kann ausklingend verarmt bis in den Schwäbischen Wald (Rodi 1956) verfolgt werden. Sie ist in der älteren pflanzensoziologischen Literatur zunächst, und nicht gültig belegt, als Alnetum sphagnetosum oder „Aulnai à Sphagnes" (Allorge 1922; Gaume 1924; Malcuit 1929) oder als Alnetum atlanticum (Oberdorfer 1936) angesprochen worden.

Eindeutig unter dem Namen Alneto-Sphagnetum als Assoziation beschrieben und durch eine Tabelle mit 7 Aufnahmen belegt, wurde sie erstmals durch Lemée (1937) aus Westfrankreich. Die Artengarnitur ist dabei völlig identisch mit dem, was ein Jahr später Schwickerath (1938) unter dem Namen Cariceto laevigatae-Alnetum aus der Eifel veröffentlicht hat. Nach dem Prioritätsprinzip der pflanzensoziologischen Nomenklatur-Empfehlungen (Barkmann, Moravec u. Rauschert 1976) verdient deshalb die Leméesche Bezeichnung den Vorrang vor dem von Schwickerath geprägten Namen. Nur sollte nach den genannten Empfehlungen eine Umstellung des Namens zu der korrekten Bezeichnung Sphagno-Alnetum glutinosae erfolgen (vgl. S. 145).

Kennarten der Gesellschaft sind die (im Gebiet bereits ausfallende) Glatte Segge *(Carex laevigata)* und der prächtige, Schutz genießende Königsfarn *(Osmunda regalis)*. Dazu treten einige luftfeuchtigkeitsbedürftige und lokal an die Assoziation gebundene Kenn- oder Trennarten wie *Blechnum spicant, Thelypteris limbosperma* oder *Trichocolea tomentella*. Bezeichnend sind auch einige aus der Nachbarschaft übergreifende Subatlantiker wie *Ilex aquifolium* oder *Lonicera periclymenum*.

Im ganzen ist die Assoziation mehr als das Carici elongatae-Alnetum an etwas quellige und durchsickerte, durchweg basenarme oligo-mesotrophe Standorte gebunden. Eine sinnvolle soziologische Untergliederung ist an Hand des vorliegenden geringen Materials, das die Seltenheit der Gesellschaft im Gebiet widerspiegelt, kaum durchführbar. An Hand eines ganz Westeuropa umfassenden Materials hat Bodeux (1955) die Assoziation in eine Subassoziation mit *Sphagnum palustre* und eine solche mit *Valeriana procurrens* gegliedert, wobei die letztere z. B. mit *Carex remota,* ähnlich wie beim Carici elongatae-Alnetum, den Übergang zum Alno-Ulmion anzeigt.

7. Ges.: Caltha palustris-Alnus glutinosa-Gesellschaften

(Urtico-Alnetum Fuk. 61)

Sumpfdotterblumen-Erlenwald, Trockener Erlenbruch (Tab. 252)

Im Grenzbereich des Carici elongatae-Alnetum oder in Bachauen gibt es gelegentlich *Alnus glutinosa*-Bestände, die weder Kennarten des Alnion noch solche bekannter Alno-Ulmion-Assoziationen aufweisen. Sie stehen ihrer Flora nach zwischen diesen Verbänden und sind schon, auch im nördlichen Mitteleuropa in ähnlicher Artenzusammensetzung vorkommend, z. B. von Fukarek (1961) als „Trockener Erlenbruch" (Urtico-Alnetum) bezeichnet worden.

Auffällig für die Gesellschaften unseres Gebietes ist neben der nicht immer häufigen Brennessel das gleichmäßig kräftige Auftreten der Sumpfdotterblume *(Caltha palustris)*. Dazu kommt ein bemerkenswert guter Wuchs der Erlen oder auch der beigemischten Eschen.

Die Standorte sind im allgemeinen nicht mehr torfig, sondern humos-mineralisch, tonig und basenreich. Stehen die Bestände einmal auf Anmoor, so ist dieser gut zersetzt oder von tonigen Einschwemmungen unterbrochen. Das hochanstehende Grundwasser ist nicht stagnierend, sondern ± lebhaft bewegt. In Tabelle 252 sind zwei Beispiele aus dem Westen und dem Osten des Gebietes, aus kolliner und submontaner Stufe, einander gegenübergestellt.

Da der Gruppenwert der Querco-Fagetea-Arten denen der spezifischen Alnetea glutinosae-Zeiger gegenüber doch ein deutliches Übergewicht zeigt (vgl. z. B. *Ficaria verna* oder *Impatiens noli-tangere)*, neigt Th. Müller (1985) dazu, Teile der in Tabelle 252 dargestellten Gesellschaften noch zum Auewald-Verband des Alno-Ulmion zu stellen, wobei die *Caltha palustris-Alnus glutinosa*-Gesellschaft (Philippi 1982) noch dem Ribeso-Fraxinetum, die östliche *Urtica-Alnus glutinosa*-Gesellschaft (Roßkopf 1971) als Grenzgesellschaft zum Pruno-Fraxinetum gezogen wird. Beide Gesellschaften seien in einigen Beispielen doch an dieser Stelle im Rahmen der Alnetea glutinosae dargestellt, einmal, weil ihre Bestände in der Literatur meist im Rahmen der Erlenbruchwälder behandelt werden, zum anderen, weil sie tatsächlich sehr oft wenigstens teilweise doch besser als Übergänge zu den Alnetea glutinosae gestellt werden sollten.

Klasse: Pulsatillo-Pinetea sylvestris (E. Schmid 36) Oberd. in Oberd. et al. 67 em.

(Pyrolo-Pinetea Oberd. in Th. Müller 66 p. p.)

Kiefern-Steppenwälder (Tab. 253, 254)

Von E. Oberdorfer

Die Frage, ob es spezifisch an die Waldkiefer *(Pinus sylvestris)* gebundene Pflanzenarten gibt, welche die Aufstellung selbständiger Kiefernwald-Assoziationen rechtfertigen, ist durchaus positiv zu beantworten.

Im allgemeinen muß zwar die Waldkiefer selbst als eine Art betrachtet werden, die – ohne besondere Ansprüche an die Bodenverhältnisse zu stellen – sich in der Strauch- und Kraut-schicht mit ganz unterschiedlich gearteten Vegetationsbildern zusammenfinden kann. Sie stellt im mitteleuropäischen Laubwaldgebiet eine Reliktart dar, die – aus dem Osten eingewandert – Europa in der Späteiszeit und frühen Nacheiszeit mit einem ersten Waldkleid überzog und in der Folgezeit von den dann klimatisch begünstigten Laubholzarten auf alle möglichen Sonderstand-orte, wohin ihr das Laubholz nicht zu folgen vermochte, zurückgedrängt wurde: an den Rand von Mooren, auf trockene lockere Sandböden, auf Felsen oder trockene Steinhänge. Sie kann als Pionierholzart, schütter stehend, in trockene Festuco-Brometea-Rasengesellschaften oder in nasse Oxycocco-Sphagnetea-Gesellschaften eindringen und hält sich mit nicht unbedeutendem Holzartenanteil auch in Grenzgesellschaften z.B. des Quercion pubescenti-petraeae, des Quer-cion robori-petraeae (Vaccinio-Quercetum) oder sogar des Fagion (Carici-Fagetum).

Wenn *Pinus sylvestris* so auf der einen Seite als soziologisch unspezifische Art betrachtet werden muß, so gibt es auf der anderen Seite doch Kiefernwaldtypen, die schwerpunktmäßig an die Waldkiefer gebundene Kennarten aufweisen.

So ist im nordöstlichen oder zentralen Europa auf basenarmen, sehr bodensauern, feuchten bis mäßig trockenen Standorten *Dicranum rugosum (D. undulatum, D. polysetum)* eine charak-teristische Art artenarmer und an *Vaccinium*-Arten reicher borealer Kiefernwaldgesellschaften. Auf basenreichen, trockenen oder nur mäßig frischen, sandigen oder steinigen Böden verbinden sich auf den sich aus nur schwer zersetzender Nadelstreu bildenden Moderhumus-Oberböden – oft wieder neben *Dicranum rugosum* oder *Vaccinium*-Arten – zahlreiche andere Kiefern-gebun-dene Kennarten mit einer bezeichnenden Begleitflora von Basenzeigern zu einer charakteristi-schen Artenkombination.

Auf steinig-flachgründigen Böden der Alpen ist es z.B. die Schneeheide *(Erica herbacea)*, die mit der Kiefer (Wald- und Bergkiefer) vergesellschaftet neben anderen Kennarten und zahlreichen Basenzeigern gut gekennzeichnete Assoziationen aufbaut. Darauf wird unten noch einmal zurückzukommen sein.

Im nordöstlichen Europa und daran anschließend in klimatisch subkontinental getönten Teil-landschaften Zentraleuropas erscheinen vor allem über trockenen basenreichen Sandböden, aber auch über standörtlich entsprechenden Kalksteinböden, neben einer neutrophilen bis basiphilen

Begleitflora z. B. *Chimaphila umbellata, Pyrola chlorantha, Diphasium complanatum, Viola rupestris* u. a. als an Moderhumus gebundene Kennarten eines subkontinentalen Kiefern-Steppenwaldes.

Da diese Gesellschaften neben den genannten Arten auch noch *Dicranum rugosum* oder *Vaccinium*-Arten enthalten können, hat Libbert (1932), der als erster die Kiefernwaldgesellschaften des nordöstlichen Mitteleuropa an Hand von Charakterarten soziologisch-systematisch zu erfassen versuchte, die zuvor von Hueck (1931) noch als Pinetum herbosum und Pinetum myrtilletosum getrennten artenreichen und artenarmen Kiefernwälder in einem Begriff, dem Pinetum sylvestris neomarchicum, vereint und einem Pinion medioeuropaeum zugeordnet. Ähnlich verfuhr dann auch R. Knapp (1948 und Manuskriptvervielfältigungen 1942), der die entsprechend komplex gefaßte Gesellschaft nomenklatorisch korrekter Dicrano-Pinetum und den Verband Dicrano-Pinion nannte. Ihm folgte in seiner Darstellung der subkontinentalen Pineten auch Oberdorfer (1957), der das Dicrano-Pinion und das Erico-Pinion in einer Ordnung Pinetalia zusammenfaßte.

Eine klare Trennung der beiden Gesellschaften vollzog erst Fukarek (1961), der den artenarmen Kierfernwaldtypus „Myrtillo-Pinetum Passarge 1957" und den artenreichen in Anlehnung an den „Pyrola-Kiefernwald" von Meusel (1952) Pyrolo-Pinetum nannte. Auch Matuszkiewicz (1962) vollzog die Trennung in ein artenarmes Leucobryo-Pinetum (Myrtillo-Pinetum) und das artenreiche Peucedano-Pinetum (Pyrolo-Pinetum). In beiden Fällen wurden aber, ähnlich wie bei Fukarek, die zwei Gesellschaften im beibehaltenen Dicrano-Pinion-Verband den Vaccinio-Piceetea unterstellt.

Aber das kann eindeutig nur für die artenarmen *Dicranum*- und *Vaccinium*-reichen Kiefernwälder gelten, die am besten einem emendierten Verband Dicrano-Pinion (Boreale Kiefernwälder) mit dem Leucobryo-Pinetum Mat. 62 und dem Vaccinio uliginosi-Pinetum de Kleist 29 den Vaccinio-Piceetea zugeordnet bleiben (vgl. Oberdorfer 1979).

Bei den artenreichen Kiefernwäldern ist aber eine solche floristische Bindung nicht immer zu erkennen. So beschrieb Krausch (1962) einen „Sand-Kiefernwald" (Diantho arenarii-Pinetum) mit Aufnahmen aus Brandenburg und einer Zusammenstellung von Aufnahmen aus Rußland, der seiner Kennartengarnitur nach durchaus mit dem oben genannten Pyrolo-Pinetum (Peucedano-Pinetum) identisch ist, aber so gut wie keine oder nur gelegentliche Arten der Vaccinio-Piceetea enthält. Er bezweifelt denn auch, ob der Anschluß dieser subkontinentalen Kiefern-Steppenwälder an die Vaccinio-Piceetea den natürlichen Gegebenheiten entspricht und schlägt einen selbständigen Kiefernsteppenwald-Verband Cytiso ruthenici-Pinion Krausch 62 vor, dessen Anschluß an übergeordnete Einheiten aber als Frage offengelassen wird.

Auf der Suche nach der Möglichkeit einer solchen höheren Einheit haben wir − anknüpfend an den Begriff des „*Pulsatilla*-Kiefernwaldgürtels" von E. Schmid (1936) − an die Aufstellung einer Klasse der Pulsatillo-Pinetea (Oberdorfer in Oberdorfer et al. 1967) gedacht. Allerdings hat E. Schmid seinen Beriff auf deduktivem Wege ermittelt, und es ist zu prüfen, inwieweit die insbesondere für den Umkreis von ihm genannten und durch Tabellen belegten Gesellschaften einem unvoreingenommenen induktiven Vorgehen beim Aufbau eines Vegetationssystems standhalten.

Keinen Zweifel für den Zusammenhang mit den osteuropäischen Kiefernwäldern kann es nach Schmids Tabelle für die durch *Chimaphila, Pyrola chlorantha*, u. a. ausgezeichnete „*Pyrola-Pinus*-Assoziation" geben, die er als Klimax-Gesellschaft seines Gürtels betrachtet. Auch die inneralpinen *Ononis rotundifolia*- und *Astragalus*-reichen Gesellschaften zeigen nach den Tabellen eine überraschende Ähnlichkeit mit den osteuropäischen Kiefernwäldern, nicht nur in den charakteristischen Arten, sondern auch in der Begleitflora, wobei sich hier wie dort Kontakte mit Steppenrasengesellschaften der Festucetalia valesiacae ergeben (Tab. 253).

Zwar hat Braun-Blanquet (in Braun-Blanquet et al. 1939) die auf Grund der induktiven Tabellenarbeit abgeleitete *Ononis rotundifolia-Pinus sylvestris*-Assoziation und den später abgeleiteten Ononido-Pinion-Verband (Braun-Blanquet 1945) zu den Vaccinio-Piceetea gestellt (vgl. R. Sutter 1978); das floristische Gesamtbild zeigt aber wie schon die Tabellen bei E. Schmid nur wenige Arten, die mit dieser Klasse verbinden, dagegen in der charakteristischen Artenkombination eine viel engere Verwandtschaft mit der Struktur der osteuropäischen Kiefernwälder.

Fast keine Beziehungen zu den Kiefern-Steppenwäldern besitzen die meisten der von E. Schmid ebenfalls zum *Pulsatilla*-Kiefernwald-Gürtel gestellten Schneeheide-Kiefernwälder, die Braun-Blanquet (in Braun-Blanquet et al. 1939) in einem Erico-Pinion-Verband zusammengeschlossen hat. Doch auch die von Braun-Blanquet wieder vorgenommene Zuordnung des Verbandes zu den Vaccinio-Piceetea hat ihre Tücken!

Darauf hat als erster I. Horvat (1959) aufmerksam gemacht und betont, daß der Großteil der zum Erico-Pinion bzw. seinem südosteuropäischen Orno-Ericion Horvat 56 zu zählenden Gesellschaften überhaupt nichts mit den Vaccinio-Piceetea floristisch Verbindendes aufzuweisen haben. Das ist nur der Fall bei den aus montanen bis hochmontanen Lagen beschriebenen Assoziationen, wo in einem kühl-humiden Klima die Humuszersetzung verzögert abläuft.

Horvat schlug deshalb vor, die Schneeheide-Kiefernwälder in eigenen höheren Einheiten zusammenzufassen, also in einer Ordnung der Erico-Pinetalia und einer Klasse der Erico-Pinetea. Das leuchtet um so mehr ein, als alle Kennarten dieser Vegetationseinheiten eine oreophil-meridionale Verbreitung besitzen, die mit dem ganzen Vegetationskomplex ausschließlich auf die Hochgebirge von den Alpen bis zu den Dinariden beschränkt sind.

Natürlich gibt es Übergänge und Vermischungen in den Berührungsgebieten der Kiefernwald-Einheiten, z. B. von Erico-Pinion mit Ononido-Pinion-Gesellschaften, so wie Erico-Pinion-Arten auch im nördlichen Alpenvorland in die osteuropäischen Cytiso ruthenici-Pinion-Gesellschaften übergreifen oder in vielen Fällen Ausbildungen mit Vaccinio-Piceetea-Arten auftreten.

Im ganzen kann man die Beziehungen und die synsystematische Zuordnung in folgendes Bild bringen:

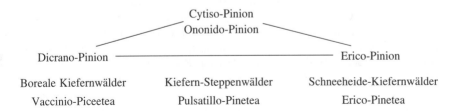

Wollte man im übrigen trotz unserer entgegengesetzten Überlegungen und in Übereinstimmung mit dem Vorgehen von E. Schmid (1936) die *Erica herbacea*-Pineten bei der Klasse der *Pulsatilla*-Kiefern-Steppenwälder belassen, so müßte die Klasse nach dem Vorschlag von Oberdorfer (in Th. Müller 1966) oder von Korneck (in Oberdorfer et al. 1967) Pyrolo-Pinetea Oberd. in Müller 66 heißen.

Neben den Pulsatillo-Pinetea Oberd. 67 hat nun Rivas Martinez bereits 1964 für spanische Kiefernwälder (als nomen nudum) eine Klasse der Pino-Juniperetea aufgestellt. Dabei ist zu klären, inwieweit dieser Begriff mit den osteuropäischen Kiefern-Steppenwäldern − also den Pulsatillo-Pinetea − gleichgesetzt werden kann. Mit *Arctostaphylos uva-ursi, Juniperus sabina* oder *J. sibirica* besteht zweifellos eine deutliche Beziehung zu den östlichen und inneralpinen Kiefernwäldern. So haben denn auch in der Folgezeit Rivas Martinez und J.-M. Géhu (1978) sowie J. L. Richard (1984) nicht nur die Gesellschaften des Ononido-Pinion, sondern auch die des Erico-Pinion zu dieser Klasse gestellt. Im ganzen gibt es aber zwischen dem Ononido-

Pinion und dem östlichen Cytiso rhutenici-Pinion viel mehr floristische Gemeinsamkeiten als zwischen den alpinen und den spanischen Gesellschaften. Die spanischen Einheiten stellen sich als verarmter Ausklang des „Pulsatilla-Waldsteppengürtels" dar, mit soviel Eigengut an westmediterranen Arten (wie *Genista purgans* u. a.), daß es sinnvoller erscheint, diese zwar in einer regional begründbaren Ordnung Pino-Juniperetalia Riv. M. 64 zu belassen, die Ordnung selbst aber den floristisch umfassender belegten Pulsatillo-Pinetea zu unterstellen. Dabei sollten, wie schon gesagt, die Erico-Pinetalia außerhalb dieser Klasse bleiben.

Die synsystematische Beurteilung aller dieser Kiefernwaldgesellschaften wird durch zwei Umstände erschwert: einmal durch den Lichtholzcharakter von *Pinus sylvestris* und dann durch die Rolle, die der Baum im Zusammenhang damit als Pionierholzart spielt.

Der ausgesprochene Lichtholzcharakter bedingt insbesondere auf den basen- und nährstoffreichen Standorten, bei den Pulsatillo-Pinetea wie bei den Erico-Pinetea, einen sehr großen Reichtum an Arten. Neben den für die Gesellschaften spezifischen Kennarten bestehen für zahlreiche Pflanzen der Trockenrasen (Festuco-Brometea), der Saumgesellschaften (Trifolio-Geranietea) oder auch anspruchsvoller Gebüsche des Berberidion in einem stabilen Dauergleichgewicht gute Lebensmöglichkeiten. Die arten- und mengenmäßig beschränkte Zahl der Kiefernwald-Kennarten gerät dadurch so sehr ins Hintertreffen, daß das für die synsystematische Zuordnung in anderen Fällen (Rasengesellschaften, Schattwälder) so hilfreiche Kriterium der Artengruppenmächtigkeit nicht angewandt werden kann. Es müßten sonst zahlreiche artenreiche Kiefernwälder den Festuco-Brometea, den Trifolio-Geranietea oder den Prunetalia zugeschlagen werden. Hier kann allein die Präsenz und Abundanz der spezifischen kiefernbegleitenden Kennarten der Assoziationen und Verbände über die Zuordnung zu einem floristisch bestimmten Typus entscheiden.

Erst wenn diese Arten fehlen, wird man − wie bei der Lichtholzart Lärche − oft nur von „Kiefernwiesen" sprechen können, die zu einer soziologischen Einheit außerhalb der Waldsystematik gehören. Auch ist zu bedenken, daß es sich bei der Mischung mit anderen Klassen zugehörigen Arten unter extremen Standortsbedingungen in den meisten Fällen um ein stabiles Gleichgewicht von Dauergesellschaftscharakter handelt. Viele der xerothermen und heliophilen Arten dürften in solchen Pineten eine natürliche Heimstatt haben! Das schließt nicht aus, daß es auch anthropogen sekundäre Ausbildungen dieser Gesellschaften gibt.

Eine zweite Schwierigkeit für das Erkennen und die scharfe Abgrenzung natürlicher Kiefernwaldgesellschaften ist im Pionier-Verhalten der Waldkiefer begründet. Sie kann auf gestörten oder devastierten Laubholzstandorten als Vorholz eindringen, unter deren Schirm sich aber bei natürlich ablaufender Entwicklung wieder Laubhölzer wie Eiche oder Buche einstellen. Im Höhenkiefernbereich kann es übrigens auch die Weißtanne oder Fichte sein, die einem initialen Kiefernstadium folgt.

Da nun aber die Waldkiefer seit eh und je eine begehrte Nutzholzart war, ist das Kiefern-Stadium gewollt und ungewollt gefördert und stabilisiert worden. Ja, es wurde schließlich der Kiefernanbau künstlich auf Standorte ausgedehnt, die von Natur aus allein dem Laubholz gehören und die nun auf ausgedehnten Flächen das Bild der „Kiefern-Forstgesellschaften" darbieten. Meist reichte aber auf solchen durch ein subozeanisches Klima geprägten Standorten die soziologisch aufbauende Kraft der Kiefer doch nicht aus, das ursprüngliche Vegetationsbild im Sinne natürlicher Pineten zu verändern. Es entstehen dabei auf basenarmen Böden oft schwer einzuordnende Kiefernforstgesellschaften mit Heidekraut oder Heidelbeere (vgl. Meisel-Jahn 1955). Auf basenreichen Böden können die oben genannten „Kiefernwiesen" entstehen. Es gibt aber auch zahlreiche Kiefernforste, deren Querco-Fagetea-Charakter noch durchaus erhalten bleibt. So ist z. B. der „*Teucrium scorodonia*-Kiefernforst" (Philippi 1970) durch seine Kennartengarni-

tur noch eindeutig als Kiefern-Variante des Holco-Quercetum (Quercion robori-petraeae) erkennbar. Ähnliche Beispiele gibt es auch für Fagetalia- oder Quercetalia pubescenti-petraeae-Gesellschaften, die mit *Pinus sylvestris* überbaut wurden.

Wo wir uns aber nach Klima und Boden im Bereich potentieller natürlicher Kiefernwaldgesellschaften befinden, ist es leicht möglich, daß in der Folge der Kiefernwirtschaft das Areal
oder Vorkommen des Pyrolo-Pinetum wie des Leucobryo-Pinetum künstlich erweitert oder erst
geschaffen wurde, wobei es nicht immer leicht ist, die zwar aktuell eindeutig zu definierende
Gesellschaft als primäre oder sekundäre Erscheinung zu erkennen.

1. Ordnung: Pulsatillo-Pinetalia sylvestris Oberd. in Th. Müll. 66

Subkontinentale Küchenschellen-Kiefernwälder, Kiefern-Steppenwälder

Die Zuordnung der nördlichen und südlichen Kiefern-Steppenwald-Verbände zu jeweils eigenen
Ordnungen ist zunächst eine Ermessensfrage und nicht unmittelbar zwingend. Die große Mannigfaltigkeit und die große Anzahl von Kennarten gerade der inneralpinen, meridional-kontinen-
talen Gesellschaften läßt es aber zweckmäßig erscheinen, den synsystematischen Rahmen weiter
zu spannen. Vielleicht ist es zudem möglich, auch die Juniperion sibiricae-Gesellschaften der
Inneralpen mit *Arctostaphylos uva-ursi*, *Juniperus sibirica*, *J. sabina* und *Pinus cembra* mit dem
Ononido-Pinion-Verband zu verknüpfen. Denkt man weiter an die in diesem Verband so charakteristischen *Astragalus*-Arten, die zu einem großen Teil den Schwerpunkt ihrer Verbreitung im
Süden Osteuropas, von Ungarn bis Süd-Rußland, besitzen und dort sicher nicht nur in Steppen-
rasen, sondern auch in Kiefern-Steppenwäldern vorkommen, so bietet sich eine weiter gefaßte
Ordnung an, die man als Astragalo-Pinetalia bezeichnen könnte.

Jedenfalls sollte dann, wenn man bei den meridionalen Kiefern-Steppenwäldern das Feld für
Einheiten in einer Ordnung offenläßt, auch bei den weit verbreiteten boreal-kontinentalen
Gesellschaften oberhalb des bis jetzt allein belegten Verbandes Cytiso-Pinion Raum für die
Kategorie einer Ordnung bleiben, für welche die Bezeichnung Pulsatillo-Pinetalia vorgeschlagen
wurde.

Die geographische Grenze zwischen den Pulsatillo-Pinetalia und den Astragalo-Pinetalia
dürfte in etwa durch Ungarn und Südrußland verlaufen. Aber das bleibt zunächst nur Spekula-
tion. Ein Festuco vaginatae-Pinetum, das Soó (1971) mit *Dianthus arenarius*, *Pulsatilla nigricans*, *Scorzonera purpurea*, *Pyrola chlorantha*, *Monotropa hypopitys* und *Dicranum rugosum*
aus Ungarn beschreibt, scheint nach Maßgabe der genannten Arten noch zum Cytiso-Pinion,
also den Pulsatillo-Pinetalia, zu gehören. Auch bei Kiew (Ukraine) sahen wir Kiefernwälder, in
denen man sich − sah man von *Cytisus ruthenicus* ab − ganz in die Pyrolo-Pineten der
nördlichen Oberrheinebene versetzt fühlen konnte.

1. Verband: Cytiso ruthenici-Pinion sylvestris Krausch 62 (corr. Oberd. 83)

(Dicrano-Pinion Matuszk. 62 p-p.)

Boreal-subkontinentale Kiefern-Steppenwälder

Dieser bis jetzt allein beschriebene Verband der Pulsatillo-Pinetalia erreicht mit dem Pyrolo-
Pinetum von Osteuropa her auch noch den süddeutschen Raum und dürfte hier, wenigstens in

seiner charakteristischen Ausprägung, an der absoluten Westgrenze seiner Verbreitung stehen. Wir übernehmen hier den eindeutigen Verbandsbegriff von Krausch (1962), nachdem die älteren Begriffe wie Pinion Libb. 33 oder Dicrano-Pinion Matuszk. 62, wie oben dargelegt, zu weit gefaßt worden waren.

1. Ass.: Pyrolo-Pinetum sylvestris (Libb. 33) E. Schmid 36

(Pinetum sylvestris neomarchicum Libb. 33 p. p., Pinus-Pyrola-Ass. E. Schmid 36, Pyrolo-Pinetum Br.-Bl. in Br.-Bl. et al. 39, Dicrano-Pinetum Knapp 48 p. p., Pyrola-Kiefernwald Meusel 52, Pyrolo-Pinetum Meus. 52 apud Fukarek 61, Peucedano-Pinetum Matuszk. 62, Anemoneto sylvestris-Quercetum Oberd. 57 p. p.)

Der subkontinentale Wintergrün-Waldkiefern-Steppenwald (Tab. 253)

Das Pyrolo-Pinetum vermittelt insbesondere in Süddeutschland in der gewohnten Laubwald-Umgebung nach Bild und Artengehalt einen überraschend fremdartigen Eindruck. Es kann in seinen Beständen allerdings heute bei der gewollt und ungewollt großen Verbreitung der Waldkiefer nicht immer leicht als natürliche Gesellschaft erkannt und abgegrenzt werden.

Als bodenständig kann die Assoziation jedenfalls nur da betrachtet werden, wo sich trockene, leicht sich erwärmende, meist sandige Standorte mit kalk- oder sonst basenreichen Unterböden mit einem niederschlagsarmen Klima verbinden. Solche Voraussetzungen sind in Süddeutschland nur an wenigen Orten gegeben, z.B. in den Sandgebieten der nördlichen Oberrheinebene, an einigen Stellen des Frankenlandes sowie im östlichen Niederbayern.

Die Gesellschaften erinnern alle in ihrer Physiognomie und in ihrer Artenzusammensetzung an osteuropäische Kiefernwälder, die hier inselartig verloren wie Absprengsel der osteuropäischen Vegetationswelt wirken. Der Eindruck wird noch dadurch verstärkt, daß sie meist räumlich wie genetisch mit offenen Trockenrasengesellschaften verschwistert sind, die mit ihren Florenelementen ebenfalls nach Osteuropa weisen und die im Gebiet als Steppenrasen z.B. des Festucion valesiacae- oder des Koelerion glaucae-Verbandes ebenso isoliert stehen wie der Wintergrün-reiche Kiefernwald.

Die Gesamterscheinung legt den Gedanken nahe, diesen ganzen Vegetationskomplex als Relikt der nacheiszeitlichen Kiefernwälder zu verstehen, wie wir sie schon einleitend geschildert haben.

Die seither allgemein vertretene Ansicht ist allerdings neuerdings auch schon bestritten worden (Philippi 1970), und es ist natürlich nicht leicht (so lange paläobotanische Beweise fehlen), das Evidente zu verifizieren. Sicher sind nach der frühmittelalterlichen Landnahme, den weiträumigen Waldzerstörungen und der nachfolgenden Begünstigung der Waldkiefer die vielleicht ursprünglich nur begrenzten Vorkommen der Steppenrasen und Kiefern-Steppenwälder nachträglich erweitert worden. In der Tat sind heute zahlreiche Kiefernbestände in den potentiellen Pyrolo-Pinetum-Gebieten nachzuweisen, die zwar synsystematisch zu der genannten Assoziation gehören, aber ganz offensichtlich rasch von Laubhölzern abgebaut werden, also sekundärer Natur sind. Trotzdem ist es schlecht vorstellbar, daß diese östlichen Vegetationsbilder mit ihren so zahlreichen, isoliert vorkommenden subkontinentalen Florenelementen ihr Dasein ausschließlich einer nachträglichen Einschleppung durch den Menschen verdanken.

Bevor wir uns der Einzelschilderung der in Süddeutschland vorkommenden und durch Aufnahmen belegten Wintergrün-Kiefernwälder zuwenden, muß zunächst noch etwas zur Nomenklatur der Gesellschaft gesagt werden. Als Assoziation mit spezifischen Kennarten und der eigentümlichen Mischung von säureliebenden Nadelholzbegleitern mit basenliebenden Saum- und Trockenrasenarten ist sie zunächst, − nicht zufällig, da hier weit verbreitet − aus dem ehemaligen Nordostdeutschland von Libbert (1933) als Pinetum sylvestris neomarchicum beschrieben worden. Der Begriff mit der nicht zu empfehlenden geographischen Bezeichnung war zu komplex gefaßt und schloß auch Bestände ein, die artenarm und beerstrauchreich in der floristischen Konsequenz später als eigene Assoziation Leucobryo-Pinetum Mat. 62 abgegliedert werden mußten. Er kommt also als Erstname für unseren Kiefernwaldtypus nicht in Frage, ebensowenig wie die schon zuvor von Kobendza (1930) geprägten Bezeichnungen für polnische Kiefernwaldtypen, die nach unserem methodischen Verständnis insgesamt zu einem einzigen Assoziationstypus gestellt werden müssen (Pineto-Festucetum, Pineto-Muscinetum, Pineto-Callunetum usw.)

Unabhängig davon beschrieb E. Schmid (1936) einen *Pyrola*-reichen Kiefernwald aus der Schweiz und aus Kärnten, für den er in einer Tabelle mit 5 Aufnahmen die gleichen Arten wie Libbert: *Chimaphila umbellata, Pyrola chlorantha* und *Diphasium complanatum* als Charakterarten angibt. Wenn die Gesellschaft auch nicht so reich an Arten ist wie die osteuropäischen Kiefernwälder und dafür einige alpigene Florenelemente enthält, so besteht trotzdem eine weitestgehende Übereinstimmung der charakteristischen Artenkombination. Und wenn auch E. Schmids Tabelle mit „Pinetum sylvestris pyrolosum" überschrieben wird, so heißt es im Text (S.30) zum „*Pulsatilla*-Waldsteppengürtel" doch: „Die klimatische Klimaxgesellschaft ist die *Pinus sylvestris*-Waldsteppe, und zwar die *Pinus-Pyrola*-Assoziation". Wir möchten deshalb nicht zögern, in dieser Benennung eine erstmalige exakte Bezeichnung für die in Frage stehende subkontinentale Kiefernwaldgesellschaft zu sehen, zumal auch in der anschließenden allgemeinen Schilderung des Waldtyps alle die Arten genannt werden, die für die Assoziation bezeichnend sind.

Als „Pyrolo-Pinetum" hat dann auch Braun-Blanquet (in Braun-Blanquet et al.) 1939 mit einer vollständigen Aufzählung der Arten (allerdings ohne Mengenangaben) die *Pyrola*-reiche Kiefernwaldgesellschaft auf den Sand-Standorten der nördlichen Oberrheinebene geschildert. In der Folgezeit wurde ein der Libbertschen Gesellschaft entsprechender Waldtypus von Rügen durch Meusel (1952) als *Pyrola*-Kiefernwald bezeichnet. Fukarek (1961) prägt für eine gleich strukturierte Gesellschaft des Darß unter Bezug auf Meusel den Namen Pyrolo-Pinetum Meusel 52. Ein zuvor schon von Knapp (1948) für die subkontinentalen „Moos-Kiefernwälder" geprägter Name Dicrano-Pinetum (mit *Dicranum rugosum* als Kennart), wie er als Begriff auch von Oberdorfer (1957) übernommen wurde, muß deshalb verworfen werden, weil er wie bei Libbert (1933) zu weit gefaßt war und neben dem Pyrolo-Pinetum auch noch das artenarme Leucobryo-Pinetum einschloß. Nach der von Matuszkiewicz durchgeführten Aufgliederung des Dicrano-Pinetum muß aber auch der für die artenreichen Gesellschaften neu geprägte Name Peucedano-Pinetum ebenso wie das Diantho-Pinetum Krausch 62 in die Synonymie des älteren eindeutig charakterisierten Namens Pyrolo-Pinetum fallen.

Für Süddeutschland ergeben sich nun innerhalb des Pyrolo-Pinetum-Begriffes einige deutlich ausgeprägte territoriale Unterschiede. Durch einen besonders großen Reichtum an Kennarten zeichnen sich dabei die Bestände auf den Sanden des niederbayerischen Tertiärhügellandes aus, so daß man geneigt ist, hier an eine selbständige „Lokalassoziation" (Pulsatillo bidgostianae-Pinetum) zu denken. In anderen Fällen werden die Differenzen bei gleichbleibender Kennartengarnitur vornehmlich durch den Basengehalt des Unterbodens und dem von daher regulierten Säuregrad des humosen Oberbodens bestimmt. Auf der einen Seite stehen die verhältnismäßig basenarmen, bodenneutralen bis mäßig bodensauren Gesellschaften, zu denen neben der genannten Gesellschaft in Niederbayern auch die Bestände aus dem Maingebiet (Zeidler u. Straub 1967) gehören. Sie könnten als ostbayerische *Scorzonera humilis*-Vikariante (Rasse) des Pyrolo-Pinetum bezeichnet werden. Auf der anderen Seite schließen sich in der ökologisch-geographischen Reihe die vorwiegend neutrophil bestimmten Pyrolo-Pineta der oberrheinischen Sand- und Trockengebiete an, denen Ausbildungen mit *Vaccinium*-Arten oder Flechten ganz fehlen, die aber den östlichen Gesellschaften insofern wieder sehr nahe stehen, als ihnen alpigene Erico-Pinion-Arten ganz abgehen. Dafür tauchen subatlantische Florenelemente wie *Festuca tenuifolia* oder *Teucrium scorodonia* auf, so daß man von einer oberrheinischen *Festuca tenuifolia*-Vikariante (Rasse) sprechen könnte.

Durch großen Basenreichtum im Unterboden zeichnen sich schließlich *Pyrola*-reiche Kiefernsteppenwälder aus, die im Taubergebiet über Muschelkalk oder im Frankenjura über Dolomitsanden auftreten. Sie wurden von Hohenester (1977) als *Anemone sylvestris*-Pinetum bezeichnet und könnten nach der hier verfolgten Begriffsbestimmung als *Anemone sylvestris*-Vikariante (Rasse) des Pyrolo-Pinetum gefaßt werden. Die im Frankenjura durch die aus dem alpigenen Erico-Pinion übergreifende *Polygala chamaebuxus* zusätzlich ausgezeichnete Gesellschaft macht dabei einen verhältnismäßig ursprünglich-primären Eindruck, während die Taubergrund-Bestände vielerorts forstgeschichtlich bedingt erscheinen (Philippi 1983). Kontaktgesellschaften sind meist Waldbestände des Carici-Fagetum. In der lokalen standörtlichen Differenzierung unterscheidet Rodi (1975) beim niederbayerischen Pyrolo-Pinetum (Pulsatillo-Pinetum) auf dem Wind und der Sonne ausgesetzten Dünenrücken eine Flechtenausbildung der Assoziation (mit *Polytrichum juniperinum, Cladonia furcata, C. rangiferina* u. a. *C.*-Arten), an den schattigeren Hängen steht die „Typische Ausbildung" der Gesellschaft, und in den etwas feuchteren Dünentälern entwickelt sich der „Heidelbeer-Kiefernwald" mit angereicherten *Vaccinium myrtillus* und *V. vitis-idaea*. Ähnlich unterscheiden im Maingebiet Zeidler u. Straub (1967) eine trockene Ausbildung des Pyrolo-Pinetum (Peucedano-Pinetum auctores) mit *Polytrichum juniperinum, Cladonia furcata* u. a. *C.*-Arten neben einer Ausbildung mit *Vaccinium myrtillus*.

Für die Sandkiefernwälder der nördlichen Oberrheinebene hat Korneck (1974) im Mainzer Gebiet neben einer typischen Ausbildung eine Subassoziation mit *Viburnum lantana* herausgearbeitet, die − ausgesprochen basiphil − neben der Kennartengarnitur eine Reihe anspruchsvoller Straucharten oder Trockenrasenpflanzen wie *Carex humilis, Anthericum ramosum* u. a. aufweist. Ähnlich stellt Philippi (1970) für das Schwetzinger Gebiet neben den „Typischen Kalksand-Kiefernwald" einen Strauch-Kalksand-Kiefernwald (Pyrolo-Pinetum berberidetosum), in dem zwar gegenüber dem Mainzer Trockengebiet *Viburnum lantana* bereits ausfällt, in dem aber mit *Berberis, Ligustrum, Cornus sanguinea, Anthericum ramosum* oder variantenbildend mit *Carex ornithopoda* eine ähnliche, wenn auch etwas ärmere Ausbildung der Assoziation gegeben ist wie beim Strauch-Kiefernwald des Mainzer Gebietes. Die Kiefern-Steppenwälder liegen bei Schwetzingen an der Süd- bzw. Südostgrenze ihrer Verbreitung. Die Niederschläge sind gegenüber dem Mainzer Raum deutlich erhöht. Ihr Vorkommen ist hier streng lokal-edaphisch an die noch jungen, bis zur Oberfläche kalkhaltigen Flugsande gebunden. Auf den älteren, bereits ausgewaschenen Sanden wächst bei gleichbleibendem Kiefern-Forstbestand eine Eichen-Birkenwald-Gesellschaft des Quercion robori-petraeae (*Teucrium scorodonia*-Kiefernforst Philippi 1970 als Kiefern-Variante des Holco-Quercetum). In einem Übergangsbereich ergibt sich damit für das Schwetzinger Gebiet als dritte Subassoziation des Pyrolo-Pinetum die Ausbildung mit *Calluna, Sarothamnus, Danthonia decumbens* u. a., die Philippi als Pyrolo-Pinetum callunetosum bezeichnet hat. Eine Zwischenstellung zwischen den Mainzer und den Schwetzinger Pyrolo-Pineta nehmen übrigens die aus dem Darmstädter Gebiet von Knapp u. Ackermann (1952) beschriebenen „Moos-Kiefernwälder" ein. Eine von dort genannte Ausbildung mit *Cladonia*-Arten müßte aber besser bereits dem Leucobryo-Pinetum des Dicrano-Pinion em. zugeordnet werden.

Über die Gliederung der an basiphilen Arten so reichen Kiefern-Steppenwälder der Frankenalb oder des Taubergebietes kann bei dem nur ungenügend vorliegenden Aufnahmematerial wenig gesagt werden. Die *Anemone sylvestris*-reichen Bestände leiten, wie Hohenester (1960) gezeigt hat, zu den submediterranen und alpigenen Gesellschaften des Quercion pubescenti-petraeae und des Erico-Pinion über, wobei das Cytiso-Pinetum, das als Randerscheinung noch zum Erico-Pinion gestellt wird (Th. Müller 1980), mit *Cytisus ratisbonensis* und *C. hirsutus,* im Bodenseegebiet auch mit *Arctostaphylos uva-ursi,* deutlich die enge Beziehung zum Cytiso-Pinion der Pulsatillo-Pinetalia zeigt.

Die Bestände des Pyrolo-Pinetum gehören im süddeutschen Raum alle zu den gefährdeten Pflanzengesellschaften. Obwohl sie zum großen Teil in Naturschutzgebieten liegen, also nicht unmittelbar beeinträchtigt werden, ist in den letzten Jahren eine plötzliche Artenverarmung zu beobachten. Insbesondere unterliegt *Chimaphila umbellata* einem raschen Rückgang. Es ist z. B. im Mainzer Gebiet mit den anderen Pyrolaceen zu Gunsten von *Veronica officinalis, Impatiens parviflora* oder *Calamagrostis epigeios* verschwunden (Korneck briefl. 1984). Auch im Taubergebiet konnte *Chimaphila* neuerdings nicht mehr gefunden werden. Im Schwetzinger Gebiet soll es nur noch einen Fundort geben (Philippi mündl. 1984). Was daran Schuld trägt, ist nicht leicht festzustellen. Natürlich liegt es nahe, an die Folgen der aktuellen Luftverschmutzung zu denken, die zu einer Erhöhung der Säuregrade im modrig-humosen Oberboden und durch Stickstoffeintrag zu einer Eutrophierung führt. Auch könnten die Immissionen (vor allem Stickstoffverbindungen) die Pflanze und/oder ihre Wurzeln und deren Mykorrhizen direkt schädigen. Ferner könnte an das Wechselspiel mit einer für uns kaum erfaßbaren Klimaänderung gedacht werden, welche die subkontinentalen Waldtypen zum Rückzug zwingt. Jedenfalls haben zahlreiche der in dieser Arbeit verwerteten pflanzensoziologischen Aufnahmen bereits den Wert historischer Dokumente.

Klasse: Erico-Pinetea Horvat 59

Schneeheide-Kiefernwälder und Alpenrosen-Latschengebüsche (Tab. 255)

Von P. Seibert

In den Trockengebieten des inneren Alpenraumes herrschen Kiefernwälder vor, die in den warm-kontinentalen Tallagen noch als Kiefern-Steppenwälder (vgl. Klasse: Pulsatillo-Pinetea) ausgeprägt sind, in der montanen und subalpinen Stufe aber verschiedene Schneeheide-Kiefernwaldgesellschaften (Erico-Pinetea) bilden. Diese Wälder bestehen im montanen Bereich aus der Waldkiefer (*Pinus sylvestris*), in den Südostalpen auch aus Schwarzkiefer (*Pinus nigra*). Entsprechende Wälder aus Spirke (*Pinus uncinata*) sind in den Pyrenäen und Westalpen (Schweizer Nationalpark) verbreitet und klingen am nördlichen Alpenrand im obersten Isar- und Loisachtal und mit größeren Beständen im Wimbachgries (Berchtesgadener Alpen) aus.

Die Erico-Pinetea-Wälder besiedeln in den nördlichen Kalkalpen vor allem die Föhntäler und föhnausgesetzte Südhänge mit felsigen, flachgründigen Standorten. Von hier aus greifen sie in das nördliche Alpenvorland über, wo sie an den oberen Steilkanten eingeschnittener Flußtäler, aber auch auf den trockenen Kiesschottern der kalkoligotrophen Alpenflüsse konkurrenzlose Lebensbedingungen finden. Ihre nördliche Grenze erreichen die Wälder unserer Klasse an den sommertrockenen Mergelhängen tertiärer Molasse, auf flachgründigen Flußschottern der Donau und auf trockenen Standorten der Schwäbischen und Fränkischen Alb, wo ihre alpigene Charakterarten-Garnitur verarmt und Arten der Saum- und Gebüschgesellschaften oder der thermophilen Eichenwälder zunehmend am Bestandesaufbau Anteil nehmen. Dem lichten Charakter der Kiefernwälder entsprechend nehmen Arten alpiner Rasen (Seslerietea) und submediterraner Trocken- und Halbtrockenrasen (Brometalia) an ihrem Aufbau teil, haben sogar dort zum Teil ihre natürlichen Vorkommen. Auf entsprechenden Standorten der subalpinen Stufe werden diese Wälder durch Alpenrosen-Latschengebüsche ersetzt, die an extrem steilen Hängen, aber auch auf Bergrutschen, Schotterfluren und Lawinenbahnen in die montane Stufe hinabreichen können.

1. Ordnung: Erico-Pinetalia Horvat 59

Schneeheide-Kiefernwälder und Alpenrosen-Latschengebüsche

Die Gesellschaften der Klasse lassen sich in einer Ordnung zusammenfassen, deren Kennarten mit denen der Klasse identisch sind. Das gleiche gilt für den einzigen Verband: Erico-Pinion.

1. Verband: Erico-Pinion Br.-Bl. in Br.-Bl. et al. 39

Schneeheide-Kiefernwälder und Alpenrosen-Latschengebüsche

Der Verband gliedert sich in 6 Assoziationen. Nach dem aus unserem Raum vorliegenden Material ließen sie sich leicht zu 3 Unterverbänden zusammenfassen:

– Erico-Pinenion mit Erico-Rhododendretum und Erico-Pinetum sylvestris,
– Molinio-Pinenion mit Molinio-Pinetum,
– Thesio-Pinenion mit Calamagrostio-Pinetum, Coronillo-Pinetum und Cytiso-Pinetum

Doch soll diese hier mögliche Einteilung nicht weiter verfolgt werden. Erst bei einer Gesamtbearbeitung der Klasse Erico-Pinetea über ihr ganzes Verbreitungsgebiet hinweg sollte diese Einteilungsmöglichkeit überprüft und dann gegebenenfalls realisiert werden.

1. Ass.: Erico-Rhododendretum hirsuti (Br.-Bl. in Br.-Bl. et al. 39) Oberd. in Oberd. et al. 67

(Rhododendro-Mugetum Br.-Bl. 39 em. Oberd. 57, Erico-Mugetum Br.-Bl. in Br.-Bl. et al. 39)

Das Schneeheide-Alpenrosengebüsch (Tab. 255/1; 256)

Die Alpenrosen-Latschengebüsche mit *Rhododendron hirsutum* sind in den Bayerischen Kalkalpen immer aus *Pinus mugo* und *Rhododendron hirsutum* zusammengesetzt. Meist ist auch *Erica herbacea* am Bestandesaufbau beteiligt. Nur in einem kleineren Teil des vorliegenden Materials tritt auch *Rhododendron ferrugineum* in den Aufnahmen auf. Eine Tabelle von Lippert (1966) enthält außerdem *Rhodothamnus chamaecistus*.

Braun-Blanquet et al. (1939) haben seinerzeit ein Mugeto-Ericetum und ein Mugeto-Rhododendretum hirsuti unterschieden, die beide *Pinus mugo, Rhododendron hirsutum* und *Erica herbacea* enthalten. Oberdorfer (1957) hat für Süddeutschland die zweite dieser Assoziationen als Rhododendro-Mugetum übernommen. Oberdorfer et al. (1967) haben sich schließlich für die Bezeichnung Erico-Rhododendretum entschieden.

Dagegen blieb Lippert (1966) bei der Einteilung von Braun-Blanquet et al. (1939), indem er die an *Rhododendron hirsutum* ärmeren Einheiten zum Erico-Mugetum, die Einheiten ohne *Erica herbacea* zum Rhododendro-Mugetum stellte. Vor allem die Aufnahmen aus den Berchtesgadener Alpen enthalten zudem *Rhodothamnus chamaecistus,* erinnern damit an das Rhodothamno-Rhododendretum hirsuti Br.-Bl. et al. 39 der südöstlichen Kalkalpen und zeigen – wie in den Waldgesellschaften dieses Gebietes die Arten *Cyclamen purpurascens* und *Helleborus niger* – die pflanzengeographische Sonderstellung dieses Gebietes innerhalb der Bayerischen Kalkalpen an.

Da sich die Einteilung von Lippert aus nomenklatorischen Gründen nicht halten läßt, wollen wir die wenigen Aufnahmen ohne *Erica herbacea* beim Erico-Rhododendretum belassen.

Das Schneeheide-Alpenrosengebüsch bildet in der subalpin-alpinen Stufe der nördlichen Kalkalpen von etwa 1400 bis über 2000 m den Übergang zwischen dem Bergmischwald und den alpinen Rasen. Auf föhnexponierten Südhängen (z.B. Fernpaß) kann es auch den Schneeheide-Kiefernwald (Erico-Pinetum) nach oben ablösen. Auf Lawinenbahnen, Bergstürzen und Schuttflächen (großartig im Wimbachgries) reicht es bis zu 700 m Meereshöhe hinunter.

In dem kühlen, niederschlagsreichen Höhenklima ist die Humuszersetzung trotz basenreicher Ausgangsgesteine (Kalk, Dolomit, Mergel) in der Regel sehr schlecht. So bilden sich auf den

Rendzinen der flachgründigen Kalkverwitterungsböden Moder- und Tangelhumusauflagen, welche die Ansiedlung auch azidophiler Arten der Vaccinio-Piceetea erlauben. Ausgenommen sind hier flachgründige Steillagen vor allem in sonnseitiger Exposition, auf Bergstürzen und steilen Schuttfächern mit relativ kurzer Entwicklungsdauer der Böden.

Von den verschiedenen Autoren werden dementsprechend eine Reihe von Untereinheiten genannt, die sich zu 4 Subassoziationen zusammenfassen lassen: Erico-Rhododendretum typicum, E.-R. caricetosum ferrugineae, E.-R. cembretosum, E.-R. rhododendretosum ferruginei.

Beim E.-R. typicum machen sich in der weiteren Untergliederung vor allem die reifebedingten Unterschiede trockener Böden bemerkbar. Die Initialphase ist in der Artenkombination noch unvollständig und dadurch von der voll ausgebildeten Phase verschieden. Von dieser unterscheidet sich die *Rhytidiadelphus triquetrus*-Phase durch einen höheren Anteil von Moosen, der mit der stärkeren Humusbildung zusammenhängt. Mit *Lycopodium annotinum* leitet sie auf humusreichen reifen Standorten zum Fichtenwald über.

Das äußere Erscheinungsbild der genannten Schneeheide-Alpenrosen-Gebüsche wird vor allem durch das Vorhandensein der Latsche geprägt, die mit der Alpenrose oft schwerdurchdringliche Dickichte von 3 m Höhe bildet.

Anders ist es beim E.-R. caricetosum ferrugineae, das vorzugsweise Böden mit höherem Feinerdeanteil besiedelt, die vor allem in Tal- und Muldenlagen zu finden sind. Hier ist die bis 15 m hohe Spirke (*Pinus uncinata*), die in der Tabelle nicht von der Latsche unterschieden ist, in hohem Maß am Bestandesaufbau beteiligt. Auch Lärche und Fichte kommen besonders in der Ausbildung der Tallagen häufig vor, die auch noch durch andere Arten ausgezeichnet sind: *Carex flacca, C. digitata, Luzula pilosa, Listera ovata, Melampyrum pratense, Euphrasia rostkoviana*.

Daneben ist eine Subassoziation mit *Pinus cembra* (E.-R. cembretosum) hervorzuheben, weil sie einen Teil der einzigen größeren Zirbenvorkommen Deutschlands in den Berchtesgadener Alpen (z. B. Funtensee-Gebiet, Reiteralpe) darstellt. Die bis 18 m hohe Zirbe bildet keine geschlossenen Bestände, sondern ist, gemeinsam mit einigen Lärchen und Fichten, locker über das Alpenrosen-Latschen-Gebüsch verteilt.

Eine weitere Subassoziation wird durch *Rhododendron ferrugineum*, die Rostrote Alpenrose, gekennzeichnet. Sie leitet zu den bodensauren Alpenrosen-Gebüschen des Rhododendro-Vaccinienion über, weshalb es verständlich ist, daß in einem Teil dieser Subassoziation *Erica herbacea* fehlt. Ihre Standorte zeichnen sich durch eine stärkere Humusbildung aus, die auf ebenen oder wenig geneigten Lagen trotz kalkreicher Unterlage vermehrt eintreten kann. Der zum Rohhumus übergehende Tangelhumus ermöglicht in höherem Maße das Aufkommen von Vaccinio-Piceetea-Arten.

Eine nur selten vorkommende Variante mit *Alnus viridis* gedeiht auf frischeren Böden mit höherem Lehmanteil und bildet den ersten Schritt in die Richtung des hochstaudenreichen Grünerlengebüsches (Alnetum viridis).

Das Erico-Rhododendretum ist oberhalb der Waldstufe in seiner ausgereiften Phase eine Schlußgesellschaft; die tiefer gelegenen Ausbildungen dagegen sind als Dauergesellschaften aufzufassen. Jüngere Phasen sind Pionier- oder Folgegesellschaften, und Bestände, die nach Holzschlag oder Beweidung an die Stelle des Waldes getreten sind, müssen als Ersatzgesellschaften bezeichnet werden.

Fast alle weniger steil gelegenen Vorkommen des Erico-Rhododendretum unterliegen der Beweidung, am stärksten die in der Nähe von Almen gelegenen Flächen. Daraus erklärt sich das Vorkommen von Weidezeigern in der Vegetationstabelle.

2. Ass.: Erico-Pinetum sylvestris Br.-Bl. in Br.-Bl. et al. 39

(Pinus sylvestris-Erica carnea-Ass. Br.-Bl. 34 n.n., Dorycnio-Pinetum Oberd. 57, Calamagrostio-Pinetum Lippert 66)

Der Schneeheide-Kiefernwald (Tab. 255/2; 257)

Die Zusammenfassung der drei obengenannten Assoziationen zu dem klassischen Erico-Pinetum Br.Bl. in Br.-Bl. et al. 39 hat verschiedene Gründe.

Das Dorycnio-Pinetum wurde bislang als eine mit dem Erico-Pinetum vikariierende Gebietsassoziation der größeren Flüsse des nördlichen Alpenvorlandes aufgefaßt. Es hat sich aber gezeigt, daß im bayerischen Alpenvorland *Dorycnium germanicum* nur in den Schneeheide-Kiefernwäldern der Isar verbreitet ist, in denen der anderen Alpenflüsse aber fehlt. Andererseits ist diese Art in den Wäldern der Kalkgebirge nördlich des Inntales, aber auch im südöstlichen Bereich der Ostalpen verbreitet und kann vielleicht als thermophile, bei uns föhnbegünstigte Art gelten.

Das Calamagrostio-Pinetum wurde von Lippert (1966) in Anlehnung an die entsprechende Assoziation bei Oberdorfer (1957) benannt. Die Tabelle enthält im wesentlichen Fichtenpflanzbestände. Soweit *Pinus sylvestris* vorhanden ist, fehlt nie *Erica herbacea*. Da *Calamagrostis varia* in 81 % der Erico-Pinetum-Aufnahmen vorhanden ist, kann sie hier nicht als Kennart einer Assoziation gelten, sondern bestenfalls eine Fazies bilden. Eine Gleichstellung mit dem klassischen, von Oberdorfer (1957) aus dem Jura — allerdings unter Beifügung einer Aufnahme aus dem Allgäu — beschriebenen Calamagrostio-Pinetum verbietet sich auch wegen dessen anderer, von mehr Saum- und Eichenwald-Arten geprägten Artenkombination und wegen des Fehlens von *Erica herbacea* (Vgl. Tab. 259).

Die Assoziation umfaßt die zwergstrauchreichen Kiefernwälder mit *Pinus sylvestris,* in denen vor allem *Erica herbacea* in der Bodenschicht hervortritt. Sie gliedert sich in zwei Rassen: eine Nordalpenrasse ohne Trennarten in den nördlichen Kalkalpen und eine Alpenvorlandrasse mit *Thesium rostratum,* die das alte Dorycnio-Pinetum mit einschließt und in den Tälern der größeren Alpenflüsse des nördlichen Alpenvorlandes vorkommt.

Die Nordalpenrasse, die auf den Hängen der Nordseite des Inntales zwischen Innsbruck und Imst eine ausgedehnte Verbreitung hat, greift in den schmaleren Föhntälern, vor allem im Loisach-, Isar-, Tegernsee- und Reichenhaller Gebiet, in die bayerischen Kalkalpen über und besiedelt hier föhnausgesetzte, sonnseitige Lagen mit felsigen, flachgründigen und dementsprechend trockenen Kalk- und Dolomit-Standorten, aber auch tiefgründigen Böden auf steilen Südhängen, die zeitweilig stark austrocknen können. In isolierten Vorkommen reicht sie bis ins nördliche Alpenvorland hinein, wo sie die sonnseitigen Oberkanten der steilen Hochufer am Isar- und Mangfalltal, die aus Deckenschotter-Nagelfluh bestehen, besiedelt (Zöttl 1952). In den Wäldern dominiert die Waldkiefer, die Fichte behauptet sich mit geringem Anteil, und regelmäßig ist die Mehlbeere (*Sorbus aria*) eingesprengt. Die Baumhöhen ausgewachsener Bestände dieser allgemein lichten Wälder liegen bei 10 bis 18 m, selten höher. Eine Strauchschicht ist immer gut ausgebildet. Dementsprechend ist die forstwirtschaftliche Bedeutung gering, die Funktion als Schutzwald jedoch wichtig.

Es wurden, auch aus dem hier zu beschreibenden Gebiet, mehrere Subassoziationen genannt. Aus dem vorliegenden Material ergibt sich aber im wesentlichen nur eine Einteilung in E.-P. typicum, E.-P., *Calamagrostis varia*-Fazies, E. P. vaccinietosum.

Das Erico-Pinetum typicum ist die Ausbildung der genannten klassischen Standorte trockener, flachgründiger Kalk- und Dolomithänge auf wenig entwickelten oder modrigen Rendzinen. In weniger steilen Lagen, vor allem auch auf schattigeren Hängen, findet sich das E.-P. vaccinietosum. Hier findet stärkere Humusbildung statt, so daß eine Tangelrendzina mit beginnender Rohhumusbildung das Aufkommen azidophiler Arten, aber auch einen höheren Anteil der Fichte bewirkt.

Bei höherem Lehm- oder Mergelanteil nimmt auf Kosten von *Erica herbacea* der Graswuchs zu. Vor allem herrscht *Calamagrostis varia*, der sich *Brachypodium rupestre*, in den tieferen Lagen auch *Molinia arundinacea* zugesellen. Diese Einheit kann aber nur als *Calamagrostis*-Fazies des Erico-Pinetum gewertet werden, denn 1. enthält sie alle charakteristischen Arten dieser Gesellschaft und 2. fehlen ihr die thermophilen Saum- und Trockenwaldarten, die für das aus der Schwäbischen Alb beschriebene Calamagrostio-Pinetum bezeichnend sind. Das „Calamagrostio-Pinetum" von Lippert (1966) aus den Berchtesgadener Alpen enthält nur in 3 von 49 Aufnahmen *Pinus sylvestris*, ansonsten werden die Bestände von der anthropogen geförderten Fichte beherrscht, die *Erica herbacea* durch ihren Schatten zurückdrängt. Lippert's entsprechende Tabelle wurde hier nicht aufgenommen. Auch die von Seibert (1968) und Smettan (1981) genannten Calamagrostio-Pineten müssen dem Erico-Pinetum als *Calamagrostis*-Fazies angegliedert werden.

Das Erico-Pinetum ist in der montanen bis subalpinen Stufe in seinen ausgereiften Phasen eine Schlußgesellschaft. Sie kann aber auf jüngerem Hangschutt in initialen Ausbildungsformen als Pionier- oder Folgegesellschaft thermophilen Buchenwäldern in der Sukzession vorausgehen.

Die Alpenvorlandrasse des Schneeheide-Kiefernwaldes beschränkt sich in ihrer Verbreitung auf die Auen der von den Alpen her kommenden größeren Flüsse. Im wesentlichen besiedelt sie nur die flachgründigen, feinerdearmen Kalk- und Dolomitschotter jüngerer und älterer Flußterrassen am Lech von Augsburg und an der Isar von Wolfratshausen an flußaufwärts, hier aber in ausgedehnten Beständen bis über die Landesgrenze hinaus.

Dorycnium germanicum fehlt am Lech. Als eigentliche Trennarten der Rasse bleiben hier nur *Thesium rostratum* und eine große Zahl von Arten alpiner Schwemmlingsfluren und von Trockenrasen. Auch auf die sehr stete Anwesenheit von *Salix elaeagnos* soll hier aufmerksam gemacht werden. Gebüsche dieser Weide (Salicetum elaeagni, Myricarietum) gehen in der Sukzession diesem Schneeheide-Kiefernwald voraus. Daher sind in dessen Initial-Phasen *Salix elaeagnos* und *S. purpurea* häufig zu finden. In der Alpenvorlandrasse bleiben aber dank ihrer extrem trockenen Böden immer wieder kleinere Flächen frei von Bewuchs, so daß sich die Weidenarten hier nicht nur halten, sondern auch in reifen Beständen neu ansamen können. Auch heute noch werden bei großen Hochwässern Teile dieser Gesellschaft überflutet. Grundwasseranschluß ist jedoch nicht vorhanden. Das Bild der Gesellschaft wird von lichten, krüppligen Kiefernbeständen bestimmt, deren Höhe 7 bis 8 m kaum überschreitet. Die Strauchschicht wird von zahlreichen trockenheitertragenden Sträuchern gebildet, von denen der Wacholder (*Juniperus communis*) häufig den Ton angibt. Je älter die Bestände werden, um so mehr wird die Bodenschicht von *Erica herbacea* beherrscht, der sich viele Arten alpigener Herkunft zugesellen. Die jüngeren Phasen sind in der Bodenschicht offener und enthalten häufig größere Spaliere von *Dryas octopetala*. Während diese noch auf wenig entwickelten Borowinen (Protoborowina) stocken, finden sich unter den reifen schneeheidereichen Stadien Moder- und Tangelrendzinen.

Man unterscheidet auch bei dieser Rasse eine Typische Subassoziation, auf welche die eben gegebene Beschreibung vor allem zutrifft und die sich in verschiedene Phasen und Varianten unterteilen läßt, von einem D.-P. molinietosum. Dieses setzt Sandüberlagerungen voraus, die schon in frühen Stadien bei Überschwemmungen hinter Büschen entstehen und verschieden mächtig sein können. Der Anteil hoher Gräser (*Molinia arundinacea*, *Brachypodium rupestre* und *Calamagrostis varia*) nimmt mit zunehmender Sandmächtigkeit zu. Bei mehr als 30 cm

Sandauflage dominieren diese Gräser, und man muß die Bestände dem Molinio-Pinetum zurechnen. Als Bodentyp hat diese Subassoziation eine Paraborowina.

Die Alpenvorlandrasse des Erico-Pinetum entwickelt sich aus dem Chondrilletum über das Stadium des Myricarietum, seltener auch des Salicetum elaeagni, und bildet mit der Endphase ihrer Sukzession eine Dauergesellschaft, bei der sich in dem dichten Gestrüpp der Schneeheide schon azidophile Moose und Flechten finden lassen. Sie gehört zu den sog. Reliktföhrenwäldern (E. Schmid 1936), die sich nach dem Postglazial auf diesen extremen Standorten halten konnten, wo sie nicht der Konkurrenz anderer Baumarten und Waldformationen unterlagen.

3. Ass.: Molinio-Pinetum E. Schmid 36 em. Seibert 62
(Salici-Pinetum Oberd. 57)

Der Pfeifengras-Kiefernwald (Tab. 255/3; 258)

Die grasreichen Kiefernwälder, bei denen es sich oft nur um locker mit *Pinus sylvestris* bestandene Grasfluren aus *Molinia arundinacea*, *Brachypodium rupestre* oder *B. pinnatum* und *Calamagrostis varia* handelt, sind in ihrer pflanzensoziologisch-systematischen Stellung immer etwas unsicher behandelt worden. Während ältere Autoren sie noch als Wildgrasfluren betrachtet haben, Kuhn (1937) als *Calamagrostis varia*-Ass. für den Schwäbischen Jura, Braun-Blanquet (1938) für die Schweiz als Molinietum arundinaceae (litoralis) im Verband Mesobromion, zog es Oberdorfer (1957) vor, die Assoziation nach dem Vorgehen von E. Schmid, Etter, W. Koch u. a. zur Formation des Waldes zu stellen und sie als Calamagrostio-Pinetum dem Verband Erico-Pinion zuzuordnen. Daneben stellte er aus der Oberrheinniederung das Salici-Pinetum, in welchem *Molinia arundinacea* in der Hälfte von 4 Aufnahmen vorkommt, *Calamagrostis varia* aber fehlt. Zur damaligen Zeit waren die an den größeren Flüssen des Alpenvorlandes und an der Donau vorkommenden Pfeifengras-Kiefernwälder noch nicht bekannt.

1967 übernahmen Oberdorfer et al. den Vorschlag von Seibert (1962), diese Wälder einem erweiterten Molinio-Pinetum E. Schmid 36 em. Seib. 62 zuzuordnen, den auch Oberdorfer (1970) für die 3. Auflage seiner Flora übernahm, später aber wieder fallen ließ und die zur Diskussion stehenden Wälder dem Salici-Pinetum angliederte.

Wir konnten bereits bei der Besprechung des Erico-Pinetum darlegen, daß sich die Weiden *Salix elaeagnos* und *S. purpurea*, deren Gebüsche den Erico-Pinion-Wäldern in der Sukzession vorausgehen, nur in den Initialphasen dieser Kiefernwälder eine Zeitlang halten können, dann verdrängt werden, absterben und wegen der geschlossenen Bodenvegetation nicht von neuem ansamen können. Nur bei dem sehr trockenen, in der Bodenschicht lückigen Erico-Pinetum ist das möglich, am wenigsten aber bei den grasreichen Kiefernwäldern, die hier zur Diskussion stehen.

Der Pfeifengras-Kiefernwald hat seine Hauptverbreitung im Alpenvorland, wo er die alluvialen Terrassen der größeren, aus den Alpen her kommenden, kalkoligotrophen Flüsse besiedelt. Im Gegensatz zum Erico-Pinetum bevorzugt er aber weniger trockene Böden, die überall zu finden sind, wo sich eine genügend mächtige Sand- bis Feinsandüberlagerung auf dem kiesigen Untergrund befindet oder der Kies mit feinerem Material durchsetzt ist.

Als Bodentypen sind vor allem Paternien, aber auch Braune Kalkvega und Borowina anzutreffen. Normalerweise ist kein Grundwassereinfluß vorhanden. Gelegentlich bewirkt ein solcher jedoch die Ausbildung von Paterniagley und entsprechend feuchten Ausbildungen der Gesellschaft. Nur im niederschlagsarmen Oberrheingebiet scheint auch die typische Ausbildung auf Grundwasseranschluß angewiesen zu sein.

Der Pfeifengras-Kiefernwald bildet eine 15 bis 25 m hohe Baumschicht aus, die selten dicht geschlossen ist. Fichten, vereinzelt auch Eschen und Sandbirken sind beigemischt. Durch die lichte Baumschicht wird eine artenreiche Strauchschicht – wiederum auch mit *Juniperus communis* – ermöglicht, die Veranlassung geben könnte, diese Wälder dem Berberidion anzuschließen. Doch erlaubt es eine kleine Gruppe von Erico-Pinion-Arten, auch die alpenfernen Ausbildungen bei diesem Verband zu belassen und die Gesellschaft zur Formation der Wälder zu stellen.

An Untereinheiten lassen sich vor allem geographische Rassen und Gebietsausbildungen unterscheiden. Die *Calamagrostis varia*-Rasse, in der die Charakterarten des Erico-Pinion noch stärker vertreten sind, liegt alpennäher und reicht bis etwa an die Linie Augsburg-München. Auch das Molinio-Pinetum von E. Schmid gehört dieser Rasse als eigene Gebietsausbildung mit *Peucedanum cervaria* und anderen thermophilen Saumarten an. Im Gegensatz zu den anderen Ausbildungen kommt es nicht in Flußauen, sondern auf Molassesanden des Tertiär und Mergeln des Schweizer Jura vor, deren Böden infolge ihrer Hanglage, ebenso wie die Wälder der Flußauen, nie zur vollen Reife gelangen.

Der Typischen Subassoziation steht ein M.-P. vaccinietosum gegenüber, das auf reiferen Böden älterer, nicht mehr überschwemmter Terrassen oder bei höherem Fichtenanteil durch die Ausbildung von mächtigen Auflagehumusdecken mit Übergängen zum Rohhumus entstehen kann.

In großen Teilen wurde durch Streunutzung die Strauchschicht zerstört und an ihrem Wiederaufkommen gehindert. Durch den größeren Lichtgenuß breiten sich die Gräser *Molinia arundinacea, Brachypodium rupestre* und *Calamagrostis varia* noch weiter aus, und es werden Brometalia-Arten begünstigt, aber auch den Kennarten des Erico-Pinetum Lebensmöglichkeit geboten. Bei Grundwassereinfluß können sich in dieser *Carex sempervirens*-Ausbildung auch Tofieldietalia-Arten wie *Schoenus nigricans* und *Sch. ferrugineus* einstellen.

Die Rasse ohne Trennarten ist an den Unterläufen von Isar und Lech, aber auch an Donau, Bodensee und Oberrhein verbreitet. Hier bleiben von den Erico-Pinion-Arten nur noch wenige, meist mit geringer Stetigkeit übrig wie *Carex alba, Epipactis atrorubens* und *Aquilegia atrata*. Eine *Salix elaeagnos*-Phase ist von Alz und Oberrhein belegt.

Von allen Erico-Pinion-Wäldern ist das Molinio-Pinetum forstwirtschaftlich am wertvollsten. Doch verdienen seine wenigen Vorkommen eine behutsame waldbauliche Behandlung, wenn man sie nicht aus Naturschutzgründen sich selbst überlassen will.

Wo Fichten angebaut werden, verschwinden die lichtliebenden Brometalia-Arten, und es breitet sich vor allem *Carex alba* stärker aus.

Das Molinio-Pinetum ist eine Dauergesellschaft, die sich in den Flußauen aus dem Salicetum elaeagni entwickelt. Nur der nährstoffreichere Flügel (mit *Mercurialis perennis, Acer pseudoplatanus*) kann sich außerhalb des Überschwemmungsbereiches zum Adoxo-Aceretum = Aceri-Fraxinetum (Seibert 1969) bzw. zu Carpinion-Wäldern entwickeln. Kiefern-Aufforstungen auf den Standorten des trockenen Querco-Ulmetum caricetosum albae sind vom echten Molinio-Pinetum oft nur schwer zu unterscheiden.

Es wäre deshalb irreführend, ausgerechnet diese Wälder nach *Salix elaeagnos* zu benennen.

So sollen hier ihre Zuordnung zum Molinio-Pinetum und ihre Stellung zum Calamagrostio-Pinetum näher erörtert werden.

Schon aus den Höhenangaben bei Oberdorfer (1983) geht hervor, daß *Molinia arundinacea* in den Alpen bis 1100 m, *Calamagrostis varia* jedoch bis 2010 m aufsteigt. Seibert (1962) machte darauf aufmerksam, daß in der Tabelle des Molinio-Pinetum bei E. Schmid (1936) *Molinia* sich auf die Aufnahmen von 430 bis 780 m, *Calamagrostis* sich auf die von 560 bis 1000 m

Meereshöhe verteilt. Diese Verbreitungstendenz zeigt sich auch in den Pfeifengras-Kiefernwäldern des Alpenvorlandes, bei denen *Calamagrostis varia* an der Isar unterhalb von München und am Lech im Mündungsgebiet nicht mehr auftritt. Eine Angliederung an das Calamagrostio-Pinetum ist schon aus diesem Grund nicht möglich.

Unglücklicherweise stammen die Molinio-Pinetum-Aufnahmen, die der Erstbeschreibung durch E. Schmid zugrunde liegen, aus einem Gebiet, in welchem die Alpen mit ihren alpigenen Erico-Pinion-Wäldern dem Jura mit seinen thermophilen Eichenwäldern und Saumgesellschaften auf vergleichbaren Standorten sehr naherücken. Infolgedessen sind in diesen Aufnahmen von wechseltrockenen Molassehängen noch relativ viele Arten alpigener Herkunft enthalten, aber auch schon einige thermophile Saum- und Eichenwald-Arten. Im bayerischen Alpenvorland entlang der Isar dagegen sind die Verbreitungsgebiete von Erico-Pinion und Quercion pubescenti-petraeae viel weiter auseinandergerückt und die alpigenen Arten schon auf der halben Strecke zur Donau und damit zum Jura fast verschwunden. So möchten wir, vom gesamten Verbreitungsgebiet der Pfeifengras-Kiefernwälder her gesehen, in dem Material von E. Schmid eine randliche Gebietsausbildung dieser Assoziation sehen.

Erico-Pinion-Wälder des Schwäbischen und Fränkischen Jura

Die Erico-Pinion-Wälder, die nördlich der Donau im Schwäbischen und Fränkischen Jura, aber auch in den warmen Gebieten Südbadens ihre Verbreitung haben, sind durch eine Reihe von geographischen Differentialarten (△) miteinander verbunden, die sie deutlich von denen des Alpenraumes und seines Vorlandes abheben. Sie haben hier Kontakt mit Quercion pubescenti-petraeae- und Cephalanthero-Fagenion-Wäldern sowie thermophilen Saumgesellschaften der Trifolio-Geranietea. Diese liefern auch die meisten Trennarten dieser Assoziationen, die von *Thesium bavarum* angeführt werden.

Ihrer geographischen Lage entsprechend treten in diesen Wäldern die Arten der Erico-Pinetea stark zurück, am meisten im Cytiso-Pinetum, doch sind sie immer noch reichlicher vertreten als im Molinio-Pinetum des nördlichen Alpenvorlandes und des Donautales.

Das Cytiso nigricantis-Pinetum wurde schon 1932 von Braun-Blanquet aus dem Hochrheingebiet beschrieben, aber damals zum Quercion pubescenti-petraeae gestellt. Oberdorfer (1957) ordnete es dem Erico-Pinion zu. Auf dem Material von Kuhn (1937) und Koch und von Gaisberg (1938) aus der Schwäbischen Alb fußend, benannte Oberdorfer gleichzeitig das Calamagrostio-Pinetum, während das Coronillo-Pinetum zuerst von Richard (1972) aus dem Schweizer Jura beschrieben wurde. Müller (1980) gab eine zusammenfassende Darstellung des Coronillo- und des Cytiso-Pinetum, der hier weitgehend gefolgt werden soll.

4. Ass.: Calamagrostio-Pinetum Oberd. 57

(Molinietum litoralis, Calamagrostis-Assoziation Kuhn 37)

Der Buntreitgras-Kiefernwald (Tab. 255/4; 259)

Das Calamagrostio-Pinetum ist auf der Schwäbischen Alb vom Neckargebiet bis zum Randen (Wutach) verbreitet. Zuerst von Kuhn (1937) als Wildgrasflur behandelt und als Molinietum litoralis (*Calamagrostis*-Assoziation) bezeichnet, in dem sich lockere Bestände von *Pinus sylvestris* und *Sorbus aria* oder Gemenge mit Eichen-Buschwald bilden, hat Oberdorfer (1957) die Gesellschaft als Calamagrostio-Pinetum zu den Erico-Pinion-Wäldern gestellt. Die inzwischen von Müller (n. p.) und Witschel (1980) vorgelegten Tabellen bestätigen die Richtigkeit dieser

Zuordnung. Nur die bei Oberdorfer (1957) beigefügte Aufnahme aus dem Allgäu wurde hier zur *Calamagrostis*-Fazies des Erico-Pinetum gestellt. Von den Kuhnschen Aufnahmen wurden hier nur diejenigen mit *Pinus sylvestris* übernommen.

Das Calamagrostio-Pinetum siedelt auf stark tonigen Mergelböden des Jura an steilen Hängen vorwiegend in sonnseitiger Lage, wo diese Böden im Sommer stark austrocknen und eine steinharte Kruste bekommen. Diese wechseltrockenen, tonigen, von Kalkbänken durchsetzten Standorte, die teilweise Quellhorizonte enthalten, sind wenig standfest, rutschen oft ab, so daß die Böden nicht zur Reife gelangen und kaum Humus bilden. *Calamagrostis varia* ist Wiederbe-siedler von Rutschstellen, die sie vom Rand und stehengebliebenen Horsten aus mit ihren langen, zugfesten Ausläufern erobert.

Die Kiefer ist nur locker verteilt und bildet einen niedrigen krüppligen Wald mit etwas *Sorbus aria*, an reiferen Stellen auch *Fagus sylvatica*. Die Strauchschicht ist nur spärlich entwickelt, während die Krautschicht eine geschlossene Decke aus Gräsern, neben *Calamagrostis varia* vor allem noch *Molinia arundinacea*, bildet.

Neben diesen beiden Gräsern sind für die Assoziation noch eine Reihe weiterer Arten kenn-zeichnend, von denen *Coronilla coronata, Laserpitium latifolium* und *Gentiana lutea* die auffäl-ligsten sind.

Müller (n. p.) stellt einer mehr absonnig wachsenden Typischen Subassoziation ein C.-P. caricetosum humilis auf wärmeren und sonnigen Südwesthängen gegenüber, zu dem auch eine etwas wechselfeuchtere Variante mit *Inula salicina* zählt.

Die Assoziation ist je nach Entwicklungsstadium als Pionier- oder Dauergesellschaft zu beur-teilen.

Forstwirtschaftlich ohne Bedeutung, haben die Bestände doch eine wichtige Schutzfunktion zur Festigung der Rutschhänge.

5. Ass.: Coronillo-Pinetum (E. Schmid 36, Moor 57) Richard 72

Der Scheidenkronwicken-Kiefernwald (Tab. 255/5; 259)

Das Coronillo-Pinetum ist von der Hohen Schwabenalb bis über das obere Donautal zum Wutachgebiet verbreitet, besiedelt jeweils aber nur kleine Flächen.

Wuchsorte sind Stellen, an denen auf felsig-trockenen Standorten aus verschiedenen Gründen die Eichen ausfallen. Die extrem steilen, felsigen und exponierten Hänge tragen sehr flachgrün-dige, feinerdearme Humuskarbonatböden (Syrosem-Rendzina bis Mullartige Rendzina).

Verglichen mit dem nachfolgend beschriebenen Cytiso-Pinetum ist das Coronillo-Pinetum an eine höhere, montan-hochmontane Stufe gebunden. Während die Aufnahmen des mehr thermo-philen, den Flaumeichenwald-Gesellschaften nahestehenden Cytiso-Pinetum aus Lagen zwischen 380 bis 660 m Höhe beschrieben werden, stammen diejenigen des Coronillo-Pinetum aus 720 bis 970 m Höhe (vgl. Tab. 259).

Die Kiefer beherrscht die Baumschicht. Sie ist nicht besonders wuchsfreudig und wird meist nur 5 bis 10 m (selten 15 m) hoch. Die Bestände sind offen; auch hier ist *Sorbus aria* beige-mischt. Die Strauchschicht besteht nur aus einzeln eingestreuten Sträuchern mit geringer Dek-kung.

In der Krautschicht können sich auf Grund der geringen Überschirmung eine ganze Reihe von licht- und wärmebedürftigen Arten ansiedeln, die aber keine geschlossene Decke bilden.

Gräser und Grasartige dominieren (*Sesleria albicans, Carex humilis*). Auffälliger sind die höherwüchsigen Trifolio-Geranietea-Arten, die wir schon als Differentialarten des Unterverbandes erwähnt haben. Von den Erico-Pinion-Arten sind neben der namengebenden *Coronilla vaginalis* eine Reihe mit mehr oder weniger hoher Stetigkeit vertreten. Dadurch ist das Coronillo-Pinetum besser als das Cytiso-Pinetum im Erico-Pinion-Verband verankert.

Die von Müller unterschiedenen Subassoziationen sind in der Tabelle nicht voneinander getrennt worden. Die Subassoziation mit *Festuca pallens* ist auf den Felsen südlich der Donau in ausgeprägten Schattlagen anzutreffen, während sich die Typische Subassoziation vorwiegend in südlicher und westlicher Exposition an den Traufbergen der Hohen Schwabenalb in Lagen von 900 bis 1000 m Meereshöhe findet. Etwas beschattete Standorte bevorzugt hier die Subassoziation mit *Hylocomium splendens*, die mit einer ziemlich geschlossenen Moosschicht zur Moderbildung führt und dadurch das Aufkommen der Fichte begünstigt. Die Subassoziation mit *Carex flacca* schließlich findet sich in Südexpositionen am Fuß von Weißjurahängen der Baaralb, wo sie ein vielfach unterbrochenes Band zwischen dem Buchenwald und den landwirtschaftlich genutzten Flächen bildet. Die mit Kalkschutt durchsetzten Mergel sind hier stark wechseltrocken.

Das Coronillo-Pinetum ist eine spezielle Dauergesellschaft, die sich ohne besondere äußere Einwirkungen in absehbarer Zeit nicht weiterentwickeln wird.

6. Ass.: Cytiso nigricantis-Pinetum Br.-Bl. 32

Der Geißklee-Kiefernwald (Tab. 255/6; 259)

Der Geißklee-Kiefernwald ist vom Hochrhein, wo er von Braun-Blanquet (1932) zum ersten Mal beschrieben wurde, über Hegau, Bodenseegebiet und Hegaualb verbreitet und von Gauckler (1938) auch aus dem Fränkischen Jura beschrieben worden. Er steht dem Quercetum pubescenti-petraeae nahe, weshalb Braun-Blanquet ihn auch zunächst dem Verband Quercion pubescenti-petraeae angegliedert hat. Seiner gesamten Struktur nach gehört das Cytiso-Pinetum aber mit den anderen alpigenen Kiefernwäldern zum Erico-Pinion, wenngleich es hier schwächer verankert ist als die meisten anderen Assoziationen.

Seiner geographisch weiten, wenn auch nur auf kleinflächige Wuchsorte beschränkten Verbreitung wegen konnte Müller (1980) mehrere geographische Rassen unterscheiden, von denen wir zwei zusammenfassen wollen. Damit ergeben sich 1. eine westliche Rasse ohne Trennarten im Hegau, am Bodensee und am Hochrhein, die im ganzen auch etwas tiefer liegt (330 bis 630 m), 2. eine *Bupleurum falcatum*-Rasse etwas höher gelegener Gebietsteile (590 bis 740 m) der Hegaualb und des Wutachgebiets, 3. eine *Cytisus supinus*-Rasse des Fränkischen Jura (380 bis 450 m hoch gelegen), die zu den Steppen-Kiefernwäldern der Pulsatillo-Pinetea vermittelt. Der Anteil der Erico-Pinion-Arten nimmt bezeichnenderweise bei diesen Rassen in umgekehrter Reihenfolge ab und ist in dem warmen Bodensee- und Hochrheingebiet am geringsten.

Das Cytiso-Pinetum stockt auf südexponierten, lichten und trockenen Standorten, deren flachgründige Böden zum Typ der Rendzina gehören. Ausgangsmaterial sind Kalkgesteine des Jura und des Muschelkalks, im Bodenseegebiet auch der Molasse, die am Überlinger See steile Felshänge bildet.

Die lichte, 8–14 m hohe Baumschicht setzt sich vor allem aus *Pinus sylvestris, Sorbus aria* und *Fagus sylvatica* zusammen. Die Strauchschicht enthält viel Jungwuchs und wärmeliebende Sträucher, zu denen auch die namengebende Kennart *Cytisus nigricans* gehört. In der Krautschicht sind *Carex humilis* und *Sesleria albicans* bestandsbildend.

Es werden verschiedene Subassoziationen unterschieden. Einer trockenen typischen Subassoziation stehen frischere mit *Sesleria albicans* oder wechseltrockene mit *Carex flacca* oder *Molinia arundinacea* gegenüber. Letztere — auf mergeligen Molasse-Rutschhängen — leitet zweifellos zu dem Molinio-Pinetum der Schweizer Molasse über. Auf schattseitigen Standorten treten wiederum Moose in Erscheinung und ermöglichen die Ausscheidung einer Subass. mit *Hylocomium splendens*. Insgesamt zeigt sich bei dieser standörtlich bedingten Untergliederung eine gewisse Ähnlichkeit mit der des Coronillo-Pinetum.

Nicht alle Aufnahmen der vorliegenden Tabelle stammen von natürlichen Standorten. Eine große Zahl gehört zu den heutigen Vorkommen auf der Hegaualb, wo die Bestände als Streifen zwischen dem Buchenwald und den landwirtschaftlichen Nutzflächen liegen oder auf ehemaligen Schafweiden auftreten, wo die Böden immer besser sind als auf den ursprünglichen, rein natürlichen Standorten. Ausgangsgesellschaften sind hier thermophile Eichen- und Buchenwälder (Quercion pubescenti-petraeae bzw. Cephalanthero-Fagenion), deren Arten auch noch genügend vorhanden sind.

Insofern ist unser Cytiso-Pinetum nur auf den natürlichen Standorten als Dauergesellschaft zu beurteilen. Die anderen Bestände sind Ersatzgesellschaften, die freilich sehr stabil und in ihrer Artenkombination den natürlichen Gesellschaften fast gleich sind.

Klasse: Vaccinio-Piceetea Br.-Bl. in Br.-Bl. et al. 39

Boreal-alpine Nadelwälder und Zwergstrauch-Gesellschaften (Tab. 260)

Von P. Seibert

Die Klasse umfaßt die zwergstrauchreichen Nadelwaldgesellschaften auf humusreichen, sauren Böden mit zonaler Hauptverbreitung in den nordöstlichen Tieflagen Eurosibiriens, von wo sie auch auf die Gebirge Skandinaviens übergreift (borealer Nadelwaldgürtel). Sie schließt auch die arktisch-alpinen Zwergstrauchheiden mit ein, deren europäisches Verbreitungsgebiet in den Zentralalpen, vor allem aber in Skandinavien liegt. Wie Braun-Blanquet et al. (1939) gezeigt haben, greift die Klasse auch in das nördliche Nordamerika über.

In Europa gliedert sich die Klasse in zwei Ordnungen:

– Piceetalia abietis Pawl. et al. 28
– Loiseleurio-Vaccinietalia Eggl. 52 (Empetretalia hermaphroditi Schub. 60)

1. Ordnung: Piceetalia abietis Pawl. in Pawl et al. 28

(Vaccinio-Piceetalia Br.-Bl. in Br.-Bl. et al. 39. Pinetalia Oberd. 49 p. p., Pinion Libb. 33)

Boreal-alpine Nadelwälder und subalpin-alpine Zwergstrauch-Gesellschaften

Zur Ordnung Piceetalia abietis gehören die bodensauren Nadelwald- und Moorwald-Gesellschaften des Nordens und Nordostens wie auch der hohen europäischen Gebirge auf rohhumusreichen Böden.

Alle mitteleuropäischen Nadelbaumarten mit Ausnahme von *Taxus baccata* können in den Gesellschaften dieser Ordnung bestandesbildend auftreten: *Pinus sylvestris* überwiegend im Tiefland, die bodensauren Kiefernwälder aufbauend, *Picea abies* zusammen mit *Abies alba* im Bergland (montane Stufe) oder allein in den Hochlagen der oberen montanen und subalpinen Stufe und schließlich *Pinus mugo, Larix decidua* und *Pinus cembra* in der subalpinen Stufe der Alpen.

Im mittleren und südlichen Europa, das von den Laubwaldgesellschaften der Klasse Querco-Fagetea beherrscht wird, ist die Ordnung in überwiegend tiefgelegene Kiefernwälder und hochgelegene Fichtenwälder, Legföhrengebüsche oder andere subalpin-alpine Zwergstrauchheiden räumlich aufgesplittert. Wie die Kiefernwälder in der Ebene, so lösen sich auch die montan-subalpinen Nadelwaldgesellschaften, die in den Ostalpen, dem Böhmerwald und den herzynischen Gebirgen noch einen geschlossenen Vegetationsgürtel ausbilden, im Westen mehr und mehr inselförmig auf und bleiben auf Sonderstandorte beschränkt, auf denen die Fichte gegen-über den Laubbäumen, besonders der Buche, lokalklimatisch oder edaphisch begünstigt ist.

Im Schwarzwald und Oberrheingebiet erreicht die Ordnung mit wichtigen Assoziationen (z. B. dem Bazzanio-Piceetum und dem Luzulo-Abietetum) die absolute Grenze ihrer Verbreitung.

Die Ordnung gliedert sich in Mitteleuropa in zwei Verbände:

- Dicrano-Pinion Matusz. 62 em. Oberd. 79
- Piceion abietis Pawl. in Pawl. et al. 28

Dazu kommt als dritter nordeuropäischer Verband:

- Linnaeo-Piceion Br.-Bl. et Siss. in Br.-Bl. et al. 39 corr. Oberd. 79, der aber hier nicht zu behandeln ist.

1. Verband: Dicrano-Pinion Matusz. 62 em. Oberd. 79

(Pinion medioeuropaeum Libb. 33 p. p.)

Moos-Kiefernwälder

Zu diesem Verband gehören in erster Linie die bodensauren Kiefernwälder, die großflächig im mittel- und ostdeutschen Flachland verbreitet sind, in inselartigen Vorkommen aber auch in Süddeutschland, vor allem im mittleren und östlichen Bayern, anzutreffen sind.

Matuszkiewicz (1962) hat auch die Moorwälder aus Waldkiefer, Spirke oder Moorbirke zu diesem Verband gestellt. Oberdorfer hatte den Verband der bodensauren Kiefernwälder in der 1. Auflage der „Süddeutschen Pflanzengesellschaften" (1957) noch mit den Schneeheide- und Steppen-Kiefernwäldern in einer Ordnung Pinetalia Oberd. 49 zusammengefaßt. Diese Einteilung wurde jedoch schon zehn Jahre später aufgegeben (Oberd. in Oberd. et al. 1967) und die jetzige Einteilung festgelegt:

Dicrano-Pinion, Moos-Kiefernwälder
Pulsatillo-Pinetea, Steppen-Kiefernwälder
Erico-Pinetea, Schneeheide-Kiefernwälder

Der Verband gliedert sich in zwei Unterverbände:

Dicrano-Pinenion suball. nov.
Piceo-Vaccinienion uliginosi suball. nov.

1a. Unterverband: Dicrano-Pinenion suball. nov.

Obwohl dieser boreal-kontinentale Unterverband der bodensauren Kiefernwälder floristisch gut vom boreo-meridional-ozeanischen Verband Quercion robori-petraeae getrennt ist, bilden sich im Kontaktgebiet eine Reihe von Übergängen aus, weil die Gesellschaften beider Verbände auf gleichen Standorten, nämlich basenarmen, humosen Sandböden gedeihen. Ihre Zuordnung zum einen oder anderen Verband ist zusätzlich dadurch erschwert, daß durch die langandauernde forstwirtschaftliche Begünstigung der Kiefer außerhalb ihres natürlichen Areals künstliche Kiefernforste geschaffen wurden (vgl. Abschnitt: Kunstbestände aus Kiefer und Fichte, Seite 79).

1. Ass.: Leucobryo-Pinetum Matusz. 62

(Myrtillo-Pinetum sylvestris Kob. 30, Pinetum sylvestris Hueck 31, Libb. 33, Hartm. 34, Pino-Vaccinietum Br.-Bl. et Vlieg. 39 p.p., Dicrano-Pinetum Preisg. et Knapp 42, Vaccinio vitis-idaeae-Quercetum Oberd. 57 p.p., Cladonio-Pinetum Kob. 30, Pass. 56, Pinetum variscum Reinh. 39).

Der Weißmoos-Kiefernwald (Tab. 260/1; 261)

Der Weißmoos-Kiefernwald ist in Ost-Deutschland und West-Polen weit verbreitet, von wo auch die ersten Beschreibungen durch Kobendza (1930), Hueck (1931) und andere, wenn auch unter verschiedenen Bezeichnungen, vorliegen. Nachdem bei Oberdorfer (1957) die Gesellschaft mit anderen Kiefernwäldern, z.T. der Pulsatillo-Pinetea, unter der Bezeichnung Dicrano-Pinetum Preisg. et Knapp 42 zusammengefaßt waren, stützen wir uns heute auf Matuszkiewicz (1962), der die natürlichen Kiefernwälder des mittel- und osteuropäischen Flachlandes eingehend bearbeitet und akzeptabel gegliedert hat.

Außerhalb des geschlossenen Verbreitungsgebietes in Ost-Deutschland und West-Polen kommt das Leucobryo-Pinetum auch in Süddeutschland vor, wo es auf armen Sandböden des Oberpfälzer Mittellandes, des Rednitzbeckens (Nürnberger Reichswald), des Donau-Isar- (Tertiär-) Hügellandes, des mittleren Maingebietes und kleinflächig auch im Oberrheingebiet verbreitet ist.

Matuszkiewicz rechnet diese Vorkommen zu seiner typischen Flachland-Rasse. Innerhalb dieser Rasse sind in Süddeutschland zwei Gebietsausbildungen — wenn auch schwach — angedeutet:

1. *Sarothamnus*-Gebietsausbildung des Rhein-Maingebietes mit einem ozeanisch beeinflußten Tieflandcharakter und Niederschlägen zwischen 550 und 600 mm. Sie ist schwach charakterisiert durch *Festuca ovina* coll. und *Sarothamnus scoparius*.
2. Gebietsausbildung ohne Trennarten mit einem kontinental-submontanen Charakter und 600 bis 800 mm Jahresniederschlag. Hier erreicht die Fichte höhere Anteile; häufig tritt auch *Bazzania trilobata* auf. Das gelegentliche Erscheinen der Tanne deutet den Übergang zum Vaccinio-Abietetum an.

Die Vorkommen des Tertiär-Hügellandes lassen sich noch der westlichen Gebietsausbildung zuordnen, während sich im Rednitzbecken beide Gebietsausbildungen berühren.

Die Bestände des Leucobryo-Pinetum werden von der Kiefer beherrscht, der sich Sandbirken, Stiel- und Traubeneiche, Aspe, gelegentlich auch Buche zugesellen. In der Oberpfalz ist regelmäßig auch die Fichte am Bestandesaufbau beteiligt. Der überwiegende Anteil von Lichtbaumarten läßt in Strauch- und Bodenschicht lichtliebende Phanerogamen, aber auch zahlreiche Moose und Flechten aufkommen. Während *Vaccinium myrtillus, V. vitis-idaea, Calluna vulgaris* und azidophile Moosarten wie *Hylocomium splendens, Pleurozium schreberi, Hypnum cupressiforme* und *Dicranum scoparium* häufig den Ton angeben, sind die eigentlichen Kenn- und Trennarten der Assoziation seltener. Hierbei handelt es sich um *Dicranum rugosum, Leucobryum glaucum, Ptilidium ciliare, Dicranum spurium, Pohlia nutans* und — allerdings selten — *Lycopodium complanatum* und *Goodyera repens*.

Standorte der Gesellschaft sind in Süddeutschland basenarme Sandböden der Kreide, des Tertiärs und der Trias. Bei den westlichen Vorkommen überwiegen zu Dünen aufgewehte oder in einer gewissen Mächtigkeit ausgebreitete Flugsande.

Es lassen sich 4 standortsbedingte Subassoziationen unterscheiden:

1. L.-P.   cladonietosum
2. L.-P.   typicum

3. L.-P.   ericetosum herbaceae
4. L.-P.   molinietosum

Die Subassoziation L.-P. cladonietosum auf den trockensten grobsandigen Dünenstandorten mit stark gebleichten Podsolen wird in der Bodenschicht von Flechten beherrscht, die sich hier auf Kosten der Moose und Beersträucher ausbreiten. Am extremsten ist die Var. von *Cladonia furcata*, die im Wirkungsbereich von Staunässe auch mit *Molinia caerulea* auftreten kann. Die *Bazzania*-Variante bevorzugt absonnige Lagen. Im Maingebiet sind auf Grund der Kontakte zu basenreicheren Dünen Arten aus den Pulsatillo-Pinetea vorhanden.

Die typische Subassoziation auf etwas frischeren, jedoch grundwasserfernen, grob- bis mittelkörnigen Sandböden, in der Regel ebenfalls Podsolen mit oft mächtiger Rohhumusauflage, hat vom Humuszustand abhängige Faziesbildungen von *Vaccinium myrtillus, Deschampsia flexuosa* oder *Calluna vulgaris*, letztere immer auf ehemaligen Streunutzungsflächen. Auch in dieser Subassoziation gibt es eine zum Pyrolo-Pinetum überleitende Ausbildung und eine *Bazzania*-Variante, die in absonnigen Lagen, in Mulden und Senken bei höherer Luftfeuchtigkeit gedeiht.

Die in der Oberpfalz gelegentlich verbreitete Subassoziation mit *Erica herbacea* wurde früher als eigene Assoziation „Pinetum variscum" behandelt und von Oberdorfer (1957) zum V Erico-Pinion gestellt. Für diese synsystematische Sonderbehandlung besteht jedoch kein Anlaß, da diese Einheit der ganzen Artenkombination nach nicht vom Leucobryo-Pinetum abweicht.

Die Subassoziation L.-P. molinietosum besiedelt stau- oder grundwasserbeeinflußte, ebenfalls extrem saure Sandböden, dem Bodentyp nach Gleypodsole oder Podsolgleye, in Mulden und Senken. Mit ihrem nassen Flügel leitet sie zum Waldkiefernbruch (Vaccinio uliginosi-Pinetum sylvestris) über. Neben einer typischen kann auch eine *Cladonia*-Variante unterschieden werden.

Die Gesellschaft wird in der Baumschicht immer von der Kiefer beherrscht. Sie tritt in der *Cladonia*-Subassoziation in lichten, niedrigen, oft krüppeligen Formen mit geringer Ertragsleistung (III. bis V. Bonität) auf. In der typischen Subassoziation und im L.-P. molinietosum sind Höhen und Formen der Bäume deutlich besser. Die Ertragsleistung liegt mit Baumhöhen zwischen 20 und 25 m bei der II. und III. Bonität.

Infolge der forstlichen Begünstigung der Kiefer ist es oft schwer zu beurteilen, wieweit es sich bei dem vorliegenden Material um natürliche Waldgesellschaften handelt, obwohl bei dessen Auswahl sehr kritisch vorgegangen wurde. Möglicherweise stockt trotzdem ein Teil der aufgenommenen Bestände auf Standorten, die ehemals von Kiefern-Eichenwäldern oder Birken-Eichenwäldern des Quercion robori-petraeae eingenommen waren. Sicher war das im Oberrheingebiet der Fall, für das nachgewiesen ist, daß die Kiefer dort erst im 16. Jahrhundert eingebracht wurde. Für einen Teil der ehemaligen Quercion-Standorte ist aber wegen der Bodendegradation durch Nadelholzanbau, Streunutzung und Beweidung heute das Leucobryo-Pinetum Schlußgesellschaft der potentiellen natürlichen Vegetation. Ganz sicher ist das nach allgemeiner Auffassung zumindest für die *Cladonia*-Subassoziation der Fall (vgl. auch den Abschnitt über Kunstbestände aus Kiefer und Fichte, S. 79).

Ehemalige Streunutzung und Beweidung haben bis heute in der floristischen Zusammensetzung der Bestände Spuren hinterlassen. Als Folge der Streunutzung ist die *Calluna*-Fazies zu betrachten, während als Zeugen ehemaliger Beweidung in den Beständen Wacholder und Arten der Borstgrasrasen wie *Arnica montana, Danthonia decumbens, Genista tinctoria, G. sagittalis, G. germanica* und auch *Nardus stricta* regelmäßig, wenn auch spärlich, zu finden sind. Hierüber vorliegendes Aufnahmematerial aus der Oberpfalz wurde jedoch nicht in die Tabelle 261 aufgenommen.

2. Ges.: Betula pubescens-Sorbus aucuparia-Gesellschaft
(Betulo carpaticae-Sorbetum aucupariae Lohm. et Bohn 72)

Der Karpatenbirken-Ebereschen-Blockwald (Tab. 260/2; 262)

Diese aus verschiedenen Teilen Süddeutschlands beschriebene Gesellschaft steht nach Auffassung der Autoren dem Karpatenbirken-Fichtenwald des Harzes (Betulo carpaticae-Piceetum Stöcker 67) sowohl synsystematisch als auch synökologisch nahe, doch fehlt ihr die Fichte, die in den westlichen Gebirgen von Natur aus nicht mehr vorkommt, heute jedoch subspontan in die Gesellschaft eindringt.

Trotzdem läßt sich dieser Blockwald kaum bei den Fichtenwäldern anschließen, weil er fast keine Piceion-Arten enthält, wohl aber Arten des Dicrano-Pinion, wenn auch in geringer Stetigkeit. Auch *Betula pubescens* hat eine größere Bindung an Kiefernwälder als an solche aus Fichte. Ob es sich bei der Subspezies *carpatica* anders verhält, muß wohl noch weiter überprüft werden (vgl. auch den nächsten Abschnitt über den Birken-Moorwald).

Standorte dieses Waldes sind Blockhalden mit nicht ausgefüllten Hohlräumen und oft mächtiger Rohhumus- oder moderartiger Humusdecke, auf der sich vor allen Dingen *Vaccinium myrtillus* und zahlreiche Moose (bis 50 Arten) und Flechten breitmachen.

Auf Grund des vorliegenden Materials lassen sich 2 verschiedene Gebietsausbildungen ausscheiden:

1. eine ozeanische *Bazzania*-Gebietsausbildung im Odenwald,
2. eine gemäßigt kontinentale *Barbilophozia*-Gebietsausbildung in der Rhön.

Neben der typischen Subassoziation spielt — insbesondere in schattigen Lagen — eine farnreiche *Dryopteris filix-mas*-Untergesellschaft eine bedeutende Rolle. Eine Reihe von Varianten deutet auf feinere Standortsunterschiede hin, z.B. die *Convallaria*-Variante auf sonnseitige Lagen, *Sphagnum*-Varianten auf höhere Feuchtigkeit; die *Acer pseudoplatanus*-Variante leitet zu den Sommerlinden-Blockwäldern über.

Am Bestandesaufbau nehmen Karpatenbirke und Eberesche gleichmäßig teil, doch kann auch die eine oder andere Art mengenmäßig überwiegen. Die subspontan vor allem in der *Sphagnum*-Variante auftretende Fichte ist diesem Laubbaum an Konkurrenzkraft ebenbürtig.

Diese Dauergesellschaft könnte sich unter den heutigen Umständen zu einem Karpatenbirken-Fichtenwald weiterentwickeln.

1b. Unterverband: Piceo-Vaccinienion uliginosi suball. nov.
(Vaccinietea uliginosi Lohm. et Tx. 55, Assoziationsgruppen im Vaccinion-Piceion Br.-Bl. 38 nach Oberdorfer 57, Dicrano-Pinion Libb. corr. Matusz. 62 p.p.)

Unter dem Begriff Moorwälder sollen hier Waldgesellschaften verstanden werden, die auf nährstoffarmen, sauren und zugleich sehr nassen Standorten stocken. Den Untergrund bilden Torfe kontinentaler Hochmoorkomplexe, des Randgehänges und der Ränder der Laggzone von lebenden Hochmooren weniger kontinentaler Gebiete, Torferden abgestorbener, meist entwässerter Hoch- und Zwischenmoore und sehr saure anmoorige, mineralische Naßböden. Die einzigen Baumarten, die in Mitteleuropa unter diesen Bedingungen geschlossene Bestände bilden können, sind die Birken: Moorbirke (*Betula pubescens*) und Sandbirke (*Betula pendula*), die Kiefern: Waldkiefer (*Pinus sylvestris*) und Moorspirke (*Pinus rotundata*), ferner die Fichte (*Picea abies*).

Im Gegensatz zu den Moorwäldern gedeihen die B r u c h w ä l d e r auf mesotraphenten anmoo-rigen mineralischen Naßböden. Sie sind vor allem in den Schwarzerlenwäldern der Klasse Alnetea glutinosae repräsentiert und stehen den Niedermooren der Klasse Scheuchzerio-Carice-tea fuscae und manchen Gesellschaften des Magnocaricion nahe. Auch können gewisse, außer-halb von Überschwemmungsgebieten liegende Ausbildungen des Pruno-Fraxinetum als Bruch-wald aufgefaßt werden, obschon sie synsystematisch den Auenwäldern des Alno-Ulmion ange-hören.

Hauptsächlich durch Großseggen- und Röhrichtarten charakterisierte Wälder aus *Alnus gluti-nosa, A. incana* und *Betula pubescens*, die pflanzensoziologisch-systematisch schwer zu definie-ren und anzuschließen sind, möchten wir als S u m p f w ä l d e r bezeichnen (vgl. auch unter Alnetum incanae).

Bei allen Moorwäldern der genannten Baumarten ergeben sich Beziehungen zu ökologisch, zum Teil auch floristisch-soziologisch nahestehenden Pflanzengesellschaften, in denen die betreffende Baumart ebenfalls eine wichtige Rolle spielt. Diese Beziehungen machen verständ-lich, weshalb die Moorwälder in ihrer synsystematischen Stellung bislang recht unterschiedlich beurteilt worden sind. Im einzelnen soll bei der Besprechung der Moorwälder der verschiedenen Baumarten auf diese Frage eingegangen werden. Doch sei hier schon vorausgeschickt, daß allein die rangmäßige Zuordnung dieser Wälder extrem unterschiedlich gehandhabt wurde. Wäh-rend Oberdorfer (1957, 1970) sie in zwei Assoziationsgruppen dem Unterverband Vaccinio-Piceenion zurechnet, erheben sie Lohmeyer und Tüxen (Tüxen 1955) in den Rang einer eigenen Klasse Vaccinietea uliginosi. Matuszkiewicz (1962, 1963) stellte das Vaccinio-Pinetum sylve-stris zum Verband Dicrano-Pinion und neigt dazu, auch das Betuletum pubescentis den Vacci-nio-Piceetea zuzurechnen. Die hier zu behandelnden Moorwälder, die immerhin eine Spanne von 100 m bis 1100 m Meereshöhe umfassen, gehören nach ihrer Artenkombination der Klasse Vaccinio-Piceetea und der Ordnung Piceetalia an. Sie lassen sich, wie die Tabelle ausweist, in der Tat am ehesten dem Dicrano-Pinion-Verband anschließen, wenn auch die Kenn- und Trenn-arten dieser borealen Gesellschaftsgruppierung in unserem Gebiet nur noch schwach ausgeprägt sind. Dabei bietet sich als synsystematische Lösung die Aufstellung eines eigenen Unterverban-des an, der den trockener stehenden eigentlichen Dicrano-Pinion-Gesellschaften (Unterverband Dicrano-Pinenion) gegenüber vor allem durch *Vaccinium uliginosum* und einige Feuchtezeiger wie *Frangula alnus, Salix aurita, Melampyrum pratense* ssp. *paludosum, Sphagnum palustre,* reichlich *Molinia caerulea* u. a. zusammengehalten wird.

Vaccinium uliginosum ist schon als Kennart höherer Einheiten für entsprechende Gesellschaf-ten im Bereich des mitteleuropäischen Laubwaldgebietes genannt worden. Sie hat aber regional, als Klassenkennart, ihren Schwerpunkt in den borealen Nadelwald- und Nadelmischwaldgesell-schaften der Vaccinio-Piceetea Nordosteuropas und den entsprechenden Nadelwaldexklaven in den höheren Gebirgen Europas. Die Moorbeere greift von hier aus auch in den Herrschaftsbe-reich der europäischen Laubwaldgesellschaften über − weit weniger übrigens, als andere Vacci-nio-Piceetea-Arten wie *Vaccinium myrtillus* und *V. vitis-idaea* − und begleitet z. B. die subat-lantischen Bergheiden des Genistion (Vaccinio-Callunetum), die Hochmoorgesellschaften der Oxycocco-Sphagnetea und dringt mit dem borealen Birkenmoor − nach Westen ausklingend − auch weit gegen Westeuropa vor. Der Zwergstrauch kann aus der geschilderten pflanzensoziolo-gischen Situation nur als Differentialart für die in Frage stehenden Moorwälder gewertet werden.

Es lassen sich drei Assoziationen unterscheiden, die sich durch die beherrschenden Baumarten voneinander abheben:

- Birken-Moorwald (Vaccinio uliginosi-Betuletum pubescentis), eine mehr mesotrophe Gesellschaft borealen Charakters, die über das Kiefernareal hinaus nach Westen in das subatlantisch-atlantische Klimagebiet reicht und hier die einzige Moorwaldgesellschaft darstellt;
- Waldkiefern-Moorwald (Vaccinio uliginosi-Pinetum sylvestris), eine mehr oligotrophe Gesellschaft in den Niederungen Nordosteuropas, in Süddeutschland auch in der collinen und montanen Stufe;
- Spirken-Moorwald (Vaccinio uliginosi-Pinetum rotundatae) im montanen bis hochmontanen Bereich der Mittelgebirge und des gebirgsnahen Vorlandes am nördlichen Alpenrand.

3. Ass.: Vaccinio uliginosi-Betuletum pubescentis Libbert 33

(Vaccinio uliginosi-Betuletum carpaticae Lohm. et Bohn 72, Lycopodio-Betuletum pubescentis Oberd. 57, Betuletum pubescentis Tx. 37 p. p.)

Der Birken-Moorwald

Ges.: Blechnum-Betula pubescens-Gesellschaft

(Holco-Betuletum pubescentis (Tx. 37) Oberd. 57, Betuletum pubescentis Tx. 37 p. p.)

Der Rippenfarn-Birken-Bruchwald (Tab. 260/3; 263)

Als Birken-Moorwald und Birken-Bruchwald sind recht unterschiedliche Waldgesellschaften beschrieben worden, in denen die Moor- oder Haarbirke *(Betula pubescens)* die führende Rolle spielt. Das liegt in der weiten ökologischen Amplitude der Moorbirke begründet, die auf allen möglichen Naßstandorten bestandesbildend auftreten kann, ohne jedoch hier immer eine Dauergesellschaft zu bilden. Oft sind die Moorbirkenwälder nur Stadien, die zu anderen Waldgesellschaften hinführen. Als Jungpflanze fanden wir *Betula pubescens* häufig sogar auf trockenen, kalkreichen Kiesschottern der Donau mit Grundwasserständen, die mehr als 3 m unter Flur liegen. Regelrechte Waldbestände bildet *Betula pubescens* jedoch nur auf Naßstandorten. Auf mineralischen, oft anmoorigen Böden findet man die Moorbirke im Salicetum auritae des Salicion cinereae ebenso wie in basenarmen Ausbildungen des Carici elongatae-Alnetum. Gelegentlich bildet sie Entwicklungsstadien zum ärmeren Pruno-Fraxinetum und tritt im Bereich von Niedermooren der Scheuchzerio-Caricetea fuscae auf. Auch zu den Betulo-Adenostyletea gehörende Wäldchen wie das Equiseto-Betuletum carpaticae Lohm. et al. Bohn 72 in der Rhön, das sich leicht mit entsprechenden Ausbildungen der *Betula tortuosa*-Wälder Skandinaviens vergleichen läßt, können von der Moorbirke aufgebaut werden. In Verbindung mit oligotrophen Großseggen des Magnocaricion bildet die Moorbirke den synsystematisch schwer unterzubringenden Moorbirken-Sumpfwald. Schließlich ist *Betula pubescens* in der Subspezies *carpatica* auch Bestandteil des Karpatenbirken-Ebereschen-Blockwaldes in der Rhön.

Alle hier genannten *Betula pubescens*-Wälder und -Gebüsche sind keine Moorwälder im Sinne des Vaccinio uliginosi-Betuletum pubescentis. Bevor auf diese eingegangen werden kann, muß noch erwähnt werden, daß unter *Betula pubescens* die Spezies im weiteren Sinne verstanden werden soll. In den letzten Jahren wurde in den Arbeiten z.B. von Stöcker (1967), Lohmeyer und Bohn (1972), Dierssen (1984) eine Unterscheidung zwischen *Betula pubescens* ssp. *pubescens* und *B. p.* ssp. *carpatica* getroffen. Bei der Subspezies *pubescens* soll es sich um eine Tieflandsippe handeln, die vor allem im nordwestdeutschen Flachland verbreitet ist. Die

Subspezies *carpatica* dagegen wird vor allem für die zentraleuropäischen Mittelgebirge genannt. Im bayerischen Alpenvorland findet man jedoch beide Unterarten nebeneinander (Pott, mdl.). Da offenbar beide Subspezies auch in jüngerer Zeit nicht immer sicher unterschieden werden und bei dem älteren Aufnahmematerial ohnehin nicht gesagt werden kann, welche Subspezies gemeint ist, soll hier nur von *Betula pubescens* im weiteren Sinne die Rede sein.

Das Vaccinio uliginosi-Betuletum pubescentis ist von Norddeutschland bis an den Fuß der Alpen verbreitet und aus Höhenlagen von 100 bis 1100 m belegt. Als Dauergesellschaft kommt es aber wohl nur außerhalb des natürlichen Verbreitungsgebietes der konkurrierenden Baumarten *Pinus sylvestris* und *Pinus rotundata* vor, die der Birke an Lebensdauer überlegen sind. Im Verbreitungsgebiet dieser Baumarten ist der Birken-Moorwald nur ein Übergangsstadium, das sich am leichtesten bei Störungen des Standortes, vor allem bei Moorentwässerungen, entwickeln kann.

Der Birken-Moorwald kommt in der Laggzone von Hochmooren, auf entwässerten Hoch- und Zwischenmooren und auf sehr sauren mineralischen Naßböden in schwachmuldiger Lage mit stauender Nässe vor. Bodentypen sind dementsprechend Hochmoor, Niedermoor, saures Anmoor und Anmoorgley.

Die Bestände der lichtkronigen Birke sind infolge schlechter Wuchsleistung und lockerer Bestockung hell und erreichen mit 8 bis 10 m nur eine geringe Höhe. Sie leiden häufig unter Rauhreif, Eis- und Schneedruck. Die Fichte ist fast immer, wenn auch unterständig, beigemischt; selbst in der von der Natur aus fichtenfreien Rhön hat sie sich oft subspontan in dieser Gesellschaft eingestellt. Auch *Pinus sylvestris* ist in den süddeutschen Vorkommen immer vorhanden. Je nach ihrem Mengenanteil gibt es alle Übergänge zwischen dem Vaccinio-Betuletum und dem Vaccinio uliginosi-Pinetum. Seltener nimmt *Pinus rotundata* am Bestandesaufbau teil.

Der Lichtreichtum der Bestände gestattet die Entwicklung einer üppigen Beerstrauchschicht mit allen drei *Vaccinium*-Arten und dem Pfeifengras, zwischen denen sich zahlreiche azidophile Moose verstecken.

In der Tabelle sind zwei Höhenformen zu erkennen; eine reicher an *Dicranum rugosum* oder *Quercus robur* ausgestattete Form des Hügellandes von 100 bis 700 m Meereshöhe, in der die Piceetalia-Arten reicher vertreten sind, und eine Bergland-Form, die sich zwischen 600 und 1100 m Höhe ausbreitet.

Bei beiden Höhenformen gibt es eine Subassoziation mit Hochmoor-Arten, die als Vaccinio-Betuletum eriophoretosum bezeichnet wird und dem eigentlichen Hochmoor näher steht.

Das Vaccinio-Betuletum ist eine nordische Reliktgesellschaft und stellt heute im subozeanischen Bereich seines Verbreitungsgebietes − außerhalb der natürlichen Kiefernvorkommen − eine Dauergesellschaft, im mehr subkontinental-kontinentalen Bereich dagegen eine Folgegesellschaft im Übergang zu Kiefern-Moorwäldern dar. Sein forstlicher Wert ist unbedeutend. Das dürfte die Erhaltung im Sinne des Naturschutzes erleichtern, was jedoch den Schutz der Standorte in größeren, zusammenhängenden Moorkomplexen voraussetzt.

Die *Blechnum-Betula pubescens*-Gesellschaft ist mit nur wenigen Aufnahmen aus dem Odenwald und dem nördlichen Oberrheingebiet belegt und stellt bei 100 bis 400 m Meereshöhe den Birken-Moorwald der Eichenstufe dar. Da *Vaccinium uliginosum* fast ganz fehlt und auch die Nadelwaldarten praktisch ausfallen, kann diese Gesellschaft nur noch als Randerscheinung des Piceion abietis aufgefaßt werden. Einige Arten subatlantischer Verbreitung wie *Blechnum, Holcus mollis* oder *Galium harcynicum* deuten darauf hin, daß dieser Birken-Moorwald eine Einstrahlung der nordwestdeutschen Ausbildung der Gesellschaft bildet. Er grenzt dort an wechselfeuchte Birken-Stieleichenwälder (Holco-Quercetum molinietosum) oder an Gesellschaften des Alnion (Sphagno-Alnetum).

Mehr als die Wälder des Vaccinio uliginosi-Betuletum kommt der Rippenfarn-Birken-Bruchwald auf basen- und nährstoffarmen, meist anmoorigen, mineralischen Naßböden vor. Er stellt
ebenfalls eine nordische Relikt- und heutige Dauergesellschaft dar. Wegen seiner synsystematischen Randstellung innerhalb der Vaccinio-Piceetea wurde er nicht in die Klassen-Übersichtsta-
belle aufgenommen.

4. Ass.: Vaccinio uliginosi-Pinetum sylvestris Kleist 29 em. Matuszkiewicz 62

(Pino-Vaccinietum uliginosi Kobendza 30, Pino-Sphagnetum Kobendza 30, Pino-Ledetum sylvestris Tx. 55
p. p., Calamagrostio villosae-Pinetum Staszk. 58 prov.)

Der Waldkiefern-Moorwald (Tab. 260/4; 264)

Zum Vaccinio uliginosi-Pinetum sylvestris werden die von der Waldkiefer beherrschten Moorwälder des östlichen Mitteleuropa und Osteuropas gezählt. Sie sind daher auch in diesen Gebieten zuerst erkannt und beschrieben worden. In Süddeutschland sind sie nicht nur in der Oberpfalz, die mit ihrem boreal-kontinentalen Klima verwandte Züge mit dem nordostdeutschen und
polnischen Tiefland aufweist, verbreitet, sondern auch in den Moorgebieten des Alpenvorlandes
und in den höher gelegenen Mooren des östlichen und damit auch subkontinentalen Schwarzwaldes. Im Vergleich zum Hauptverbreitungsgebiet ist die Artengarnitur etwas verarmt; so fehlt
Ledum palustre den süddeutschen Kiefern-Moorwäldern.

Der Kiefern-Moorwald ist eine physiognomisch, floristisch und ökologisch gut umschriebene
Einheit. In der geschlossenen, bis 25 m hohen Baumschicht dominiert die Kiefer, unter der
gerade auch in den submontan-montanen süddeutschen Vorkommen die Fichte sehr regelmäßig
vorhanden ist, aber nicht diese Höhen erreicht. *Betula pubescens* ist in geringer Menge beigesellt, nur in jüngeren Phasen, die aus Moorbirken-Stadien hervorgegangen sein können, tritt sie
stärker beteiligt auf. Vereinzelt steht *Pinus rotundata* zwischen den Waldkiefern und deutet
zusammen mit der noch selteneren Latsche *(Pinus mugo)* auf den präalpinen Einfluß hin. So
könnte man die süddeutschen Vorkommen möglicherweise als eigene Rasse des Vaccinio uliginosi-Pinetum auffassen.

In der Bodenschicht herrschen *Vaccinium*-Arten vor, auch *Calluna vulgaris* und *Molinia
caerulea* spielen eine wichtige Rolle. Azidophile und nässeliebende Moose, auch Flechten sind
in größerer Zahl vorhanden. Mehr als bei den Birken- und Spirken-Moorwäldern treten Hochmoor-Arten auf, wie vor allem *Eriophorum vaginatum, Oxycoccus palustris, Andromeda polifo-
lia* und mehrere *Sphagnum*-Arten. Das hängt nicht nur mit dem höheren Lichtgenuß der Wald-
kiefernbestände zusammen, sondern auch damit, daß echte subkontinentale Hochmoorgesellschaften der Oxycocco-Sphagnetea, wie das in Nordosteuropa mit dem Vaccinio-Pinetum sylvestris alternierende Ledo-Sphagnetum (mit *Sphagnum fuscum, Oxycoccus microcarpus* u. a.),
fehlen, also keine klare Abgrenzung gegen Gesellschaften des Sphagnion magellanicae mehr
getroffen werden kann.

Das Vaccinio uliginosi-Pinetum sylvestris ist in Höhenlagen zwischen 380 und 1050 m verbreitet. Wenn auch nicht besonders deutlich, so lassen sich doch, ähnlich wie beim Birken-
Moorwald, zwei Höhenformen unterscheiden: eine *Dicranum rugosum*-Form zwischen 380 und
650 m Meereshöhe und eine Berglandform ohne Trennarten zwischen 600 und 1050 m.

Innerhalb dieser beiden Höhenformen gibt es neben der typischen eine Subassoziation mit
Oxycoccus palustris, die den Hochmooren näher steht. Eine Birken-Phase, Varianten mit Mineralbo-
den-Zeigern wie *Deschampsia flexuosa, Dryopteris carthusiana, Hypnum cupressiforme,* lassen sich
gelegentlich erkennen. Doch konnten sie in der Tabelle nicht ausgeschieden werden.

Im allgemeinen kommt der Kiefern-Moorwald am Randgehänge von intakten Hochmooren, auf entwässerten Hoch- und Zwischenmooren, aber auch auf sehr sauren, mineralischen, meist sandigen Naßböden in schwachmuldigen Lagen mit stauender Nässe vor. Im Vergleich zum Birken-Moorwald erträgt er besser die dem kontinentalen Klima eigenen sommerlichen Trockenperioden. Hochmoor, saures Anmoor, Anmoor- und Stagno-Gley, Gley-Podsol sind die charakteristischen Bodentypen, soweit nicht durch Entwässerung ein oberflächlich abgetrockneter und teilweise mineralisierter Torf entstanden ist.

Das Vaccinio uliginosi-Pinetum sylvestris ist eine Dauergesellschaft, die sich bei Hochmooren im natürlichen Sukzessionsgang aus Gesellschaften des Sphagnion magellanici-Verbandes entwickelt. Die Entwässerung der Hochmoore hat seine Verbreitung stark gefördert.

5. Ass.: Vaccinio uliginosi-Pinetum rotundatae Oberd. 34 em.

(Pino-Vaccinietum Oberd. 34 p.p., Vaccinio-Mugetum Oberd. 34 p.p., Pinus montana-Vaccinium uliginosum-Ass. Bartsch 40 p.p., Sphagno-Mugetum Kuoch 54 p.p., Pinetum uncinatae Kästn., Flößn. et Uhl. 33)

Der Spirken-Moorwald (Tab. 260/5; 264)

Unter den oben genannten Bezeichnungen wurden bisher *Pinus rotundata*-Gesellschaften verstanden, die von offenen, fast einzelbaumartig mit Spirke bestandenen Hochmoor- und Waldhochmoorflächen bis zu dicht geschlossenen Moorwäldern reichen. Während in den offenen Waldhochmooren die Oxycocco-Sphagnetea-Arten weitaus überwiegen, treten sie zugunsten von Vaccinio-Piceetea-Arten in den dicht stehenden Spirken-Moorwäldern stark zurück.

Neuhäusl (1969) hat alle Moorspirkenwälder als neue Assoziation Pino rotundatae-Sphagnetum (Kästn. et Flößn. 33) den Oxycocco-Sphagnetea zugeordnet. Sie sind in Band I der „Süddeutschen Pflanzengesellschaften" behandelt. Flächenmäßig dürften die offenen Waldhochmoore mit *Pinus rotundata* auch in Süddeutschland ausgedehnter vorhanden sein als der Spirken-Moorwald, so daß diese synsystematische Änderung und Neuzuordnung verständlich bleibt (obwohl es wohl folgerichtiger gewesen wäre, das mehr offene Pino-Sphagnetum nur als Subassoziation des Sphagnetum magellanici pinetosum rotundatae zu behandeln; Anm. des Herausgebers). Es wurde dabei jedoch übersehen, daß es die geschlossenen Spirken-Moorwälder fast ohne Hochmoorarten auch noch gibt. Hier können sie jedoch mit 29 Aufnahmen verschiedener Autoren, vom Schwarzwald bis zum Alpenvorland reichend, vorgestellt werden.

Der Spirken-Moorwald ist in Süddeutschland weit verbreitet und reicht vom nördlichen Schwarzwald über das Alpenvorland bis in die Oberpfalz. Der Schwerpunkt seiner Verbreitung in den Mooren nördlich der bayerischen Kalkalpen entspricht seinem präalpinen Charakter, der vor allem durch *Pinus rotundata* und *Pinus mugo* angedeutet ist.

Mit Höhenlagen zwischen 500 und über 1000 m handelt es sich um eine montane Gesellschaft, die ihr Verbreitungsgebiet mit der Bergland-Form des Vaccinio uliginosi-Betuletum und Vaccinio uliginosi-Pinetum teilt. Überhaupt besteht zwischen diesen beiden Gesellschaften physiognomisch und floristisch große Ähnlichkeit, wenn man von den *Pinus*-Arten einmal absieht. Jedoch sind mit *Plagiothecium undulatum*, *Lycopodium annotinum* und *Sphagnum quinquefarium* einige Kennarten des Vaccinio-Piceion stärker vertreten. Das luftfeuchte Klima der montanen Stufe und Böden mit einer gleichmäßigen Wasserversorgung begünstigen die Spirke gegenüber der Waldkiefer.

In den 8 bis 15 m hohen Beständen dominiert die Spirke in ihrer aufrechten Form. Häufig findet sich in der Strauchschicht auch die niederliegende Form, die aber in den vorliegenden

Originaltabellen nicht von *Pinus mugo* getrennt wurde. *Picea abies, Betula pubescens* und *Pinus sylvestris* sind der Spirke in beiden Schichten beigemengt. Die Wuchsleistung ist in der Regel auf flachgründigen Moor- und Mineralböden besser als auf mächtigen Torfauflagen.

Zusammen mit dem Waldhochmoor aus *Pinus rotundata* (Pino-Sphagnetum) stellt der Spirken-Moorwald eine subarktisch-alpine Reliktgesellschaft der Späteiszeit dar, die als Zeuge einer ehemaligen Bergkiefernstufe innerhalb der sich in der Nacheiszeit entwickelnden Waldlandschaft auf den der Buche oder Tanne unzugänglichen Moor- und Naßstandorten überdauern konnte, auf denen sie eine Dauergesellschaft darstellt.

Fichten-Moorwälder

Von verschiedenen Autoren sind Fichten-Moorwälder ausgeschieden worden; auch Lohmeyer und Tüxen (1955) führen in der Klasse Vaccinietea uliginosi ein Vaccinio uliginosi-Piceetum auf.

Eine Überprüfung der aus Süddeutschland vorliegenden Tabellen hat jedoch gezeigt, daß alle diese Wälder reichlich Oxycocco-Sphagnetea-Arten enthalten und deshalb besser zum Sphagnetum piceetosum gestellt werden sollten.

Im Grunde handelt es sich um Entwicklungsstadien, die eine Weiterentwicklung zu Fichtenwäldern (Bazzanio-Piceetum, Calamagrostio-Piceetum bazzanietosum) andeuten. Sobald diese Entwicklungsstadien ihren Hochmoor-Charakter verlieren, kann man sie den Piceeten z. B. als Subassoziation mit *Eriophorum vaginatum* angliedern, wie das Dierssen (1984) für den Schwarzwald getan hat (vgl. auch Tab. des Bazzanio-Piceetum).

2. Verband: Piceion abietis Pawl. in Pawl. et al. 28
(Vaccinio-Piceion Br.-Bl. 38)

Fichten-Tannen- und Fichtenwälder

Der Verband umfaßt die bodensauren Fichten-Tannen- und die echten Fichtenwälder der europäischen Mittelgebirge, Alpen und Karpaten. Er gliedert sich in die drei Unterverbände:

Vaccinio-Abietenion Oberd. 62,
Vaccinio-Piceenion Oberd. 57,
Rhododendro-Vaccinienion Br.-Bl. 26

2a. Unterverband: Vaccinio-Abietenion Oberd. 62
(Abieto-Piceion Br.-Bl. 39 in Br.-Bl. et al. 39 p. p.)

Zwergstrauchreiche Fichten-Tannenwälder

Der Unterverband umfaßt bodensaure Fichten-Tannenwälder der höheren deutschen Mittelgebirge und der Nordalpen.

Die Wälder lösen die Fichtenwälder in den niedrigen Lagen ab, wenn leicht versauerte Böden, Kaltluftansammlungen oder ein kontinental getöntes Klima die Nadelbäume gegenüber der Buche konkurrenzfähig werden lassen.

Innerhalb Süddeutschlands steht dem mehr ozeanischen Luzulo-Abietetum des Schwarzwaldes und anschließender Gebiete in Schwaben das kontinentale Vaccinio-Abietetum gegenüber, das zwar auch in diesen Gebieten auf sehr armen Standorten vorkommt, im Schwarzwald vor allem auf seiner Ostabdachung, das seine Hauptverbreitung jedoch in den nordostbayerischen Grenzgebirgen hat.

Neuerdings werden auch die bodensauren Fichten-Buchenwälder mit *Calamagrostis villosa* zu diesem Unterverband gerechnet.

Alle Gesellschaften des Vaccinio-Abietenion sind nicht durch eigene Kennarten charakterisiert. Ihr gemeinsames Merkmal ist die Kombination von Vaccinio-Piceetalia-Arten mit solchen der Fagetalia. Nur die weite Verbreitung konnte die Autoren veranlassen, ihnen den Rang von Assoziationen zu verleihen.

6. Ass.: Vaccinio-Abietetum Oberd. 57

(Querco-Vaccinietum Zeidler 53 p.p., Melampyro-Abietetum Oberd. 57, Fago-Piceetum vaccinietosum Oberd. 38, Luzulo-Piceetum Br.-Bl. 39 et al. p.p.)

Der Preiselbeer-Fichten-Tannenwald (Tab. 260/6; 265)

Dieser natürliche Fichten-Tannenmischwald hat im Vergleich zum Luzulo-Abietetum einen mehr boreal-kontinentalen Charakter und ist daher im Osten des Gebietes stärker vertreten, wie er überhaupt eine großflächig auftretende Gesellschaft ist. Ursprünglich dürfte er im ostbayerischen Grenzgebirge vom Bayerischen Wald bis zum Frankenwald auf sehr basen- und nährstoffarmen Standorten weit verbreitet gewesen sein. Nach Westen reicht er über die schwäbisch-fränkischen Waldberge bis in den Schwarzwald, wo er vor allem auf dessen Ostabdachung zu finden ist.

Der Fichten-Tannenmischwald ist in Höhenlagen bis 1200 m angesiedelt. Während er im Westen seine untere Grenze bei wenig unter 600 m findet, geht er im Osten (Oberpfalz, Frankenwald) bis unter 400 m hinunter.

Die Böden sind Verwitterungsprodukte von Gneis, Granit, Bunt- u. Keupersandsteinen, im Frankenwald von Grauwacken und Schiefern. Bodentypen sind Podsole bis Podsol-Braunerden, gelegentlich auch Braunerden geringer Basensättigung. Feuchte Ausbildungen zeigen Übergänge zum Pseudogley und Stagnogley. Rohhumusauflagen sind überall zu beobachten.

Das Vaccinio-Abietetum wurde zuerst durch Oberdorfer (1957) vom Luzulo-Abietetum abgetrennt. Wie dieses steht es zwischen Hainsimsen-Buchenwald und dem echten Fichtenwald, letzterem jedoch näher. Seine große zonale Verbreitung rechtfertigt die Ausscheidung als eigene Assoziation trotz Fehlens eigentlicher Kennarten. In seiner Höhenverbreitung steht es im ostbayerischen Grenzgebirge zwischen den bodensauren Kiefern-Eichenwäldern (Vaccinio vitisidaeae-Quercetum) und den Hochlagen-Fichtenwäldern (Calamagrostio-Piceetum) und läßt sich hier in eine kollin-submontane Höhenform mit *Quercus robur*, *Frangula alnus* und *Melampyrum pratense* (Melampyro-Abietetum Oberd. 57) und eine montane Form mit *Calamagrostis villosa* untergliedern.

Die submontane Höhenform geht in einem breiten Band zwischen 550 und 700 m in die montane Form über. Diese wird zwischen 1000 und 1200 m von echten Fichtenwäldern abgelöst. Die große West-Ost-Ausdehnung ermöglicht eine, wenn auch schwache Unterscheidung von geographischen Rassen: 1. einer *Pteridium*-Rasse des Schwarzwaldes, der die schwäbischfränkische Gebietsausbildung ohne Trennarten nahesteht, und 2. einer Rasse ohne Trennarten der ostbayerischen Grenzgebirge, deren östliche Lage durch *Calamagrostis villosa* in der Berglandform angezeigt wird.

An standörtlich bedingten Subassoziationen sind in der Tabelle unterschieden worden: 1. V.-A. leucobryetosum auf trockenen basenarmen, häufig sonnseitig exponierten Standorten mit *Leucobryum glaucum, Calluna vulgaris* und *Cladonia*-Arten, 2. V.-A. typicum auf mittleren Standorten, 3. V.-A. oxalidetosum mit *Oxalis acetosella* und *Athyrium filix-femina* auf besser nährstoff- und basenversorgten frischen Standorten (basenarme Braunerden). Bei den Subassoziationen V.-A. typicum und V.-A. leucobryetosum können neben typischen Varianten solche mit *Molinia caerulea* und solche mit verschiedenen *Sphagnum*-Arten *(Sphagnum nemoreum, S. recurvum)* unterschieden werden. Sie zeigen feuchte Standorte an. In der Regel sind die Varianten mit *Molinia caerulea* nährstoffarm-staunaß; die mit faziesbildender *Carex brizoides* und *Deschampsia cespitosa* auf schluffig-lehmigen Böden sind ebenfalls staunaß, haben aber eine bessere Nährstoffversorgung. Auf schattig-luftfeuchten Standorten tritt neben *Sphagnum* auch *Bazzania trilobata* stärker hervor. Die Vorkommen von *Arnica montana, Antennaria dioica* und *Festuca ovina,* gelegentlich auch *Nardus stricta,* lassen auf ehemalige Waldweide schließen.

Das Vaccinio-Abietetum ist eine Schlußgesellschaft. In der Zusammensetzung der Baumschicht kann der Tannenanteil sehr unterschiedlich sein. Auf Grund anthropogener Beeinflussung ist die natürliche Baumartenkombination schwer abzuschätzen. Neben der Tanne ist die Fichte die wichtigste Baumart, und zwar mit steigendem Anteil bei zunehmender Meereshöhe. Wichtig und charakteristisch ist die Beimischung von *Pinus sylvestris*, häufig in Gestalt der Höhenkiefer (Ostschwarzwald, Selb). Ihr Anteil nimmt jedoch mit zunehmender Höhenlage ab. Die Buche und andere Buchenwaldarten treten zurück. Die Eichen sind nur in der submontanen Form und hier in der Regel auch nur spärlich vertreten.

Die Bodenschicht ist durch *Vaccinium myrtillus, Deschampsia flexuosa* und Moose beherrscht.

Wuchsformen und Wuchsleistungen der herrschenden Nadelbäume sind in den verschiedenen Untereinheiten nicht gleich. In der Subassoziation mit *Leucobryum glaucum* bringt auch die Fichte es nur zu mäßigen Wuchsleistungen, während diese bei guten Stammformen im V.-A. oxalidetosum ausgesprochen gut sein können.

7. Ass.: Calamagrostio villosae-Fagetum Mikyška 72

(Fago-Piceetum Oberd. 38 em Reinh. 39. *Dryopteris-Fagus sylvatica*-Gesellschaft Petermann et Seibert 79 p.p.)

Der Reitgras-Fichten-Buchenwald (Tab. 260/7; 266)

Der Reitgras-Fichten-Buchenwald ist aus den herzynischen Gebirgen vom Bayerischen und Böhmerwald bis zum Fichtel- und Erzgebirge belegt. Er bildet hier sozusagen das kontinentale Gegenstück zu dem subatlantischen Luzulo-Abietetum des Schwarzwaldes, was vor allem in dem hochsteten Vorkommen des Wolligen Reitgrases *(Calamagrostis villosa)* und dem Anteil der Fichte zum Ausdruck kommt.

Das Calamagrostio-Fagetum ist in der montanen und hochmontanen Stufe (Berglandstufe) etwa zwischen 700 und 1200 m weit verbreitet und teilt sich diesen Lebensraum im Bereich der wärmebegünstigten Hangzone vor allem mit dem Dornfarn-Buchenwald *(Dryopteris-Fagus*-Gesellschaft, Luzulo-Fagenion). Nach Beobachtungen im Nationalpark Bayerischer Wald liegt die Gesellschaft zwischen dem Buchenwald und dem nach oben anschließenden Fichten-Hochlagenwald (Calamagrostio-Piceetum barbilophozietosum) und dem Fichten-Auenwald (C.-P. bazzanietosum) der kalkluftbeeinflußten Talmulden.

Dieser räumlichen Übergangsstellung entspricht auch die floristisch-soziologische Zusammensetzung, die sich in einer Mischung aus Vaccinio-Piceion- und Fagion-Arten äußert.

In der Baumschicht dominiert die Buche; sie ist immer von der Fichte begleitet, die von Natur aus oder anthropogen gefördert höhere Anteile erreichen kann. Daneben kommt auch die Tanne vor, wenn auch mit geringerer Stetigkeit und Menge. Untersuchungen des Verfassers (n. p.) über die potentielle natürliche Vegetation des NP Bayerischer Wald haben jedoch ergeben, daß die Anteile der Tanne früher höher lagen. Die Eberesche ist hier ebenfalls hochstet, aber immer nur einzeln beigemischt, der Bergahorn seltener. Die Strauchschicht wird aus dem Jungwuchs der Baumarten gebildet, dem sich *Sambucus racemosa* zugesellt.

Die Krautschicht ist artenarm. Von den Vaccinio-Piceion-Arten erreicht *Calamagrostis villosa* die höchste Stetigkeit, während von den Fagion-Arten *Prenanthes purpurea* und *Polygonatum verticillatum* als die wichtigsten zu nennen sind. Als Begleiter erscheinen vor allem *Oxalis acetosella, Luzula sylvatica, Dryopteris dilatata, Athyrium filix-femina* und, weniger auffällig, *Maianthemum bifolium*. Oft ist die Krautschicht nur spärlich ausgebildet, weil die reichliche Laubstreu, durch Naßschnee zusammengepreßt, das Aufkommen der Bodenpflanzen behindert.

Das gilt auch für die Moose, deren Schicht relativ artenarm ist und im wesentlichen nur aus den azidophilen Allerweltsmoosen *Polytrichum formosum, Dicranum scoparium, Hypnum cupressiforme, Dicranella heteromalla* und *Pleurozium schreberi* besteht.

Bei etwas lichterem Bestandesschluß, z.B. in sonnseitiger Exposition, treten auch *Vaccinium myrtillus* und *Deschampsia flexuosa* in der Krautschicht auf und bilden neben der typischen Subassoziation das Calamagrostio-Fagetum myrtilletosum.

Die Böden liegen über eiszeitlichem Grundschutt oder sandiggrusigem Verwitterungsmaterial kristalliner Gesteine. Mit 30 bis 90 cm sind sie mittel- bis tiefgründig. Bodentyp ist eine basenarme Braunerde, gelegentlich auch mit Posolierungserscheinungen. Im Übergang zu den Fichten-Auwäldern treten auch Gley-Braunerden auf.

Die Vitalität von Buche und Fichte ist gut. In geschlossenen Beständen windgeschützter Lagen erreicht die Baumschicht 25 bis 30 m Höhe. Vor allem bei der Buche läßt die Wuchskraft auf flachgründig-trockenen und zu feuchten Böden nach.

Das Calamagrostio-Fagetum ist eine Schlußgesellschaft, die von Buche und Fichte beherrscht wird. Der Anteil der Tanne ist heute nachweislich geringer als in früheren Zeiten.

8. Ass.: Luzulo-Abietetum Oberd. 57
(einschl. Periclymeno-Abietetum Oberd. 57, Fago-Piceetum Oberd. 38, Luzulo-Piceetum Br.-Bl. 39 in Br.-Bl. et al. 39 p. p.)

Der Hainsimsen-Fichten-Tannenwald (Tab. 260/8; 267)

Diese natürliche Tannenmischwald-Gesellschaft hat ihren Verbreitungsschwerpunkt im nördlichen und südlichen Schwarzwald. Von hier aus greift sie auf angrenzende nordschwäbische Gebiete über und kommt auch noch im West-Allgäu vor. Den östlichen Gesellschaften (Calamagrostio-Fagetum, Vaccinio-Abietetum) gegenüber ist sie durch einige subatlantische Arten charakterisiert.

Das Luzulo-Abietetum bildet ein hochgelegenes, vielfach unterbrochenes Band in der montanen Stufe zwischen 600 und 1300 m Meereshöhe, steigt aber in etwas abgewandelter Form in etwas tiefere Lagen, bis 300 m, hinunter.

Bei den Böden überwiegen die basenarmen Typen vom Braunerde-Podsol bis zu Podsol-Braunerden und Braunerden geringer Basensättigung, die als Verwitterungsprodukte silikatischer Gesteine wie Buntsandstein, Flyschsandstein, Granit vorliegen. Die humose Auflage ist meistens Moder; ausgesprochene Rohhumusbildung ist selten.

Die Gesellschaft vermittelt zwischen dem Hainsimsen-Buchenwald (Luzulo-Fagetum) und den echten Fichtenwäldern. Mit beiden hat sie einen großen Teil der Bodenvegetation, nämlich azidophile Pflanzenarten, gemeinsam. Diesen gesellen sich bezeichnende Begleiter und Kennarten der Fichtenwälder zu, so daß sie sich leicht von den Hainsimsen-Buchenwäldern unterscheiden läßt. Gegenüber den Fichtenwäldern weist sie einen höheren Anteil von Tanne und regelmäßig beigemischter Buche auf. Trotzdem ist ihre systematische Stellung umstritten, da sie keine eigentlichen Charakterarten besitzt, sondern nur durch die eigentümliche Kombination von Kennarten höherer Einheiten ausgezeichnet ist. Wegen ihrer zonalen Bedeutung soll sie hier als selbständige Assoziation gefaßt werden, zumal sie bereits seit Braun-Blanquet (1939) unter Einbeziehung des Vaccinio-Abietetum als solche behandelt und schon 1957 durch Oberdorfer von diesem abgetrennt wurde.

Seiner Verbreitung entsprechend läßt sich das Luzulo-Abietetum in eine *Pteridium*-Rasse des Schwarzwaldes mit den atlantischen Arten *Pteridium aquilinum, Ilex aquifolium* und *Lonicera periclymenum* und eine schwäbische Rasse ohne Trennarten einteilen. Deutlicher ist eine kollin-submontane von einer montanen Höhenform abzutrennen. Erstere enthält bei Höhenlagen unter 600 m einige Tieflandarten wie *Quercus petraea, Quercus robur, Castanea sativa,* u. a., die auch schon eine Annäherung an die bodensauren Eichenwälder (Quercion robori-petraeae) erkennen lassen. Ohne Schwierigkeit konnte auch das Periclymeno-Abietetum Oberd. 57 zur Tieflagenform gezogen werden.

Es ist nicht sicher, ob alle aufgenommenen Bestände als natürliche Waldgesellschaften zu betrachten sind, denn die künstliche Förderung der Nadelbäume im Luzulo-Fagetum und in Quercion robori-petraeae-Gesellschaften ruft Artenkombinationen hervor, die der des Luzulo-Abietetum ähnlich sind.

Der Hainsimsen-Tannen-Fichtenwald ist in der Baumschicht aus den drei für die Hochlagen des Schwarzwaldes charakteristischen Baumarten Buche, Tanne und Fichte zusammengesetzt. Doch übernehmen Fichte und Tanne die Führung. Die Tieflagenform enthält die Eiche und die Kiefer, letztere oft freilich künstlich gefördert. Eine Strauchschicht kommt kaum zur Entwicklung, höchstens in Verjüngungsnestern, aus den drei genannten Baumarten bestehend.

Im Vergleich zum Hainsimsen-Buchenwald gedeiht das Luzulo-Abietetum vor allem auf ebenen und wenig geneigten Geländeteilen sowohl der ausgesprochenen Hochlagen wie auch der Talmulden, in denen infolge der Kaltluftansammlung die Buche spätfrostgefährdet ist. Auch Schuttböden und Kaltluftrinnen an den Hängen begünstigen die Gesellschaft. Von den beiden unterschiedenen Subassoziationen bevorzugt die mit *Oxalis acetosella* und *Athyrium filix-femina* solche Talmulden, Kaltluftrinnen, Schatt- und Schluchthanglagen mit frischen Standorten, während die typische Subassoziation auf ärmeren und trockeneren Standorten zu finden ist.

Das Luzulo-Abietetum ist eine Schlußgesellschaft. Seine natürlichen Baumartenanteile lassen sich heute schwer abschätzen. Die Wuchsformen und Wuchsleistungen der Nadelbäume sind im allgemeinen gut, während die Buche in ihrer Vitalität herabgesetzt ist, im Unterstand bleibt und schlechte Stammformen bildet.

Der anthropogene Einfluß äußert sich in einer Begünstigung der Fichte. Wo eine solche auf den Wuchsorten ärmerer Tannen-Buchenwälder (Luzulo-Fagetum) stattgefunden hat, können die Bestände eine Artenkombination erreichen, die der des Luzulo-Abietetum gleicht. Derartige Kunstbestände wurden von Schmid und Gaisberg (1936) beschrieben und sind als *Picea excelsa-*

Luzula nemorosa-Ass. in die Literatur eingegangen (Braun-Blanquet et al. 1939; Bartsch 1940). Diese Aufnahmen wurden hier nicht mit aufgeführt. Doch ist nicht auszuschließen, daß in dem in der Tabelle zusammengestellten Material auch Aufnahmen solcher Kunstbestände enthalten sind. Bezüglich der submontanen Höhenformen wurde dieser Verdacht bereits geäußert.

2b. Unterverband: Vaccinio-Piceenion Oberd. 57

Fichtenwälder

Zu diesem Unterverband gehören die eigentlichen Fichtenwälder der hohen europäischen Gebirge auf rohhumusreichen Böden.

Die nordosteuropäische, kontinental-boreale Hauptverbreitung spiegelt sich auch in ihrem süddeutschen Verhalten wider.

In den kontinentalen Gebietsteilen der östlichen Mittelgebirge und der Zentralalpen beherrschen die Fichtenwälder in artenreichen Ausbildungen die hochmontanen und subalpinen Gebirgslagen stufenbildend. Bei zunehmender Ozeanität mit Verringerung der Temperaturextreme, Zunahme der Niederschläge in vergleichbaren Höhenlagen und einer starken Abnahme der Dauer und Höhe der Schneedecke bei verhältnismäßig milden Wintern lösen sie sich von den Zentralalpen bis zum Nordschwarzwald und vom Böhmerwald bis zum Harz unter gleichzeitiger Verarmung an Arten und Untereinheiten in mehr edaphisch oder lokalklimatisch bedingte Inseln auf und nehmen dabei eine stark subatlantische Tönung an. Hierzu trägt auch die in gleicher Richtung verlaufende Abnahme der geologischen und geomorphologischen Vielfältigkeit bei.

In Tabelle 260 zeichnet sich eine gewisse Gruppierung dadurch ab, daß in allen Assoziationen der Alpen und ihres Umfeldes die Differentialarten der *Homogyne alpina*-Gruppe stärker vertreten sind als in den Mittelgebirgen.

9. Ass.: Bazzanio-Piceetum Br.-Bl. et Siss. 39 in Br.-Bl. et al. 39

Der Peitschenmoos-Fichtenwald (Tab. 260/9; 268)

Das Bazzanio-Piceetum hat seine Hauptverbreitung in den Hochlagen des Schwarzwaldes, die durch ein kühl-ozeanisches Klima mit hohen Niederschlägen und hoher Luftfeuchtigkeit ausgezeichnet sind. Die westliche Grenzlage kommt in dem Reichtum an Moosen, z. B. der namengebenden *Bazzania trilobata* und zahlreicher *Sphagnum*-Arten zum Ausdruck. Trotz des feuchten Klimas ist die Gesellschaft in den höheren Lagen nicht allgemein verbreitet und bildet auch keine eigene Höhenstufe. Vielmehr ist sie an Becken- und Muldenlagen, an Moorränder, feuchtschattige Felsabstürze, Blockschutthalden und Kaltluftsenken gebunden, besonders in den Buntsandstein- und Granitgebieten. Auf diesen Sonderstandorten profitiert sie von der zusätzlich vorhandenen Bodenfeuchtigkeit. Sie geht im allgemeinen nicht unter 900 m, nur in den ostseitigen Kaltluftgebieten oder in Eislöchern reicht sie da und dort auch tiefer (bis 600 m) herab.

Da sich *Bazzania trilobata* auch außerhalb des bezeichneten Gebietes an solchen Standorten in Fichtenwäldern einstellt, wurden derartige Bestände von verschiedenen Autoren ebenfalls als Bazzanio-Piceetum bezeichnet, so von Trautmann (1952) für den Bayerischen Wald, von Seibert (1968) für die den Kalkalpen vorgelagerten bayerischen Flyschberge. Das Bazzanio-Piceetum von Trautmann ist jedoch durch *Calamagrostis villosa* und *Soldanella montana* gut an die dortige *Soldanella*-Rasse des Calamagrostio-Piceetum als Subassoziation anzuschließen. Die Gesellschaft des Flyschgebietes dagegen steht floristisch dem Homogyno-Piceetum näher und kann deshalb dieser Gesellschaft zugerechnet werden.

Doch gibt es nach eigenen Beobachtungen auch im südlichen Alpenvorland an Moorrändern und in Kaltluftsenken Fichtenwälder mit *Bazzania trilobata* und zahlreichen Sphagnen. Braun (1968) hat solche aus dem Gebiet zwischen Königsdorf und dem Starnberger See mit einigen Aufnahmen belegt. Zwar handelt es sich hierbei um verarmte Ausbildungen, die jedoch nach Artenkombination und Standortsmerkmalen nur dem Bazzanio-Piceetum angeschlossen werden können.

Die Baumschicht wird von der Fichte beherrscht. Sehr regelmäßig, wenn auch nur mit wenigen Exemplaren, ist die Tanne beigemischt. Hierdurch ergeben sich Übergangsformen, die oft schwer vom Luzulo-Abietetum abzugrenzen sind. Recht stet ist auch *Sorbus aucuparia*, seltener sind *Fagus sylvatica, Betula* und *Pinus sylvestris*. Kniehohes Heidelbeergestrüpp und zahlreiche Moose kennzeichnen den Unterwuchs dieser Wälder.

Als Standorte überwiegen basenarme, zur Podsolierung neigende Böden (Braunerde-Podsol) mit oft mächtiger Rohhumusdecke, die in nassen Ausbildungsformen zu Gleyen, Pseudogleyen und Vermoorungen übergehen können.

Innerhalb des Schwarzwaldes ist eine arme, zugleich auch stärker ozeanische Nordschwarz-waldrasse mit *Pteridium aquilinum* und *Ilex aquifolium* von einer etwas charakterartenreicheren Südschwarzwaldrasse zu unterscheiden, die auch noch auf örtlich begrenzte Standorte der Schwäbischen Alb hinüberreicht.

Die typische Subassoziation besiedelt die oben bezeichneten Standorte vom Braunerde-Podsol bis zum Gley und Pseudogley. Sie läßt sich in verschiedene Varianten untergliedern, die trocken (typische Variante), frisch bei guter Bodendurchlüftung und auf Blockschutt (*Oxalis*-Variante), oder grundwasser-durchsickert (*Equisetum sylvaticum*-Variante) sein können. Geringer Basenge-halt kommt in stärkerem Auftreten von *Vaccinium vitis-idaea* und dem Vorhandensein von *Listera cordata,* die lokal zugleich Charakterart ist, zum Ausdruck. Das B.-P. vaccinietosum uliginosi ist meist für die Laggbereiche der Moore auf oligotrophen Torfen, Torferden und Anmoorgleyen bezeichnend. Eine Variante mit *Carex fusca* und anderen Nässezeigern leitet zu Niedermoorgesellschaften über.

Das B.-P. vaccinietosum uliginosi umfaßt zwei strukturell völlig verschiedene Bestandesty-pen, nämlich einerseits Hochwälder, andererseits aber Fichten-Strauchgebüsche, die in manchen Wintern schneebedeckt sind.

Das B.-P. pyroletosum ist artenreicher und anspruchsvoller; es spielt nur im Süd-Schwarz-wald auf trockeneren basenhaltigen Gneisverwitterungsböden eine gewisse Rolle.

In allen Fällen handelt es sich um Schluß- oder Dauergesellschaften, die von der Fichte beherrscht werden. Ihre Bestände sind in dieser Kampf- oder Übergangszone zwischen Wald und Moor oder Fels selten dicht geschlossen. Die Wuchsleistung ist mäßig; wegen des flach streichenden Wurzelwerks ist die Windwurfgefahr groß.

10. Ass.: Calamagrostio villosae-Piceetum (Tx. 37) Hartm. ex Schlüt. 66

(Piceetum hercynicum Tx. 39 apud Br.-Bl. 39, Soldanello-Piceetum und Barbilophozio-Piceetum Volk 39 apud Br.-Bl. 39, Bazzanio-Piceetum Trautm. 52)

Der Reitgras-Fichtenwald (Tab. 260/10; 269)

Der Reitgras-Fichtenwald ist die charakteristische Waldgesellschaft der Hochlagen der herzynisch-sudetischen Gebirge, die den gesamten Gebirgszug vom Altvatergebirge in den Ostsudeten über Riesengebirge und Erzgebirge bis zum Bayerisch-Böhmischen Wald und Waldviertel in Österreich sowie Thüringer Wald und Harz umfaßt. Gegenüber den weiter östlich liegenden Fichtenwäldern ist der Reitgras-Fichtenwald in seinem bayerischen Vorkommen: Fichtelgebirge, Bayerischer und Oberpfälzer Wald — mehr noch im Harz — floristisch verarmt und in Struktur und Untergliederung weniger mannigfaltig.

Nach langem Hin und Her und zahlreichen Diskussionen (vgl. auch Hartmann u. Jahn 1967, Schlüter 1969) soll auch das Soldanello-Piceetum Volk 39 zum Calamagrostio-Piceetum gestellt und hier als *Soldanella*-Rasse des Bayerischen und Böhmerwaldes behandelt werden. Im Vergleich zu *Calamagrostis villosa* tritt *Soldanella montana* in den Fichtenwäldern an Stetigkeit stark zurück, geht aber nach eigenen Beobachtungen stärker in die Fagion-Gesellschaften, als das die vorliegenden Tabellen erkennen lassen (Trautmann 1952; Petermann u. Seibert 1979). *Soldanella montana* ist eine aus den ostalpinen Fichtenwäldern übergreifende Art.

Die *Soldanella*-Rasse des Calamagrostio-Piceetum war von früheren Bearbeitern in zwei Assoziationen aufgegliedert worden (Trautmann 1952): das Soldanello-Piceetum der Fichtenauen und das Barbilophozio-Piceetum der Hochlagen. Oberdorfer hat sie in der 1. Auflage (1957) zu einem Soldanello-Piceetum zusammengefaßt.

Im Gegensatz zum Schwarzwald und dem deutschen Alpenanteil bilden die Fichtenwälder des Calamagrostio-Piceetum im Bayerischen und Böhmerwald einen ± geschlossenen Gürtel. Der Hochlagenwald liegt zwischen 1 150 und 1 450 m und reicht nur in Kaltluftbahnen tiefer, bis 1 000 m, herab. Der Fichten-Auwald dagegen ist von 600 bis 1 100 m Meereshöhe verbreitet und besiedelt hier flache Mulden und Talsohlen, für welche Kaltluftstau und verzögerter Wasserabfluß kennzeichnend sind. Dementsprechend sind Hochmoor- und Bruchwaldkontakte nicht selten. Ausgangsgesteine sind Gneise und Granite der böhmischen Masse.

An Standortsformen sind bei der *Soldanella*-Rasse 2 Subassoziationen zu unterscheiden, nämlich entsprechend der früheren Einteilung nach Assoziationen der Fichten-Auwald (Soldanello-Piceetum bazzanietosum = equisetetosum bei Oberdorfer 57) und der Fichten-Hochlagenwald (S.-P. barbilophozietosum).

Der Fichten-Auwald stockt auf grundwasserbeeinflußten sauren Böden mit einer mächtigen Rohhumusauflage oder, im Übergang zu den Mooren, auch einer Auflage aus Torf. Den Untergrund bilden Lößlehme, lößlehmreicher Grundschutt und Fließerden, die zur Verdichtung neigen. Gleyerscheinungen sind häufig; dementsprechend reichen die Bodentypen vom Gleypodsol zum Podsolgley, Podsol-Pseudogley und -Stagnogley. Einer typischen Variante steht eine solche mit *Vaccinium vitis-idaea* gegenüber, die sehr stark zum Hochmoor tendiert. Eine Subvariante mit *Equisetum sylvaticum* deutet auf quellige und sickernasse Standorte hin. Eine Ausbildung ohne *Bazzania*, die trotzdem auf Grund ihrer übrigen Artenkombination, ihrer Lage und Kontakte zum Fichten-Auwald zu rechnen ist, scheint etwas steilere und trockenere Lagen zu bevorzugen.

Die Böden des Fichten-Hochlagenwaldes sind durchweg Braunerden mit ± ausgeprägten Podsolierungserscheinungen oder Podsole mit starken Rohhumusdecken. Sie sind in der Regel mittelgründig und zeigen nur gelegentlich in Mulden und Sattellagen Gleyerscheinungen.

Auch beim Fichten-Hochlagenwald kann eine *Vaccinium vitis-idaea*-Variante ausgeschieden werden. Diese kann auf nassen rohhumusreichen Moorrandstandorten oder aber auch unter Beteiligung von zahlreichen Flechten auf trockenen Blockhalden mit mächtiger Rohhumusdecke in sonnseitigen Lagen verbreitet sein.

In beiden *Vaccinium vitis-idaea*-Varianten ist *Soldanella montana* besonders spärlich vertreten.

Auf feuchten, wohl auch mit Nährstoffen besser versorgten Standorten bildet *Athyrium distentifolium* eine Fazies und bestimmt hier das Bestandesbild.

Das nur mit wenigen Aufnahmen belegte Calamagrostio-Piceetum auf örtlich begrenzten Standorten der Oberpfalz und des Fichtelgebirges ist an Charakterarten verarmt und hat auch keine Trennarten für die nördliche Rasse, die zu den Fichtenwäldern des Harzes überleitet. Die wenigen Standorte liegen zwischen 600 und 1 040 m Seehöhe. Ausgangsgesteine sind wiederum Gneis und Granit; dementsprechend sind auch die Bodentypen ähnlich; Podsol-Braunerden überwiegen.

Wieweit sich, wie im Harz (Jensen 1961; Stöcker 1967) oder im Thüringer Wald (Schlüter 1966, 1969), noch verschiedene Subassoziationen ausscheiden lassen, werden zukünftige Untersuchungen eines umfangreicheren Aufnahmematerials zeigen müssen.

Im Calamagrostio-Piceetum herrscht die Fichte, der sich am ehesten noch Tanne und Eberesche zugesellen. Die Buche ist nur vereinzelt beigemischt; sie leidet im Fichten-Auwald unter Spätfrost und meidet hier vor allem die nassen Standorte. Im Hochlagenwald findet sich gelegentlich auch Bergahorn.

Die Fichte tritt mit spitzen Kronenformen und − vor allem im Hochlagenwald − weniger in gleichmäßiger Verteilung, sondern mehr in ungleichartigen, bis zum Boden beasteten Baumgruppen auf, die mit lichten Stellen wechseln. Im Auwald ist die Fichte wegen ihres flachen Wurzelwerks sturmgefährdet. Charakteristisch ist ihre Verjüngung in den Achseln alter Stöcke und auf gestürzten, vermodernden Stämmen („Rannen"). Ihre Wuchsleistung ist im Fichten-Auwald, wo sie Höhen bis zu 49 m erreicht, sehr gut (I,5 bis II. Bonität). Sie ist dagegen im Fichten-Hochlagenwald mit III,5 bis IV. Bonität mäßig. Dagegen ist hier die Holzqualität wegen des feinringigen und gleichmäßigen Jahrringaufbaus sehr gut.

In den meisten Fällen handelt es sich um Schluß-, beim Fichten-Auwald auch um Dauergesellschaften.

11. Ass.: Homogyno-Piceetum Zukrigl 73

(Piceetum subalpinum Br.-Bl. 38, Piceetum boreoalpinum Oberd. 50, einschl. Bazzanio-Piceetum Siede 60)

Der Alpenlattich-Fichtenwald (Tab. 260/11; 270)

Der Alpenlattich-Fichtenwald ist eine natürliche Waldgesellschaft der subalpinen Stufe der Alpen, die von ihrem inneralpinen Verbreitungsschwerpunkt in die niederschlagsreichen Randbereich der nörlichen Kalkalpen und in die Flyschvorberge hinübergreift.

Zuerst unter dem Namen Piceetum subalpinum beschrieben, muß die Gesellschaft heute aus nomenklatorischen Gründen unter dem Namen Homogyno-Piceetum geführt werden, unter dem Zukrigl (1973) sie zum ersten Mal gültig beschrieben hat.

Die Gesellschaft siedelt im allgemeinen in Höhenlagen zwischen 1 000 und 1 700 m Meereshöhe auf flachen und mäßig steilen Hängen. In Kaltluft führenden Beckenlagen der Flyschberge reicht sie bis unter 800 m hinab, in der Regel in einer zum Galio-Abietetum überleitenden Ausbildungsform.

Im Flyschgebiet bildet das Homogyno-Piceetum eine eigene Höhenstufe über dem Galio-Abietetum. In den Kalkalpen dagegen reicht das Lonicero alpigenae-Fagetum auf den normalen Kalkverwitterungsstandorten häufig bis an die Waldgrenze. Seine fichtenreichen Ausbildungen werden aber vielerorts durch das Homogyno-Piceetum abgelöst, so daß auch hier eine, wenn auch schwer abzugrenzende, Fichtenwald-Höhenstufe angenommen werden kann. Während hier vor allem extrem degradierte Humuskarbonatböden mit mächtiger Rohhumusauflage den Standort des Homogyno-Piceetum charakterisieren, findet sich die Gesellschaft in tieferen Lagen nur auf den laubwaldfeindlichen schweren Lehm- und Tonböden, z. B. der Raibler und Kössener Schichten oder der Lias-Fleckenmergel.

Bei den Böden überwiegen die basenarmen und sauren Typen von Braunerde-Podsol bis zu Podsol-Braunerden, doch sind bei manchen Ausbildungen auch tiefgründige Humuskarbonatböden, Braunerden, Pelosole und Hang- und Pseudogleye vorhanden.

Die höhere Ozeanität des niederschlagsreichen Alpenrandes bewirkt vor allem in den Flyschvorbergen das regelmäßige Auftreten des Mooses *Bazzania trilobata* und damit eine gewisse Verwandtschaft mit dem Bazzanio-Piceetum des Schwarzwaldes, was verschiedene Autoren (Oberdorfer 1950; Siede 1960; Seibert 1968a, b; Pfadenhauer 1975) veranlaßte, diese Fichtenwälder zum Bazzanio-Piceetum zu stellen. Mit *Homogyne alpina, Luzula sylvatica* spp. *sieberi* und *Luzula luzulina* ist jedoch die Bindung an das Homogyno-Piceetum stärker, so daß diese Wälder dieser Assoziation zugeordnet werden sollen. Aus edaphischen Gründen und bedingt durch eine oft geringere Höhenlage sind für das Flyschgebiet noch weitere Differentialarten kennzeichnend, nämlich *Dryopteris carthusiana, Abies alba, Fagus sylvatica, Deschampsia cespitosa* und *Dicranodontium denudatum*. Auf Grund des vorliegenden Materials wurden 3 Subassoziationen unterschieden: Homogyno-Piceetum vaccinietosum vitis-idaeae, H.-P. dryopteridetosum carthusianae und H.-P. athyrietosum distentifolii.

Nur im Flyschgebiet kommt das Homogyno-Piceetum dryopteridetosum vor. Die Reine Variante entspricht mit Herden von *Vaccinium myrtillus* und dicken Moosteppichen sehr schön dem Fichtenwaldtyp des Homogyno-Piceetum. Die Bodentypen reichen vom Podsol bis zur Podsol-Braunerde, in den frischeren Ausbildungen sind sie pseudovergleyt.

Die *Athyrium filix-femina*-Variante ist frischer und nährstoffreicher und wächst auf pseudovergleyten Braunerden, Hang- und Pseudogleyen. *Oxalis* und *Luzula sylvatica* sind neben den Differentialarten hochstet vertreten.

Das Homogyno-Piceetum athyrietosum distentifolii ist in den Kalkalpen verbreitet und besiedelt hier feuchte und basenreiche Standorte, deren Ausgangsgestein Mergel und Kiesel- bzw. Hornsteinkalke des Lias sind und deren Bodentypen von Braunerden bis zu Pelosolen und Hanggleyen reichen. Es ist durch *Athyrium distentifolium* charakterisiert, der hier teilweise fast mannshohe, dichte Bestände bildet. Während in der Reinen Variante *Athyrium distentifolium* dominiert, bestimmen Hochstauden, vor allem *Adenostyles alliariae*, in der nach dieser Art benannten Variante das Bild und weisen auf stärkeren Kalkeinfluß hin.

Nur in den Kalkalpen kommt das Homogyno-Piceetum vaccinietosum vor. Über anstehenden Kalkgesteinen (Hauptdolomit, Wettersteinkalk) oder deren Hangschutt sind die Humuskarbonatböden dieser Einheit extrem degradiert und haben eine mächtige Rohhumusdecke. Hieraus erklärt sich eine Artenkombination, die neben den als Differentialarten genannten Säurezeigern *Vaccinium vitis-idaea, Listera cordata, Ptilium crista-castrensis* u. a. auch zahlreiche Kalkzeiger aufweist, von denen nur *Daphne mezereum, Adenostyles alpina* und *Melica nutans* genannt sein sollen. Mit *Ptilium crista-castrensis, Melampyrum sylvaticum, Pyrola uniflora* und *Corallorhiza trifida* zeigt diese Subassoziation auch Beziehungen zum Bazzanio-Piceetum pyroletosum des Schwarzwaldes. Höhergelegene Bestände (1 500 – 1 650 m) enthalten *Pinus mugo* und leiten damit zu den Latschengebüschen über.

Das Homogyno-Piceetum ist in der Regel als Schlußgesellschaft zu beurteilen, was nicht ausschließt, daß manche Untereinheiten mit Schuttüberrollung auch Pioniercharakter haben oder andere auf Sonderstandorten als Dauergesellschaft zu beurteilen sind.

In der Baumschicht herrscht die Fichte mit recht unterschiedlichen Ertragsleistungen in den verschiedenen Subassoziationen und Varianten. Mit Höhen von 15 bis 25 m ist die Wuchsleistung im H.-P. vaccinietosum am geringsten, mit solchen von mehr als 30 m im H.-P. athyrietosum distentifolii am höchsten. Eine Zwischenstellung mit 25 bis 30 m Höhe nehmen die Fichtenwälder des Flysch ein. Unter ungestörten Verhältnissen kann man die heimische schmalkronige Hochlagen-Fichte antreffen. Eberesche ist regelmäßig, Tanne und Buche sind seltener beigemischt. In den oberen Lagen der Kalkalpen nimmt, insbesondere auf Pionierstandorten, die Lärche zunehmend am Bestandesaufbau teil. Viele dieser Fichtenwälder sind seit langer Zeit beweidet.

Durch die Beweidung finden Eutrophierungen statt, und es werden durch den Tritt des Weideviehs die Rohhumusauflagen zerstört. Diese Wirkungen können den Standort so zugunsten des Lonicero-alpigenae-Fagetum verändern, daß die potentielle Laubwaldgrenze sich nach oben verschiebt.

12. Ges.: Adenostyles alpina-Picea abies-Gesellschaft
(Adenostylo glabrae-Piceetum Mayer 69)

Der Alpendost-Fichtenwald (Tab. 260/12; 271)

Die von Mayer (1969) für die südlichen Kalkalpen ausgeschiedene und von Feldner (1978) aus den Ammergauer Bergen beschriebene Gesellschaft soll für Süddeutschland nur mit Vorbehalt aufgeführt werden, da sie in ihrer derzeitigen Fassung eine Zwischenstellung zwischen Fagion- und Vaccinio-Piceion-Gesellschaften einnimmt und mit Teilen auch dem Erico-Pinion zugeordnet werden könnte. Solange die syndynamische Stellung dieser Gesellschaft, insbesondere auch die Frage ihrer Natürlichkeit, nicht eindeutig geklärt ist, muß ihre synsystematische Einordnung zurückgestellt werden. Die Gesellschaft ist in den nördlichen Kalkalpen auf Dachstein- und Wettersteinkalk in Höhenlagen zwischen 1 100 und 1 650 m verbreitet.

Einer Ausbildung mit *Carex alba* und *Sesleria varia* in der montanen Stufe steht eine andere mit *Luzula luzulina* in der subalpinen Stufe gegenüber. Die *Sesleria*-Ausbildung enthält neben *Pinus sylvestris* eine Reihe von Erico-Pinion-Arten. Ihre Böden sind sehr inhomogen und reichen vom nackten Schutt bis zu reifen Böden mit mächtigen Humusauflagen. Am häufigsten sind skelettreiche mittelgründige Moderrendzinen. Bodentyp der *Luzula luzulina*-Subassoziation sind frische Rendzinen.

Die Fichte herrscht vor, jedoch bei geringem Deckungsgrad mit tief beasteten Exemplaren. Bergahorn, Eberesche, Mehlbeere und Tanne nehmen vereinzelt am Bestandesaufbau teil. Die in anderen Gebieten reichlich vertretene Lärche fehlt in der vorliegenden Tabelle. Die Ertragsleistung der Fichte ist bei Baumhöhen von 15−25 m mittel bis gering.

Die Gesellschaft hat in der Regel Pioniercharakter. Reife Ausbildungen können als Dauergesellschaft aufgefaßt werden, doch ist nicht klar, ob das Vorherrschen der Fichte natürlich, auf forstliche Maßnahmen oder den Einfluß des Wildes zurückzuführen ist.

13. Ass.: Asplenio-Piceetum Kuoch 54

Der Strichfarn-Fichtenwald, Block-Fichtenwald (Tab. 260/13; 272)

Diese zuerst von Kuoch 1954 aus dem Schweizer Jura und den Schweizer Vor- und Zwischenalpen gültig beschriebene Fichtenwaldgesellschaft ist auch in der Schwäbischen Alb, wenn auch in verarmten Ausbildungen, verbreitet. Hier hat sie Th. Müller (1975) gründlich untersucht und untergliedert. Mit einigen Aufnahmen aus den nördlichen Kalkalpen konnte das Vorkommen dieser Gesellschaft von Lippert (1966) und H. Mayer (1962, 1963) auch für die Berchtesgadener und Chiemgauer Alpen nachgewiesen werden.

Diese natürliche Fichtenwaldgesellschaft besiedelt lokal begrenzte Sonderstandorte, die auf Steinschutthalden, vor allem aber auch auf Blockhalden aus Juragestein bzw. verschiedenen Kalkgesteinen der Alpen aufgebaut sind. Diese Standorte zeichnen sich durch ein Standortmosaik aus, bei welchem sich über den Blöcken üppig wachsende Moospolster ausbreiten, deren abgestorbene Teile bei einem feucht-kühlen Klima über den Blöcken und Spalten eine mächtige Rohhumusdecke ausbilden. Andererseits gibt es in den Ritzen und Spalten der Blöcke kalkliebende Arten, speziell auch aus der Klasse Asplenietea trichomanis, die gelegentlich kleine Felsspaltenfluren bilden, meist aber nur als Gesellschaftsfragmente oder einzeln in der Bodenvegetation des Fichtenwaldes wachsen (Fragmentkomplex), und eben für den Strichfarn-Fichtenwald charakteristisch sind.

Die Fichte, für welche die Rohhumuslagen ein günstiges Keimbett bilden, herrscht in der Baumschicht vor. Die Eberesche ist beigemischt. Die Tanne beteiligt sich am Bestandesaufbau nur in geringem Umfang, am ehesten im Übergang zu im Kontakt liegenden Tannen-Buchen-wäldern. In den stufig aufgebauten Beständen der Fichte mit Baumhöhen zwischen 20 und 30 m gibt es nur wenige Straucharten. Auch die Krautschicht weist nur geringe Deckungsgrade auf, so daß sich die Wälder gerade durch das Fehlen zusammenhängender Heidelbeerbestände von den übrigen Fichtenwäldern unterscheiden. Dafür ist die Moosschicht zusammenhängend und artenreich um so üppiger ausgebildet.

Eine *Lathyrus vernus*-Rasse der Schwäbischen Alb läßt sich anhand einiger geographischer Differentialarten von einer *Moehringia muscosa*-Rasse der nördlichen Kalkalpen abgrenzen.

Müller (1975) unterscheidet auf der Schwäbischen Alb 5 Subassoziationen, von denen aber nur 4 eindeutig zum Asplenio-Piceetum gerechnet werden können:

1. A.-P. typicum auf konsolidierten Blockhalden;
2. A.-P. bazzanietosum auf mächtigen Rohhumusauflagen bei hoher Luftfeuchtigkeit an Schatthängen;
3. A.-P. melicetosum auf trockenen Blockhalden sonnseitiger Lagen mit Tendenz zum Erico-Pinion;
4. A.-P. abietetosum bei höherem Feinerdegehalt in Nord- und Westlagen.

Das Asplenio-Piceetum ist eine lokal begrenzte Dauergesellschaft der montanen Stufe.

2c. Unterverband: Rhododendro-Vaccinienion Br.-Bl. 26

(Rhodoreto-Vaccinion Br.-Bl. 26)

Subalpin-alpine bodensaure Zwergstrauch-Gesellschaft und Lärchen-Zirbenwälder

14. Ass.: Vaccinio-Pinetum cembrae (Pallm. et Hafft. 33) em. Oberd. 62

(Larici-Pinetum cembrae Leandru 1954?, Rhododendro-Pinetum cembrae Bart. 66, Rhododendro-Vaccinietum cembretosum Br.-Bl. 27)

Der Lärchen-Zirbenwald (Tab. 260/14; 273)

Der Lärchen-Zirbenwald hat seine Hauptverbreitung auf den Verwitterungsprodukten kristalliner Gesteine in den Zentralalpen, wo er unter natürlichen Bedingungen die Waldgrenze bei 2 200 m bildet, ja stellenweise überschreitet. Die heutige reale Waldgrenze ist hier um 200 m und mehr durch die Almweide herabgedrückt.

Beide Baumarten schützen sich im Winter gegen die scharfen Fröste, die Temperaturen bis unter −40 °C erreichen können, die Lärche durch Abwurf der Nadeln, die Zirbe durch extreme Frosthärte ihrer immergrünen Nadeln.

Das Vaccinio-Pinetum cembrae bildet in der oberen subalpinen Stufe parkartig lockere Bestände, die mit dem Vaccinio-Rhododendretum im Wechsel verbreitet sind. Wo die Bestände gegen Holzschlag und Beweidung geschützt sind, schließen sich die Bäume jedoch dichter zusammen, so daß *Rhododendron ferrugineum* wegen Lichtmangels und fehlenden Schneeschutzes unter dem Schirm der Bäume wegbleibt. Aus diesem Grunde ist es richtiger, den Lärchen-Zirbenwald als eine eigene Assoziation Vaccinio-Pinetum cembrae und nicht als Subassoziation des Alpenrosengebüschs Rhododendro-Vaccinietum cembretosum aufzufassen, wie es frühere Autoren getan haben.

In den bayerischen Alpen ist das Vorkommen größerer Zirbenbestände auf das Berchtesgadener Land beschränkt, wo sich die ausgedehntesten Bestände auf der Reiteralm befinden, die bei 1 600 bis 1 900 m Meereshöhe aus Dachsteinkalk aufgebaut ist. Die Geländeoberfläche ist karrenartig verwittert und zerklüftet; der Kalk bildet Buckel und Rippen, zwischen denen sich Senken mit mehr feinerdehaltigen Böden befinden. Lärchen und Zirben stocken auf bis zu 50 cm mächtiger dystropher Tangelrendzina, die sich auf den Karrenrippen und Kalkbuckeln gebildet hat. Wegen dieses Standortsmosaiks ist der Bestandesaufbau licht; in den frischen bis feuchten Senken gedeihen Arten der Hochstaudenfluren.

So kann die Tabelle 273 des Vaccinio-Pinetum cembrae weniger einen Einblick in die typische Artenkombination dieser Gesellschaft geben; aber sie ist geeignet, ein Bild der einzigen nennenswerten Lärchen-Zirben-Bestände Süddeutschlands zu vermitteln.

Es lassen sich zwei Baumschichten in diesen lichten Wäldern unterscheiden, von denen die obere 12 bis 18 m, die untere 6 bis 10 m hoch ist. Die herrschenden Baumarten sind Lärche und Zirbe; mancherorts ist die Fichte stärker beigemischt. Die Strauchschicht wird von *Pinus mugo* und *Rhododendron hirsutum* gebildet. Vor allem im Übergangsbereich zu den Senken finden sich auch *Alnus viridis, Sorbus aucuparia* und *Salix appendiculata.* In der Zwergstrauch- und Krautschicht dominiert *Vaccinium myrtillus*; nennenswerte Anteile haben auch *Vaccinium vitis-idaea, V. uliginosum* und *Calamagrostis villosa* als Vertreter der Vaccinio-Piceetea. Von den sehr zahlreichen weiteren Arten, die den Fragmentkomplex dieser Gesellschaft aufbauen, gehören einige dem Erico-Pinion, andere den Hochstaudenfluren und alpinen Rasengesellschaften an. Auch die Moosschicht ist auf den humusreichen Standorten zwischen den Zwergsträuchern, aber auch unmittelbar auf dem Kalkgestein *(Tortella tortuosa)* gut vertreten. Infolge der kleinflächig wechselnden Standorte ist der Fragmentkomplex dieser Gesellschaft schwer zu entwirren, die Tabelle deshalb so artenreich.

Gegenüber dem klassischen Vaccinio-Pinetum cembrae stellt unsere Gesellschaft auf Kalkgestein eine eigene Subassoziation V.-P. rhododendretosum hirsuti dar, die sich durch Erico-

Pinion- und andere kalkliebende Arten deutlich von dieser unterscheidet. Neben der reichlich mit Lärchen und Zirben ausgestatteten typischen Variante läßt sich eine *Rhododendron ferrugineum*-Variante unterscheiden, in der die genannten Baumarten zugunsten der Alpenrose zurücktreten.

Das Vaccinio-Pinetum cembrae stellt eine Schlußgesellschaft der oberen alpinen Stufe dar. In der Sukzession dürfte ihm das Erico-Rhododendretum hirsuti vorausgehen, das erst durch die Bildung der mächtigen Humusdecken an Lebenskraft verliert. Lärchenreiche Bestände leiten die Waldbildung ein.

15. Ass.: Vaccinio-Rhododendretum ferruginei Br.-Bl. 27

(Rhododendro-Vaccinietum Br.-Bl. 27)

Das Rostblattalpenrosen-Gebüsch (Tab. 260/15; 273)

Das Rostblattalpenrosen- oder bodensaure Alpenrosengebüsch kommt, wie das zum Erico-Pinion gehörende Schneeheide-Alpenrosen-Gebüsch, in der subalpinen und unteren alpinen Stufe über der Waldgrenze vor. Im Gegensatz zu dem Schneeheide-Alpenrosen-Gebüsch der Kalkalpen ist es aber an bodensaure Standorte gebunden und deshalb vor allem auf den kristallinen Gesteinen der Zentralalpen zu finden, wo es von Natur aus eine ähnliche Verbreitung hat wie der Lärchen-Zirbenwald. Nur auf Lawinenschneisen und flachgründigen Felshängen reicht es innerhalb der Fichtenwaldstufe weiter nach unten.

Der Mensch hat durch Holzschlag und Almweide die Ausbreitung dieses Alpenrosen-Gebüsches gefördert, so daß es sich anstelle des Lärchen-Zirbenwaldes und der Hochlagen-Fichtenwälder sekundär stärker ausgebreitet hat und nun mehr im Kontakt mit subalpinen und alpinen Borstgrasrasen vorkommt. Vom Verbiß des Weideviehs verschont, geht es trotzdem wieder zurück, weil der Mensch die als Viehfutter wertlosen Alpenrosen zur Vergrößerung und Verbesserung der Weidefläche beseitigt.

Wie der Lärchen-Zirbenwald ist das Rostblattalpenrosen-Gebüsch in den bayerischen Alpen selten. Es benötigt wie dieser bodensaure Standorte. Solche konnten sich auf den Mergelböden des Flysch und Lias entwickeln, die vor allem in den Allgäuer Alpen verbreitet sind. Die Böden sind hier frisch und feinerdereich und neigen zur Rohhumusbildung und Podsolierung. Über Kalkgestein gedeiht die Gesellschaft nur, wo dieses schlecht verwittert und sich eine genügende 0,5 bis 1 m mächtige Rohhumusdecke bildet, die aus den zahlreichen, in der Gesellschaft vorkommenden Moosen gebildet wird und die Pflanzenwurzeln von dem kalkreichen Untergrund isoliert. *Rhododendron ferrugineum* ist frostempfindlich und bedarf im Winter einer schützenden Schneedecke. Deshalb kommt das Rostblattalpenrosen-Gebüsch nur in schneereichen Lagen vor.

Zwischen dem Erico-Rhododendretum hirsuti und dem Vaccinio-Rhododendretum ferruginei gibt es alle Stufen von Übergängen, wenn die Humusauflage auf Kalkgestein für die letztgenannte Gesellschaft zu wenig mächtig ist. Die entsprechenden Übergangsgesellschaften, die im Königsseegebiet auch dem Vaccinio-Pinetum cembrae nahestehen, wurden bereits mit der *Rhododendron ferrugineum*-Variante des Vaccinio-Pinetum cembrae rhododendretosum hirsuti abgehandelt.

Normalerweise wird die Strauchschicht von *Rhododendron ferrugineum* beherrscht. Darunter spielen wieder die *Vaccinium*-Arten *Juniperus sibirica* und *Homogyne alpina* die wichtigste Rolle. Die Moosschicht ist dicht und artenreich, besonders bei lang andauernder Schneedecke. Mancherorts kann *Rhododendron ferrugineum* stark zurücktreten, so daß die Zwergsträucher den Aspekt der Gesellschaft bestimmen.

Neben der typischen Subassoziation ist vor allem das V.-R. mugetosum wichtig, das bis über 3 m hohe Latschengebüsch saurer Standorte, das als ein weiter entwickeltes, älteres Stadium der Assoziation aufzufassen ist. Auf oberflächlich austrocknenden Böden stellen sich Flechten der Gattungen *Cladonia* und *Cetraria* ein und sind Differentialarten des V.-R. cladonietosum. Auf nasseren Standorten können sich Varianten mit *Sphagnum*-Arten und Hochmoorpflanzen wie *Eriophorum vaginatum* und *Trichophorum cespitosum* einstellen.

Das Vaccinio-Rhododendretum ferruginei ist eine Schlußgesellschaft in der subalpinen und unteren alpinen Stufe und stellt in den bayerischen Alpen meist das Endstadium der Vegetationsentwicklung nach dem Erico-Rhododendretum dar. Daneben kommt es sekundär in Almweidegebieten als Ersatzgesellschaft von Fichten- oder Lärchen-Zirbenwäldern vor und kann dabei auch in tiefere Lagen vordringen. Magerrasen des Nardion unterbrechen oft die Alpenrosen-Gebüsche und können als Degradationsstadium aufgefaßt werden.

2. Ordnung: Loiseleurio-Vaccinietalia Eggl. 52

Arktisch-alpine Zwergstrauch-Gesellschaften

Die Ordnung hat ihre Hauptverbreitung auf kristallinen Gesteinen in den Zentralalpen und den skandinavischen Gebirgen. In den bayerischen Alpen kommen Gesellschaften dieser Ordnung nur ausnahmsweise vor, nämlich im Allgäu, wo Flyschgesteine in die entsprechenden Hochlagen reichen, und im gesamten bayerischen Alpenraum, wenn sich auf schwer verwitternden Kalkunterlagen (z. B. Hauptdolomit, Plattenkalk, Dachsteinkalk) genügend mächtige Tangel- und Rohhumusdecken entwickeln, die einen Kontakt der Pflanzenwurzeln mit dem kalkhaltigen Untergrund verhindern.

Die arktisch-alpinen Zwergstrauch-Gesellschaften wurden früher zum Unterverband Rhododendro-Vaccinienion Br.-Bl. in Br.-Bl. et Jenny 1926 gestellt. Von diesen heben sie sich aber in ihren Hauptverbreitungsgebieten deutlich ab, so daß Wilmanns (1973/1978) sie nach einem Vorschlag von J. Tüxen in eine eigene Klasse Cetrario-Loiseleurietea stellt. Doch gibt es zwischen diesen Gesellschaften und den Alpenrosen-Gesellschaften des Rhododendro-Vaccinienion und damit zur Klasse Vaccinio-Piceetea soviel Verbindendes, daß es angemessen erscheint, sie in die von Eggler (1952) vorgeschlagene Ordnung Loiseleurio-Vaccinietalia zu stellen. Eine endgültige synsystematische Beurteilung ist nur auf Grund des zentral-alpinen und skandinavischen Materials möglich, nicht aber auf der Basis der wenigen, z. T. fragmentarischen, z. T. auch kalkalpin beeinflußten Aufnahmen aus den bayerischen Alpen.

Die Ordnung gliedert sich in zwei Verbände: Juniperion sibiricae Br.-Bl. in Br.-Bl. et al. 39 und Loiseleurio-Vaccinion Br.-Bl. in Br.-Bl. et Jenny 26, von denen aber nur der letztgenannte für Süddeutschland belegt ist.

1. Verband: Loiseleurio-Vaccinion Br.-Bl. in Br.-Bl. et Jenny 26

Subarktisch-alpine Zwergstrauch-Gesellschaften

16. Ass.: Empetro-Vaccinietum Br.-Bl. in Br.-Bl. et Jenny 26

Das subalpine Krähenbeer-Gesträuch (Tab. 260/16; 274)

Diese bodensaure Zwergstrauch-Gesellschaft kommt in den bayerischen Alpen im Wechsel mit Alpenrosen- (Latschen-) Gebüschen oder noch über dem Alpenrosengürtel nur selten und kleinflächig vor und ist bisher nur aus dem Allgäu (Oberdorfer 1950) und den Berchtesgadener Alpen (Lippert 1966) beschrieben worden. Von den Alpen her übergreifend ist sie in einer verarmten Gebietsausbildung auch auf nordseitigen Felsabstürzen (Felsköpfen) in den Hochlagen des Schwarzwaldes (Feldberg, Belchen) als eiszeitliche Reliktgesellschaft verbreitet.

Außer der häufig vorherrschenden Krähenbeere *(Empetrum hermaphroditum)* finden sich regelmäßig alle drei *Vaccinium*-Arten sowie *Homogyne alpina,* die alle im Rohhumus wurzeln. Ein Großteil der Fläche wird von Moosen und Flechten bedeckt.

Standorte sind nordseitige Windkanten, deren Schneebedeckung länger andauert als bei dem Arctostaphylo-Loiseleurietum aber doch kürzer währt als bei den im Kontakt folgenden Alpenrosengebüschen. Die Böden sind während des ganzen Jahres frisch bis naß und über Flysch und Lias feinerde- und humusreich. Über Kalkgestein benötigen sie eine stärkere Rohhumusdecke.

Während in anderen Gebieten neben der typischen Subassoziation, bedingt durch unterschiedliche Bodenfeuchte, ein nasseres E.-V. sphagnetosum und ein zeitweilig austrocknendes E.-V. cetrarietosum unterschieden werden, finden wir in den Kalkalpen eine Gliederung, bei der ein E.-V. mugetosum von der typischen Subassoziation zu den Alpenrosen-Latschen-Gebüschen überleitet und ein E.-V. calamagrostietosum, vielleicht als Degradationsstadium (Ersatzgesellschaft) eines Homogyno-Piceetum. Bei Abnahme der Rohhumusmächtigkeit gibt es alle Übergänge zu Polsterseggen-Rasen (Caricetum firmae) oder zum Alpenrosen-Latschengebüsch (Erico-Rhododendretum), z. B. auch mit *Erica herbacea.* Unser Empetro-Vaccinietum typicum entspricht dem E.-V. hylocomietosum Pallmann et Hafft 1933.

Die Aufnahmen aus dem Schwarzwald zeigen gegenüber denen des Alpenraumes eine beträchtliche Verarmung an Arten: sie sind oft eng mit Borstgrasrasen verzahnt.

Das Empetro-Vaccinietum ist eine Dauergesellschaft windexponierter, aber doch relativ lange schneebedeckter Standorte.

Ob es sich bei *Vaccinium uliginosum* um die Subspezies *pubescens* (= *gaultherioides*) handelt, die von verschiedenen Autoren für die subalpin-alpinen Zwergstrauch-Gesellschaften angegeben wird, konnte nicht geklärt werden. Nach Lippert (mdl.) scheinen in den entsprechenden Gesellschaften der bayerischen Alpen beide Subspezies (ssp. *uliginosum* und ssp. *pubescens*) vorzukommen.

17. Ass.: Arctostaphylo-Loiseleurietum Oberd. 50

Das nordalpine Alpenazaleen-Gesträuch (Tab. 260/17; 274)

Das Alpenazaleen-Gesträuch ist in den bayerischen Alpen noch seltener als das Empetro-Vaccinietum und bisher nur aus dem Allgäu (Oberdorfer 1950) beschrieben worden. Diese nordalpine Gesellschaft ist dank ihrer mehr ozeanischen Lage weniger extrem den trocken-windigen und kalt-kontinentalen Klimabedingungen ausgesetzt als das Cetrario-Loiseleurietum der Zentralalpen, ist aber trotzdem in den nördlichen Kalkalpen die relativ trockenste Zwergstrauchgesellschaft; sie siedelt in kleinen Flecken, meist im Wechsel mit dem Erico-Rhododendretum mit Vorliebe auf sauren Humusauflagen über wasserdurchlässigem Hauptdolomit. Der Standort dieser „Windheiden" wird durch den Wind geprägt, der den Boden austrocknet, im Winter den Schnee wegbläst und die schneefreie Pflanzendecke den Wintertemperaturen, die in diesen Lagen leicht −20 °C (Wilmanns 1973/1978) unterschreiten können, voll aussetzt.

In den niedrigen Windheiden dominiert *Loiseleuria procumbens* und verbindet sich dabei, wie in Nordeuropa, mit *Arctostaphylos alpina*. Auch die *Vaccinium*-Arten sind hochstet. Die für das Cetrario-Loiseleurietum der Zentralalpen charakteristischen windharten und kälteresistenten Flechtenarten *Alectoria ochroleuca*, *Cetraria cucullata*, *Cetraria nivalis*, *Thamnolia vermicularis* fehlen dagegen dem nordalpinen Alpenazaleen-Gesträuch.

Das Arctostaphylo-Loiseleurietum ist eine Dauergesellschaft windexponierter stark austrocknender Standorte.

18. Ges.: Kunstbestände aus Kiefer und Fichte

Die natürlichen Verbreitungsgebiete der mitteleuropäischen Nadelwälder aus Kiefer und Fichte sind, gemessen an denen der Laubwälder, klein. Trotzdem ist, durch die forstwirtschaftliche Begünstigung dieser beiden Baumarten bedingt, heute der größte Teil unserer mitteleuropäischen Waldfläche von Kiefern- oder Fichtenbeständen bestockt. Auch in Süddeutschland bestimmen sie in manchen Gegenden das Landschaftsbild, so mit Kiefer am Oberrhein, im Nürnberger Becken, in der Oberpfalz und mit Fichte in den ostbayerischen Grenzgebirgen, dem Tertiär-Hügelland und dem bayerischen und schwäbischen Alpenvorland.

Forstwirtschaftlich bedingte Monokulturen einer gesellschaftsfremden oder gar florenfremden Baumart bezeichnet man seit Tüxen (1950) als Forstgesellschaften. Wo jedoch gesellschaftseigene Baumarten, vom Menschen begünstigt, vorherrschen, ist es besser, von einer (anthropogen bedingten) Fazies der betreffenden Baumart, bezogen auf die jeweilige Waldgesellschaft, zu sprechen. Viele Monokulturen Süddeutschlands stellen solche Faziesbildungen dar und sind keine Forstgesellschaften.

In Waldgesellschaften, die floristisch und synsystematisch den natürlichen Kiefern- oder Fichtenwäldern nahestehen, werden von den begünstigten Baumarten häufig auch einige ihrer Charakterarten mitgebracht, so daß solche Bestände kaum von den natürlichen Waldgesellschaften zu unterscheiden sind. Beispiele hierfür sind Kiefernbestände anstelle des Pino-Quercetum der Oberpfalz oder Fichtenbestände anstelle des Galio-Abietetum im bayerischen Flyschgebiet. Auch in dem Aufnahmematerial, das in diesem Abschnitt für die Nadelwaldgesellschaften präsentiert wird, mag eine Reihe von Aufnahmen aus derartigen Beständen stammen. Aufnahmen oder Tabellen, die deutlich Charakterarten anderer, vor allem der Laubwälder enthielten, wurden jedoch nicht in die Tabellen der natürlichen Nadelwaldgesellschaften übernommen.

Forstgesellschaften wurden schon vor der Aufstellung dieses Begriffes von Schmidt und von Gaisberg (1936) aus dem Schwarzwald, später von Preising (1949/50 n. p.) aus dem FA Roding, von Lohmeyer (1950/51 n. p.) aus dem Veldensteiner Forst, von Attenberger (1951) von der Münchner Schotterebene, von Seibert (1962) von der Isar und aus der Oberpfalz (1968 n. p.) und von Philippi (1970) aus der Oberrheinebene beschrieben, um nur einige Beispiele zu nennen. Von diesem Material wurden nur die „floristisch einwandfreien" Aufnahmen in die Nadelwald-Tabellen aufgenommen.

Da sich in den Forstgesellschaften noch kein floristisches und auch kein ökologisches Gleichgewicht eingestellt hat und Charakterarten fehlen, wurden sie bis heute nicht als Assoziationen gefaßt und in das pflanzensoziologische System übernommen. Diese Handhabung wird, mit einem gewissen Recht, nicht von allen Autoren gutgeheißen. Passarge (1962) befürwortet Forstgesellschaften als eigene Assoziationen und ordnet sie nach floristischen Merkmalen den entsprechenden Klassen zu. Zur Unterscheidung von den natürlichen Gesellschaften setzt er das Suffix „Pseudo" vor den Namen.

Eine großräumige Bearbeitung der Nadelforste Süddeutschlands, wie sie von Meisel-Jahn (1955) für die Kiefern-Forstgesellschaften des nordwestdeutschen Flachlandes durchgeführt wurde, steht noch aus. Eine Bearbeitung und Darstellung an dieser Stelle würde sich jedoch nicht in das Konzept dieses Werkes einfügen und soll deshalb unterbleiben.

Klasse: Querco-Fagetea Br.-Bl. et Vlieg. 37 em.

Buchen- und sommergrüne Eichenwälder Europas

Text zur Klasse: E. Oberdorfer

Die auf Grund gemeinsamer Arten abgeleitete Klasse deckt sich weitestgehend mit den potentiell das temperate Europa in tiefen bis montanen Lagen landschaftsbeherrschenden Sommerwäldern. Eine völlige Deckung mit den Formationsbegriffen ist allerdings beim floristisch-soziologischen Aufbau eines Vegetationssystems selten zu erreichen. So müssen auch in die Querco-Fagetea, wie noch zu zeigen sein wird, ein Teil der sommergrünen Gebüsche eingeschlossen werden, während umgekehrt die mehr zonal verbreiteten Überflutungswälder mit Weiden und Pappeln oder die Bruch- und Moorwälder mit Schwarzerlen oder Birken mit ihrer ganz andersartigen Florenstruktur davon ausgeschlossen bleiben.

Was in den Querco-Fagetea zusammengefaßt wird, zeigt auch – im Gegensatz zu den Gesellschaften der Naßstandorte – eine verhältnismäßig ähnliche Standortsökologie. Ihre Bestände wachsen auf einem „mittleren", vom Klima geprägten Standortsbereich, meist auf Braunerden reiner oder podsoliger Art, auch auf Pseudogley, im Oberboden immer mit mehr oder weniger gut zersetzten Mull- oder Moderhumuszuständen.

Allerdings erscheint manchen Autoren auch die Klasse der Querco-Fagetea, wie sie seither verstanden wurde oder hier dargestellt wird, noch zu weit gefaßt (Moor 1978), da ihnen die Gruppe der die Klasse verbindenden Arten zu wenig signifikant und zu ungleichmäßig verteilt erscheint, im Gegensatz zu dem gut ausgeprägten Paket nachgeordneter Ordnungscharakterarten. Aber natürlich gibt es keine Regeln dafür und kann es wohl auch keine geben, wie groß bei der Bildung einer höheren Einheit die Zahl der verbindenden Arten oder deren Verteilung, die nie gleichmäßig sein wird, beschaffen sein soll. Ohnehin handelt es sich um einen abstrakten und keinen realitätsbezogenen Vorgang, bei dem immer verschiedene Kombinationsmöglichkeiten zur Wahl stehen werden. Eine sehr strenge Fassung der Maßstäbe müßte zu einer großen Zahl von Klassen führen, was die Übersichtlichkeit und praktische Handhabung der Begriffe erschwert.

Zudem sollte vor allem auch die Organisationshöhe der in Frage stehenden Gesellschaften beachtet werden. Das Bild der Wälder und deren Vorstufen, der Gebüsche, wird im temperaten Europa in erster Linie durch das Strukturelement der Gehölzarten geprägt, was synsystematisch nicht ohne Belang sein kann. So spielen in fast allen Beständen der europäischen Querco-Fagetea (wie sie hier aufgefaßt werden) Arten wie *Fagus sylvatica, Quercus robur, Q. petraea*, auch *Corylus avellana, Ilex aquifolium* (im Westen) oder *Hedera helix* eine mehr oder weniger große Rolle. Dazu kommen in allen Fällen bezeichnende Vorwaldarten z. B. der Gattungen *Sorbus* oder *Betula*.

Wenn es daneben als Ausdruck von Wasser- oder Nährstoffstufen erhebliche Unterschiede in der Zusammensetzung der Bodenflora gibt, die z. B. in feuchten *Fraxinus excelsior*-reichen Gesellschaften ein ganz anderes Bild erzeugen als in trockenen Querceten oder Fageten, so können sie doch der Klasse Querco-Fagetea untergeordnet werden, zumal es trotz der Differenzen fast immer einige verbindende Kräuter oder Gräser gibt.

Große Schwankungen in der Florenausstattung gibt es übrigens auch bei anderen Klassen des Vegetationssystems, wie etwa den Molinio-Arrhenatheretea, ohne daß man an der Zweckmäßigkeit der Zusammenfassung zweifelt.

Wenn die Querco-Fagetea, wie es Moor (1978) vorschlägt, in die Klassen Fraxino-Fagetea Moor 78, Quercetea pubescentis Oberd. 48 (vom Autor seit langem wieder aufgegeben), Quercetea robori-petraeae Br.-Bl. et Tx. 43 und Rhamno-Prunetea Riv. God. et B. Carb. 61 aufgespalten werden, so fragen wir uns, was damit gewonnen wird. Zahlreiche Arten, wie *Fagus sylvatica* oder *Quercus robur* und *Q. petraea,* aber auch Kräuter wie *Anemone nemorosa* oder *Convallaria majalis,* verlieren den für die europäischen Querco-Fagetea so spezifischen Wert. Auch viele Gehölzarten der Rhamno-Prunetea sind bis auf wenige diagnostisch eindeutige Kennarten so eng mit den zugeordneten Waldgesellschaften verbunden, daß die Herauslösung der Prunetalia aus den Querco-Fagetea künstlich erscheinen muß. Wo will man den Klassen-Schnitt zwischen den frühen Buschstadien und späten z. B. *Corylus*-reichen Hochgebüschen und dem „Wald" ziehen?

Wir verbleiben also, auch wenn die oben geschilderte Aufgliederung der Querco-Fagetea in mehrere Klassen durchaus möglich, aber keineswegs zwingend ist, bei dem seither bewährten, weit gefaßten Klassen-Begriff und dessen Aufgliederung in eine Ordnung der Prunetalia spinosae (Hecken und Gebüsche), eine Ordnung Fagetalia (Buchenwald-artige Gesellschaften, mesophile Buchen-, Eichen- und Eschenwälder) sowie eine Ordnung der Quercetalia pubescentipetraeae (wärmeliebende xero-mesophile Eichenwälder). Folgerichtig müssen dann aber auch die seither als eigene Klasse behandelten Quercetalia robori-petraeae (Eichen-Birkenwälder) mit ihren − wie fast alle Tabellen zeigen − zahlreichen floristischen Beziehungen zu den übrigen Ordnungen der Klasse in die Querco-Fagetea einbezogen werden.

Wir werden in der synsystematischen Einschätzung durch die Erfahrung bestärkt, daß es oft auch im Umkreis der mesophilen Laubwälder anderer Erdteile, zu den Klassengruppen der Querco-Fageta oder Laureta gehörend, Waldmantel- und Vorwaldgebüsche gibt, die mit ihren Arten auf das engste mit den Waldgesellschaften verbunden sind und nicht aus den entsprechenden Klassenbegriffen gelöst werden können. Ähnliches gilt auch für die „Eichen-Birkenwald"-Zustände solcher Waldkomplexe.

Im übrigen werden auch bei den einheimischen Alnetea glutinosae oder Salicetea purpureae, bei den Vaccinio-Piceeteä oder Erico-Pinetea, Gebüsche und Wälder in einer Klasse zusammengefaßt, da in einem pflanzensoziologischen System allein die floristische Verwandtschaft und nicht die Formationsbegriffe über die Art der Gliederung entscheiden (vgl. auch Oberdorfer 1987).

1. Ordnung: Prunetalia spinosae Tx. 52

Hecken und Gebüsche, Schlehen-Gesellschaften (Tab. 275)

Von E. Oberdorfer und Th. Müller

Hecken und Gebüsche sind als sehr auffällige Bestandteile insbesondere der Kulturlandschaft schon in den Anfängen pflanzensoziologischer Vegetationsbetrachtung beachtet und beschrieben worden. Sie sind dabei meist als Waldvorstufen, wie das Liguster-Gebüsch bei Braun-Blanquet (1930), die *Ligustrum-Viburnum lantana*-Gesellschaft bei Sleumer (1933) oder das *Prunus-*

Cornus-Ligustrum-Stadium bei Faber (1933), aber auch früh schon als Assoziationen beschrieben worden, wie das Rosetum rhamnosum Br.-Bl. 18 (= Berberido-Rosetum Br.-Bl. 61), das Coryletum Beg. 22 (als „Reduktionsform des Waldes"), oder die *Prunus spinosa-Crataegus*-Assoziation Hueck 31. Sofern sie überhaupt synsystematisch eingeordnet wurden, sind sie stets in Beziehung zu benachbarten oder floristisch verwandten Waldgesellschaften, also entsprechenden Waldverbänden gebracht worden.

Erstmals hat dann Braun-Blanquet (1950) einige anspruchsvolle Gebüschgesellschaften der Zentralalpen auf Grund gemeinsamer Arten zu einem Verband zusammengefaßt, den er Berberidion nannte und zur Ordnung der Quercetalia pubescenti-petraeae stellte. Einen Schritt weiter ging Tüxen (1952), der bei einer umfassenden Analyse aller damals pflanzensoziologisch bekannten Hecken und Gebüsche zeigen konnte, daß neben dem Berberidion noch weitere Gebüsch-Verbände notwendig werden, die alle – insgesamt durch einige verbindende Arten zusammengehalten – die Aufstellung einer eigenen Ordnung Prunetalia spinosae erlauben, die sich zwanglos der Klasse Querco-Fagetea anschließen ließ.

Wenn heute darüber hinaus einer eigenen Klasse Rhamno-Prunetea das Wort geredet wird, so scheint uns dafür keine zwingende Notwendigkeit zu bestehen, so daß wir an der ursprünglichen, später aufgegebenen Konzeption Tüxens festhalten möchten. Denn es ist nicht zu verkennen, daß die Prunetalia-Gesellschaften nur wenige diagnostisch wirklich signifikante Arten und diese ausschließlich in der Strauchschicht enthalten, dagegen zahlreiche andere Arten, Sträucher wie Kräuter, die sie mit regional oder lokal verbreiteten Lichtwald-Gesellschaften der Quercetalia pubescenti-petraeae, aber auch des Tilio-Acerion, des Alno-Ulmion oder anspruchsvoller Carpinion-Gesellschaften verbinden. Sie können z. T., wie das Cotoneastro-Amelanchieretum, natürliche Dauergesellschaften bilden, die als von der Buche an felsige Standorte zurückgedrängte Relikte nacheiszeitlicher, wärmezeitlicher Eichenmischwald-Gesellschaften verstanden werden können. Ähnliche primäre Prunetalia-Gesellschaften kann man auch auf Steinschutthalden oder an Uferabstürzen beobachten oder als regionale Erscheinung in den Trockentälern der Zentralalpen. Eine naturgegebene Sukzession findet gelegentlich auch auf Bergstürzen statt, wo sich zwischen die rasch in Erscheinung tretende Vorwaldgesellschaft des Sambuco-Salicion und die eigentliche Wiederbewaldung ein Prunetalia-Busch-Stadium schieben kann (vgl. Winterhoff 1975).

Was aber heute in unserer Buchenwald-Klimax-Landschaft durchaus vorherrscht, sind die menschlich bedingten Gebüsche an Waldrändern und Wegen oder die Grenzhecken im Acker- und Weideland. Die licht- und wärmeliebenden Strauchgesellschaften haben hier mit der Öffnung der Waldlandschaft sozusagen als Walddegradations-Gesellschaften eine sekundäre Begünstigung erfahren. Sie können sich aber nur halten, wenn sie durch Schnitt oder Viehfraß, oder auch als Niederwald, früher zur Brennholz- oder Laubfuttergewinnung genutzt, an einer Weiterentwicklung zu einem in unseren Breiten meist Rotbuchen-reichen Wald gehindert werden. In älteren oder nur in längeren Zeitabschnitten zurückgehaltenen Gebüschen setzen sich, vor allem auf frischen, lehmigen Böden, rasch waldnahe Gehölze, wie *Corylus avellana* oder *Acer campestre* durch, die dann, sich selbst überlassen, regelmäßig von Eichen, Eschen oder auch Ahorn-Arten durchwachsen werden, bis endlich die Hainbuche oder dann auch die Rotbuche Fuß zu fassen vermögen. Die Sukzession erinnert dabei ein wenig an die „mitteleuropäische Grundsukzession" der nacheiszeitlichen Waldentwicklung (vgl. auch Aichinger 1943).

Mit der unterschiedlichen Behandlung der Gebüsche, zusammen mit den zugleich unterschiedlichen, feuchten oder trockenen, basen- und nährstoffreichen oder -armen Standorten ergibt sich eine ungeheure Mannigfaltigkeit der Busch-Gesellschaftstypen. Sie sollen aber alle in erster Linie auf die signifikant charakteristischen Straucharten und nicht auf die vom Saum und Rand eindringenden krautigen Begleitarten bezogen werden. Nur so läßt sich ein konsequent auf Kennarten bezogenes und einigermaßen übersichtliches System der Prunetalia-Gesellschaften gewinnen.

Dabei kann in Mitteleuropa der Typen-Reichtum vor allem in zwei Verbänden eingefangen werden. Die Gebüschgesellschaften basenreicher Böden werden floristisch im schon genannten Berberidion-Verband zusammengehalten, diejenigen basenarmer Standorte in einem Verband, den Tüxen als Rubion subatlanticum bezeichnet hat, an dessen Stelle aber nach den Empfehlungen des Code der Nomenklaturregeln richtiger der von Doing (1962) verbesserte Name Pruno-Rubion verwendet werden sollte.

Ein aus dem Osten bzw. Südosten Europas als Seltenheit einstrahlendes Prunetum fruticosae wird einem dritten subkontinentalen Verband, dem Prunion fruticosae, zugeordnet. Für den Westen und Südwesten Europas wird der submediterrane-subozeanische Pruno-Rubion ulmifoliae (O. de Bolos 1954) genannt, der unser Gebiet nicht mehr erreicht.

Neben den eindeutig einer Assoziation zuzuordnenden Beständen gibt es gelegentlich auch ranglose „Ordnungs-Gesellschaften", die als Polykorme z. B. nur *Prunus spinosa*, vielleicht auch noch etwas *Crataegus* spec. oder *Rosa canina* enthalten (vgl. *Prunus spinosa*-Gesellschaft bei Gaim 1981). Sofern sie überwiegend aus *Cornus sanguinea* zusammengesetzt sind, deuten sie meist auf Assoziationen des Berberidion hin.

1. Verband: Berberidion Br.-Bl. 50

Berberitzen-Gebüsche (Tab. 275/1—8)

Der Verband umfaßt Gebüsche basenreicher, vorwiegend sommerwarmer Standorte auf trockenen bis feuchten, steinigen oder lehmigen, nährstoffarmen wie -reichen Böden. Mit der weiten ökologischen Amplitude der Standorte ist auch eine große floristisch-soziologische Mannigfaltigkeit der Gesellschaften verbunden. Sie können ebenso im Kontakt mit Flaumeichenwäldern wie mit montanen Fichten-Tannenwäldern oder auch Eichen-Ulmen-Auenwäldern der Auen-Landschaften stehen. Sie werden aber alle durch eine markante Gruppe strauchiger Verbandscharakterarten zusammengehalten.

Um das breite soziologische Spektrum der Gesellschaften besser zu gliedern, hat Th. Müller (1974) vorgeschlagen, die feucht-stehenden Gebüsche in einem Verband Crataego-Prunion spinosae von den trockener stehenden eines enger gefaßten Berberidion zu trennen. Ein florenstatistisch-tabellarischer Vergleich zeigt aber, daß es für einen solchen Verband keine signifikanten Kennarten gibt, das Crataego-Prunion also fallengelassen werden muß.

Wenn die meisten Gesellschaften auch als Vorstufen der Wiederbewaldung an Waldrändern, an den Grenzen der Feldfluren oder auf Extensivweiden eine sekundäre Erscheinung der Kulturlandschaft darstellen, so enthält gerade dieser Verband doch einige Gebüsche, die als primäre Dauergesellschaften betrachtet werden müssen und fast ausschließlich in dieser Form auftreten.

1. Ass.: Cotoneastro-Amelanchieretum (Faber 36) Tx. 52

(*Cotoneaster-Amelanchier* Gesträuch Faber 36)

Das Felsenbirnen-Gebüsch (Tab. 275/1)

Das Felsenbirnen-Gebüsch ist eine vorwiegend natürlich ausgebildete Dauergesellschaft im Umkreis sonnenausgesetzter trockener Felsen, auf Jura-Kalken, aber auch auf nicht zu basenarmen silikatischen Grundgesteinen (Gneis, Porphyr, Quarzit usw.) oder sedimentären Konglomeraten. Sie besiedelt solche Standorte in zweierlei Gestalt, einmal − oft in Einzelsträucher aufgelöst und an Arten verarmt − als pionierartiges Felsgesträuch auf Simsen und in tiefen Felsspalten der offenen Felsflächen, dann aber auch in dichterem Verbund als Mantelgesellschaft des auf tiefgründigeren Böden angrenzenden Waldes, der oft wie im Jura ein Eichen-Trockenwald, aber unmittelbar auch ein Buchen- oder Tannen-Buchenwald sein kann (vgl. Moor 1979); eine lichtliebende Sondergesellschaft also, die in ihrer standörtlichen Isolierung mit der praealpin-submediterranen *Amelanchier ovalis* und der mehr subkontinental-ostsubmediterranen *Cotoneaster integerrima* als ein Relikt der Späteiszeit bzw. der frühen Nacheiszeit gedeutet werden muß.

Im übrigen ist das Cotoneastro-Amelanchieretum, von Faber nur andeutungsweise als Gesträuch geschildert, erst von Tüxen (1952) durch eine Stetigkeitsliste eindeutig als Assoziation belegt worden.

Außer den oben geschilderten und primären Ausbildungen des Felsenbirnen-Gebüsches gibt es im Grenzbereich zum Wald auch Übergänge zur Quercetalia pubescenti-petraeae- und Fagetalia-Gesellschaften. Im allgemeinen sind aber in den reinen Beständen meist nur wenige Querco-Fagetea-Arten zu finden, sie versuchen zwar je und je (wie *Quercus petraea, Fraxinus excelsior* oder *Tilia platyphyllos)* Fuß zu fassen, ohne daß sie sich aber bei der Trockenheit des Standortes, die Gesellschaft abbauend, durchzusetzen vermögen (vgl. Oberdorfer 1934).

Umgekehrt greift *Amelanchier ovalis* z. B. im Jura (wie auch im weiteren südwestlichen Europa) auch in benachbarte Quercetalia pubescenti-petraeae-Gesellschaften über oder kommt sogar wie im Schwarzwald im steinigen wärmeexponierten Betulo-Quercetum silenetosum nutantis der Quercetalia robori-petraeae vor, so daß die Art, wie auch andere Arten der Assoziation nicht völlig von der Wald-Formation getrennt erscheint.

An standörtlichen Ausbildungen unterscheidet Korneck (1974) in Rheinland-Pfalz neben der typischen Subassoziation eine solche mit *Deschampsia flexuosa* und ein Cotoneastro-Amelanchieretum rosetosum caninae, das zum Pruno-Ligustretum bzw. dem Prunetum mahaleb überleitet. Außerdem greift *Amelanchier ovalis* auf Steinschutt auch in frische Clematido-Corylenion-Gesellschaften über (vgl. S. 175). Geographisch fallen die rheinländischen Bestände zugleich gegenüber den jurassischen durch den Ausfall einiger Verbandskennarten wie *Rosa glauca* oder *R. tomentosa* auf. Sie enthalten auf den vorwiegend kalkarmen Böden dafür einige bezeichnende Subatlantiker wie *Sarothamnus scoparius* oder *Genista pilosa* (*Sarothamnus*-Rasse des Cotoneastro-Amelanchieretum). Entsprechende Bestände sind auch im Nordschwarzwald z. B. am Eichhaldenfirst (Karlsruher Grat) zu beobachten. In den höheren Lagen des Schwarzwaldes ist eine Höhenform mit *Rosa pendulina* auszumachen, wie sie auch aus dem Schweizer Jura beschrieben wird (Moor 1979). Hier, in der benachbarten Schweiz, wird in einer optimalen Ausbildung der Assoziation die Kennartengarnitur zugleich durch zahlreiche neue submediterrane Arten wie *Cotoneaster tomentosa* oder *Rhamnus alpina* bereichert (*Cotoneaster tomentosa*-Rasse der Assoziation; da *Cotoneaster tomentosa* Kennart der Gesellschaft ist, wäre auch an den Rang einer Gebietsassoziation Cotoneastro tomentosae-Amelanchieretum zu denken), so wie umgekehrt im nordöstlichen Mitteleuropa, z. B. in Thüringen oder Sachsen-Anhalt die Arten-kombination jenseits der nördlichen Arealgrenze von *Amelanchier ovalis* nur noch die *Cotonea-ster integerrima*-Gesträusch, das Junipero-Cotoneastretum integerrimae Hofm. 58 übrigbleibt (vgl. Zusammenstellung bei Korneck 1974).

2. Ass.: **Prunetum mahaleb Nevole 31 ex Th. Müll. 86**

(inkl. Coronillo emeri-Prunetum mahaleb Gall. 72, Rubo-Prunetum mahaleb Géhu et Del.-Dus. in Del.-Dus. 73 und Aceri-Viburnetum lantanae Korn. 74)

Das Felsenkirschen-Gebüsch (Tab. 275/2)

Die Felsenkirsche ist in der submediterranen Flaumeichen-Region Europas einer der häufigsten und markantesten Begleiter wärmeliebender Busch- und Buschwald-Gesellschaften. In Südost-Europa häufig in Verbindung mit *Cotinus coggygria,* findet sie sich im südwestlichen Europa vor allem im Umfeld des Buxo-Quercetum pubescentis. Von ihren Verbreitungszentren im nördlichen Mittelmeergebiet aus strahlt *Prunus mahaleb* auf drei Wegen auch in unser Gebiet ein.

Einmal erreicht die Art auf dem Donauweg, von Verbreitungslücken unterbrochen, über Regensburg das obere Donautal, weiter berührt sie, über den Schweizer Jura kommend, bei Schaffhausen gerade noch den Hochrhein und taucht dann wieder, die Vogesen westlich umgehend, mit dem Französischen Ahorn oder zum Teil auch mit dem Buchs in Rheinhessen, im Nahe-, Mosel- und Mittelrhein-Gebiet auf. Jenseits der Vogesen rückt die Felsenkirsche bis Nordbelgien vor.

Im benachbarten Frankreich ist *Prunus mahaleb* inzwischen auch mehrfach als Kennart eige-ner Gebüsch-Assoziationen benannt worden, die z. B. im französisch-schweizerischen Jura als Coronillo-Prunetum mahaleb Gall. 72 und im nordöstlichen Frankreich als Rubo-Prunetum mahaleb Géhu et Del.-Dus. in Del.-Dus. 73 beschrieben wurden.

Alle diese mitteleuropäischen Gesellschaften können zu einer Assoziation zusammengefaßt werden, der auch das Aceri monspessulani-Viburnetum lantanae Korneck 74 − weitgehend identisch mit dem Rubo-Prunetum mahaleb − untergeordnet werden muß. *Acer monspessula-num* kann als Quercetalia pubescenti-petraeae-Art, auch in Südwest-Europa oft im Kontakt mit *Prunus mahaleb*-Gesellschaften anderer regionaler Ausprägung, nur als Differentialart der terri-torialen Assoziation gewertet werden.

Zum süddeutschen Prunetum mahaleb seien vorläufig auch die danubischen Bestände gestellt, wenn sie auch den rheinischen Beständen gegenüber verarmt erscheinen, mit *Rubus canescens* aber auch wieder Verbindendes zeigen. Östliche Einstrahlungen rechtfertigen dabei vielleicht der westlich-rheinischen *Acer monspessulanum*-Rasse ihre Fassung als östlich-danubische *Cytisus nigricans*-Rasse.

Wie das Cotoneastro-Amelanchieretum und oft verzahnt damit, ist auch das Prunetum maha-leb mit seinen Beständen ein naturnahes Gebüsch südexponierter, steiler steiniger Hänge, das zum Teil als waldmantelbildende Dauergesellschaft, zum Teil aber auch als Ersatzgesellschaft des Aceri-Quercetum petraeae oder anderer Quercetalia pubescenti-petraeae-Gesellschaften aus-gebildet ist. Denn anders als das Felsenbirnen-Gebüsch benötigt die Felsenkirschen-Gesellschaft einen Standort von etwas größerer Tiefgründigkeit und Frische; sie ist dabei ausgesprochen wärmeliebend, aber keineswegs kalkgebunden. Im Jura-Zug zwar auf Kalk wachsend, steht es im Mittelrhein-Gebiet vorwiegend auf kalkarmen, aber basenreichen Gesteinen, wie Melaphyren oder Devonschiefern. Es ist auf allen diesen mit Basen und Wasser relativ gut versorgten

Standorten sehr reich mit Kennarten des Berberidion ausgestattet und ähnelt in seinem soziologischen Grundgefüge damit dem Pruno-Ligustretum, als dessen „submediterrane Steigerung" es aufgefaßt werden kann, das aber durch die Bereicherung der Kennartengarnitur mit *Prunus mahaleb* (örtlich auch mit *Buxus sempervirens*) oder durch den eindringenden *Acer monspessulanum* den Rang einer eigenen Assoziation erreicht.

Häufiger als dem Cotoneastro-Amelanchieretum sind der Gesellschaft auch waldaufbauende Gehölze der Querco-Fagetea, wie *Quercus petraea*, *Sorbus torminalis* oder auch *Acer monspessulanum* beigemischt, die das Gebüsch bei ausbleibender Störung wieder in einen Wald zu überführen vermögen.

Aus den bestehenden Kontakten ergeben sich auch die Untergesellschaften der Assoziation. Korneck (1974) beschrieb neben der typischen Ausbildung eine Subassoziation mit *Cotoneaster integerrima*, die den Übergang zum Cotoneastro-Amelanchieretum darstellt und im wesentlichen als die primäre Dauergesellschaft betrachtet werden muß.

3. Ass.: Pruno-Ligustretum Tx. 52 n. inv. Oberd. 70

(*Ligustrum*-Gebüsch Br.-Bl. 30, *Ligustrum-Viburnum lantana*-Ges. Sleum. 33, *Prunus-Cornus-Ligustrum*-Stadium Faber 33, *Prunus spinosa-Ligustrum*-Ass. Tx. 52, Ligustro-Prunetum Oberd. 57)

Das Liguster-Gebüsch (Tab. 275/3; 276, 277)

Das Liguster-Gebüsch ist auf kalk- oder sonst basenreichen Böden die im südlichen Mitteleuropa am weitesten verbreitete Berberidion-Gesellschaft. Als wärmeliebende Gesellschaft ist sie zugleich an die tieferen Lagen des Hügel- und Berglandes gebunden, steigt aber auf südexponierten, trockenen Hängen auch bis in die montane Stufe an.

Als Kennart kann neben *Ligustrum vulgare* lokal *Rosa rubiginosa* gelten, die nicht nur, wie bei Ullmann (1977), auf die trockenen Ausbildungen beschränkt zu sein braucht. Territorial können auch die im allgemeinen seltenen *Rosa elliptica* oder die westeuropäische *R. micrantha* dazu gezählt werden.

Der weiten Verbreitung der Assoziation entspricht auch eine große Vielfalt der Ausbildungen. Liguster-Gebüsche finden sich auf extrem trockenen Standorten ebenso wie in feuchten Auen. Die Mannigfaltigkeit wird dadurch erhöht, daß die Gebüsche meist unter direktem oder indirektem menschlichen Einfluß ein Vorwaldstadium in der Kulturlandschaft darstellen und nur in Ausnahmefällen, z.B. im Bereich von Felsen oder auf Steinschutt, als natürliche Dauergesellschaft betrachtet werden können. Im Kulturbereich meist frischer stehend, werden sie vor allem durch die Art der menschlichen oder tierischen Einwirkungen modifiziert, wie durch Viehverbiß, zeitweilige Rodung oder die Behandlung als Niederwald. Je nachdem können sie z.B. rasch von der Hasel oder anderen waldnahen Gehölzen durchwachsen und abgebaut werden. Werden diese nicht geschlagen, bilden sich sogen. Baumhecken oder Hochgebüsche, wie sie vor allem im Bereich montaner Corylo-Roseten, aber auch beim Pruno-Ligustretum z.B. in Oberbayern beobachtet werden können. In der Nähe menschlicher Siedlungen, an Wegen und Rainen, können außerdem in vermehrtem Maße stickstoffliebende Saumarten in das Gesellschaftsgefüge eindringen, die an oligotrophen Standorten fehlen.

Ein umfangreiches, größtenteils noch nicht veröffentlichtes Aufnahmematerial, das Th. Müller vor allem im Südwesten des Gebietes erhoben hat, läßt den allgemeinen Eindruck gut in die klare Form von Untereinheiten der Assoziation bringen. Mit der Teiltabelle 276 soll durch eine Auswahl von Aufnahmen das typische Spektrum der Gliederung dargestellt werden. Als kennartenreichste Ausbildung steht das reine Pruno-Ligustretum auf trockenen Standorten und umfaßt in der reinen Variante offenbar Bestände, die als primäre Dauergesellschaften betrachtet werden müssen und zugleich ein Licht auf Herkunft und Ursprung der Ligustergebüsche in der Kulturlandschaft werfen. Die *Corylus*-Variante der reinen Untereinheit verrät bereits bessere Böden und die Entwicklungsmöglichkeit zum Wald, kann aber auch in ähnlicher Artenkombination als Dauergesellschaft auf Steinschutt und damit als ursprünglich-primäre Gesellschaft auftreten. Meist verraten die Kontaktarten der reinen Subassoziation die Nachbarschaft wärmeliebender Eichenwaldgesellschaften z.B. mit *Chrysanthemum corymbosum, Geranium sanguineum* oder *Fragaria viridis*.

Nährstoffzeiger der Galio-Urticenea treten in der reinen Ausbildung zurück. Diese tauchen erst in frischer stehenden Beständen des Pruno-Ligustretum, der Subassoziation mit *Euonymus europaeus*, auf, die zur Hauptsache als sekundär-kulturbedingt aufgefaßt werden muß. Die Zahl mesophiler Querco-Fagetea-Arten nimmt zu und läßt insbesondere in den Baumhecken die Entwicklungstendenzen zu Fagetalia-Gesellschaften erkennen. In Strauchmänteln artenreicher Fageten − meist zum Pruno-Ligustretum euonymetosum gehörend − ist oft eine charakteristische Dreiteilung auszumachen, die von einem *Rosa arvensis*-Vormantel, teilweise durchwirkt von *Rubus fruticosus* grp., als *Rosa arvensis*-Phase des Pruno-Ligustretum (Hedero-Rosetum arvensis *Ligustrum*-Ausbildung bei O. Wilmanns 1980, wobei es auch bei dem dort ausgewiesenen Rosetum arvensis subkontinentale entsprechende *Ligustrum*-Ausbildungen gibt; andere Ausbildungen des Rosetum arvensis s. l. stellen Vormäntel oder Phasen des Rhamno-Cornetum sanguinei dar) über das optimale Liguster-Gebüsch zu einem an *Corylus avellana, Carpinus betulus* und an Carpinion-Arten reichen Hochgebüsch oder einem ausgewachsenen Carpinion-Trauf zum eigentlichen Buchenwald führt.

In Siedlungs- und Ackernähe, auch in Robinien-Forsten, seltener in primären Gesellschaften, dringt auf nährstoffreichen Böden *Sambucus nigra* in die Gesellschaft ein und kennzeichnet das Pruno-Ligustretum sambucetosum nigrae Oberd. 57. Auch diese, zugleich durch zahlreiche Glechometalia-Arten charakterisierte Subassoziation, kann in eine reine und eine reifere *Corylus*-Variante gegliedert werden, in der wie in allen Hasel-reichen Ausbildungen Querco-Fagetea-Arten oft sehr zahlreich vertreten sind.

Mehr naturbedingt, als Gesellschaft bodenfeuchter Auenstandorte, ist das Pruno-Ligustretum prunetosum padi schon als eigene Assoziation (Pado-Coryletum Moor 58) gefaßt worden, kann aber den Kriterien der Assoziationsdefinition durch Kennarten nicht standhalten. Neben einigen feuchtigkeitsliebenden Prunetalia-Arten wie *Humulus lupulus* ist sie besonders reich mit Querco-Fagetea-Arten und natürlich auch nitrophilen Saumarten oder *Sambucus nigra* ausgestattet. Ein als Baumhecke ausgebildeter Typus des Pruno-Ligustretum prunetosum padi aus der oberbayerischen Egarten-Landschaft zwischen Isar und Inn wird in Tabelle 277 dargestellt. Aber nicht jeder Bestand der Subassoziation ist ein „Pado-Coryletum"; neben der naturgemäß recht häufigen Hasel-reichen Ausbildung, der *Corylus*-Variante, gibt es stets auch Hasel-freie oder Hasel-arme reine Varianten.

Im ganzen sind die Bestände der Subassoziation Ersatz- und Mantelgesellschaften des Alno-Ulmion (Alnetum incanae, Querco-Ulmetum), in deren Gefüge *Ligustrum* und andere Berberidion-Arten von Natur aus wachsen.

An weiteren Ausbildungen des Pruno-Ligustretum macht Th. Müller (n. p.) im Übergang zum Cotoneastro-Amelanchieretum ein Pruno-Ligustretum amelanchieretosum und entsprechend im Mainzer Sand Korneck (1974) ein Pruno-Ligustretum cotoneastretosum integerrimae namhaft. Auch gibt es im Mantel oder in den Lücken von Erico-Pinion-Gesellschaften Pruno-Ligustreten mit *Molinia arundinacea* oder *Carex alba*, die aber erst noch einer genaueren Erfassung bedürfen.

Schließlich finden sich in den Liguster-Gebüschen gelegentlich aus Kulturen verwilderte Buscharten, wie *Prunus cerasus, P. insititia, Syringa vulgaris, Cydonia oblonga* oder *Mespilus germanica*. Insbesondere die strauchige Weichselkirsche (*Prunus cerasus* ssp. *acida*) hat sich in einigen warmen Gebieten, wie dem Kaiserstuhl, am mittleren und oberen Neckar oder am Main so zahlreich eingebürgert, daß sie zu einer lokalen Kennart des Pruno-Ligustretum wird (neben ihrem Vorkommen auch im Prunetum fruticosae).

Geographisch kennzeichnend sind außerdem im Südwesten, besonders in frischen Ausbildungen der Assoziation, *Tamus communis* (*Tamus*-Rasse des Pruno-Ligustretum) oder die südosteuropäische *Staphylea pinnata*. Im Westen (Saar – Mosel) wie im Osten (Ostbayern) zeichnet sich eine *Cornus mas*-Rasse des Pruno-Ligustretum ab.

4. Ass.: Corylo-Rosetum vosagiacae Oberd. 57 n. inv. Oberd. 70

(Roso glaucae-Coryletum Oberd. 57)

Der Vogesenrosen-Busch (Tab. 275/4; 278)

Die Gebüschgesellschaft mit der Vogesen- oder Graugrünen Rose ersetzt den Ligusterbusch oder das Hartriegel-Gebüsch (vgl. 5. Ass.) der tieferen Lagen in der montanen Stufe der zentraleuropäischen Mittelgebirge im kühl-humiden Klima auf basenreichen Böden, vor allem also auf Kalk, aber auch auf Gneisen, Porphyren oder palaeozoischen Gesteinsunterlagen. Am Ostabfall des Südschwarzwaldes steigt die Gesellschaft in Süd- oder Ostlagen bis 1 100 m an. Eine Aufnahme aus dieser Höhe „am Drehkopf" bei Neuglashütten an einer Wegböschung in SO-Exposition zeigt auf einem 15 m langen und 2 m tiefen Streifen folgendes Bild (11. 6. 1981):

A 4.5 Rosa vosagiaca
Vorwaldgehölze:
  1.2 Sorbus aucuparia
  + Prunus avium
Begleiter:
  2.2 Galeopsis tetrahit
  1.2 Poa chaixii
  1.1 Poa trivialis

1.1 Rumex acetosa
  + Melandrium rubrum
  + Phleum pratense
  + Meum athamanticum
  + Dactylis glomerata
  + Anthriscus sylvestris
(+) Holcus mollis
Kontaktgesellschaft: Geranio-Trisetetum

Im ganzen zeigen alle Tabellen einen hohen Anteil an praealpinen oder borealen Florenelementen, die nur bei den im nördlichen Mitteleuropa ausklingenden Gesellschaften zurücktreten; sie kommen aber auch mit hoher Stetigkeit in dem – unserer Assoziation korrespondierenden – ebenfalls *Rosa vosagiaca* enthaltenden Lonicero-Coryletum vor, das Jurko (1964) aus der Südslowakei beschrieben hat. Enge floristisch-soziologische Beziehungen bestehen auch zum Berberido-Rosetum Br.-Bl. 61 bzw. Corylo-Populetum Br.-Bl. 38, die aus der hochmontanen Stufe der Inneralpen beschrieben wurden, ebenfalls mit *Rosa vosagiaca, R. caesia* oder typischen Begleitarten wie *Ribes alpinum* oder *Chaerophyllum aureum*. Es bleibt zu prüfen, ob diese verschiedenen Gesellschaften zu einer *Rosa vosagiaca*-Assoziation zusammengefaßt und jeweils als geographische Gebietsausbildungen (Rassen) ausgewiesen werden können, oder ob es sich um selbständige, vikariierende Gebietsassoziationen handelt.

Als Kennarten der süddeutschen Assoziation können neben *Rosa vosagiaca* auch *R. sherardii* und *R. caesia* gelten. Einen Schwerpunkt als schwache Assoziationsdifferentialart zeigt *Ribes alpinum*.

Bei der Bindung an ein montan-humides Klima erscheint es verständlich, wenn in vielen Beständen der Assoziation *Corylus avellana* die Gesellschaft durchsetzt, bedrängt oder abbaut, bis hin zu an Prunetalia-Arten armen und schon sehr waldnahen Hasel-Stadien oder Hasel-Gesellschaften, die als Terminalphasen der Assoziation betrachtet werden müssen. Umgekehrt zeigt aber die genauere Strukturanalyse, daß es auf Lesesteinhaufen, an steinigen Böschungen oder als Vormantel dem Hasel-reichen Hauptmantel vorgelagerte *Rosa vosagiaca*-Gebüsche gibt, die ganz oder fast ganz Hasel-frei sind (vgl. Aufn. oben). Darum möchten wir (um falschen Vorstellungen vorzubeugen) vorschlagen, in der Bezeichnung der Assoziation die namengebenden Arten umzustellen und von einem Corylo-Rosetum vosagiacae zu sprechen.

Mit ihrer Höhenverbreitung, im Süden mit einer Untergrenze bei rund 500 bis 600 m, im Norden bei rund 400 m (vgl. Kalkeifel bei Korneck 1974 und Unterharz bei Passarge 1979), ist die meist in die Kulturlandschaft eingebettete Gesellschaft ein Vorwald-Stadium montaner Buchen- oder Tannen-Buchen-Waldgesellschaften; in der Baar kann sie auch im Kontakt mit Fichten-Tannen-Wäldern stehen. Bezeichnend für die Standortssituation ist zugleich die große Häufigkeit von Arten der Epilobietalia bzw. des Sambuco-Salicion-Verbandes, die schließlich an der oberen Verbreitungsgrenze der Assoziation mit der Zunahme der Humidität und der Abnahme der sommerlichen Wärmemenge die Oberhand gewinnen und zuletzt − z. B. als Sambucetum racemosae − die Gesellschaft ablösen und ersetzen.

Was nun die Untergesellschaften der Assoziation anbelangt, so läßt sich − wie bei fast allen Prunetalia-Gesellschaften − neben der reinen (typischen) Ausbildung (Subassoziation) eine solche mit *Sambucus nigra* ausscheiden; sie wird als Nährstoffreichtum anzeigende Ausbildung auch wieder von Arten wie *Urtica dioica* oder *Galium aparine* begleitet. Bezeichnend für die landschaftsökologische Situation unserer Kulturlandschaft ist, daß sich diese *Sambucus nigra*-Ausbildungen der verschiedenen Prunetalia-Gesellschaften sehr stark ausgebreitet haben und vielfach vorherrschen. Sowohl bei der reinen als auch bei der *Sambucus nigra*-Subassoziation des Corylo-Rosetum gibt es − zugleich mit einer Anreicherung von Querco-Fagetea-Arten verbunden − in der Sukzession fortgeschrittene Stadien mit *Corylus avellana,* die als *Corylus*-Varianten der entsprechenden Subassoziationen gefaßt werden können.

Wachsen darin noch Eschen und Bergahorn in größerer Zahl ein, so kann man von einem Bergahorn-Eschen-Hochgebüsch reden − wie es Knapp (1977) für die Rhön getan hat − und wie es auch im Neckargebiet, auf der Schwäbischen Alb, der Baar oder NO-Bayern beobachtet werden kann (vgl. Tab. 278 und Reif 1983). Sie vermitteln, ähnlich wie die beim Pruno-Ligustretum besprochenen oberbayerischen Hochgebüsche oder Baumhecken, unmittelbar zu den Fagetalia-Gesellschaften und erinnern mit ihren Edellaubhölzern an die Eschen-Ahorn-Linden-Wälder, zu denen sie auch schon gestellt worden sind. Aber der Schein trügt! Die noch vollständig vertretene Artengarnitur der Prunetalia ist gegenüber einer kaum angedeuteten floristischen Verwandtschaft mit den Tilio-Acerion-Wäldern so stark ausgeprägt, daß diese Gesellschaften nur bei den Prunetalia und nicht schon bei den Fagetalia eingeordnet werden können. Wohl könnte von Tilio-Acerion-ähnlichen Zuständen oder Stadien gesprochen werden, die in der Regel zu Fagion-Gesellschaften und nur ausnahmsweise zu wirklichen Tilio-Acerion-Gesellschaften führen. Der Übergangscharakter solcher Baumhecken unterstreicht im übrigen einmal mehr die Künstlichkeit einer synsystematischen Herauslösung der Prunetalia-Gebüsche aus der Klasse der Querco-Fagetea.

Geographisch läßt sich beim Corylo-Rosetum vosagiacae von einer noch reich mit praealpinen Arten ausgestatteten *Rosa sherardii*-Rasse der Assoziation eine weiter nördlich davon verbreitete und an solchen Arten ärmere *Rosa caesia*-Rasse trennen, wie sie von der Rhön und dem Frankenwald bis zum Franken-Jura reicht. Auf basenarmen Böden z. B. des Frankenwaldes können dabei die Berberidion-Arten − wie im Ostschwarzwald − zurücktreten zugunsten von Epilobietea-Arten oder Säurezeigern wie *Agrostis capillaris* (= *A. tenuis*).

5. Ass.: Rhamno-Cornetum sanguinei (Kais. 30) Pass. (57) 62

(Cornetum sanguinei Kaiser 30, *Rhamnus cathartica-Cornus sanguinea*-Ges. Pass. 57, Corno-Prunetum Wittig 76, Pruno spinosae-Crataegetum Hueck 31, *Prunus spinosa-Carpinus betulus* Ass. Tx. 52 p. p.)

Der Hartriegel-Busch (Tab. 275/5; 279, 280)

Nördliches Mitteleuropa (Tab. 279)

Das Pruno-Ligustretum endet als wärmeliebende Gesellschaft mit den Grenzen der geschlossenen Verbreitung von *Ligustrum vulgare, Rosa rubiginosa, Viburnum lantana* oder *Berberis vulgaris* am Übergang vom mitteleuropäischen Berg- und Hügelland zur nördlichen Tiefebene. Was auf basenreichen Standorten darüber hinaus bis Südschweden z. B. an den Böschungen der Stromtäler oder in Niederungen noch siedelt, ist neben dem Rubo-Prunetum saurer und basenarmer Böden (zu dem es Übergänge gibt) ein Weißdorn-Rosen-Schlehen-Busch, der sich mit einigen wenigen enger oder weiter mit dem Berberidion verbundenen Arten als verarmter Ausklang dieses Verbandes − stellvertretend für den Ligusterbusch − ausweist. Territoriale Kennarten sind *Cornus sanguinea* und *Rhamnus cathartica,* als Assoziationstrennarten können *Lonicera xylosteum* und *Acer campestre* gelten.

Die Gesellschaft ist zuerst als Pruno spinosae-Crataegetum von Hueck (1931) beschrieben worden. Die Namengebung hat leider zu zahlreichen Mißverständnissen geführt, da Weißdorn und Schlehe als Prunetalia-Ordnungscharakterarten in Hecken und Gebüschen ganz verschiedener Verbandszugehörigkeit vorkommen. So ist die Huecksche Assoziation z. B. von Tüxen (1952) und entsprechend später auch von anderen Autoren mit seiner *Prunus (spinosa)-Carpinus (betulus)*-Ass. im „Rubion subatlanticum" gleichgesetzt worden. Auch was Soó (1927) mit dem Namen Crataegum monogynae belegt und (1928) als *Prunus spinosa-Crataegus monogyna*-Ass. bezeichnet hat, war etwas völlig anderes. Der Name Pruno-Crataegetum muß daher als nomen ambiguum verworfen werden. Was Hueck (1931) vieldeutig benannt hat, wird erst von Passarge (1957) eindeutiger als *Rhamnus cathartica-Cornus sanguinea*-Gesellschaft gefaßt und (1962) als Rhamno-Cornetum sanguinei bezeichnet.

Wir haben in einer Teiltabelle einige signifikante Aufnahmen der Hartriegel-Gebüsche der nördlichen Tiefebene zusammengestellt. Sie zeigen mit ihrer Kennartenstruktur ein recht einheitliches Bild, auch wenn der Typus von Passarge (1968) auf Grund unterschiedlicher Artengruppen in zahlreiche „Assoziationen" aufgelöst wurde. Dabei richtet sich der Autor allerdings nicht nach den eigentlich die Gebüsche charakterisierenden Straucharten, sondern nach den „Randerscheinungen" der Gesellschaften. Natürlich zeigt das Rhamno-Cornetum wie andere Prunetalia-Assoziationen zahlreiche Ausbildungen mit oder ohne Nährstoff- und Frischezeiger, z. B. mit *Sambucus nigra* oder *Ulmus minor,* dazu Alterungs-Varianten mit *Corylus avellana.* Schließlich gibt es im Kontakt mit Trocken- und Halbtrocken-Rasen xero-mesophiler Standorte auch mehr trockene Ausbildungen mit einem größeren Anteil von übergreifenden Origanetalia-Arten. Dies alles sollte aber der maßgebenden Strauchstruktur untergeordnet werden und nicht Anlaß zur Aufstellung von Assoziationen sein, die naturgemäß keine Kennarten mehr besitzen können.

So gehören im Westen des nördlichen Mitteleuropa zum Rhamno-Cornetum auch das Corno-Prunetum spinosae Wittig 76 als westliche Rasse der Assoziation, z. T. mit *Rubus fruticosus* grp, vielleicht auch das Orchio-Cornetum Doing 62 oder, mehr im Osten, was Jeschke (1964) von Rügen als *Juniperus-Cornus sanguinea*-Gebüsch geschildert hat.

Den westlichen Gesellschaften lassen sich übrigens die östlichen Gesellschaften als *Rubus saxatilis*- oder *Melampyrum nemorosum*-Rasse der Assoziation mit einigen übergreifenden subkontinentalen Saum- und Waldarten gegenüberstellen.

Wo sich in Übergangsgebieten, vor allem im Nordsaum der Ligusterverbreitung, das Pruno-Ligustretum und das Rhamno-Cornetum berühren, zieht sich der Ligusterbusch, ohne daß es „feuchte Ausbildungen" gibt, auf die warm-trockenen Standorte zurück und überläßt dem Hartriegelbusch die frischeren Örtlichkeiten, die im Süden oder Südwesten zu einem großen Teil noch vom Pruno-Ligustretum besetzt gehalten werden können.

Süddeutschland (Tab. 280)

In Süddeutschland schiebt sich das Rhamno-Cornetum vom hessischen Bergland her vor allem in das nördliche Bayern bis zum Neckargebiet vor, territorial überall da, wo aus Wärmegründen der Liguster bereits ausfällt und das montane Vogesenrosen-Gebüsch noch nicht entwickelt ist. Es bietet dann − im Rahmen der Gesamtheit süddeutscher Gebüsche − mit einer „geschrumpften" Kennartengarnitur das Bild einer Rumpf-, Grund- oder Verbandsgesellschaft des Berberidion. Reif (1983) hat im nordöstlichen Bayern eine Höhenstufung herausgearbeitet, bei der zunächst − vom Maintal ausstrahlend − in den tieferen, warmen Lagen das Pruno-Ligustretum steht, das dann im kollin-submontanen Bereich vom Rhamno-Cornetum abgelöst wird, das seinerseits schließlich in noch höheren montanen Lagen (mit Verzahnungen) in das Corylo-Rosetum vosagiacae übergeht. In Baden-Württemberg, wo das Pruno-Ligustretum höher steigend und ganz allgemein weiter verbreitet ist, tritt in den tieferen Lagen eine mehr kleinräumige Scheidung der Gesellschaften ein, in dem der Hartriegelbusch auf kühlen tonigen Böden, in Schattlagen oder an Kaltluft-Standorten kleiner Geländemulden an die Stelle des Ligusterbusches tritt. Das entsprechend von Th. Müller (n. p.) erhobene Material läßt sich ohne floristischen Bruch an die nordbayerischen Rhamno-Corneten anschließen.

An standörtlichen Ausbildungen des Rhamno-Cornetum kann man − sowohl im Osten des Gebietes (Reif 1983, Milbradt 1987) als auch im Westen (Th. Müller n. p.) − wie beim Pruno-Ligustretum oder dem Corylo-Rosetum eutrophierte Bestände mit *Sambucus nigra* (Rhamno-Cornetum sambucetosum nigrae) ausscheiden, die gleich den reinen (nicht eutrophierten) Beständen zusätzlich Alterungsphasen (Varianten) mit *Corylus avellana* aufweisen. *Corylus*-reiche Artenkombinationen ähnlicher Art − mit *Clematis vitalba* vergesellschaftet − können auch auf basenreichen, meist kalkhaltigen Steinschutthalden auftreten und damit als offensichtlich wenigstens teilweise primäre Gesellschaften ein Licht auf die Herkunft der sekundären *Cornus sanguinea*-Gebüsche werfen. Wie beim Pruno-Ligustretum gibt es auch hier *Rosa arvensis*-Vormäntel, die als *Rosa arvensis*-Phase des Rhamno-Cornetum aufgefaßt werden können.

Auch andere Ausbildungen der Assoziation ergeben sich aus der unterschiedlichen Art der Böden oder des Wasserhaushaltes. So sinkt z. B. über Keuper- oder Buntsandsteinböden den basisch bestimmten Gebüschen gegenüber Menge und Stetigkeit von *Cornus sanguinea*, dafür treten Arten wie *Carpinus betulus*, *Quercus robur* oder *Poa nemoralis* stärker hervor. Zugleich zeigen sie eine hohe *Corylus*-Dynamik. In den feuchten Auenlandschaften des östlichen Donaubereiches kann − wie beim Pruno-Ligustretum oder dem Rubo-Prunetum − eine Subassoziation mit *Prunus padus* beobachtet werden (Rhamno-Cornetum prunetosum padi = Pado-Coryletum sensu Gaim 1980).

Regional-pflanzengeographisch fallen in unserer Assoziation, wie bei allen Querco-Fagetea-Gesellschaften des Gebiets, im Westen das häufige Vorkommen von *Hedera helix,* im Osten dasjenige von *Asarum europaeum* auf, wenigstens in den älteren Busch-Stadien.

6. Ass.: Salici-Hippophaëtum rhamnoidis Br.-Bl. 28
ex Eckm. 40 n. inv. Wendelb. 67

(*Hippophaë-Salix incana*-Gebüsch W. Koch 26, *Hippophaë-Salix incana*-Ass. Br.-Bl. 28 n. n., non *Salix incana-Hippophaë*-Ass. Br.-Bl. et Volk in Volk 40, Hippophaë-Salicetum incanae Br.-Bl. et Volk 40 apud Tx. 52, *Hippophaë*-Berberidetum Moor 58)

Der Sanddorn-Busch (Tab. 275/6)

Bestände, wie sie hier mit optimal entwickeltem Sanddorn dargestellt werden, sind in der älteren pflanzensoziologischen Literatur oft einfach als Hippophaëtum bezeichnet worden (Siegrist 1913, 1925, 1928; Lüdi 1921; Issler 1924; Gams 1927; Aichinger 1933). Leider ist in keinem dieser Fälle der Name nach heutigen Maßstäben gültig belegt. W. Koch (1926) hat dann die Gesellschaft mit einer Liste, eindeutig als solche zu erkennen, als *Hippophaë-Salix incana*-Gebüsch bezeichnet, was allerdings in der Folgezeit zu Mißverständnissen geführt hat (Moor 1958), da *Hippophaë* und *Salix elaeagnos (= S. incana)* verschiedene soziologisch-ökologische Schwerpunkte haben.

Die Lavendel-Weide steht in ihrem optimalen Vorkommen − ohne die zahlreichen Prunetalia-Arten − eine Wasserstufe tiefer als der Sanddorn, wenn sich dieser auch als Vorposten, aber mit geringer Menge und Stetigkeit, der Weidengesellschaft des Salicetum elaeagni (Salicion elaeagni) beimischen kann. Umgekehrt hält sich in dem an Berberidion- oder Trockenrasen-Arten reichen Sanddornbusch noch immer − z. T. als Sukzessionsrelikt − vereinzelt die Lavendelweide. Was nun in der Folgezeit, an W. Koch (1926) anschließend, z. B. bei Braun-Blanquet (1928) mit einer Kurzschilderung als Hippophaë-Salicetum incanae bezeichnet wurde, war gut definiert und belegt bei Eckmüllner (1940) die optimale Berberidion-Sanddorn-Gesellschaft (daran ändert auch die Tatsache nichts, daß der Autor einige Trockenrasen-Arten der Lücken als „lokale Charakterarten" in die Assoziationsdefinition miteinbezogen hat). Was aber gleichzeitig Volk (1940) mit 4 Aufnahmen unter diesem Namen publiziert hat, entsprach im wesentlichen dem Salicetum elaeagni, also nicht den ursprünglichen Darstellungen der Assoziation bei W. Koch (1926) oder Braun-Blanquet (1928). Um dem dadurch entstandenen Dilemma zu entrinnen, hat Moor (1958) eine Neubenennung der Assoziation als Hippophaë-Berberidetum vorgeschlagen.

Wir würden es aber für zweckmäßiger halten, an die gut erkennbaren Bestandsbeschreibungen von W. Koch (1926) und den damit verbundenen Assoziationsnamen von Braun-Blanquet (1928) sowie die eindeutige Validierung dieses Begriffs durch Eckmüllner (1940) anzuknüpfen, also die Volksche Definition zu verwerfen, zumal in der Folgezeit (Tüxen 1952; Oberdorfer 1957) unter dieser Bezeichnung immer die ursprünglich gemeinte Gesellschaftsstruktur dargestellt wurde. Es sollte dabei nur die von E. und G. Wendelberger (1967, Mskr.) vorgeschlagene Umstellung in der Namensbildung erfolgen, so daß die bestandsbildende *Hippophaë rhamnoides* ssp. *fluviatilis* an die zweite Stelle der Assoziationsbezeichnung rückt. Dann ist auch eine Verwechslung mit dem von den Meeresküsten geschilderten Hippophaë (rhamnoidis ssp. rhamnoidis)-Salicetum arenariae Tx. 52 nicht möglich. Im übrigen wäre auch an Stelle der in der Überschrift gewählten Bezeichnung eine Fassung als Salici-Hippophaëtum (W. Koch 26) Eckm. 40 denkbar.

Der Sanddornbusch ist in Begleitung der Alpenflüsse eine für das Alpenvorland sehr charakteristische Auen-Gesellschaft nicht mehr überschwemmter kiesig-sandiger Schotterterrassen und alter Schwemmkies-Inseln, die oberflächlich stark austrocknen, schon in 1 bis 3 Meter Tiefe aber für die Gebüsche wenigstens zeitweise noch erreichbares Grundwasser führen. Dadurch ergibt sich das eigentümliche Gemisch von trockenheitsanzeigenden Gräsern und Kräutern mit den offensichtlich wasserbedürftigen Weiden- und Pappel-Arten (*Salix elaeagnos, S. purpurea, Populus nigra* u. a.). Unter ähnlichen Bedingungen kann sich die Gesellschaft auch sekundär in alten Kiesgruben oder auf deren Böschungen entwickeln.

Ein primäres Vorkommen, offenbar als „fluktuierende Dauergesellschaft", besitzt die Gesellschaft aber auch außerhalb der Auen auf steilen, sandigen und in der Tiefe wohl mehr oder weniger wasserzügigen Molasse-Hängen z. B. des Bodenseegebietes. Hier treten dann − in besonderer Ausbildung − einige Auen-Gehölze wie *Alnus incana* oder *Salix purpurea* zurück und *Populus nigra* wird durch *P. tremula* ersetzt. In der Krautschicht ist *Molinia arundinacea* mit hohen Stetigkeitswerten vertreten. Entsprechende Bilder kann man auch an nachschaffenden Moränenhängen im Alpengebiet beobachten.

Im ganzen stellt die in ihrem Vorkommen auf die meridionalen Hochgebirge und deren Vorland begrenzte Assoziation zweifellos ein Überbleibsel späteiszeitlicher Vegetationsbilder dar, in denen in einem kalt-kontinentalen Klima der aus Asien weit nach Westen vorgestoßene Sanddorn als Pionierstrauch auf den vom Eis freigegebenen Sand- und Kiesböden der Moränen und Sander nach den Ergebnissen der Pollenanalyse einst eine große Rolle gespielt haben muß.

Die Assoziation ist in der praealpinen Auen- und Sandlandschaft zugleich Glied eines ganz charakteristischen alpigen-kontinental geprägten Vegetationskomplexes, der im weiter gefaßten Umfeld der Sanddornbüsche die nassen Salicion elaeagni-Gesellschaften mit *Myricaria germanica* und *Salix elaeagnos* selbst oder das Alnetum incanae (Alno-Ulmion) umfaßt. Im engeren Sinne sind die „Hippophaëten" standörtlich und entwicklungsgeschichtlich mit den auf frisch geschütteten Sanden und Kiesen dem Sanddorn vorhergehenden Epilobion fleischeri-Gesellschaften und den abbauenden und nachfolgenden Erico-Pinion-Beständen verknüpft. Charakteristische Kontakte bilden schließlich die Trockenrasen-Gesellschaften der Brometalia, die den meist lückigen Bestand des Salici-Hippophaëtum mosaikartig durchsetzen.

Über die Ausbildungen des Salici-Hippophaëtum ist noch wenig bekannt. Müller und Görs (1958) erwähnen einen wechseltrockenen Sanddornbusch mit *Molinia arundinacea*. Angedeutet in einigen Tabellen sind auch Übergänge zum feuchter stehenden Salicetum elaeagni oder im trockeneren Bereich solche zum Epilobion fleischeri bzw. Erico-Pinion. Auf feinerdereichen Böden stehen Ausbildungen, die zu Eichenwäldern vermitteln und − wie auch bei anderen Prunetalia-Gesellschaften − mit *Corylus avellana, Quercus robur* oder *Brachypodium sylvaticum* als *Corylus avellana*-Variante die „besseren" Standortsbedingungen anzeigen.

Wie im niederländischen Hippophaë-Salicetum arenariae gibt es unter ruderalen Einflüssen vermutlich auch Bestände mit *Sambucus nigra* (vgl. das Hippophaë-Sambucetum nigrae Boerb. 60), zu dem es aber bis jetzt keine Aufnahmen gibt (Salici-Hippophaetum sambucetosum nigrae).

Geographisch bedingte Unterschiede zwischen den Gesellschaften der Donau-Zuflüsse und denen am Oberrhein sind so schwach ausgeprägt, daß eine seinerzeit vermutete Gliederung der Assoziation in eine Donau- und eine Oberrhein-Rasse (Oberdorfer 1957) nicht aufrechterhalten werden kann. Es könnte nur darauf verwiesen werden, daß die nur ganz spärlich vertretenen Pionierrelikte der Gesellschaft im unmittelbaren Alpenvorland durch *Epilobium fleischeri,* im wärmeren Rheintal dagegen von *Epilobium dodonaei* oder *Scrophularia canina* vertreten werden.

7. Ass.: Salici-Viburnetum opuli Moor 58

Der Wasserschneeball-Busch (Tab. 275/7)

Viburnum opulus ist seit Tüxen (1952) immer wieder als Verbandskennart des Pruno-Rubion basenarmer Standorte genannt worden, obwohl die tabellarische Zusammenstellung in der genannten Arbeit nur eine geringe Stetigkeit in den Gesellschaften dieses Verbandes zeigt (I–II) und die Art auch der Berberidion-Tabelle nicht ganz fehlt. Inzwischen haben die in der Folgezeit durchgeführten Gebüsch-Studien z. B. bei Moor (1958) oder Th. Müller (1974) sowie das allgemein auf die Art gerichtete Augenmerk gezeigt, daß der Wasser-Schneeball im Gegenteil seinen Schwerpunkt auf feuchten, basenreichen Böden in Verbindung mit Arten des Berberidion-Verbandes hat und im Pruno-Rubion nur gelegentlich als Ordnungskennart in Ausbildungen feuchter, nährstoffreicher und damit auch bodenmilder Standorte zu finden ist.

   Viburnum opulus kann darüber hinaus als Kennart einer Berberidion-Assoziation der Fluß- und Stromauen genannt werden, des Salici-Viburnetum. Seine Bestände bilden im Bereich des Alnetum incanae oder der feuchten Stufen des Querco-Ulmetum eine charakteristische Mantelgesellschaft an Uferböschungen oder gegen Feuchtwiesen; z. T. können sie aber auch als niederwaldartige Bestände auftreten, wenn sie entsprechend bewirtschaftet werden. Die Gesellschaft mit optimal entwickeltem Wasser-Schneeball steht dabei oft im Kontakt mit den nässer stehenden *Salix purpurea*- oder *Salix cinerea*-Gebüschen, deren Arten – mehr oder weniger übergreifend – die Assoziation, ähnlich wie den Sanddornbusch gegenüber den Berberidion-Gebüschen trockener Standorte, differenzieren.

   Aber wenn das Salici-Hippophaëtum einen durchlässigen, sand- und schotterreichen, oberflächlich austrocknenden und nur in der Tiefe vom Grundwasser beeinflußten Boden ausweist, so ist der Standort des Wasserschneeballgebüsches durch Lehm- und Tonböden charakterisiert, die mehr oder weniger gleichbleibend feucht, oft sogar überschwemmt werden. Kennart ist neben *Viburnum opulus Salix myrsinifolia,* die allerdings als praealpine Art nur im alpennahen Bereich häufiger vorkommt und nach Norden hin, z. B. schon in der nördlichen Oberrheinebene, rasch ausklingt (Philippi 1978). Häufig sind auch die nährstoff- und feuchtigkeitsliebenden Kletterpflanzen *Humulus lupulus* oder *Clematis vitalba,* die zu den unten beschriebenen Lianen-Gesellschaften überleiten. Mit den *Salix*-Kontakten ergeben sich auch die Ausbildungen der Assoziation. Th. Müller beschreibt z. B. vom Oberrhein ein Salici-Viburnetum salicetosum cinereae, zu dem auch die Bodensee-Ufer-Bestände (vgl. G. Lang 1973) gestellt werden müssen. Außerdem zeichnen sich Bestände mit und ohne *Prunus padus* ab. Und natürlich wird, wie in anderen Prunetalia-Gesellschaften, eine Nährstoffanreicherung durch eine *Sambucus nigra*-Ausbildung der Gesellschaft angezeigt. Da leider die Zahl der bis jetzt vorliegenden Aufnahmen verhältnismäßig gering ist, muß auf eine tabellarische Herausarbeitung dieser Differenzierungen verzichtet werden.

   Die Gesellschaft hatte in der Naturlandschaft zweifellos ein ursprüngliches Vorkommen im Mantel von Alno-Ulmion-Gesellschaften an Ufern oder Uferabbrüchen im Bereich kleiner und großer Flüsse. Wenigstens der Wasser-Schneeball ist aber von hier aus auf entsprechenden nährstoffreichen und frisch-feuchten Standorten nachträglich weit in die Kulturlandschaft eingedrungen.

8. Ges.: Humulus lupulus-Sambucus nigra- und Clematis vitalba-Corylus-Berberidion-Gesellschaften (Sambuco nigrae-Clematidetum Oberd. 67)

Hopfen- und Waldreben-Gesellschaften (Tab. 275/8, 281)

Wo es warm, frisch oder feucht und die Böden zugleich basen- und nährstoffreich sind, wie im Rheingebiet bis zum Bodensee, am Neckar, Main oder an der unteren Donau, können *Clematis vitalba* oder *Sambucus nigra* so überhandnehmen, daß alle eigentlichen Prunetalia-Sträucher

völlig in den Hintergrund gedrängt werden. *Clematis* oder *Humulus* können z. B. am Waldtrauf oder an Böschungen und Halden 5 bis 20 m hohe Gehänge bilden, die an Bilder von
ähnlichen „Schleiergesellschaften" mit *Clematis* und *Vitis sylvestris* im Mittelmeergebiet erinnern oder an solche mit *Vitis*-Arten und *Parthenocissus* in Nordamerika oder auch mit *Puera-
ria* in Japan; schließlich ähneln sie sogar den baumhohen Lianenmänteln, die *Cardiospermum
halicacabum* oder *Passiflora* und Cucurbitaceen an den Waldrändern tropischer und subtropi-
scher Wälder bilden.

Da in den genannten einheimischen Lianen-Gesellschaften die Prunetalia-Arten so stark
zurücktreten, sind sie insgesamt synsystematisch sehr schwer zu beurteilen. Eindeutig ist nur
die Bindung an den Berberidion-Verband. Aber wenn auch Hopfen und Waldrebe ein alles
andere erdrückendes Übergewicht haben, so scheint es doch zweifelhaft, ob sie als Kennarten
von „Assoziationen" bezeichnet werden können, zumal beide Arten mit relativ hoher Stetigkeit
auch andere Gesellschaften der Prunetalia begleiten. So mögen unsere in der Tabelle 281
dargestellten „Übermantelungs"-Gesellschaften zunächst besser nur als „Gesellschaften" behandelt werden.

Dabei lassen sich in unserem Gebiet zwei deutlich gegeneinander abgegrenzte Typen herausarbeiten. Beide sind auf Auenlandschaften oder auch feuchte lehmige Standorte potentieller
Carpinion- oder Fagion-Wälder des Hügellandes beschränkt. Ihnen gemeinsam ist, daß sie
wenigstens zum Teil als Mantel-Gesellschaften von Auenwäldern gegen offene Fluß- und
Stromauen naturnahe Standorte besiedeln. Sie können damit, wie die Amelanchiereten oder
Hippophaëten, als „Muttergesellschaften" vieler sekundär entstandener Gebüsche oder Hecken
betrachtet werden.

Die *Humulus lupulus-Sambucus nigra*-Gesellschaft ist von Th. Müller (1974) als Mantelgesellschaft oberrheinischer Auenwälder beschrieben worden, kommt aber auch an der Donau
(Zahlheimer 1979) oder sonst in planaren und kollinen Lagen im ganzen Süden des Gebietes
vor. Die Böden sind frisch und außerordentlich nährstoffreich. Auch steht die Gesellschaft
nasser und kühler als die im folgenden beschriebene *Clematis vitalba*-Gesellschaft, zu der es
allerdings Übergänge und Zwischenstufen gibt. Auch überregional hat sie einen mehr boreal-
eurasiatischen Charakter im Gegensatz zu den wärmeliebenden, südmitteleuropäisch verbreiteten *Clematis vitalba*-Gesellschaften. Von Prunetalia-Arten tritt nur *Euonymus europaeus* neben
Viburnum opulus stärker hervor.

Die *Corylus-Clematis vitalba*-Gesellschaft mit *Sambucus nigra* (Sambuco-Clematidetum
Oberd. 67 n.p.), ist als Gesellschaft auenartiger Standorte ebenfalls durch die feuchtigkeitsge-
bundene *Euonymus europaeus* als eine der wenigen in der Gesellschaft vorkommenden Prunetalia-Arten ausgezeichnet; sie entspricht deshalb zum Teil dem Euonymo-Sambucetum nigrae
von Moor (1960), dessen anderer Teil dem Pruno-Ligustretum sambucetosum zugerechnet werden muß. Sie steht etwas wärmer und trockener als die *Humulus*-Gesellschaft feuchter lehmi-
ger Braunerden oder Pseudogleye.

Neben der reinen Gesellschaft (Tab. 281, Spalte 8.2b) gibt es, wie schon gesagt, Übergänge
zur *Humulus-Sambucus nigra*-Gesellschaft (Tab. 281, Spalte 8.2a).

Auf Steinschutthalden und am Fuße von Felsen gibt es weitestgehend primäre oder nach
Rodung und Steinschlag fluktuierend-primäre *Clematis vitalba-Corylus*-Buschpioniergesellschaf-
ten, die zugleich oft als Mantel angrenzender Tilio-Acerion-Gesellschaften vorkommen. Im
floristischen Aufbau dieser Gesellschaften treten sonst so bezeichnende Prunetalia-Arten wie
Prunus spinosa, Rosa div. spec. oder *Crataegus* spec. ganz zurück, während die stadiale
Corylus avellana sehr üppig und bestandsbildend entwickelt ist und immer Arten des Tilio-
Acerion ± reichlich vorhanden sind. Müller stellt deshalb diese Haselgebüsche nicht zu den

Prunetalia, sondern faßt sie im UV Clematido-Corylenion zusammen, den er dem V Tilio-Acerion zuordnet (vgl. S. 175 ff.)

Anhang

Robinia pseudacacia-Gesellschaften (Tab. 282)

Im Zusammenhang mit den *Sambucus nigra*- und *Clematis vitalba*-Gesellschaften kann auch die Vegetation der Robinien-Forste besprochen werden, die in ihrem Unterwuchs häufig Bilder zeigen, die an die eben besprochenen *Sambucus nigra*- oder *Clematis vitalba*-Gesellschaften erinnern. Die Robinie übt bekanntlich in Zusammenhang mit ihrem Nitrifizierungseffekt auf ihre Wuchsorte eine soziologisch stark aufbauende Wirkung aus. Wie immer auch der primäre Standort beschaffen war, stellen sich in ihrem Gefolge — wenigstens in den Reinbeständen — immer zahlreiche Glechometalia-Arten ein, insbesondere *Galium aparine,* so daß Th. Müller (1966) die Gesamtheit der Bestände als *Galium aparine-Robinia pseudacacia*-Gesellschaft darstellen konnte. Als syntaxonomisch entscheidende, d. h. soziologisch höher organisierte Artengruppe finden sich daneben aber auch immer zahlreiche Vertreter der Prunetalia, wobei neben der besonders nährstoffbedürftigen *Ribes uva-crispa Prunus spinosa* oder auch *Crataegus* div. spec. stärker hervortreten als in den eher „charakterlosen" *Sambucus nigra*- oder *Clematis vitalba*-Gesellschaften des vorhergehenden Abschnitts.

Damit lassen sich alle Robinien-Forste am zwanglosesten als *Robinia*-Prunetalia-Gesellschaften ansprechen. Auf warmen Standorten können sie als *Robinia*-Forstgesellschaften (*Robinia*-Variante) des Pruno-Ligustretum sambucetosum nigrae, auf frischeren — zugleich regionallandschaftsgebundenen — als *Robinia*-Forstgesellschaft (Robinia-Variante) des Rhamno-Cornetum sambucetosum nigrae zugeordnet werden. Es gibt jedoch auf basenarmen Standorten im Bereich des Quercion robori-petraeae auch *Robinia*-Forstgesellschaften (*Robinia*-Variante) des Rubo-Prunetum, bei denen in merkwürdiger Artenkombination neben *Galium aparine* oder auch *Sambucus nigra* Arten wie *Teucrium scorodonia, Hieracium lachenalii* oder auch *Sarothamnus scoparius* stehen. In älteren Stadien dieser *Galium aparine-Robinia pseudacacia*-Gesellschaft fehlt es in allen Fällen auch nie an nachrückenden Kennarten der Querco-Fagetea, wie *Quercus robur, Prunus avium, Acer campestre* (nur in den Berberidion-Gesellschaften), *Corylus avellana* oder auch *Stellaria holostea.*

Rosa-Ulmus minor-Gesellschaft
(Ulmo-Rosetum Schub. et Mahn (59) 62 n. inv. Oberd. 79 p. p.)

Das Feldulmen-Gebüsch (Tab. 283)

Mehrfach sind aus Wärme- und Trockengebieten am Oberrhein, Neckar oder im Bereich der östlichen Donau-Landschaften Feldulmen-Gebüsche mit *Ulmus minor* var. *suberosa* als Kennart im Rang einer selbständigen Assoziation beschrieben und mit dem Roso caninae-Ulmetum minoris Schub. et Mahn 62 gleichgesetzt worden. Sie wachsen hier meist als Sekundär-Gebüsch der Kulturlandschaft in warmen Hanglagen auf Löß, Keuper oder auch in Auen auf Lehm und Ton, werden aber auch als Primärgesellschaft, z. B. in Rheinhessen auf flach lößüberdeckten Melaphyr-Steinhängen, betrachtet (vgl. Korneck 1974).

Allerdings hat die für die Assoziation einzig als Kennart genannte *Ulmus minor* var. *suberosa* nur einen geringen taxonomischen Wert und dürfte nur als Forma und nicht als Varietät der *Ulmus minor* gedeutet werden. Es gibt alle Übergänge zur typischen *Ulmus minor,* wie sie in der Folge das Ulmengebüsch durchwachsen kann. Überdies ergibt eine Durchsicht des bekannt gewordenen Aufnahmematerials von Gebüschen mit *Ulmus minor,* daß diese Art auch in Gesellschaften mit *Hippophaë* vorkommt oder in solchen, die als Pruno-Ligustretum gedeutet werden können (vgl. Tab. 276). Damit verliert die „Kork-Ulme" weiter an Kennartenwert.

Allerdings fällt auf, daß es Feldulmengebüsche gibt, in denen die Berberidion-Arten stark zurücktreten oder ganz ausfallen. Einige dieser in Tabelle 283 zusammengestellten Aufnahmen solcher Bestände bieten dann das Bild einer *Rosa-Ulmus minor*-Gesellschaft, die zwar gerade noch dem Berberidion zugeordnet, aber wegen der soziologischen Unschärfe der *Ulmus minor* nicht eigentlich als Assoziation gefaßt werden kann. Es bestehen dann z. B. mit *Rosa majalis* Anklänge an die subkontinentalen Ausbildungen des Rhamno-Cornetum, oder auch — wenn man so will — an die Prunion fruticosae-Gesellschaften (vgl. Rauschert 1968), ohne daß jedoch Kennarten dieses Verbandes vorhanden wären.

2. Verband: Prunion fruticosae Tx. 52

Zwergkirschen-Gesellschaften

9. Ass.: Prunetum fruticosae Klika 28

Das Zwergkirschen-Gesträuch (Tab. 275/9)

Die Zwergkirsche *(Prunus fruticosa),* eine meridional-kontinentale Strauchart, von Ungarn über die Tschechoslowakei bis Thüringen und Anhalt reichend, hat im pfälzisch-rheinhessischen Trockengebiet ein abgesprengtes inselartiges Vorkommen. Sie wächst hier nach der Schilderung von Korneck (1974) in niedrigen Gebüschen vor allem an „felsigen Rainen und Böschungen im Bereich der Weinberge, meist auf Oberrotliegendem, seltener auf Tertiärkalk und Löß". In der Kulturlandschaft meist sekundären Charakters, legt ihr Vorkommen am Rand von Trockenrasengesellschaften felsiger Standorte — z. B. im Kontakt mit *Stipa capillata* — doch auch die Annahme natürlicher, schon vorkulturell bestehender Vorkommen nahe.

Oberdorfer (1957) hat vermutet, daß die Zwergkirschen-Gesellschaft dem osteuropäischen Prunion fruticosae-Verband angeschlossen werden muß, der — im Kontakt mit zahlreichen Gräsern und Kräutern subkontinentaler Verbreitung — neben *Prunus fruticosa* noch durch *Prunus tenella (Amygdalina nana)* oder *Spiraea media* gekennzeichnet ist und für den in Ungarn außer dem Prunetum fruticosae noch das Prunetum tenellae Zoly. 58 beschrieben wurde.

Strukturell auffallend ist für alle bis jetzt beschriebenen *Prunus fruticosa*-Bestände das Zurücktreten oder Fehlen der eigentlichen Berberidion-Arten, wie *Ligustrum vulgare,* *Viburnum lantana* oder *Berberis vulgaris.* So werden in der Erstbeschreibung eines Prunetum fruticosae aus der Tschechoslowakei (Böhmen) durch Klika (1928) in 5 Aufnahmen neben der Zwergkirsche und übergreifenden Festucion valesiacae- oder Geranion sanguinei-Arten als begleitende Sträucher nur *Crataegus laevigata, Rosa* div. spec., *Cornus mas, Corylus avellana* und *Sorbus aria* genannt. Ähnlich weisen in den *Prunus fruticosa*-Beständen, die Jurko (1964) in der südlichen Slowakei, Filjakowski (1959) in Lublin oder Rauschert (1968) in Thüringen aufgenommen haben, die Berberidion-Arten durchweg eine geringe Stetigkeit auf.

Und genau dasselbe Bild bietet nun auch die rheinische Gesellschaft, so daß die charakteristische Artenkombination in der Tabelle der süddeutschen Busch-Gesellschaften eine deutliche Sonderstellung einnimmt. Beachtet man noch den im nördlichen Oberrheingebiet wie in der Tschechoslowakei gleichartigen Kontakt z. B. mit *Stipa capillata*-Gesellschaften oder das gleichartige Übergreifen meridional-subkontinentaler Geranion sanguinei-Arten, so dürfte man wohl nicht fehlgehen, wenn man die rheinische Gesellschaft tatsächlich mit dem Prunetum fruticosae Klika 28 identifiziert und dem südosteuropäischen Prunion fruticosae zuordnet. Im übrigen soll und kann damit einer endgültigen Charakterisierung des Verbandes nicht vorgegriffen werden, da die Gesamtstruktur aller dazugehörender Gesellschaften noch ungenügend bekannt ist.

Korneck (1974) unterscheidet im pfälzisch-rheinhessischen Verbreitungsgebiet des Prunetum fruticosae an standörtlichen Ausbildungen eine Subassoziation mit *Agropyron repens* auf flachgründig-steinigen Böden, eine Subassoziation mit *Ulmus minor* auf Löß, sowie die ruderal beeinflußte Subassoziation mit *Sambucus nigra* in Lößhohlwegen, deren Bestände mit den nitrophilen Ausbildungen anderer Prunetalia-Gesellschaften korrespondieren.

3. Verband: Pruno-Rubion fruticosi Tx. 52 corr. Doing 62 em.

(Rubo-Prunion spinosae Th. Müll. apud Oberd. et al. 67, Rubion subatlanticum Tx. 52)

Brombeer-Gebüsche (Tab. 275/10−12)

Brombeer-reiche Gebüsche sind im Westen Europas vor allem auf kalkarmen Böden zu Hause und zeigen mit zahlreichen subozeanischen Geo-Elementen nahe der Meeresküste die größte Artenvielfalt und zugleich eine das Landschaftsbild physiognomisch stark prägende Üppigkeit.

Auf Grund einiger spezifisch an sie gebundener Arten lassen sie sich in einem Verband zusammenfassen, den Tüxen (1952) Rubion subatlanticum genannt hat, der aber aus nomenklatorischen Gründen nach dem Vorschlag von Doing (1962) in Pruno-Rubion umbenannt werden soll. Verbandskennarten sind vor allem Sippen der Gesamtart *Rubus fruticosus*, deren nicht immer leichte Identifizierung allerdings die feinere Ansprache der Gesellschaften oft erschwert. Nach eigenen Erfahrungen und den Zusammenstellungen bei A. Schwabe-Braun (1979) und A. Reif (1983) können im Gebiet als solche z. B. gelten: *Rubus albiflorus, R. bifrons, R. macrophyllus, R. rudis, R. vestitus, R. villicaulis, R. winteri, R. plicatus* (DUV) u. a.; Verbandskennart ist auch *Lonicera periclymenum* und − in Pionier- oder Vormantel-Gesellschaften angereichert − *Sarothamnus scoparius*. Bezeichnend als Verbands-Differentialarten gegenüber dem Berberidion oder Prunion fruticosae sind auch Arten wie *Teucrium scorodonia, Holcus mollis* oder *Pteridium aquilinum*, die soziologisch-verwandtschaftliche Beziehungen zu den Quercetalia robori-petraeae herstellen. Dazu können gehäuft dem Carpinion entstammende Arten wie *Carpinus betulus* oder *Stellaria holostea* kommen, die allerdings auch einigen Berberidion-Gesellschaften nicht ganz fehlen, also nicht eigentlich Verbandstrennarten sind.

Die Umgrenzung des Verbandes wird weiter dadurch erschwert, daß es einige „Brombeer-Gebüsche" gibt, die zwar die mehr oder weniger vollständige Garnitur der spezifischen Verbands-Arten enthalten, in denen aber die sonst immer zahlreichen Prunetalia-Straucharten, wie Schlehe, Wildrosen- und Weißdorn-Arten oder das Pfaffenhütchen ganz zurücktreten und die deshalb in ihrer soziologischen Zuordnung seither umstritten waren. Dazu gehören einmal die den strauchreichen Brombeer-Gebüschen oft vorhergehenden oder vorgelagerten *Sarothamnus-*

Gebüsche, zum anderen die *Rubus fruticosus-Frangula alnus*-Gesellschaften auf saueren und nährstoffarmen, häufig wechselnd staunassen oder staufeuchten Standorten, die mit gelegentlich eingestreuten Arten wie *Salix aurita* oder *Alnus glutinosa* zu den Weidengebüschen der Alnetea glutinosae vermitteln und die schon im Rahmen eigener höherer Einheiten (vgl. Franguletea Doing 1962) behandelt wurden. Da aber *Frangula alnus* eine sehr breite soziologische Amplitude mit einem schwachen Schwerpunkt in den Alnetea glutinosae hat und auch keine signifikante, stete, begleitende Artengruppe aufweist, kann sie weder zur scharfen Charakterisierung einer Assoziation noch gar für eine durch Kennarten ausgezeichnete höhere Vegetationseinheit verwendet werden. In allen Fällen ist aber die floristische Bindung der *Frangula-Rubus fruticosus*-Gesellschaften an den Pruno-Rubion-Verband qualitativ und quantitativ stärker ausgeprägt als an die Alnetea glutinosae.

Allerdings verlangt der Ausfall der Prunetalia-Arten, sowohl beim *Sarothamnus*- als auch beim *Frangula-Rubus fruticosus*-Komplex, wenn man beide schon gewissermaßen an den Pruno-Rubion anhängt, eine eigene synsystematische Behandlung der Gesellschaften. Man wird ihrer Sonderstellung wohl am besten dadurch gerecht, daß man sie jeweils in Unterverbänden zusammenfaßt. Der Pruno-Rubion-Verband selbst wäre dann in drei Unterverbände aufzugliedern: einen Rubo-Prunenion-Unterverband mit den eigentlichen Brombeer-Schlehengebüschen, einen Unterverband Sarothamnenion mit den Brombeer-Besenginster-Gebüschen und einen Unterverband Frangulo-Rubenion mit den *Frangula alnus-Rubus fruticosus*-Gesellschaften. Der letztere entspricht zum Teil dem Lonicero-Rubion-Verband Tx. et Neum. in Tx. 50, zum Teil aber auch dem Rubion subatlanticum Tx. 52 (vgl. *Rubus divergens-Frangula alnus*-Ass. Neum. in Tx. 52).

In diesem Zusammenhang darf noch kurz auf die synsystematische Behandlung Brombeer-reicher Gebüsche durch H. E. Weber (1974, 1980) hingewiesen werden. Sie ist mit den hier befolgten, an Kennarten orientierten Gliederungs-Prinzipien nur schwer zu vereinen. Wenn z. B. die *Rubus fruticosus*-armen und auch sonst artenarmen *Prunus spinosa*-Spätstadien im Bereich der Brombeer-Gebüsche von den „Rubo-Pruneten" abgetrennt und einem Carpino-Prunion Web. 74 innerhalb der Prunetalia spinosae zugeordnet werden, so muß man fragen, welche Kennarten ein solcher Verband haben soll. Er kann naturgemäß keine haben, zumal wenn neben den eigentlichen Prunetalia spinosae die Brombeer-durchwirkten Gebüsche in eigener Ordnung Pruno-Rubetalia Web. 74 behandelt werden. Diese Ordnung ist unter diagnostischer Abwertung der Prunetalia spinosae-Arten allein auf Kleinarten der *Rubus fruticosus*-Gruppe aufgebaut. Das ist zu wenig und nicht nachvollziehbar. Auch in einem inzwischen durch H. E. Weber (1990) modifizierten System bleibt zwischen dem Berberidion und dem Pruno-Rubion kein Platz für einen durch Kennarten definierten Carpino-Prunion-Verband!

Wie noch zu zeigen sein wird, kann dagegen ein durch zahlreiche Kenn- und Trennarten definiertes Rubo fruticosi-Prunetum, das auch die vorausgehenden *Rubus*-Initialstadien und die − übrigens seltenen − *Prunus spinosa*-Alterungsphasen einschließt, durch die *Rubus fruticosus*-Kleinarten sehr wohl in territoriale und regionale Gebietsausbildungen (Rassen) gegliedert werden. Ähnliches gilt für die Brombeer-Faulbaum-Gebüsche (Rubion plicati Web. 74, Franguletea), zu denen oben schon das Notwendige gesagt wurde.

Fast alle Gesellschaften des Pruno-Rubion-Verbandes sind Wald-Ersatzgesellschaften; auf mögliche primäre Vorkommen wird bei der Schilderung der Assoziation eingegangen (vgl. auch Tüxen 1952).

3a. Unterverband: Rubo-Prunenion spinosi Oberd. 83

(Pruno-Rubion radulae Weber 74)

Brombeer-Schlehen-Gebüsche

10. Ass.: Rubo fruticosi-Prunetum spinosae Web. 74 n. inv. Wittig 76 em.

(*Prunus spinosa-Carpinus betulus*-Ass. Tx. 52 p. p., Rubo-Coryletum Oberd. 57, non Pruno spinosae-Crataegetum Hueck 31)

Der Brombeer-Schlehenbusch (Tab. 275/10; 284)

Da die *Prunus spinosa-Carpinus betulus*-Ass. Tx. 52 auch das Rhamno-Cornetum Pass. 62 einschließt und der Name zudem zu Mißverständnissen führen kann, wird vorgeschlagen, die eigentlichen subatlantischen Brombeer-Schlehengebüsche eingeschränkt gefaßt als Rubo fruticosi-Prunetum spinosae zu bezeichnen. Die Assoziation ist auf basenarmen Böden − wie das Pruno-Ligustretum oder das Rhamno-Cornetum auf basenreichen − die in West- und Mitteleuropa am weitesten verbreitete und am vielfältigsten ausgebildete Heckengesellschaft. Aber wenn z. B. der standörtlich anspruchsvolle Ligusterbusch am Rand der nördlichen Tiefebene eine ausgesprochene Nordgrenze erreicht, so weist der mehr nordwesteuropäisch-subatlantisch verbreitete Brombeer-Schlehenbusch im süddeutschen Gebiet eine deutlich ausgeprägte Ostgrenze auf. Gut mit Kenn- und Trennarten − wie Vertretern der *Rubus fruticosus*-Gruppe oder *Lonicera periclymenum* − ausgestattete Gesellschaften machen hier vom Westen her an einer Linie halt, die östlich des Odenwaldes und Schwarzwaldes vom Spessart über die Keupergebiete des Neckar-Stufenlandes zum Hochrhein zieht. Nur an Arten verarmte Ausbildungen gibt es noch im Westen der Schwäbisch-Bayerischen Hochebene; inselartig abgesetzt erscheint ein artenreicheres Vorkommen dann noch einmal in den Hanglagen des Bayerischen Waldes bei Deggendorf (Reif 1983).

Regional-geographisch werden die Bestände der Assoziation durch die verschiedenen verbandscharakteristischen Kleinarten der *Rubus fruticosus*-Gruppe differenziert. Im Gegensatz zum nördlichen Tiefland wird in unserem Gebiet z. B. mit großer Regelmäßigkeit der meridional verbreitete *Rubus bifrons* registriert. Da diese Kleinart aber häufiger und üppiger auch noch die Sarothamneten durchwirkt, kann nicht gut von einer eigenen Gebietsassoziation der Brombeer-Schlehengebüsche (mit einer „Kennart" *Rubus bifrons* als Pruno-Rubetum bifrontis H. E. Weber 81 ex Reif 85) gesprochen werden, sondern nur von einer *Rubus bifrons*-Rasse des weiter gefaßten Rubo-Prunetum. Entsprechend könnten andernorts z. B. in Westfalen oder Niedersachsen das Pruno-Rubetum elegantispinosi Web. 74 als *Rubus elegantispinosus*-Rasse des Rubo-Prunetum definiert werden. Analoges gilt für das Pruno-Rubetum sprengelii Web. 67, das Pruno-Rubetum radulae Web. 67 und das Pruno-Rubetum vestiti Web. 74. Eine solche synsystematische Lösung bietet sich um so mehr an, als die verschiedenen dem Verband zuzuordnenden Kleinarten der *Rubus fruticosus*-Gruppe oft schwer anzusprechen und örtlich auch gar nicht in allen Beständen gleichmäßig vertreten sind.[1]

An kalkarme Sand- oder sandig steinige Lehmböden gebunden ist das Rubo-Prunetum vor allem als Sekundär-Hecke der Kulturlandschaft im Mantel bodensaurer Eichen-Hainbuchen- oder Rotbuchen-Wälder, als Flurgrenz-Gebüsch oder auch in Form Hasel-reicher Niederwald-Bestände ausgebildet. Seine Gebüsche werden durch „vorlaufende" und einwachsende Brombeer-Arten subatlantischer Verbreitung oder durch die „Schleier" des Wald-Geißblattes geprägt,

---

[1] In diesem Zusammenhang ist auch auf die *Rubus armeniacus*-Gesellschaft Wittig 85 hinzuweisen.

dazu im Saum oder, wenn noch genug Licht einfällt, durch Arten des Quercion robori-petraeae- oder auch Carpinion-Verbandes.

Die Hainbuche *(Carpinus betulus)* selbst ist ein recht regelmäßiger Begleiter, auch da, wo sich der Brombeer-Schlehenbusch einem Buchenwald vorlagert und im Waldtrauf „Carpinion-Zustände" die Entwicklung zum Fagion einleiten. Ähnliche Bilder gibt es übrigens auch auf basenreichen Standorten beim Rhamno-Cornetum oder Pruno-Ligustretum im „Vorlauf" anspruchsvoller Buchenwald-Gesellschaften, so daß *Carpinus betulus,* wie schon gesagt, nicht Differentialart des Rubo-Prunetum sein kann.

Wärme-, Wasser- und Nährstoffhaushalt modifizieren neben anthropogenen Einflüssen die Strukturunterschiede der Gesellschaften. Neben dem „reinen Typus", von dem auch noch eine zum Rhamno-Cornetum vermittelnde Ausbildung mit *Cornus sanguinea* abgetrennt werden kann, kommt vor allem im Südwesten im mehr trockenen Standortsbereich eine pflanzengeographisch bemerkenswerte Subassoziation des Rubo-Prunetum mit *Ligustrum vulgare* vor, die zu den aus Westfrankreich beschriebenen Hecken-Gesellschaften des Ligustro-Rubion ulmifolii Géhu et Del.-Dus. in Del.-Dus. 73 vermitteln dürfte. An nährstoffreich-frischen, oft ruderalisierten Örtlichkeiten entwickelt sich eine Ausbildung mit *Sambucus nigra,* das Rubo-Prunetum sambucetosum nigrae (Sambuco-Prunetum Doing 62). Schließlich können auf feuchten kalkarmen Aueböden z. B. der oberrheinischen Niederterrasse Bestände wachsen, die analog zum Pruno-Ligustretum prunetosum padi einem Rubo-Prunetum prunetosum padi zugeordnet werden müssen.

Und wie bei den Berberidion-Gesellschaften entwickeln sich in den älteren Stadien aller Subassoziationen oft hochwüchsige *Corylus avellana*-Varianten, die soziologisch zum Wald überleiten. Die Entwicklung wird begünstigt und beschleunigt im Bereich frischer Fagetalia-Standorte, wie sie sich vor allem in den unteren und mittleren Lagen der Silikatgebirge finden. Schöne Beispiele gibt A. Schwabe-Braun (1980) aus dem südlichen Schwarzwald, wo in „Treppenstufen" auf einen *Sarothamnus*-Vormantel zunächst das typische Rubo-Prunetum als „Hauptmantel" und schließlich bei z. T. absterbendem *Rubus fruticosus* mit schon zahlreichen Fagetalia-Arten die *Corylus*-Variante als Terminalphase oder eine synsystematisch ranglose *Corylus avellana*-Gesellschaft (Stadium) ganz ohne Prunetalia-Arten folgt.

Auf mehr trockenen, sandigen, weniger Hasel-freundlichen Standorten, z. B. des Quercion robori-petraeae, kann die Entwicklung, wie es Tüxen (1952) und H. E. Weber (1974) schildern, zu einem Brombeer-armen *Prunus spinosa*-Stadium führen, das eine Weiterentwicklung zum Wald stark verzögert. Derartige Bilder sind in unserem Gebiet naturgemäß selten zu beobachten.

Über das ursprüngliche, also natürliche Vorkommen der Assoziation geben uns vor allem Beobachtungen über Hasel-reiche Gebüsche auf Blockschutthalden, am Fuß von Felsen oder an den Rändern der Schuttströme gegen den Wald in der submontanen und montanen Stufe des Schwarzwaldes einen möglichen Aufschluß. Sie gehören zu *Corylus*-Varianten des Rubo-Prunetum („Rubo-Coryletum") und bilden hier eine Art von Dauerstadium, das als Ausgangsort oder einer der möglichen Ausgangsorte für die Brombeer-Schlehengebüsche der Kulturlandschaft betrachtet werden kann (analog der Berberidion-Steinschuttgesellschaften).

In höheren Lagen (über 700—800 m) wird der Brombeer-Schlehenbusch, ähnlich wie das Corylo-Rosetum vosagiacae, mehr und mehr von Sambuco-Salicion-Arten und -Gesellschaften bedrängt und schließlich ganz durch solche ersetzt.

3b. Unterverband: Sarothamnenion Oberd. 79

(Sarothamnion Tx. in Prsg. 49, Ulici-Sarothamnion Doing 69)

Besenginster-Gesellschaften

11. Ass.: Calluno-Sarothamnetum Malc. 29 em. Oberd. 57

(*Cytisus scoparius-Calluna vulgaris*-Ass. Malc. 29 p. p., *Rubus fruticosus-Sarothamnus*-Gesellschaft A. Schwabe-Braun. 80, Rubo plicati-Sarothamnetum Weber 87)

Das Brombeer-Besenginster-Gesträuch (Tab. 275/11; 285)

Besenginster-Gesträuche bilden in den tiefen und mittleren Lagen des westlichen Teils der Bundesrepublik Deutschland von der Rheinebene und dem Schwarzwald bis zum Rheinischen Schiefergebirge und der nordwestlichen Tiefebene eine sehr auffällige Erscheinung auf Extensiv-Weiden und Brachen, in Waldschlägen oder an Wald- und Wegrändern, insbesondere im mild-humiden, submontanen bis montanen Bereich. Als Pioniergesellschaft, oft im „Vormantel" des Brombeer-Schlehenbusches, leitet sie auf allen kalkarmen, nicht zu trockenen Sand- oder Lehm-böden die Entwicklung zur eigentlichen Gehölzformation ein, in der sich *Sarothamnus* im übrigen selbst, wenn auch reduziert, fast immer noch zu halten vermag.

Die synsystematische Zuordnung der Sarothamneten war lange Zeit umstritten. Da die bis mannshohen Ginsterbüsche, wenn sie nicht dicht geschlossen sind, oft mit Borstgrasrasen oder Heidekrautbeständen verschwistert sind, hat man sie, wie Malcuit (1929), als *Cytisus scoparius-Calluna vulgaris*-Assoziation beschrieben. Auch in der Folgezeit sind in Anlehnung an die Darstellung bei Malcuit die *Sarothamnus*-Gesträuche oft mit den „Lückengesellschaften" zusam-mengefaßt aufgenommen und dargestellt worden (Oberdorfer 1938; Bartsch 1940). Mit der Schärfung des Blickes für die soziologischen Strukturunterschiede und der Verfeinerung der Aufnahmetechnik mußte aber bald auffallen, daß die floristische Zusammensetzung der eigentli-chen Ginsterbestände mit ihren dichten, schattenden Ruten eine ganz andere ist als die dem Licht voll ausgesetzten Lückenbestände, die oft sehr unterschiedlicher Art nicht nur zum Geni-stion oder Violion, sondern auch zum Cynosurion gehören können.

Immer zeigt der *Sarothamnus*-Busch bei besseren Bodenzuständen und von Mensch und Tier weniger gestört einige waldnahe Arten und erinnert mit den ihn begleitenden Brombeeren oder Waldsaumarten mehr an die Flora von Hecken als an diejenige der Nardo-Callunetea-Gesell-schaften.

Nachdem wir schon früh Zweifel an der synsystematischen Zuordnung der Sarothamneten geäußert haben (Oberdorfer 1942; vgl. auch Oberdorfer 1960), hatten wir bereits für die Dar-stellung bei Oberdorfer (1957) eine Trennung der Besenginster-Strauchgesellschaft von der offe-nen Rasengesellschaft vorgenommen, wenn auch leider zur Auffüllung der Sarothamnetum-Tabelle noch komplex aufgenommenes Material von Bartsch (1940) verwendet wurde. Die im mittleren und nördlichen Schwarzwald damit alternierende Rasengesellschaft wurde gesondert als Galio-Festucetum (rubrae) beschrieben und später (Oberdorfer et al. 1967) als Ergebnis eines Gesamtvergleiches als geographische Ausbildung einem weiter gefaßten Polygalo-Nardetum unterstellt. Sie wurde neuerdings von A. Schwabe-Braun (1980) wieder als selbständige Asso-ziation betrachtet und wenig glücklich, da wieder den „Strauchanteil" einbeziehend, in „Saro-thamno-Nardetum" umbenannt. Wie die Tabelle 24 in der Arbeit der Autorin zeigt, besteht aber in der Kennartenstruktur vollkommene Identität mit der zuvor schon beschriebenen Assoziation, so daß das Sarothamno-Nardetum in die Synonymie des Galio-Festucetum bzw. des Polygalo-Nardetum fallen muß.

Unterzieht man die aufgenommenen reifen Sarothamneten einer florenstatistischen Analyse, so ergibt sich ein zwangloser Anschluß der Gesellschaft an den Pruno-Rubion-Verband, mit dem sie alle die charakterisierenden und differenzierenden Arten gemeinsam haben, allerdings unter weitgehendem Ausfall der strauchigen Prunetalia-Arten, so daß sie als Vorläufer der Rubo-Prunetum-Gebüsche einer gesonderten Behandlung in einem Unterverband Sarothamnenion bedürfen.

Ähnliche Ginstergebüsche sind übrigens als Vorläufer voll entwickelter Pruno-Rubion-Hecken überall im ozeanischen Europa zu beobachten (vgl. dazu Tab. 285). So wird z. B. in der Bretagne auf Brachen und in Waldlücken die Entwicklung zum Ulici-Prunetum Géhu et Del.-Dus. in Del.-Dus. 73 oft durch ein Ulici-Sarothamnetum Oberd. (57) (vgl. Tab. 285, Spalte 11 b), auch noch fast ganz ohne die Prunetalia-Arten, eingeleitet (Oberdorfer 1942).

Im oberrheinischen Gebiet, wo der Besenginster in strengen Wintern oft zurückfriert, sich aber immer wieder regeneriert, kommt er vor allem auf zwei Standorten vor: einmal auf den kalkarmen Sandböden im Südteil der nördlichen Oberrheinebene im Kontakt mit dem Holco-Quercetum, auf Brachen oder in Waldschlägen; zum anderen auf den bodensauren sandig-lehmigen Gesteinsverwitterungsböden der oberrheinischen Randgebirge, wo er im Kontakt mit Betulo-Quercetum und Luzulo-Fagetum bis gegen 800 m Höhe ansteigt. Auf den kalkarmen Böden östlich dieses Gebietes tritt der subatlantische und frostempfindliche Strauch im Landschaftsbild rasch völlig zurück. Zwar gibt es pflanzensoziologisch noch gut gekennzeichnete Vegetationsaufnahmen aus dem Neckargebiet oder dem donaunahen Oberschwaben, aber im östlichen und nordöstlichen Bayern ist die Ursprünglichkeit des oft in Waldschlägen oder an Waldwegen zur Bodenverbesserung eingebrachten Besenginsters umstritten.

In der submontanen und montanen Stufe des Schwarzwaldes ist das Calluno-Sarothamnetum vor allem im nördlichen und mittleren Teil des Gebirges zu finden. Es kommt hier, in einem früher häufigen, aber heute fast verschwundenen Bild (vgl. Oberdorfer 1938, Abb. Tafel II) in ausgedehnten Beständen vor allem auf extensiv bewirtschafteten Weiden vor, wo es durch Brand gefördert, durch Rodung und später auch durch Herbizide immer wieder bekämpft wurde.

Das Zurücktreten der Gesellschaft im südlichen Schwarzwald ist demgegenüber sehr auffällig und öfter erörtert worden: Oberdorfer (1939) hat die Erscheinung mit klimatischen Faktoren in Zusammenhang gebracht. Neuerdings haben demgegenüber O. Wilmanns et al. (1979) und A. Schwabe-Braun (1980) einen gut und einleuchtend begründeten Zusammenhang mit der unterschiedlichen Wirtschaftsweise in den verschiedenen Gebirgsteilen hergestellt. Die Hauptverbreitung der Sarothamneten deckt sich weitgehend mit dem Hofgütergebiet und der damit verbundenen Reutberg-Wirtschaft des nördlichen und mittleren Schwarzwaldes. Wir möchten trotzdem die Frage aufwerfen, ob nicht eine Art naturgegebener Wechselwirkung bestehen könnte, da die Besenginster-Bestände ± frischer stehen als das im Südschwarzwald vorherrschende Festuco-Genistetum sagittalis und auch in submontanen Waldschlägen im Norden viel häufiger auftreten als im Süden. Dabei ist, wie auch eine Gegenüberstellung bei Schwabe-Braun (1980) zeigt, das Sarothamnetum der Weiden soziologisch kaum von dem der Waldschläge und Waldränder zu unterscheiden. Naturgemäß enthält letzteres auf den sich wieder regenerierenden Waldflächen einige Epilobietea-Arten, die in den dafür gräserreicheren Beständen der Weidfelder fehlen.

Eine auffällige Variante der Sarothamneten bildet der Adlerfarn *(Pteridium aquilinum),* der − wie der Besenginster durch Brand begünstigt − mit seinem ausdauernden Wurzelnetz und seinen schattenden Wedeln diesen unterdrücken kann (A. Schwabe-Braun 1980).

Andere Ausbildungen werden durch die Art der soziologischen Kontakte bestimmt. So können − aus benachbarten Festuco-Cynosureten übergreifend − Arten wie *Trifolium repens, T. pratense* oder *Galium album* eine *Trifolium*-Ausbildung (Subassoziation oder Variante) bestimmen, während bei der Verzahnung mit Violion caninae-Gesellschaften mit Arten wie *Viola canina, Galium harcynicum* oder *Potentilla erecta* eine *Viola canina*-Ausbildung gekennzeichnet wird. Einen naturgegebenen, also primären Kern der Assoziation vermutet A. Schwabe-Braun (1980) für den Schwarzwald im Vorkommen des Besenginsters im Umkreis felsiger Örtlichkeiten, z. B. im Gefüge des Genisto-Callunetum (vgl. Lohmeyer 1986), im Mantel oder auch in der Strauchschicht lichter Betulo-Querceten.

3c. Unterverband: Frangulo-Rubenion fruticosi (Riv. God. 64) Oberd. 83

(Lonicero-Rubion silvatici Tx. et Neum. in Tx. 50 p. p., Rubion plicati H. E. Web. 77)

Brombeer-Faulbaum-Gesellschaften

12. Ass.: Frangulo-Rubetum plicati Neum. in Tx. 52 em. Oberd. 83

Der Brombeer-Faulbaum-Busch (Tab. 275/12; 286)

Brombeer-reiche Faulbaum-Gebüsche, wie sie aus dem Nordwesten und Westen Mitteleuropas häufig beschrieben werden, kommen in Süddeutschland nicht allzuhäufig vor. Sie sind eine boreal-subozeanische Erscheinung und damit an sauere, nährstoffarme, sandig-tonige Böden gebunden, die öfters unter zeitweiligem mehr oder weniger großem Stauwasser-Einfluß stehen können und teilweise zu den noch nässer stehenden Gesellschaften des Salicion cinereae (Alnetea glutinosae) vermitteln. Sie können als Mantelgesellschaft, aber auch als Vorwaldgesellschaft und in Licht-lücken im Standortsbereich von bodensaueren Wäldern wie des Holco-Quercetum, im Hügel- und Bergland des Betulo-Quercetum und Luzulo-Fagetum, aber auch des Luzulo-Abietetum und Vaccinio-Abietetum vorkommen.

Vergleicht man die aus Nordwestdeutschland beschriebenen Assoziationen − die teils, wie das Rubetum grati Tx. et Neum. in Tx. 50 oder das Poo-Rubetum silvatici Wittig 76 zum Lonicero-Rubion silvatici Tx. et Neum. in Tx. 50, teils wie die *Rubus divergens-Frangula alnus*-Assoziation Neum. in Tx. 52 zum Pruno-Rubion (Rubion subatlanticum) gestellt werden − mit einer Zusammenstellung, die Passarge (1973) von *Frangula*-Gebüschen aus dem Tief- und Hügelland Nordostdeutschlands gegeben hat, so ergibt sich eine erstaunliche Gleichartigkeit der charakteristischen Artenkombination. Neben den Verbandskennarten *(Rubus fruticosus* grp, *Lonicera periclymenum, Sarothamnus scoparius)* und den Verbands-Trennarten − bei denen z. B. die Häufigkeit von *Hieracium laevigatum* auffällt − zeichnen sich auch einige Vorwaldgehölze, wie *Populus tremula, Sorbus aucuparia, Betula pendula* oder *Quercus robur* durch hohe Stetigkeitswerte aus. Alle Bestände sind zwar, wie oben schon dargelegt, durch das Zurücktreten der Prunetalia-Ordnungskennarten mehr negativ als positiv charakterisiert, können aber mit der einzig signifikanten Artengruppe des Pruno-Rubion methodisch als gesonderte Gruppe nur im Rahmen dieses Verbandes behandelt werden.

Die Geschlossenheit der charakteristischen Artenkombination, die sich auch bei dem inzwischen aus Süddeutschland durch Th. Müller (n. p.) und A. Reif (1983) erhobenen Material fortsetzt, legt nahe, alles, was bisher unter verschiedenen Begriffen beschrieben wurde, in einem erweiterten Assoziationsbegriff zusammenzuziehen, der als Frangulo-Rubetum plicati gefaßt werden kann. Alle Tabellen zeigen im Norden wie im Süden eine hohe Stetigkeit von *Rubus plicatus* und anderer Arten der Subsektion *Suberecti*. Die nordwestlichen *Rubus silvaticus-* und *Rubus gratus*-Gesell-schaften könnten, ähnlich wie beim Rubo-Prunetum, als territoriale oder lokale *Rubus silvaticus-* oder *Rubus gratus*-Rassen zwanglos einem begrifflich erweiterten Frangulo-Rubetum plicati untergeordnet werden. Ähnlich kann auch mit dem Rubetum pedemontani und dem Rubetum sciocharitis (Weber 1990) verfahren werden.

Das von Th. Müller (n. p.) sorgfältig erhobene süddeutsche Aufnahmematerial (vgl. Tab. 286) läßt dabei eine deutliche Gliederung in eine reine Subassoziation und eine solche mit *Salix aurita* erkennen, die nebst einer *Molinia arundinacea*-Variante die spezifische soziologisch-ökologische Stellung der Brombeer-Faulbaum-Gebüsche an der Grenze zu den Alnetea glutinosae deutlich macht.

2. Ordnung: Quercetalia robori-petraeae Tx (31) 37

(Quercetea robori-petraeae Br.-Bl. et Tx. 43)

Eichen-Birkenwälder (Tab. 287)

Von E. Oberdorfer

Die Zuordnung der durch Braun-Blanquet und Tüxen (1943) als eigene Klasse behandelten Eichen-Birkenwälder zur Klasse der Querco-Fagetea ist schon weiter oben behandelt worden. Vor allem sind es die Eichen *(Quercus petraea, Q. robur)* und die Buchen *(Fagus sylvatica, Carpinus betulus),* aber auch vereinzelt auftretende Sträucher und Kräuter, die − im Gegensatz zu allen anderen Waldklassen Europas − die Eichen-Birkenwälder aufs engste mit den Querco-Fagetea verbinden. Auf der anderen Seite rechtfertigt eine sehr ausgeprägte, an mäßig trockene, basenarme und saure Böden gebundene Gruppe atlantisch und subatlantisch verbreiteter Kenn- und Trennarten der Strauch- und Krautschicht die Herausarbeitung einer eigenen Ordnung Quercetalia robori-petraeae innerhalb der Klasse der Querco-Fagetea. Wenn diese in Westeuropa auch fast immer artenreiche Gesellschaften des Fagion- oder Carpinion-Verbandes (als Klassenkennarten) durchdringen oder als lichtliebende Arten auch in Saum- und Mantelgesellschaften übergreifen, so finden sie sich doch auf gewissen Waldstandorten so ausschließlich und schwerpunktmäßig zusammen, daß an ihrem diagnostischen Wert nicht gezweifelt werden sollte. Selten erreichen sie allerdings dabei für die Abgrenzung der Assoziationen die Schärfe, wie manche Kennarten in anderen Waldverbänden.

Mehr als sonst kann auch einigen bezeichnenden Arten nur der Rang von Verbandstrennarten zugestanden werden, da sie erst in der Waldauflösung oder -störung ihren qualitativen und quantitativen Schwerpunkt haben. So, wie in den montanen Fageten z. B. *Senecio fuchsii* oder *Sambucus racemosa* in reduzierter Vitalität allgegenwärtig sind, immer bereit, bei Waldeingriffen durch Entwicklung von Stauden- und Strauchgesellschaften den Wiederaufbau des Waldes einzuleiten, so sind auch im westlichen Quercenion robori-petraeae z. B. *Lonicera periclymenum* oder *Sarothamnus scoparius* Arten, die erst am gestörten Waldstandort als wiederaufbauende Buschgesellschaften zur vollen Entfaltung kommen. Im östlichen Genisto-Quercenion wird deren Rolle z. T. von den *Genista*-Arten oder *Cytisus nigricans* übernommen.

Die Vorherrschaft der beiden Eichen-Arten (im Rang von Klassenkennarten) wird vor allem dadurch bestimmt, daß *Quercus robur,* was Nährstoffe, Temperaturverhältnisse oder das Grundwasser anbelangt, eine große Standortsamplitude aufweist, *Quercus petraea* hingegen, ähnlich der Rotbuche, enger umgrenzte Ansprüche an Boden und Klima stellt. Da beide Arten im übrigen seit langem durch den Menschen „manipuliert" werden, sollte der soziologische Aussagewert der Bäume nicht allzuhoch veranschlagt werden, zumal ein unterschiedlicher Einfluß der beiden Arten auf die Bodenvegetation kaum auszumachen ist (vgl. Welß 1985). − Meist sind den Eichen auch *Fagus sylvatica, Carpinus betulus* oder *Tilia cordata* beigemischt. *Fagus sylvatica* kann auf entsprechenden Standorten und im Rahmen der Ordnung in West- und Nordwesteuropa − durch das sommerhumide Klima begünstigt − sogar zur Vorherrschaft gelangen, wobei die lichtliebenden Quercetalia robori-petraeae-Arten zurückgedrängt werden, ohne daß aber spezifische Buchenbegleiter an deren Stelle treten. Solche Bestände sind z. B. als *Deschampsia flexuosa-Fagus sylvatica*-Gesellschaft einem eigenen Unterverband des Quercion robori-petraeae, dem Ilici-Fagenion, zuzuordnen.

Im Osten Mitteleuropas mischt sich − unter dem Einfluß zunehmender Klima-Kontinentialität − auf entsprechenden Standorten im Übergang zu echten Kiefernwaldgesellschaften des Dicrano-Pinion oder Cytiso-Pinion den weiter dominierenden Eichen mehr und mehr die Waldkiefer *(Pinus sylvestris)* bei. Es entstehen Kiefern-Eichen-Mischgesellschaften, die mit ihrer Flora noch durchaus im Rahmen der Quercetalia robori-petraeae bleiben, auch wenn ihre Kennartengarnitur deutlich an bezeichnenden Arten verarmt. In vielen Fällen ist allerdings die Frage nach der Bodenständigkeit der Waldkiefer nur schwer oder gar nicht zu beantworten, da der Baum auf den armen, von bodensauren Eichenwäldern von Natur aus besetzten Standorten seit Jahrhunderten durch den Menschen gewollt und ungewollt begünstigt wurde.

Im Osten wie auch im Norden sind die Eichen-Birkenwälder mehr als im Westen von einigen Klassen-Kennarten der Vaccinio-Piceetea durchsetzt, wie *Trientalis europaea* oder vor allem *Vaccinium myrtillus,* letzteres aber − verglichen mit boreal-subalpinen Verhältnissen − meist mit herabgesetzter Vitalität. Ihnen kann aber schon deshalb kein entscheidender soziologischer Wert beigemessen werden, weil sie auch in bodensauren Fageten, insbesondere des Luzulo-Fagenion, vorkommen. Nur *Trientalis europaea* kann territorial als charakteristisch für nordwesteuropäische Eichen-Birkenwälder gelten. Lokal mag auch *Maianthemum bifolium* eine solche Rolle spielen.

Andere hochstete Begleiter der Eichen-Birkenwälder, wie *Deschampsia flexuosa, Carex pilulifera* oder *Luzula pilosa,* haben zwar auch eine subozeanische Arealtendenz, sind aber in Europa in allen bodensauren Querco-Fagetea-Gesellschaften, bis in die „Piceeten" hinein, verbreitet, so daß ihnen ebenfalls keine soziologische Bedeutung beigemessen werden kann.

In der durch den Menschen geöffneten Landschaft Mitteleuropas kann schließlich der lichtliebende Artenkomplex der Eichen-Birkenwälder − z. B. in der montanen Buchenstufe der Mittelgebirge, aber auch im planaren Norden − sein Areal durch Übertritt einiger Arten in offene Saum- und Pioniergesellschaften noch erheblich über die eigentlichen Quercion robori-petraeae-Standorte hinaus erweitern.

Auch im ursprünglichen Verbreitungsgebiet der Eichen-Birkenwälder bilden in der Kulturlandschaft meist *Sarothamnus scoparius-Teucrium scorodonia*-Entwicklungs-Stadien im Kontakt mit Pruno-Rubion-Gebüschen oder Heide- und Magerrasen-Gesellschaften der Nardo-Callunetea die häufigsten Ersatzgesellschaften. Innerhalb des Waldes grenzen die Quercetalia robori-petraeae überwiegend an Gesellschaften des Fagion oder Carpinion.

1. Verband: Quercion robori-petraeae Br.-Bl. 32

(Quercion roboris Malc. 29)

West- und mitteleuropäische Eichen-Birkenwälder

Als gut charakterisiert kann im (nord)westlichen und mittleren Europa für die Quercetalia robori-petraeae nur ein Verband, das Quercion robori-petraeae, gelten. Zwar wurden daneben in den letzten Jahren noch andere Verbände genannt, wie das Ilici-Fagion Br.-Bl. 67 oder das Genisto germanicae-Quercion petraeae R. et Z. Neuhäusl 67. Alle diese Verbände haben aber keine eigenen Kennarten, sondern sind lediglich durch eine Verarmung an spezifischen Quercion robori-petraeae-Arten ausgezeichnet. Sie können deshalb nur als Unterverbände des Quercion robori-petraeae geführt werden (vgl. Oberdorfer 1984).

Damit ergibt sich für das Gebiet folgende Gliederung des Verbandes:

1. Unterverband Quercenion robori-petraeae (Br.-Bl. 32) Riv. Mart. 82
2. Unterverband Genisto germanicae-Quercenion petraeae (R. et Z. Neuh. 67) suball. nov.

Dazu kommen im nordwestlichen und westlichen Europa der Unterverband Ilici-Fagenion (Br.-Bl. 67) Tx. 79 em. Oberd. 84, der unter Sonderbedingungen in räumlich begrenzten Exklaven auch noch im Oberrheingebiet beobachtet werden kann (vgl. Nachschrift 1988) mit der *Deschampsia flexuosa-Fagus sylvatica*-Gesellschaft. Im Nordwesten der Iberischen Halbinsel wird das Quercion robori-petraeae durch das noch reicher mit charakteristischen Arten ausgestattete Quercion robori-pyrenaicae (Br.-Bl. et al. 56) Riv.-Mart. 75 abgelöst.

1 a. Unterverband: Quercenion robori-petraeae (Br.-Bl. 32) Riv. Mart 82

Der Unterverband umfaßt mit zahlreichen subatlantischen Kenn- und Trennarten noch die fast vollständige charakteristische Artengarnitur des Quercion robori-petraeae; er erreicht nur den westlichen Teil unseres Gebietes mit zwei Assoziationen, dem Holco-Quercetum robori-petraeae Lemée 37 und dem Betulo-Quercetum petraeae Tx. (29) 37 em. Oberd.

1. Ass.: Holco mollis-Quercetum (robori-petraeae) Lemée 37 corr. et em. Oberd.

(Querceto-Holcetum mollis Lemée 37, Betulo-Quercetum petraeae violetosum rivinianae Tx. 37 p. p., Violo-Quercetum Oberd. 57, Fago-Quercetum typicum Lohm. et Tx. 58).

Der bodensaure Honiggras-Eichenwald (Tab. 287/1; 288−290)

Als Violo-Quercetum haben wir (Oberdorfer 1957) einen Eichen-Birkenwald auf den Sandböden der nördlichen Oberrheinebene bezeichnet; als eigene Assoziation deshalb, weil sich die charakteristische Artenkombination deutlich von der jener Gesellschaften abhob, die im Berg- und Hügelland zuvor als Quercetum medioeuropaeum Br.-Bl. 32 (bei Oberdorfer 1957) oder als Querceto petraeae-Betuletum Tx. 37 (bei Oberdorfer 1938) beschrieben worden waren. Die Namengebung wurde gewählt, da es offenbar Beziehungen zu dem von Tüxen (1937) namhaft gemachten „Querceto-Betuletum violetosum rivinianae" gab.

Zur besseren Abklärung der synsystematischen Problematik haben wir versucht, einen weiter gespannten Rahmen zu suchen durch Zusammenstellung einiger aus West- und Nordwesteuropa sowie dem westlichen Mitteleuropa (ohne die *Blechnum*-reichen Gesellschaften Irlands, Nordspaniens oder des Tessin) bekannt gewordenen Gesellschaften. Wie Tabelle 288 zeigt, finden sich die soziologischen Aufnahmen aus den tiefer gelegenen, ebenen oder hügeligen Landstrichen West- und Nordwesteuropas nach ihrer Kennartengarnitur zu einem recht einheitlichen Bild zusammen, das dem entspricht, was bei uns im Süden als „Violo-Quercetum", im Norden zuletzt als „Fago-Quercetum typicum Lohm. et Tx. 58" bezeichnet wurde. Auf der anderen Seite zeigt sich im Berg- und Hügelland des westlichen Mitteleuropa ein Typus, der dem von Tüxen (1937) erarbeiteten Betulo-Quercetum petraeae, später auch Luzulo-Quercetum genannten, gleicht (Über die Illegitimität der Bezeichnungen „Fago-Quercetum" und „Luzulo-Quercetum" siehe weiter unten). − Der westliche Tieflagen-Eichen-Birkenwald ist von Lemée (1937) als Holco mollis-Quercetum bzw. „Querceto-Holcetum mollis" gefaßt worden und sollte wohl als erst-gültiger Name betrachtet werden, unbeschadet der Tatsache, daß Lemée (1937) daneben noch ganz ähnliche Gesellschaften als „Quercetum parisiense" und „Quercetum sessiliflorae occidentale" beschrieben hat.

Den Namen Violo-Quercetum aufzugeben, empfiehlt sich auch deshalb, weil er nach 1957 mehrfach mißverständlich für Betulo- oder Genisto-Querceten verwendet wurde (Leippert 1962; Welß 1985).

Das Holco-Quercetum (Violo-Quercetum) ist vor allem dadurch charakterisiert, daß die i. a. sandzeigenden Arten *Holcus mollis* und *Viola riviniana* stark hervortreten, dagegen Arten, die im westmitteleuropäischen Betulo-Quercetum petraeae ihren Schwerpunkt haben, wie *Lathyrus linifolius* oder diverse *Hieracium*-Arten, nur eine geringe Stetigkeit aufweisen. Vor allem fehlt auch die aus den benachbarten Buchenwäldern als Assoziationstrennart in das Betulo-Quercetum petraeae übergreifende submontan-montane *Luzula luzuloides*. Einige pflanzengeographisch bedingte Abweichungen, wie z. B. die stärker hervortretende *Luzula forsteri,* die auch dem Oberrheingebiet nicht ganz fehlt, fallen demgegenüber nicht ins Gewicht.

Natürlich gibt es regionale Unterschiede! So ist das oberrheinische Holco-Quercetum, inmitten des *Luzula luzuloides*-Areals gelegen, nicht ganz frei von dieser Hainsimse. Sie fehlt aber im Kerngebiet des Assoziationsvorkommens, zwischen Karlsruhe und Darmstadt, praktisch ganz oder kommt nur sporadisch, wohl verschleppt, an Wegrändern oder in Wegrandnähe vor. Die nordwestliche Ausbildung des Holco-Quercetum („Fago-Quercetum typicum") in Niedersachsen ist an Kennarten verarmt. Vor allem fällt das Zurücktreten oder Fehlen von *Teucrium scorodonia* auf, das sich bereits der nördlichen Arealgrenze nähert (und dann offenbar mehr auf Saumgesellschaften übergreift). Dafür dringen einige boreale Arten wie *Trientalis europaea* oder − auffälliger als im Süden oder Westen − *Maianthemum bifolium* als lokale Kennarten in die Gesellschaften ein.

Von der charakteristischen Artenkombination her gesehen rückt dabei auch das Betulo-Quercetum roboris Tx. 37 in die unmittelbare Nachbarschaft des Holco-Quercetum, und es ist zu fragen, ob diese Gesellschaft nicht nur als eine artenverarmte *Quercus robur*-Ausbildung dieser Assoziation auf extrem nährstoffarmen Böden aufgefaßt werden muß!? −

Das Studium der Assoziation wird dadurch erschwert, daß die noch in historischer Zeit reinen Laubholzbestände auf der Niederterrasse der nördlichen Oberrheinebene in den letzten zweihundert Jahren rasch zunehmend in Kiefernforste umgewandelt wurden (Hausrath 1899). Der Vergleich der wenigen naturnahen Waldbilder mit den Kiefernforstgesellschaften (*Teucrium scorodonia*-Kiefernwald Philippi 1970) zeigt aber, daß die Kunstbestände, zumal meist mit *Carpinus betulus, Quercus robur* oder auch *Tilia cordata* (seltener *Fagus sylvatica*) unterbaut, mit ihrer charakteristischen Artenkombination noch durchaus im Rahmen des Assoziationsbegriffes bleiben und als „Kiefernforst-Variante" des Holco-Quercetum bezeichnet werden können. Sie werden dem reinen Laubwald gegenüber nur durch das stärkere Hervortreten von Moosen (insbesondere *Pleurozium schreberi*) und einiger lichtliebender Arten (Saumarten, Störungszeiger) differenziert.

Durchweg steht die Waldgesellschaft auf tiefgründigen, relativ grundwasserfernen Sandböden fluviatil-diluvialer, z. T. auch äolisch umgelagerter Herkunft. Der Bodenaufschluß zeigt das Bild podsoliger Braunerden mit meist fein gebändertem B-Horizont. − An Ausbildungen der Gesellschaft fällt vor allem eine Variante mit *Pteridium aquilinum* auf, die auf größere Bodenfrische mit wasserstauenden Schichten im Unterboden schließen läßt und zu der Subassoziation mit *Molinia arundinacea* überleitet, die allerdings in reiner Ausbildung nur aus der Südpfalz und dem Rhein-Maingebiet bekannt geworden ist. In den Flugsandgebieten von Schwetzingen und in den niederschlagsärmeren Gebieten nördlich davon ergibt sich im Übergang zum Pyrolo-Pinetum eine wärme- und mehr basenliebende Ausbildung der Assoziation, die Philippi (1970) als Subassoziation mit *Peucedanum oreoselinum* beschrieben hat. Und so, wie im Norden eine Annäherung an natürliche Kiefernwaldgesellschaften stattfindet, ergeben sich in den südlichen oder den noch weiter nördlich gelegenen Grenzgebieten bei zunehmend humideren Klimaverhältnissen Kontakte mit *Fagus sylvatica*-reichen Gesellschaften. Schon in den ausgedehnten bodenfrischen Niederterrassenwäldern nordwestlich von Bruchsal läßt sich im Bereich alter Flutrinnen eine bandförmige Anordnung von Waldgesellschaften beobachten, die vom Pruno-Fraxinetum über ein frisches Stellario-Carpinetum zu einem oft nur örtlich entwickelten

Rotbuchenbestand führt, den man mit *Melica uniflora* bereits als Galio-Fagetum klassifizieren könnte und der dann schließlich in ein etwas artenreicheres Holco-Quercetum (mit *Milium effusum*) und weiter das typische Holco-Quercetum übergeht.

Im südlichen Grenzgebiet stehen dann bei höheren Niederschlagswerten östlich von Rastatt schöne Buchenwaldgesellschaften mit reichlich vertretener *Luzula luzuloides,* die durchaus einen primären Eindruck machen und nach den Aufnahmen von Philippi (1970) bereits ohne Bedenken zum Luzulo-Fagetum gestellt werden können. Im klimatisch entsprechenden südpfälzischen Grenzgebiet links des Rheines (Bienwald) bleiben die Waldgesellschaften der grundwasserfernen Standorte zwar noch im Rahmen des Holco-Quercetum, aber auch hier ist die Rotbuche am Aufbau des Waldes stärker beteiligt als weiter im Norden. Auch nimmt die Gesamtstruktur der Gesellschaften unter dem Einfluß größerer Humidität — abgesehen davon, daß naturnahe Laub-wälder viel reicher vertreten sind als in Nordbaden — einen eigenen territorialen Charakter an. Sie sollen in der Tabelle 290 mit einigen Aufnahmen eine eigene Darstellung erfahren, zumal sie nicht in die Holco-Quercetum-Spalte der Übersichtstabelle einbezogen wurden, um das Gesamt-bild dieser Assoziation zwischen Karlsruhe und Frankfurt nicht zu verwischen. Besonders bemer-kenswert sind hier die größere Häufigkeit von *Vaccinium myrtillus,* das regelmäßige Auftreten von *Ilex aquifolium* oder gelegentlich von *Luzula sylvatica.* Während wärmeliebende Ausbildun-gen (z. B. mit *Anthericum liliago*) sehr selten sind, gibt es hier öfter *Molinia arundinacea*-reiche Bestände, die zu *Vaccinium uliginosum-Betula pubescens*-Gesellschaften überleiten können, wie sie für die Oberrheinebene sehr ungewöhnlich sind (Südpfälzer *Ilex*-Rasse des Holco-Quercetum).

Auf den mittleren Standorten bilden — wie im ganzen nördlichen Oberrheingebiet — Kontakt-gesellschaften des Holco-Quercetum vor allem *Sarothamnus*- und *Lonicera periclymenum*-reiche Gesellschaften des Rubo-Prunion, in der offenen Landschaft auch Sandrasen der Corynephoretalia oder Ackerunkrautgesellschaften, wie das Papaveretum argemones oder des Setario-Galinsoge-tum. Von den angrenzenden Waldgesellschaften war schon oben die Rede.

2. Ass.: Betulo-Quercetum petraeae Tx. (29) 37 em.

(Quercetum sessilis Issl. 26, Quercetum medioeuropaeum Br.-Bl. 32, Luzulo-Quercetum Knapp 48 em.
Oberd. 50 n. n. non Passarge 53, Luzulo-Quercetum Noirf. et. Sougn. 56)

Der rheinische Birken-Traubeneichenwald (Tab. 287/2; 291)

Der Birken-Traubeneichenwald ist eine bezeichnende Waldgesellschaft der ober- und mittelrheini-schen Berg- und Hügelländer auf trockenen, basenarmen und sauer-humosen, sandig-steinigen, meist flachgründigen Gesteinsverwitterungsböden, deren Strukturen rankerartig oder vom Typus podsoliger Braunerden sind. Die thermisch anspruchsvolle Gesellschaft ist an ein sommerfeuchtes Klima der kollinen und submontanen Stufe gebunden. Nur an felsigen Standorten in Süd- und Westlagen oder über Felsköpfen vermag sie, meist von Luzulo-Fageten umbrandet, in fragmenta-rischer Form bis 800 m anzusteigen.

Die Assoziation ist vom Westschwarzwald und den Vogesen über die Pfälzer Berge, das Keupergebiet des Kraichgau (dort bis in das Neckargebiet reichend), über den Odenwald, den Spessart und das Rheinische Schiefergebirge bis nach Westfalen und Niedersachsen zu verfol-gen. Östlich dieses Gebietes wird die Gesellschaft mit gut ausgeprägter Arealgrenze vom subkon-tinentalen Genisto-Quercetum abgelöst.

Einige Schwierigkeiten bereitet die Nomenklatur der Assoziation. Braun-Blanquet (1932) benannten einen schon zuvor von Tüxen (1929) als Querceto-Betuletum beschriebenen Typus als

Quercetum medioeuropaeum. Da geographische Bezeichnungen immer wieder zu Mißverständnissen führen, sollten sie in der Tat vermieden werden (Braun-Blanquet hatte ähnliche Vorkommen auch im östlichen Mitteleuropa angenommen). Den zunächst viel verwendeten geographischen Namen (auch Oberdorfer 1957) haben wir später zu vermeiden versucht, indem wir an das von Knapp (1948) vorgeschlagene „Luzulo-Quercetum" anknüpften, unter dem allerdings offenbar auch tiefgelegene Luzulo-Fageten in der *Melampyrum pratense*-Form verstanden wurden (Oberdorfer 1950; Oberdorfer et al. 1967) Aber der Name wurde kurz darauf (Passarge 1953) ambivalent, als er auch für eine ganz anders strukturierte, subkontinentale Eichen-Birkenwald-Gesellschaft im östlichen Mitteleuropa verwendet und weiter benutzt wurde.

Da auch willkürliche Umbennungen, wie sie z. B. Tüxen (1955) von Betulo-Quercetum petraeae in Fago-Quercetum − ein schon von Lemée (1937) als „Querceto-Fagetum" für eine Eu-Fagion-Gesellschaft verwendeter Name − vorgenommen hat, auf die Dauer nur verwirren und deshalb verworfen werden müssen, empfiehlt es sich, den internationalen pflanzensoziologischen Nomenklaturregeln zu folgen und auf die Erstbeschreibung und Erstbenennung (sofern formgerecht) zurückzugreifen. Das ist in unserem Falle zur Hauptsache und im Kern das Betulo-Quercetum petraeae Tx. (29) 37 bei zulässig vorzunehmender Namensumstellung, eine Bezeichnung, die übrigens für die Schwarzwaldgesellschaft schon Oberdorfer (1938) verwendet hat. − Zwar mag man einwenden, daß der Name wenig anschaulich sei, da die Birke als Pionier- und Vorholz keine spezifische Art der Assoziation sei und in älteren, naturnahen Beständen häufig fehlt, wenn auch nicht so gänzlich wie in anderen Waldgesellschaften. Er ist jedoch nicht eigentlich falsch und hat sich zudem schon seit Jahren als Symbol für eine charakteristische Artenkombination eingebürgert. Jeder Pflanzensoziologe weiß, was mit „Eichen-Birkenwald" gemeint ist, und schließlich ist es auch fast unmöglich, eine treffende Zwei-Arten-Kombination für vielschichtig aufgebaute Pflanzengesellschaften zu finden.

Anders als beim Holco-Quercetum werden die Bestände vornehmlich, wenn auch nicht immer, von *Quercus petraea* aufgebaut. Als meist örtlich ausgebildete Spezialgesellschaft in das Buchenwaldkleid mittlerer Standorte eingebettet, enthält sie fast immer als Nebenholzart auch die Buche *(Fagus sylvatica)* mit den übergreifenden Buchenbegleitern *Luzula luzuloides* oder *Prenanthes purpurea*. *Luzula luzuloides* ist im übrigen keineswegs immer vertreten, was der Name „Luzulo-Quercetum" suggerieren könnte. Sie fehlt einem ganzen Drittel gerade der charakteristischen Schwarzwald-Aufnahmen. Man kann aber in allen diesen Fällen, wie übrigens auch beim Genisto-Quercetum (s. u.), *Luzula luzuloides*-Varianten ausscheiden. Als Assoziationskennarten können territorial vor allem verschiedene *Hieracium*-Arten gelten, insbesondere *H. glaucinum*, das aber sicher bei älteren Aufnahmen nicht und auch später nicht überall gleichmäßig erkannt wurde.

An soziologisch-standörtlichen Ausbildungen (Tab. 291) fallen neben der reinen Gesellschaft auf basenreichen Böden und in warmen Lagen eine Subassoziation mit *Silene nutans*, im Buntsandsteingebiet der Pfalz auch mit *Peucedanum oreoselinum* auf. In ihr kann man den westlichen Ausklang des östlichen Genisto-Quercetum sehen, in dem ein Teil unserer thermophilen Differentialarten durch das ganze Spektrum der Assoziation geht. An solchen Standorten fehlt es manchmal auch nicht an der Waldkiefer *(Pinus sylvestris)*, die in vielen Fällen vielleicht hier ein natürliches (reliktisches) Vorkommen hat.

Als seltene Ausbildung findet sich im Schwarzwald z. B. auf tonigen Verwitterungsböden des Unteren Buntsandsteins oder des Rotliegenden auch die wechseltrockene Ausbildung mit *Molinia arundinacea,* angereicherter *Frangula alnus* und anderen Feuchtigkeitszeigern. Bemerkenswert ist an luftfeuchten Örtlichkeiten eine Variante mit *Luzula sylvatica* des typischen

Betulo-Quercetum. Für den Hotzenwald hat F. Schuhwerk (n.p.) ferner als Übergang zu den Fagetalia ein Betulo-Quercetum anemonetosum (Sougnez 75) erarbeitet.

Im übrigen haben die Betulo-Quercetum-Bestände in den verschiedenen Regionen des Ober-rheingebietes alle ihren eigenen pflanzengeographischen Charakter, wie schon der Übersichtsta-belle entnommen werden kann, die aber alle aufzugliedern hier nicht möglich ist. So sind die nördlich des hier ausführlicher dargestellten Schwarzwald-Materials gelegenen Gesellschaften alle nicht so reich an subozeanischen Arten wie gerade die Schwarzwald-Bestände, wo man von einer *Abies*-Rasse der Assoziation sprechen könnte. In den Nordvogesen oder in der Pfäl-zer Hardt ist — infolge der sandig verwitterten Buntsandsteinböden — in Annäherung an das Holco-Quercetum — *Holcus mollis* von auffallender Häufigkeit (*Holcus mollis*-Rasse des Betulo-Quercetum); außerdem fehlen hier *Genista tinctoria* oder *G. germanica*, die erst in den Südvogesen wiederkehren (Issler 1926). Im Odenwald oder Spessart (Leippert 1962) ist die wärmeliebende Subassoziation mit *Silene nutans* außerordentlich selten, aber dann gelegentlich mit der subkontinentalen *Viscaria vulgaris* angereichert. Im Neckargebiet ist die *Silene*-Subass. in der Grenzlage zum Genisto-Quercetum umgekehrt (nach dem Aufnahmematerial von Th. Müller) sehr verbreitet und umfaßt — wie in den Nordvogesen — noch eine *Molinia arundina-cea*-Variante (*Silene nutans*-Rasse der Assoziation). Im Odenwald-Material von R. Knapp (1946), dem das Betulo-Quercetum silenetosum ganz fehlt, vermittelt eine *Frangula*-Variante zur Subassoziation mit *Molinia*. Aus dem Hunsrück meldet schließlich A. Krause (1972) neben dem Betulo-Quercetum silenetosum und molinietosum (letzteres nach *Deschampsia cespitosa* benannt) bei der typischen Gesellschaft noch eine Variante mit *Melica uniflora*, die zu den Fagetalia überleitet.

Die wichtigste Kontaktgesellschaft innerhalb des Waldes bildet in fast allen Fällen das Luzulo-Fagetum, seltener auch ein Galio-Fagetum. Dabei ist, menschlich bedingt — vor allem in den Gebieten jahrhundertealter Eichen-Niederwaldwirtschaft, wie im mittleren Schwarzwald (Bartsch 1940) oder im Rheinischen Schiefergebirge (Seibert 1955, Krause 1972) — da und dort das Areal des Betulo-Quercetum auf Kosten des Luzulo-Fagetum künstlich erweitert wor-den. Solche „Niederwaldgesellschaften" lassen sich z.B. im mittleren Schwarzwald an der mengenmäßig stark vertretenen (im typischen Betulo-Quercetum nie so häufigen) *Luzula luzu-loides* oder an der starken Beimischung der *Prenanthes purpurea* oft leicht als potentielle Luzulo-Fagetum-Standorte erkennen (vgl. dazu: O. Wilmanns, A. Schwabe-Braun und M. Emter 1979). Bei Zurückdrängung der lichtliebenden Artenkombination des Betulo-Quercetum durch die Buche setzt sich sehr rasch wieder der Typus des Luzulo-Fagetum durch. Auf fri-schen Standorten hat sich im übrigen der Typus des Galio-Fagetum — floristisch abgewandelt — auch im Eichen-Niederwald nie ganz unterdrücken lassen.

In der offenen Landschaft können im Bereich felsiger Standorte an das Betulo-Quercetum petraeae z.B. Gesellschaften des Thero-Airion grenzen, primär — wie sekundär in der Kultur-landschaft — auch Mantelgesellschaften des Pruno-Rubenion oder Sarothamnenion, die ihrer-seits Zwergstrauchgesellschaften des Genistion oder Magerrasen des Violion ersetzen.

1b. Unterverband: Genisto germanicae-Quercenion petraeae (R. et Z. Neuh. 67) suball. nov.

Bei der Zusammenstellung der östlich des Schwarzwaldes unter der Bezeichnung „Quercetum medioeuropaeum" oder auch „Violo-Quercetum" (Welß 1985) erstellten Tabellen und Aufnahmen überraschte eine im Gebiet zuvor kaum beachtete Erscheinung: Zahlreiche für die Eichen-Birkenwaldgesellschaften im westlichen Süddeutschland so bezeichnende Kenn- und Trennarten des Verbandes wie *Teucrium scorodonia* oder *Lonicera periclymenum* u. a. (Tab. 292) sind plötzlich verschwunden. Die Kennartengarnitur ist auf einige wenige, auch dem Westen nicht fehlende Arten in auffälliger Gleichartigkeit zusammengeschrumpft. Dafür treten einige thermophile Verbandstrennarten wie *Genista germanica* oder *G. tinctoria* und überhaupt eine ganze Reihe wärmeliebender Arten stärker hervor, die im Westen auf die oft seltenen Ausbildungen der Assoziation mit *Silene nutans* beschränkt sind.

Noch weiter im Osten (Ostbayern) kommen zu einer ähnlich gebliebenen Kennartenstruktur neben offenbar hier bodenständiger, als Nebenholzart beigemischter *Pinus sylvestris* als Differentialarten einige mit Schwerpunkt die Waldkiefer begleitende Arten wie *Vaccinium vitis-idaea* oder *Cytisus nigricans*. Die Verhältnisse gleichen (bis auf die noch etwas häufiger auftretenden *Lathyrus linifolius* u. *Hypericum pulchrum*) vollkommen den Gesellschaften, wie sie aus der Tschechoslowakei oder aus dem südlichen Mitteldeutschland erstmals von Klika als Genisto tinctoriae-Quercetum, später als Luzulo-Quercetum Passarge 1953 oder als Pino-Quercetum beschrieben wurden.

Auf Grund dieser gleichartigen Kennartenstruktur haben R. u. Z. Neuhäusl (1967) diese Gesellschaften in einem eigenen subkontinentalen Verband Genisto germanicae-Quercion zusammengefaßt und diesen dem westlichen „Quercion roboris (Malc. 29) Tx. 30" gegenübergestellt.

Da nun aber — wie schon angedeutet — der genannte Verband keine eigenen Kennarten aufweist, vielmehr dem westlichen Verband gegenüber nur durch eine Verarmung an Charakterarten und einige dem Westen gegenüber stärker hervortretende Differentialarten ausgezeichnet ist, kann die östliche Gesellschaften-Gruppierung in der Konsequenz der Kennarten-Methode nur als Unterverband (Genisto-Quercenion petraeae) geführt werden, der sich an einen subatlantisch strukturierten westlichen Unterverband Quercenion robori-petraeae im Osten angliedert.

3. Ass.: Genisto tinctoriae-Quercetum (petraeae) Klika 32

(Genisto germanicae-Quercetum Aich. 33, Luzulo-Quercetum Pass. 53, Quercetum medioeuropaeum auct., Quercetum peucedanetosum Zeidl. et Straub 67, Violo-Quercetum apud Weiß 85)

Der bodensaure Färberginster-Traubeneichenwald (Tab. 287/3; 292, 293, vgl. auch Tab. 299)

R. und Z. Neuhäusl (1967) haben Zweifel geäußert, ob der oben herausgestellte Name als gültig betrachtet werden kann. Da aber die für die Definition des Begriffes entscheidende „charakteristische Artenkombination" der von Klika (1932, 1939) unter obiger Bezeichnung dargestellten Bestände ganz eindeutig ist, sollte an der Priorität der Bezeichnung festgehalten werden. Denn andererseits ist der von R. u. Z. Neuhäusl an dessen Stelle bevorzugte Name: Luzulo-Quercetum — wie oben schon dargelegt — ein vieldeutiger Begriff geworden, wenn er auch in der Literatur überwiegend für den „subkontinentalen Eichen-Birkenwald" und weniger für die subatlantische Gesellschaft benutzt wurde. Nicht alle Bestände enthalten zudem *Luzula luzuloides*, die ihr Optimum im oft benachbarten Luzulo-Fagetum hat. Aber natürlich ist die namengebende *Genista tinctoria* erst recht kein stetes und auffallendes Glied der Gesellschaft, und wir müssen uns erneut daran erinnern lassen, daß der Assoziationsname nur eine symbolische Bedeutung haben kann.

Das Areal des Genisto-Quercetum beginnt unmittelbar östlich des Schwarzwaldes im Bereich des Schönbuches und auf bodensaueren Unterlagen der Schwäbischen Alb und reicht von hier über das mainfränkische Gebiet bis in die Oberpfalz. Im einzelnen und nach den floristischen Angaben mag es im Neckargebiet und nahe der Assoziationsgrenze an luftfeuchten Örtlichkeiten noch Exklaven des Betulo-Quercetum geben, sicher wird sich aber ein Teil der Arten, wie das wanderungswillige *Teucrium scorodonia,* spontan oder verschleppt übergreifend nur noch in Saum- und Mantelgesellschaften finden.

Die Strukturen und Ausbildungen der Assoziation werden natürlich auch durch die im Osten und Nordosten des Schwarzwald-Odenwald-Spessart-Zuges weit verbreitete Keuper- und Jura-Formation bestimmt, die mit ihren lehmig-tonigen oder sandig-tonigen Verwitterungsböden überwiegend die Standorte der aus diesem Raum beschriebenen Eichenwaldgesellschaften bildet.

Meist handelt es sich dabei um spezielle warm-trockene Lagen, die den Eichen-Arten der klimatisch an sich begünstigten Rotbuche gegenüber eine Chance geben. Im übrigen fehlt allen diesen Eichen-Gesellschaften nie ganz die − wenn auch schlechtwüchsige − Rotbuche *(Fagus sylvatica),* wie auch die sie begleitende *Luzula luzuloides.*

Und so, wie Boden und Klima ein Zurücktreten der im Westen verbreiteten subatlantischen Quercion robori-petraeae-Arten bedingen, erscheinen zugleich wärmeliebende Arten mehr als im Westen in fast allen Ausbildungen der Gesellschaften. Trotzdem läßt sich neben einer reinen (typischen) Ausbildung eine an thermophilen Arten betont reiche Subassoziation des Genisto-Quercetum herausarbeiten, die dem westlichen Betulo-Quercetum silenetosum entspricht und die − da *Silene nutans* ihren diagnostischen Wert verloren hat − nach den *Anthericum*-Arten *(Anthericum ramosum* bei größerem, *A. liliago* bei geringerem Basengehalt des Bodens) gekennzeichnet werden kann. Innerhalb dieser Subassoziation mit *Anthericum,* die den *Campanula persicifolia*-Varianten des Genisto-Quercetum bei R. u. Z. Neuhäusl (1967) entspricht, lassen sich eine artenreiche *Euphorbia cyparissias*-Variante neben einer weit verbreiteten *Molinia arundinacea*-Variante wechseltrockener Standorte herausarbeiten. Eine eigentliche, nur durch Feuchtigkeitszeiger differenzierte Subassoziation mit *Molinia caerulea* grp ist durch A. Hohenester (n. p.) aus dem mittelfränkischen Becken belegt. Sie wurde aus der Tschechoslowakei (Neuhäusl 1967) als eigene Assoziation (Molinio-Quercetum) beschrieben, kann aber, da ohne eigene Kennarten, nur den Rang einer Untereinheit des Genisto-Quercetum, dem es sich auch zwanglos einfügen läßt, erhalten.

Gegenüber den östlichen Strukturen des Genisto-Quercetum fallen die Bestände unseres Gebietes durch die nicht allzu seltenen Quercion robori-petraeae-Arten *Lathyrus linifolius* oder *Hypericum pulchrum* auf, die zwar in der Tschechoslowakei auch noch nicht ganz fehlen, aber offenbar sehr selten sind. Sie kennzeichnen den west-östlichen Übergangscharakter unserer Assoziation, die damit als süddeutsche *Lathyrus linifolius*-Rasse (Vikariante) des Genisto-Quercetum behandelt werden kann. Umgekehrt werden die tschechoslowakischen Bestände (z. T. ohne *Pinus sylvestris!*) durch ein ziemlich stetes Vorkommen der subkontinentalen *Cytisus nigricans* ausgezeichnet, die einer (böhmischen) *Cytisus nigricans*-Rasse (Vikariante) zugeordnet werden können (Cytiso nigr.-Quercetum Grüneb. et Schlüt. 57 p. p.). Diese reicht im übrigen, wie Tabelle 293 zeigen soll, auch noch nach Westen bis in den Oberpfälzer und Bayerischen Wald, also in unser Gebiet hinein.

Außerhalb des Waldes grenzen an die Assoziation oft entsprechende bodensauere Saumgesellschaften mit *Melampyrum pratense* oder auch einmal eine subkontinentale Genistion-Gesellschaft mit *Genista germanica.*

4. Ass.: Vaccinio vitis-idaeae-Quercetum Oberd. 57 em.

(Pino-Quercetum Reinh. (39) 44 p. p., non Vaccinio-Quercetum Zeidl. 53)

Der Preiselbeer-Kiefern-Eichenwald (Tab. 287/4; 294)

Auf trockenen, meist sandigen und sich leicht erwärmenden Böden – zugleich in einem Gebiet zunehmender Klima-Kontinentalität, das von Ostbayern bis nach Brandenburg reicht – mehren sich die Vorkommen bodenständiger Kiefernwald-Gesellschaften des Dicrano-Pinion oder Cystiso-Pinion oder – nur in Ostbayern – auch solche des dealpinen Erico-Pinion. Sofern die Böden sauer und basenarm sind, gibt es hier im Übergang zu den echten „Pineten" Kiefern-Eichenwälder mit dominierenden Eichen (*Quercus robur* und *Q. petraea*), deren Gesamtflora noch den Charakter einer Genisto-Quercenion petraeae-Gesellschaft trägt und die oft eine groß-flächig ausgebildete regionale Erscheinung darstellen. Im Gegensatz zum reinen Genisto-Querce-tum tauchen hier mit großer Regelmäßigkeit einige differenzierende Arten auf, die ihren Schwerpunkt in Verbindung mit der Waldkiefer haben, wie *Vaccinium vitis-idaea* oder auch *Cytisus nigricans* zumindest in den südlichen Berg- und Hügelländern. Dazu kann überraschend auch die dealpine Erico-Pinion-Art *Polygala chamaebuxus* treten. Bei gleichzeitig zu beobach-tender Verarmung an spezifischen Begleitern des Quercion robori-petraeae liegt es nahe, an eine eigene Assoziation des Genisto-Quercenion zu denken, auch wenn der Assoziationscharakter nur schwach ausgeprägt ist und die Gesellschaft folgerichtig auch durchaus als Genisto-Quercetum vaccinietosum vitis-idaeae definiert werden könnte.

Der Kiefernanteil ist naturgemäß bei langzeitig wirksamen menschlich-forstlichen Eingriffen schwankend. Auch ist die Bodenständigkeit von *Pinus sylvestris* nicht immer zu beweisen. Manche Bestände mögen erst sekundär durch Degradation einer Genisto-Quercetum-Gesellschaft entstanden sein.

An dieser Stelle muß auch die Frage aufgeworfen werden, ob unsere süddeutsche Assoziation mit den brandenburgischen Kiefern-Eichenwäldern zusammengefaßt werden kann, wie es Mül-ler-Stoll und Krausch (1968) unter Verwendung des Namens Pino-Quercetum Reinh. 44 getan haben. Trotz ähnlicher Standortsstrukturen (Podsolige Braunerden) ergibt ein Tabellenvergleich doch große Unterschiede zwischen Nord und Süd. Abgesehen davon, daß im Norden *Luzula luzuloides* fehlt, sind auch die Kenn- und Trennarten von ganz verschiedener Art. Die *Genista*-Arten oder *Cytisus nigricans* fehlen. Neben *Vaccinium vitis-idaea* kann als Kiefernbegleiter auch *Pyrola secunda* vorkommen. Einer grasreichen Untergesellschaft (Pino-Quercetum moehringie-tosum Müller- Stoll et Krausch 68) fehlen solche Kiefernwaldbegleiter meist ganz. Die Gesell-schaften erinnern dann mit *Viola riviniana* (als einer Entsprechung im Genisto-Quercenion-Unterverband) an das Holco-Quercetum des Westens und sind vielleicht zum Teil nur als Kiefern-Forstgesellschaften zu werten. Scamoni (1961) hat diese Kiefernmischwälder der dilu-vialen Sandböden Brandenburgs als Calamagrostio-Quercetum zusammengefaßt. Und wenn diese Namensgebung auch nicht sehr glücklich gewählt zu sein scheint, sollte man doch die Assoziation als solche stehenlassen und jedenfalls nicht mit dem Typus der bodensauren Kie-fern-Eichenwälder in den südlich davon gelegenen Berg- und Hügelländern vereinen, die in einheitlicher Art von Ostbayern bis nach Thüringen und Sachsen und in die Tschechoslowakei reichen. Damit verwandte Gesellschaften hat Reinhold (1944) aus dem Erzgebirge als Pino-Quercetum beschrieben. Da dieser Name aber schon zuvor von polnischen Autoren und dann von Müller-Stoll und Krausch für soziologisch anders strukturierte Gesellschaften verwendet wurde, haben R. u. Z. Neuhäusl (1967) vorgeschlagen, für die südmitteleuropäische Assoziation an den für die ostbayerischen Gesellschaften geprägten Namen Vaccinio vitis-idaeae-Quercetum

Oberd. 57 anzuknüpfen. Der Inhalt dieses Begriffes muß allerdings emendiert werden, da seinerzeit (Oberdorfer 1957) in die Definition auch Bestände einbezogen wurden, die eindeutig zum Dicrano-Pinion zu rechnen sind, auch wenn sie − wie allgemein in Mitteleuropa − noch die Eichen als Nebenholzarten enthalten. Auch das „Vaccinio vitis-idaeae-Quercetum" der Pfalz bei Boiselle u. Oberdorfer (1957) muß zur Hauptsache zum Leucobryo-Pinetum (Dicrano-Pinion) gestellt werden.

Zur Beurteilung der soziologisch-standörtlichen Gliederung der Assoziation liegen aus Ostbayern leider noch zu wenige pflanzensoziologische Aufnahmen vor. Die Tabelle läßt − entsprechend dem Vaccinio-Quercetum callunetosum bei R. u. Z. Neuhäusl (1967) − einen an *Cytisus nigricans, Genista tinctoria* und *G. germanica* reicheren Flügel − einschließlich einer *Molinia arundinacea*-Variante − erkennen, daneben eine artenärmere Gesellschaft, die vermutlich dem Vaccinio-Quercetum convallarietosum 'R. et Z. Neuhäusl 67 in der Tschechoslowakei entspricht.

Das Vaccinio-Quercetum callunetosum wird nach den Beobachtungen von R. u. Z. Neuhäusl durch Auflichtung und Degradation begünstigt. Sie leitet zu der für den Vegetationskomplex bezeichnenden subkontinentalen Genistion-Gesellschaft Genisto germanicae-Callunetum über, die auch in Ostbayern die Waldstandorte an Waldrändern und in Waldverlichtungen begleitet, aber auch − losgelöst vom Wald − in Sandgruben oder an Böschungen in der Feldflur vorkommen kann.

Innerhalb des Waldes grenzt an die Bestände des Vaccinio-Quercetum auf armen Böden oft das Leucobryo-Pinetum (Dicrano-Pinion), das in der Folge der allgemein verbreiteten Kiefernwirtschaft mutmaßlich in vielen Fällen ein Degradationsprodukt ursprünglicher Kiefern-Eichenwälder des Vaccinio vitis-idaeae-Quercetum darstellt. Auf basenreichen oder besser mit Wasser versorgten Standorten können das Galio-Carpinetum, das Luzulo-Fagetum oder auch das Potentillo-Quercetum anschließen.

(Nachschrift 1986): Erst nach Abschluß des Manuskriptes konnte ich Einblick in eine Tabelle von Kiefernmischwäldern des mittelfränkischen Beckens gewinnen, die mir von A. Hohenester (Nürnberg) dankenswerterweise zur Verfügung gestellt wurde und die das ostbayerische Bild entscheidend abrundet. Sie zeigt neben Beständen des Leucobryo-Pinetum (Dicrano-Pinion) und des Pyrolo-Pinetum (Cytiso-Pinion) wieder die zwei Genisto-Quercenion Gesellschaften: Genisto-Quercetum und Vaccinio vitis-idaeae-Quercetum. Beiden Gesellschaften ist im Gegensatz zu den entsprechenden Gesellschaften der Oberpfalz und des Bayerischen Waldes gemeinsam, daß *Fagus sylvatica* und *Luzula luzuloides* stark zurücktreten. Auch *Cytisus nigricans* gehört zu den Seltenheiten. Das Genisto-Quercetum erweist sich als relativ artenarme *Lathyrus linifolius*-Rasse der Assoziation. Das Vaccinio-Quercetum klingt mit gelegentlichen *Pyrola-Arten,* mit *Lathyrus linifolius,* aber ohne *Luzula luzuloides* an das brandenburgische Calamagrostio-Quercetum an. Als Besonderheit enthält es eine Ausbildung mit *Polygala chamaebuxus*. Um den an sich wenig belegten Preiselbeer-Kiefern-Eichenwald zu verdeutlichen, sollen einige der mittelfränkischen Aufnahmen in Tabelle 294 in ihrer floristisch-standörtlichen Gliederung dargestellt werden. Neben der reinen Gesellschaft erweist sich die Subassoziation mit *Polygala chamaebuxus* nach Ausweis der Flora an ± basenreiche Standorte gebunden, eine Subassoziation mit *Molinia caerulea* (grp) markiert grundwasserbeeinflußte Pseudogley-Standorte.

1c. Unterverband: Ilici-Fagenion (Br.-Bl. 67) Tx. 79 em. Oberd. 84

5. Ges.: Deschampsia flexuosa-Fagus-Gesellschaft Pass. 56 u. Ilex aquifolium-Fagus-Gesellschaft prov.
(Tab. 295)

(Nachschrift 1988): Inzwischen hat sich ergeben, daß es auch im Oberrheingebiet noch Inseln von Buchenbeständen gibt, die nach ihrer Artenkombination nur zum westeuropäischen Ilici-Fagenion-Unterverband des Quercion robori-petraeae-Verbandes gestellt werden können (vgl. Tab. 295).

Das sind einmal die Vorkommen (vielleicht forstlich) mit Rotbuchen angereicherter Gesellschaften auf den Sandböden der nördlichen Oberrheinebene im Kontakt mit dem Holco-Quercetum, die der *Deschampsia flexuosa-Fagus*-Gesellschaft (Passarge 1956) Norddeutschlands entsprechen. Sie zeigen mit *Milium effusum, Carex umbrosa* oder *Molinia arundinacea* etwas Unterbodenfrische an und vermitteln einerseits zum Carpinion, andererseits zum Holco-Quercetum molinietosum. Der Ausfall von *Ilex aquifolium* und *Hedera helix* kennzeichnet die einem subkontinentalen Klima genäherte Situation der Gesamtregion.

Umgekehrt finden sich bei hohen Sommerniederschlägen am Fuß des Schwarzwaldes im südlichen Oberrheingebiet auf Buntsandstein-Verwitterungsböden wüchsige Rotbuchenbestände, die mit ihrem breiten Spektrum an subozeanischen Arten bereits dem westeuropäischen Ilici-Fagetum Braun-Blanquets (1967) ähnlich sind. Neben eingestreuten Quercion robori-petraeae-Arten fehlen hier vollständig die in den benachbarten Luzulo-Fageten des Schwarzwaldes so häufigen Buchenwaldarten *Luzula luzuloides* oder *Prenanthes purpurea*. Man könnte die Gesellschaft nach ihrer Artenkombination und nach einigen im Westen fehlenden Florenelementen unmittelbar als *Carex umbrosa-* oder *Abies alba*-Vikariante des Ilici-Fagetum auffassen; sie soll hier provisorisch in allgemeiner Form als *Ilex-Fagus*-Gesellschaft geführt werden.

3. Ordnung: Quercetalia pubescenti-petraeae Klika 33 corr. Moravec in Béguin et Theurillat 84

(Quercetalia robori-pubescentis Förster 79)

Xerotherme submediterrane Flaumeichen-Wälder und subkontinentale Eichen-Steppenwälder (Tab. 296−301)

Von Th. Müller

Die Waldgesellschaften dieser Ordnung haben einerseits einen Verbreitungsschwerpunkt im submediterranen Nordrand des Mittelmeergebiets und in der Montanstufe der mediterranen Gebirge, wo sie zonale Flaumeichen-Wälder bilden. Andererseits treten sie im südlichen Osteuropa zwischen der Steppen- und Waldzone, die von manchen Pflanzengeographen auch als eigene „Waldsteppenzone" bezeichnet wird, als subkontinentale (sarmatische oder subpontische) Eichen-Steppenwälder auf. Beiden Waldgruppen ist gemeinsam, daß ihre Arten während der warmen, manchmal sogar heißen Sommer oft längere Trockenperioden ertragen müssen. Dabei sind die Arten der Eichen-Steppenwälder weniger kälteempfindlich als die der submediterranen Flaumeichen-Wälder, d. h. sie halten kalte Winter besser aus, während länger anhaltende Frostperioden für submediterrane Arten begrenzend sind. Bezeichnend dafür sind die großen Unterschiede zwischen den Winter- und Sommertemperaturen im Verbreitungsbereich der subkontinentalen Eichen-Steppenwälder. Da die Sommertemperaturen ungefähr gleich hoch sind wie im Verbreitungsgebiet der submediterranen Flaumeichen-Wälder, werden sie also ausschließlich durch die tiefen Wintertemperaturen bedingt.

Auch die Niederschlagsverhältnisse sind in den beiden Verbreitungsschwerpunkten unterschiedlich. Fallen im Submediterranraum die Niederschläge hauptsächlich im Frühjahr und Herbst, so im subkontinentalen Bereich überwiegend im Sommer, allerdings meist in ± heftigen Gewittern, wobei ein nicht unerheblicher Teil der Niederschläge oberflächlich abfließt. In Süddeutschland ist das Klima sowohl hinsichtlich der Temperaturen als auch der Niederschlagsverhältnisse nicht so extrem und eindeutig ausgeprägt, vielfach treten lokale Überlagerungen und Abweichungen auf.

Die Arten beider Waldgruppen gelangten in der nacheiszeitlichen Wärmezeit nach Süddeutschland, mischten und überlagerten sich, so daß es nicht immer einfach ist, die heute hier vorhandenen xerothermen Waldgesellschaften einer dieser beiden unterschiedlichen Waldgruppen zuzuordnen.

In Süddeutschland kommen heute die Quercetalia pubescenti-petraeae-Waldgesellschaften entweder inselförmig begrenzt in Wärme- und Trockengebieten oder lokal an trocken-warmen Südhängen vorzugsweise über Kalkgestein, aber auch sonstigem basenhaltigen Gestein vor; gemieden werden nährstoff- und basenarme Silikatböden, die bei gleicher Trockenheit und Wärme der Standorte Gesellschaften der Quercetalia robori-petraeae (Betulo-Quercetum petraeae silenetosum nutantis, Genisto tinctoriae-Quercetum petraeae campanuletosum persicariae) überlassen werden. Die heutigen Vorkommen der Quercetalia pubescenti-petraeae-Waldgesellschaften können als Relikte der in der Wärmezeit weiter verbreiteten Gesellschaften aufgefaßt werden, die in den folgenden kühleren Zeiten von Fagetalia-Baumarten − insbesondere aber von der Rotbuche *(Fagus sylvatica)* − von allen für diese Baumarten günstigen Standorten verdrängt worden sind. Sie stellen damit heute in Süddeutschland Spezialgesellschaften trocken-warmer Standorte dar, die von den Fagetalia-Baumarten und der Rotbuche nicht besiedelt werden können, und erreichen hier auch die für laubwerfende Waldgesellschaften maßgebende Trockengrenze. Infolge ihres heutigen „Eingebettetseins" in Landschaften mit vorherrschenden Fagetalia-

Waldgesellschaften, enthalten sie häufig einige aus dieser Ordnung übergreifende Arten oder weisen Übergangsausbildungen zu jenen auf.

Unter den Baumarten sind es vor allem *Carpinus betulus, Fraxinus excelsior, Tilia cordata* und *Prunus avium,* ja sogar *Fagus sylvatica* vor allem auf kalkhaltigen Böden. Allerdings wachsen diese Baumarten recht kümmerlich, weisen häufig dürre Äste auf oder sind zopftrocken und erreichen meist kein hohes Alter. Ganz im Gegensatz dazu sind die bestandsbildenden Eichen *(Quercus petraea, Qu. pubescens* und *Qu. robur)* sowie die Sorbus-Arten *(S. aria, S. torminalis, S. domestica* und *S.* × *latifolia)* trotz der extremen Standortsverhältnisse recht vital und erreichen ein sehr respektables Alter. Aber auch diese Baumarten bleiben des Wassermangels wegen meist kurzschäftig, Bestandeshöhen von 5−10 m sind nicht selten, und Bestände mit 15−18 m Höhe sind schon ausgesprochen „gut wüchsig". Auf Grund der geringen Wuchsleistung wurden häufig und werden z. T. heute noch die Bestände als Niederwald bewirtschaftet oder blieben in Steillagen auch als Schutzwälder ungenutzt. Weil in diesen Wäldern eine ganze Reihe submediterrane bzw. subkontinentale Floren- und entsprechend auch Faunenelemente reliktisch vorkommen, sind manche Bestände unter Naturschutz gestellt worden oder sollten dringend geschützt werden.

Immer wieder ist die Frage angeschnitten worden (Oberdorfer 1948 und 1957; Doing Kraft 1955; Jakucs 1960 und 1961; Förster 1968; Moor 1978), ob die Quercetalia pubescenti-petraeae nicht besser als eigene Klasse Quercetea pubescentis gefaßt werden sollte, die sich als submediterrane Einheit zwischen die gemäßigten „Querco-Fagetea und die eu-mediterranen Quercetea ilicis schiebt" (Oberdorfer 1957). Bewertet man die Eichen *(Quercus petraea, Qu. robur* und *Qu. pubescens)* als Klassenkennarten − sie sind mithin einige der wichtigsten Waldbäume und sollten deshalb in einer sinnvollen Synsystematik wirklich nicht nur als „Begleiter" angesehen werden −, dann gehören die Quercetalia pubescenti-petraeae genau so zur Klasse Querco-Fagetea wie die Quercetalia robori-petraeae. Aber es sind nicht nur die Eichen, sondern weitere Arten wie *Acer campestre, Lonicera xylosteum, Corylus avellana, Brachypodium sylvaticum, Hedera helix, Convallaria maialis, Melica nutans, Melica uniflora, Poa nemoralis, Anemone nemoralis, Hepatica nobilis* u. a. (vgl. Tab. 296), die nicht nur in mitteleuropäischen, sondern genau so in submediterranen sowie subkontinentalen Gesellschaften teilweise sogar mit hoher Stetigkeit vorkommen und damit die Quercetalia pubescenti-petraeae fest an die Querco-Fagetea binden.

Nach den monographischen Bearbeitungen von Quercetalia pubescenti-petraeae-Gesellschaften durch Jakucs (1960, 1861), Förster (1968, 1978), Poldini (1988) sowie nach zahlreichen weiteren Einzelpublikationen ergibt sich heute folgende Gliederung:

Ordnung Quercetalia pubescenti-petraeae Klika 33 corr. Moravec in Béguin et Theurillat 84 (Quercetalia robori-pubescentis Förster 79)

Wichtige Kennarten: *Quercus pubescens* grp, *Sorbus aria* grp, *Sorbus torminalis, Sorbus domestica, Sorbus* × *latifolia, Fraxinus ornus, Acer monspessulanum, Colutea arborescens, Cornus mas, Staphylea pinnata, Primula veris* ssp. *canescens, Campanula persicifolia, Chrysanthemum corymbosum, Hypericum montanum, Lathyrus niger, Lithospermum purpurocaeruleum, Melittis melissophyllum, Arabis brassica, Arabis turrita, Orchis purpurea, Potentilla micrantha, Limodorum abortivum, Carex halleriana* u. a.

Wichtige Trennarten: *Cotinus coggygria, Prunus mahaleb, Cotoneaster tomentosus, Coronilla coronata, Viola hirta, Brachypodium pinnatum, Vincetoxicum hirundinaria, Euphorbia cyparissias, Carex humilis, Teucrium chamaedrys, Galium album* (ssp.?)*, Homalothecium lutescens, Rhytidium rugosum* u. a. Diese Arten dienen vor allem zur Abgrenzung gegenüber Fagetalia-Gesellschaften.

A. Gruppe submediterraner Waldgesellschaften

1. **Verband Quercion pubescenti-petraeae** Br.-Bl. 32 em. Rivas-Martinez 72

West-submediterrane Flaumeichen-Wälder: Südfrankreich, submediterranes Spanien, bis in das westliche und südwestliche Mitteleuropa reichend.

Wichtige Kennarten: *Acer opalus, Buxus sempervirens, Cytisus decumbens, Cytisus sessilifolius, Helleborus foetidus* u. a.

Wichtige Trennarten: *Daphne laureola, Digitalis lutea, Hedera helix* (vor allem in der bis in die Baumkronen kletternden Form), *Euphorbia dulcis* ssp. *purpurata, Euphorbia amygdaloides* u. a.

Unterverband Buxo-Quercenion pubescentis (Jak. 60) Rivas-Martinez 72 (Coronillo emeri-Quercenion pubescentis Förster 79)

Wichtige Assoziationen:

Buxo-Quercetum pubescentis Br.-Bl. (31, 32) in Br.-Bl. et al. 52) (das Buxo-Fagetum Br.-Bl. et Suspl. 37 ist eine Cephalanthero-Fagenion-Gesellschaft)

Querco-Aceretum opali Br.-Bl. in Br.-Bl. et al. 52

Sorbo-Quercetum canariensis O. de Bólos 56

Arabido turritae-Quercetum pubescentis Ellenberg et Klötzli 74

Quercetum pubescenti-petraeae Imchenetzky 26 n. inv. Heinis 33 (Lithospermo-Quercetum Br.-Bl. 32 n. inv. Oberd. 57, Lithospermo-Quercetum collinum Oberd. 57 + Lithospermo-Quercetum montanum Oberd. 57, Coronillo coronatae-Quercetum petraeae Moor 62 p. p., Coronillo emeri-Quercetum pubescentis Förster 68 + Carici-Quercetum Förster 68)

Aceri monspessulani-Quercetum petraeae Oberd. 57

Corno maris-Quercetum petraeae Oberd. 57

Unterverband Aceri-Quercenion fagineae Riv.-Mart. 72

Wichtige Assoziationen:

Daphno latifoliae-Aceretum granatensis Riv.-Mart. 64

Cephalanthero-Quercetum fagineae Riv.-Mart. in Riv.-Goday 59

Violo-Quercetum fagineae Br.-Bl. et O. Bólos 50

2. **Verband Ostryo carpinifoliae-Carpinion orientalis** I. Horvat (58 n. n.) 59

Flaumeichen-Wälder mit Hopfenbuche und Orienthainbuche: Italien, Balkan

Wichtige Kennarten: *Ostrya carpinifolia, Carpinus orientalis, Acer obtusatum, Celtis australis, Aristolochia pallida, Asparagus tenuifolia, Lilium bulbiferum, Lilium croceum, Cnidium silaifolium, Mercurialis ovata, Coronilla emeroides, Vicia grandiflora, Sesleria autumnalis, Dianthus monspessulanus, Inula spiraeifolia* u. a.

Unterverband Laburno anagyroidis-Ostryenion Ubaldi 81 em. Poldini 88

Tyrrhenisch-apenninische, adriatisch-apenninische und sizilianische Hopfenbuchen-Flaumeichen-Wälder, vermitteln zum Quercion pubescenti-petraeae.

Wichtige Assoziationen:

Rubio peregrinae-Quercetum pubescentis n. nov. Poldini 88

Leucanthemo discoidei-Ostryetum Gruber 68 n. inv. em. Poldini 68

Viola caninae-Quercetum cerris Barbéro et Bono 70

Inula conyza/salicina-Quercus pubescens-Ges. auct.

Seslerio italicae-Ostryetum Ubaldi (74) 82 em. Poldini 88

Asparago acutifolii-Ostryetum Biondi 82 em. Poldini 88

Cytiso sessilifolii-Ostryetum Blasi et al. 82

Unterverband Ostryo-Carpinenion I. Horvat (58) 59

Südostalpin-dinarische Flaumeichenwälder mit Hopfenbuche und Orienthainbuche.

Wichtige Assoziationen:

Fraxino orni-Ostryetum Aich. 33 n. inv. Br.-Bl. 61

Seslerio albicantis-Ostryetum Lausi et al. 82 em. Poldini 88

Lithospermo purpurocaerulei-Ostryetum Gerdol et al. 82 em. Poldini 88
Querco-Ostryetum I. Horvat. 38 em. Poldini 88
Seslerio autumnalis-Quercetum petraeae Poldini (82) 88
Seslerio autumnalis-Ostryetum I. Horvat et Horvatić 50
Ostryo-Quercetum pubescentis Trinajstić 74
Amelanchiero ovalis-Ostryetum Poldini (78) 82
Aceri paradoxi-Carpinetum orientalis Blečić et Lakušić em. Poldini 88
Carpinetum orientalis Horvatić 39 em. Poldini 88
Cotino-Quercetum pubescentis Soó 31 em. Zól., Jak. et Fekete in Jak. 61

Unterverband Syringo-Carpinenion (Jak. 59) Poldini 88
Ägäische (ostbalkanische) Flieder-Orienthainbuchen-Wälder, vermittelt zum Quercion frainetto.

Wichtige Assoziationen:

Quercetum trojanae Em 58 em. I. Horvat 59
Aceri hyrcani-Carpinetum orientalis Poldini 88 (= Carpinetum orientalis serbicum Rudski in Horvat 46
+ Carpinetum orientalis macedonicum Rudski in Horvat 46)
Coccifero-Carpinetum orientalis Oberd. 48 em. Horvat. 55
Genisto lydiae-Quercetum pubescentis Jak. et Zól. in Jak. 60
Acantho longifolii-Quercetum pubescentis Jak. et Fekete (59 n. n.) in Jak. 61
Oryzopsi holciformi-Carpinetum orientalis Jak. et Zóly. in Jak. 61
Syringo-Carpinetum orientalis Jak. 59
Inulo aschersonianae-Syringetum vulgaris Jak. et Zól. in Jak. (59 n. n.) 61
Carpino orientalis-Quercetum cerris Oberd. 48
Asplenio-Syringetum vulgaris Jak. et Vida in Jak. 59

3. **Verband Quercion frainetto** I. Horvat (54) 59
Balkaneichen-Wälder des Mittel- und Nordbalkans, vermittelt zum Aceri tatarici-Quercion.
Wichtige Kennarten: *Quercus frainetto (conferta), Tilia tomentosa (argentea), Pyrus communis, Pyrus amygdaliformis, Lychnis coronaria, Physospermum cornubiense, Lathyrus pignatii, Symphytum bulbosum, Silene viridiflora* u. a.

Wichtige Assoziationen:

Quercetum frainetto-cerris (Rudski in Horvat 46) Oberd. 48 in Horvat 59
Castano-Quercetum cerris Oberd. 48
Quercetum frainetto-brachyphyllae Rothm. 43
Tilio argenteae-Quercetum petraeae-cerris Soó 57
Quercetum frainetto Dafis 66
Carici-Quercetum frainetto Donită 70

4. **Verband Junipero excelsae-Quercion pubescentis** Jak. 61
Nach Jakucs 1961 umfaßt dieser Verband die submediterranen Flaumeichen-Wälder des Nord- und Nordwestrandes des Schwarzen Meeres, der Krim und des West-Kaukasus.

B. Gruppe der subkontinentalen Waldgesellschaften

5. **Verband Aceri tatarici-Quercion** Zól. et Jak. 57
Südost- und osteuropäische Eichen-Steppenwälder im Bereich der klimazonalen „Waldsteppe" (Zwischenbereich zwischen Wald- und Steppengebiet mit einem Mosaik von Eichen-Steppenwäldern, Gebüschgesellschaften und Steppenrasen). Der Verband ist sicher in mehrere Unterverbände zu gliedern. So sind bis jetzt im wesentlichen nur die südosteuropäischen Eichen-Steppenwälder des Donauraumes pflanzensoziologisch bearbeitet worden. Sie stellen einen gewissen Übergang zu den submediterranen Gesellschaften des Ostryo-Carpinion orientalis bzw. zum Quercion frainetto dar und enthalten meist submediterrane Florenelemente aus diesen Gesellschaftsgruppierungen. Eine eingehende pflanzensoziologische Bearbeitung der osteuropäischen Eichen-Steppenwälder, die im wesentlichen von *Quercus robur* aufgebaut werden, steht noch aus.

Wichtige Kenn- und Trennarten: *Acer tataricum, Quercus polycarpa, Qu. pedunculiflora, Prunus fruticosa, Rosa gallica, Prunus tenella, Euonymus verrucosa, Carex michelii, Carex brevicollis, Carex pediformis, Doronicum hungaricum, Iris graminea, I. variegata, Pulmonaria molissima, Nepeta parmonica, Phlomis tuberosa, Inula germanica* u. a.

Wichtige Assoziationen:

Aceri tatarici-Quercetum pubescenti-petraeae Zól. 57

Aceri tatarici-Quercetum petraeae-roboris Soó 51 em. Zól. 57

Aceri tatarici-Quercetum pubescenti-pedunculiflorae. Zól. 57

Aceri tatarici-Quercetum frainetto-pedunculiflorae Stajanov 55 em. Zól. 57

Aceri tatarici-Quercetum roboris Zól. 57

Festuco-Quercetum Soó (34) 50

Pruno mahaleb-Quercetum pubescentis Jak. et Fekete 57

Achilleo ocarctatae-Quercetum pubescentis Jak. et Fekete in Jak., Fekete et Gergely 59

Centaureo stenolepi-Quercetum pedunculiflorae Donitá 70

6. Verband Potentillo albae-Quercion petraeae Zól. et Jak. 57 n. nov. Jak. 67

(Dictamno-Sorbion Knapp 42 p.p., Carici montanae-Quercion Förster 68 als Unterverband des Genisto tinctoriae-Quercion petraeae-roboris Förster 68 bzw. Trifolio-Quercion petraeae-roboris Förster 79)

(Ost-)mitteleuropäische, subkontinental getönte, xerotherme Eichenwälder, die westlich bis in das Oberrheingebiet reichen. Sie sind in erster Linie lokalklimatisch-edaphisch bedingt, z. B. an trocken-warmen Südhängen mit flachgründigen Böden. Nicht selten treten hierbei der „Waldsteppe" physiognomisch ähnliche Bilder auf, ein kleinräumiges Mosaik von xerothermen Eichenwäldern, Berberidion-Gebüschen, Geranion sanguinei-Säumen und Festuco-Brometea-Trockenrasen (dasselbe Mosaik gibt es im Bereich mitteleuropäischer Quercion pubescenti-petraeae-Wälder). Man sollte hier aber nicht von „Waldsteppe" oder „Waldsteppeninseln" (Meusel 1939, Wendelberger 1954) sprechen, denn die „Waldsteppe" ist klimazonal bedingt, die Wälder des Verbandes Potentillo-Quercion aber lokalklimatisch-edaphisch. Gradmann 1898, 1950 prägte in seinem klassischen Werk „Das Pflanzenleben der Schwäbischen Alb" für das gleiche Mosaik den Begriff „Steppenheide" und schied als Übergang zum Wald den ± lichten „Steppenheidewald" aus. Beide Begriffe sind leider auch nicht besonders glücklich gewählt, denn in dem Raum, den Gradmann so unübertroffen schildert, kommen zwar einige subkontinental verbreitete Arten vor, aber bei den Trockenrasen handelt es sich um Brometalia-Trockenrasen und nicht um Festucetalia valesiacae-Steppenrasen; „Felsenheide" und „Felsen-Eichenwälder" wären zutreffendere Bezeichnungen gewesen.

Wichtige Kenn- und Trennarten: *Potentilla alba, Stachys officinalis, Trifolium alpestre, Trifolium medium, Serratula tinctoria, Carex montana* (schwerpunktmäßig), *Genista tinctoria* und *G. germanica, Galium boreale, Peucedanum officinale, Inula hirta, Sedum maximum, Coronilla varia, Melica picta, Ranunculus polyanthemos, Vicia cassubica, Pulmonaria angustifolia, Peucedanum oreoselinum, Filipendula vulgaris, Hypochoeris maculata* u. a.

Wichtige Assoziationen:

Lathyro pannonici ssp. collini-Quercetum pubescentis Klika 32

Quercetum petraeae-cerris Soó 57

Cytiso nigricantis-Quercetum roboris Oberd. 57 n. nov. Müller non Paucă 41 (Querco-Lithospermetum Gauckler 39, Clematido rectae-Quercetum montanum Oberd. 57, Dictamno-Quercetum cytisetosum nigricantis Förster 68; die Bezeichnung Clematido-Quercetum kann nicht beibehalten werden, da im Gebiet *Clematis recta* eine Saumart ist und im Wald ziemlich selten vorkommt).

Potentillo albae-Quercetum petraeae Libb. 33 n. inv. Oberd. 57 em. Müller (Dictamno-Sorbetum Knapp 42 p.p., Clematido rectae-Quercetum collinum Oberd. 57 p.p., Vincetoxico-Quercetum Pass. 57 p.p., Trifolio alpestris-Quercetum Stöcker 65 p.p., Dictamno-Quercetum Förster 68 p.p., Galio sylvatici-Quercetum Förster 68 p.p., Lithospermo-Quercetum Schubert 72 p.p.; auch das Querco-Lithospermetum subboreale W. et A. Mat. 56 gehört zu dieser Assoziation, wobei die hier angegebene *Quercus pubescens* angepflanzt worden ist).

Bei dem Anemoni sylvestris-Quercetum Oberd. 57 handelt es sich teilweise um Kiefernaufforstungen; bei natürlichen Kiefernvorkommen gehören entsprechende Bestände zum Pyrolo-Pinetum Meusel 52.

Ob es möglich ist, im Sinne von Jakucs (1959) die Verbände der Gruppe der submediterranen Waldgesellschaften zu einer Unterordnung Fraxino orni-Ostryenetalia (Jak. 59) bzw. die Gruppe der subkontinentalen Waldgesellschaften zu einer Unterordnung Quercenetalia petraeae-pubescentis (Jak. 59) zusammenzufassen, kann von den hier bearbeiteten süddeutschen Quercetalia pubescenti-petraeae-Gesellschaften aus nicht entschieden werden, sondern muß einer Gesamtbearbeitung dieser Waldgesellschaften vorbehalten bleiben. Für die süddeutschen Quercetalia pubescenti-petraeae-Gesellschaften würde dies auch nicht viel bringen, da jeweils nur ein Verband vorkommt, so daß die Kenn- und Trennarten der Verbände mit denen der jeweiligen Unterordnung zusammenfallen würden.

Die süddeutschen Quercetalia pubescenti-petraeae-Wälder sind als Folge der ± extremen Standortsbedingungen an ihren Wuchsorten ± licht, so daß sich immer einige Sträucher der Prunetalia und Stauden der Trifolio-Geranietea halten können. Diese Arten treten ± vereinzelt auf und kommen, da ihnen zur üppigen Entfaltung genügend Licht fehlt, hier deutlich weniger oder seltener zum Blühen und Fruchten als im Mantel oder Saum der Wälder. Ist in den Wäldern eine sehr dichte, ± geschlossene Strauchschicht vorhanden, dann besteht immer der Verdacht, daß diese durch Niederwaldnutzung gefördert worden ist. An besonders trockenen Stellen, an denen die Wälder an die Grenze ihrer Existenzmöglichkeit gelangen und deshalb auch stärker auflichten, können vermehrt Saumarten der Trifolio-Geranietea, teilweise auch Arten der Festuco-Brometea auftreten, die diese Ausbildungen der trockensten Standorte differenzieren (Subassoziationen mit *Dictamnus albus* bzw. *Stachy recta*).

Auf tonreichen, wechseltrockenen Böden können bei den verschiedenen Gesellschaften Subassoziationen mit *Molinia arundinacea* auftreten. Neben den jeweiligen typischen Subassoziationen gibt es ziemlich häufig solche, die zu Fagetalia-Waldgesellschaften (Carici-Fagetum, Galio sylvatici-Carpinetum, Aceri platanoidis-Tilietum platyphylli) überleiten (Subassoziationen mit *Carex alba* bzw. *Carex montana*, Subassoziation mit *Tilia platyphyllos*). Schließlich finden sich auf etwas saueren Böden Übergänge zu Quercetalia robori-petraeae-Gesellschaften (Subassoziation mit *Festuca heterophylla* bzw. *Polytrichum formosum*).

Bestände der Quercetalia pubescenti-petraeae-Wälder können in Süddeutschland flächig auftreten wie z. B. im Naturschutzgebiet Buchswald bei Grenzach, im Naturschutzgebiet Büchsenberg/Kaiserstuhl oder im Naturschutzgebiet Kugelberg bei Reutlingen, als ± schmaler Streifen „Traufwald" (vgl. Müller 1987) vorwiegend des Carici-Fagetum oder des Galio-Carpinetum gegen offene Felsvegetation bzw. Trockenrasen-Steilhänge wie z. B. im Naturschutzgebiet Stammberg bei Tauberbischofsheim, oder als ± kleinflächige Buschwaldflecken auf Felsköpfen oder auf Felsverebnungen der großen Felswände wie z. B. im Donautal. Dabei sind flächige Vorkommen vor allem größerer Ausdehnung relativ selten, denn bei dem gegebenen klimatischen Zusammenhang des Vorkommens von Quercetalia pubescenti-petraeae-Wäldern und Weinbau − so vor allem im Bereich der Quercion pubescenti-petraeae-Wälder, aber auch der Potentillo-Quercion petraeae-Wälder wie z. B. in Franken − sind die Wuchsorte derartiger Wälder größtenteils, oder wie im mittleren Neckargebiet nahezu vollständig, in Weinberge umgewandelt worden. Häufig findet man dann die Wälder nur noch als „Traufwald" am Oberhang über den Weinbergen im Übergang zu den Plateauwäldern.

1. Verband: Quercion pubescenti-petraeae Br.-Bl. 32 em. Rivas-Martinez 72

West-submediterrane Flaumeichen-Wälder (Tab. 296/1−2; 297, 298)

Da es in Süddeutschland nur Gesellschaften des Unterverbandes Buxo-Quercenion pubescentis (Jak. 60) Rivas-Martinez 72 (= Coronillo emeri-Quercenion pubescentis Förster 79) gibt, fallen die Kenn- und Trennarten des Unterverbandes und die des Verbandes zusammen.

Die Arten des Quercion pubescenti-petraeae sind − von Südfrankreich kommend − einmal im Westen der Vogesen bis ins Mosel-Nahe-Mittelrheingebiet gelangt, zum anderen über den Französischen und Schweizer Jura bis in das Oberrheingebiet sowie auf die Schwäbische Alb, in das mittlere Neckargebiet und den Kraichgau. Auf diesem Weg blieben mehr und mehr Arten zurück, so daß unsere Flaumeichen-Gesellschaften gegenüber den südfranzösischen deutlich artenverarmt sind. Bemerkenswert ist dabei, daß *Acer monspessulanum* zusammen mit *Prunus mahaleb* und *Buxus sempervirens* aus dem südfranzösischen Buxo-Quercetum pubescentis bis in das Mosel-Nahe-Mittelrheingebiet vorgedrungen sind; *Acer monspessulanum* wird dort zur Charakterart einer artenverarmten Gebietsassoziation, dem Aceri monspessulani-Quercetum petraeae, dem *Quercus pubescens* grp fast gänzlich fehlt. *Acer monspessulanum* und *Prunus mahaleb* erreichten noch das Mittelmaingebiet; ihre dortigen lokalen Vorkommen (Karlburg, Homburg, Gambach) fügen sich aber in das subkontinentale Potentillo-Quercetum ein. *Acer monspessulanum* fehlt dagegen im Schweizer Jura wie auch im Oberrheingebiet, auf der Schwäbischen Alb, im mittleren Neckargebiet und Kraichgau. Dafür ist hier *Quercus pubescens* grp reichlicher vertreten und wird zur regionalen Charakterart des ebenfalls an submediterranen Arten schon verarmten Quercetum pubescenti-petraeae. Im Oberrheingebiet und am Rand ist diese Assoziation noch etwas reichlicher mit submediterranen Arten ausgestattet als in den anderen Gebieten ihres Vorkommens; dort treten dafür meistens schon stärker Arten der subkontinentalen Eichenwälder auf, zu denen die Bestände dann auch vermitteln. *Buxus sempervirens* erreicht über den Schweizer Jura gerade noch den Dinkelberg bei Grenzach/Whylen (rechtsrheinisch gegenüber Basel).

Wichtige Verbandskennarten sind der westsubmediterran-subatlantische *Helleborus foetidus* und die submediterrane *Coronilla emerus;* die weiteren Verbandskennarten wie *Calamintha sylvatica, Colutea arborescens, Laburnum angyroides* und *Limodorum arborescens* sind zwar sehr bezeichnend, kommen aber im Gebiet nur verhältnismäßig selten vor. Dasselbe gilt für die Verbandstrennarten *Carex halleriana, Cotoneaster tomentosus, Orobanche hederae, Tamus communis* und *Viola alba;* dagegen ist die Verbandstrennart *Hedera helix* − vor allem in der bis in die Baumkronen kletternden, ziemlich milde Winter anzeigenden Form − nicht selten anzutreffen.

In Anbetracht der Schwierigkeit, „reine" *Quercus pubescens* von Zwischenformen zu *Quercus petraea,* ggf. auch zu *Qu. robur* zu unterscheiden[1]) und weil diese Unterscheidung von den verschiedenen Autoren nicht oder unterschiedlich gehandhabt wurde, sind in den Tabellen „reine" *Quercus pubescens* und solche Formen, die *Quercus pubescens*-Merkmale aufweisen, zu *Quercus pubescens* grp zusammengefaßt worden. Dies erscheint auch deshalb berechtigt, weil es nach eigenen Beobachtungen im Submediterrangebiet einen ganz entsprechenden *Quercus pubescens*-Formenschwarm gibt, in der vegetationskundlichen Literatur aber so gut wie ausschließlich nur *Quercus pubescens* angegeben wird, d. h., es werden die vielen Formen nicht unterschieden[1]).

1. Ass.: Aceri monspessulani-Quercetum petraeae (Knapp 44) Oberd. 57

Der Traubeneichen-Wald mit Französischem Maßholder, der Felsenahorn-Traubeneichen-Wald (Tab. 296/1; 297)

---

[1]) Ob dabei, wie meist angegeben wird, die Länge der Strahlen der Sternhaare der Blattunterseite von 0,3 mm oder länger und die Behaarung der jungen Zweige (es gibt aber gelegentlich ganz verkahlende oder sogar kahle Formen) die alleinigen, ausschlaggebenden Merkmale für „reine" *Quercus pubescens* sind, oder ob auch die übrigen Merkmale (± kleine Blätter von 5−8 cm Länge und 4−6 cm Breite mit öfters etwas zugespitzten, gelegentlich gebuchteten Blattlappen und welligen Buchten zwischen diesen, nicht rinnige Blattstiele, Blattknospen und Fruchtbecher ± flaumig behaart) bzw. ihre Kombination herangezogen werden müssen, wobei nicht alle Merkmale miteinander gekoppelt sein müssen, sondern in unterschiedlichen Kombinationen auftreten können, kann hier nicht entschieden werden.

Wie Oberdorfer 1957 zu Recht bemerkt, weist das Aceri-Quercetum petraeae infolge der Arten-verarmung gegenüber dem südfranzösischen Buxo-Quercetum (Ausfall bezeichnender Arten wie *Cytisus sessilifolius, Lonicera etrusca, Cornus mas, Coronilla emerus, Daphne laureola, Rubia peregrina* u. a.) so viel eigene Züge auf, daß es als eigenständige Gebietsassoziation gefaßt werden muß, deren Kennart *Acer monspessulanum* ist. Darüber hinaus besitzt es eine Reihe von Trennarten wie *Teucrium scorodonia, Deschampsia flexuosa, Anthericum liliago, Rubus canescens, Sarothamnus scoparius, Ribes alpinum, Alliaria petiolata, Geranium robertianum* und *Viscaria vulgaris,* die es deutlich vom Quercetum pubescenti-petraeae abheben und zugleich auf die herrschenden Standortsverhältnisse an den Wuchsorten hinweisen. Es besiedelt warm-trockene, ± felsige oder skelettreiche Hänge über kalkarmem, aber basenreichem Gestein (Porphyr, Melaphyr, Schiefer) vom Donnersberg-Nahetal-Gebiet bis zum Mosel-Tal und zum Mittelrhein-gebiet. Infolge rascher Humuszersetzung sind die Standorte nitratreich.

Das Aceri-Quercetum steht insgesamt dem Carpinion betuli ziemlich nahe, was sich in der Anwesenheit von Carpinion-Arten ausdrückt. Im Grenzfall kann es gelegentlich schwierig sein, das Aceri-Quercetum klar vom Galio-Carpinetum zu trennen, vor allem auch deshalb, weil *Acer monspessulanum* wie auch *Sorbus torminalis* im Galio-Carpinetum vorkommen können.

Die Baumschicht, die hauptsächlich von krummwüchsigen *Quercus petraea, Acer monspessulanum* und *Sorbus torminalis* mit eingestreuten *Acer campestre, Carpinus betulus, Sorbus aria, Prunus avium, Pyrus pyraster, Fraxinus excelsior, Tilia platyphyllos* aufgebaut wird, schließt verhältnismäßig dicht (Deckung 70—100%). Die Wuchsleistung ist meist gering, im Extremfall der trockensten Standorte (Subassoziation mit *Dianthus carthusianorum* Tab. 297/1 A und Subassoziation mit *Buxus sempervirens* Tab. 297/1 B) handelt es sich um Buschwälder mit einer Wuchshöhe von 3—7 m, während auf weniger extremen Standorten (typische Subassoziation Tab. 297/1 C und Subassoziation mit *Corydalis solida* Tab. 297/1 D) durchaus Baumhöhen von 12—15 m erreicht werden. Die Strauchschicht ist meist gut entwickelt und weist eine Reihe von Sträuchern auf; je nach Dichte der Baumschicht und des damit verbundenen Lichteinfalls kann sie dichter zusammenschließen oder nur locker sein. Dies gilt ebenso für die Krautschicht, wobei diese unter dem *Buxus*-Dickicht (Subassoziation mit *Buxus sempervirens* Tab. 297/1 B) besonders wenig deckend ist, während sie in der geophytenreichen Subassoziation mit *Corydalis solida* (Tab. 297/1 D) ziemlich hohe Deckungswerte (70—100%) erreicht.

Bestände der Subassoziation mit *Dianthus carthusianorum* (Tab. 297/1 A) stocken auf besonders flachgründigen und damit auch besonders trockenen Standorten. Eine verhältnismäßig große Zahl von übergreifenden Saum- und Trockenrasen-Arten als Differentialarten weist auf diese Standortsverhältnisse hin. Im Moseltal kommt auf ganz entsprechenden Standorten *Buxus sempervirens* hinzu und verleiht der nach ihm benannten Subassoziation (Tab. 297/1 B) eine besondere, mindestens physiognomisch an das Buxo-Quercetum erinnernde Note (sie wurde deshalb auch von Dahmen 1955 als Querceto-Buxetum bezeichnet, während er die typische Subassoziation als Querceto-Lithospermetum angibt). Bei der typischen Subassoziation (Tab. 297/1 C) sind die Standortsverhältnisse nicht mehr so extrem. Noch günstiger sind sie bei der Subassoziation mit *Corydalis solida* (Tab. 297/1 D), deren Bestände ausgesprochen frühjahrsfrische und humose Böden besiedeln.

An das Aceri-Quercetum schließt, wie bereits Oberdorfer 1957 treffend feststellt, in Lothringen (Obere Mosel, Untere Saar, obere Marne) als weitere eigene Gebietsassoziation das Corno maris-Quercetum petraeae Oberd. 57 an, wie es die folgende Liste wiedergibt (14 Aufnahmen, davon 3 Aufn. von Durin, Mullenders und Vanden Berghen 1964 und 11 Aufn. von Haffner 1978):

A, DA Cornus mas	86
Laburnum anagyroides	43
Daphne laureola	7
V, DV Quercus pubescens grp	43
Tamus communis	50
Buxus sempervirens	43
Helleborus foetidus	36
Calamintha sylvatica	29
Viola alba	29
Coronilla emerus	14
Hedera helix	14
Carex halleriana	7
O Sorbus torminalis	79
Sorbus aria grp	57
Sorbus x latifolia	29
Sorbus domestica	21
Orchis purpurea	64
Campanula persicifolia	57
Lithospermum purpurocaeruleum	50
Hypericum montanum	43
Primula veris canescens	36
Lathyrus niger	21
Staphylea pinnata	21
Arabis brassica	14
Chrysanthemum corymbosum	7
Melittis melissophyllum	7
DO Teucrium chamaedrys	86
Viola hirta	79
Euphorbia cyparissias	79
Brachypodium pinnatum	57
Vincetoxicum hirundinaria	14
Galium album	7
K Quercus petraea	86
Acer campestre	79
Carpinus betulus	71
Fagus sylvatica	57
Prunus avium	36
Pyrus pyraster	36
Fraxinus excelsior	14
Tilia platyphyllos	14
Quercus robur	7
Viburnum lantana	100
Crataegus monogyna	100
Cornus sanguinea	93
Ligustrum vulgare	93
Prunus spinosa	86
Crataegus laevigata	79
Rosa canina	71
Rosa arvensis	64
Prunus mahaleb	57
Corylus avellana	57
Lonicera xylosteum	57

Arum maculatum	57
Anemone nemorosa	57
Convallaria majalis	57
Poa nemoralis	57
Galium odoratum	57
Rhamnus catharticus	50
Carex sylvatica	50
Euphorbia dulcis	43
Berberis vulgaris	36
Viola mirabilis	36
Ribes alpinum	36
Milium effusum	36
Euphorbia amygdaloides	36
Melica nutans	29
Cephalanthera rubra	21
Scilla bifolia	21
Primula elatior	21
Rosa rubiginosa	7
Campanula trachelium	7
B Carex flacca	100
Bupleurum falcatum	93
Origanum vulgare	93
Solidago virgaurea	86
Centaurea scabiosa	86
Helianthemum nummularium	71
Asperula cynanchica	71
Galium verum	71
Campanula rotundifolia	71
Hippocrepis comosa	64
Bromus erectus	57
Peucedanum cervaria	57
Polygonatum odoratum	57
Silene nutans	57
Potentilla tabernaemontani	50
Astragalus glycyphyllos	50
Trifolium rubens	50
Fragaria viridis	43
Inula salicina	43
Aquilegia vulgaris	36
Trifolium medium	36
Calamintha clinopodium	36
Aster amellus	29
Thalictrum minus grp	29
Inula conyza	29
Vicia tenuifolia	29
Crepis praemorsa	29
Vicia pisiformis	21
Orchis mascula	21
Geranium sanguineum	14
Laserpitium latifolium	14
Coronilla varia	14
Trifolium alpestre	14

Genista tinctoria	14	Seseli montanum	14
Hieracium sylvaticum	14	Hieracium pilosella	14
Fragaria vesca	14	Scabiosa columbaria	14
Juniperus communis	14	u. a. mit geringer Stetigkeit	
Campanula glomerata	14		

2. Ass.: Quercetum pubescenti-petraeae Imchenetzky 26 n. inv. Heinis 33

(Lithospermo-Quercetum petraeae Br.-Bl. 32. n. inv. Oberd. 57, Lithospermo-Quercetum collinum Oberd. 57 + Lithospermo-Quercetum montanum Oberd. 57, Coronillo coronatae-Quercetum petraeae Moor 62 p. p., Coronillo emeri-Quercetum pubescentis Förster 68 + Carici-Quercetum Förster 68)

Der mitteleuropäische Flaumeichen-Mischwald (Tab. 296/2; 298)

Auch diese Quercion pubescenti-petraeae-Assoziation ist gegenüber dem südfranzösischen Buxo-Quercetum pubescentis an Arten verarmt. Da das Quercetum pubescenti-petraeae aber im Gegensatz zum Aceri-Quercetum petraeae fast ausschließlich auf Kalkgestein und überdies in deutlich sommerwärmeren und -trockeneren Gebieten vorkommt, weist es jenem gegenüber eine andere Zusammensetzung auf, so daß es als selbständige Assoziation zu behandeln ist. So fällt hier *Acer monspessulanum* ganz aus, wofür aber der *Quercus pubescens*-Formenschwarm ziemlich stet vorhanden ist und in Verbindung mit den Verbandskenn- und -trennarten zur regionalen Kennart der Assoziation wird. Die Verbreitung des Quercetum pubescenti-petraeae reicht vom Schweizer Jura in das südliche Oberrhein- und Hochrheingebiet, auf die Schwäbische Alb (Randen, Nordrand der mittleren Schwäbischen Alb) bis in das mittlere Neckargebiet und den Kraichgau. Bei der Bezeichnung der Assoziation wurde auf den treffenden, schon von Imchenetzky 1926 geprägten Namen zurückgegriffen, wodurch der von Braun-Blanquet 1932 geschaffene Name Lithospermo-Quercetum petraeae in die Synonymie fällt. Dies ist nicht zu bedauern, denn die Bezeichnung „Lithospermo-Quercetum petraeae" ist für die unterschiedlichsten Quercetalia pubescenti-petraeae-Gesellschaften verwendet worden, so daß sie im Grunde genommen ein „nomen ambiguum" ist; außerdem ist *Lithospermum purpurocaeruleum* im „Lithospermo-Quercetum" oft ziemlich selten oder fehlt gänzlich und tritt erst in den zu Fagetalia-Waldgesellschaften überleitenden Ausbildungen stärker auf. In Süddeutschland hat jedenfalls *Lithospermum purpurocaeruleum* sein Hauptvorkommen gar nicht im Quercetum pubescenti-petraeae (insofern ist die Bezeichnung Lithospermo-Quercetum fast irreführend), sondern im deutlich gemäßigteren Galio sylvatici-Carpinetum primuletosum veris.

Von verschiedenen Autoren wurde das Quercetum pubescenti-petraeae in verschiedene, ± lokal verbreitete Assoziationen aufgeteilt (vgl. die Synonyme oben; Ellenberg und Klötzli 1972). Unserer Meinung nach ist dies nicht erforderlich; vielmehr genügt es, die Assoziation geographisch zu gliedern, um die in den einzelnen Teilgebieten der Verbreitung auftretenden verhältnismäßig geringen Unterschiede zu erfassen.

Die Bestände sind allgemein schlechtwüchsig und erreichen je nach Ausbildung eine Höhe von 5–15 m. Aufgebaut werden sie in erster Linie von *Quercus pubescens* grp und *Quercus petraea* sowie von *Sorbus*-Arten, wobei in den tiefen Lagen *Sorbus torminalis*, in den höheren *Sorbus aria* stärker hervortritt, ohne daß die andere Art fehlen würde. Weitere Arten in der Baumschicht sind *Acer campestre, Fraxinus excelsior, Prunus avium, Carpinus betulus, Tilia cordata*, auch *Tilia platyphyllos* und sogar *Fagus sylvatica*, wobei besonders *Fraxinus excelsior* und *Fagus sylvatica* unter der Trockenheit des Standorts und − im Zusammenhang damit − unter der Konkurrenz der *Quercus*- und *Sorbus*-Arten leiden, deshalb meistens kümmern und oft wipfeldürr sind. Die hin und wieder vorkommende *Pinus sylvestris* dürfte so gut wie immer auf Anpflanzung bzw. auf Anflug aus Kiefernaufforstungen zurückgehen. Die Strauchschicht ist meist gut ausgebildet und artenreich, wenn auch die einzelnen Sträucher sich im Bestand nicht so gut entwickeln können wie in den Waldmänteln. Sie erreicht ungefähr 2—3 m Höhe, ihre Deckung schwankt je nach früherer Nutzung sehr stark, wobei sie durch Niederwaldnutzung, der die meisten Bestände unterlagen, sehr stark gefördert worden ist. Bei verhältnismäßig kurzen Umtriebszeiten konnte sich *Corylus avellana* stark ausbreiten und sich teilweise bis in die Baumschicht hineinschieben. Auch die Krautschicht ist wegen der im Vergleich zu Fagetalia-Wäldern günstigen Lichtverhältnisse reich ausgebildet.

Es ist nicht ganz auszuschließen, daß der eine oder andere Bestand des Quercetum pubescenti-petraeae durch Niederwaldnutzung mit kurzer Umtriebszeit aus einem Carici-Fagetum, vielleicht auch aus einem Galio-Carpinetum hervorgegangen ist, so vor allem im Bereich der Subassoziation mit *Carex alba* bzw. *Carex montana*. In diesen Fällen würden die Bestände, wenn sie nicht mehr als Niederwald genutzt werden, im Laufe der Zeit sich wieder zu der Ausgangsgesellschaft hin entwickeln. In den allermeisten Fällen bilden die Bestände an den xerothermen Standorten Dauergesellschaften, die auch als Hochwald — entgegen der Ansicht von Braun-Blanquet 1932 — keine Tendenzen einer Entwicklung zu Buchenwäldern aufweisen. Da wir immer noch ziemlich wenig über die Dynamik der Flaumeichen-Wälder, ihre Verjüngung, ihre Optimal- und ihre Altersphase etc. wissen, sollte aus wissenschaftlichen Gründen damit Schluß gemacht werden, selbst in Naturschutzgebieten zugunsten einiger schön blühender Arten wie *Dictamnus albus* oder *Lithospermum purpurocaeruleum* in die Bestände einzugreifen und sie aufzulichten; man sollte die wenigen guten Flaumeichen-Wälder endlich ihrer Eigendynamik überlassen, zumal sie aus forstlicher Sicht als „Nichtwirtschaftswald" angesehen werden.

Das Quercetum pubescenti-petraeae gliedert sich zunächst in eine Vikariante mit *Coronilla emerus* und *Melittis melissophyllum* (Tab. 298/2 A, 2 B; Coronillo emeri-Quercetum pubescentis Förster 68) des südlichen Oberrhein- und Hochrheingebiets, des Klettgaurückens, des Randens und Hegaus. Am reichsten an submediterranen Arten ist die kolline Form ohne Trennarten (Tab. 298/2 Aa—2 Ae; Lithospermo-Quercetum collinum Oberrheinrasse Oberd. 57) des südlichen Oberrhein- und Hochrheingebiets. In ihr überwiegt bezeichnenderweise die „reine" *Quercus pubescens* gegenüber Zwischenformen. An Standortsausbildungen finden wir auf den trockensten und wärmsten Standorten die Subassoziation mit *Buxus sempervirens* (Tab. 298/2 Aa) und die mit *Dictamnus albus* (Tab. 298/2 Ab). Die Subassoziation mit *Buxus sempervirens* kommt nur im Naturschutzgebiet Buchswald bei Grenzach (rechtsrheinisch gegenüber Basel) vor. Ähnlich wie im Schweizer Jura dürfte der Buchs auch hier ursprünglich auf eine Gebüschgesellschaft beschränkt gewesen sein, wie es die folgende Aufnahme zeigt:

Naturschutzgebiet Buchswald bei Grenzach, Distrikt Oberberg 390 m NN, Strauchschicht 1,5 m hoch, 100 % deckend; Krautschicht ca. 5 % deckend. 29. 8. 1967.

Strauchschicht		Krautschicht	
Buxus sempervirens	4	Hedera helix	1
Ligustrum vulgare	2	Carex humilis	1
Viburnum lantana	1	Brachypodium pinnatum	+
Rhamnus cathartica	1	Vincetoxicum hirundinaria	+
Tamus communis	1	Teucrium chamaedrys	+
Cotoneaster tomentosus	+	Viola hirta	+
Cornus sanguinea	+		

Durch menschliche Eingriffe (Niederwaldnutzung, Weide, Brand) gefördert, dürfte sich der Buchs weiter ausgebreitet haben, worauf sowohl Ellenberg und Klötzli 1972 als auch Hügin 1979 hinweisen. Auf jeden Fall handelt es sich weder im Schweizer Jura noch hier um ein Buxo-Quercetum pubescentis Br.-Bl. (31, 32) in Br.-Bl. et al. 52, sondern im besten Fall nur um eine zu diesem vermittelnde Ausbildung.

Über das Verhalten des Buchs schreibt Hügin 1979 treffend: „Hat er einmal an geeigneten Stellen Fuß gefaßt, so breitet er sich unbarmherzig aus und unterdrückt jeglichen Krautwuchs und die niederen Sträucher. In den vom Buchs überwachsenen Beständen keimen zwar regelmäßig Efeu, Buche, Linde u. a., doch halten die Keimlinge selten länger als 2 Monate aus. Man fragt sich also, wie der Wald, der heute noch mit Hilfe der Bäume und hohen Sträucher charakterisiert werden kann, sich erhalten, d. h. nachwachsen soll. Dort, wo der Buchs dichtgeschlossen alles deckt, wird nach dem Absterben der höheren Sträucher und Bäume eine Buchsheide übrigbleiben, insbesondere an den Standorten des Flaumeichenwaldes. ...Nach diesem Verhalten muß der Wald zuerst dagewesen sein und der Buchs ist nach und nach ... in ihn eingedrungen."

Die Subassoziation mit *Dictamnus albus* wurde schon von v. Rochow 1948 beschrieben. Diese wurde von Förster 1968 zusammen mit *Dictamnus*-Ausbildungen anderer Assoziationen zu seinem Dictamno albi-Quercetum vereinigt. Wir können diesem Vorgehen nicht folgen, da dabei die pflanzengeographischen Gegebenheiten verzerrt werden und Zusammengehöriges auseinandergerissen wird. Außerdem ist *Dictamnus albus* keine ausschließlich subkontinental-kontinentale Art, sondern eine südeuropäisch-asiatische, deren südeuropäisches Areal bis nach Spanien reicht; sie ist eine für ausgeprägt xerotherme Standorte bezeichnende Art und kann demzufolge in verschiedenen Gesellschaften, auch in submediterran getönten, auftreten.

Weniger extreme Standorte werden von Beständen der typischen Subassoziation (Tab. 298/ 2 Ac) besiedelt, was sich auch in den etwas besseren Wuchsleistungen ausdrückt (Bestandeshöhen von 5−15 m gegenüber 3−8 m bei der Subassoziation mit *Dictamnus*). Ähnlich sind die Verhältnisse bei der Subassoziation mit *Carex alba* (Tab. 298/2 Ad), die sich durch das Auftreten von *Carex alba* und Fagetalia-Arten sowie verstärktem Vorkommen von *Fagus sylvatica* auszeichnet und zum Carici-Fagetum vermittelt. Die Subassoziation mit *Festuca heterophylla* ist für kalkarme, etwas saure Standorte bezeichnend und vermittelt zum Betulo-Quercetum petraeae silenetosum nutantis. Bei der von Müller 1962 ausgeschiedenen Subassoziation mit *Carpinus betulus* handelt es sich um ein Galio-Carpinetum primuletosum veris.

Bei der montanen Form mit *Coronilla coronata* der *Coronilla emerus*-Vikariante (Tab. 298/ 2 Ba−2 Bd; Coronillo coronatae-Quercetum petraeae Moor 52) des Klettgaurückens, Randens und Hegaus treten einmal montane Zeigerarten wie *Coronilla coronata, Sesleria albicans, Laserpitium latifolium, Chrysanthemum adustum, Buphthalmum salicifolium, Calamagrostis varia, Thlaspi montanum* und *Carduus defloratus* auf, andererseits Arten wie *Hepatica nobilis, Peucedanum oreoselinum, Cytisus nigricans* und *Viola collina,* die sie zugleich als besondere Gebietsausbildung charakterisieren, so daß sie damit eine gewisse Beziehung zum Cytiso nigricantis-Quercetum roboris des Donautals zeigt; mit vorherrschender „reiner" *Quercus pubescens* neben Zwischenformen ist sie aber immer noch fest im Quercion pubescenti-petraeae verankert. Als weitere Gebietsausbildung ist das von Braun-Blanquet 1959 aus nordbündnerischen Tälern bei Chur/Schweiz beschriebene Querceto-Lithospermetum emeretosum hierher zu stellen, das als zusätzliche geographische Trennarten *Polygala chamaebuxus, Salvia glutinosa, Saponaria ocymoides* und *Lilium bulbiferum* besitzt. An standörtlich bedingten Subassoziationen finden wir wieder eine Subassoziation mit *Dictamnus albus* (Tab. 298/2 Ba, 2 Bb) an den trockensten und wärmsten Stellen, wobei sich neben einer typischen Variante (Tab. 298/2 Ba) auf mehr mergeligem, betont wechseltrockenem Untergrund (Weißer Jura alpha und beta) die Variante mit

Molinia arundinacea (Tab. 298/2 Bb) einstellt; ebenfalls kann eine typische Subassoziation (Tab. 301/2 Bc) und eine zum Carici-Fagetum überleitende Subassoziation mit *Carex alba* (Tab. 298/2 Bc) ausgeschieden werden.

In der Vikariante ohne Trennarten, montane Form mit *Coronilla coronata* (Tab. 298/2 Ca−2 Cb; Coronillo coronatae-Quercetum petraeae Moor 52, Lithospermo-Quercetum montanum Oberd. 57, Carici-Quercetum Förster 68) des Nordrands der mittleren Schwäbischen Alb fallen submediterrane Arten wie *Coronilla emerus, Melittis melissophyllum* u. a. weitestgehend oder ganz aus; mit *Quercus pubescens* grp (überwiegend Zwischenformen, aber auch „reine" *Quercus pubescens*), *Hedera helix* (die in die Baumkronen kletternde Form wird seltener), *Helleborus foetidus* (findet hier der extremen Verhältnisse wegen seine Standortsgrenze und ist deshalb nur noch ungefähr in der Hälfte der Bestände in einzelnen Exemplaren anzutreffen; vgl. Kuhn 1937 S. 238 und 278), *Euphorbia amygdaloides* und *Euphorbia dulcis* ssp. *purpurata* ist die Gebietsausbildung aber immer noch eindeutig dem Quercion pubescenti-petraeae zuzuordnen. Die Bestände sind an den Steilhängen meist Schutzwälder und stellen deshalb im Gegensatz zu anderen Gebieten Hochwälder dar, worauf Kuhn 1937 besonders hinweist. Sie werden in erster Linie von knorrigen Eichen aufgebaut, denen vor allem *Acer campestre* und *Sorbus aria* grp, seltener *Sorbus torminalis,* aber auch *Fraxinus excelsior* und *Fagus sylvatica* beigemengt sind, wobei die beiden letzteren meistens früh wipfeldürr werden. Infolge der günstigen Lichtverhältnisse sind Strauch- und Krautschicht gut ausgebildet. Die schönsten Bestände finden sich auf Weiß-Jura-beta-Steilhängen in Süd- bis Südwestexposition. An den steilsten und trockensten Hangpartien sowie auf Felsköpfen begegnet man der Subassoziation mit *Stachys recta* (Tab. 298/2 Ca; entspricht der Subassoziation mit *Dictamnus albus,* der hier aber fehlt), in der die Bäume meist krüppelig bleiben und nur Höhen von durchschnittlich 3−6 m erreichen. Etwas besser sind die Verhältnisse bei der typischen Subassoziation (Tab. 298/3 Cb), in der die Bäume immerhin schon Höhen von 5−10 m erreichen. Entsprechende Höhen werden auch in der Subassoziation mit *Molinia arundinacea* (Tab. 298/2 Cc) erreicht, die auf betont wechseltrockenen, mergeligen Standorten (Weiß-Jura-alpha und -gamma) anzutreffen ist. An Stellen, an denen die Weiß-Jura-beta-Schichten Felsbänder bilden und darunter Steinschutt vorhanden ist, stellt sich im Übergang zum Aceri-Tilietum die Subassoziation mit *Tilia platyphyllos* (Tab. 298/2 Cd) ein. Die Subassoziation mit *Carex montana* (Tab. 298/2 Ce) besitzt eine Reihe von Fagetalia-Arten als Trennarten und vermittelt sowohl zum Carici-Fagetum als auch zum Galio-Carpinetum. Dies ist im Gebiet die häufigste Subassoziation, worauf schon Faber 1936 hinwies und sie als „Querceto-Lithospermetum fagetosum" beschrieb. In ihr kann die Rotbuche etwas vermehrt vorkommen, doch leidet sie in Trockenjahren ziemlich, bekommt dürre Äste und wird zopftrocken; zusätzlich wird sie dann vom Buchenprachtkäfer *(Agrilus viridis)* befallen.

Bei der kollinen Form ohne Trennarten der Vikariante ohne Trennarten (Tab. 298/2 Da, 2 Db; Lithospermo-Quercetum collinum Neckarrasse Oberd. 57) des mittleren Neckargebietes und Kraichgaus treten selbst Flaumeichen-Zwischenformen zurück, und „reine" *Quercus pubescens* kommt äußerst selten im Kraichgau vor. *Hedera helix* in der in die Baumkronen kletternden Form, *Helleborus foetidus, Euphorbia dulcis* ssp. *purpurata, Euphorbia amygdaloides, Calamintha sylvatica* und *Viola alba* sind teils mit höherer, teils mit geringer Stetigkeit vorhanden, so daß die Gebietsausbildung als Ausklang noch dem Quercion pubescenti-petraeae zugeordnet werden kann, auch wenn sie bereits deutlich zum Potentillo-Quercetum vermittelt, was sich z. B. auch im stärkeren Auftreten von *Quercus robur* zeigt. Diesem fehlen aber die aufgeführten Kenn- und Trennarten des Quercion pubescenti-petraeae. Ein weiterer Unterschied besteht darin, daß Arten wie *Stachys officinalis, Serratula tinctoria, Galium boreale, Genista tinctoria* und *Peucedanum officinale,* die im Potentillo-Quercetum durchgehend vorkommen, hier nur in der

Subassoziation mit *Molinia arundinacea* (Tab. 298/2 Da) auftreten; diese ist für ausgeprägt wechseltrockene, ± tonreiche Standorte bezeichnend. Mangels Felsbildungen fehlen im Gebiet die Subassoziation mit *Stachys recta* und die Typische Subassoziation. Dagegen ist die Subassoziation mit *Carex montana* (Tab. 298/2 Db) vorhanden, in der neben den Trennarten aus den Fagetalia *Lithospermum purpurocaeruleum* besonders reichlich auftritt. Dies legt den Verdacht nahe, daß vermutlich ein Teil der Bestände der Subassoziation mit *Carex montana* durch extreme Niederwaldnutzung aus einem Galio-Carpinetum primuletosum veris hervorgegangen sind und bei Aufhören dieser Nutzungsart im Laufe der Zeit sich wieder zu diesem entwickeln können; es ist deshalb weiterhin zu verfolgen, ob eine derartige Entwicklung einsetzt.

2. Verband: Potentillo albae-Quercion petraeae Zól. et Jak. 57 n. nov. Jak. 67

(Dictamno-Sorbion Knapp 42 p. p., Carici montanae-Quercion Förster 68 als Unterverband des Genisto tinctoriae-Quercion petraeae-roboris Förster 68 bzw. Trifolio-Quercion petraeae-roboris Förster 79)

Ostmitteleuropäisch-subkontinentale Eichen-Trockenwälder (Tab. 296/3−5; 299−301)

Die südost- und osteuropäischen Eichen-Steppenwälder des Verbandes Aceri tatarici-Quercion werden nach Norden und Westen ersetzt durch die Eichen-Trockenwälder des Verbandes Potentillo albae-Quercion petraeae. Seine Arten sind nacheiszeitlich von Osten und Südosten her eingewandert, wobei − wie bei den von Südwesten zugewanderten Quercion pubescenti-petraeae-Arten − auf dem Weg mehr und mehr Arten zurückblieben, so daß unsere Potentillo-Quercion-Gesellschaften gegenüber denen des Aceri-Quercion deutlich artenverarmt sind. Bei den bezeichnenden Kenn- und Trennarten des Verbands (vgl. Tab. 296/3−5, 300, 301) handelt es sich im wesentlichen um gemäßigtkontinentale (subkontinentale, sarmatische, subpontische) Arten.

3. Ass.: Cytiso nigricantis-Quercetum roboris Oberd. 57 n. nov. Müller non Paucă 41

(Querco-Lithospermetum Gauckler 38, Clematido rectae-Quercetum montanum Oberd. 57, Dictamno-Quercetum cytisetosum Förster 68)

Der Geißklee-Stieleichen-Wald des Donauzugs der Fränkischen und Schwäbischen Alb (Tab. 296/3; 299, 300)

Von Paucă 1941 wurde aus dem Bihargebirge/Rumänien als nov. ass. ein Querceto-Cytisetum nigricantis beschrieben (Tab. 299/1 Aa), von Grüneberg und Schlüter 1957 aus dem Thüringischen Schiefergebirge als ass. nov. ein Cytiso-Quercetum (Tab. 299/1 Ab), von Schubert 1972 aus dem südlichen Teil der ehemaligen DDR ein Cytiso-Quercetum Paucă 41 (Tab. 299/1 Ac) und von Stöcker 1965 aus dem Bodetal/Harz als ass. nov. ein Viscario-Quercetum (Tab. 299/1 B). Vergleicht man die diagnostisch wichtigen Arten dieser Gesellschaften mit denen unseres Cytiso nigricantis-Quercetum roboris (Tab. 299/2), dann zeigt sich, daß jene mit unserer Assoziation nichts zu tun haben. Vielmehr handelt es sich um Subassoziationen mit *Campanula persicifolia* des Genisto tinctoriae-Quercetum petraeae Klika 32, einer Assoziation des Verbands Quercion robori-petraeae Br.-Bl. 31. In den ersten drei Fällen liegt eine Vikariante mit *Cytisus nigricans* vor, im nächsten Fall eine Vikariante ohne diese Art. Für unsere Potentillo-Quercion-petraeae-Assoziation gibt es nun keine treffendere Bezeichnung als die gegebene; dies scheint gerechtfertigt, da es bei der bisherigen Assoziation „Cytiso-Quercetum" um keine eigene Assoziation, sondern nur um eine geographisch und standörtlich bedingte Subassoziation einer umfassenderen Assoziation, dem Genisto tinctoriae-Quercetum, ging. Um im Namen Verwechslungen möglichst auszuschließen, wurde in ihn die bestandsbildende Stieleiche *(Quercus robur)* aufgenommen (im „Cytiso-Quercetum Paucă 41" ist die herrschende Baumart *Quercus petraea!*).

Das Cytiso-Quercetum roboris wurde erstmals von Gauckler 1938 als Querco-Lithospermetum beschrieben, d. h. er ordnete sie einer umfassenden mitteleuropäischen Assoziation zu. Oberdorfer 1957 stellte sie erstmals als eigene Assoziation heraus, allerdings unter der sehr unglücklichen Bezeichnung „Clematido rectae-Quercetum montanum" (sie ist nicht haltbar, da *Clematis recta* im Gebiet keine Wald-, sondern eine Saumart ist und geographische Bezeichnungen bzw. Höhenangaben im Assoziationsnamen nicht zulässig sind). Förster (1968, 1979) ordnet sie seinem Dictamno-Quercetum zu und faßt sie damit mit den fränkisch-mitteldeutschen Eichen-Trockenwäldern zusammen. Dies wird der pflanzengeographischen Situation nicht gerecht, denn mit *Cornus mas, Coronilla coronata, Cytisus nigricans, Hepatica nobilis, Hierochloë australis, Melittis melissophyllum, Mercurialis ovata* und *Prunus mahaleb* zeigt die Assoziation nicht nur subkontinentale, sondern auch eigene ostsubmediterrane Züge; sie hebt sich damit deutlich von den fränkisch-mitteldeutschen Eichen-Trockenwäldern ab, wobei durch gemeinsame Arten wie *Cornus mas, Cytisus nigricans, Hepatica nobilis, Melittis melissophyllum, Sesleria albicans* u. a. eher Beziehungen zum Lathyro collini-Quercetum Klika 32 Böhmens bestehen. Die oben aufgeführten Arten zeigen auch deutlich den Einwanderungsweg der Cytiso-Quercetum roboris-Arten von Südosten über den „Donauweg" an. So ist die Assoziation im Donauzug der Fränkischen Alb (Tab 300/3 Aa, 3 Ab; Vikariante mit *Polygala chamaebuxus* und *Mercurialis ovata*) reicher mit Arten ausgestattet (zusätzlich hier die praealpide *Polygala chamaebuxus*) als im Donauzug der Schwäbischen Alb (Tab. 300/3 Ba, 3 Bc; Vikariante mit *Helleborus foetidus* und *Lonicera alpigena*), in dem bereits *Mercurialis ovata, Hierochloë australis, Cornus mas* und *Polygala chamaebuxus* ausgefallen sind, dafür aber als Zeichen der Annäherung an den Quercion pubescenti-petraeae *Helleborus foetidus* und selten *Quercus pubescens*-Zwischenformen (ob zu *Quercus robur*?) hinzukommen sowie die praealpide *Lonicera alpigena* auftritt.

Das Cytiso-Quercetum roboris besiedelt sehr steile Hänge, Felsköpfe oder Verebnungen der Felsflanken im Bereich des Weißen Juras des Donauzugs der Fränkischen und Schwäbischen Alb. Meist handelt es sich um Traufwald oder kleinere Buschwaldflecken; ausgedehnte Bestände sind selten. Die Bestände sind ausgesprochen schlechtwüchsig, erreichen selten eine Bestandshöhe von 10–15 m, meist nur eine von 5–10 m. Bestandsbildende Baumart ist, worauf schon Gauckler 1938 hinweist, *Quercus robur*; *Quercus petraea* ist relativ selten oder fehlt wie im Donauzug der Schwäbischen Alb weitgehend, wofür aber dort selten *Quercus pubescens*-Zwischenformen auftreten. Beigemischt sind häufig *Sorbus aria, Fagus sylvatica* und *Fraxinus excelsior* (letztere beide kümmernd und häufig dürre Äste und Wipfeldürre aufweisend), seltener *Sorbus torminalis, Acer campestre, Carpinus betulus, Tilia platyphyllos, Pyrus pyraster* u. a. Über die Waldkiefer *(Pinus sylvestris)* als natürliche Baumart der Assoziation kann nichts Sicheres ausgesagt werden; denkbar wäre ein einzelstammweises Vorkommen, denn in beiden Teilgebieten der Assoziation erscheinen auf noch extremeren Standorten Kiefern-Gesellschaften (Cytiso-nigricantis-Pinetum Br.-Bl. 32, Coronillo vaginalis-Pinetum Richard 72). Die nie dicht schließende Baumschicht läßt meist genügend Licht durch, was eine gut ausgebildete Strauch- und Krautschicht ermöglicht.

Bei der Vikariante mit *Polygala chamaebuxus* und *Mercurialis ovata* der Fränkischen Alb kann eine Subassoziation mit *Dictamnus albus* (Tab. 300/3 Aa) der besonders xerothermen

Standorte von einer typischen Subassoziation (Tab. 300/3 Ab) weniger extremer Standorte unterschieden werden. Ganz entsprechend findet man bei der Vikariante mit *Helleborus foetidus* und *Lonicera alpigena* der Schwäbischen Alb eine Subassoziation mit *Stachys recta* (Tab. 300/3 Ba; *Dictamnus albus* fehlt hier) und eine typische Subassoziation (Tab. 300/3 Bc). Auf wechseltrockenen, etwas saueren Böden (meist Terra fusca) der Felsschultern tritt hier außerdem noch eine Subassoziation mit *Molinia arundinacea* (Tab. 300/3 Bb) auf.

4. Ass.: Potentillo albae-Quercetum petraeae Libb. 33 n. inv. Oberd. 57 em. Müller

(Dictamno-Sorbetum Knapp 42 p. p., Clematido rectae-Quercetum collinum Oberd. 57 p. p., Dictamno-Quercetum Förster 68 p. p., Galio sylvatici-Quercetum Förster 68 p. p.)

Der ostmitteleuropäisch-subkontinentale Eichen-Trockenwald (Tab. 296/4; 301)

Diese Gesellschaft hat in Süddeutschland ihren Verbreitungsschwerpunkt im fränkischen Raum (bei Oberdorfer 1983 Mn: Mainfränkische Platten, mit Tauberland, Windsheimer Bucht, Grabfeld und Steigerwald-Vorland; teilweise auch Fr: Fränkisches Keuper- und Liasland mit Steigerwald, Haßberge und Frankenalbvorland). Von hier aus reicht sie aber ausläuferartig über die Fränkische Alb bis in das nördliche Alpenvorland, in das mittlere Neckargebiet und erreicht sogar das nördliche oberrheinische Hügelland (rheinhessisches Hügelland: Gaualgesheimer Kopf) und die südliche Oberrheinebene (Colmarer Trockengebiet). Bisher wurde das, was hier als Subassoziation mit *Polytrichum formosum* (Tab. 301/4 Ca, 4 Cb) von ± saueren, oft zugleich wechseltrockenen Standorten gefaßt wurde, allein als Potentillo-Quercetum beschrieben. Die Eichen-Trockenwälder auf ± kalkreichem Untergrund (Tab. 301/4 A, 4 B) dagegen wurden von Felser (1954) als Dictamno-Sorbetum, von Oberdorfer (1957) als Clematido rectae-Quercetum collinum und von Förster (1968, 1979) als Dictamno-Quercetum bezeichnet. Auch wenn die Kennart *Potentilla alba* ihren Schwerpunkt in der Subassoziation mit *Polytrichum formosum* hat, so ist das Gesamtbild der Verteilung der übrigen Kenn- und Trennarten der Assoziation und des Verbands so einheitlich, daß wir nicht zögern, beide Gruppierungen zu einer Assoziation „Potentillo albae-Quercetum" mit mehreren Subassoziationen zusammenzufassen. Das Dictamno-Sorbetum, Clematido-Quercetum oder Dictamno-Quercetum ist dann nichts anderes als eine Subassoziation mit *Dictamnus albus* (Tab. 301/4 A) des Potentillo-Quercetum an besonders xerothermen Standorten, den Subassoziationen mit *Dictamnus albus* des Quercetum pubescentipetraeae oder des Cytiso-Quercetum roboris entsprechend.

Die Kennarten des Potentillo-Quercetum sind in Süddeutschland nicht besonders häufig und weisen in der Tabelle auch keine hohe Stetigkeit auf. Man muß aber davon ausgehen, daß das Potentillo-Quercetum die Zentralassoziation des Verbands Potentillo-Quercion ist, d. h. im Grunde genommen sind weithin die Kenn- und Trennarten des Verbands zugleich solche des Potentillo-Quercetum. Die Bezeichnung „Potentillo albae-Quercetum petraeae" in der hier konzipierten Fassung ist, wie auch bei anderen Assoziationen, symbolisch zu verstehen, als Name für die ostmitteleuropäisch-subkontinentalen Eichen-Trockenwälder, die ein Gegenstück zum westsubmediterran getönten Quercetum pubescenti-petraeae darstellen. In dieser Fassung gehören z. B. die von Schubert (1972) oder von Knapp (1980) als Lithospermo-Quercetum bezeichnete wie auch die von W. und A. Matuszkiewiecz 1956 als Querco-Lithospermetum subboreale oder von Passarge 1957 als Vincetoxico-Quercetum beschriebenen Gesellschaften genau so zum Potentillo albae-Quercetum petraeae wie das „klassische" Potentillo-Quercetum ± sauerer, oft wechseltrockener Standorte (Synonyme: Trifolio alpestris-Quercetum Stöcker 65, Galio sylvatici-Quercetum Förster 68) oder das Dictamno-Sorbetum bei Felser 1954, das Clematido-Quercetum collinum Oberd. 57 und das Dictamno-Quercetum Förster 68 (ohne den Anteil des Cytiso-Quercetum roboris dictamnetosum und des Quercetum pubescenti-petraeae dictamnetosum).

In Süddeutschland tritt das Potentillo-Quercetum in einer „westlichen" Vikariante mit *Galium sylvaticum, Festuca heterophylla* und *Rosa arvensis* auf, die zugleich die Nähe zum Galio-Carpinetum anzeigen. Dabei kann man sich nicht ganz des Eindrucks erwehren, daß vermutlich gar nicht so wenige Bestände des Potentillo-Quercetum durch Nieder- oder Mittelwaldnutzung bzw. Waldweide aus Galio-Carpinetum-Beständen hervorgegangen sind. Infolge der damit verbundenen Auflichtung der Bestände konnten sich licht- und wärmebedürftige Quercetalia pubescenti-petraeae- und Potentillo-Quercion petraeae-Arten vermehrt ansiedeln und täuschen dann ein natürliches Potentillo-Quercetum vor. Real ist zwar derzeit die Potentillo-Quercetum-Artengarnitur vorhanden, aber wenn die Wälder sich selbst überlassen bleiben, durchwachsen und dichter werden, dann verschwinden diese Arten mehr und mehr, worauf auch Ellenberg 1986 hinweist. Verdächtig in dieser Richtung sind immer Bestände in ± ebener Lage bei mittlerer Wuchsleistung der Bäume (Bestandeshöhen 15−20 m oder mehr). Es soll aber nicht verschwiegen werden, daß es auch in ± ebener Lage durchaus naturbedingte Bestände des Potentillo-Quercetum geben kann, z. B. auf schweren Tonböden (Pelosole) über Gipskeuper, die sommers so stark austrocknen können, daß auf ihnen kein dicht schließender Wald mehr wachsen kann; allerdings ist dann auf diesen Standorten die Wuchsleistung der Bäume sehr gering, die Bestandshöhe bleibt deutlich unter 15 m, meist unter 10 m. Naturbedingt sind selbstverständlich die Bestände, die an südexponierten Hängen an der Trockengrenze des Waldes vorkommen und an Trockenrasen angrenzen, sei es als „Traufwald" oder als „Buschwaldflecken" (Steppenwaldinseln). Dazu gehören in erster Linie Bestände der Subassoziation mit *Dictamnus albus* (Tab. 301/4A), die meistens krüppelwüchsig sind (Bestandshöhen von 5−8 m); aber auch hier gibt es Beispiele, daß solche Bestände anthropo-zoogen sein können.

Im westlichen Bereich (mittleres Neckargebiet, rheinhessisches Hügelland, Odenwaldwestrand, Colmarer Trockengebiet in der südlichen Oberrheinebene) mit ausklingendem Potentillo-Quercetum kann eine Gebietsausbildung mit den Trennarten *Pulmonaria montana, Lonicera periclymenum, Teucrium scorodonia, Luzula forsteri,* im mittleren Neckargebiet und Colmarer Trockengebiet dazu auch noch *Quercus pubescens* grp (Colmarer Trockengebiet mit größerem Anteil von „reiner" *Quercus pubescens,* sonst Zwischenformen) ausgeschieden werden. In der Gebietsausbildung ohne Trennarten der übrigen Vorkommensgebiete können wir im mittleren Maingebiet eine auf einen kleinen Bereich (Karlburg, Homburg, Gambach) beschränkte Lokalausbildung mit *Acer monspessulanum* und *Prunus mahaleb* beobachten.

Bemerkenswert ist, daß im Potentillo-Quercetum eine ganze Reihe von Arten durchgehend vorhanden ist, wie *Stachys officinalis, Serratula tinctoria, Genista tinctoria, Peucedanum officinale, Rosa gallica, Galium boreale* u. a., die im Quercetum pubescenti-petraeae oder im Cytiso-Quercetum roboris nahezu ausschließlich auf *Molinia arundinacea*-Ausbildungen beschränkt sind.

Genauso bemerkenswert ist, daß in den Gebieten, in denen sich das Potentillo-Quercetum mit dem Quercetum pubescenti-petraeae oder dem Cytiso-Quercetum roboris, im nördlichen Alpenvorland auch mit dem Molinio-Pinetum verzahnt, es fast nur in der Subassoziation mit *Polytrichum formosum* (vor allem in deren *Molinia arundinacea*-Variante) vorkommt, so daß es zusätzlich durch deren Trennarten von den umgebenden Trockenwald-Assoziationen unterschieden werden kann (vgl. Müller 1966, Tab. 14). Eine Ausnahme machen das Colmarer Trockengebiet und das rheinhessische Hügelland, in denen das Potentillo-Quercetum auch in der Subassoziation mit *Dictamnus albus* und in der typischen Subassoziation vorkommt; diese sind aber dort so gut mit Kenn- und Trennarten des Potentillo-Quercetum bzw. Potentillo-Quercion ausgestattet (*Potentilla alba*, *Pulmonaria angustifolia*, *Serratula tinctoria*, *Melica picta*, *Stachys officinalis*, *Filipendula vulgaris* u. a.), daß die Ansprache nicht schwer fällt.

Das Vorkommen des subkontinentalen Potentillo-Quercetum im Colmarer Trockengebiet der südlichen Oberrheinebene ist erstaunlich, denn an den Vogesenkalkvorbergen wächst das submediterran getönte Quercetum pubescenti-petraeae. Issler 1951 weist aber darauf hin, daß in der Rheinebene im Gegensatz zu den Vorbergen bis in den Mai hinein Fröste auftreten können, ein ausgesprochen subkontinentaler Klimazug, der hier lokal die Ausbildung des Potentillo-Quercetum ermöglicht. Hauptbaumarten sind *Quercus petraea* und *Qu. robur,* denen sich in erheblichem Umfange *Sorbus torminalis*, *Acer campestre* und *Carpinus betulus* (s. o.!) beimengen können. Seltener sind *Sorbus aria* und *S. domestica*, *Fagus sylvatica* und *Tilia cordata*. Welche Rolle *Pinus sylvestris* im Potentillo-Quercetum spielt, kann nicht sicher beurteilt werden. Vermutlich war die Waldkiefer in der Subassoziation mit *Polytrichum formosum* − vor allem in ihrer *Molinia arundinacea*-Variante − schon immer einzelstammweise eingestreut. Durch Waldweide und Streunutzung wurde sie aber in solchen Beständen stark gefördert: Entweder konnte sie sich auf den durch die Weide gestörten Böden allein halten oder nach deren Einstellung als erster Pionier wieder ansiedeln. Außerdem wurden manche Bestandsflächen des Potentillo-Quercetum mit Waldkiefer, teilweise sogar mit Schwarzkiefer aufgeforstet. Da die Bestände des Potentillo-Quercetum im allgemeinen verhältnismäßig licht sind, sind die Strauch- und Krautschicht meist gut ausgebildet.

Die Subassoziation mit *Dictamnus albus* (Tab. 301/4A) besiedelt die wärmsten und trockensten, aber auch in der Regel basen- bzw. kalkreichen Standorte. Die Bestände grenzen häufig an Trockenrasen und sind schlechtwüchsig; sie erreichen nur ausnahmsweise Höhen über 5−8 m. Als Trennarten treten verschiedene Geranion-Saum- und Trockenrasen-Arten auf. Etwas günstiger sind die Standortsverhältnisse bei der typischen Subassoziation (Tab. 301/4B), was sich auch in der durchschnittlichen Bestandeshöhe von 8−12 (15) m ausdrückt (bei größeren Bestandeshöhen dürfte es sich um degradierte Galio-Carpinetum-Bestände handeln, s. o.). Entsprechendes gilt auch für die Subassoziation mit *Polytrichum formosum* (Tab. 301/4 Ca, 4 Cb) auf ± sauren Böden. Die typische Variante (Tab. 301/4 Cb) ist vorwiegend auf sandigen Böden (Mullartige Pararendzina) oder auf Zweischichtböden (z. B. mit Keupersandsteinmaterial überrutschte Mergelschichten) anzutreffen. Die Variante mit *Molinia arundinacea* (Tab. 301/4 Ca) ist für ausgesprochen wechseltrockene Standorte auf ± tonreichen Böden (Pelosol, Pseudogley-Pelosol, Pseudogley-Parabraunerde bis echter Pseudogley) bezeichnend und kommt hauptsächlich in Keupergebieten vor. Soweit es sich nicht um „Degradationsbestände" des Galio-Carpinetum handelt, stellt das Potentillo-Quercetum ebenso wie die übrigen Quercetalia pubescenti-petraeae-Assoziationen eine Dauergesellschaft dar, bei der keine Sukzession stattfindet.

5. Gesellschaft: Genista sagittalis-Quercus petraea-Gesellschaft (Müller)

Der Flügelginster-Traubeneichen-Buchenwald (Tab. 296/5)

Diese Gesellschaft entspricht dem von Richard 1961 vom Schweizer Jura beschriebenen Lathyro nigri-Quercetum petraeae. Unter dem gleichen Namen hat aber schon I. Horvat 1959 eine Ostryo-Carpinion orientalis-Gesellschaft publiziert, die Poldini 1988 in seiner monographischen Bearbeitung dieses Verbandes jedoch als Subassoziation einstuft. Um weiteren Untersuchungen nicht vorzugreifen, den belasteten Namen „Lathyro-Quercetum" nicht weiter zu verwenden und weil keine eigentlichen Kennarten vorhanden sind, soll sie nach der hochsteten Trennart *Genista sagittalis* vorläufig einfach als *Genista sagittalis-Quercus petraea*-Gesellschaft bezeichnet werden. Es handelt sich meist um von *Quercus petraea* aufgebaute, im Durchschnitt 4−8 m, selten 10−12 m Höhe erreichende lichte Buschwälder. Regelmäßig beigemischt ist *Sorbus aria*, seltener *Sorbus torminalis* und *Quercus robur*. Die Strauch- und Krautschicht ist in der Regel gut ausgebildet. In der Krautschicht treten einige „säureholde" Arten wie *Lathyrus niger*, *Genista sagittalis*, *Stachys officinalis*, *Carex montana*, *Trifolium alpestre*, *Trifolium medium* und *Galium boreale* hervor, die zugleich den Anschluß der Gesellschaft an den Potentillo-Quercion gestatten. Außerdem sind die Kenn- und Trennarten der Ordnung sowie Arten der Trifolio-Geranietea gut vertreten. Arten wie *Laserpitium latifolium*, *Sesleria albicans*, *Chrysanthemum adustum*, *Geranium sylvaticum* und *Centaurea montana* weisen sie als eine montane Gesellschaft aus; man könnte sie geradezu als montane Form des Potentillo-Quercetum ansprechen, wenn nicht gegenüber jenem doch deutliche Unterschiede vorhanden wären.

Die *Genista sagittalis-Quercus petraea*-Gesellschaft findet man vorzugsweise nahe des Steilabbruchs der Weiß-Jura-beta-Hochflächen auf etwas saureren, mindestens in den oberen Bodenschichten ± kalkfreien verbraunten Rendzinen bis in die höchsten Lagen der Schwäbischen Alb, z. B. noch in 950 m Höhe am Lochenhorn bei Balingen. Sie kann aber auch auf ± versauerter und kalkfreier Terra fusca und Parabraunerde-Terra fusca der Felshochflächen stehen. Teilweise tritt die Gesellschaft mit dem Quercetum pubescenti-petraeae in Kontakt, deren Bestände dann die südexponierten Hänge mit kalkreichen Böden besiedeln, während die *Genista sagittalis-Quercus petraea*-Gesellschaft die Hangkanten und Hangschultern mit den etwas saureren und ± kalkfreien Böden einnimmt. Die Böden sind durch die nahe Hangkante stark drainiert und deshalb besonders trocken; dazu kommen noch die klimatischen Unbilden in dieser exponierten Lage, so vor allem der dauernde Wind, der den Standort besonders stark austrocknet. Daraus wird verständlich, daß hier direkt nebeneinander eine submediterran getönte Gesellschaft, das Quercetum pubescenti-petraeae der Hänge, und eine subkontinental getönte, die *Genista sagittalis-Quercus petraea*-Gesellschaft der Hangkanten bzw. -schultern vorkommen können. Leider sind die Bestände dieser Gesellschaft nur auf kleinen Flächen erhalten, da das Gentiano-Brometum meist bis an die Hangkante genutzt wurde. Man sollte deshalb darauf achten, daß die wenigen kleinen Buschwäldchen erhalten werden und nicht zu Startplätzen für Drachenflieger oder Paragleiter umfunktioniert werden.

Über die weitere Verbreitung dieser Gesellschaft ist noch wenig bekannt, wie auch bis jetzt recht wenig Aufnahmematerial vorliegt. Sie dürfte aber in entsprechenden Lagen auch in anderen Gebieten vorhanden sein, wie z. B. in den Vogesen, aus denen sie Issler 1941 mit 3 Aufnahmen belegt hat, die allerdings in seiner Tabelle des „Quercetum sessilis" zwischen Aufnahmen des Betulo-Quercetum petraeae versteckt sind.

4. Ordnung: Fagetalia sylvaticae Pawlowski in Pawlowski, Sokolowski et Wallisch 28

Mesophytische, buchenwaldartige Laubwälder Europas (Tab. 302—345)

Von Th. Müller

Der Name dieser Ordnung ist symbolisch zu verstehen, denn es gehören nicht nur von der Rotbuche aufgebaute Waldgesellschaften, sondern auch solche dazu, in denen die Rotbuche nur beigemischt ist oder sogar ganz fehlt; deshalb wurde für die deutsche Bezeichnung dieser Waldgesellschaften von Oberdorfer 1957 „buchenwaldartige Laubwälder" geprägt.

Die Ordnung umfaßt mesophytische, artenreiche Laubmisch- und Buchenwaldgesellschaften Europas auf feuchten bis mäßig trockenen, überwiegend frischen Böden unterschiedlicher Bodentypen mit mittlerer bis guter Basen- und Nährstoffversorgung. Die Humuszersetzung ist (mäßig bis) gut, als Humusform findet man meistens Mull.

Die Verbreitung der Fagetalia-Waldgesellschaften reicht von Spanien und Irland im Westen bis Mittelrußland im Osten und von Südskandinavien im Norden bis nach Sizilien und dem Balkan im Süden, hier allerdings überwiegend nur noch im Gebirge. Sie besiedeln geeignete Standorte von den Tief- bis zu den Gebirgslagen, in denen sie mit Vaccinio-Piceetea- und Betulo-Adenostyletea-Gesellschaften in Kontakt treten, und können unter besonderen Bedingungen sogar die Waldgrenze bilden.

Naturnahe Bestände der Fagetalia-Wälder sind meist ziemlich geschlossene Schattwälder mit hallenwaldartiger Struktur, in denen zwar einzelne Sträucher eingestreut vorkommen können, aber eine ausgeprägte Strauchschicht in der Regel fehlt. Erst bei Auflichtung der Bestände — die natürlich, wie z. B. auf trockenen Grenzstandorten oder bei Bestandsalterung mit Bestandszusammenbruch, aber auch anthropogen sein kann wie z. B. durch Nieder- oder Mittelwaldnutzung — können sich Sträucher vermehrt ansiedeln und u. U. sogar eine ziemlich dicht werdende Strauchschicht bilden.

Die Ordnung Fagetalia enthält Waldgesellschaften, die zu den produktivsten gehören. In weiten Bereichen, so vor allem in den tieferen, weitgehend ebenen Lagen, sind allerdings die Fagetalia-Wälder gerodet, da sich ihre Standorte für die landwirtschaftliche Nutzung bestens eignen. Deshalb finden wir heute Fagetalia-Wälder überwiegend im Bergland bzw. stärker in hängigen oder aus anderen Gründen landwirtschaftlich nicht nutzbaren Lagen, sofern nicht besondere Besitzverhältnisse für ihre Erhaltung auch in landwirtschaftlich günstiger Lage gesorgt haben.

Die Ordnung Fagetalia wird im wesentlichen gekennzeichnet durch meso- und eutraphente Arten, die überwiegend auf frische bis feuchte Böden angewiesen sind (vgl. Tab. 302—345). Unter diesen sei besonders auf folgende Arten hingewiesen, mit denen die Fagetalia-Gesellschaften gut gegen solche der Quercetalia robori-petraeae und der Quercetalia pubescenti-petraeae abzugrenzen sind:

Fraxinus excelsior, Acer pseudoplatanus, Lamium galeobdolon, Phyteuma spicatum, Polygonatum multiflorum, Pulmonaria officinalis grp, *Viola reichenbachiana, Galium odoratum, Mercurialis perennis, Primula elatior, Stachys sylvatica, Ranunculus auricomus, Carex sylvatica* und *Paris quadrifolia.*

Zu den Fagetalia rechnen wir folgende 4 Verbände:

1. Alno-Ulmion minoris Br.-Bl. et Tx. 43, Auenwälder;
2. Carpinion betuli Issl. 31 em. Oberd. 57, Eichen-Hainbuchen-Wälder;

3. Tilio platyphylli-Acerion pseudoplatani Klika 55, Edellaubbaum-Mischwälder, Linden-Ahorn-Wälder, Sommerlinden-, Bergulmen- und Bergahorn-Mischwälder;

4. Fagion sylvaticae Luquet 26, Rotbuchen-, Tannen-Rotbuchen- und Tannen-Wälder (bzw. wenn der Unterverband Luzulo-Fagenion zu den Quercetalia robori-petraeae gestellt wird: Galio odorati-Fagion sylvaticae Knapp 42 ex Tx. in Tx. et Oberd. 58, Waldmeister-Rotbuchen-, -Tannen-Rotbuchen- und -Tannen-Wälder).

1. Verband: Alno-Ulmion Br.-Bl. et Tx. 43

(Alno-Padion Knapp 48)

Auenwälder (Tab. 302−308)

Von P. Seibert

Zu den Auenwäldern gehören alle Wälder im Strombereich von Flüssen und Bächen, soweit sie periodisch oder zumindest episodisch vom Hochwasser überflutet werden. Durch die Überschwemmungen erfolgt regelmäßig auch eine Sedimentation von feinsten Schwebstoffen bis zu gröberem Geschiebe, die je nach Einzugsgebiet des Fließgewässers mehr oder weniger düngend wirkt, zugleich aber auch die Bodenreifung verzögert. In der Wildflußau werden bei größeren Überschwemmungen durch Erosion vegetationsfreie Flächen geschaffen, auf denen eine Gesellschaftsentwicklung (Sukzession) von offenen Pioniergesellschaften bis zu reiferen Auenwäldern abläuft. Durch beide Vorgänge − Sedimentation und Erosion − wird die Entstehung ausgereifter Böden und damit die Entwicklung von Klimaxwäldern verhindert. Erst das Ausbleiben der Überschwemmungen durch natürliche oder künstliche Eintiefung des Flußbettes oder Abriegelung der Auenwälder durch Hochwasserdämme vermag eine solche Entwicklung in Gang zu setzen.

In den meisten Fällen haben die Auenwälder Anschluß an hochanstehendes Grundwasser; doch gibt es recht oft auch vom Grundwasser unabhängige Standorte, besonders bei hoch aufgeschütteten kiesigen Flächen, bei denen ein kapillarer Wasseraufstieg nicht möglich ist.

Nicht alle Waldgesellschaften der geschilderten Bach- und Flußauen gehören den Auenwäldern im Sinne des Alno-Ulmion an. Extrem trockene Standorte werden im Alpenvorland von Erico-Pinion- oder Berberidion-Gesellschaften besiedelt. Umgekehrt können sich in den extrem nassen Randsenken der Auen Wälder und Gebüsche des Alnion glutinosae entwickeln. Schließlich gehören auch die Weidenwälder und -gebüsche der Salicetea purpureae, die in der Sukzession den hier zu beschreibenden Auenwäldern vorangehen oder sich auch als Dauergesellschaft an immer wieder durch Wasser, Eis und Geschiebe beschädigten Ufern halten, nicht dem Verband Alno-Ulmion an.

Dagegen zählen zu diesem Verband noch einige Wälder an ständig von Wasser durchsickerten Hängen und an sehr kalkreichen Standorten von Moorrändern und Senken, die nur durch Druck- und zeitweilig über die Oberfläche stauendes Grundwasser überflutet werden.

Der Verband Alno-Ulmion, der die Auenwälder des gemäßigten Europa umfaßt, wurde schon 1943 von Braun-Blanquet und Tüxen aufgestellt und der Ordnung Populetalia albae Br.-Bl. 1931 angegliedert, setzte sich zunächst aber nicht so recht durch. Erst Oberdorfer (1953) trennte den Verband mit guter Begründung vom Fraxino-Carpinion ab, stellte ihn aber zur Ordnung Populetalia albae, wobei die Weidenauwälder als Unterverband Salicenion dem Alno-Ulmion zugeordnet blieben.

Die Abtrennung dieser Weidenwälder erfolgte gleichzeitig und unabhängig von Moor (1958) sowie Müller und Görs (1958), wobei die letzteren eingehend begründeten, daß die echten

Auenwälder am besten im Verband Alno-Ulmion Br.-Bl. et Tx. 43 zusammengefaßt und in der Ordnung Fagetalia den Verbänden Carpinion und Fagion gegenübergestellt werden.

Oberdorfer (1953) unterschied zwei Unterverbände, nämlich das
- Alnenion glutinoso-incanae für die Schwarz- und Grauerlen-Auen auf grundwassernahen, langzeitig feuchten bis nassen Standorten mit vielen Feuchtigkeitszeigern und das
- Ulmenion für die Ulmen- und Eichen-reichen Hartholzauen im tiefgelegenen (warmen) Bereich der großen Stromtäler. Nachdem sich inzwischen herausgestellt hat, daß es in Flußtälern mit kalkreichen Böden auch trockene Grauerlen-Auwälder und nasse Ulmenion-Wälder gibt, läßt sich diese Unterscheidung nicht mehr so klar aufrecht erhalten.

Trotzdem sollen die üblichen Trennarten dieser Unterverbände hier kurz genannt werden. In der Übersichtstabelle des Verbandes (Tab. 302) können sie schlecht ausgeschieden werden, da sie zum Teil als Charakterarten der Assoziationen und des Verbandes fungieren.

Trennarten des Alnenion glutinoso-incanae:

Alnus glutinosa	*Crepis paludosa*
Alnus incana	*Lysimachia nemorum*
Athyrium filix-femina	*Lysimachia vulgaris*
Caltha palustris	*Oxalis acetosella*
Chaerophyllum hirsutum	*Ranunculus repens*
Chrysosplenium alternifolium	*Rubus idaeus*
Circaea intermedia	*Senecio fuchsii*
Cirsium oleraceum	*Stellaria nemorum*

Trennarten des Ulmenion:

Acer campestre	*Malus sylvestris*
Carpinus betulus	*Populus alba*
Crataegus laevigata	*Pyrus pyraster*
Crataegus monogyna	*Quercus robur*
Hedera helix	*Ulmus laevis*
Ligustrum vulgare	*Ulmus minor*

1a. Unterverband: Alnenion glutinoso-incanae

1. Ass.: Alnetum incanae Lüdi 21

(Aceri-Alnetum incanae Beger 22, Alno incanae-Piceetum Aich. et Siegrist 30, Alno incanae-Salicetum pentandrae Br.-Bl. 50, Astrantio-Fraxinetum Oberd. 53 prov., Calamagrostio variae-Alnetum incanae Moor 58, Equiseto hyemali-Alnetum incanae Moor 58, Violo biflorae-Alnetum incanae Zoller 74, Agropyro-Alnetum incanae Br.-Bl. 75)

Der Grauerlen-Auwald (Tab. 302/1; 303)

Das Alnetum incanae ist in jüngster Zeit von Schwabe für den Schwarzwald (Schwabe 1985a) und kurz darauf für Europa (Schwabe 1985b) umfassend und gründlich bearbeitet worden. Trotzdem erscheint es lohnend, im Rahmen der hier ohnehin notwendigen Vorstellung dieser Assoziation, auf ihre Gliederung und Ökologie sowie auf andere von *Alnus incana* beherrschte Wald- und Gebüschgesellschaften näher einzugehen. Denn zusätzlich zu den rund 230 Aufnahmen von Schwabe stehen uns 550 zum größten Teil unveröffentlichte Vegetationsaufnahmen aus dem weiteren Alpenvorland zur Verfügung, die geeignet sind, zur Lösung einiger offen gebliebener Fragen beizutragen.

Das eigentliche Alnetum incanae wurde zum ersten Mal von Lüdi (1921) beschrieben. Eine größere Aufnahmezahl brachten Aichinger u. Siegrist (1930) aus den Kärntner Drau-Auen bei. Für die Systematik dieser Gesellschaft in Süddeutschland sind vor allem die Arbeiten von Müller und Görs (1958) sowie A. Schwabe (1985b) von Bedeutung. Erstere legten eine geographische Gliederung des Alnetum incanae vor, das sie in verschiedene Rassen und Höhenformen gliederten. Nach dem Gesamtüberblick über die europäischen Grauerlenwälder von Schwabe gehört das Alnetum incanae Süddeutschlands im wesentlichen zur Gebietsausbildung von Nordalpen und Vorland, Schwarzwald und Jura der Alpischen Rasse; nur die Vorkommen des Bayerischen und Böhmerwaldes sind zur Hercynisch-sudetischen Rasse und ihren Randausbildungen gestellt.

Nach dem uns vorliegenden Aufnahmematerial empfiehlt es sich, in einer Tabelle für Süddeutschland die Höhenformen vorweg zu stellen, innerhalb der hochmontanen Form die Gebietsausbildungen zu unterscheiden und hierbei Nordalpen und Vorland vom Schwarzwald zu trennen.

Demzufolge ergibt sich folgende Einteilung:

Reine *Cornus sanguinea*-Form der submontanen und montanen Stufe (in der Gebietsausbildung von Nordalpen und Vorland); (200) 300−600 m
Cornus sanguinea-Form mit *Chaerophyllum hirsutum* der montanenStufe (in der Gebietsausbildung von Nordalpen und Vorland); 400−700 m
Ranunculus aconitifolius-Form der hochmontanen Stufe; 600−1 200 m
Viola biflora-Gebietsausbildung von Nordalpen und Vorland
Lonicera nigra-Gebietsausbildung des Schwarzwaldes
Anthriscus nitida-Gebietsausbildung des Böhmerwaldes

Die *Cornus sanguinea*-Form der submontanen und montanen Stufe des Alnetum incanae ist in Höhenlagen zwischen 200 und 600 m verbreitet, wobei nicht sicher ist, ob die bei 200 m am Neckar gelegenen Bestände natürlich sind. Vor allem im Alpenvorland begleitet sie alle größeren, von den Alpen her kommenden Flüsse, ist aber auch an kleineren Fließgewässern des Alpenrandes zu finden. Sie unterscheidet sich von der hochmontanen Höhenform durch eine ganze Reihe von Trennarten, unter denen sich zahlreiche, meist wärmeliebende Sträucher befinden, von denen *Cornus sanguinea* den Trennartenblock anführt. Auch *Salix alba, Ulmus minor, Populus nigra* und *Quercus robur* gehören zu diesen Arten des Tieflandes. Ferner beschränken sich die Feuchtigkeits- und Auwaldzeiger der *Circaea lutetiana*-Gruppe auf die *Cornus sanguinea*-Form.

Die Artengruppe von *Rubus caesius* deutet darauf hin, daß das Alnetum incanae in der submontanen und montanen Stufe ausschließlich auf kalkreichen Standorten vorkommt. Die Gruppe geht auch in die hochmontane Stufe, aber nur in kalkreichen Gebieten wie Kalkalpen, Flysch und dem Muschelkalkabschnitt der Wutachschlucht.

Die *Cornus sanguinea*-Form mit *Chaerophyllum hirsutum* enthält schon einen Teil der Arten, die für die hochmontane Höhenform als Differentialarten gelten. Ihre Bestände gehen nicht tiefer als 400 m.

Daß *Alnus incana* als montane Baumart bestandbildend soweit ins Alpenvorland vordringt, dürfte vor allem darauf zurückzuführen sein, daß auf ihren wenig reifen, kalkreichen, meist kalkoligotrophen Standorten die Schwarzerle *(Alnus glutinosa)* nicht gedeihen kann und deshalb weder als Konkurrent noch als eine die Artenkombination prägende Art auftritt.

Wegen deutlicher Unterschiede bei Struktur, Standort, Gliederung und Gesellschaftsentwicklung sollen die beiden Höhenformen hier getrennt behandelt werden.

Die Baumschicht der *Cornus sanguinea*-Form des Alnetum incanae wird von der Grauerle beherrscht, deren Stämme schlank und meist ziemlich astrein sind. Häufig stehen sie infolge des Stockausschlagbetriebs truppweise beisammen und erreichen eine Höhe von 10−15 m. Als Relikt aus dem Salicetum albae halten sich gelegentlich 20−30 m hohe Silberweiden über den Erlen. Oft finden sich in der Baumschicht auch Traubenkirschen und Eschen. In den tieferen Lagen übernimmt jedoch die Esche allmählich die Vorherrschaft und erreicht dann oft mit langschäftigen, astreinen Exemplaren Baumhöhen bis 25 m. Diese der ganzen Artenkombination nach zum Alnetum incanae zu rechnenden Bestände wurden von Seibert (1962) und anderen Autoren als Eschenau (Alnetum incanae loniceretosum) bezeichnet. In den älteren Stadien spielt auch *Acer pseudoplatanus* eine wichtige Rolle, freilich nicht an den kalkoligotrophen Flüssen.

Die Strauchschicht, in der zunächst *Sambucus nigra* auftritt, wird mit zunehmendem Alter immer geschlossener und artenreicher. Am dichtesten wird sie in der trockenen Subassoziation mit *Carex alba*.

Das Alnetum incanae ist auf flußnahen Terrassen verbreitet, die vor den Flußregulierungen alle paar Jahre überschwemmt wurden. Der Bodentyp ist in der Regel eine hellgraue oder graue Kalkpaternia, oft mit mehr oder weniger deutlichen Gleymerkmalen. Als Bodenart findet sich Sand, am häufigsten reiner oder anlehmiger Feinsand über Kies.

Standörtlich bedingt können drei Subassoziationen unterschieden werden: Alnetum incanae caricetosum albae, A. i. typicum und A. i. phragmitetosum.

Bei der typischen Ausbildung liegt die Mächtigkeit des Oberbodens mindestens bei 60 cm. Bei geringerer Feinsandauflage oder gröberer Körnung des Oberbodens entwickelt sich das A. i. caricetosum albae, dessen trockenste *Carex flacca*-Variante zu einer *Alnus incana*-Berberidion-Gesellschaft überleitet. Durch Grundwasseranschluß oder höhere Niederschläge kann die Oberbodenmächtigkeit kompensiert werden. Grundwasserstände, die weniger als 40 cm unter Flur liegen, bedingen die Ausbildung des A. i. phragmitetosum, das auf einem Paternia-Gley oder Gley stockt. Diese Einheit konnte wegen des z. T. komplexen Ausgangsmaterials in der Tabelle nur andeutungsweise dargestellt werden.

Erst im A. i. typicum kommen die Feuchtigkeits- und Auwaldzeiger richtig zur Geltung. Die von *Circaea lutetiana* angeführte Trennartengruppe bleibt dabei auf die kalkreichen Auen des Alpenvorlandes und der Wutachschlucht beschränkt, während die Gruppe mit *Urtica dioica* auch im Alnetum incanae der Silikatgebirge vorkommt. Die Böden sind oft nährstoff- und nitratreich. Selbst auf kalkoligotrophen Standorten reicht die Stickstoffbindung durch *Alnus incana* aus, um den sog. nitrophilen Arten der Bodenschicht das Leben zu ermöglichen. Sowohl bei der Reinen als auch bei der *Cornus sanguinea*-Form mit *Chaerophyllum hirsutum* läßt sich neben der Reinen eine *Allium*-Variante ausscheiden, die auf besonders gute Nährstoffversorgung hinweist.

Das Alnetum incanae der *Cornus sanguinea*-Form steht in der Gesellschaftsentwicklung (Sukzession) zwischen Weichholzauenwäldern und -gebüschen der Salicetea purpureae und eschenreichen Hartholzauwäldern. Etwa unterhalb von 550 m Meereshöhe geht ihm der Silberweiden-Auwald voraus, die Entwicklung geht weiter zum Querco-Ulmetum. Dieser Entwicklung entsprechen innerhalb des Alnetum incanae Initialphasen mit *Salix alba* und eschenreiche Phasen (Eschenau), die zum Querco-Ulmetum überleiten. Über 550 m geht dem Grauerlen-Auwald ein Salicetum elaeagni voraus; die Weiterentwicklung führt über eine *Acer pseudoplatanus*-Phase zum Adoxo-Aceretum = Aceri-Fraxinetum (Seibert 1969), das in diesen Höhenlagen die Rolle des Hartholzauenwaldes übernimmt. An der Isar liegt die Grenze zwischen diesen verschiedenen Sukzesssionsserien im Stadtbereich von München.

Die *Ranunculus aconitifolius*-Form erstreckt sich in Höhenlagen zwischen 600 und 1200 m. Durch die Artengruppen mit *Chaerophyllum hirsutum* und *Ranunculus aconitifolius* ist sie gut von der *Cornus sanguinea*-Form abgegrenzt, deren Trennarten ihr fast ganz fehlen, wenn man von der verhältnismäßig tief gelegenen Wutachschlucht absieht. Ihre verschiedenen Gebietsausbildungen liegen in Gebieten mit unterschiedlichem Ausgangsgestein. Die *Viola biflora*-Ausbildung von Nordalpen und Vorland wächst auf Ablagerungen kalkreicher Gebirge: Kalkalpen und ihre Moränen und Flyschberge, wobei diese mit ihren silikatreicheren Schichten eine Übergangsstellung einnehmen. Von den wenig steten Differentialarten ist neben *Viola biflora* nur *Petasites paradoxus* aus den subalpinen Schuttfluren hervorzuheben. Deutlicher sind die Gebietsausbildungen des Schwarzwaldes und des Böhmerwaldes gekennzeichnet. Gemeinsam haben sie Arten, die sauer verwitterndes Substrat bevorzugen, wie *Polygonum bistorta* und *Viola palustris*. Auch die Arten der *Lonicera nigra*-Gebietsausbildung des Schwarzwaldes sind azidophil oder gehören den Hochstaudenfluren an. Die *Anthriscus nitida*-Gebietsausbildung des Bayerischen und Böhmerwaldes ist deutlich durch Arten der östlichen Mittelgebirge gekennzeichnet: z. B. *Anthriscus nitida, Doronicum austriacum.*

Die Vorkommen des Alnetum incanae in diesen beiden silikatischen Mittelgebirgen sind beschränkt. Im Schwarzwald liegen sie in Bachtälern südöstlich und östlich des Feldbergs, im Bayerischen und Böhmerwald ersetzt die Gesellschaft lokal, z. B. bei Zwiesel, das Stellario-Alnetum. Wesentlicher Klimafaktor scheinen Kaltluftansammlungen in diesen Tälern zu sein (Schwabe 1985b); die Bachsedimente dürften auch im Kristallin basenreicher als die des Stellario-Alnetum sein.

In dem hochmontanen Verbreitungsgebiet dieser Höhenform sind nur noch schmale Bachtäler vorhanden, in denen Kies- und Schotterablagerungen von Sand durchsetzt oder überlagert sind und die Waldbestände kaum 10 m Breite erreichen. Bodentypen sind Rambla und Paternia mit allen Übergängen. Spuren von Vergleyung gibt es nur in der nasseren Variante mit *Caltha palustris*. Überschwemmungen finden in der Regel mehrmals im Jahre statt, dauern aber jeweils nur kurze Zeit.

In der Sukzession gehen der hochmontanen Form des Alnetum incanae am häufigsten *Petasites hybridus*-Bestände, an feuchteren Stellen auch *Phalaris arundinacea*-Röhrichte voraus. Bei Kalkgestein kann auch ein Salicetum elaeagni als Pioniergesellschaft vorgeschaltet sein. Wo das Alnetum incanae nicht als Dauergesellschaft bleibt, geht die Weiterentwicklung zum Adoxo-Aceretum oder verwandten ahornreichen Gesellschaften.

Andere von Grauerle (Alnus incana) beherrschte Waldgesellschaften

Wenn auch das Alnetum incanae die wichtigste der von *Alnus incana* beherrschten Pflanzengesellschaften ist, so tritt diese Baumart doch auch in anderen Assoziationen dominierend auf, sowohl in solchen, die dem Alno-Ulmion angehören, als auch anderen, die nicht einmal zur Klasse Querco-Fagetea zu rechnen sind. Um das zu verstehen, muß man wissen, daß die Grauerle nicht nur oberhalb einer gewissen Meereshöhe (in Süddeutschland ca. 800 m) die Schwarzerle *(Alnus glutinosa)* ersetzen kann, sondern daß sie auch in tiefer gelegenen Gebieten an die Stelle dieser Baumart tritt, wenn die Standorte sehr kalkreich, insbesondere wenn sie kalkoligotroph sind.

In der montanen Stufe des Alpenvorlandes findet man *Alnus incana* in anderen Auwaldgesellschaften der Schwarzerle beigesellt: im Carici remotae-Fraxinetum und im Pruno-Fraxinetum. Auf Standorten, die denen des Carici remotae-Fraxinetum vergleichbar sind, wird sie im Flyschgebiet des Alpenrandes oberhalb 800 m alleinherrschend — Esche und Schwarzerle fallen hier höhenbedingt aus — und bildet die *Carex remota-Alnus incana*-Gesellschaft (vgl. 3. Ges.).

Während es sich hierbei immer noch um Alno-Ulmion-Gesellschaften handelt, müssen andere von der Grauerle gekennzeichnete Waldgesellschaften anderen höheren Vegetationseinheiten zugerechnet werden:

Der Grauerlen-Hangwald (*Alnus incana*-Fagion-Gesellschaft) bildet auf Hangrutschstandorten in 800 bis 1 100 m Meereshöhe eine Pioniergesellschaft, die keine Alno-Ulmion-Arten enthält.

In Südddeutschland wurde dieser Wald von Siede (1960) als Sanikel-Grauerlenwald aus dem alpennahen Flyschgebiet beschrieben. Die Entwicklung dieser niedrigen Pionierwäldchen, die neben reichlich *Brachypodium sylvaticum* auch Lehmzeiger wie *Sanicula europaea* und *Lysimachia nemorum* enthalten, führt weiter zum Galio-Abietetum, z. T. auch zum Galio odorati-Fagetum. Wegen der Verwandtschaft zu diesen Gesellschaften muß der Sanikel-Grauerlenwald zum Fagion gestellt werden, zumal ihm Alno-Ulmion-Arten fehlen.

Aus dem Schwarzwald erwähnt Schwabe (1985b) Hang-Erlenwäldchen als Ersatzgesellschaften des Luzulo-Abietetum. Diese sind durch Säurezeiger wie *Vaccinium myrtillus* und *Deschampsia flexuosa* gekennzeichnet, stehen aber trotzdem ihrer gesamten Artenkombination nach dem Fagion näher als dem Vaccinio-Piceion.

Der Grauerlen-Sumpfwald (*Myosotis palustris-Alnus incana*-Gesellschaft Conrad 1987), den auch Schwabe (1985b) aus anderen Gebieten erwähnt, kommt im Alpenvorland auf nassen kalkreichen, oft kalkoligotrophen Standorten vor, auf denen *Alnus incana* die Schwarzerle ersetzt. Solche Standorte finden sich am Rand von Niedermooren, aus denen die Gesellschaft eine Reihe von Arten enthält, oder sie sind im Kontakt mit Phragmitetalia-Gesellschaften an Altwasserarmen zu finden. Conrad (1987) beschreibt 12—18 m hohe Bestände des Grauerlen-Sumpfwaldes vom unteren Inn, die zwischen der Weidenau und den Röhrichtbeständen der Altwasserarme siedeln. Strauch- und Krautschicht sind der des Silberweiden-Auwaldes (Salicetum albae) ähnlich. Doch hat *Salix alba* in dem dichten Röhricht- und Seggenbewuchs keine Möglichkeiten zu keimen und überläßt der Grauerle das Feld. Außer *Impatiens noli-tangere* enthalten diese Wälder keine Querco-Fagetea-Arten.

Während die Grauerlen-Sumpfwälder der Niedermoorränder dem Alnion glutinosae nahestehen dürften, müssen die zuletzt genannten, im Kontakt mit Phragmitetalia-Gesellschaften wachsenden, in die Nähe des Salicion albae gestellt werden.

Aus dem Alpenvorland, nämlich vom Lech (Bresinsky 1959) und von der Isar (Seibert 1958; Kiefern-Grauerlenwald, Weiden-Grauerlenwald), liegen Tabellen vor, die nach der heutigen Auffassung nicht zum Alnetum incanae gerechnet werden können (vgl. auch Schwabe 1985b). Sie enthalten neben Erico-Pinetea- und Festuco Brometea-Arten auch solche des Salicion elaeagni und der Ordnung Prunetalia spinosae, der sie insgesamt noch am nächsten stehen, insbesondere mit den Aufnahmen von Bresinsky, die auch *Hippophaë rhamnoides* enthalten. Diese *Alnus incana*-Berberidion-Gesellschaft schließt floristisch und ökologisch an den trockenen Flügel des Alnetum incanae an.

Bach-Erlen-Eschenwälder quelliger Standorte und rasch fließender Bäche

Die Bach-Erlen-Eschenwälder sind aus zahlreichen Gegenden des westlichen und mittleren Europa beschrieben und unter dem Namen „Carici remotae-Fraxinetum" geführt worden. Auch aus Süddeutschland liegt eine Reihe von Tabellen verschiedener Autoren vor.

Nach dem heutigen Kenntnisstand empfiehlt es sich, drei oder vier Gesellschaften zu unterscheiden, die bisher alle unter der Bezeichnung „Carici remotae-Fraxinetum" geführt wurden:

— das eigentliche Carici remotae-Fraxinetum mit *Fraxinus excelsior* und *Alnus glutinosa* in der Baumschicht;

— das Equiseto telmatejae-Fraxinetum mit vorherrschend *Fraxinus* in der Baumschicht und oft dominierendem *Equisetum telmateja* in der Krautschicht an sehr kalkreichen Quellhängen und Quellfluren, im klassischen Fall ohne *Alnus glutinosa* und *Carex remota;*

— die *Carex remota-Alnus incana*-Gesellschaft mit vorherrschender *Alnus incana* in montanen Lagen des südlichen Alpenvorlandes und des Alpenrandes, besonders der Flyschberge;

— eine weitere, vielleicht als *Carex remota-Alnus glutinosa*-Gesellschaft zu fassende Einheit nur mit *Alnus glutinosa* im Rheinischen Schiefergebirge, deren Behandlung einer großräumigeren Bearbeitung überlassen werden muß.

Nachschrift des Herausgebers (1991):
Diese an basenarme, bodensaure und zugleich luftfeuchte Standorte gebundene Gesellschaft ist auch im Südwesten des Gebietes durch Aufnahmen von G. Philippi (n. p.) aus dem Schwarzwald, der Pfalz und den benachbarten Vogesen belegt. Sie vermittelt zum Alnion (Sphagno-Alnetum) und hat subatlantischen Charakter. Da sie keine eigenen Charakterarten besitzt und überdies arm an soziologisch signifikanten Arten ist, kann sie nicht als Assoziation, sondern nur als Gesellschaft (*Carex remota-Alnus glutinosa*-Gesellschaft) im Rahmen der Gruppe der Bach-Eschenwälder ausgewiesen werden. Einerseits besitzt sie neben *Carex remota* und *Lysimachia nemorum* nur noch wenige oder gar keine Fagetalia-Arten — auch *Fraxinus excelsior* tritt völlig zugunsten der Schwarzerle zurück — andererseits fehlen im allgemeinen auch gute Alnion-Arten mit größerer Stetigkeit, wenn die Gesellschaft auch mit gelegentlichen *Sphagnum*-Arten, mit *Blechnum* oder *Molinia arundinacea* floristisch-strukturell an das Sphagno-Alnetum gemahnt.
    Neuerdings ist der Typus von Liepelt und Suck (1990) aus der Hocheifel (p. p.) als Lysimachio nemori-Alnetum glutinosae beschrieben worden. Dabei werden deren Bestände wie in Frankreich (vgl. Lemée 1937) von der euatlantischen, in Süddeutschland fehlenden *Carex laevigata* begleitet, die hier im Grenzbereich des Alno-Ulmion so gut, wenn nicht noch besser gedeiht als im Sphagno-Alnetum des Alnion. Und das, was Lemée 1937 als Alneto-Caricetum remotae bezeichnet hat, ist der Hauptsache nach ein artenreiches Carici remotae-Fraxinetum im Sinne der hier dargestellten Definition des Begriffes.

2. Ass.: Equiseto telmatejae-Fraxinetum Oberd. ex Seib. 87

(Carici remotae-Fraxinetum equisetetosum)

Der Riesenschachtelhalm-Eschenwald (Tab. 302/2; 304/2 a, b)

Schon 1957 deutete Oberdorfer an, daß es vielleicht angebracht sei, die schachtelhalmreiche Ausbildungsform des Carici remotae-Fraxinetum als eigene Assoziation zu fassen. Sein Carici remotae-Fraxinetum equisetetosum enthielt aber immerhin noch *Carex remota* mit Stetigkeit V und *Alnus glutinosa* mit I. Inzwischen sind aber Aufnahmen aus verschiedenen Gebieten Süddeutschlands bekannt geworden, die beide Arten nicht enthalten und die Aufstellung einer eigenen Assoziation zwingend machen.
    Equisetum telmateja ist ein ausgesprochener Kalkzeiger, der gerne im Kontakt mit *Cratoneuron*-Quellfluren auftritt. *Carex remota* meidet diese Bereiche ebenso wie *Alnus glutinosa*. Beide vermögen stattdessen auch auf schwach sauren Standorten zu gedeihen.
    Der Riesenschachtelhalm-Eschenwald entwickelt sich vor allem an wasserzügigen Hängen. Die dominierende Baumart ist die Esche, die von einzelnen Bergahornen begleitet wird. Die

Bestände sind selten dicht, oft locker und von baumlosen *Equisetum*-Beständen und *Cratoneuron*-Quellfluren unterbrochen. Eine Strauchschicht ist kaum angedeutet.

Standorte sind von sauerstoffreichem Quellwasser durchsickerte kalkreiche Lehmböden vom Typ des Hanggley.

Vom Equiseto-Fraxinetum zum Carici remotae-Fraxinetum gibt es alle Übergangsstufen. Zuerst stellt sich *Carex remota* ein, dann *Alnus glutinosa* mit einer ganzen Abfolge weiterer Differentialarten, die überwiegend den Querco-Fagetea, mit zwei Arten dem Magnocaricion angehören. Dementsprechend wurden 2 Subassoziationen ausgeschieden: das E.-F. typicum, das auch *Carex remota* enthalten darf, und das E.-F. alnetosum glutinosae mit den erwähnten zahlreichen Differentialarten, von denen die Schwarzerle die Baumschicht bereichert. Seebald (1974) unterscheidet noch ein „molinietosum arundinaceae", das aber nur im Keupergebiet auftritt und für die wechselfeuchten Tonböden dieser Formation charakteristisch ist. Auch das Equiseto-Fraxinetum ist als Dauergesellschaft anzusehen.

3. Ges.: Carex remota-Alnus incana-Gesellschaft Feldner 78 corr. Seib. 87

(Carici remotae-Fraxinetum, alpine Höhenform Pfad. 69, Carici remotae-Alnetum incanae Feldner 78)

Der Winkelseggen-Grauerlenwald (Tab. 302/3; 304/3 a, b)

In den bayerischen Flyschbergen sind bei hohen Niederschlägen und zwischen Mergeln, Tonen und Sandsteinen wechselnden Schichtenfolgen in hohem Maße Quellhorizonte ausgebildet, deren Wasser in schmalen Rinnsalen oder Bächen zu Tal fließt. Somit ist die Situation für Wälder quelliger und wasserzügiger Standorte ausgesprochen günstig. Mit Höhenlagen von 800 bis 1 350 m sind diese Standorte jedoch für Esche und Schwarzerle nicht mehr geeignet. An ihre Stelle tritt die Grauerle.

Da keine eigentlichen Kennarten vorhanden sind, soll nur eine *Carex remota-Alnus incana*-Gesellschaft ausgeschieden werden. Feldner (1978) dagegen spricht von einer Assoziation „Carici remotae-Alnetum incanae". Im Gegensatz zum Carici remotae-Fraxinetum ist dieser Gesellschaft auch regelmäßig *Equisetum telmateja* beigemischt, weil der Kalkgehalt des Wassers genügend hoch ist.

In der Baumschicht dominiert die Grauerle, die je nach Entwicklungsstand 6 bis 12 m Höhe erreicht. Vereinzelt kann die Fichte, in den tieferen Lagen auch die Esche beigemischt sein. In der Krautschicht überwiegen Seggen: *Carex remota* und *C. pendula* als Kennarten; besonders im Ammergebirge tritt *Carex paniculata* hinzu und verleiht der Gesellschaft einen anderen Aspekt. *Mentha longifolia* und andere Feuchtigkeitszeiger sind weitere das Bestandesbild bestimmende Arten.

Zu *Alnus incana* gesellen sich als Differentialarten mehrere Pflanzen, die im Alnetum incanae als Trennarten einer Höhenform angesehen wurden: *Chaerophyllum hirsutum, Senecio alpinus* und *Viola biflora*. So ist es zu verstehen, daß Pfadenhauer (1969) diese Gesellschaft als Höhenform des Carici remotae-Fraxinetum aufgefaßt hat.

Es wurde neben der typischen nur noch eine *Agrostis*-Ausbildung unterschieden, die Feldner (1978) aus den Ammergauer Bergen beisteuert. Anscheinend handelt es sich um eine beweidete Ausbildungsform. Andere Autoren unterscheiden wieder ein „calthetosum", das aber, wie beim Carici remotae-Fraxinetum, in der Tabelle nicht ausgeschieden wurde.

Auch die *Carex remota-Alnus incana*-Gesellschaft ist als Dauergesellschaft anzusehen.

4. Ass.: Carici remotae-Fraxinetum W. Koch 26 ex Faber 36

Der Winkelseggen-Erlen-Eschenwald (Tab. 302/4; 304/4 a—c)

Der Winkelseggen-Erlen-Eschenwald ist meist nur als schmaler Saum an Bächen und Rinnsalen in Geländeeinschnitten und Talmulden verbreitet oder tritt an quelligen Hängen, die eigentlichen Quellfluren umschließend, auf. Grundwasserführende Schichten, die an der Hangoberfläche ausstreichen, sind hierfür die Voraussetzung. Entsprechende Standorte finden sich weit verbreitet in den mittel- und westeuropäischen Gebirgen von der submontanen bis in die montane Stufe (200—760 m). Sie sind sickernaß, kurzfristig überschwemmt und nie staunaß. Eine ausgezeichnete Sauerstoffversorgung ermöglicht einen raschen Abbau der organischen Substanz und eine gute Mineralisation. Der stark vergleyte Mineralbodenhorizont besitzt eine feuchte bis nasse Humusauflage.

In der Baumschicht sind fast nur Eschen und Schwarzerlen zu finden, die auf den genannten Standorten dicht oder locker stocken. Sehr häufig ist eine seitliche Überschirmung durch Buchen und andere Baumarten der Buchenwälder, die auf den angrenzenden Hängen wachsen. Die Strauchschicht ist gering ausgebildet. In der üppigen Krautschicht dominieren *Carex remota* und andere Feuchtigkeitszeiger.

In der Tabelle 304 sind nur drei Subassoziationen ausgeschieden. Das C.-F. equisetetosum telmatejae leitet zum Equiseto-Fraxinetum über und ist deshalb als die basenreichste Ausbildung anzusehen. Während das C.-F. typicum in dieser Hinsicht eine Mittelstellung einnimmt, ist das C.-F. dryopteridetosum etwas sauer und deshalb vornehmlich in den Silikatgebirgen zu finden. Von verschiedenen Autoren wurde außerdem ein C.-F. calthetosum ausgeschieden, das in unserer Tabelle 304 mit *Caltha palustris, Myosotis palustris, Equisetum sylvaticum, Rumex sanguineus* und *Frangula alnus* angedeutet ist, aber nicht eigens ausgeschieden wurde. Diese Subassoziation vermittelt zum Pruno-Fraxinetum.

Höhenformen wurden bei dem vorliegenden Material nicht ausgeschieden. Doch stecken in den Tabellen des C.-F. dryopteridetosum (Spalte 4c), zwei Aufnahmen aus dem Schwarzwald oder den Vogesen (Philippi n. p.) mit *Chaerophyllum hirsutum* und *Ranunculus aconitifolius,* die als Vertreter einer hochmontanen Form angesehen werden können.

Das Carici remotae-Fraxinetum ist als Dauergesellschaft anzusehen, die ziemlich stabil zu sein scheint, soweit nicht durch Hochwasserereignisse die Standorte verändert werden.

5. Ass.: Stellario nemorum-Alnetum glutinosae Lohm. 57

(Arunco-Alnetum glutinosae (Kästner 38) Tx. 57, Chaerophyllo hirsuti-Alnetum glutinosae Müll. et Görs 58)

Der Hainmieren-Schwarzerlenwald (Tab. 302/5; 305)

Das Stellario-Alnetum glutinosae wurde erstmals von Lohmeyer (1957) aus den deutschen Mittelgebirgen beschrieben; gleichzeitig erschienen einige seiner Aufnahmen bei Oberdorfer (1957). Höhenformen dieser Gesellschaft stellten Tüxen (1957) sowie Müller und Görs (1958) unter den Bezeichnungen Arunco-Alnetum bzw. Chaerophyllo hirsuti-Alnetum vor.

Die Gesellschaft ist im Ufer- und Überschwemmungsbereich schnellfließender Bäche in der submontanen und montanen Stufe der Silikatgebirge weit verbreitet. Sie bildet — am Oberlauf mehr als am Unterlauf — schmale, wenige Meter breite Saumgehölze aus; flächig ausgebildete Bestände sind selten und finden sich nur im Bergland auf feuchten und sickernassen Hängen.

Die Auen des Hainmieren-Erlenwaldes werden regelmäßig im Frühjahr überschwemmt und dabei mit Nährstoffen angereichert. In den sandig-lehmigen, oft aber auch mit Blockschutt durchsetzten Verwitterungsrückständen silikatischer Ausgangsgesteine findet eine innige Vermischung organischer und mineralischer Substanzen statt. Der Oberboden ist locker und trockener als beim Carici remotae-Fraxinetum. Bodentyp ist eine vergleyte Graue Paternia, die auf dem nassen Flügel in Gley übergehen kann.

Die Baumschicht der Bestände wird eindeutig von der Schwarzerle beherrscht, die selten 15 m Höhe überschreitet, da die Ufergehölze im Stockausschlagbetrieb bewirtschaftet werden. Die Bruchweide mit ihren charakteristischen Baumkronen ist regelmäßig beigemischt, die Esche ist um so mehr vertreten, je besser die Standorte sind; der Bergahorn tritt in der montanen Höhenform stärker in Erscheinung, in der sich auch die Bergulme der Baumschicht zugesellen kann.

Hasel *(Corylus avellana)*, Wasserschneeball *(Viburnum opulus)* und Schwarzer Holunder *(Sambucus nigra)* sind die wichtigsten Arten der Strauchschicht. Das Bild der reichgegliederten und oft lückenlos deckenden Krautschicht beherrschen feuchtigkeitsliebende Arten mit hohen Nährstoffansprüchen.

Trotz zahlreicher, von verschiedenen Autoren unternommener Gliederungsversuche ist die Artenkombination im ganzen doch recht einheitlich. Am deutlichsten zeichnen sich 2 Höhenformen ab, von denen die tieferliegende ohne besondere Trennarten von 130 bis 450 m Meereshöhe reicht. *Chaerophyllum bulbosum, Cuscuta europaea* und *Lamium album* sind Arten, die nur hier, allerdings mit sehr geringer Stetigkeit, vorkommen. Besser ist die *Chaerophyllum hirsutum*-Form mit Trennarten ausgestattet, die − wie vor allem die namengebende Art selbst, ferner *Polygonum bistorta* und *Ulmus glabra* − auf die montane Lage dieser Höhenform hinweisen, die bis 900 m Meereshöhe hinauf reicht. Daß die *Chaerophyllum hirsutum*-Form bis 250 m herabreichen kann, mag wohl daran liegen, daß es sich in diesen Fällen um enge, in höhere Berge eingeschnittene Tälchen mit Kaltluftansammlungen handelt, die zudem aus dem nahen Kontakt ihre montanen Arten geliefert bekommen. Zu dieser Höhenform müssen das Arunco-Alnetum von Tüxen (1957) und das Chaerophyllo-Alnetum von Müller und Görs (1958) gerechnet werden, wobei der von Tüxen beschriebene Wald eine Subassoziation: St.-A. aruncetosum auf blockreichem Untergrund darstellt.

Durch eine größere Zahl anspruchsvoller Arten mesophiler Laubwälder zeichnen sich die Aufnahmen aus der Rhön (Basalt) und dem Steinachtal (Muschelkalk) am Westrand des Frankenwaldes aus, ohne daß jedoch deren Stetigkeit für eine Abgrenzung in der Tabelle ausreichen würde.

Innerhalb des Querprofils der Bäche lassen sich bei grundwassernaher Bachsohle oder im Bereich stagnierenden Wassers an Altwässern nasse Subassoziationen unterscheiden: St.-A. crepidetosum (Lohmeyer 1957), St.-A. caricetosum paniculatae (Müller et Görs 1958), die der höher gelegenen typischen Subassoziation gegenüberzustellen sind.

Dagegen sind St.-A. salicetosum fragilis und St.-A. aceretosum mehr unter vegetationsdynamischen Aspekten zu sehen und deshalb besser als *Salix fragilis*-Phase bzw. *Acer pseudoplatanus*-Phase zu bezeichnen. Die Bestände der *Salix*-Phase werden an den stärker den Hochwässern und ihren zerstörenden Kräften ausgesetzten Uferböschungen oft beschädigt. Erosion und Sedimentation unterbinden die Reifung der Böden. Auch intensiver Niederwaldbetrieb kann diese Phase auf Dauer erhalten. Dagegen siedelt die *Acer pseudoplatanus*-Phase an höher gelegenen, weniger dem Hochwasser ausgesetzten Stellen mit ausreifenden Böden.

Damit ist auch schon die Stellung des Stellario-Alnetum in der Sukzession angedeutet. Salicetum fragilis und Phalarido-Petasitetum gehen der Gesellschaft voraus, die dann in der Regel als

Dauergesellschaft erhalten bleibt. Zumindest auf besseren Standorten kann jedoch die Entwicklung zum Adoxo-Aceretum = Aceri-Fraxinetum (Seibert 1969) weitergehen, wie Beispiele in der Rhön erkennen lassen.

6. Ass.: **Ribeso sylvestris-Fraxinetum Lemée 37 corr. Pass. 58**

(Alno-Macrophorbietum Lemée 37, Alnetum glutinoso-incanae Br.-Bl. 15 p. p., Alno-Fraxinetum Beauv. 34, Aegopodio-Fraxinetum Noirf. et Sougn. 61, Cirsio-Alnetum Noirf. et Sougn. 61, Alnetum glutinosae Roll 38, Ribeso sylvestris-Alnetum glutinosae Tx. et Ohba 75)

Der Johannisbeer-Eschen-Auwald (Tab. 302/6; 306)

Die Gesellschaft wurde unter sehr verschiedenen Namen beschrieben. Müller (1985) begründet eingehend die Richtigkeit der oben gewählten Bezeichnung und gibt eine ausführliche Beschreibung dieser Gesellschaft, der wir hier folgen wollen.

Das Ribeso sylvestris-Fraxinetum ist eine bachbegleitende Auwaldgesellschaft, die in den Niederlanden, Belgien und Nordfrankreich verbreitet ist und auf die angrenzenden subatlantischen Gebiete Süddeutschlands, wie Oberrheinebene, Kraichgau, Neckar-, Main- und Taubergebiet übergreift. Er ersetzt hier das Pruno-Fraxinetum, das östlich anschließt, und übernimmt aus ihm im Grenzgebiet die sonst fehlende Traubenkirsche *(Prunus padus)*.

Durch *Ribes rubrum* var. *sylvestre* ist die Gesellschaft nur schwach charakterisiert, zumal diese namengebende Art nur mit geringerer Stetigkeit auftritt. Leichter ist sie an ihrem Hochstauden-Reichtum zu erkennen, der für das Synonym Alno-Macrophorbietum den Anlaß gegeben hat.

Die Baumschicht wird in erster Linie von Schwarzerle und Esche aufgebaut, wobei die Schwarzerle auf mehr nassen, die Esche auf weniger nassen Standorten stärker hervortritt. Stieleiche, Hainbuche, Feld- und Bergahorn wie auch Feld- und Flatterulme können gelegentlich eingestreut sein. Die Baumweiden *(Salix alba, S. × rubens)* können als Relikte eines vorhergehenden Weiden-Auwaldes oder Folge von Niederwaldbetrieb angesehen werden.

Die Strauchschicht ist in naturnahen Beständen spärlich; nur bei den schmalen Ufergehölzen können *Euonymus europaeus, Viburnum opulus, Sambucus nigra* u. a. eine stärkere Rolle spielen.

Die auffälligsten Arten in der Krautschicht sind hohe Stauden und Gräser wie *Filipendula ulmaria, Deschampsia cespitosa, Cirsium oleraceum, Valeriana procurrens, Angelica sylvestris, Festuca gigantea, Lysimachia vulgaris* u. a. Nitrophile Arten sind reichlich vertreten; auch die Feuchtigkeitszeiger des Alno-Ulmion fehlen nicht.

Das Ribeso-Fraxinetum ist an Bächen und kleinen Flüssen, aber auch an Quellstellen und quelligen Sickermulden der tiefer gelegenen sommerwarmen und wintermilden Lagen Südwestdeutschlands anzutreffen. Die Standorte sind dauernd feucht bis naß und trocknen kaum aus. Gelegentliche Überflutungen bei Starkregen oder bei der Schneeschmelze sind kurz; sie bringen organisches Material, das sich rasch zersetzt und zum Nährstoffreichtum des Standortes beiträgt. Die lehmigen Böden sind meist kalkreich. Bei stets hohem Grundwasserstand finden sich als vorherrschende Bodentypen Gleye sowie autochthone und allochthone Braune Auenböden.

Müller (1985) unterscheidet zwei Subassoziationen: auf sehr nassen Standorten das R.-F. calthetosum, auf weniger nassen das R.-F. aegopodietosum.

Die Subassoziation mit *Caltha* wird durch zahlreiche Nässezeiger gekennzeichnet. Ihre Böden sind sehr naß, weich, quellig (Quellwassergley), so daß man sie mit gutem Recht auch als

Schwarzerlen-Quellwald bezeichnen kann, der trotz seiner mineralischen Böden dem Alnion glutinosae nahesteht.

Wesentlich häufiger als die genannte ist die Subassoziation mit *Aegopodium podagraria*. Die höhere Präsenz der Arten des Alno-Ulmion wie auch die nitrophilen Pflanzen deuten darauf hin, daß der Standort nicht mehr so naß ist. Die Bestände sind feucht bis frisch und liegen 0,5—2 m über dem mittleren Grundwasserspiegel.

Philippi (1982, 1983) und Müller (1985) unterscheiden innerhalb der Subassoziationen noch Varianten, die folgendes anzeigen: besonders große Nässe: Variante mit *Cardamine amara;* höhere und damit trockenere Standorte: Variante mit *Anemone ranunculoides;* hohen Nährstoffreichtum: Variante mit *Allium ursinum.*

In der Entwicklung gehen dem Ribeso-Fraxinetum Hochstaudenfluren oder Gebüschbestände des Salicion albae voraus. In der Regel bleibt das Ribeso-Fraxinetum dann als Dauergesellschaft erhalten. Nur wenn sich die Fließgewässer eintiefen und die Überschwemmungen ausbleiben, entwickelt es sich zu Stellario- oder Galio-Carpinetum weiter, die in breiteren Tälern schon heute — wenigstens als potentielle natürliche Vegetation — die Kontaktgesellschaften bilden.

7. Ass.: **Pruno-Fraxinetum** Oberd. 53

(Alnetum glutinosae Issl. 26 p. p., Querco-Carpinetum alnetosum Fab. 33 p. p., Querco-Carpinetum alnetosum Oberd. 36, Querco-Carpinetum filipenduletosum Tx. 37 p. p., Alno-Fraxinetum Oberd. 49 n. n., Piceo-Alnetum Rubn. 54)

Der Schwarzerlen-Eschen-Auwald (Tab. 302/7; 307)

Das Pruno-Fraxinetum wurde erstmals von Oberdorfer (1953) aufgestellt, nachdem frühere Aufnahmen dieser Gesellschaft verschiedenen anderen Assoziationen wie Alnetum glutinosae, Querco-Carpinetum u. a. zugeordnet waren. Oberdorfer erkannte als erster die Eigenständigkeit des Pruno-Fraxinetum, das ökologisch und soziologisch zwischen Alnion glutinosae- und Carpinion-Gesellschaften vermittelt. Dennoch weist auch diese Assoziation noch recht verschiedenartige Züge auf, was u. a. darin zum Ausdruck kommt, daß allein für Süddeutschland 20 Subassoziationen von verschiedenen Autoren genannt wurden.

Da die Assoziation sehr schlecht charakterisiert ist, weil *Prunus padus* und *Ulmus laevis* in manchen Gebieten recht selten sind oder gar fehlen, in anderen Gebieten dagegen *Prunus padus* auch stark in andere Gesellschaften übergreift, z. B. in das Alnetum incanae, Querco-Ulmetum und Adoxo-Aceretum = Aceri-Fraxinetum (Seibert 1969), wurde sie, z. B. von Welß (1985), als Zentral-Assoziation des Alno-Ulmion aufgefaßt. Ihre unbestimmte Charakterisierung veranlaßte auch manche Autoren, die in den besser charakterisierten Alno-Ulmion-Gesellschaften nicht unterzubringenden Aufnahmen beim Pruno-Fraxinetum „abzuladen". Eine Entlastung brachte die Entdeckung des Ribeso-Fraxinetum für Süddeutschland (Müller 1985) sowie auch die Forderung nach dem Vorhandensein von *Alnus glutinosa,* weil dann niemand mehr auf die Idee kommen kann, an *Prunus padus* reiche Eschen-Ahornwälder der Auen zum Pruno-Fraxinetum statt zum Adoxo-Aceretum zu stellen.

Das Pruno-Fraxinetum wurde von Oberdorfer (1953, 1957) als typische Gesellschaft der mitteleuropäischen Tieflagen beschrieben, reicht jedoch — vor allem im westlichen Alpenvorland — bis in Höhenlagen von über 900 m hinauf (Pfadenhauer 1969). Seine Vorkommen liegen in nassen Senken, Flutrinnen und verlassenen Flußschlingen breiterer Flußtäler, kleiden tief gelegene Standorte von Bachtälern der Mittelgebirge aus und finden sich in nassen Senken der

End-, Rückzugs- und Grundmoränen der Würmvergletscherung und an Moorrändern des Alpenvorlandes. Die größten zusammenhängenden Bestände sind im Mündungsgebiet der Tiroler
Achen in den Chiemsee verbreitet.

Die Standorte sind durch hochanstehendes Grundwasser (20—70 cm) geprägt, das langsam
sickernd — im Gegensatz zum quellig-lebhafter durchsickerten Standort des Carici remotae-
Fraxinetum — oder durch tonigen Untergrund gestaut sein kann und einen Schwankungsbereich
aufweist, der höher ist als der des Erlenbruchwaldes, aber geringer als der des Eichen-Ulmen-
Auwaldes. In Auenbereichen sind Überflutungen nicht selten; sie bleiben aber auch in Talsen-
ken und an Moorrändern ohne Fließgewässer nicht aus.

Bodenart und Gründigkeit können sehr unterschiedlich sein; Nährstoff- und Basengehalt
bedingen verschiedene Subassoziationen und Varianten. Bodentypen sind Pseudogleye und
Gleye bei Vorliegen reiner Mineralböden, aber auch Anmoorgley in Senken und an Moorrändern.

Die Baumschicht setzt sich aus Schwarzerle und Esche zusammen, wobei die Esche auf dem
trockeneren Flügel und auf reicheren Standorten überwiegt, die Schwarzerle dagegen auf den
nasseren und ärmeren Standorten den Vorteil hat, sofern sie nicht durch Niederwaldbetrieb
ohnehin gefördert ist. Die Flatterulme ist Charakterart der Gesellschaft, jedoch im Alpenvorland
fast nicht vorhanden. Stieleiche, Winterlinde und Hainbuche können in den tiefer gelegenen
Gebieten unter 400 m Meereshöhe einzeln beigemischt sein, besonders bei größeren Grundwas-
serabständen, Bergahorn und Fichte sind mehr in den montanen Lagen am Bestandesaufbau
beteiligt. Die namengebende Traubenkirsche hält sich mehr in der Strauch- und 2. Baumschicht
auf. In der üppigen Strauchschicht sind daneben Holunder, Hasel, Pfaffenhütchen und Heckenkirsche die wichtigsten Sträucher. Die Krautschicht ist bei den Untereinheiten sehr verschieden
ausgebildet und weist voneinander stark abweichende Aspekte auf je nach Überwiegen von
Hygrophyten des Alno-Ulmion, Filipendulion oder Magnocaricion einerseits oder mesophiler
und nitrophiler Pflanzen der Fagetalia und Artemisietea andererseits.

Da das Pruno-Fraxinetum wegen seines stärker vom Grundwasser beherrschten Standortes
mehr als beispielsweise Querco-Ulmetum oder Alnetum incanae eine stark betont azonale
Waldgesellschaft ist, lassen sich Gebietsausbildungen nur schwach erkennen. Zwei Höhenformen sind jedoch durch die *Humulus lupulus*-Trennartengruppe für das Tiefland (90—400 m)
und die *Chaerophyllum hirsutum*-Gruppe für das Bergland (350—930 m) wenigstens angedeutet. Ihre Trennarten erreichen insgesamt nur geringe Stetigkeiten und kommen zum Teil — wie
Carpinus betulus und *Stellaria holostea* — nur in dem trockeneren und damit zonal, dem
Allgemeinklima gegenüber empfindlicheren Flügel der Gesellschaft vor. Die Artengruppe von
Aconitum vulparia betont noch stärker den montanen Charakter einer im Alpenvorland lebenden Höhenausbildung.

In Tabelle 307 erkennt man bei beiden Höhenformen eine ähnliche Untergliederung. Neben
einer typischen Subassoziation gibt es eine nährstoffreiche: P.-F. allietosum, deren Trennarten
auschließlich Frühjahrsgeophyten sind: neben *Allium ursinum* nämlich *Arum maculatum, Anemone ranunculoides, Adoxa moschatellina* und *Leucojum vernum.*

Das P.-F. phalaridetosum ist die nasse Ausbildung, deren Trennarten zum größten Teil dem
Magnocaricion-Verband angehören. Sie vermittelt floristisch *(Lycopus europaeus)* und standörtlich zu den Schwarzerlen-Bruchwäldern. *Carex acutiformis* ist in der *Humulus lupulus*-Form nur
mit einem Teil des P.-F. phalaridetosum verbunden, der als *Carex acutiformis*-Variante aufgefaßt werden kann. Sie ist vermutlich an etwas basenreichere Standorte gebunden.

Carex brizoides kommt im Pruno-Fraxinetum häufig vor und fällt durch seine Faziesbildung
auf.

Solche von *Carex brizoides* beherrschten Bestände wurden deshalb im Moränengebiet des Alpenvorlandes gelegentlich als Subassoziation ausgeschieden, die feinerdereiche, zur Verdichtung neigende, zugleich auch basenärmere Standorte besiedelt. Hier soll diese Einheit jedoch nur als Variante des P.-F. typicum aufgefaßt werden. In Tabelle 307 sind aber nur diejenigen Aufnahmen hierfür ausgegliedert, die von den Autoren ausdrücklich als caricetosum brizoides bezeichnet wurden.

Einen Sonderfall stellt die ganz am Anfang stehende artenarme Ausbildung des Pruno-Fraxinetum dar, deren Krautschicht von *Carex brizoides* beherrscht wird. Verbands-, Ordnungs- und Klassenkennarten treten fast ganz zurück. In der Baumschicht herrscht die Schwarzerle vor, der sich nur selten andere Baumarten beimischen. Diese Ausbildung ist für die armen Granit-, Keuper- und Kreidesandgebiete des Nürnberger Beckens und der Oberpfalz beschrieben, wo sie die Bäche in den dort weit verbreiteten Kiefernforsten begleitet.

Eine ebenfalls arme Subassoziation ist das P.-F. violetosum palustris aus den höheren Lagen des Fichtelgebirges, dem die Traubenkirsche fast völlig fehlt. Einem Teil der Gesellschaft ist die Fichte beigemischt, weshalb die Autorin (Glenk-Geißendorf 1980) ihn dem Piceo-Alnetum zuordnet.

Auch der Höhenausbildung mit *Aconitum vulparia* gehören solche fichtenreichen Bestände aus dem Alpenvorland an, die von Rubner (1954) als Piceo-Alnetum benannt, später von Oberdorfer et al. (1967) wegen der in den Tabellen aufgeführten *Circaea alpina* dem baltischen Circaeo-Alnetum Oberd. 53 zugeordnet wurden. Wie Pfadenhauer (1969) feststellen konnte, handelt es sich in allen Beständen nicht um *Circaea alpina* sondern um *C. intermedia*, weshalb er diese Zuordnung verwirft und auch auf Grund der gesamten Artenkombination keinen Anlaß sieht, eine eigene Assoziation auszuscheiden. Die Eingliederung in eine eigene *Aconitum vulparia*-Höhenausbildung innerhalb der *Chaerophyllum hirsutum*-Form des Pruno-Fraxinetum scheint die Sonderstellung dieser Bestände genügend zu würdigen, wenn auch die Forstleute die astreinen, geradschäftigen Stämme dieser bis zu 30 m hohen Schwarzerlen besonders rühmen.[1]

Neben diesen in Tabelle 307 herausgestellten Untereinheiten wurden von verschiedenen Autoren noch weitere beschrieben. Lokal ist das durchaus möglich, doch gehen diese Einheiten in der vorliegenden Assoziationstabelle unter, weil sie nur lokale Gültigkeit haben. Sofern es sich nicht um Sukzessionsphasen − z. B. auf höher gelegenen Standorten mit Carpinion-Arten − handelt (P.-F. quercetosum), sind es Übergänge zu anderen Gesellschaften: P.-F. caricetosum remotae als Übergang zum Carici remotae-Fraxinetum; P.-F. chaerophylletosum bulbosi zu einer nitrophilen Saumgesellschaft der Auen, dem Chaerophylletum bulbosi. Interessant erscheint der Versuch von Sauerwein (1981), das Pruno-Fraxinetum der Flußauen floristisch von dem der anmoorigen Naßstandorte zu trennen. Der stickstoffreichere Flußauenwald enthält etwas mehr nitrophile Saum- und Gebüscharten wie *Galium aparine, Urtica dioica, Humulus lupulus* und *Sambucus nigra;* Trennarten der stickstoffärmeren Anmoorauwälder sind *Athyrium filix-femina* (daher athyrietosum), *Carex brizoides, Caltha palustris, Scirpus sylvaticus, Cardamine amara, Deschampsia cespitosa, Crepis paludosa* u. a. Diese lokal durchaus einleuchtende Einteilung läßt sich aber an anderen Orten nicht durchhalten.

---

[1] Anmerkung des Herausgebers (Oberdorfer): Zweifellos zeigen die ostbayerischen Gesellschaften, die Rübner (1954) als Piceo-Alnetum beschrieben hat, enge strukturelle Beziehungen zum osteuropäischen Circaeo-Alnetum Oberd. 53 (Fraxino-Alnetum Matusz. 52). Sie sind deshalb bei Oberdorfer (1987) noch − als nach Westen vorgeschobene Vorkommen − als *Circaea intermedia*-Rasse zum Circaeo-Alnetum gestellt worden. Da es sich um eine Grenzsituation handelt, kann aber auch die hier vom Autor (Seibert) inzwischen vorgenommene Zuordnung zum Pruno-Fraxinetum vertreten werden.

Das Pruno-Fraxinetum ist eine Dauergesellschaft nasser Fluß- und Bachtäler, kommt − vor allem im Alpenvorland − aber auch an Moorrändern vor. Nasse Ausbildungen von Weiden-Auwäldern und Gebüschen, im Alpenvorland auch des Alnetum incanae, gehen in der Sukzession voraus. Eine Weiterentwicklung zu Carpinion-Gesellschaften oder − im südlichen Alpenvorland − zum Adoxo-Aceretum ist nur bei natürlicher oder künstlicher Absenkung des Grundwasserspiegels denkbar.

1b. Unterverband: Ulmenion

8. Ass.: Querco-Ulmetum minoris Issl. 24

(Fraxino-Ulmetum (Tx. 52) Oberd. 53)

Der Eichen-Ulmen-Auwald (Tab. 302/8; 308)

Das Querco-Ulmetum ist der Hartholzauwald der größeren Flußtäler in der planaren und collinen Stufe großer Teile Europas. In Süddeutschland ist dieser hauptsächlich an Rhein und Main, ferner an der Donau und ihren von Süden her kommenden größeren Zuflüssen als potentielle natürliche Vegetation verbreitet. Reale Vorkommen gibt es am Oberrhein, am Unterlauf von Iller, Lech, Isar und Inn, an der Donau vor allem im Mündungsbereich dieser Flüsse und an den flußabwärts anschließenden Abschnitten.

Diese Gebiete unterscheiden sich klimatisch nach Temperatur und Niederschlag. Rhein- und Maingebiet liegen niedriger, sind wärmer und in ihrem Gesamtcharakter ozeanischer. Die Niederschläge sind unterschiedlich, der Anteil der Sommerniederschläge (Mai−Juli) ist geringer. Donau- und Alpenflußgebiete sind höher gelegen, kühler und kontinentaler, zugleich auch etwas montaner. Im allgemeinen sind die Niederschläge höher mit einem größeren Anteil der Sommerniederschläge, der zusammen mit der späteren Schneeschmelze in den Alpen Sommerhochwässer bedingt.

Diese Flußgebiete unterscheiden sich auch in der Zusammensetzung ihrer Sedimente. Grob gesagt werden diese am Oberrhein stromabwärts silikatreicher und bestehen am Main hauptsächlich aus Verwitterungsprodukten silikatischer Gesteine. Im schwäbisch-oberbayerischen Bereich der Donau überwiegt der Einfluß kalkreicher Sedimente, die jedoch zugleich nährstoffreich sind. Unterhalb Regensburg erhöht sich der Anteil silikatischer Ablagerungen, vor allem infolge der nördlichen Zuflüsse Naab und Regen. Die von den Alpen her kommenden größeren Nebenflüsse Iller, Lech und Isar sind ausgesprochen kalkoligotroph, während die aus den Zentralalpen stammenden Flüsse Inn und Salzach eine Zwischenstellung zwischen diesen und der Donau einnehmen.

So ergeben sich bodenchemisch deutliche Unterschiede zwischen den verschiedenen Flußgebieten. Bodentypologisch wirken sich diese aber kaum aus. Als Bodentyp überwiegt beim Eichen-Ulmen-Auwald die graubraune Kalkpaternia, die auf stärker silikatisch beeinflußten Standorten leichter in die Braune Vega übergeht als auf solchen mit hohem Kalkgehalt.

Das Querco-Ulmetum stockt auf den älteren, meist am höchsten gelegenen Auenterrassen. Für seinen Wasserhaushalt sind Körnung und Lage des Grundwasserspiegels wichtig. Meist steht im Untergrund Kies an. Die zwischen Schlick und Grobsand wechselnde Schicht, die über dem Kies liegt, bestimmt durch ihre Körnung und Mächtigkeit den Bodenwasserhaushalt. Steht der Kies bis fast oder ganz an die Oberfläche an, entwickelt sich als Bodentyp eine Borowina (Auen-Rendzina). Mit zunehmendem Grundwassereinfluß ergeben sich alle Übergänge von der Gley-Paternia bis zum Gley und Naßgley.

Von all unseren mitteleuropäischen Waldgesellschaften ist der Eichen-Ulmen-Auwald die vielseitigste nach Struktur, Artenzahl und kleinflächigem Wechsel unterschiedlicher Ausbildungen. Mit mehreren artenreichen Baum- und Strauchschichten und damit einem hohen Anteil von Phanerophyten, mit einem unregelmäßigen Kronendach, in dem einzelne Baumriesen die Höhe von 35 m überschreiten können, mit Lianen und einem warm-luftfeuchten Bestandesklima, weicht unser Auenwald von den meist baumartenarmen Wäldern Mitteleuropas stark ab und stellt sich in die Nähe warmtemperierter, ja tropischer Feuchtwälder – am deutlichsten im warmen Oberrheingebiet (Carbiener 1978).

Die wichtigsten Baumarten sind Esche, Feldulme, Stieleiche und Bergahorn, die bei allen Untereinheiten vorkommen und in die oberste Baumschicht einwachsen können. Ihre Anteile schwanken von Bestand zu Bestand recht stark, doch lassen sich in den verschiedenen Flußgebieten deutliche Unterschiede feststellen. Üblicherweise spricht man bei großklimatischen oder arealtypologisch bedingten Untereinheiten der Assoziation von geographischen Rassen. So ließe sich durchaus eine durch *Populus alba, Malus sylvestris, Tamus communis, Juglans regia, Euphorbia amygdaloides* und *Vitis sylvestris* charakterisierte Rasse des Oberrheingebietes vom übrigen Querco-Ulmetum abgliedern (vgl. Oberdorfer 1957). Die meisten dieser Arten sind aber nur auf eine trockene Subassoziation (Q.-U. caricetosum albo-flaccae) beschränkt.

Eine viel deutlichere Differenzierung in regional verschiedene Untereinheiten ermöglichen andere Artengruppen, die vorwiegend bodenchemisch bedingt sind und sich auf unterschiedliche Sedimenteigenschaften in den verschiedenen Flußgebieten zurückführen lassen. Für die hierdurch bedingten regionalen Untereinheiten möchten wir den allgemeineren Begriff „Gebietsausbildung" wählen.

Floristisch lassen sich leicht folgende Gebietsausbildungen unterscheiden:
1. *Ulmus laevis*-Gebietsausbildungen des Rhein-, Main- und niederbayerischen Donauraumes
2. *Asarum*-Gebietsausbildung des schwäbisch-oberbayerischen Donauraumes
3. Verarmte Gebietsausbildungen der Alpenflüsse

Der Differentialartenblock für die *Ulmus laevis*-Gebietsausbildungen ist wenig geschlossen, was bei solchen geographisch unterschiedenen Einheiten aber nicht weiter stört. *Ulmus laevis* und *Alnus glutinosa* greifen aus dem Pruno-Fraxinetum in unsere Assoziation über. Beide meiden kalkreiche Standorte und fehlen in den anderen Gebietsausbildungen. Ähnliches gilt auch für *Poa nemoralis* und *Crataegus laevigata*. *Populus alba* und *Malus sylvestris* verdanken ihre Anwesenheit dem wärmeren Klima (vgl. Querco-Ulmetum alnetosum glutinosae Oberd. 57).

Die Trennartengruppe um *Anemone ranunculoides* umfaßt ausschließlich Pflanzen mit hohen Nährstoffansprüchen, speziell auch an Stickstoff. Sie fehlt den verarmten Gebietsausbildungen der kalkoligotrophen Alpenflüsse.

Den Alpenflüssen und dem schwäbisch-oberbayerischen Donauraum gemeinsam ist die Trennartengruppe mit *Lonicera xylosteum*. Sie greift auch auf das Rheingebiet und den niederbayerischen Donauraum über, meidet aber sowohl die mehr silikatischen Standorte des nordbadischen und pfälzisch-hessischen Rheintales wie auch die des Mains. Sukzessionsphasen mit *Alnus incana* sind an diese Trennartengruppe gebunden.

Die Trennartengruppe von *Asarum europaeum* ist aus kalk- und zugleich nährstoffliebenden Pflanzen zusammengesetzt, die z. T. schwach montanen Charakter haben *(Aconitum napellus, Thalictrum aquilegiifolium)*. Sie ist auf die Eichen-Ulmen-Auwälder des schwäbisch-oberbayerischen Donauraumes beschränkt und kennzeichnet demnach deren Gebietsausbildung (vgl. auch Kreutzer u. Seibert 1985).

Keine eigene Trennartengruppe haben die verarmten Gebietsausbildungen der Alpenflüsse.

Innerhalb der verschiedenen Gebietsausbildungen sind Subassoziationen und Varianten zu erkennen, von denen hier nur die wichtigsten genannt werden sollen. Sie sind edaphisch – einmal durch besonders günstige Nährstoffverhältnisse, meist aber durch Unterschiede im Bodenwasserhaushalt – bedingt, die durch unterschiedliche Körnung, im feuchten Bereich auch durch verschieden hohe Grundwasserstände hervorgerufen sein können. Koinzidenzen zwischen Vegetationseinheiten und Bodenwasserhaushalt können nur innerhalb kleiner Räume mit ähnlichen Niederschlagsmengen betrachtet werden, wie Verfasser am Beispiel der Isarauen nördlich München (Seibert 1962) gezeigt hat, weil es zwischen Bodenwasserhaushalt und Niederschlagsmengen Kompensationsmöglichkeiten gibt.

Die sehr nährstoffreiche Subassoziation mit *Corydalis (cava* und *solida)* ist nur am Main ausgeschieden worden, wo es bei Schweinfurt mit dem Elmuß und Garstädter Holz die einzigen Auwaldreste gibt.

An Rhein und Donau sind die nährstoffreicheren Standorte von Ausbildungen bestockt, die durch *Arum maculatum, Allium ursinum* und *Anemone ranunculoides* gekennzeichnet werden. Diese konnten aber in der Tabelle nicht ausgeschieden werden, ohne deren Übersichtlichkeit zu beeinträchtigen (vgl. Querco-Ulmetum allietosum Oberd. 57).

Die durch Körnung und Feuchtigkeitsunterschiede bedingten Subassoziationen und Varianten sind in den verschiedenen Gebietsausbildungen mehr oder weniger ähnlich.

Zunächst ist die Typische Subassoziation zu nennen, die mit frischen, feinsandig-lehmigen Böden vom Typ der (Kalk)-Paternia oder Braunen Vega im mittleren Feuchtebereich liegt.

Trockener ist die nach *Carex alba* benannte Subassoziation. In der *Ulmus laevis*-Gebietsausbildung tritt namengebend noch *Carex flacca* hinzu (Q.-U. caricetosum albo-flaccae), weil *Carex alba* im nördlichen Teil des Gebietes nicht mehr auftritt; bei den übrigen Gebietsausbildungen bleibt es beim Q.-U. caricetosum albae.

In der Trennartengruppe von *Carex alba* mag den Norddeutschen die Anwesenheit von *Frangula alnus* überraschen, da die Standorte trocken sind und einen recht hohen Basengehalt haben. Dieser Strauch ist oligotraphent, der Basengehalt der Böden ist ihm gleichgültig. Da kiesige Standorte oligotroph sind, tritt *Frangula alnus* als Trockenzeiger auf, wie viele Beispiele, besonders an den Alpenflüssen, zeigen.

Noch trockenere Standorte zeigt die Trennartengruppe um *Viola hirta* an, die auch einige Trockenrasen-Arten enthält. Bei dem oberrheinischen Material sind beide Artengruppen immer kombiniert; zusätzlich treten die Wärmezeiger der *Tamus communis*-Gruppe auf.

Bei den Böden der Reinen Variante handelt es sich in der Regel um eine sandige oder eine flachgründige Paternia; Bodentyp der *Viola hirta*-Variante ist dagegen in der Regel die Borowina.

Kiesige und damit durchlässige Standorte können gelegentlich einen hohen Grundwasserstand haben. Wenn dieser während des Jahres wechselt und zeitweilig Trockenheit eintritt, sind die Voraussetzungen für die *Viola*-Variante mit *Phalaris arundinacea* gegeben, zu deren Trennarten noch andere Ried- und Röhrichtarten gehören.

Gleichmäßig feuchte oder nasse Standorte sind dagegen vom Q.-U. phalaridetosum besetzt, dem die Differentialarten des caricetosum albae fehlen. Bodentypen sind hier Gley bzw. Naßgley. Diese Subassoziation gibt es aber nur in der *Asarum*-Gebietsausbildung des Schwäbisch-oberbayerischen Donauraumes und der verarmten Gebietsausbildung der Alpenflüsse. Im nassen Bereich des Rhein-, Main- und niederbayerischen Donauraumes tritt an ihre Stelle das Pruno-Fraxinetum, das jedoch den unmittelbaren Überschwemmungsbereich des Rheins meidet.

Der Eichen-Ulmen-Auwald ist auf den höchstgelegenen, aber gelegentlich doch noch überfluteten Auenterrassen die Dauergesellschaft. Bei Ausbleiben der Hochwässer infolge natürlicher

Vorgänge oder menschlicher Eingriffe (Eintiefung des Flußbettes, Hochwasserfreilegung durch Dammbauten) geht die Entwicklung weiter, in der Regel zu Carpinion-Gesellschaften, den Eichen-Hainbuchenwäldern.

In der Sukzession gehen dem Querco-Ulmetum andere Auwaldgesellschaften voraus, die aus Weiden *(Salix)*-Arten oder aus Grauerle zusammengesetzt sind.

Im Rhein-, Main- und niederbayerischen Donauraum fehlt die Grauerle oder tritt stark zurück mit Ausnahme einiger mehr durch kalkreiche Sedimente geprägter Teilgebiete, in denen sie in anthropogen gestörten Beständen (Bodenverletzungen, Niederwaldbetrieb) vorkommt. Hier entwickelt sich das Querco-Ulmetum unmittelbar aus dem Silberweiden-Auwald (Salicetum albae) oder gelegentlich auch aus dem Uferweidengebüsch (Salicetum triandrae).

An den Alpenflüssen dagegen geht die Entwicklung vom Salicetum albae über den Grauerlen-Auwald (Alnetum incanae) erst allmählich zum Querco-Ulmetum weiter. Auf den kalkoligotrophen Standorten dieser schon in die submontane Stufe reichenden Flußgebiete ist die Esche sehr wuchskräftig. Bevor es zum Querco-Ulmetum kommt, entwickelt sich ein von dieser Baumart beherrschter Wald, der als *Lonicera*-Phase noch zum Alnetum incanae gehört und zwischen dessen typischer Ausbildung und dem Querco-Ulmetum vermittelt.

Der schwäbisch-oberbayerische Donauraum nimmt in dieser Beziehung eine Zwischenstellung ein. Hier kommt es selten zur Ausbildung eines echten Alnetum incanae. Vielmehr bildet die Grauerle im Salicetum albae eine Endphase, die in die ebenfalls durch *Alnus incana* gekennzeichnete Initialphase des Querco-Ulmetum übergeht.

2. Verband: Carpinion betuli Issl. 31 em. Oberd. 57

Eichen-Hainbuchen-Wälder (Tab. 309—315)

Von Th. Müller

Die Bezeichnung „Carpinion betuli, Eichen-Hainbuchen-Wälder" darf nicht dazu verleiten anzunehmen, es würde sich hierbei um in erster Linie von Hainbuche *(Carpinus betulus)* aufgebaute Wälder handeln. Es sind vielmehr Eichen-Mischwälder mit *Quercus petraea* und *Q. robur,* in denen im Gegensatz zu den artenarmen Eichen-Mischwäldern (Verband Quercion roboripetraeae) oder denen der Flußauen (Querco-Ulmetum) als bezeichnende Baumart *Carpinus betulus* in wechselnder Menge hinzutritt. Zu ihr können sich weitere Baumarten gesellen wie die ebenfalls bezeichnenden *Tilia cordata* und *Prunus avium* ssp. *avium,* aber auch *Fagus sylvatica, Fraxinus excelsior, Acer campestre* und weitere.

Ein nicht unerheblicher Teil der Bestände der heutigen Carpinion-Wälder ist aus früheren Nieder-, Mittel- oder Hudewäldern hervorgegangen. Die zu diesen Waldformen führende Bewirtschaftungsweise der Wälder bedingte vielerorts eine Veränderung der Baumartenzusammensetzung vor allem zugunsten der Hainbuche, z. T. wohl auch der Eichen, zuungunsten vor allem aber der Rotbuche. Vielfach stellen deshalb Carpinion-Wälder nichts anderes dar als durch diese, die Rotbuche benachteiligenden Bewirtschaftungsformen verursachte Degradationsstadien von Galio odorati-Fagion-Wäldern, wobei es sich hierbei in erster Linie um Tieflagen-Rotbuchen-Wälder handelt. Den Rotbuchenwäldern ist oft auch ein eichen- und hainbuchenreicher Vorwald oder „Traufwald" im Übergang von der offenen Landschaft zum Wald vorgelagert, der die Sukzession vom Carpinion zum Fagion unmittelbar anschaulich macht (vgl. Th. Müller 1987).

Da die Carpinion-Wälder wie die Galio-Fagion-Wälder mehr oder weniger basenreiche, meso- bis eutrophe Standorte besiedeln, muß die Frage erörtert werden, ob es in Süddeutschland, das mitten im Rotbuchen-Waldgebiet liegt, überhaupt „echte", d. h. naturbedingte Carpinion-Wälder gibt, oder ob es sich bei diesen nur um Degradationsstadien anderer Wälder handelt. Anders formuliert lautet die Frage: Gibt es außerhalb des Auenwaldbereichs Faktoren, welche die Konkurrenzkraft der Rotbuche *(Fagus sylvatica)* so schwächen, daß sie keine von ihr beherrschten Wälder aufbauen kann, sondern sich Eichen-Hainbuchen-Wälder mit fehlender oder untergeordneter, nur beigemengter Rotbuche ausbilden können?

In der Tat können wir derartige Standortsfaktoren feststellen: Es handelt sich zunächst einmal um Böden mit Grundwassereinfluß, der aber nicht so stark ist, daß es zur Ausbildung von Auenwäldern kommt, zum andern um mehr oder weniger schwere Tonböden mit Stauwasser. In beiden Fällen sind die Böden entweder durch Grund- oder Stauwasser im Untergrund zeitweilig vernäßt und schlecht durchlüftet, d. h. der Wasser- und Lufthaushalt dieser Böden ist unausgeglichen und damit für die Rotbuche ungünstig, sie wird gehemmt. Nicht weniger ungünstig sind für sie schwere, sommerlich zeitweise austrocknende oder gar zu Wechseltrockenheit neigende schwere Lehm- und Tonböden, die ebenfalls einen sehr unausgeglichenen Wasser- und Lufthaushalt aufweisen. In sommerfeuchten Gebieten können jedoch Buchenwälder auch auf Tonböden stehen.

Des weiteren sind es lokalklimatische Faktoren, welche die Rotbuche auf für sie günstigen Böden mehr oder weniger ausschließen bzw. in ihrer Konkurrenzkraft schwächen.[1] Dies sind

---

[1] Auffallend ist, daß vor allem ebene Lagen von Carpinion-Gesellschaften eingenommen werden und oft schon eine geringe Hangneigung genügt, um die Rotbuche zu begünstigen (Oberdorfer).

einmal örtliche Kaltluftansammlungen, die im Frühjahr zu Spätfrösten führen können. Diese „erträgt die Hainbuche relativ besser als die Rotbuche, weil sie früher und rascher austreibt und deshalb bereits derberes Laub besitzt, wenn nach einer längeren Warmwetterperiode die so gefürchteten Nachtfröste kommen. Wird die Hainbuche aber doch einmal geschädigt, so regeneriert sie sich leichter als die Rotbuche, die ja überhaupt ein geringeres Ausschlagsvermögen besitzt als viele andere Laubhölzer" (Ellenberg 1986). Noch einschneidender als die Laubschädigung durch Spätfrost, die die Rotbuche ab einem bestimmten Alter und bei nicht allzu häufigem Auftreten zwar schwächt, aber nicht irreversibel schädigt, ist das Erfrieren der sehr empfindlichen Sämlinge bei Spätfrost, was zum Ausfall einer ganzen Mast führen kann. Diese Tatsache wird häufig übersehen.

So hat z. B. Philippi 1983 a in seiner „Karte der potentiellen natürlichen Vegetation des unteren Taubergebietes" im Gegensatz zu Schlenker und Müller 1963 sowie Müller und Oberdorfer 1974 im Taubergrund um Tauberbischofsheim keine Eichen-Hainbuchen-Wälder sondern nur Rotbuchen-Wälder (Carici-Fagetum, Lathyro-Fagetum) dargestellt, obwohl sich gerade hier ein durch die Talverengung im Sandsteinspessart bedingter, hochreichender Kaltluftsee bildet (durch Messungen nachgewiesen, F. Weller mündlich), der zu den die Rotbuche benachteiligenden Spätfrösten führen kann, wie sie z. B. Ende Mai 1990 auftraten, und deren Reichweite gut an erfrorenen Kartoffeltrieben und Maisblättern zu verfolgen war. Über diesen Kaltluftsee ragen nur wenige Kuppen (z. B. Apfelberg, Stahlberg) hinaus.

Ein weiterer lokalklimatischer Faktor ist die örtliche Trockenheit, z. B. an steileren Südhängen, Hangkanten etc. (vgl. Müller 1987), so vor allem während des Frühjahrs und Sommers. Die Rotbuchensamen haben − im Gegensatz zu denen der Hainbuche, Eichen und Linden − ohne reichliche Feuchtigkeit wenig Chancen zu keimen, wobei auch die jungen Sämlinge ebenfalls reichlich Wasser benötigen, da sie sonst bald eingehen. Rotbuchenbäume leiden in trockenen Sommern an Wassermangel, das Laub verfärbt sich schon im August und wird teilweise abgeworfen. Dadurch wird die Rotbuche an solchen Stellen − selbst bei ihr zusagenden Böden − gehemmt, was aber nicht bedeutet, daß sie hier total ausgeschlossen ist; das eine oder andere Exemplar der Rotbuche wird immer wieder einmal durchkommen; sie ist aber nicht in der Lage, sich allein durchzusetzen, sondern bleibt „Beibaum".

In vorwiegend tief gelegenen Bereichen (in besonderen Fällen auch höher gelegene; vgl. dazu Müller 1987), in denen die aufgeführten Standortsfaktoren einzeln oder kombiniert auftreten, sind Carpinion-Wälder zweifellos standortsbedingte Waldgesellschaften. Die Eichen-Hainbuchen-Wälder sind damit in Süddeutschland, das mitten im Rotbuchenareal liegt, vorwiegend edaphisch, teilweise auch lokalklimatisch bedingte Spezialgesellschaften, die erst außerhalb des Verbreitungsgebiets der Rotbuche zonale Waldgesellschaften bilden. Dort, wo wir standortsbedingte Eichen-Hainbuchen-Wälder vorfinden, sind diese nicht das Ergebnis nieder- oder mittelwaldartiger Bewirtschaftung, sondern sie wurden derartig genutzt, weil im natürlichen Wald die Baumarten vorhanden waren, die eine solche Nutzung gestatteten. Selbstverständlich wurden dadurch Baumarten wie die Hainbuche oder auch die Eichen gefördert, die Bestände aufgelichtet und damit lichtholden Sträuchern und Kräutern das verstärkte Auftreten ermöglicht. Man kann deshalb feststellen: Je strauchreicher Carpinion-Wälder sind, desto stärker war oder ist noch der Einfluß der menschlichen Nutzung. Naturnahe Carpinion-Waldbestände sind ziemlich geschlossen und dunkel, weisen eine den Rotbuchenwäldern ähnliche Hallenwaldstruktur auf und sind ziemlich straucharm, auch wenn eine Reihe von Straucharten vorkommen kann. Eine Ausnahme davon bilden die Eichen-Hainbuchen-Wälder trockener bzw. wechseltrockener Standorte, die ähnlich dem Carici-Fagetum aus Gründen der Trockenheit nicht so dicht schließen und deshalb dem einen oder anderen Strauch die Existenz ermöglichen, aber zumindest in naturnahen Beständen auch dann nicht eine geschlossene Strauchschicht aufweisen.

So eindeutig standortsbedingte Carpinion-Wälder bei den die Rotbuche ausschließenden oder sie wenigstens in ihrer Konkurrenzkraft hemmenden Standorten (vernässende, wechselnasse, wechseltrockene, trockene, spätfrostgefährdete, mit schweren Lehm- und Tonböden) angesprochen werden können, so wird es schwierig, die Wälder im Übergangsbereich zu Rotbuchengünstigen Standorten − dies kann auch der submontane Bereich sein − ebenso eindeutig entweder dem Carpinion betuli oder dem Galio odorati-Fagion zuzuordnen. Entscheidend dafür ist jeweils die Artenverbindung und nicht allein ein geringerer oder höherer Rotbuchenanteil in der Baumschicht, der gerade in diesen Übergangsbereichen durch die Nutzung sehr stark beeinflußt werden kann.

In den folgenden Zusammenstellungen wurden alle die Aufnahmen in der Literatur ausgewertet, die eine eindeutige Carpinion-Artenverbindung aufweisen, d. h. diejenigen, in denen Eichen und Hainbuche den Hauptanteil an der Baumschicht bilden und weiter Carpinion-Arten vorhanden sind. Darunter sind sicher eine ganze Reihe Aufnahmen von Waldbeständen, die durch Nieder- bzw. Mittelwaldnutzung aus Galio odorati-Fagion-Wäldern hervorgegangen sind, aber eine Carpinion-Artenverbindung aufweisen. Diese auszuscheiden, ist mangels klarer Kriterien nicht möglich und auch nicht sinnvoll. Mit Recht weist Dierschke (1986) darauf hin, daß nur die Artenverbindung und nicht der Grad der Natürlichkeit Kriterium für die syntaxonomische Bewertung ist. Man sollte immer klar zwischen der Analyse und Ansprache der aktuellen Pflanzengesellschaft und der Frage nach der potentiellen Vegetation unterscheiden.

Als Kennarten des Verbands Carpinion betuli sind anzusehen (vgl. Tab. 309): die Baumarten *Carpinus betulus*, *Tilia cordata* und *Prunus avium* ssp. *avium* sowie die Arten *Stellaria holostea*, *Dactylis polygama*, *Rosa arvensis*, *Potentilla sterilis*, *Carex umbrosa*, *Ranunculus auricomus*, *Vinca minor*, *Pulmonaria montana*, *Ornithogalum pyrenaicum* und *Melampyrum nemorosum*, die allerdings nicht in allen Assoziationen bzw. deren standörtlichen Ausbildungen alle gleichzeitig oder in gleicher Verteilung und Stetigkeit auftreten.

Mit Weitblick hat Oberdorfer 1957 bereits die areal-geographische Gliederung des Carpinion betuli in Unterverbände umrissen, die heute noch gültig ist und nur ergänzt werden muß:

1. Pulmonario-Carpinenion betuli Oberd. 57, der die atlantischen und subatlantischen Eichen-Hainbuchen-Wälder umfaßt, die durch eine Reihe von atlantisch-subatlantischen Arten ausgezeichnet sind wie *Pulmonaria montana* und *P. longifolia*, *Hyacinthoides (Endymion) nonscripta*, dazu als Trennarten: *Lonicera periclymenum*, *Teucrium scorodonia*, *Luzula forsteri*, *Narcissus pseudonarcissus* u. a. Zu diesem Unterverband gehören z. B. das Pulmonario longifoliae-Quercetum pyrenaicae Oberd. et Tx. 58 aus Nordostspanien (Macizo iberico), das Rusco-Carpinetum betuli Noirf. 68 aus Südwest- und Zentralfrankreich, das Endymio-Carpinetum Noirf. et Sougn. 63 aus Nordwestfrankreich und Südostengland und das Stellario-Carpinetum betuli Oberd. 57 des subatlantisch getönten Mitteleuropa, dem schon ein großer Teil der oben genannten Arten, aber auch die Arten des Galio-Carpinenion betuli fehlen (vgl. Tab. 309/1).

   Das Stellario-Carpinetum ist vor allem durch das Hervortreten hygrophiler Arten ausgezeichnet. Vermutlich zu einem eigenen Unterverband Polysticho setiferi-Corylenion O. Bol. 73 müssen die *Fraxinus excelsior*-reichen Waldgesellschaften des hochatlantischen Gebiets wie das Corylo-Fraxinetum Br.-Bl. et Tx. 52 (= Endymio-Fraxinetum Noirf. 68) aus Irland oder das Corylo-Fraxinetum cantabricum (All. 41) Tx. et Oberd. 58 (= Tamo-Fraxinetum Noirf. 68) aus Nordwestspanien gestellt werden.

2. Galio sylvatici-Carpinenion betuli Oberd. 57, zu dem die mitteleuropäisch-gemäßigtkontinentalen Eichen-Hainbuchen-Waldgesellschaften gehören. Sie sind charakterisiert durch ein

Gemisch von subatlantischen, submediterranen, gemäßigtkontinentalen (mitteleuropäischen) Arten wie *Galium sylvaticum, Convallaria maialis, Crataegus monogyna, C. curvisepala* und *C. × calciphila, Carex montana, Rosa arvensis* (auch im Pulmonario-Carpinenion), *Festuca heterophylla, Melica nutans, Cornus sanguinea, Sorbus torminalis, Potentilla sterilis* (auch im Pulmonario-Carpinenion), *Viburnum lantana, Lathyrus niger* und *Euphorbia dulcis.* Sie sind Kenn- und Trennarten des zu diesem Unterverband gehörenden Galio sylvatici-Carpinetum betuli Oberd. 57 (vgl. Tab. 309/2). Als weitere Gesellschaften des Galio-Carpinenion werden das Selino-Quercetum roboris Meusel et Niemann 1971 und das Melampyro nemorosi-Carpinetum Pass. 57 angegeben, die sich aber zum größten Teil noch dem Typ des Calio-Carpinetum als Vikariante bzw. Standortsausbildungen zuordnen lassen (vgl. Tab. 313/9). Trotz der Vorherrschaft der Winter-Linde *(Tilia cordata)* ist das Carici-Tilietum cordatae Müller et Görs 58 (Tab. 309/3) eindeutig beim Unterverband Galio-Carpinenion und nicht beim folgenden Tilio-Carpinenion einzureihen.

3. Tilio cordatae-Carpinenion betuli Oberd. 57. In diesem Unterverband werden die osteuropäischen Eichen-Hainbuchen-Waldgesellschaften zusammengefaßt, denen subatlantische Arten wie *Potentilla sterilis, Rosa arvensis* und *Fagus sylvatica*, aber auch *Galium sylvaticum* praktisch fehlen. Dafür treten Arten auf wie *Galium schultesii* und *G. vernum, Ranunculus cassubicus, Glechoma hirsuta, Isopyrum thalictroides, Euonymus verrucosa* und *Acer tataricum*, ferner *Symphytum tuberosum, Melampyrum nemorosum* und *Carex pilosa*, die auch in überleitenden regionalen Ausbildungen des Galio-Carpinetum vorkommt. *Tilia cordata* tritt allgemein stärker in den Vordergrund. Zu diesem Unterverband gehören u. a. das Tilio-cordatae-Carpinetum betuli Traczyk 62 West-Rußlands und Polens, das Carici pilosae-Carpinetum betuli R. et Z. Neuh. 64 des Karpatenumlands, das Primulo veris-Carpinetum R. et Z. Neuh. 64 des südöstlichen Mitteleuropas.

4. Carpinion betuli illyricum Horvat 56 (Primulo vulgaris-Carpinenion betuli), eine Gruppe von südosteuropäischen Eichen-Hainbuchen-Waldgesellschaften, die ausgezeichnet sind durch eine Reihe submediterraner (-subatlantischer, − gemäßigtkontinentaler und -ostpraealpider) Kenn- und Trenn-Arten wie *Primula vulgaris* (auch im Pulmonario-Carpinenion), *Rosa arvensis* (auch im Pulmonario- und Galio-Carpinenion), *Galium sylvaticum* (auch im Galio-Carpinenion), *Festuca heterophylla* (auch im Galio- und teilweise im Tilio-Carpinenion), *Tamus communis* (auch im Pulmonario-Carpinenion), *Hepatica nobilis* (auch im Galio- und Tilio-Carpinenion), *Euphorbia dulcis* (auch im Pulmonario- und Galio-Carpinenion), *Symphytum tuberosum* (auch im Tilio-Carpinenion), *Epimedium alpinum, Helleborus odorus* und *H. dumetorum, Knautia drymeia, Cyclamen purpurascens, Galium aristatum, Hacquetia epipactis, Cruciata glabra, Lamium orvala, Vicia oroboides, Crocus albiflorus* u. a. Zu diesem gehören vor allem das Querco petraeae-Carpinetum betuli illyricum Horvat (38) 74 in Horvat et al. 74 nebst weiteren ihm nahestehenden Assoziationen des Illyrikums, aber auch das Physospermo-Quercetum petraeae Oberd. et A. Hofm. 67 des Nordapennins als „westlicher" Ausklang dieses Unterverbands. Das Salvio glutinosae-Fraxinetum Oberd. 64 Insubriens und des Nordapennins müssen vermutlich bereits zum atlantischen Polysticho-Corylenion O. Bol. 73 gezogen werden.

2a. Unterverband: Pulmonario-Carpinenion betuli Oberd. 57

Atlantische und subatlantische Eichen-Hainbuchen-Wälder

1. Ass.: Stellario holosteae-Carpinetum betuli Oberd. 57

(Querco-Carpinetum medioeuropaeum Tx. 37 p. p., Querco-Carpinetum mogontiacense Knapp 46, Querco-Carpinetum planare Oberd. 52)

Sternmieren-Eichen-Hainbuchen-Wald (Tab. 309/1; 310−311)

Das Stellario-Carpinetum ist − wie z. B. auch das Galio odorati-Fagetum oder das Galio rotundifolii-Abietetum − eine „Grund-" oder „Zentralassoziation", deren Kennarten mit denen des Verbands zusammenfallen. Als nordwest-mitteleuropäische Assoziation nimmt es im Unterverband Pulmonario-Carpinenion eine Randstellung ein und ist auch im Kerngebiet seiner Verbreitung, in Nordwestdeutschland, nur durch subatlantische Trennarten wie *Lonicera periclymenum, Ilex aquifolium, Teucrium scorodonia,* die außerdem meist nicht in allen sondern nur in bestimmten Standortsausbildungen vorkommen, locker an diesen gebunden (vgl. Lohmeyer 1967, Dierschke 1986).

Als weitere Trennarten könnten auch *Hedera helix,* vor allem wenn es in die Bäume klettert, und *Rubus fruticosus* grp gewertet werden. In Süddeutschland besitzen nur die Vikarianten mit *Lonicera periclymenum* (Tab. 310/1Aa, 1Ab) und die mit *Carex pilosa* (Tab. 310/1B) diese Arten, wenn auch meist nur mit geringer Stetigkeit (Ausnahme *Hedera helix* und *Rubus fruticosus,* die auch in die Vikariante mit *Lathyrus vernus* übergreifen); immerhin ist damit die Zugehörigkeit zum Unterverband noch erkennbar. Östlich der Linie Spessart-Odenwald-Schwarzwald finden wir die Vikariante mit *Lathyrus vernus* (Tab. 310/1Ca, 1Cb, 1Cc), die die subatlantischen Arten mit Ausnahme von *Hedera helix* und *Rubus fruticosus* nicht besitzt; da die Artenverbindung dieser Vikarianten aber sonst der der anderen voll und ganz entspricht, außerdem die Galio-Carpinetum-Arten weitestgehend fehlen, müssen wir auch sie noch zum Stellario-Carpinetum stellen.

Oberdorfer 1957 bezeichnet das Stellario-Carpinetum als „Stieleichen-Hainbuchenwald". Diese Bezeichnung ist aber nicht ganz zutreffend, da es sich beim Stellario-Carpinetum bei weitem nicht um reine *Quercus robur*-Mischwälder handelt. Vielmehr ist der Anteil der Stiel-Eiche und der Trauben-Eiche an der Baumschicht in den einzelnen Standortsausbildungen recht unterschiedlich.

In den Ausbildungen frischer bis feuchter Standorte oder solcher mit zeitweiser Oberbodenvernässung herrscht die Stiel-Eiche vor, während die Trauben-Eiche nur geringe Stetigkeit aufweist oder sogar ganz fehlt (vgl. Tab. 311/1−3b); in der Ausbildung nährstoffärmerer und mäßig trockener Standorte dagegen ist die Trauben-Eiche häufiger vertreten (vgl. Tab. 311/4).

Die Wuchsleistung im Stellario-Carpinetum ist von Standortsausbildung zu Standortsausbildung recht unterschiedlich und reicht von mäßigen bis zu hervorragenden Leistungen. Ebenso handelt es sich bei den von ihnen bestockten Böden um ganz unterschiedliche Bodentypen.

In naturnahen Beständen bilden im allgemeinen die Eichen − soweit vorhanden zusammen mit Esche *(Fraxinus excelsior)* und Rotbuche *(Fagus sylvatica)* − eine obere Baumschicht, während Hainbuche *(Carpinus betulus),* Winter-Linde *(Tilia cordata),* Feld-Ahorn *(Acer campestre)* und Wildkirsche *(Prunus avium* ssp. *avium)* trotz teilweise guter Wuchsleistung mehr oder weniger unterständig bleiben. Eine ausgeprägte Strauchschicht fehlt, wenn auch einzelne Sträucher eingestreut sein können, darunter in erster Linie Hasel *(Corylus avellana)* und Zweigriffliger Weißdorn *(Crataegus laevigata),* gelegentlich auch Rote Heckenkirsche *(Lonicera xylos-*

teum), Pfaffenhütchen *(Euonymus europaeus)* und Gewöhnlicher Schneeball *(Viburnum opulus),* die allerdings alle meist ohne Blüten und Früchte bleiben. Erst gegen den etwas lichteren Waldrand oder an diesem selbst werden die Sträucher häufiger. Die Krautschicht ist in den einzelnen Standortsausbildungen unterschiedlich zusammengesetzt und deckend; z. B. kann sie bei Auftreten von *Allium ursinum* den Boden nahezu vollständig überziehen, während sie in der Subassoziation mit *Polytrichum formosum* (vgl. Tab. 311/3) ihn nur sehr spärlich deckt. Dafür können hier Moose etwas stärker auftreten, die sonst nur eine untergeordnete Rolle spielen.

In der Oberrheinebene (Aue und Niederterrasse), dem Zentrum seines Vorkommens in Süddeutschland, treffen wir ausschließlich das Stellario-Carpinetum mit seinen verschiedenen Standortsausbildungen an. Aber schon in den oberrheinischen Hügelländern tritt neben das Stellario- auch das Galio-Carpinetum. Das „subatlantische" Stellario-Carpinetum nimmt dann, ganz gemäß dem „Gesetz der relativen Standortskonstanz" von H. und E. Walter 1953, die feuchten Standorte mit der Subassoziation „stachyetosum sylvatici" ein, während die weniger feuchten bis mäßig trockenen Standorte dem gemäßigtkontinentalen Galio-Carpinetum überlassen werden. Dieses Verhalten kann man weit bis in den fränkischen Raum hinein beobachten (vgl. z. B. Weiss 1985, S. 113 und 114, Tab. 2).

Die Vikariante mit *Lonicera periclymenum* (Tab. 310/1Aa, 1Ab) steht dem nordwestdeutschen Stellario-Carpinetum, wie es Lohmeyer (1967) und Dierschke (1986) eingehend beschrieben haben, durch subatlantische Arten wie reichlich *Hedera helix* (auch in die Baumkronen steigend) und *Rubus fruticosus* grp, seltener *Ilex aquifolium, Lonicera periclymenum* und *Teucrium scorodonia* noch verhältnismäßig nahe; gemeinsam mit jenem besitzt es in allen, und nicht nur in feuchten Standortsausbildungen hygrophile Arten wie *Deschampsia cespitosa, Athyrium filix-femina, Carex remota,* bedingt auch *Oxalis acetosella* und *Dryopteris carthusiana* (vgl. Tab. 311).

Andererseits zeigt die Vikariante des Oberrheingebiets durch das wenn auch nicht reichliche Auftreten von *Rosa arvensis, Castanea sativa* und *Juglans regia* (letztere seit der Römerzeit praktisch eingebürgert) eine gewisse eigene, „submediterran angehauchte" Note. Die Vikariante gliedert sich weiter in eine planar-kolline Form ohne Trennarten (Tab. 310/1Aa) der Oberrheinebene und der oberrheinischen Hügelländer und in eine submontane Form mit *Prenanthes purpurea* (Tab. 310/1Ab) mit weiteren Trennarten: *Festuca altissima, Sambucus racemosa, Digitalis purpurea, Poa chaixii, Aruncus dioicus, Luzula sylvatica* und *Polygonatum verticillatum* (die auftretende *Abies alba* ist angepflanzt) des Odenwalds und Schwarzwaldwestrands.

Beispielhaft für alle Vikarianten soll im folgenden die standörtliche Gliederung der planar-kollinen Form der *Lonicera periclymenum*-Vikariante kurz dargestellt werden. Die ausgeschiedenen Untereinheiten kehren in den Gebieten der anderen Vikarianten wieder, im wesentlichen durch die gleichen Arten angezeigt, jedoch können sich in den einzelnen Gebieten gewisse Verschiebungen bei der Häufigkeit einzelner Differentialarten ergeben.

Die typische Subassoziation (Tab. 311/1) besitzt gemeinsam mit der Subassoziation mit *Stachys sylvatica* und der Variante mit *Lamium galeobdolon* der Subassoziation mit *Carex brizoides* eine Reihe mesotrapher Arten wie *Viola reichenbachiana, Carex sylvatica, Lamium galeobdolon, Dryopteris filix-mas, Glechoma hederacea, Euonymus europaeus* und *Mnium undulatum,* die auf den nährstoffarmen Standorten der Subassoziation mit *Polytrichum formosum* (Tab. 311/4) nicht vorkommen. Bezeichnend ist für die typische Subassoziation, daß ihr einerseits die für die Subassoziation mit *Stachys sylvatica* bezeichnenden anspruchsvollen Mullbodenpflanzen und Feuchtezeiger, andererseits auch die azidophytischen Zeigerpflanzen fehlen. Die typische Subassoziation besiedelt frische, sandig-lehmige bis lehmig-tonige Staunässeböden (Pseudogley, Pseudogley-Parabraunerde und Pseudogley-Braunerde), die meist nur mäßig nährstoffreich und basenhaltig sind. Letzteres ist auch der Grund dafür, daß Esche und Feld-Ahorn sowie die Gastholzart Berg-Ahorn hier verhältnismäßig selten sind. Wird in den Staunässeböden die Naßphase kürzer, dann stellt sich mehr und mehr die Rotbuche und mit ihr *Galium odoratum*, *Melica uniflora* u. a. ein und vollzieht sich ein kontinuierlicher Übergang zum Galio-Fagetum. Derartige Übergänge können als *Galium odoratum*-Variante ausgewiesen werden, doch sind hier die Grenzen oft sehr schwer zu ziehen. Die Wuchsleistung der Bäume ist im allgemeinen befriedigend.

Die Subassoziation mit *Stachys sylvatica* (Tab. 311/2a, 2b; es wurde die älteste, von Tüxen 1937 für diese Subassoziation geprägte Bezeichnung verwendet, da die Subassoziation „aretosum" Etter 1943 und „ficarietosum" Oberdorfer 1957 die gleichen Differentialarten besitzen und deshalb inhaltsgleich sind) wurde von Oberdorfer 1957 als „feuchte, auenwaldartige Eichen-Hainbuchenwälder" bezeichnet. Die Trennarten *Ficaria verna*, *Circaea lutetiana*, *Arum maculatum*, *Geum urbanum*, *Stachys sylvatica*, *Primula elatior*, *Paris quadrifolia*, *Prunus padus*, *Aegopodium podagraria*, *Alnus glutinosa*, *Alliaria petiolata*, *Rubus caesius*, *Rumex sanguineus*, *Adoxa moschatellina*, *Veronica montana* und *Scilla bifolia* zeigen tatsächlich sehr deutlich die Verwandtschaft zu den Auenwäldern des Verbands Alno-Ulmion. Bestände der Subassoziation stocken auf feuchten, sandig-lehmigen bis lehmig-tonigen Böden mit dauerndem Grund- oder Stauwasser-Einfluß (Pseudogley-Parabraunerde und Braunerde, Pseudogley, Gley-Parabraunerde und -Braunerde, gelegentlich auch echter Gley), die nährstoffreich und meist ziemlich basenhaltig, gelegentlich auch kalkreich sind. In der Baumschicht dominieren Stiel-Eiche, Hainbuche und Esche, Begleitbäume sind Winter-Linde, Wildkirsche und Feld-Ahorn. Berg- und Spitz-Ahorn gedeihen recht gut, obwohl sie keine natürlichen Glieder der Gesellschaft sind (Oberdorfer 1957). Die Rotbuche, die in reinen Beständen der *Stachys*-Subassoziation nur in wenigen Einzelexemplaren eingestreut ist oder ganz fehlt, nimmt wieder bei Verkürzung der Naßphase zusammen mit *Galium odoratum* und *Melica uniflora* zu. Es können deshalb bei beiden Varianten der Subassoziation zum Galio-Fagetum überleitende Subvarianten ausgeschieden werden, wobei auch hier die Grenzen unscharf sind.

Bestände des Stellario-Carpinetum stachyetosum besitzen eine üppige, artenreiche Krautschicht. Nicht selten sind sie naturnah erhalten und stellen dann eine besonders leistungsfähige Laubmischwaldgesellschaft dar, die am besten den Typ des Stellario-Carpinetum verkörpert, d. h. mit anderen Worten den Kern des Stellario-Carpinetum darstellt, um den sich die anderen Ausbildungen gruppieren. Dies gilt insbesondere für die typische Variante (Tab. 311/2a), die häufigste Stellario-Carpinetum-Ausbildung darstellt, was sich auch in der Aufnahmezahl in der Tabelle niederschlägt. Nicht ganz so häufig ist dagegen die geophytenreiche Variante mit *Allium ursinum* (Tab. 311/2b), die durch eine „Steigerung des Nährstoffreichtums im Verein mit einem lockeren, gut gekrümelten Mullboden" (Oberdorfer 1957) herbeigeführt wird.

Tonige, zur oberflächennahen Verdichtung neigende und damit vernässende, feuchte Böden (Pseudogley) bewirken die Subassoziation mit *Carex brizoides* (Tab. 311/3a, 3b), die zwar in der *Stachys*-Subassoziation vereinzelt auch schon auftreten kann, aber hier mehr oder weniger dichte Herden bildet und sich bei Auflichtung zu dichten und verfilzten, verjüngungshemmenden Beständen zusammenschließt. Nach Oberdorfer 1957 kann aber die Produktionskraft von Beständen der *Carex brizoides*-Subassoziation bei richtiger Betriebsführung nicht als schlecht beurteilt werden. Auf nährstoffreichen, tätigen Böden stellt sich die artenreiche Variante mit *Lamium galeobdolon* ein (Tab. 311/3a), die einerseits deutliche Beziehungen zur *Stachys*-Subassoziation aufweist, andererseits zum Pruno padi-Fraxinetum vermittelt. Auf nährstoffarmen, wenig tätigen Böden tritt die artenarme Variante mit *Polytrichum formosum* auf (Tab. 311/3b), der − wie auch der *Polytrichum*-Subassoziation − die bei der typischen Subassoziation genannten mesotraphenten Arten fehlen; sie könnte deshalb auch umgekehrt als *Carex brizoides*-Variante der Subassoziation mit *Polytrichum formosum* (Tab. 311/4) angesehen werden. Die Subassoziation mit *Polytrichum formosum* wurde von Oberdorfer 1937 als „agrostidetosum tenuis, Straußgrasreicher Sand-Eichen-Hainbuchenwald" bezeichnet, weil die für diese Subassoziation sonst namengebende *Luzula luzuloides* im Oberrheingebiet sehr zurücktritt oder fehlt; da aber *Agrostis capillaris (tenuis)* vorzugsweise in Verlichtungen bzw. unter eingebrachten Kiefern vorkommt, wurde für die Bezeichnung der Subassoziation, die der Subassoziation mit *Luzula luzuloides* der anderen Vikarianten entspricht, Lang und Philippi 1972 folgend, *Polytrichum formosum* gewählt. Ihre Bestände stocken auf mäßig trockenen, ± nährstoff- und basenarmen Böden (basenarme Parabraunerde und Braunerde, Bändchen-Parabraunerde). „Die Wuchsleistungen der Bäume sind hier mäßig, die Schaftformen bleiben kurz, und die Hainbuche zeigt Drehwuchs; die Eiche allerdings kann Furnierqualität aufweisen. Der mäßig trockene, Straußgras-reiche Sand-Eichen-Hainbuchenwald, der nur in der nördlichen Rheinebene größere Flächen bedeckt, wird seit langem (ähnlich wie das Holco-Quercetum) auf Waldkiefer bewirtschaftet, die hier Gutes leistet und auch für die Nachhaltigkeit des Standortes nichts befürchten läßt, sofern nur für einen standortsgemäßen Unterbau (Hainbuche, Winterlinde usw.) gesorgt wird" (Oberdorfer 1957).

Bei der submontanen Form mit *Prenanthes purpurea* der *Lonicera periclymenum*-Vikariante (Tab. 310/1 A b) stellt ebenfalls die Subassoziation mit *Stachys sylvatica* (mit einer typischen Variante und einer Variante mit *Carex brizoides*) den Kern des Stellario-Carpinetum dar, der relativ häufig, vor allem an feuchten Unterhängen und in Talgründen auftritt. Die typische Subassoziation und die mit *Luzula luzuloides* (mit einer typischen Variante und einer Variante mit *Athyrium filix-femina*) kommen mehr kleinflächig im Übergang zum Galio odorati- bzw. Luzulo-Fagetum vor.

Die Vikariante mit *Carex pilosa* (Tab. 310/1 B) des westlichen Alpenvorlandes, des Bodensee- und Hochrheingebiets schließt sich durch den Besitz von hochstetem *Hedera helix* (auch in die Bäume kletternd) und *Rubus fruticosus*, von geringstetem *Ilex aquifolium* und von sehr geringstetem *Lonicera periclymenum, Teucrium scorodonia* und *Juglans regia* noch verhältnismäßig eng an die *Lonicera periclymenum*-Vikariante des Oberrheingebiets an. Mit der mittelsteten *Carex pilosa* und den geringsteten *Asarum europaeum, Ranunculus lanuginosus* und *Viola mirabilis* zeigt sie aber deutlich selbständige Züge. Eine Besonderheit dieser Vikariante ist das Fehlen der für die Assoziation namengebenden *Stellaria holostea*, die im Alpenvorland weitestgehend fehlt; dem gesamten Artengefüge nach gehören aber Bestände dieser Vikariante eindeutig noch zum Stellario-Carpinetum. Sie tritt in einer submontanen Form mit *Knautia sylvatica* auf, mit weiteren Trennarten wie die gelegentlich natürlich vorkommende *Abies alba* sowie mit geringer Stetigkeit *Aconitum vulparia, Prenanthes purpurea, Luzula sylvatica, Thalictrum aquilegifolium, Ranunculus platanifolius, Poa chaixii, Aruncus dioicus* und *Sambucus racemosa*. Assoziationskern dieser Vikariante ist wieder die *Stachys sylvatica*-Subassoziation (mit einer typischen Variante, einer mit *Carex brizoides*, einer zum Pruno padi-Fraxinetum überleitenden mit *Prunus padus* und einer mit *Allium ursinum*), die auf entsprechenden Standorten teilweise hervorragende naturnahe Hochwälder bildet, wie z. B. im Naturschutzgebiet „Oberer und Unterer Schenkenwald" im Schussental (Kr. Ravensburg), die bestimmt nicht durch Niederwaldnutzung aus Galio-Fageten hervorgegangen sind. Die typische Subassoziation und die mit *Luzula luzuloides* sind selten und nehmen meist nur kleinere Flächen im Übergang zu den angrenzenden Rotbuchen-Wäldern ein.

Eine entsprechende Vikariante ohne *Stellaria holostea*, aber mit *Symphytum tuberosum* gibt es anscheinend im östlichen Alpenvorland. Leider liegt bis jetzt kaum Material über diese geogra-

phische Ausbildung des Stellario-Carpinetum vor. Eine von Herrn Walentowski freundlicher-
weise zur Verfügung gestellte Aufnahme eines naturnahen Bestands ohne irgendwelche Anzei-
chen einer ehemaligen Niederwaldnutzung aus den feuchten Talalluvionen des breiten Vils-
Kollbachraums/Niederbayern (Isar-Inn-Hügelland) möge wenigstens einen Eindruck dieses Stellario-Carpinetum vermitteln:

Expos./Neigung: −/0

Aufn.fl.: 250 m^2

Höhe/Deckung Baumschicht 1: 25 m/60 %

Höhe/Deckung Baumschicht 2: 10−25 m/10 %

Höhe/Deckung Strauchschicht: 1,5 m/5 %

Deckung Krautschicht: 100 %

Baumschicht

Quercus robur (B$_1$)   4

Carpinus betulus (B$_2$)   2

Fraxinus excelsior (B$_1$)   (r)

Tilia cordata (B$_2$)   (r)

Strauchschicht

Prunus padus   +

Crataegus laevigata   +

Acer campestre   (r)

Krautschicht

Anemone nemorosa   3

Ficaria verna   3

Corydalis cava   3

Symphytum tuberosum   1

Aegopodium podagraria   1

Anemone ranunculoides   +

Lamium galeobdolon   +

Scilla bifolia   +

Carex sylvatica   +

Poa nemoralis   +

Dactylis glomerata   +

Primula elatior   +

Pulmonaria officinalis   +

Deschampsia cespitosa   r

Glechoma hederacea   r

Hedera helix (Liane an Quercus robur)   v

Etwas abweichend von der *Lonicera periclymenum*-Vikariante des Oberrheingebiets ist die mit
Lathyrus vernus (Tab. 310/1Ca−1Cc) des Gebiets östlich von Odenwald und Schwarzwald,
bei der die subatlantischen Arten bis auf *Hedera helix* und *Rubus fruticosus* ausfallen. In die
kolline Form ohne Trennarten des weiteren Neckargebiets (Tab. 310/1Ca) wurde auch eine
schwach ausgebildete, sich nur durch in die Bäume kletternde *Hedera helix* auszeichnende
Lokalausbildung des engeren Neckarbeckens einbezogen. Neben der Subassoziation mit *Tilia
platyphyllos* und Frühjahrsgeophyten *(Arum maculatum, Anemone ranunculoides, Scilla bifolia
und Corydalis cava)* − dem „Kleebwald" der Muschelkalktalhänge des Neckargebiets − finden
wir ausschließlich nur die Subassoziation mit *Stachys sylvatica* in einer typischen Variante und
einer mit *Allium ursinum*. Alle weniger feuchten Standorte oder solche, die zwar im Frühjahr
feucht sind, im Laufe des Sommers oder Herbstes aber ± austrocknen können, werden vom
Galio-Carpinetum eingenommen. Das Stellario-Carpinetum stachyetosum ist in den allermeisten
Bachtälern im Gebiet dieser Vikariante die Waldgesellschaft, die nach den Galeriewäldern des
Ribeso- bzw. Pruno-Fraxinetum in unmittelbarer Bachnähe den Talboden (morphologische Aue)
besiedelt bzw. ihn einnehmen würde, sofern der Mensch diese Wuchsorte nicht in Wiesen
(Arrhenatheretum alopecuretosum und cirsietosum oleracei) umgewandelt hat. Die submontane
Form mit *Poa chaixii* der Vikariante (Tab. 310/1Cb, 1Cc) − Trennarten *Poa chaixii, Knautia
dipsacifolia, Prenanthes purpurea, Polygonatum verticillatum, Astrantia major, Aruncus dioicus*
und *Festuca altissima* − entspricht dem, was Oberdorfer (1957) als Poo chaixii-Carpinetum
bezeichnet hat, das aber besser nur als submontane Form des Stellario- bzw. Galio-Carpinetum
und nicht als selbständige Assoziation aufzufassen ist. Mittelpunkt der Gebietsausbildung ohne
Abies alba des submontanen Neckargebiets, des Schwäbisch-Fränkischen Waldes, der östlichen
und südöstlichen Schwäbischen Alb (Tab. 310/1Cb) − in die eine nur durch *Carex pilosa*
angezeigte Lokalausbildung des Gebietes um Tübingen einbezogen wurde − ist wieder die
Subassoziation mit *Stachys sylvatica* mit einer besonders häufigen typischen Variante und einer

selteneren *Allium ursinum*-Variante. Da im Bereich der Gebietsausbildung zu Verdichtung und Staunässe neigende Böden (Parabraunerde- und Braunerde-Pseudogley, Pelosol-Pseudogley, Pseudogley) häufig sind, tritt hier auch die Subassoziation mit *Carex brizoides,* sowohl in der *Lamium galeobdolon*-Variante als auch in der *Luzula luzuloides*-Variante, stärker in den Vordergrund. Im Übergang zu weniger staufeuchten Böden, auf denen Galio- bzw. Luzulo-Fageten stocken, findet man auch die typische Subassoziation und die mit *Luzula luzuloides,* wobei bei letzteren eine für staufeuchte Standorte bezeichnende Variante mit *Deschampsia cespitosa, Athyrium filix-femina* und *Dryopteris carthusiana* anzutreffen ist (die drei genannten Arten kommen östlich des Odenwaldes/Schwarzwaldes nur noch in Ausbildungen feuchter Standorte vor, nicht mehr durchgehend in allen Ausbildungen wie im Oberrheingebiet). Die Gebietsausbildung mit *Abies alba* des östlichen und westlichen Vorlands der Schwäbischen Alb (Tab. 310/1Cc) weist das gleiche Verteilungsmuster auf und kommt auf ganz entsprechenden Standorten vor wie die Gebietsausbildung ohne die Tanne. Von da aus gesehen hätte sie mit dieser zusammengefaßt werden können. Sie wurde aber gesondert ausgewiesen, um die Ausführungen beim Galiorotundifolii-Abietenion (vgl. S. 233) zu verdeutlichen.

2b. Unterverband: Galio sylvatici-Carpinenion betuli Oberd. 57

Mitteleuropäisch-gemäßigt kontinentale Eichen-Hainbuchen-Wälder

2. Ass.: Galio sylvatici-Carpinetum betuli Oberd. 57

(Querco-Carpinetum medioeuropaeum Tx. 37 p.p., Querco-Carpinetum collinum Oberd. 52 und Querco-Carpinetum submontanum Oberd. 52, Poa chaixii-Carpinetum Oberd. 57 p.p.)

Waldlabkraut-Eichen-Hainbuchen-Wald: (Tab. 309/2; 312−314)

Das Galio-Carpinetum ist in Süddeutschland wesentlich weiter verbreitet als das Stellario-Carpinetum. Gegenüber diesem ist es durch die Kennart *Galium sylvaticum* und durch eine Reihe von Trennarten wie *Convallaria maialis* (hat hier zwar einen deutlichen Schwerpunkt, greift aber auch in das Stellario-Carpinetum, insbesondere in die Subassoziation „polytrichetosum formosi" mäßig trockener, basenarmer Standorte über), *Crataegus monogyna* (insbesondere die meist davon nicht abgetrennten *C. curvisepala* und *C. calciphila*), *Carex montana, Festuca heterophylla, Melica nutans, Cornus sanguinea, Sorbus torminalis* (*Sorbus domestica,* sehr selten vorhanden, differenziert dann aber das Galio-Carpinetum recht gut), *Viburnum lantana, Lathyrus niger* und *Euphorbia dulcis* recht gut abgegrenzt. Es handelt sich dabei im wesentlichen um Mäßigwärme- und Mäßigtrockniszeiger, die aber nahezu alle auch im Carici-Fagetum vorkommen. Vergleicht man in Tabelle 312 die wichtigsten Kenn- und Trennarten der beiden Assoziationen, Unterverbände, Verbände, Ordnung und Klasse sowie Begleiter, dann kann man feststellen, daß sich beide Assoziationen sehr nahestehen. Abgesehen von den Frischezeigern, die es im Galio-Carpinetum nur in Ausbildungen frischer Standorte gibt, die wiederum einfach gegen das Carici-Fagetum abzugrenzen sind, gibt es so gut wie keine Art, die ausschließlich nur in der einen oder in der anderen Assoziation vorkommt. Das Carici-Fagetum ist eine von der Rotbuche beherrschte Waldgesellschaft mit den dafür kennzeichnenden Arten *Cephalanthera damasonium* und *C. rubra, Galium odoratum, Neottia nidus-avis* und *Prenanthes purpurea.* Dagegen ist das Galio-Carpinetum ein Eichenmischwald mit hervortretenden Eichen, Feldahorn und den Carpinion-Arten, die jedoch im Carici-Fagetum auch nicht restlos fehlen. Beiden sind aber die Wärme- und Trockenzeiger gemeinsam. Es ist leicht verständlich, daß bei Zurückdrängen der

Rotbuche und Förderung der Eichen und der Hainbuche durch Nieder- und Mittelwaldnutzung ein Carici-Fagetum in ein Galio-Carpinetum umgewandelt werden kann, dies vor allem in den warmen Tieflagen, in denen die Rotbuche gegenüber den Eichen und der Hainbuche weniger konkurrenzkräftig ist als in den etwas höheren Lagen, in denen die Rotbuche sogar Niederwaldnutzung aushält. Dies bedeutet aber auch, daß heutige Galio-Carpinetum-Wälder, in denen *Cephalanthera damasonium* und *C. rubra, Galium odoratum, Neottia nidus-avis, Prenanthes purpurea,* wohl auch *Carex digitata* und *Epipactis helleborine* vorkommen, u. U. sogar reichlich auftreten, mit großer Wahrscheinlichkeit nutzungsbedingt aus Carici-Fagetum-Wäldern hervorgegangen sind. Nur dort, wo durch die weiter oben genannten Standortsfaktoren die Rotbuche ausgeschlossen oder wenigstens in ihrer Konkurrenzkraft gehemmt wird, finden wir „echte" Galio-Carpinetum-Wälder.

Das Galio-Carpinetum ist der Eichen-Hainbuchen-Wald der sommerwarmen Hügelländer Süddeutschlands, die teilweise auch schon ± sommertrocken sein können. Er stockt vorwiegend auf schweren Lehm- und Tonböden, wie sie gerade im Muschelkalk- und Keupergebiet nicht selten sind (Pelosole mit Untertypen, Rendzina- und Pararendzina-Pelosol, Pseudogley-Pelosol, aber auch Pseudogley und teilweise pseudovergleyte Terra fusca-Parabraunerde usw.). Alle diese Böden weisen einen meist ziemlich ungünstigen Wasser- und Lufthaushalt auf. Teilweise sind sie im Frühjahr feucht oder vernässen sogar, trocknen aber im Sommer stark aus und weisen breite Schrumpfrisse auf; teils trocknen sie nach einer Feuchtphase nur oberflächennah aus, reißen auch nur etwas auf und bleiben weitgehend grundfrisch bis grundfeucht. Dabei spielt für das Galio-Carpinetum keine Rolle, wie frisch oder feucht der Standort im Frühjahr ist, sondern wie er im Sommer austrocknet. Die Austrocknung muß dabei nicht jedes Jahr stattfinden, es genügt, wenn dies alle paar Jahre eintritt. So konnte − wie in früheren „Trockensommern" − auch 1990 wieder beobachtet werden, wie selbst in, der Vegetation nach, frisch-feuchten Standortsausbildungen von Galio-Carpinetum-Wäldern die schweren, ± tonreichen Böden breite Schrumpfrisse aufwiesen und wie besonders die Rotbuchen litten (frühe Laubverfärbung, Abwurf von Laub, Vertrocknung von Ästen schon im August), während Eichen, Hainbuche, Elsbeerbaum und Feld-Ahorn kaum Schädigungen zeigten. Der stark wechselnde Luft- und Wasserhaushalt zeigt sich auch darin, daß fast bei allen Subassoziationen *Molinia arundinacea*-Varianten bzw. -Subvarianten auftreten, die den Carpinioncharakter der Bestände meist am reinsten zeigen. Die Wuchsleistung der Galio-Carpinetum-Wälder ist ganz unterschiedlich und reicht je nach Standortsausbildung von ziemlich mäßig bis gut.

Genausowenig wie das Stellario-Carpinetum ein Stieleichen-Hainbuchen-Wald ist, so ist auch das Galio-Carpinetum kein Traubeneichen-Hainbuchen-Wald. Auf mehr trockenen, sowohl nährstoffreichen als auch nährstoffarmen ± sauren Standorten dominiert die Traubeneiche, auf frischen können beide Eichen nebeneinander auftreten, während auf wechseltrockenen bis wechselfeuchten Standorten die Stieleiche dominiert oder sogar allein vorkommt. So wurde von extrem wechseltrockenen bis wechselfeuchten Tonböden Thüringens von Meusel und Niemann 1971 der Silgen-Stieleichenwald (Selino-Quercetum roboris) beschrieben, der auch von Bank 1984 für Mittelfranken nachgewiesen wurde; seiner gesamten Artenzusammensetzung nach handelt es sich aber um keine selbständige Waldassoziation, sondern nur um eine besondere Standortsausbildung des Waldlabkraut-Eichen-Hainbuchen-Waldes (Galio-Carpinetum selinetosum mit verschiedenen Varianten).

Naturnahe Bestände sind beim Galio-Carpinetum seltener als beim Stellario-Carpinetum, da sich das Galio-Capinetum dank seiner Baumartenzusammensetzung geradezu zur Niederwald- bzw. Mittelwaldnutzung anbietet. Die Eichen − soweit vorhanden mit Rotbuche und Esche − bilden in ihnen eine obere Baumschicht, während Hainbuche, Feld-Ahorn, Winter-Linde, Elsbeerbaum und Wildkirsche meist etwas unterständig bleiben; weitere Baumarten sind meist auf bestimmte Standortsausbildungen beschränkt und spielen insgesamt keine wesentliche Rolle. Auch in naturnahen Wäldern können zwar viele Straucharten vorkommen, aber sie bilden, so lange die Wälder dicht sind − z.B. in Ausbildungen frischer bis feuchter Standorte − keine ausgeprägte Strauchschicht. Wo das Kronendach der Bäume lichter wird, z.B. in Ausbildungen trockener oder wechseltrockener bis wechselfeuchter Standorte, können sie verstärkt auftreten, bilden aber auch dann fast nie eine geschlossene Strauchschicht. Eine solche ist fast immer ein Zeichen für eine noch stattfindende bzw. frühere Nieder- oder Mittelwaldnutzung.

Gemäß seiner weiten Verbreitung in Süddeutschland zeigt das Galio-Carpinetum eine sehr reiche regionale und eine entsprechend vielgestaltige standörtliche Gliederung.

Wir können für Süddeutschland 4 Vikarianten ausscheiden, die sich teilweise weiter untergliedern:

1. Die Vikariante mit *Lonicera periclymenum* (Oberrheinische Rasse Oberdorfer 1957; Tab. 313/1, 2), die mit ihren Trennarten noch eine deutliche subatlantische Note aufweist und an das Stellario-Carpinetum angrenzt. Sie kommt in einer planar-kollinen Form ohne Trennarten (Tab. 313/1) im Kraichgau, im Rhein-Main-Tiefland, in der Wetterau und im Spessart vor. Die submontane Form mit *Poa chaixii* (Poo-Carpinetum Oberdorfer 1957; Tab. 313/2) ist am westlichen Schwarzwald- und Strombergrand sowie im Odenwald zu finden.

2. Die Vikariante mit *Lathyrus vernus* (Main-Neckar Rasse Oberdorfer 1957; Tab. 313/3−10) tritt östlich von Spessart, Odenwald und Schwarzwald auf und stellt durch das Zurücktreten oder Fehlen subatlantischer und durch das Hervortreten einiger gemäßigtkontinentaler Arten den Typ des Galio-Carpinetum am reinsten dar. Sie ist weiter gegliedert in:

A. Gebietsausbildung ohne *Hepatica nobilis* des Main-Neckar-Gebiets und angrenzender Gebiete (Tab. 313/3−5). Weit verbreitet ist in den tieferen Lagen die kolline Form ohne Trennarten des Main-Neckargebiets (Tab. 313/5), in die eine − nur durch den bis in die Baumkronen kletternden Efeu unterschiedene − Lokalausbildung des warmen und wintermilden Neckarbeckens einbezogen wurde. In den etwas höher gelegenen Bereichen stellt sich die submontane Form mit *Poa chaixii* ein (Poo chaixii-Carpinetum Oberd. 57; Tab. 313/3, 4), wobei wir im Bereich der höher gelegenen Teile des Neckargebiets, der mittleren Schwäbischen Alb und ihres Vorlands, der mittleren Flächenalb, des westlichen Schwäbisch-Fränkischen Walds und des Spessart-Rhön-Vorlands eine Lokalausbildung ohne Trennarten (Tab. 313/3) von einer solchen mit *Abies alba* (b. 313/4) des Schwäbisch-Fränkischen Walds sowie des westlichen und östlichen Vorlands der Schwäbischen Alb unterscheiden können. Letztere vermittelt zum Pyrolo-Abietetum (vgl. S. 236).

B. Die Gebietsausbildung mit *Hepatica nobilis* (Tab. 313/6−10) stellt mitsamt ihren Lokalausbildungen durch das Auftreten weiterer gemäßigtkontinentaler und das Ausfallen subatlantischer Arten wie *Potentilla sterilis*, *Festuca heterophylla* und *Rosa arvensis* eine Steigerung des gemäßigtkontinentalen Charakters des Galio-Carpinetum dar. So kommt in der Lokalausbildung mit *Melica picta* (Tab. 313/6) des westlichen Steigerwalds, des Schweinfurter Beckens und des südlichen Grabfelds *Melica picta* hinzu und fällt *Potentilla sterilis* aus. In der Lokalausbildung mit *Melampyrum nemorosum* (Tab. 313/9) des Grabfelds, die dem entspricht, was Passarge (1953) als „Melampyro nemorosi-Carpinetum" bezeichnete, was aber im Grunde genommen − wie die Tabelle zeigt − nur eine regionale Ausbildung des Galio-Carpinetum darstellt, gesellen sich als weitere gemäßigtkontinentale Arten *Melampyrum nemorosum*, *Gagea spathacea* und *Gagea minima* hinzu, während *Potentilla sterilis* sowie *Rosa arvensis* fehlen und *Festuca heterophylla* nur mit 2% Stetigkeit vorhanden ist. Die Lokalausbildung mit *Melica uniflora* (Tab. 313/8) der nördlichen Fränkischen Alb und ihres Vorlands, des Steigerwalds, des Itz-Baunach-Hügellands und des Frankenwalds besitzt zusätzlich *Melica uniflora* (wohl auf nährstoffärmeres Gestein zurückzuführen), während *Festuca heterophylla* und *Potentilla sterilis* praktisch ausfallen. Die Lokalausbildung mit *Melittis melissophyllum* (Tab. 313/7) der Riesalb und der südwestlichen Fränkischen Alb ist ausgezeichnet durch das Vorkommen der submediterranen *Melittis melissophyllum* und (sehr selten) *Symphytum tuberosum*, wobei *Potentilla sterilis* sehr stark zurücktritt. Die Lokalausbildung mit *Symphytum tuberosum* (Ostbayerische Rasse Oberdorfer 1957; Tab. 313/10) der südöstlichen Fränkischen Alb und des Unterbayerischen Hügellands enthält mittelstetes *Symphytum tuberosum* und seltener *Melittis melissophyllum* und selten praealpide Arten wie *Salvia glutinosa* und *Aconitum napellus*, während *Potentilla sterilis* ganz fehlt und *Rosa arvensis* sowie *Festuca heterophylla* nur noch vereinzelt auftreten.

3. Mit der Vikariante ohne *Stellaria holostea* (Tab. 313/11−13) klingt das Galio-Carpinetum im Alpenvorland gegen den Alpenrand hin aus. Auffallend ist, daß in diesem Gebiet *Stellaria holostea* praktisch fehlt und die Traubeneiche selten ist oder ganz fehlt und weithin durch die Stieleiche ersetzt wird. Im östlichen Alpenvorland (Oberbayern) finden wir die Gebietsausbildung mit der praealpiden *Aposeris foetida* (Tab. 313/11), die weiter ausgezeichnet ist durch das Fehlen von *Potentilla sterilis* und *Festuca heterophylla*, dafür aber − mit Ausnahme von *Lathyrus vernus* selbst − die übrigen Arten der Vikariante mit *Lathyrus vernus* noch vorhanden sind; auch *Galium sylvaticum* wird seltener, doch ist die Zugehörigkeit zum Galio-Carpinetum durch die Trennarten noch deutlich erkennbar. In der Lokalausbildung ohne Trennarten (Tab. 313/12) der Donau-Iller-Lech-Platten ist zwar *Galium sylvaticum* wieder etwas häufiger, dafür fallen aber die Trennarten des Galio-Carpinetum wie auch *Rosa arvensis, Festuca heterophylla* und *Potentilla sterilis* nahezu aus; diese Lokalausbildung ist als Galio-Carpinetum nur noch schwach charakterisiert. Gut als Galio-Carpinetum charakterisiert ist dagegen wieder die Lokalausbildung mit *Carex pilosa* (Schweizer Vorlandrasse Oberdorfer 1957, die es aber auch in Süddeutschland gibt; Tab. 313/12) des westlichen Alpenvorlands, die mit *Hedera helix* und *Ilex aquifolium* zur nächsten Vikariante vermittelt. Zu dieser Lokalausbildung muß als *Tilia cordata*-reiche Ausbildung auch das von Kissling (1983) aus dem mittleren Schweizer Jura angegebene Carici pilosae-Carpinetum betuli gestellt werden; mit reichlich *Rosa arvensis, Primula vulgaris, Euphorbia dulcis, Potentilla sterilis, Festuca heterophylla* und *Ilex aquifolium* hat diese Gesellschaft nichts mit dem zum osteuropäischen Tilio cordatae-Carpinenion betuli gehörenden Carici pilosae-Carpinetum R. et Z. Neuh. 64 zu tun, sondern sie gehört eindeutig zum Galio-Carpinetum.

4. Die Vikariante mit *Melittis melissophyllum* und *Coronilla emerus* (Tab. 313/13) des südlichen Oberrhein-, Hochrhein- und Bodenseegebiets weist mit ihren Trennarten eine ausgeprägt submediterran-subatlantische Note auf. Die Trennarten können sich hier infolge der Wintermilde und der hohen Sommerwärme halten.

Stellvertretend für die verschiedenen Regionalausbildungen soll im folgenden am Beispiel der kollinen Form des Main-Neckargebiets, der Gebietsausbildung ohne Trennarten in der *Lathyrus vernus*-Vikariante, die standörtliche Gliederung kurz skizziert werden (Tab. 314); sie tritt auch in den anderen Gebieten ganz entsprechend auf, wurde allerdings von den verschiedenen Autoren mit unterschiedlichen Bezeichnungen beschrieben.

Die trockensten Standorte auf ± nährstofffreichen und kalkhaltigen Böden werden von der Subassoziation mit *Primula veris* ssp. *canescens* (Tab. 314/1 A, 1 B) eingenommen. Von Müller

1966 wurde diese Subassoziation als „lithospermetosum purpurocaerulei" bezeichnet, um den Übergangscharakter der Subassoziation zum Lithospermo-Quercetum anzudeuten; es ist aber richtiger, auf den ältesten, auf Tüxen 1937 zurückgehenden Namen zurückzugreifen, wofür sich auch Keller 1975a einsetzt. *Lithospermum purpurocaeruleum* hat in dieser Subassoziation seinen Verbreitungsschwerpunkt und kommt hier häufiger vor als in dem von Braun-Blanquet (1932) nach ihm benannten Lithospermo-Quercetum petraeae, weshalb hier (vgl. S. 128) die ältere und treffendere Bezeichnung Quercetum pubescenti-petraeae verwendet wird. Die Wuchsleistung der Bäume ist hier nur mäßig, *Carpinus betulus* und *Sorbus torminalis* können mit den Eichen mithalten. Die Subassoziation gliedert sich in eine typische Variante (Tab. 314/1A) und eine Variante mit *Molinia arundinacea* (Ab. 314/1B) auf betont wechseltrockenen Standorten. Hier anzuschließen ist die auf wechseltrockenen bis wechselfeuchten Standorten vorkommende Subassoziation mit *Selinum carvifolium* (= Selino-Quercetum roboris Meusel et Niemann 71) auf Gipskeuper-Pelosolen, in der *Quercus petraea* weitgehend durch *Quercus robur* ersetzt ist und eine Reihe von Differentialarten auftreten: *Selinum carvifolium, Serratula tinctoria, Galium boreale, Carex tomentosa, Silaum silaus, Peucedanum officinale, Laserpitium prutenicum, Iris sibirica, Rosa gallica, Filipendula vulgaris, Colchicum autumnale, Sanguisorba officinalis* neben *Molinia arundinacea, Stachys officinalis, Frangula alnus* und *Primula veris* ssp. *canescens.*

Die Subassoziation mit *Tilia platyphyllos* (Tab. 314/2A−2C) vermittelt an Steinschutt-Hängen zu Tilio-Acerion-Gesellschaften. An ± trockenen Hängen findet man die Variante mit *Chrysanthemum corymbosum* (Tab. 314/2A), an weniger extremen Hängen die typische Variante (Tab. 314/2B) und an den Hängen mit ± reichlich Humus zwischen dem Steinschutt − vor allem an Unterhängen − die Variante mit *Corydalis cava* (Tab. 314/2C), die wie andere Waldgesellschaften mit Geophyten dem „Kleebwald" Gradmanns entspricht.

Die Subassoziation mit *Asarum europaeum* (Tab. 314/3Aa−3Bb), die auch als typische Subassoziation bezeichnet werden könnte, besiedelt nährstoffreiche, ± kalkreiche, frische oder wenigstens grundfrische Standorte. Sie gliedert sich in eine typische Variante (Tab. 314/3Aa, 3Ab) mäßig frischer bzw. grundfrischer, aber gelegentlich oberflächlich austrocknender Standorte, und eine Variante mit *Primula elatior* (Tab. 314/3Ba, 3Bb) betont frischer bzw. grundfrischer Standorte, wobei für beide Varianten jeweils eine typische Subvariante (Tab. 314/3Aa, 3Ba) neben Subvarianten mit *Molinia arundinacea* (Tab. 314/3Ab, 3Bb) wechselfrischer, d.h. oberflächlich auch stärker austrocknender Standorte unterschieden werden können. Teilweise tritt in dieser Subassoziation die Stieleiche an die Stelle der Traubeneiche. Die Wuchsleistung der Bäume ist hier befriedigend bis mäßig gut.

Gute Wuchsleistung zeigen die Bestände der Subassoziation mit *Stachys sylvatica* (Tab. 314/4A−4C) auf grundfeuchten bis wechselfeuchten, sehr nährstoff- und basenreichen, wenigstens in der Tiefe kalkhaltigen Standorten. *Quercus petraea* ist hier weitgehend durch *Quercus robur* ersetzt. Die Subassoziation findet sich vorwiegend in Mulden und Tälern (meist Trockentäler). „Ein weiterer wesentlicher Standortfaktor ist hier die erhöhte Spätfrostgefährdung und die auch noch im Sommer wirksam verstärkte nächtliche Abkühlung" (Hofmann 1966). Die Variante mit *Astrantia maior* (Tab. 314/4B) ist gegenüber der typischen Variante (Tab. 314/4A) nicht durch einen noch günstigeren Wasserhaushalt ausgezeichnet, sondern sie findet sich in besonders stark durch Kaltluft beeinflußten kühlen Tälern, während die ziemlich selten vorkommende Variante mit *Allium ursinum* (Tab. 314/4C) besonders nährstoffreiche Standorte, vorzugsweise Unterhänge, besiedelt.

Die Subassoziation mit *Carex brizoides* (Tab. 314/5) stellt sich dort ein, wo Wasserstau zumindest im Frühjahr bis an die Oberfläche reicht; die Standorte trocknen aber nie ganz aus, sondern bleiben mindestens im Untergrund feucht. Die Nährstoff- und Basenversorgung ist hier nicht mehr so günstig, was sich auch im Fehlen von *Asarum europaeum, Lathyrus vernus, Campanula trachelium* u. a. und dem Auftreten der Trennarten der Subassoziation mit *Luzula luzuloides* ausdrückt. Die Wuchsleistung der Bäume ist dank der bleibenden Grundfeuchte meist mäßig gut bis gut.

Der Subassoziation mit *Potentilla alba* (Tab. 314/6 A, 6 B) fehlen wieder die Nährstoff- und Basenzeiger wie *Asarum europaeum, Lathyrus vernus* usw. Dafür tritt neben den Trockenheitszeigern *Chrysanthemum corymbosum, Primula veris* ssp. *canescens* u. a. die Trennartengruppe der Subassoziation mit *Luzula luzuloides* auf. Deshalb könnte man die Subassoziation mit gleichem Recht auch als Variante mit *Primula veris* der Subassoziation mit *Luzula luzuloides* werten, wie dies auch Keller (1984) befürwortet. Die Bezeichnung nach *Potentilla alba* soll nur auf den Übergang zum Potentillo-Quercetum Libb. 33 hinweisen, wobei manches, was als Potentillo-Quercetum beschrieben wurde, eigentlich hierher gehört. Die Bestände der Subassoziation besiedeln mäßig nährstoffarme und sauere, mäßig trockene Standorte. Die hier herrschende Eichenart ist wie in der Subassoziation mit *Luzula luzuloides* die Trauben-Eiche, was ebenfalls für eine Zuordnung zu dieser sprechen würde. Die Wuchsleistung der Bäume ist hier meist nur mäßig. Neben einer typischen Variante (Tab. 314/6 A) kann auf ziemlich staufeuchten bis wechseltrockenen Böden die Variante mit *Molinia arundinacea* (Tab. 314/6 B) ausgeschieden werden.

Auf weniger trockenen Standorten als bei der vorigen Subassoziation (bzw. Variante), aber ungefähr gleichem mäßigem Nährstoff- und Basengehalt, stellt sich die Subassoziation mit *Luzula luzuloides* ein (Tab. 314/7 Aa−7 Bb). Auf mäßig frischen bzw. grundfrischen Böden findet man die typische Variante (Tab. 314/7 Aa, 7 Ab), auf betont grundfrischen bis mäßig feuchten die Variante mit *Deschampsia cespitosa* (Tab. 314/7 Ba, Bb), in der neben der Trauben-Eiche auch wieder die Stiel-Eiche vorkommt. Bei beiden Varianten kann wieder auf Böden mit stärker wechselndem Wasserhaushalt jeweils eine Subvariante mit *Molinia arundinacea* (Tab. 314/7 Ab, 7 Bb) ausgewiesen werden. Die Wuchsleistung der Bäume ist in der typischen Variante befriedigend bis mäßig gut, in der Variante mit *Deschampsia cespitosa* dank der Grundfeuchte mäßig gut bis gut.

3. Ass.: Carici albae-Tilietum cordatae Müller et Görs 58

Weißseggen-Eichen-Linden-Wald (Tab. 309/3; 315)

Der Eichen-Lindenwald ist durch Kennarten im strengen Sinn nur schwach charakterisiert. Oberdorfer hat deshalb am Assoziationsrang Zweifel gehegt und hat die Frage aufgeworfen, ob der eine oder andere Bestand nicht zwangloser dem Quercetum pubescenti-petraeae, dem Galio-Carpinetum oder auch (in den Auen) dem Querco-Ulmetum zugeordnet werden könnte. Müller dagegen sieht darin ein Auseinanderreißen einer in sich geschlossenen Gesellschaft, die zwar eindeutig noch zum Galio-Carpinion, aber nicht zum Galio-Carpinetum gehört. Herrschende Baumarten sind die Eichen und mitwüchsig die Winter-Linde, die hier eine erstaunliche Vitalität aufweist. *Carpinus betulus* tritt ziemlich zurück, und *Galium sylvaticum* ist ausgesprochen selten. Dafür kommen reichlich die praealpine *Carex alba* sowie submediterrane und subatlantische Arten wie *Hedera helix, Staphylea pinnata, Coronilla emerus, Melittis melissophyllum, Helleborus foetidus, Tamus communis* und im äußersten Südwesten bei Grenzach auch *Buxus sempervirens* vor. Sie verleihen zusammen mit den Trennarten des Galio-Carpinetum, die auch hier auftreten (deshalb vielleicht besser nur als Trennarten des Unterverbands Galio-Carpinenion zu werten) der Gesellschaft eine so einmalige, besondere Note, daß es dem Vorgehen bei anderen Gesellschaften gemäß berechtigt ist, sie als eigene Assoziation zu bewerten.

Beim Eichen-Linden-Wald handelt es sich um eine ausgesprochen thermophile, Trockenheit ertragende Waldgesellschaft, die weder „Hainbuchenwäldern oder gar Flaumeichenwäldern zugeordnet werden kann" (Hügin 1979). Der Wald besiedelt ausgesprochen steile Hänge in südlicher Exposition und „umgibt gürtelartig den Flaumeichenbuschwald" (Hügin 1979) der noch extremeren Standorte, so im Kaiserstuhl, am Isteiner Klotz und Grenzacher Horn. An anderen Stellen besiedelt er steile, trockenwarme Schotterterrassen, so am Hochrhein und im östlichen Bodenseegebiet (Argental). „Die Besonderheit dieses Waldtyps besteht nicht in der Seltenheit der einzelnen Arten, sondern in der eigentümlichen Artenverbindung. Es handelt sich um eine Pflanzengesellschaft, die wegen ihrer Seltenheit bis jetzt noch ziemlich unbekannt ist und erst in den letzten Jahren als eigenständige Waldgesellschaft erkannt wurde. Wahrscheinlich ist der Weißseggen-Eichen-Lindenwald eine wärmezeitliche Reliktgesellschaft. Ihre Erfassung und Erforschung steht noch am Anfang, so daß jeder Einzelbestand dringend benötigt wird" (Bundesanstalt f. Vegetationskunde, Naturschutz und Landschaftspflege 1973). Trotz seines Reliktcharakters ist der Weißseggen-Eichen-Lindenwald an seinen Wuchsorten „recht stabil und konkurrenzfähig, solange die augenblicklich wirkenden Standortsfaktoren bestehen bleiben" (Hügin 1979). Er stellt also eine „Relikt-Dauergesellschaft" dar. Bei den Böden handelt es sich meist um Mull-Pararendzinen und -Rendzinen, die eigentlich für die Rotbuche günstig sind. Doch bei dem herrschenden warmtrockenen Klima ist sie mit den Eichen und der Winter-Linde nicht konkurrenzfähig.

Der Weißseggen-Eichen-Linden-Wald vermittelt in gewissem Umfange zu Flaumeichen-Wäldern, zeigt aber auch gewisse Beziehungen zum Aceri-Tilietum Faber 36. Verwandte Bestände sind vor allem an warmen Steilhängen des Schweizer Jura im Abfall zu Bieler, Neuenburger und Genfer See zu erwarten.

Trotz des noch nicht allzu umfangreichen Materials soll mit gewissem Vorbehalt versucht werden, für unser Gebiet eine regionale Gliederung zu geben. Besonders schön entwickelt ist die Waldgesellschaft in einer Lokalausbildung mit *Helleborus foetidus* des südlichen Oberrhein- und Hochrheingebiets (Tab. 315/2). Eine Steigerung erfährt diese in der Lokalausbildung mit *Buxus sempervirens* im Naturschutzgebiet „Buchswald bei Grenzach" (Tab. 315/3) durch den das Bild dieses Waldes prägenden dunkelgrünen Buchs und den in Deutschland nur hier vorkommenden *Acer opalus*. Zum Vergleich wird eine *Acer opalus*-reiche Gesellschaft aus dem Schweizer Jura eingefügt (Tab. 315/4), die aber nicht zum Carici-Tilietum gehört (sie wurde von Kissling 1983 als Tilio-Quercetum bezeichnet, dürfte aber vermutlich zum Querco-Aceretum opali Br.-Bl. in Br.-Bl et al. 52 gehören und zum Verband Tilio-Acerion zu stellen sein).

Im östlichen Bodenseegebiet (unterstes Argental) steigen die Niederschläge deutlich an, so daß sich in der Lokalausbildung mit *Fagus sylvatica* (Tab. 315/1) die Rotbuche, aber auch die Stiel-Eiche und die Wald-Kiefer am Aufbau der Baumschicht beteiligen können. Diese Lokalausbildung vermittelt deutlich zum Carici-Fagetum caricetosum albae, das in der Umgebung auch vorkommt.

An das Carici-Tilietum können auch Entwicklungsstadien der trocken gewordenen Alluviallauen des Oberrhein- und Argentals angefügt werden (Tab. 315/5, 6).

Die Bestände des Weißseggen-Eichen-Linden-Waldes zeigen meist nur mäßige Wuchsleistung und erreichen im besten Fall 18−20 m Höhe, häufig bleiben sie darunter. Insofern dürfte es wirtschaftlich keinen wesentlichen Verlust darstellen, wenn aus wissenschaftlichen Gründen auf die Nutzung der wenigen Bestände verzichtet wird und sie unter Schutz gestellt werden.

3. Verband: Tilio platyphyllis-Acerion pseudoplatani Klika 55

Edellaubbaum-Mischwälder, Linden-Ahorn-Wälder, Sommerlinden-, Bergulmen- und Berga-horn-Mischwälder (Tab. 316—322)

Von Th. Müller

Bedingt durch die speziellen Standortsverhältnisse an den Wuchsorten — entweder ± bewegte Steinschutthänge unterschiedlicher Exposition oder sehr nährstoffreiche, frisch-feuchte, ± tief-gründige kolluviale Hangfüße wie auch nicht überschwemmte Alluvialböden — tritt in diesen Laubmischwäldern die Rotbuche sehr stark zurück oder fehlt häufig gänzlich. Meist kommt sie nur am Rande der Bestände im Übergang zu Rotbuchen-Wäldern vor. An ihre Stelle treten die Edellaubbäume Berg-Ahorn *(Acer pseudoplatanus)*, Sommer-Linde *(Tilia platyphyllos)*, Berg-Ulme *(Ulmus glabra)* und Spitz-Ahorn *(Acer platanoides)*, die in erster Linie die Bestände der Tilio-Acerion-Gesellschaften aufbauen. Sie sind als Kennarten des Verbands anzusehen, auch wenn sie in den einzelnen Assoziationen in unterschiedlicher Verteilung auftreten. Recht häufig und meist auch in größerer Menge gesellt sich dazu die Esche *(Fraxinus excelsior)*, die ihres reichlichen Auftretens in Alno-Ulmion-Gesellschaften wegen allerdings als Fagetalia-Art zu bewerten ist. Als weitere Verbandskennart hat *Ribes alpinum* zu gelten. Da die Wuchsorte der Edellaubbaum-Mischwälder selbst über Silikatuntergrund mehr oder weniger nährstoffreich und in der Regel zumindest grundfrisch sind, kommen Arten wie *Geranium robertianum, Sambucus racemosa* und *S. nigra, Actaea spicata, Centaurea montana* und *Ribes uva-crispa* vor, die man als Verbandstrennarten einstufen kann.

Die einzelnen Assoziationen sind — wie auch in anderen Verbänden — durch unterschiedliche Kombinationen der Verbandskennarten, also in erster Linie durch Baumartenkombinationen, sowie durch eine Reihe von Trennarten recht gut charakterisiert. Dies entspricht genau dem, was schon W. Koch 1926 bei der Beschreibung des *Acer pseudoplatanus-Fraxinus*-Waldes (heute Fraxino-Aceretum corydaletosum) mit großem Weitblick treffend festgestellt hat: „Berücksichtigt man den hohen soziologischen Wert der Baumschicht, so ist es vielleicht ange-zeigt, solche Gesellschaften, auch wenn sie sich von den Verwandten nur durch Differentialar-ten unterscheiden, als eigene Assoziationen zu bewerten." Eine gewisse Schwierigkeit in der Ansprache der einzelnen Gesellschaften besteht gelegentlich darin, daß die von manchen Bestän-den besiedelte Fläche, z.B. ein Steinschutthang unterhalb eines nicht allzu großen Felsens, so klein ist, daß sich die gesamte bezeichnende Baumartenkombination gar nicht einstellen kann. Dies bedeutet, daß in solchen Beständen ein und derselben Gesellschaft von Bestand zu Bestand eine andere Baumart vorherrschen oder sogar allein den Bestand aufbauen kann, zumal es auch noch sehr darauf ankommt, welche Baumart als erste angekommen ist. Mit Hilfe der Trennarten lassen sich in der Regel aber auch derartige Bestände eindeutig den einzelnen Gesellschaften zuordnen.

Von Moor (1973, 1975, 1976, 1978) und anderen Schweizer Autoren wie z.B. Theurillat et Béguin (1985) werden die Tilio-Acerion-Gesellschaften auf 3 Ordnungen verteilt:

1. Alno-Fraxinetalia Moor 75 mit dem Verband Fraxinion Nègre 72;
2. Tilietalia platyphylli Moor 75 mit dem Verband Tilion platyphylli Moor 75;
3. Aceretalia pseudoplatani Moor 75 mit dem Verband Lunario-Acerion pseudoplatani Moor 73.

Zwischen dieser extremen, zu der von Pignatti (1968) vergeblich beklagten „Inflation der höhe-ren pflanzensoziologischen Einheiten" einen Beitrag leistenden Aufgliederung und unserer, hier vertretenen Auffassung steht die von Clot (1989), der den Verband Tilio-Acerion zur Ordnung

Tilio-Aceretalia (Klika 55) Clot 89 mit den Verbänden Tilion platyphylli Moor 75 und Lunario-Acerion pseudoplatani Moor 73 erhebt und diese − wie auch Moor (1976, 1978) sowie Theurillat et Béguin (1985) − den Ordnungen Fagetalia sensu Moor 76 und Querco-Carpinetalia Moor 76 gegenüberstellt.

So eindeutig der Verband Tilio-Acerion und seine einzelnen Gesellschaften durch die Verbandskennarten − in erster Linie die bestandsbildenden Edellaubbaumarten − gegenüber Galio odorati-Fagion-, Carpinion- und Quercetalia pubescenti-petraeae-Gesellschaften floristisch abzugrenzen sind und damit ihre Waldbestände auch physiognomisch von jenen sich deutlich unterscheiden, so können wir so gut wie keine Arten ausmachen, die als Kennarten weiterer Verbände oder gar Ordnungen angesehen werden können. Einer rein formalen Aufstellung von Ordnungen mit jeweils einem Verband wie z. B. die Tilietalia platyphylli Moor 75 mit dem Verband Tilion platyphylli Moor 75 oder die Aceretalia pseudoplatani Moor 75 mit dem Verband Lunario-Acerion pseudoplatani Moor 73 − wobei die jeweiligen Verbands- zugleich Ordnungskennarten sind − können wir nicht folgen. Moor 1975 gibt als Kennarten seines Verbands Lunario-Acerion pseudoplatani, die damit zugleich Kennarten seiner Ordnung Aceretalia pseudoplatani sind, folgende Arten an: *Mercurialis perennis, Polystichum aculeatum, Dentaria* spec. div., *Aconitum vulparia, Actaea spicata, Lunaria rediviva* und *Epilobium montanum*, dazu die Kennarten seiner Assoziationen *Phyllitis scolopendrium* und *Aruncus dioicus. Mercurialis perennis* kommt in vielen artenreichen Laubwäldern genau so verbreitet vor, nicht zuletzt auch in Tilion platyphylli-/Tilietalia platyphylli-Gesellschaften wie z.B. im Aceri-Tilietum (Tab. 316/6; Tab. 319) oder im Asperulo taurinae-Tilietum Trepp 47 nom.inv.; die Art kann also hier wohl kaum als Verbandskennart angesehen werden. Entsprechendes gilt auch für *Epilobium montanum*, wobei diese Art nicht einmal eine „gute" Waldart, sondern schwerpunktmäßig eine Saumart ist (vgl. das Epilobio montani-Geranietum robertiani, Teil III, S. 195). *Polystichum aculeatum, Dentaria* spec. div. und *Aconitum vulparia* kommen genau so verbreitet im Lonicero alpigenae-Fagenion vor, wie auch *Actaea spicata*, die zusätzlich auch im Hordelymo- und Dentario enneaphylli-Fagetum auftritt (vgl. Tab. 323, 3−8). Diese Arten sind Fagetalia-Kennarten, die zwar als Trennarten einzelner Unterverbände, aber nicht als Kennarten von Verbänden gewertet werden können. Übrig bleibt *Lunaria rediviva*, die aber nicht einmal in allen Gesellschaften des Verbands und auch innerhalb dieser nicht durchgehend vorhanden ist (vgl. Tab. 316/7−10; 320−322). Damit kann aber wohl kaum ein Verband oder gar eine Ordnung begründet werden. Wir bleiben deshalb bei dem Verband Tilio platyphylli-Acerion pseudoplatani Klika 55 und gliedern diesen in Unterverbände. Sollte sich einmal im Rahmen einer Gesamtbearbeitung der europäischen Tilio-Acerion-Gesellschaften die Notwendigkeit der Aufwertung dieses Verbands zu einer Ordnung ergeben, so bietet sich dafür die von Clot (1989) konzipierte Lösung an.

Vegetationsgeschichtlich sind die Tilio-Acerion-Gesellschaften insofern interessant, als sie modellhaft Waldgesellschaften der Eichen-Mischwaldzeit (Atlantikum) darstellen auf Standorten, die von der im Subatlantikum eingewanderten Schattholzart *Fagus sylvatica* nicht besiedelt werden können. Die einzelnen Gesellschaften geben dabei auch die damals unterschiedliche Zusammensetzung der Wälder der verschiedenen Höhenstufen wieder. Die dem Verband vorläufig angegliederten Hasel-Gebüsche bzw. -Buschwälder können vielleicht auch ein Modell sein für das Aussehen solcher Wälder in der Haselzeit (Boreal).

3a. Unterverband: Clematido vitalbae-Corylenion avellanae (Hofm. 58) Müller

Hasel-Gebüsche der Steinschutthalden, Hasel-Buschwälder (Tab. 316/1−3; 317)

Mit gewissem Vorbehalt werden die Hasel-Gebüsche der Steinschutthalden zu einem Unterverband Clematido vitalbae-Corylenion avellanae (Hofmann 58) zusammengefaßt und dem Verband Tilio-Acerion zugeordnet. Diese Hasel-Gebüsche wurden bis jetzt mangels kennzeichnender Arten ziemlich selten mit Vegetationsaufnahmen beschrieben, so von Hofmann 1958, Moor 1960, Winterhoff 1965, Lippert 1966, Müller 1966, Sebald 1983, Storch 1983 und Herter 1990.

In diesen Gebüschen herrscht *Corylus avellana* vor, wobei sie nicht nur als Strauch sondern häufig als kleiner Baum auftritt, so daß man in diesen Fällen richtiger von Hasel-Buschwäldern spricht. Auffallend ist, daß in diesen Hasel-Gesellschaften die für Prunetalia-Gesellschaften so bezeichnenden Dornsträucher wie Rosen, Weißdorne und die Schlehe nahezu vollständig fehlen, worauf schon Winterhoff 1965 hinwies.

Mit höherer Stetigkeit treten nur die Prunetalia-Arten *Clematis vitalba* und *Cornus sanguinea* auf, beides ausgesprochene Rohbodenpioniere; alle weiteren Prunetalia-Arten weisen nur geringe (10−20%) oder sehr geringe (unter 10%) Stetigkeit auf. Dagegen kommt *Fraxinus excelsior* mit sehr hoher Stetigkeit und teilweise auch in größerer Menge vor, so daß Sebald 1983 sogar von „Hasel-Eschenwäldern" spricht. Meist einzeln eingestreut als kleine Bäume treten die Verbands-kennarten mit mäßiger Stetigkeit (20−30%) auf, *Acer pseudoplatanus* in der *Adenostyles alpina-Corylus*-Gesellschaft sogar mit 66%. Insgesamt ist die floristische Zusammensetzung dieser Hasel-Gesellschaften den übrigen Tilio-Acerion-Gesellschaften ähnlicher als Prunetalia-, insbesondere Berberidion-Gesellschaften, weswegen sie vorläufig einmal hierher gestellt werden, zumal sie auch als primäre Pionier-, Mantel- und Ersatzgesellschaften auf entsprechenden Standorten mit diesen verbunden sind. Synsystematisch schließen sich ihnen allerdings die *Corylus*-Stadien als Schluß-Gesellschaften zahlreicher Prunetalia-Gesellschaften, insbesondere des Berberidion an (vgl. S. 83).

Bezeichnend für die meist lichten Bestände der Clematido-Corylenion-Gesellschaften ist eine ganze Reihe von licht- und wärmebedürftigen Arten, die als Trennarten des Unterverbands bzw. der einzelnen Gesellschaften angesehen werden können. Dazu kommen noch Arten der Steinschutthal-den-Gesellschaften des Stipion calamagrostis wie *Galium album, Epipactis atrorubens, Silene vulgaris, Gymnocarpium robertianum, Rumex scutatus* oder *Moehringia muscosa, Adenostyles alpina* und *Campanula cochleariifolia*. Diese können sich in den lichten Hasel-Gebüschen oder -Buschwäldern als Entwicklungsrelikt der vorausgehenden Steinschutthalden-Gesellschaften halten.

Die Clematido-Corylenion-Gesellschaften besiedeln Steinschutthänge fast aller Expositionen, wenn sie auch vorzugsweise in südlicher Auslage häufiger sind, weil hier die Entwicklung zu Waldgesellschaften wegen der Trockenheit gehemmt ist bzw. sehr langsam vonstatten geht. Das Steinschuttmaterial kann unterschiedlicher Größe, ± bewegt bis stabil sein sowie einen ziemlich geringen bis hohen Feinerdeanteil aufweisen. Nicht selten stellen diese Gesellschaften eine Art Vorwald dar, der auf Stipion calamagrostis-Gesellschaften folgt. Bei relativer Stabilität der Steinschutthänge und ziemlich geringem Steinschlag können sie ein Vorwaldstadium zu Galio odorati-Fagion-Waldgesellschaften sein, bei etwas stärkerem Steinschlag dagegen zu Edellaub-baum-Wäldern des Tilio-Acerion. Bei Instabilität der Steinschutthänge und/oder verstärktem Steinschlag stellen sie lange bleibende Stadien dar, die in manchen Fällen schon fast als Dauergesellschaften anzusehen sind. Gelegentlich sind die Hasel-Gesellschaften auch regressiv durch Steinschlag oder Schlag aus Tilio-Acerion-Wäldern entstanden. Nicht selten bilden sie aber auch Mantelgesellschaften der Tilio-Acerion-Wälder gegen offene Steinschutthalden.

Das Clematido-Coryletum wurde erstmals von Hofmann 1958 aus dem Meininger Muschel-kalkgebiet beschrieben. Bei der tabellarischen Zusammenstellung dieser Hasel-Gebüsche zeigte sich, daß diese Gesellschaft dreigeteilt werden muß (vgl. Tab. 316/1−3), weshalb die Bezeich-nung für den Unterverband übernommen wurde. Bis zu einer umfassenden Bearbeitung derarti-ger Hasel-Gebüsche wird vorläufig aber nur von „Gesellschaften" und nicht von Assoziationen gesprochen.

1. Ges.: Vincetoxicum hirundinaria-Corylus avellana-Gesellschaft (Winterhoff 65)

Schwalbenwurz-Hasel-Gebüsch bzw. -Buschwald) (Tab. 316/1; 317/1A−1C)

Diese Gesellschaft bildet lockere Gebüsche oder Buschwälder und besiedelt ± trocken-warme Steinschutthalden unterhalb von Felsen oder Abbruchwänden (z. B. des Weißen Jura β) in vorwiegend südlichen Auslagen mit feinerde- und nährstoffarmen Böden, was durch die Trenn-arten der Gesellschaft angezeigt wird. Sie löst häufig das Rumicetum scutati der offenen Stein-schutthalden ab, wobei sich im Schatten der Sträucher und wohl auch infolge des Schuttstaues durch die Sträucher *Gymnocarpium robertianum* ansiedeln kann. Auf dieses Hasel-Gebüsch als „Durchgangsstadium" vom offenen Rumicetum scutati zum Wald hat schon Faber 1936 hinge-wiesen. Dort allerdings, wo nach wie vor Steinschutt nachgeliefert wird, findet kaum eine Weiterentwicklung zum Wald statt, und die Gesellschaft stellt dann weniger ein Durchgangssta-dium als vielmehr ein „Dauerstadium" dar.

Das Schwalbenwurz-Hasel-Gebüsch ist Vorwald- und Mantelgebüsch des Aceri-Tilietum, kann aber dieses auch ersetzen, wenn durch stärkeren Steinschlag oder durch menschliche Nutzung die Bäume eliminiert würden. Die Untergesellschaft mit *Teucrium chamaedrys* (Tab. 317/1A, 1B) besiedelt die besonders warmen und trockenen Steinschutthalden; auf noch unruhi-gem Steinschutt tritt sie in einer reinen Ausbildung (Tab. 317/1A) meist als Dauerstadium auf, auf mehr ruhigem in der Ausbildung mit *Homalothecium lutescens* (Tab. 317/1B) und stellt deshalb eher ein Vorwald- bzw. Mantelgebüsch dar. Auf etwas weniger warmen und trockenen Schutthalden stellt sich die typische Untergesellschaft ein, bei der bis jetzt nur die entsprechende *Homalothecium lutescens*-Ausbildung (Tab. 317/1C) beobachtet werden konnte.

Von der *Vincetoxicum-Corylus*-Gesellschaft liegt bis jetzt aus Süddeutschland nur Aufnahme-material aus dem Weißjuragebiet der Schwäbischen Alb und dem Muschelkalkbereich des Nek-kargebiets (Neckar-, Kocher- und Jagsttal) vor. Nach dem Material und den Beschreibungen von Hofmann (1958) und Winterhoff (1965) kommt sie aber auch in anderen Kalkgebieten vor und dürfte insgesamt in diesen ziemlich verbreitet sein. Sie wurde aber − wie andere kennartenarme oder -lose Gesellschaften auch − bis jetzt wenig beachtet.

2. Ges.: Mercurialis perennis-Corylus avellana-Gesellschaft (Hofmann 58)

Bingelkraut-Hasel-Gebüsch bzw. -Buschwald (Tab. 316/2; 317/2A, 2B)

Im Gegensatz zur *Vincetoxicum-Corylus*-Gesellschaft besiedelt die *Mercurialis-Corylus*-Gesell-schaft ± nährstoffreiche und bodenfrische Steinschutthänge, was durch eine größere Zahl von Trennarten wie *Mercurialis perennis, Ctenidium molluscum, Rhytidiadelphus triquetrus, Ulmus glabra, Lamium galeobdolon, Angelica sylvestris, Campanula trachelium, Hieracium sylvati-cum, Poa nemoralis, Ribes alpinum, Senecio fuchsii, Prenanthes purpurea* u. a. angezeigt wird.

Sie ist als Vorwald-, Mantel- und Ersatzgesellschaft schwerpunktmäßig mit dem Fraxino-Aceretum verbunden, so vor allem die Typische Untergesellschaft (Tab. 317/2B), während die Untergesellschaft mit *Vincetoxicum hirundinaria* auch mit Ausbildungen frischer Standorte des Aceri-Tilietum (stachyetosum sylvaticae, aegopodietosum, hylocomietosum) in Verbindung stehen kann. Bei stärkerer Schuttlieferung kann sie ebenfalls als „Dauerstadium" vorkommen.

Für Süddeutschland liegt für die *Mercurialis-Corylus*-Gesellschaft bis jetzt nur Material von der Schwäbischen Alb (mit einer schwach ausgeprägten Vikariante mit *Lonicera alpigena* aus dem oberen Donautal) und aus dem Neckargebiet vor. Wie die Aufnahmen bei Hofmann (1958) zeigen, kommt die Gesellschaft auch in anderen Kalkgebieten vor und dürfte dort gar nicht so selten sein.

3. Ges.: Adenostyles alpina-Corylus avellana-Gesellschaft

Alpendost-Hasel-Gebüsch bzw. -Buschwald (Tab. 316/3)

Lippert (1966) hat aus dem Naturschutzgebiet Berchtesgaden von Felsschutt und Felsbändern als Dauergesellschaft oder Entwicklungsstadium zu Laubmischwäldern eine *Corylus avellana-Amelanchier ovalis*-Gesellschaft beschrieben und mit 6 Aufnahmen belegt, in denen allerdings *Amelanchier ovalis* nur einmal mit der Menge 2 und zweimal mit + vorkommt. Storch (1983) schließt seine 37 Aufnahmen von an Hasel reichen Gebüschen von steilen und felsigen Hängen im Umkreis des Königssees im Nationalpark Berchtesgaden an die Hasel-Felsenbirnen-Gesellschaft Lipperts an, obwohl die namengebende Felsenbirne in seinen Aufnahmen überhaupt nicht vorkommt. Er betont, daß diese Gesellschaft nicht bei den Hecken und Gebüschen, d. h. bei den Prunetalia spinosae eingeordnet werden kann. „Die Artenkombination deutet vielmehr auf eine Verwandtschaft mit den Schluchtwäldern hin." Dies entspricht genau unserer Intention, diese Hasel-Gebüsche bzw. -Buschwälder im Unterverband Clematido-Corylenion zusammenzufassen und dem Verband Tilio-Acerion zuzuordnen.

Herter (1990) schließlich teilt unter der Bezeichnung *Sorbus-Corylus avellana*-Gesellschaft eine Aufnahme der gleichen Gesellschaft aus dem Allgäu mit und bemerkt dazu, daß es sich dabei um eine dem Ulmo-Aceretum vergleichbare Dauergesellschaft handelt. Auch hier fehlt *Amelanchier ovalis*. Demnach kann *Amelanchier ovalis* nicht für die Bezeichnung dieser Gesellschaft herangezogen werden, da sie in dieser *Corylus*-Gesellschaft gar keine Rolle spielt (7 % Stetigkeit). Es wurde deshalb für den Namen eine Art gewählt, die für diese *Corylus*-Gesellschaft der alpiden Steinschutt- und Felshalden sehr bezeichnend ist, nämlich *Adendostyles alpina*.

Die *Adenostyles alpina-Corylus avellana*-Gesellschaft steht zu dem benachbarten Ulmo-Aceretum im gleichen Verhältnis wie die *Vincetoxicum-Corylus*-Gesellschaft zum Aceri-Tilietum oder die *Mercurialis-Corylus*-Gesellschaft zum Fraxino-Aceretum. Dies wird u. a. daran deutlich, daß einige Trennarten des Ulmo-Aceretum wie z. B. *Gentiana asclepiadea, Aconitum napellus, Salix appendiculata, Polystichum lonchitis, Streptopus amplexifolius, Viola biflora* u. a. auch in der *Adenostyles-Corylus*-Gesellschaft vorkommen.

Bis jetzt liegt Material über die *Adenostyles-Corylus*-Gesellschaft nur von den Ostalpen vor. Es ist aber anzunehmen, daß diese Gesellschaft auch in anderen Gebieten in Verbindung mit dem Ulmo-Aceretum vorhanden ist.

3b. Unterverband: Deschampsio flexuosae-Acerenion pseudoplatani Müller

Drahtschmielen-Edellaubholzwälder, Edellaubholzwälder auf Silikatsteinschutt-Hängen (Tab. 316/ 4, 5; 318)

Die Waldgesellschaften sind ausgezeichnet durch eine Reihe von säureholden Arten wie *Deschampsia flexuosa, Luzula luzuloides, Dicranum scoparium, Polytrichum formosum, Agrostis capillaris, Dryopteris carthusiana, Teucrium scorodonia, Vaccinium myrtillus, Polypodium vulgare* u. a. Dazu kommt das auffallende Zurücktreten bzw. Fehlen einiger Arten, die für die anderen Gesellschaften des Verbandes bezeichnend sind oder in ihnen reichlich vorhanden sind, wie z. B. *Actaea spicata, Ulmus glabra, Fraxinus excelsior, Lamium galeobdolon* ssp. *montanum, Daphne mezereum, Campanula trachelium, Asarum europaeum, Lonicera xylosteum, Ctenidium molluscum* u. a. Müller hält es auf Grund dieser floristischen Gegebenheiten für gerechtfertigt, diese Gesellschaften, die außerdem im Gegensatz zu den anderen des Verbands Tilio-Acerion mit Quercion robori-petraeae-Gesellschaften (Betulo-Quercetum petraeae) bzw. mit solchen des Deschampsio flexuosae-Fagion (Ilici-Fagetum, Luzulo-Fagetum) oder des Piceion abietis (Luzulo-Abietetum) in Kontakt stehen und damit für ganz andersartige Landschaften bezeichnend sind, zu einem Unterverband zusammenzufassen. Oberdorfer dagegen sieht keine Notwendigkeit für diesen Unterverband und möchte das Querco petraeae-Tilietum platyphylli da ohne eigene Kennartengarnitur (Tab. 316/4; 318), als Subassoziation mit *Vaccinium myrtillus* zum Aceri-Tilietum stellen. Die *Deschampsia flexuosa-Acer pseudoplatanus*-Gesellschaft kann seiner Meinung nach nur als verarmter Ausklang ähnlicher Zustände auf schattigen, basenarmen Standorten aufgefaßt werden.

4. Ass.: Querco petraeae-Tilietum platyphylli Rühl 67
(Aceri-Tilietum platyphylli myrtilletosum Oberd.)

Drahtschmielen-Sommerlinden-Wald auf Silikat-Blockhalden und -Steinschutthalden (Tab. 316/4, 318)

Das Querco-Tilietum platyphylli wurde bis jetzt als selbständige Assoziation selten herausgearbeitet, da seine Bestände meist dem Aceri-Tilietum zugeordnet wurden, wie es Oberdorfer weiterhin befürwortet. Dazu bemerkt Hügin 1979 (S. 173): „Bartsch, J. und M. (1940), erwähnen lindenreiche Initialgesellschaften auf Blockhalden des Schwarzwaldes. Oberdorfer ordnet solche Gesellschaften als verarmte Schwarzwaldrasse dem Aceri-Tilietum auf Kalk unter. Das halte ich nicht für richtig. Beide Ausbildungen, die meist artenreichen auf Kalk und die artenarmen auf saurem Gestein, müssen gleichrangig behandelt werden. Die Gesellschaften auf Granit und Gneis z. B. sind floristisch festgefügt (immer wiederkehrende gleiche Artenkombination), in sich abgewandelt je nach Boden, Wasserhaushalt, Höhenlage und geographischem Vorkommen, daß die Aufstellung einer besonderen Assoziation oder einer Ass.-Gruppe ohne weiteres gerechtfertigt erscheint. Es ist nicht einzusehen, warum standörtlich bedingte artenarme Vergesellschaftungen nicht das gleiche Gewicht haben sollten wie artenreiche." Damit ist allerdings noch nichts über die synsystematische Rangordnung nach der Kennartenmethode ausgesagt. Zwei Subassoziationen sind auch gleichrangig (Oberdorfer).

Gekennzeichnet wird das Querco-Tilietum platyphylli durch die Verbandskennartenkombinationen *Tilia platyphyllos* (Stetigkeit 98 %), *Acer pseudoplatanus* (45 %) und *Acer platanoides* (26 %), die Assoziationstrennarten *Quercus petraea* (57 %), *Carpinus betulus* (43 %), *Sorbus aria* (34 %) und *Tilia cordata* (31 %) sowie durch die Trennarten des Unterverbands.

Hauptbaumart der Bestände ist *Tilia platyphyllos,* die auf ziemlich nährstoffarmen, sauren Standorten mehr und mehr von *Tilia cordata* ersetzt wird. Derartige Bestände, in denen meist auch *Quercus petraea* stärker vertreten ist, leiten unmittelbar zu Beständen des Betulo-Quercetum petraeae über, in denen *Tilia cordata* ebenfalls auftreten kann. *Quercus petraea* wie auch *Acer pseudoplatanus* sind sonst mit mäßigen Anteilen beigemengt, während die übrigen Baumarten einzelstammweise eingestreut sind. Die Wuchsleistung der Bäume ist gering bis mäßig; sie erreichen Höhen von 10−20 m. Auch wenn einzelne Sträucher von *Corylus avellana* und *Sambucus racemosa* u. a. auftreten, so ist die Strauchschicht insgesamt nur schwach ausgebildet. Die Deckung der Krautschicht beträgt meist nur 10−30 %; dazwischen liegen offener Steinschutt bzw. Blöcke. Dadurch entsteht oft der Eindruck von baumbestandenen Steinschutt- bzw. Blockhalden (Schuhwerk 1973).

Vom Querco-Tilietum platyphylli werden Steinschutt- und Blockhalden aus silikatischen Gesteinen (Grauwacke, Granit, Gneis, Phonolith, Porphyr, Porphyrit u. a.) unterschiedlicher Expositionen besiedelt, in ± warmen Trockengebieten − wie z. B. im Nahegebiet bei 500−600 mm Jahresniederschlag und 9−10 °C mittlerer Jahrestemperatur (Voss 1979) − oder in freier Lage gerne nördlicher, sonst vorzugsweise südlicher Auslagen. An seinen Wuchsorten stellt das Querco-Tilietum platyphylli überwiegend eine Dauergesellschaft dar. An Stellen, an denen kein Schutt mehr nachgeliefert wird, dieser in Ruhe bleibt und sich zwischen den Steinen Feinerde ansammelt, kann sich *Fagus sylvatica* ansiedeln und die Entwicklung zum Luzulo-Fagetum einleiten.

Auf ± trockenen Steinschutt- und Blockhalden stocken Bestände der typischen Subassoziation (Tab. 318/4 A), die ziemlich artenarm ist und den Kern der Assoziation darstellt. Ihre Bestände weisen eine nur geringe Wüchsigkeit auf. Sind die Halden etwas frischer und auch etwas nährstoffreicher, dann wachsen hier Bestände der Subassoziation mit *Mercurialis perennis* (Tab. 318/4 B), die sich durch Trennarten wie *Mercurialis perennis, Fraxinus excelsior, Galium odoratum, Lamium galeobdolon, Melica uniflora, Cardamine impatiens, Ulmus glabra* u. a. auszeichnet. Sie leitet damit zum Aceri-Tilietum über und wurde deshalb öfters auch unter diesem Namen beschrieben (Schuhwerk 1973). Sie entspricht auch dem, was Rühl (1967) Ulmo-Tilietum platyphyllis genannt hat; diese Bezeichnung darf deshalb nicht auf das Fraxino-Aceretum übertragen werden. Die Bestände dieser Subassoziation zeigen eine etwas bessere Wuchsleistung als die der typischen Subassoziation, sie ist aber dennoch nur als mäßig zu beurteilen.

Die in Tabelle 316, Spalte 4, und in Tabelle 318 dargestellten Aufnahmen aus dem Südschwarzwald, dem Odenwald, dem Hessischen Bergland und dem Mittelrheingebiet sind in beiden Subassoziationen sehr gleichförmig zusammengesetzt und können deshalb zu einer „Normal"-Vikariante ohne Trennarten zusammengefaßt werden. Davon heben sich die von Voss (1979) erhobenen Aufnahmen aus dem Nahegebiet durch das Vorkommen von *Acer monspessulanum, Prunus mahaleb* und *Geranium lucidum* ab, die als Trennarten dieser Vikariante eine subatlantisch-submediterrane Note verleihen.

Zu dem Querco-Tilietum platyphylli gehört bestimmt auch ein Teil des von Zeidler (1953) aus dem Frankenwald beschriebenen Aceri-Tilietum. Da aus der von ihm mitgeteilten Stetigkeitstabelle nicht entnommen werden kann, was zum Querco-Tilietum platyphylli und was zum eigentlichen Aceri-Tilietum gehört, und außerdem die Tabelle sehr viele Rasen- und Schlagflur-Arten enthält, wurde sie nicht in unsere Tabelle übernommen. Das Querco-Tilietum platyphylli dürfte in weiteren Gebieten mit silikatischen Steinschutt- bzw. Blockhalden vorkommen, worauf z. B. die Aufnahmen von Stöcker (1965) aus dem Bodetal im Harz hinweisen, die als „Traubeneichen-Linden-Blockhaldenwald" und als „Bergulmen-Linden-Blockhaldenwald" den beiden

Subassoziationen des Querco-Tilietum platyphylli entsprechen. Auf weitere Vorkommen der Assoziation ist zu achten.

5. Ges.: Deschampsia flexuosa-Acer pseudoplatanus-Ges. Klauck 87

Drahtschmielen-Bergahorn-Wald (Tab. 316/5)

Von absonnigen Blockhalden aus Taunusquarzit im Hunsrück beschrieb Klauck (1987) die *Deschampsia flexuosa-Acer pseudoplatanus*-Gesellschaft, während die sonnseitigen Blockhalden von einem Betulo-Quercetum petraeae sorbetosum ariae eingenommen werden. Entsprechende Bestände konnten auch im Nordschwarzwald auf hochgelegenen Granit-Blockhalden im Kontakt mit dem Luzulo-Fagetum und dem Luzulo-Abietetum beobachtet werden. Auch Rühl 1967 teilt eine entsprechende Aufnahme als „bodensaurer Bergahorn-Blockhaldenwald" aus dem hessischen Bergland mit.

Die Bestände werden im wesentlichen von *Acer pseudoplatanus* aufgebaut, gelegentlich kann ein baumförmiger *Sorbus aucuparia* oder im Schwarzwald eine *Abies alba* eingesprengt sein.

Die Wuchsleistung der Bäume auf diesen Blockhalden ist sehr gering, sie erreichen meist nur Höhen von 10−15 m. Eine ausgeprägte Strauchschicht fehlt, höchstens kommen selten einzelne Sträucher von *Corylus avellana* und *Sambucus racemosa* vor. Die Krautschicht ist meist nur gering ausgebildet und erreicht, in Abhängigkeit von dem durch die Blockhalden gebotenen unterschiedlichen Siedlungsraum, Deckungsgrade von 10−14%.

Die Gesellschaft stellt den letzten Ausklang des Tilio-Acerion dar. Von den Verbandskennarten ist hier lediglich noch *Acer pseudoplatanus* vorhanden, der hier, wenn man wie bei den anderen Assoziationen des Verbandes die Baumartenkombination der Verbandskennarten zur Charakterisierung heranzieht, als kennzeichnende Art anzusehen ist. Zusätzlich ist die *Deschampsia flexuosa-Acer*-Ges. durch die Trennarten des Unterverbands, die hier zum großen Teil hochstet auftreten, gut charakterisiert und gegenüber anderen Assoziationen abgegrenzt.

Für die Verbandskennarten *Ulmus glabra, Tilia platyphyllos, Acer platanoides* wie auch für *Fraxinus excelsior* sind die Blockhalden zu nährstoffarm, für *Tilia platyphyllos* und *Acer platanoides* das Klima in der Montanstufe außerdem zu kühl. *Fagus sylvatica* fehlt in gut ausgebildeten Beständen, weil sich bei der steilen Lage der Blockhalden zwischen den Gesteinsblöcken zu wenig Substrat findet. Nur dort, wo sich in leichten Verebnungen zwischen den Blöcken mehr Feinmaterial sammeln kann und damit der Bodenwasserhaushalt günstiger wird, kann *Fagus sylvatica* Fuß fassen, wobei sie hier ausgesprochen krüppelwüchsig bleibt (Klauck 1987). Entsprechendes gilt auch für *Abies alba*. Wenn aber in gut ausgebildeten Beständen der *Deschampsia-Acer*-Ges. weder *Fagus sylvatica* noch *Abies alba* eine Rolle spielen bzw. fehlen, weil sie nicht aufkommen können, dann kann eine derartige Gesellschaft (wie die Tabelle nahelegen könnte) kaum als eine Subassoziation „aceretosum pseudoplatani" des Luzulo-Fagetum bzw. Luzulo-Abietetum angesehen werden, sondern sollte als selbständige Gesellschaft in den Rahmen des Tilio-Acerion, der großenteils Wälder auf Steinschutt- und Blockhalden umfaßt, gestellt werden.

Die *Deschampsia flexuosa-Acer pseudoplatanus*-Gesellschaft ist bis jetzt kaum beachtet worden, weshalb wenig Aufnahmematerial vorliegt. Deswegen wurden in der Tabelle auch die Aufnahmen aus dem Hunsrück und dem hessischen Bergland eingearbeitet, um die Gesellschaft auf breiterer Basis darstellen zu können. Es ist aber anzunehmen, daß diese artenarme Waldgesellschaft montaner Silikat-Blockhalden, die meist als Dauergesellschaft auftritt, auch in anderen

Gebieten aufzufinden ist. So beschreibt Bohn (1981) aus dem Hohen Vogelsberg und der Hohen Rhön einen Schuppendornfarn *(Dryopteris dilata)* − Bergahorn *(Acer pseudoplatanus)* − Block-schuttwald, der „im montanen Bereich gelegene konsolidierte Blockhalden kennzeichnet, deren Zwischenräume und Nischen mit staublehmreicher, stark humoser, saurer und mäßig nährstoff-haltiger Feinerde ausgefüllt sind". Neben *Acer pseudoplatanus* kann sich hier dank des ange-reicherten Feinmaterials *Fagus sylvatica* behaupten. Diese Waldgesellschaft dürfte auch − als besondere Ausbildung der feinerdereicheren und deshalb auch etwas frischeren Blockhalden-standorte − hierher gehören, vergleichbar der Subassoziation mit *Mercurialis perennis* des Querco-Tilietum platyphylli.

3c. Unterverband: Tilienion platyphylli (Moor 75) Müller

Thermophile Sommerlinden-Mischwälder

Dieser Unterverband umfaßt mehr oder weniger thermophile Linden-Mischwälder, in denen regional unterschiedlich *Tilia platyphyllos* oder *Tilia cordata* in den Vordergrund treten können, ohne daß jeweils die andere Art fehlt. Mehr oder weniger regelmäßig kommen die Verbands-kennarten *Acer pseudoplatanus, Acer platanoides* sowie die Fagetalia-Art *Fraxinus excelsior* vor, während die Verbandskennart *Ulmus glabra* meist etwas zurücktritt. Dazu kommen eine Reihe von Arten, die aus dem Carpinion bzw. Quercetalia pubescenti-petraea übergreifen (vgl. Tab. 316/6; 319). Damit sind die Kontaktgesellschaften genannt, zu denen diese Linden-Mischwälder Beziehungen aufweisen. Deswegen schwankte ihre synsystematische Zuordnung immer wieder: so wurden diese Wälder schon dem Carpinion (Oberdorfer 1949) oder den Quercetalia pubescenti-petraeae (Braun-Blanquet 1949; Braun-Blanquet in Braun-Blanquet et al. 1952; Oberdorfer 1957) zugeordnet. Ob es bei dieser Sachlage möglich oder sogar notwendig ist, den Unterverband Tilienion platyphylli in zwei Unterverbände aufzugliedern, einen, der dem Carpinion nahesteht und mit dessen Gesellschaften kontaktiert, und einen mehr submediterran getönten, der mit den Quercetalia pubescenti-petraeae korrespondiert, kann hier nicht geklärt werden.

Im Gebiet gibt es nur eine Assoziation dieses Unterverbands, das Aceri platanoidis-Tilietum platyphylli Faber 36, weswegen hier die Trennarten der Assoziation und des Unterverbands zusammenfallen. Im Föhnbereich des schweizerischen Nordalpenrandes wird das Aceri-Tilietum durch das nahestehende Asperulo taurinae-Tilietum Trep 47 nom. inv. ersetzt, das artenreicher und schon deutlich submediterran getönt ist. Noch stärkere submediterrane Züge weisen das Querco-Aceretum opali Br.-Bl. in Br.-Bl. et al. 52 und das Tilio-Quercetum Kissling 83 auf.

Subkontinentale Züge zeigen dagegen die aus Ungarn beschriebenen, ebenfalls zu diesem Unterverband gehörenden Assoziationen Tilio-Fraxinetum excelsioris Zólyomi (34) 36, Mercuriali-Tilietum Zólyomi 58 oder das Tilio-Sorbetum Zólyomi et Jakucs in Zólyomi 67. Auch im Illyricum sind entsprechende Waldge-sellschaften vorhanden, wie z. B. der Linden-Eiben-Steilhangwald (Tilio-Taxetum Glavač 58). Ähnliche Waldgesellschaften aus dem Südbalkan faßt Bergmeier (1990) im vikariierenden Unterverband Aesculo-Tilienion tomentosi Bergm. 90 zusammen, so das Tilio tomentosae-Castanetum sativae Dafis 73 und das Rusco hypoglossi-Aesculetum hippocastani Raus et Bergm. in Bergm. 90. Zu diesem Unterverband gehört auch die von Horvat, Glavač und Ellenberg 1974 erwähnte *Aesculus-Juglans-Fraxinus*-Assoziation.

In der Literatur wird nicht selten (z. B. Oberdorfer 1957; Ellenberg 1986; Wilmanns 1989 u. a.) das Aceri-Tilietum bzw. auch weitere Gesellschaften des Unterverbands als Modell bzw. Relikt der Wälder der Eichenmischwaldzeit (Atlantikum) bezeichnet. Wie schon oben dargestellt, bezieht sich aber der Modell- bzw. Reliktcharakter nicht nur auf die Tilienion platyphylli-Gesellschaften, sondern genau so auf die Lunario-Acerenion pseudoplatani-Gesellschaften, die lediglich Modell für montan-oreale Wälder sind.

6. Ass.: Aceri platanoidis-Tilietum platyphylli Faber 36

Spitzahorn-Sommerlinden-Wald (Tab. 316/6; 319)

Das Aceri-Tilietum ist charakterisiert durch die Verbandskennartenkombination *Tilia platyphyllos* (Stetigkeit 88%), *Acer pseudoplatanus* (80%) und *Acer platanoides* (49%), während *Ulmus glabra* (32%) zurücktritt; dazu kommt ziemlich hochstet *Fraxinus excelsior* (75%). Gegen andere Gesellschaften ist es abgegrenzt durch die ± thermophilen, auch eine gewisse Trockenheit ertragenden Trennarten des Unterverbands Tilienion platyphylli, die im Gebiet zugleich Trennarten der Assoziation sind. Darunter finden sich auch Baumarten wie *Acer campestre* (43%), *Sorbus aria* (31%), *Carpinus betulus* (20%), *Quercus petraea* (15%) und *Tilia cordata* (11%).

In der Baumschicht sind Sommer-Linde und Berg-Ahorn, teilweise auch Esche vorherrschend; die übrigen Baumarten sind beigemischt. In der Strauchschicht sind meist reichlich Hasel und auch die Rote Heckenkirsche vorhanden, die Hasel als Überbleibsel der vielfach in der Sukzession vorausgegangenen Haselgebüsche; weitere Sträucher können einzeln beigemengt sein. Die Krautschicht ist in den einzelnen Subassoziationen unterschiedlich ausgebildet, z. B. in den Subassoziationen mit *Vincetoxicum hirundinaria* bzw. mit *Sesleria albicans* oder in der typischen Subassoziation mit einer durchschnittlichen Deckung von nur 20−24%, dagegen in den Subassoziationen mit *Stachys sylvatica* bzw. mit *Aegopodium podagraria* mit 43−47%. Ebenso unterschiedlich ist die Wuchsleistung, die von gering bis mäßig gut reicht; sie spielt jedoch keine Rolle, da die Bestände an ihren Wuchsorten kaum genutzt werden, weil sie an den instabilen Hängen eine wichtige Funktion als Schutzwälder haben.

Die Bestände des Aceri-Tilietum stocken auf nicht konsolidierten steilen Hängen mit instabiler Oberfläche, wobei es sich um Steinschuttböden mit laufender Schuttzufuhr oder auch um rutschende oder stark nachschaffende lehmige bis tonige Böden handeln kann. Es werden Hänge verschiedener Exposition in ± warmer oder trockener Lage besiedelt; die in kühler oder feuchter (vor allem luftfeuchter) Lage werden dem Fraxino-Aceretum überlassen. Je kühler das Gesamtklima in höheren Lagen wird, desto mehr ist die Gesellschaft auf südliche Auslagen beschränkt. Die Böden sind mindestens stark basenhaltig, meist sogar kalkreich.

Bedingt durch die speziellen Standortsverhältnisse ist das Aceri-Tilietum über weite Bereiche ziemlich gleichförmig zusammengesetzt. Keller (1974) schreibt zwar, daß „der Lindenmischwald des Randens (südwestlicher Teil der Schwäbischen Alb) sich wesentlich unterscheidet vom Aceri-Tilietum, das E. Oberdorfer (1949) aus der etwa 10 km vom Randen entfernten badischen Wutachschlucht beschrieben hat; die Benennung Asperulo- (odoratae-) Tilietum berücksichtigt diesen Unterschied und bringt die Anlehnung an das Asperulo taurinae-Tilietum zum Ausdruck." Berücksichtigt man aber, daß die Aufnahmen von Oberdorfer 1949 aus der Wutachschlucht der Subassoziation mit *Aegopodium podagraria* zuzurechnen sind, die Keller gar nicht aufführt, dann wird verständlich, daß hier zwar beachtliche Unterschiede vorliegen, die aber standörtlich bedingt sind. Vergleicht man dagegen die von Keller beschriebenen Subassoziationen mit den entsprechenden der übrigen Schwäbischen Alb, insbesondere mit denen des oberen Donautals, dann sind es lediglich Unterschiede im Range von geographischen Ausbildungen. Man kann deshalb die von Keller mitgeteilten Aufnahmen zwanglos als geographische Ausbildung dem Aceri-Tilietum zuordnen und benötigt dafür nicht den Begriff des Asperulo odoratae-Tilietum als neue Assoziation.

Im äußersten Südwesten Süddeutschlands zeichnet sich eine submediterran getönte Vikariante ab, die mit *Quercus pubescens, Sorbus torminalis, Tamus communis, Buxus sempervirens, Coronilla emerus* und *Staphylea pinnata* zu entsprechenden Waldgesellschaften des Schweizer Jura (vgl. z. B. Kissling 1983) vermittelt.

Im Verbreitungsgebiet der Lonicero-alpigenae-Fagenion-Gesellschaften hebt sich von den anderen Vorkommensbereichen des Aceri-Tilietum (Schwäbische Alb ohne oberes Donautal mit Seitentälern, Fränkische Alb, Neckargebiet, Steigerwald) eine Vikariante mit *Lonicera alpigena*, selten auch mit *Dentaria pentaphyllos* ab, am Ostalpenrand bereichert um *Salvia glutinosa* und *Aposeris foetida*, im oberen Donautal gelegentlich um *Prunus mahaleb*, während im Wutachgebiet *Tamus communis* hinzukommt, die auch im Randengebiet zusammen mit *Coronilla emerus, Sorbus torminalis* und *Quercus pubescens* vorhanden ist, womit diese Lokalausbildung der *Lonicera alpigena*-Vikariante zu der des Südwestens überleitet.

Die Subassoziation mit *Vincetoxicum hirundinaria* (Tab. 319/6 A), die dem Vincetoxico-Tilietum platyphyllis Winterhoff 62 entspricht, ist auf Steinschutthängen vorzugsweise südlicher Auslage anzutreffen. Die Hänge finden sich unterhalb von Felsen oder Felsbändern mit laufender Schuttzufuhr, wobei der Steinschutt unterschiedlicher Größe ± in Bewegung ist, was vor allem durch die Trennarten *Rumex scutatus, Galeopsis angustifolia* und *Gymnocarpium robertianum* angezeigt wird.

Die Subassoziation folgt oft auf die *Vincetoxicum-Corylus*-Gesellschaft. Die Bestände sind meist verhältnismäßig licht, besitzen aber des unruhigen Standorts wegen dennoch nur eine wenig deckende Krautschicht.

Auf Hängen mit mehr Feinschutt und auch etwas Feinerde in warmer Lage in südlicher bis westlicher Exposition stocken Bestände der Subassoziation mit *Sesleria albicans* (Tab. 319/6 B); sie entspricht der Subassoziation „coronilletosum" bei Keller (1974), wobei hier in der Benennung der schon von Faber (1936) angegebenen „Ausbildung mit *Sesleria albicans*" gefolgt wird. Dagegen werden Hänge mit gröberem Steinschutt und wenig Feinerde in freier, ± warmer bis trockener Lage verschiedener, vorzugsweise aber südlicher Exposition sowie auch spaltenreiche freie Felswände in überwiegend nördlicher Exposition von Beständen der typischen Subassoziation (Tab. 319/6 C) besiedelt.

Sammelt sich in ± warmer Hanglage verschiedener Exposition zwischen dem Steinschutt ziemlich viel Feinerde oder handelt es sich um rutschende oder stark nachschaffende Steilhänge mit lehmigeren Böden, dann stellen sich auf diesen warm-frischen Standorten Bestände der Subassoziation mit *Stachys sylvatica* (Tab. 310/6 D) ein, die durch Frischezeiger wie *Stachys sylvatica, Dryopteris filix-mas, Arum maculatum* u. a. ausgezeichnet sind und damit deutlich zum Fraxino-Aceretum bzw. Adoxo-Aceretum überleiten. Dasselbe gilt für die Subassoziation mit *Aegopodium podagraria* (Tab. 319/6 E), in der die Frischezeiger gleichermaßen auftreten, dazu aber noch Nährstoffzeiger wie *Aegopodium podagraria, Allium ursinum, Ficaria verna* u. a. hinzukommen. Die Aufnahmen von Oberdorfer 1949 und 1971 gehören zu dieser Subassoziation, die selbstverständlich deutliche Unterschiede gegenüber den Subassoziationen mit *Vincetoxicum* bzw. mit *Sesleria albicans* oder der typischen Subassoziation aufweist, aber dennoch nicht zur Aufstellung zweier Assoziationen berechtigt. Schließlich kann verhältnismäßig selten auf nordexponierten Steinschutthängen mit ± grobem Schutt und feinerdearmen, trockenen Böden die Subassoziation mit

Hylocomium splendens (Tab. 319/6F) beobachtet werden, wie sie schon Keller (1974) beschrieben hat (vgl. dazu die Subassoziation mit *Hylocomium splendens* des Seslerio-Fagetum).

Das Aceri-Tilietum, von dem bisher Material aus dem südlichen Kalkhügelland, der Baar (Wutachschlucht), dem Hegau, von der Fränkischen und Schwäbischen Alb, aus dem Neckargebiet und Steigerwald sowie von den Ammergauer Bergen vorliegt, stellt meistens eine Dauergesellschaft dar. Wenn sich die Hänge aber konsolidieren, dann führt die Entwicklung auf den warm-trockenen Standorten häufig zum Galio-Carpinetum; wenn sich Rotbuchen einstellen, kann sie aber auch zum Seslerio- bzw. Carici-Fagetum führen.

3d. Unterverband: Lunario-Acerenion pseudoplatani (Moor 73) Müller

Bergahorn-Mischwälder (Tab. 316/7−10)

Entsprechend wie die Deschampsio flexuosae-Acerenion-Gesellschaften mit artenarmen Waldgesellschaften des Quercion robori-petraeae, des „Deschampsio flexuosae-Fagion" oder des Piceion, die Tilienion-Gesellschaften mit denen des Carpinion betuli oder der Quercetalia pubescentis-petraeae, so stehen die Gesellschaften des Lunario-Acerenion in Kontakt mit solchen des Galio odorati-Fagion. Sie sind neben dem stärkeren Hervortreten der Verbandskennarten *Acer pseudoplatanus* und *Ulmus glabra* deshalb ausgezeichnet durch eine Reihe montaner Arten wie *Senecio fuchsii, Prenanthes purpurea, Polygonatum verticillatum, Polystichum aculeatum* u. a., die als Trennarten des Unterverbands zu werten sind, da sie auch in anderen montan-orealen Waldgesellschaften auftreten. Dazu kommen noch *Lunaria rediviva,* die als Kennart des Unterverbands angesehen werden kann, sowie weitere Arten wie *Aruncus dioicus, Petasites albus, Phyllitis scolopendrium* oder *Cystopteris fragilis,* die zwar innerhalb der Waldgesellschaften mehr oder weniger auf Lunario-Acerenion-Gesellschaften beschränkt sind, hier aber nur in bestimmten, standörtlich bedingten Ausbildungen der einzelnen Gesellschaften vorhanden sind.

7. Ass.: Sorbo ariae-Aceretum pseudoplatani Moor 52

Mehlbeer-Bergahorn-Mischwald (Tab. 316/7; 320/7A−7C)

Vom Sorbo-Aceretum liegt im Vergleich zu den anderen Gesellschaften des Verbands aus Süddeutschland bis jetzt recht wenig Aufnahmematerial vor, das ausschließlich von den höchsten Bergen der südwestlichen Schwäbischen Alb stammt. Es ist aber auch in den Kalkalpen zu erwarten.

Die untersuchten Bestände wachsen so gut wie alle unterhalb der Weiß-Jura-Abbruchkanten in südlicher bis westlicher Exposition. Unterhalb dieser meist mächtigen Abbruchwände ist Steinschlag relativ häufig. So weisen die Bäume teils starke Rindenschäden auf, teils sind sie zerschlagen und besitzen dann mehrere Stockausschläge, zwischen denen nicht selten größere Steinbrocken eingeklemmt sind. Die Bestände machen in manchen Teilen den Eindruck eines Niederwalds, der aber hier nicht durch den Menschen, sondern durch den dauernden Steinschlag bedingt ist, denn sie werden auf den steilen Steinschutthalden in der Regel nicht genutzt und stellen ausgesprochene Schutzwälder dar.

Das Sorbo-Aceretum ist in der Baumschicht ausgezeichnet durch die meist vorherrschende Verbandskennart *Acer pseudoplatanus,* der regelmäßig *Sorbus aria* und *Fraxinus excelsior* beigemengt sind, während *Ulmus glabra* und *Sorbus aucuparia* nur verhältnismäßig selten und einzeln eingesprengt sind. Die Bäume erreichen nur Höhen von 6—12 m, so daß man in vielen Fällen richtigerweise von Buschwäldern sprechen könnte. Die Strauchschicht ist in der Regel gut ausgebildet. In ihr spielt *Corylus avellana* — Überbleibsel der häufig vorausgegangenen *Mercurialis-Corylus*-Gesellschaft — die wichtigste Rolle. Von Bedeutung sind ferner *Lonicera xylosteum* und *L. alpigena, Viburnum lantana, Rosa pendulina, Rosa vosagiaca, Rhamnus cathartica, Cornus sanguinea* und *Ribes alpinum,* während *Daphne mezereum* und *Amelanchier ovalis* verhältnismäßig selten einzeln eingestreut vorkommen.

Bedingt durch den Steinschlag und den hohen Steinschuttgehalt im oberen Teil der Böden erreicht die Krautschicht meist nur geringe Deckungswerte, auch wenn sie verhältnismäßig artenreich ist; die meisten Arten weisen nur Mengen von + oder 1 auf. Die Krautschicht zeigt das, was in der Baum- und Strauchschicht bereits angedeutet ist, in verstärktem Umfange: das eigenartige Nebeneinander von Arten der Steinschutthalden wie *Galium album, Vicia sepium, Epipactis atrorubens, Vincetoxicum hirundinaria* u. a., von wärmebedürftigen und Trockenheit ertragenden Arten wie *Solidago virgaurea, Sesleria albicans, Laserpitium latifolium, Rubus saxatilis, Buphthalmum salicifolium, Calamintha clinopodium* u. a. sowie von Frische liebenden Stauden wie *Senecio fuchsii, Prenanthes purpurea, Polygonatum verticillatum, Knautia dipsacifolia, Pimpinella major* u. a. Diese Arten spiegeln die besonderen Standortsverhältnisse wider, nämlich Steinschutthänge in wärmebegünstigter Süd- bis Westlage, Böden mit oberflächlicher, leicht beweglicher feinerdearmer Steinschuttdecke und darunter ± frische Feinerde zwischen dem Steinschutt.

An standörtlichen Ausbildungen kann zunächst die Subassoziation mit *Gymnocarpium robertianum* (Tab. 316/7 A) ausgeschieden werden, die verhältnismäßig artenarm ist; sie stockt auf ± ruhigen Grobschutthalten. Bei der Subassoziation mit *Quercus robur* (Tab. 316/7 B) sind die Steinschutthalden ebenfalls verhältnismäßig ruhig, weisen aber einen höheren Mergelanteil auf. Sie findet sich ausschließlich in den wärmsten Lagen in Südwestexposition, und diese Situation wird durch die Trennarten sehr deutlich angezeigt. Diese Subassoziation ersetzt das Quercetum pubescenti-petraeae der tieferen Lagen. Die typische Subassoziation (Tab. 316/7 C) stellt den Typ des Sorbo-Aceretum am reinsten dar und entspricht weitgehend dem, was Moor 1952 aus dem Schweizer Jura beschrieben hat. Bedingt durch die tiefere Lage auf der Schwäbischen Alb gibt es allerdings auch gewisse Unterschiede; so fehlen hier z. B. Arten wie *Crepis pyrenaica, Campanula rhomboidales, Campanula latifolia, Rhamnus alpina* u. a. Die typische Subassoziation ersetzt in den Hochlagen das Aceri-Tilietum platyphylli.

Bei dem andauernden Steinschlag stellt das Sorbo-Aceretum an allen seinen Wuchsorten auf der Schwäbischen Alb eine Dauergesellschaft dar, die keine Entwicklungstendenzen zeigt.

8. Ass.: Fraxino-Aceretum pseudoplatani (W. Koch 26) Rübel 30 ex Tx. 37 em. et nom. inv. Th. Müller 66 (non Libbert 30)

(Tilio platyphylli-Ulmetum glabrae Bohn 81)

Sommerlinden-Bergulmen-Bergahorn-Wald (Kurzform: Linden-Ulmen-Ahorn-Wald), Eschen-Ahorn-Steinschuttschatthangwald (Tab. 316/8 A, 8 B; 321/8 Ba—8 Bf)

Diese Assoziation ist oft beschrieben und belegt worden (vgl. J. und M. Bartsch 1952), allerdings vielfach unter verschiedenen Namen und nur die Teile, die durch besondere

Arten wie *Phyllitis scolopendrium, Lunaria rediviva, Aruncus dioicus* oder *Corydalis cava* und *solida, Leucojum vernum, Anemone ranunculoides, Adoxa moschatellina, Scilla bifolia, Gagea lutea* ausgezeichnet sind und die deshalb auffielen.

So wurde von W. Koch 1926 ein *Acer pseudoplatanus-Fraxinus*-Wald, von Faber 1936 ein Phyllitido-Aceri-Ulmetum oder Phyllitido-Ulmetum, von Kuhn 1937 ein Ulmo-Aceretum lunarietosum, von Tüxen 1937 ein Aceri-Fraxinetum, von Moor 1938 ein Corydali cavae-Aceretum, von Schwickerath 1938 ein Phyllitido-Fraxinetum, von Moor 1952 ein Phyllitido-Aceretum und ein Arunco-Aceretum, von Willmanns 1956 ein Corydali-Aceri-Fraxinetum und ein Phyllitido-Aceri-Ulmetum, von Grüneberg und Schlüter 1957 ein Lunario-Aceretum publiziert.

Alle diese Assoziationen sind durch die oben genannten Arten gekennzeichnet, wobei es sich − vielleicht mit Ausnahme von *Lunaria rediviva* − wohl kaum um Kennarten handeln kann. *Phyllitis scolopendrium* ist eine Art der feuchten Felsspalten-Gesellschaften des Asplenio-Cystopteridetum fragilis, die Faber (1936) bezeichnenderweise als *Cystopteris-Phyllitis*-Assoziation angibt. *Aruncus dioicus* kommt genau so in anderen Gesellschaften vor wie z. B. im Arunco-Alnetum glutinosae Tx. 57 oder im Arunco-Petasitetum albae Br.-Bl. et Sutter 77, kann also kaum Kennart eines Arunco-Aceretum sein. Die *Corydalis*-Gruppe schließlich kommt in unterschiedlichsten Wäldern (Galio odorati-Fagion-, Carpinion-, Alno-Ulmion-Gesellschaften) vor; sie kann deshalb nicht als Kennartengruppe eines Corydali-Aceretum angesehen werden, wobei Moor (1973) noch weiter geht und Carpinion-Gesellschaften mit der *Corydalis*-Gruppe zu einem Scillo-Fraxinetum zusammenfaßt.

Über die genannten Gesellschaften hinaus bleibt aber ein beachtlicher „Rest" von Wäldern, welche bei gleicher Baumartenkombination wie diese keine besonderen Arten aufweisen und von denen deshalb in der Literatur kaum Aufnahmen vorliegen. Derartige Bestände sind in der Natur gar nicht selten, z. T. sogar häufiger als die mit besonderen Arten; sie können nicht als Fragmente oder als artenverarmte Ausbildungen der anderen Gesellschaften angesehen werden, worauf zuerst Müller 1966 hinwies, ihm folgen weitere Autoren wie z. B. Reif 1983 oder v. Brackel und Zintl 1983. Müller 1966 baut deshalb konsequent die gesamte Assoziation im Sinne von W. Koch 1926 auf der Baumartenkombination insbesondere auf den Verbandskennarten auf, faßt alles im Fraxino-Aceretum (W. Koch 26) Tx. 37 em. et nom. inv. zusammen und faßt die oben aufgeführten Assoziationen nur als Subassoziationen (lunarietosum, phyllitidetosum, corydaletosum, aruncetosum).

Nicht weniger verwirrend, wenn nicht sogar irreführend (Ellenberg 1986) sind manche deutschen Bezeichnungen für diese Gesellschaft wie „Schluchtwald", „Bergwald" und „Kleebwald", die auf Gradmann, Das Pflanzenleben der Schwäbischen Alb, zurückgehen, wobei er die Begriffe in den verschiedenen Auflagen seines Werkes unterschiedlich verwendete.

Die 1. Auflage von 1898 und die 2. von 1900 sind identisch. Darin beschreibt er den Schluchtwald folgendermaßen: „Der **Schluchtwald** ist nach seinem hauptsächlichen Vorkommen in den engen düsteren, wasserreichen Thalschluchten namentlich des unteren Weissen Jura benannt; das gleiche Waldbild findet sich aber auch sonst auf allen thonigen und daher feuchten Bodenarten, z. B. im Gamma, nicht selten auch im Braunen Jura, und hält sich von ebenen und freieren Lagen keineswegs ganz fern". Der folgenden Pflanzenaufzählung nach handelt es sich dabei um eine Alno-Ulmion-Gesellschaft, aber keineswegs um unser Fraxino-Aceretum. In der 3. Auflage von 1936 und ebenso in der 4. von 1950 gliedert er dann:

1. in den Schluchtwald des Braunen Jura mit Schwarz-Erle und schreibt 1950 dazu: „Der **Schluchtwald** kommt in seiner gewöhnlichen, auch außerhalb des Albgebiets häufigen Form nur im Braunen Jura vor". Der beigefügten Aufnahmeliste nach handelt es sich dabei in etwa um ein Pruno padi-Fraxinetum bzw. Adoxo-Aceretum, aber um kein Fraxino-Aceretum.

2. in den **Schluchtwald des Weißen Jura,** der gemäß der beigefügten Aufnahmeliste in etwa dem Fraxino-Aceretum typicum entspricht.

3. in die **Felsschluchtbestände,** die nach der Aufnahmeliste dem Fraxino-Aceretum phyllitidetosum entsprechen.

Der **Bergwald** wird in der 1. und 2. Auflage als „ein Waldbild bezeichnet, ... das sich ausschliesslich an Steilhängen, und zwar im Unterschied vom Schluchtwald nur an freien Halden und bei nördlicher (auch nordöstlicher oder nordwestlicher) Exposition findet. Der Untergrund zeigt niemals eine zusammenhängende Humusdecke; bald tritt anstehender Fels zu Tage, bald sind Massen von Trümmergestein über den Boden verstreut." Zu den bezeichnenden Arten des Bergwalds gehören einerseits Mehlbeerbaum, Spitzahorn, Nikkendes Perlgras, Berg-Flockenblume, Schildampfer und Felsen-Baldrian, andererseits die Hirschzunge und die Mondviole. Demnach handelt es sich beim Bergwald einmal um ein Aceri platanoidis-Tilietum platyphylli, zum anderen um ein Fraxino-Aceretum lunarietosum bzw. phyllitidetosum. In der 3. und 4. Auflage werden Hirschzunge und Mondviole nicht mehr als bezeichnende Arten aufgeführt, dafür aber Arten wie *Aster bellidiastrum, Rubus saxatilis, Sesleria albicans, Digitalis grandiflora, Astrantia major, Convallaria maialis, Helleborus foetidus, Galium sylvaticum* u. a. sowie Moose angegeben. In dieser Fassung entspricht der Bergwald dem Seslerio-Fagetum hylocomietosum, tilietosum und petasitetosum albae. Als Nebenform wird die Schuttfazies des Bergwalds oder Felsschuttbestände der Nordseiten erwähnt, die der geschilderten Artenzusammensetzung nach ein Fraxino-Aceretum lunarietosum sind.

Der **Kleebwald** schließlich findet sich nach der 1. und 2. Auflage am Fuße von Steilhalden, wo sich abrutschendes, krümeliges Erdreich tiefgründig sammelt, „jedoch ohne zusammenhängende Laubdecke. Die bezeichnendsten Glieder des Kleebwaldes sind: Scilla und Lerchensporn ... Häufig ist im Holzbestand neben der Buche besonders die Waldkirsche, die Weissbuche, der Haselstrauch, der Wasserholder". Daraus kann man eher auf eine Carpinion-Gesellschaft schließen als auf ein Fraxino-Aceretum corydaletosum. In der 3. Auflage wird der Kleebwald schärfer umrissen: „Es gibt ausgesprochene Buchenwälder darunter; meist aber tritt die Buche mehr zurück und wird durch Bergahorn, Esche und Ulme ersetzt ... Das eigentliche sind jedoch die Leitpflanzen ersten Rangs: Lerchensporn *(Corydalis cava, C. solida),* Schneeglöckchen und Märzenblume *(Scilla bifolia);* mindestens eine von ihnen ist stets vertreten und jedesmal gleich in großen Scharen. Bezeichnend ist aber auch, mit welcher fast unfehlbaren Sicherheit Leitpflanzen zweiten Rangs, wie die Gelbe Anemone, das Moschusblümchen, der Gelbstern daneben auftreten." Aus dieser Schilderung und der beigefügten Aufnahmeliste geht hervor, daß der „Kleebwald" entweder ein Hordelymo-Fagetum corydaletosum oder ein Fraxino-Aceretum corydaletosum ist. In der 4. Auflage wird diese verhältnismäßig klare Fassung des Kleebwalds wieder relativiert: „Der Kleebwald ist eine seltene und besonders eigenartige Waldgesellschaft. Sie beruht nicht, wie es selbstverständlich scheint, auf dem Baumbestand; ihre Leitpflanzen sind den Kräutern des Waldgrunds entnommen: Lerchensporn *(Corydalis cava* oder auch *Corydalis solida),* Schneeglöckchen *(Leucoium vernum),* Blaustern *(Scilla bifolia),* Gelbstern *(Gagea silvatica),* Moschusblümchen *(Adoxa moschatellina).* Wo zwei oder drei von diesen Arten beisammenstehen, da sprechen wir von Kleebwald, gleichviel wie sich der Baumbestand zusammensetzt." Dies bedeutet, daß, wenn Arten der *„Corydalis*-Gruppe" vorkommen, es sich um einen Kleebwald handelt, gleich ob sie in einer Galio odorati-Fagion-, Carpinion-, Tilio-Acerion- oder Alno-Ulmion-Gesellschaft wachsen.

Daraus wird ersichtlich, daß die deutschen Namen „Schluchtwald", „Bergwald" oder „Kleebwald", auch wenn sie noch so eingängig und populär sind, nicht ohne weiteres auf das Fraxino-Aceretum bezogen werden können, weshalb hier − um weitere „Irreführungen" zu vermeiden − auf sie ganz verzichtet wurde.

Das Fraxino-Aceretum ist gekennzeichnet durch die Baumartenkombination der Verbandskennarten *Acer pseudoplatanus, Ulmus glabra, Tilia platyphyllos* und *Acer platanoides* sowie die Fagetalia-Art *Fraxinus excelsior,* wozu noch die Arten des Unterverbands hinzukommen. Damit ist es gegen andere Assoziationen des Tilio-Acerion gut abgegrenzt.

Von einer Ausbildung des Fraxino-Aceretum auf sehr basenreichem bzw. kalkreichem Untergrund (Tab. 316/8 B) hebt sich die Ausbildung auf weniger basenreichem, silikatischem Untergrund (Tab. 316/8 A) durch das schwache Übergreifen einiger Arten aus dem Unterverband Deschampsio flexuosae-Acerenion, durch das Fehlen von *Aconitum vulparia* und *Lonicera xylo-*

steum sowie das stärkere Auftreten von *Festuca altissima* nur geringfügig ab. Da jeweils ganz entsprechende Subassoziationen auftreten, genügt es, die Ausbildungen nur auf der Stufe von Subassoziationsgruppen und nicht im Rang von Assoziationen gegeneinander abzugrenzen.

Bestände des Fraxino-Aceretum besiedeln in der submontan-montanen Stufe ± steile Hänge mit einem mehr oder weniger großen Anteil von Steinschutt oder Feinerde im Boden, wobei der Steinschutt ruhig oder auch bewegt sein kann. Die Hänge haben meist nördliche Expositionen, wobei in luftfeuchter und kühler Lage (Schluchten) auch Hänge anderer Expositionen bestockt werden.

In der Regel handelt es sich bei den Beständen um buchenarme Dauergesellschaften. Die Rotbuche besiedelt mehr die Ränder der Bestände im Übergang zu Rotbuchenwäldern der Unterverbände Galio odorati-Fagenion und Lonicero alpigenae-Fagenion. Eine Sukzession zu diesen Buchenwäldern findet erst dann statt, wenn die Steinschutthänge sich in Ruhe befinden, kein Steinschutt nachgeliefert wird und sich zwischen dem Steinschutt vermehrt Feinerde ansammelt, so daß die Rotbuche aufkommen kann. Die Wuchsleistung der Bäume ist dank des feuchtkühlen Lokalklimas an den Wuchsorten im allgemeinen gut bis sehr gut, und Bestandshöhen von 30 (−35) m sind gar nicht so selten.

Gebietsweise bilden Bestände des Fraxino-Aceretum auch Hecken zwischen Ackerterrassen bzw. Hage zwischen Äckern und Weiden des Alpenvorlands (vgl. dazu Schneider 1981; Reif 1983 u. 1985).

Als Spezialistengesellschaft kommt das Fraxino-Aceretum in ganz entsprechender Zusammensetzung in weiten Teilen Europas vor, wobei die zahlreich beschriebenen Gebietsassoziationen (z. B. Aceri-Fraxinetum ardenais, austrocarpaticum, biharicum, carpaticum, croaticum, illyricum, mecsekense, medio-stiriacum, moesiocum, montenegrinum, pannonicum, podolicum, serbicum, subcarpaticum, timokense etc.) nichts anderes als geographische Vikarianten ein und derselben Assoziation sind.

Von einer Vikariante ohne Trennarten des Neckar- und Maingebiets, des Schwäbisch-Fränkischen Waldes, des Bodenseegebiets und Hochrheingebiets, des Schwarzwalds und Odenwalds, der Bayerischen Rhön und des Frankenwaldes, der Fränkischen und Schwäbischen Alb (ohne Südwestalb mit oberem Donautal) hebt sich im Verbreitungsgebiet des Lonicero alpigenae-Fagenion eine Vikariante mit *Lonicera alpigena* (weitere Trennarten *Dentaria pentaphyllos, Salvia glutinosa* und *Lonicera nigra*) ab. Sie gliedert sich in eine Gebietsausbildung ohne Trennarten der Baar und der südwestlichen Schwäbischen Alb mit oberem Donautal und eine Gebietsausbildung mit *Veronica urticifolia* (weitere Trennarten *Hepatica nobilis, Cardamine trifolia, Galeopsis speciosa, Symphytum tuberosum, Dentaria enneaphyllos, Aposeris foetida*) der Bayerischen Alpen.

Bestände der typischen Subassoziation (Tab. 321/8 B a), die keine Trennarten aufweist, besiedeln sehr skelettreiche Steilhänge in absonniger Lage (O, N, W) und sind von allen Beständen des Fraxino-Aceretum die weitaus häufigsten, worauf auch v. Brackel und Zintl (1983) hinweisen. Der Steinschutt weist von Feinschutt bis zu einzelnen Blöcken alle Größen auf, liegt sehr locker und ist leicht beweglich; hin und wieder wird von darüber anstehenden Felsen Schutt nachgeliefert. Das Standortsklima kann als mäßig kühl und ziemlich frisch bezeichnet werden. Neben einer typischen Variante kann an Stellen mit Moderhumus-Nestern zwischen den Steinen eine Variante mit *Festuca altissima* beobachtet werden.

Steilhänge mit bewegtem Feinschutt und etwas Feinerde in betont kühler, luftfeuchter Schatten- bis Schluchtlage werden von Beständen der Subassoziation mit *Lunaria rediviva* (Tab. 321/ 8 B b; = Lunario-Aceretum Grüneb. et Schlüter 57) bestockt. Bestände der Subassoziation mit *Phyllitis scolopendrium* (Tab. 321/8 B c; = Phyllitido-Aceri-Ulmetum oder Phyllitido-Ulmetum

Faber 36, Ulmo-Aceretum lunarietosum Kuhn 37, Aceri-Faxinetum typicum Tx. 37, Phyllitido-Fraxinetum Schwickerath 38, Phyllitido-Aceretum Moor 52) dagegen nehmen feinerdearme Blockschutthalden oder Felshalden mit gewisser Steinschuttzufuhr in schattiger, kühler und luftfeuchter Lage auch in Schluchten ein. Die Trennarten der Subassoziation entstammen so gut wie alle dem Asplenio-Cystopteridetum, wobei *Adenostyles alpina, Moehringia muscosa* und auch *Asplenium viride* (innerhalb dieser Subassoziation) auf den Alpenraum beschränkt sind.

Auf feinerde- und humusreichen, lockeren Feinschuttböden mit rieselndem Feinschutt und Feinerde am steileren Hang und auch am auslaufenden Hangfuß in luftfeuchter und kühler Schattlage finden wir Bestände der Subassoziation mit *Corydalis cava* (Tab. 321/8 B d; = *Acer pseudoplatanus-Fraxinus*-Wald W. Koch 26, Corydali-Aceretum Moor 38, Corydali-Aceri-Fraxinetum Wilmanns 56). Die ausgesprochen frischen Böden sind sehr nährstoffreich und biologisch aktiv, weshalb sich hier fast nie eine Streuschicht bildet. Die Bestände gehören im zeitigen Frühjahr zu den anmutigsten Waldbildern, wenn der eingestreute Spitzahorn seine hellgelben Blüten entfaltet und der Waldboden teppichartig mit den zahlreichen bunt blühenden Frühlingsgeophyten bedeckt ist.

Nah verwandt mit der vorigen Subassoziation ist die mit *Allium ursinum* (Tab. 321/8 B e), die ausgezeichnet ist durch meist flächendeckende Herden des Bärenlauchs. Im Gegensatz zur vorigen besiedeln Bestände der *Allium*-Subassoziation weniger skelettreiche und lockere Hangböden, sondern mehr rutschende und fließende, eher etwas zu Verdichtung neigende, feuchte Lehm- und Tonböden in Schatthanglage, die aber durchaus einen gewissen Skelettanteil beigemischt enthalten können. Die Subassoziation leitet teils zum Hordelymo-Fagetum allietosum, teils auch zum Adoxo-Aceretum allietosum über.

Schließlich finden wir an steilen Hängen in luftfeuchter Schattlage, an denen Feinschutt, lehmige und tonige Feinerde und Humus zusammenrutschen und einen tiefgründigen, nicht selten durchsickerten Boden bilden, Bestände der Subassoziation mit *Aruncus dioicus* (Tab. 321/8 B f; = Arunco-Aceretum Moor 52). Die Trennarten *Aruncus dioicus, Petasites albus, Circaea alpina* und *Veronica montana* sind sehr bezeichnend für derartige hangschweißige Rieselböden. An offenen Böschungen und offenen Stellen innerhalb der Wälder können sich *Aruncus dioicus* und *Petasites albus* anreichern und das Arunco-Petasitetum Br.-Bl. et Sutter 77 bilden.

9. Ass.: **Ulmo glabrae-Aceretum pseudoplatani Issler 26**
(Aceretum pseudoplatani Winteler 27; Aceri-Fraxinetum cicerbitetosum Tx. 37)

Hochstauden-Bergahorn-Wald, Ulmen-Ahorn-Wald (Tab. 316/9; Tab. 321/9 A−9 E)

Das Ulmo-Aceretum ersetzt in der orealen Stufe das Fraxino-Aceretum. Gegenüber diesem fehlen *Tilia platyphyllos* und *Acer platanoides* nahezu vollständig, und *Fraxinus excelsior* tritt stark zurück. Die Bestände werden in erster Linie von *Acer pseudoplatanus* und beigemengter *Ulmus glabra* aufgebaut; auch *Fagus sylvatica* spielt hier eine größere Rolle als im Fraxino-Aceretum. Als Trennarten gegen dieses besitzt das Ulmo-Aceretum noch eine Reihe von Stauden, die es mit dem Aceri-Fagetum gemeinsam hat, mit dem es mancherorts in so innigem Kontakt steht, daß es schwierig ist, beide Gesellschaften eindeutig voneinander zu unterscheiden. Das Ulmo-Aceretum steht damit zum Fraxino-Aceretum im gleichen Verhältnis wie das Aceri-Fagetum zu Galio odorati- bzw. Lonicero alpigenae-Fagenion-Gesellschaften.

Das Ulmo-Aceretum besiedelt ebenfalls Steinschutthänge, die aber allgemein verhältnismäßig feinerdereich sind. Bei den hohen Niederschlägen in den Hochlagen und den häufig etwas schweißigen Hängen sind die Wuchsorte deutlich feuchter als die des Fraxino-Aceretum, was sich u. a. auch darin ausdrückt, daß *Aruncus dioicus* und *Petasites albus* nicht nur insgesamt häufiger sind, sondern auch stärker durch alle Subassoziationen streuen und nicht nur auf die Subassoziation mit *Aruncus dioicus* beschränkt sind (vgl. Tab. 321/9 A—9 E). Moor (1975) weist darauf hin, daß die Ulmo-Aceretum-Wälder „sich mit Vorliebe in der Nähe von Lawinenbahnen finden, wo sie immer wieder von Rutschschneemassen durchkämmt werden, so daß zur unruhigen, nicht konsolidierten Hangschuttoberfläche im Winter und zur Zeit der Schneeschmelze die zerstörerischen Einflüsse über dem Boden kommen." Lawinen und Rutschschnee können aber auch Feinerde zuführen.

Das Ulmo-Aceretum findet sich in ähnlich schneereichen Lagen wie das Aceri-Fagetum. Wie bei jenem sind auch hier die Bäume meist krummwüchsig und erreichen bestenfalls eine Höhe von 15—20 m. Die Bäume sind vielfach mit epiphytischen Flechten und Moosen überzogen.

Den Beständen der Vogesen, des Schwarzwalds, des Bayerischen Waldes und des oberösterreichischen Böhmerwaldes, die zu einer Vikariante ohne Trennarten zusammengefaßt werden können, kann man eine Vikariante mit *Lonicera alpigena* (weitere Trennarten *Lonicera nigra*, *Veronica urticifolia*, *Salvia glutinosa*, *Adenostyles alpina*, *Aposeris foetida*, *Dentaria enneaphyllos* und *D. pentaphyllos*, *Symphytum tuberosum*, *Hepatica nobilis*, *Cardamine trifolia*, *Galeopsis speciosa*, *Helleborus niger* sowie in der Subassoziation mit *Phyllitis scolopendrium* zusätzlich *Moehringia muscosa*, *Asplenium viride*, *Doronicum austriacum* und *Cystopteris fragilis* ssp. *alpina*) des Allgäus und der Bayerischen Alpen gegenüberstellen. Das von Winteler (1927) beschriebene Aceretum pseudoplatani, das von Ellenberg und Klötzli (1972) als Asperulo taurinae-Aceretum pseudoplatani gefaßt wurde, ist nichts anderes als eine Vikariante mit *Asperula taurina* des Ulmo-Aceretum. In weiteren Vikarianten kommt das Ulmo-Aceretum auch in anderen europäischen Gebirgen vor.

Wieder findet man wie beim Fraxino-Aceretum auf stärker bewegten Steinschutthängen die typische Subassoziation (Tab. 321/9 A), auf feinschuttigen Hängen in luftfeuchter Lage die Subassoziation mit *Lunaria rediviva* (Tab. 321/9 B), auf mehr blockhaltigen Hängen in luftfeuchter Lage die Subassoziation mit *Phyllitis scolopendrium* (Tab. 321/9 C), auf feinerdereichen Hängen die Subassoziation mit *Corydalis cava* (Tab. 321/9 D), in der vor allem *Leucojum vernum* stärker in den Vordergrund tritt, und schließlich auf feinerdereichen, feuchten bzw. schweißigen bis sickerfeuchten Hängen die Subassoziation mit *Aruncus dioicus* (Tab. 321/9 E), die sich hier nicht so klar abzeichnet wie beim Fraxino-Aceretum, da *Aruncus dioicus* und *Petasites albus* hier zwar einen deutlichen Massenschwerpunkt haben, aber in den anderen Subassoziationen ebenfalls nicht selten vorkommen.

Wie beim Fraxino-Aceretum handelt es sich auch beim Ulmo-Aceretum in den allermeisten Fällen um eine Dauergesellschaft, die sich bei einer grundlegenden Konsolidierung der Wuchsorte in ein Aceri-Fagetum entwickeln kann. Viel häufiger dürfte es dagegen sein, daß durch Erosionseinwirkung, Steinschlag und Lawinenabgang ein Aceri-Fagetum in ein Ulmo-Aceretum übergeht.

10. Ass.: Adoxo moschatellinae-Aceretum (Etter 47) Pass. 59

(Aceri-Fraxinetum caricetosum pendulae Etter 47, Aceri-Fraxinetum alluviale Etter 47, Carici-Aceretum Oberd. 57, Aceri-Fraxinetum sensu Seibert 1969)

Eschen-Mischwald, Ahorn-Eschen-Wald (Tab. 316/10; 322/10A−10E)

Der Name Adoxo-Aceretum ist nicht ganz glücklich, da *Adoxa moschatellina* in vielen Beständen keine Rolle spielt. Der Name Aceri-Fraxinetum, wie ihn Seibert (1969) und Pfadenhauer (1969) für die Assoziation verwenden, verbietet sich, nachdem Müller 1966 die Steinschutt-schatthang-Wälder in Anlehnung an Tüxen 1937 und unter Umkehrung des Namens als Fraxino-Aceretum bezeichnet hat. Würde man das Aceri-Fraxinetum beibehalten, dann wären Verwechslungen und Verwirrungen programmiert.

Der geeignetste Name wäre für die Gesellschaft „Aegopodio-Fraxinetum", zumal Etter 1947 neben anderen Arten *Aegopodium podagraria* als lokale Charakterart angibt. Leider ist aber der Name „Aegopodio-Fraxinetum" schon zweimal für Auenwälder vergeben worden, so daß eine neue Verwendung nur weitere Verwirrung stiften würde. Das Aegopodio-Fraxinetum Scam. et Pass. 59 wird von Passarge 1960 als Synonym des Ribeso-Fraxinetum Pass. 58 (korrekt: Ribeso sylvestris-Fraxinetum Lemée 37 corr. Pass. 58) angegeben. Von Noirfalise et Sougnez 1961 wurde ebenfalls ein Aegopodio-Fraxinetum beschrieben, das dem Querco roboris-Ulmetum minoris Issl. 24 entspricht. Bleibt also nur übrig, den von Passarge 1959 für entsprechende Ahorn-Eschen-Wälder geprägten Namen zu verwenden.

Das Adoxo-Aceretum ist nur gekennzeichnet durch die Verbandskennarten *Acer pseudoplatanus* und *Ulmus glabra* bei völligem Zurücktreten von Sommerlinde, Spitzahorn und anderen Verbandskennarten, durch die Fagetalia-Art *Fraxinus excelsior* sowie durch eine große Zahl von Trennarten, alles Feuchte- und Nährstoffzeiger, darunter auch übergreifende Alno-Ulmion-Arten. Deswegen wurde das Adoxo-Aceretum (Aceri-Fraxinetum sensu Seibert 69) auch schon zu diesem Verband bzw. von Moor 1976 sowie Theurillat et Béguin 1985 zusammen mit dem Querco-Ulmetum (= Fraxino-Ulmetum Tx. ex Oberd. 53) in den Verband Fraxinion excelsioris Nègre 72 und damit in die Ordnung Alno-Fraxinetalia Moor 76 gestellt. Mit der Baumartenkombination *Fraxinus excelsior* (bestandsbildend), *Acer pseudoplatanus* (ebenfalls bestandsbildend) und *Ulmus glabra* (regelmäßig eingestreut), den Trennarten des Verbands und den Arten des Unterverbands erscheint uns die Bindung an den Verband Tilio-Acerion doch stärker als zum Alno-Ulmion, wobei der Übergangscharakter dieser Gesellschaft nicht verkannt wird.

Das Adoxo-Aceretum besiedelt ausgesprochen nährstoffreiche, frische bis feuchte kolluviale Böden an Hangfüßen, wasserzügige Hänge oder alluviale Bach- und Flußsedimente in submontan-montaner (bis orealer) Lage, die nicht mehr oder äußerst selten überschwemmt werden, so vor allem in niederschlagsreichen Gebieten wie im Alpenvorland. Es ersetzt in diesen Bereichen das Galio-Carpinetum (Seibert 1969). Das Adoxo-Aceretum ist auf Grund des großen Nährstoff-reichtums sowie des günstigen Wasserhaushalts eine der produktivsten Waldgesellschaften, worauf Etter 1947, Seibert 1969, Pfadenhauer 1969, Ellenberg und Klötzli 1972 sowie Ellenberg 1986 besonders hinweisen. Dabei werden die rasch wachsenden Edellaubbäume Esche, Berg-Ahorn und Berg-Ulme besonders begünstigt. Nach Etter 1949 erreichen sie schon mit 100 Jahren Mittelhöhen von 35 m; allerdings ist die Qualität des so rasch gewachsenen Holzes nur mäßig. Auch die Krautschicht gedeiht auffallend üppig.

So häufig das Adoxo-Aceretum vorkommt, so gibt es dennoch nur wenig größere Bestände, am ehesten noch an Hangfüßen oder Hangmulden, wo sie aber aus topographischen Gründen meist auch nicht besonders ausgedehnt sind. Im Auenbereich werden seine Wuchsorte heute

größtenteils landwirtschaftlich genutzt (Pfadenhauer 1969), so daß es hier meist nur in ±
schmalen Streifen zwischen den Galerie-Auwäldern und den landwirtschaftlichen Nutzflächen
vorhanden ist, während größere Bestände ausgesprochen selten sind.

Im bayerischen Alpenvorland kann man eine Vikariante mit *Aposeris foetida* (vgl. Tab. 322)
und weiteren Trennarten von einer Vikariante ohne Trennarten der übrigen Gebiete unterscheiden.

Auf gelegentlich trocken fallenden Standorten wachsen Bestände der Subassoziation mit
Carex alba und weiteren Trockenheitszeigern (Tab. 322/10A), wie sie Pfadenhauer 1969 aus
dem bayerischen Alpenvorland beschrieben hat. Die typische Subassoziation (Tab. 322/10B)
steht zwischen der Subassoziation mit *Carex alba* und den folgenden Subassoziationen feuchter
Standorte. Sie ist in Bachtälern und an frischen Hangfüßen ziemlich weit verbreitet. Die Subassoziation mit *Allium ursinum* (Tab. 322/10C) finden wir auf besonders nährstoffreichen und
feuchten Standorten sowohl an Hangfüßen als auch in Bachtälern. Gelegentlich können die
Standorte auch etwas hangschweißig sein.

Die Subassoziation mit *Carex pendula* (Tab. 322/10D; = Carici-Aceretum Oberd. 57) besiedelt etwas sickerfeuchte Standorte, die aber deutlich trockener sind als die des Carici remotae-
Fraxinetum bzw. des Equiseto telmateiae-Fraxinetum, zu denen die Subassoziation standörtlich
wie auch in ihrer Artenzusammensetzung vermittelt. Die Subassoziation mit *Phalaris arundinacea* (Tab. 322/10E) stellt eine Ausbildung der Auen mit schwankendem Grundwasserspiegel
dar. Zu diesen Subassoziationen hat Pfadenhauer 1969 noch zahlreiche Varianten, Subvarianten
und Ausbildungen ausgeschieden.

Zum Adoxo-Aceretum gehört auch das, was Oberdorfer 1949 als Auen-Schluchtwald (Aceri-
Fraxinetum alnetosum incanae) beschrieben hat.

4. Verband: Fagion sylvaticae Luquet 26

Rotbuchen-, Tannen-Rotbuchen- und Tannen-Wälder (Tab. 323)

Von Th. Müller

Der Verband umfaßt vorwiegend einstufige Schattwälder, deren Hauptbaumarten Rotbuche *(Fagus sylvatica)* und/oder Weißtanne *(Albies alba)* sind. Beigemengt sein können aber auch Bergahorn, Bergulme oder Esche, in tieferen Lagen auch Eichen und Hainbuche. Die Gesellschaften des Verbands sind in Zentraleuropa weit verbreitet, kommen aber − dank der Durchsetzungskraft von Rotbuche und Weißtanne − im gesamten Verbreitungsgebiet dieser beiden Baumarten vor. Insgesamt kann man deshalb von einer subatlantischen bis (submediterranen) mediterran-montanen Verbreitung der Fagion-Gesellschaften sprechen. Sie verlangen alle ein gewisses Maß an sommerlicher Luftfeuchtigkeit und Bodenfrische.

Im Verbreitungsgebiet der Weißtanne kann sich diese im Bestandsaufbau der Buchenwälder oft reichlich beimischen, in manchen Gebieten auch die Fichte. Solche Mischbestände sind deshalb oft als „Abieti-Fagetum" bezeichnet worden. Dieser Name wurde allerdings schon für ganz unterschiedliche Fagion-Gesellschaften verwendet, die wir heute als Dentario glandulosae-Fagetum, als Galio-Fagetum, als Dentario heptaphylli-Fagetum, als Cardamino trifoliae-Fagetum usw. fassen. Bei weiterer Verwendung des Namens „Abieti-Fagetum" droht deshalb eine heillose pflanzensoziologische Verwirrung zu entstehen. Er sollte deshalb als nomen ambiguum künftig vermieden werden (vgl. Oberdorfer und Müller 1984). Wenn auch die Nadelhölzer gewiß wichtige Strukturelemente der Buchenwaldgesellschaften darstellen, so sollte die Definition der Assoziation doch allein vom floristischen Gesamtaufbau und der charakteristischen Artenkombination ausgehen, wobei *Abies alba* und *Picea abies* ohne entscheidenden soziologischen Kennartenwert mit unterschiedlichem und oft forstlich bedingtem Mengenanteil floristisch ganz unterschiedlich strukturierte Waldtypen begleiten.

Die Rotbuche selbst meidet alle extremen Standorte. Infolgedessen fehlen Rotbuchen-Wälder auf nassen oder stärker vernässenden Böden oder auf von Hochwasser überfluteten Flächen, wie auch in Spätfrostlagen (lokale wie auch durch die Meereshöhe bedingte) und auf trockendürren Standorten, wenngleich auf nur mäßig trockenen, warmen Standorten durchaus noch Buchen-Wälder zu gedeihen vermögen (Unterverband Cephalanthero-Fagenion). Im Gegensatz dazu ist die Tanne in der Lage, auch vernässende Böden und Spätfrostlagen zu besiedeln, meidet aber warme Lagen. In ihrem Verbreitungsgebiet kann sie deshalb bei derartigen Verhältnissen edaphisch bzw. (lokal) klimatisch bedingte Tannen-Wälder bilden (Unterverband Galio-Abietenion), in denen die Rotbuche ± zurücktritt oder sogar ausfällt.

Der Verbreitungsschwerpunkt der Fagion-Gesellschaften liegt in Süddeutschland in der gegenüber den Tieflagen deutlich kühleren und feuchteren Bergstufe zwischen 500 und 1 000 m. Sie dringen jedoch einerseits in Tieflagen (in der Form von Eichen-Buchen-Übergangsgesellschaften) vor, andererseits steigen sie in oreale (hochmontane) Lagen empor (in der Form von Tannen-Buchen-, Tannen- und Bergahorn-Buchen-Wäldern) und weisen dann meist einen höheren Anteil von Weißtanne, Bergahorn und Fichte auf.

Die große Kampfkraft der Rotbuche und Weißtanne bewirkt die Ausbildung natürlicher oder fast natürlicher Hochwälder, in denen sich im tiefen Schatten der vorherrschenden Baumarten fast keine Strauchschicht entwickeln kann. Der Anteil der naturgemäßen Begleitbaumarten ist aber oft durch Wirtschaftsmaßnahmen stark beeinflußt. Nicht selten sind Fagion-Wälder − z. B. in den Tieflagen durch Nieder- und Mittelwaldbetrieb, durch Reutberg- und Schälwaldwirtschaft zu Eichenmischwäldern der Verbände Carpinion oder Quercion robori-petraeae oder in Hochlagen durch Forstwirtschaft und Waldweide zu Fichten-Wäldern der Ordnung Vaccinio-Piceetalia − degradiert worden. Auch künstlich begründete Nadelholzforsten oder Nadelholzmischwälder mit Fichte, Waldkiefer, Lärche oder Douglasie treten heute in zunehmendem Maß an Stelle der ehemaligen Fagion-Wälder.

Die Fagion-Gesellschaften sind in den Gebirgen des nördlichen Südeuropa am reichsten mit Kennarten ausgestattet. Vor allem im Südosten der Alpen, von Kärnten bis Kroatien, weisen die Buchen- und Buchen-Mischwälder erstaunlich viele Kennarten auf (vgl. dazu Oberdorfer und Müller 1984), aber auch diejenigen im Süden und Südwesten der Alpen sind kaum weniger kennartenreich. Man geht wohl deshalb in der Annahme nicht fehl, in diesen Gebieten das Entwicklungszentrum der Buchenwald-Phytocoenosen zu suchen, wie sie − vielleicht schon voreiszeitlich entstanden − die Eiszeit, von den heutigen Wuchsorten zwar abgedrängt, doch in benachbarten meeresnahen Refugialräumen überdauert haben. Von hier aus haben sie dann in der Nacheiszeit ihren Vormarsch in alle ihnen klimatisch gemäßen Räume angetreten, nicht ohne dabei immer mehr an spezifischen Begleitarten einzubüßen. Das ist nicht nur nach Norden, sondern auch nach Süden zu verfolgen. So verlieren die Fagion-Gesellschaften der Wolkenwaldstufe sowohl des Balkans als auch der Apenninen nach Süden hin rasch an Kennarten.

Vergleiche dazu den aus Griechenland und Mazedonien beschriebenen Unterverband Doronico-Fagenion moesiacae Raus 80, der an überregionalen Fagion-Arten nur noch *Cardamine bulbifera, Galium odoratum, Prenanthes purpurea* oder *Galium rotundifolium* enthält. Dazu kommen regionale Kennarten wie *Doronicum orientale, Euphorbia heldreichii* u. a. Daneben erhalten am Südrand des Buchenwaldareals zunehmend Gesellschaften des Cephalanthero-Fagenion mit *Cephalanthera*-Arten oder *Neottia nidus-avis* Gewicht. Auch ist das Luzulo-Fagenion mit dem Orthilio-Fagetum Bergm. 90 noch vertreten (Oberdorfer).

Noch eindrucksvoller ist der Kennartenverlust der von *Fagus sylvatica* dominierten Waldgesellschaften, den sie bei ihrem Vordringen nach Zentraleuropa erlitten haben, wo sie nach pollenanalytischen Ergebnissen − die Alpen im Osten und Westen umgehend oder an wenigen Stellen auch direkt durchstoßend − sich ihre Wuchsorte verhältnismäßig spät und vor allem sehr rasch erobert haben. Wohl im südlichen Mitteleuropa als Einzelbaum schon früh eingesickert, hat sich die Rotbuche erst rund 2000 Jahre vor der Zeitenwende − und im Norden und Nordwesten des heutigen Buchenwaldareals noch viel später − zu alles beherrschenden Wäldern zusammengeschlossen.

Das Zurückbleiben der Fagion-Verbandskennarten macht sich in diesen Räumen besonders stark bemerkbar. Sicher ist diese Erscheinung wie bei allen Verbreitungs- und Arealbildern nicht monokausal zu deuten, sondern die Folge verwickelter äußerer Umstände oder auch endogener Faktoren. Ob einmal mehr die Ausbreitungstüchtigkeit oder auch die „Verbreitungskraft", das andere Mal mehr klimatische Umstände die Arealgrenzen bestimmen, ist nicht immer leicht zu entscheiden. Auffallend ist jedenfalls, daß es sich bei der reduzierten Fagion-Kennartengarnitur in Mitteleuropa *(Galium odoratum, Prenanthes purpurea, Festuca altissima, Hordelymus europaeus, Dentaria bulbifera, Neottia nidus-avis,* bedingt auch *Luzula luzuloides* s. u.) durchweg um ausbreitungstüchtige anemo- oder zoochore Arten handelt. *Prenanthes purpurea* bleibt zwar schon inmitten der zentraleuropäischen Hügelländer zurück; *Luzula luzuloides* gewinnt nicht mehr die nördlichen Tieflandsgebiete. Dagegen sind Arten wie *Galium odoratum, Dentaria bulbifera, Hordelymus europaeus, Festuca altissima* und *Neottia nidus-avis* bis zur nördlichen und östlichen Grenze des Buchenwaldgebiets allgegenwärtig, ja sie überschreiten diese Grenze noch und werden dann dort zu territorialen Kennarten von Carpinion-Gesellschaften nährstoffreicher Standorte.

Insofern ergibt sich bei den artenreichen Fagion-Gesellschaften nach dem Vorhandensein bzw. Fehlen von bestimmten Arten eine geographische Gliederung in mehrere Unterverbände:

1. Lonicero alpigenae-Fagenion Borhidi 63 em. Oberd. et Müller 84 (Fagion illyricum Horvat 38 p.p.; Tab. 323/5—8; 335—337). Er umfaßt die praealpiden Fageten der süd- und südosteuropäischen Hochgebirge und ist durch eine Reihe markanter Kennarten wie *Lonicera alpigena*, *L. nigra*, *Veronica urticifolia*, *Dentaria enneaphyllos*, *D. polyphylla (Cardamine kitaibelii)*, *D. pentaphyllos*, *D. trifolia (Cardamine waldsteinii)*, *Cardamine trifolia*, *Calamintha grandiflora*, *Anemone trifolia* ssp. *trifolia*, *Cyclamen purpurascens*, *Helleborus* div. spec., *Hacquetia epipactis* u. a. ausgestattet. Gesellschaften dieses Unterverbandes strahlen artenverarmt bis in den Nordsaum der Alpen, in den Schweizer Jura und in das südliche Südwestdeutschland ein.

2. Scillo-Fagenion (Oberd. 57) Rivas-Martinez 82. Diese Gruppe von Fageten der südfranzösischen Mittelgebirge und der Pyrenäen schließt mit *Dentaria heptaphyllos* und *D. pentaphyllos* zwar unmittelbar an den Lonicero-Fagenion an. Das Ausklingen bzw. Fehlen von *Lonicera alpigena* und *Veronica urticifolia* rechtfertigt aber in Verbindung mit den Gruppenarten *Scilla lilio-hyacinthus* und *Doronicum pardalianches* doch eine Sonderstellung der Gesellschaften.

3. Dentario glandulosae-Fagenion Oberd. et Müll. 84 (Tab. 323/4). Diese osteuropäisch-karpatische Gruppe nimmt ebenfalls durch den weitestgehenden Ausfall von *Lonicera alpigena* und die nur inselartig auftretende *Veronica urticifolia* sowie das Erscheinen von *Dentaria glandulosa*, *D. quinquefolia*, *Symphytum cordatum*, *Pulmonaria rubra* u. a. eine eigene Stellung ein. Sie enthalten zwar im Westen (Übergang zum Lonicero-Fagenion) auch noch die südosteuropäische *Dentaria enneaphyllos* (vgl. dazu das Dentario glandulosae-Fagetum Mat. 64 ex Guzik, et Kornaś 69 und das Symphyto cordatae-Fagetum Vida 59, vgl. auch Coldea 1990).

4. Galio odorati-Fagenion (Tx. 55) Th. Müller (= Eu-Fagenion Oberd. 57; Fagion medioeuropaeum Soó [60] 62 p.p; Tab. 323/2, 3; 329—334). Dieser Unterverband umfaßt die west- und mitteleuropäischen, kennartenarmen Fageten ± nährstoff- und basenreicher Standorte, die als „Zentralgruppe" nur Kennarten des Verbands Fagion besitzen wie *Prenanthes purpurea*, *Neottia nidus-avis*, *Dentaria bulbifera*, *Galium odoratum*, *Hordelymus europaeus* und *Festuca altissima*, die teilweise zu Kennarten einzelner Assoziationen werden. Daneben sind sie noch ausgezeichnet durch Verbandstrennarten wie *Polygonatum verticillatum*, *Senecio fuchsii*, *Rubus* ser. *glandulosi*, *Gymnocarpium dryopteris*. Vielleicht kann auch *Melica uniflora* als Trennart des Unterverbands gegenüber anderen angesehen werden. Insgesamt handelt es sich aber bei ihr um eine Querco-Fagetea-Art, da sie als thermophile Art schon in Süddeutschland in Carpineten fast ebenso häufig zu finden ist wie in Fageten; genau so tritt sie in Quercetalia pubescenti-petraeae-Gesellschaften auf.

Neben diesen geographisch gegliederten Unterverbänden gibt es weitere, die edapisch-(lokal) klimatisch bedingt sind. Bei entsprechenden Standortsverhältnissen sind diese über weite Bereiche des Verbreitungsgebiets der Fagion-Gesellschaften hinweg sehr gleichmäßig zusammengesetzt.

Dazu zählen:

1. Cephalanthero-Fagenion (Tx. 55) Tx. et Oberd. 58 (Tab. 323/12—13; 341—345). In warmen Lagen, bei höchstens nur mäßig trockenen Standorten tritt diese Gruppe von Buchen-Wäldern auf, die bei herabgesetzter Buchen-Vitalität Übergänge zu thermophilen Waldtypen, z. B. der Quercetalia pubescenti-petraeae, der Erico-Pinetea oder auch zum Carpinion und zum Aceri-Tilietum darstellen. Deshalb sind sie in tieferen Lagen öfter vertreten und weniger hang- und expositionsgebunden als in höheren Lagen. Sie sind in der Folge der Grenz- und Übergangssituation ungewöhnlich artenreich und durch eigene Kenn- und Trennarten gut

charakterisiert und differenziert. Von Moor (1952) erstmals und folgerichtig als eigene Assoziation − Carici-Fagetum − aus dem Schweizer Jura beschrieben, wurden sie in der Folgezeit auch in der Ostschweiz wie in Mitteleuropa erkannt. Als Kennarten haben *Cephalanthera damasonium, C. rubra, C. longifolia, Cypripedium calceolus, Epipactis microphylla* u.
a. zu gelten. Dazu kommt eine ziemlich große Zahl von Trennarten wie *Galium sylvaticum,
Carex montana, C. flacca, C. alba, Sorbus aria, Rubus saxatilis, Calamagrostis varia,
Sesleria varia, Campanula persicifolia, Ranunculus nemorosus, Viburnum lantana, Ligustrum vulgare, Cornus sanguinea, Melica nutans, Festuca heterophylla, Primula veris* ssp.
*canescens, Chrysanthemum corymbosum, Helleborus foetidus, Melittis melissophyllum, Bra-
chypodium pinnatum, Vincetoxicum hirundinaria, Epipactis atrorubens, Aster bellidiastrum,
Polygala chamaebuxus, Laserpitium latifolium, Ranunculus montanus* grp, *Erica herbacea,
Thlaspi montanum* u. a. Die mitteleuropäischen sind zwar den alpennahen gegenüber wie
andere Fageten auch an Arten verarmt. Aber diese Artenverarmung bezieht sich keineswegs
auf die spezifische Kennartengarnitur, sondern betrifft ausschließlich die Trennarten. So
verschwindet z. B. nach Norden hin die praealpide *Carex alba,* dafür sind aber andere
bezeichnende Seggenarten, wie *Carex montana* oder *C. flacca* immer noch gehäuft vorhanden.

2. Galio rotundifolii-Abietenion Oberd. 52 (Tab. 323/10−11; 339−340). Wie schon erwähnt,
kann in ihrem Verbreitungsgebiet die Weißtanne auf für die Rotbuche ungünstigen Böden
oder bei für sie ungünstigem (Lokal-) Klima buchenarme bzw. buchenfreie Tannen-Wälder
aufbauen, in denen meist auch die Fichte natürlicherweise beigemengt sein kann. Als Kennart kann *Galium rotundifolium* angesehen werden. Dazu gesellen sich als Trennarten einige
aus der Ordnung Vaccinio-Piceetalia übergreifende Arten wie *Melampyrum sylvaticum, Rhytidiadelphus loreus, Pyrola secunda, Corallorhiza trifida, Lycopodium annotinum, Huperzia
selago, Listera cordata* und *Bazzania trilobata;* auch *Hylocomium splendens* hat innerhalb
der Fagion-Gesellschaften hier einen deutlichen Schwerpunkt und kann als Trennart des
Unterverbands aufgefaßt werden.

3. Aceri-Fagenion Ellenberg 63 (Tab. 323/9; 338). Unter besonderen Bedingungen − schneereiche, milde Winter mit einer langanhaltenden mächtigen Schneedecke, d. h. bei ± ozeani-
schem Klima − treten im orealen (hochmontanen) Grenz- und Übergangsbereich zur subalpinen Stufe auf ± nährstoff- und basenreichen Standorten statt Fichten-Wälder von der Rotbuche und dem Bergahorn beherrschte Gesellschaften auf, die − ob in den Vogesen, im
Schwarzwald, Bayerischen Wald, auf der Rhön, im Hochsauerland oder in den Alpen und
im Schweizer Jura − ausgezeichnet sind durch übergreifende Hochstauden der Ordnung
Adenostyletalia wie *Adenostyles alliariae, Chaerophyllum hirsutum* ssp. *villarsii, Cicerbita
alpina, Ranunculus platanifolius, Rumex alpestris, Senecio nemorensis, Heracleum sphondy-
lium* ssp. *elegans, Athyrium distentifolium, Stellaria nemorum, Rosa pendulina* u. a.

4. Luzulo-Fagenion (Lohm. ex Tx. 54) Oberd. 57 (Tab. 323/1; 324−328). Im Verbreitungsgebiet der Rotbuchen-Wälder gibt es sowohl in den Tieflagen als auch im Gebirge auf basen-
und nährstoffarmen, ± sauren Böden artenarme Buchen-Wälder, die verjüngungsfreudig und
gutwüchsig durchaus als bodenständige, natürliche und stabile Waldgesellschaften betrachtet
werden müssen. Sie sind die in Mitteleuropa flächenmäßig wohl am weitesten verbreiteten
Gesellschaften, meist im Wechsel mit Galio-Fagenion-Gesellschaften. Bezeichnend für diese
Wälder sind als Kennarten *Luzula luzuloides* und *Prenanthes purpurea* (Abb. 2 u. 3), wozu
noch als Trennarten *Polytrichum formosum, Deschampsia (Avenella) flexuosa, Vaccinium
myrtillus, Luzula sylvatica, Dicranum scoparium, Carex pilulifera, Veronica officinalis,
Dicranella heteromalla, Agrostis capillaris, Lathyrus linifolius, Leucobryum glaucum,*

Dryopteris carthusiana, Pleurozium schreberi, Dicranum rugosum, Mnium hornum u. a.
hinzukommen können.

Als Tüxen (1954) in Anerkennung der Eigenständigkeit der Artenverbindung eine Beschreibung der Hainsimsen-Buchenwälder aus dem Unterharz veröffentlichte, wurde eine Abtrennung
der bis dahin als Fagetum luzuletosum angesprochenen Gesellschaften vom eigentlichen Fagion-
Verband in einem eigenen Luzulo-Fagion-Verband (Lohmeyer in Tüxen 1954) vorgeschlagen,
den Tüxen und Oberdorfer 1958 dem Verband Asperulo-Fagion gegenüberstellten. Er wurde von
vielen Autoren, z. B. Moravec 1983, übernommen. Da Oberdorfer dieser Einschnitt floristisch
zu tief erschien, hat er schon 1957 dafür plädiert, den Verband nur als Unterverband des Fagion
zu behandeln. Ihm sind Tüxen (1960), Ellenberg (1963), Géhu (1973), Rivas-Martinez (1982),
Matuszkiewicz (1984) und andere Autoren gefolgt. Die Gründe für ein solches Vorgehen liegen
für ihn vor allem darin, daß einmal *Luzula luzuloides* im Ganzen gesehen als Fagion-Art zu
gelten hat − mit Schwerpunkt in den montanen Buchenwäldern von der Auvergne bis zu den
Rhodopen −, die nur in den Grenzbereichen ihres Vorkommens auch in andere Gesellschaften
übergreift. Andererseits fehlt sie auch nie ganz den krautreichen Buchenwäldern basenarmer
Standorte (vgl. Oberdorfer 1984). Weiter kommt im zentral verbreiteten Luzulo-Fagetum als
gute Fagion-Art *Prenanthes purpurea* oft reichlicher in den artenarmen als in den artenreichen
Buchenwäldern vor. Andere Kenn- und Trennarten des Verbandes treten zwar als Mullboden-
pflanzen zurück, kommen aber in manchen Aufnahmen doch immer vereinzelt vor oder häufen
sich − wie *Festuca altissima* − in den Übergangsausbildungen zu den artenreichen Fagion-
Gesellschaften, mit denen sie übrigens regelmäßig verschwistert sind. Sie würden alle ihren
diagnostischen Wert für das Fagion verlieren, trennte man die Luzulo-Fageta in einem eigenen
Verband davon ab. Und wenn im Nordsaum dieser Buchenwälder − von den Ardennen bis zum
Harz − die so charakteristische *Prenanthes purpurea* ausfällt, bleibt dennoch eine, wenn auch
lockere Bindung an die artenreichen Buchenwälder erhalten. Neben den naturgemäß ebenfalls
nur spärlich vertretenen Fagetalia-Arten kommen aber im Kernbereich der Hainsimsen-Buchenwälder keine Arten vor, die eine Zuordnung der Gesellschaften zu einer anderen Ordnung der
europäischen Laubmischwälder rechtfertigen könnten. Auch die das Vegetationsbild oft beherrschenden Bodensäurezeiger wie *Deschampsia flexuosa* und *Vaccinium myrtillus,* die den relativ
trockenen, zu schlechter (modriger) Humuszersetzung neigenden, aber meist durch Braunerden
charakterisierten Standort kennzeichnen, ändern an dieser Feststellung nichts. Alle diese Arten
kommen (wie entsprechende Moos-Begleiter) nicht nur in Eichenwäldern der Ordnung Quercetalia robori-petraeae, sondern auch in Kiefern- und Fichtenwäldern der Ordnung Vaccinio-Piceetalia vor (Oberdorfer).

Da die Kategorien der Synsystematik vom Zentrum ihrer Verbreitung und nicht von ihren Rändern her
beurteilt werden sollten, wäre auch zu bedenken, daß die Eichen-Birkenwälder mit *Luzula luzuloides* −
meist auch mit Buchenbeimischung − auf die südlichen und südöstlichen Ausstrahlungen des Quercion
robori-petraeae-Verbandes beschränkt sind. *Fagus sylvatica* und *Luzula luzuloides* fehlen den am besten mit
Kennarten ausgestatteten Eichen-Birkenwald-Gesellschaften des südwestlichen Frankreichs sowie (bis auf
montane Übergangsgesellschaften) allen Gesellschaften des Quercenion robori-pyrenaicae-Unterverbandes
Spaniens. Eine Randerscheinung sind auch die im Nordwesten Europas oder auch in der Montanstufe des
Quercenion robori-pyrenaicae inselförmig vorkommenden Buchenwälder des Ilici-Fagenion. − Ein
Deschampsio flexuosae-Fagion hat keine Verbandscharakterarten. Es handelt sich um eine reine Artengrup-
penkombination (Oberdorfer).

Eine andere Ansicht vertritt Th. Müller:

Wirft man den Blick auf Tabellen des Luzulo-Fagetum (z. B. Tab. 323/1, Tab. 324−328 oder auf die
Tab. 1 bei Oberdorfer 1984), dann kann man leicht feststellen, daß in den reinen (typischen) Ausbildungen

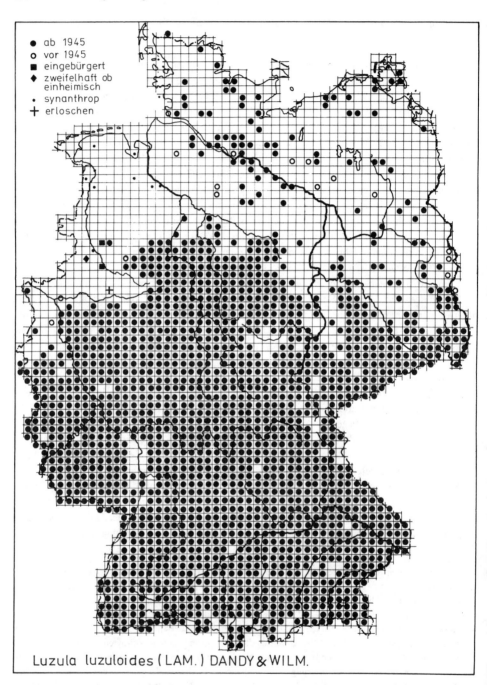

Luzula luzuloides (LAM.) DANDY & WILM.

Abb. 2. Die Verbreitung von *Luzula luzuloides* (Lam.) Dandy & Willm. in Deutschland. Entwurf: E. Weinert, Halle, nach Angaben der Zentralstelle für die floristische Kartierung der Bundesrepublik Deutschland. Einzelfunde der Art nördlich des geschlossenen Vorkommens gehen auf Verschleppung zurück (vgl. z. B. Hegi, Illustrierte Flora von Mitteleuropa, Bd. II, S. 225, 2. Aufl. 1939).

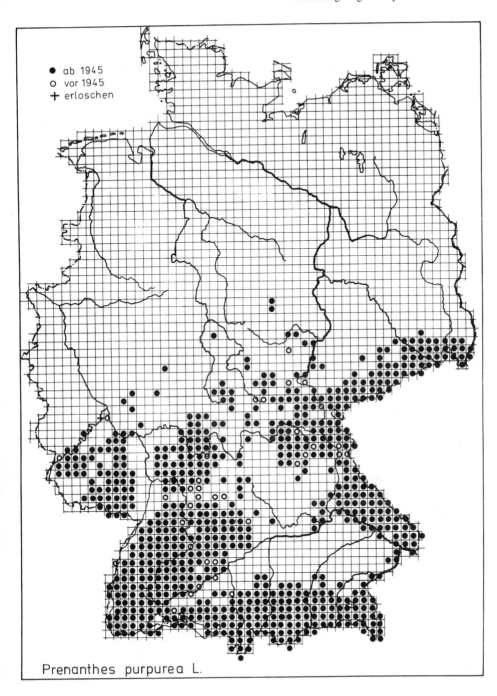

Abb. 3. Die Verbreitung von *Prenanthes purpurea* L. in Deutschland. Entwurf: E. Weinert, Halle, nach Angaben der Zentralstelle für die floristische Kartierung der Bundesrepublik Deutschland.

der artenarmen Hainsimsen-Buchenwälder die Fagetalia-Arten praktisch fehlen oder höchstens mit sehr geringer Stetigkeit vertreten sind und daß nur in die zu den artenreichen Waldmeister-Buchenwäldern überleitenden Ausbildungen einige Fagetalia-Arten mit weiterer ökologischer Amplitude wie *Milium effusum, Dryopteris filix-mas, Carex sylvatica, Viola reichenbachiana* und auch die „Fagion"-Art *Festuca altissima* übergreifen, sonst aber die für die Fagetalia-Wälder nährstoffreicher Standorte so bezeichnenden Arten wie *Lamium galeobdolon, Phyteuma spicatum* wie auch die weitverbreitete „Fagion"-Art *Galium odoratum* fehlen. Auf Grund dieses floristischen Tatbestands können diese artenarmen Hainsimsen-Buchenwälder bodensaurer und nährstoffarmer Standorte nicht zu der Ordnung Fagetalia gestellt werden. Bisher hat man sich damit beholfen, daß man *Luzula luzuloides* nicht nur als Kennart des Luzulo-Fagetum sondern auch des Verbands „Fagion" bewertet hat und damit das Luzulo-Fagetum als letzten Ausklang dieses Verbands fassen und so auch den Fagetalia zuordnen konnte.

Luzula luzuloides kommt aber in den artenreichen Buchenwäldern in keiner Weise durchgehend vor, sondern differenziert nur die zum Luzulo-Fagetum überleitenden Ausbildungen, wobei sie dies in Carpinion-Gesellschaften genau so tut. Betrachtet man weiterhin ihr Vorkommen in den artenarmen Eichenwäldern des Verbands Quercion robori-petraeae (Tabelle 287), dann kann man sie im besten Fall als Kennart des Luzulo-Fagetum mit einem deutlichen Schwerpunkt in ihm ansehen.

Andererseits weist das Luzulo-Fagetum mit den artenarmen Eichenwäldern des Quercion robori-petraeae eine markante Gruppe von gemeinsam „säureholden" Arten auf wie *Polytrichum formosum, Deschampsia flexuosa, Veronica officinalis, Melampyrum pratense* grp, *Dicranella heteromalla, Lathyrus linifolius, Hypericum pulchrum, Agrostis capillaris, Carex pilulifera, Vaccinium myrtillus, Dicranum scoparium, Dryopteris carthusiana, Leucobryum glaucum, Luzula sylvatica, Pteridium aquilinum, Pleurozium schreberi, Dicranum rugosum, Galium harcynicum, Mnium hornum* u. a. Durch diese Arten hat das Luzulo-Fagetum in seinem Gesamtartenbestand eine größere floristische Verwandtschaft mit den artenarmen Eichenwäldern als mit den artenreichen Buchenwäldern, deren bezeichnende Arten ihm ja – wie oben dargelegt – weitestgehend fehlen. So liegt es auf der Hand, das Luzulo-Fagetum mit den artenarmen Eichenwäldern in der Ordnung Quercetalia robori-petraeae zusammenzufassen, wie dies Müller schon 1969 (in Müller und Kast 1969) konzipiert hatte (um die Zuordnung der artenarmen Buchenwälder auch im Namen der Ordnung zu dokumentieren, prägte er damals für sie die Bezeichnung „Fago-Quercetalia"; richtiger ist es aber, den alten Begriff „Quercetalia robori-petraeae" beizubehalten und lediglich zu emendieren). Diese Ordnung besitzt wie die meisten artenarmen Eichenwälder selbst kaum eigene Kennarten – es können vielleicht *Melampyrum pratense, Lathyrus linifolius* und *Hypericum pulchrum,* mit gewisser Einschränkung auch *Luzula luzuloides,* als solche gewertet werden. Die übrigen Arten des o. a. „säureholden" Artenblocks können hinsichtlich ihres Gesamtvorkommens nur als Trennarten der Ordnung Quercetalia robori-petraeae betrachtet werden. Da auch die Assoziationen und Verbände dieser artenarmen Waldgesellschaften nur schwach durch Kennarten und meist nur durch Trennarten charakterisiert werden können, erscheint es in diesem Grenzfall der Syntaxonomie gerechtfertigt, die Ordnung im wesentlichen auf der Grundlage von Trennarten zu fassen (vgl. dazu die entsprechenden Ausführungen von Tüxen 1975).

Es bleibt jetzt noch zu diskutieren, ob das Luzulo-Fagetum als Unterverband Luzulo-Fagenion dem Verband Quercion robori-petraeae unter- oder als eigener Verband Luzulo-Fagion Lohm. ex Tx. 54 den Quercetalia robori-petraeae zugeordnet werden soll. Um diese Frage abzuklären, muß auch der von Braun-Blanquet 1967 beschriebene westeuropäische Verband Ilici-Fagion in die Betrachtung einbezogen werden, den er ausdrücklich als Parallelverband zum mitteleuropäischen Luzulo-Fagion auffaßt. Beide Verbände unterscheiden sich von den artenarmen Eichenwäldern im wesentlichen fast nur durch die Vorherrschaft der Buche. Insofern ist es sinnvoll, beide Verbände zu einem Verband der artenarmen Buchenwälder zusammenzufassen und die beiden bisherigen Verbände – entsprechend dem Vorgehen beim Quercion robori-petraeae – als geographisch vikariierende Unterverbände aufzufassen, wie dies Tüxen 1979 vorgeschlagen hat. Damit ergibt sich folgende Gliederung:

Klasse Querco-Fagetea Br.-Bl. et Vlieg. in Vlieg. 37 em. Oberd. et Th. Müller 79
Ordnung Quercetalia robori-petraeae Tx. (31) 37 em. (Fago-Quercetalia Th. Müller in Müller et Kast 69; artenarme Eichen- und Buchenwälder Europas)

    1. Verband Quercion robori-petraeae Br.-Bl. 32 (artenarme Eichenwälder)
        1. Unterverband Quercion robori-petraeae Riv. Mart. 78 (westeuropäische artenarme Eichenwälder)
        2. Unterverband Genisto germanicae-Quercenion robori-petraeae (R. et Z. Neuhäusl. 67) Oberd. 87 (ostmitteleuropäische artenarme Eichenwälder)

2. Verband Deschampsio flexuosae-Fagion Soó (62) 64 em. Tx. 79 (artenarme Buchenwälder)
3. Unterverband Ilici-Fagenion (Br.-Bl. 67) Tx. 79 em. Oberd. 84 (west- und nordwesteuropäische artenarme Buchenwälder; dazu das Ilici-Fagetum Br.-Bl. 67)
4. Unterverband Luzulo-Fagenion (Lohm. ex Tx. 54) Oberd. 57 (artenarme Hainsimsen-Buchenwälder; dazu das Luzulo-Fagetum Meusel 37)

Die Zuordnung des Luzulo-Fagetum zu den Quercetalia robori-petraeae brächte den Vorteil, daß der Verband „Fagion" dann nur noch die artenreichen Buchenwälder umfaßt, für die dann die Bezeichnung Galio odorati-Fagion Knapp 42 ex Tx. in Tx. et Oberd. 58 zutreffend ist. Die Ordnung Fagetalia umfaßt dann − neben den azonalen Verbänden Alno-Ulmion Br.-Bl. et Tx. 43 und Tilio-Acerion Klika 55 − auf mehr oder weniger nährstoff- und basenreichen Standorten vorzugsweise in tieferen Lagen auf ± buchenungünstigen Standorten den Verband Carpinion Issl. 31 em. Oberd. 53, die artenreichen Hainbuchen-Eichen-Mischwälder, und vor allem in höheren, aber auch in tieferen Lagen auf buchengünstigen Standorten den Verband Galio odorati-Fagion Knapp 42 ex Tx. in Tx. et Oberd. 58, die artenreichen Buchen-Wälder. Ganz entsprechend umschließt die Ordnung Quercetalia robori-petraeae auf nährstoff- und basenarmen, ± sauren Standorten insbesondere in tieferen Lagen den Verband Quercion robori-petraeae Br.-Bl. 32, die artenarmen Eichen-Mischwälder, und auf buchengünstigen Standorten sowie in höheren Lagen den Verband Deschampsio flexuosae-Fagion Soó (62) 64 em. Tx. 79, die artenarmen Buchenwälder. Dadurch wird eine synsystematische Parallelität erreicht, die den ökologischen Gegebenheiten sinnvoll Rechnung trägt. Diese zeigt sich u. a. auch darin, daß im Berührungsgebiet der Eichen-Mischwälder mit den Buchen-Wäldern − durch Nieder- und Mittelwald-, durch Reutberg- oder Schälwald-Bewirtschaftung − die Deschampsio flexuosae-Fagion-Wälder vielfach zu Quercion robori-petraeae-Wäldern und entsprechend die Galio odorati-Fagion-Wälder zu Carpinion-Wäldern degradiert worden sind.

Vollkommen unabhängig von der Diskussion um die Zuordnung der artenarmen Buchen-Waldgesellschaften, ob zu Fagion und Fagetalia oder zu Deschampsio-Fagion und Quercetalia robori-petraeae, lassen sie sich in ihrer Vielfalt von Höhenformen und Vikarianten sowie standörtlich bedingten Ausbildungen klar fassen und beschreiben.

4a. Unterverband: Luzulo-Fagenion (Lohm. ex Tx. 54) Oberd. 57

Hainsimsen-Buchenwälder

1. Ass.: Luzulo-Fagetum Meusel 37

Hainsimsen-Buchenwald, Moder-Buchenwald (Tab. 323/1; 324−328)

Im Bearbeitungsgebiet tritt als Assoziation des Luzulo-Fagenion nur der artenarme Hainsimsen-Buchenwald auf. Er ist vor allem durch *Luzula luzuloides* und *Prenanthes purpurea* gekennzeichnet; darüber hinaus unterscheidet er sich gegenüber anderen Buchenwaldgesellschaften durch die oben schon aufgeführten Trennarten des Unterverbandes (bzw. der Ordnung Quercetalia robori-petraeae). In erster Linie edaphisch bedingt, stellt er einen der wichtigsten und oft landschaftsbeherrschenden Buchen-Waldtypen dar. Der Hainsimsen-Buchenwald ist der artenärmste unter den Buchenwäldern, ja sogar unter allen Laubwaldgesellschaften überhaupt; denn zu der schon vom Boden her bedingten Armut an höheren Pflanzen − wie auch in den Quercion robori-petraeae-Waldgesellschaften − kommt hier noch die Schattwirkung der herrschenden Rotbuche (in manchen Gebieten auch der Tanne und Fichte), die manche etwas mehr Licht benötigenden Quercion robori-petraeae-Arten nicht mehr aufkommen läßt. In höheren Lagen sorgt auch das Klima für den Ausfall der Eichen und Eichenbegleitarten. Das Luzulo-Fagetum wächst meist auf ± nährstoff- und basenarmen, ± sauren, mittel- bis tiefgründigen oligotrophen Braun- und Parabraunerden. Die Humusform ist oft Moder, gelegentlich auch Rohhumus.

Wie bei den meisten Zentralassoziationen eines Unterverbands bzw. Verbands kann man auch beim Luzulo-Fagetum eine reiche Gliederung in − durch Standortsunterschiede bedingte − Subassoziationen und Varianten, in − durch vorwiegend makro-klimatisch und syngenetisch bedingte − räumlich-horizontal gegliederte Vikarianten (geographische Rassen), Gebiets- und Lokalausbildungen sowie in − mehr mesoklimatisch verursachte, räumlich-vertikal unterschiedene, auf bestimmte Höhenstufen beschränkte − Höhenformen beobachten.

Zu einem nicht unerheblichen Teil sind Bestände des Luzulo-Fagetum in Nadelholzforste umgewandelt worden, vor allem in Fichten-, aber auch in Kiefern- und Douglasien-, seltener in Lärchenforste.

In tiefen Lagen finden wir die **kollin-submontane Form** (Tab. 324/1a−2g; 325, und 326), die von Oberdorfer 1957 als eigene Assoziation Melampyro-Fagetum (= Luzulo-Querco-Fagetum Hartm. et Jahn 67) behandelt worden ist. Da sie sich aber von dem Luzulo-Fagetum montaner Lagen nicht durch eigene Kennarten, sondern nur durch Trennarten abhebt, kann es sich um keine eigene Assoziation, sondern nur um eine Höhenform handeln. Neben der herrschenden Rotbuche sind stets mitwüchsige Eichen eingestreut, vor allem *Quercus petraea,* in frisch-feuchten Ausbildungen auch *Quercus robur,* im Alpenvorland, dem die Traubeneiche weitgehend fehlt, ausschließlich *Quercus robur* (vgl. Tab. 324/2g). Man kann deshalb bei dieser Form von einem Hainsimsen-Eichen-Buchenwald sprechen. Mit den Eichen greifen auch einige Quercion robori-petraeae-Arten über wie *Melampyrum pratense, Hypericum pulchrum, Hieracium sabaudum, H. laevigatum, H. umbellatum, H. lachenalii, Holcus mollis* und *Viola riviniana;* aber auch Carpinion-Arten *(Carpinus betulus, Dactylis polygama, Stellaria holostea, Galium sylvaticum)* können auftreten. Alle diese Arten weisen auf die Nähe von Eichenwäldern hin. Die Eichenwaldarten sind allerdings in der Regel nur mit geringer Menge und Stetigkeit vorhanden. Nur dort, wo durch Eichenbegünstigung − z. B. durch Niederwaldwirtschaft − die natürliche Vorherrschaft der Rotbuche beeinträchtigt worden ist, treten sie zusammen mit den Eichen verstärkt auf, und es entsteht das reale Bild eines Betulo-Quercetum petraeae bzw.

anderer Quercion robori-petraeae-Gesellschaften. Viele Eichenwälder dieser Höhenlagen dürften durch die Bewirtschaftung aus Hainsimsen-Eichen-Buchenwäldern hervorgegangen sein, in die sie sich bei Hochwaldbewirtschaftung auch wieder zurückverwandeln.

Die Wuchsleistung der Bäume in der kollin-submontanen Form des Hainsimsen-Buchenwalds ist mäßig gut bis gut, zum Teil weisen sie berühmte Fourniereichenbestände auf (Spessart, Pfälzer Wald). Bei den verhältnismäßig nährstoffarmen Standorten bilden die Eichen enge Jahresringe sowie — bedingt durch die Konkurrenz der Rotbuche — gute Schaftformen aus.

Es können zwei Subassoziationsgruppen unterschieden werden: einmal die mit *Convallaria majalis* (Trennarten *Convallaria majalis, Carex montana, Festuca heterophylla, Calamagrostis arundinacea, Carex umbrosa, Sorbus torminalis;* Tab. 324/1a—1c; 325), zum anderen die typische Subassoziationsgruppe ohne besondere Trennarten (Tab. 324/2a—2g; 326). Obwohl sich die beiden Subassoziationsgruppen hinsichtlich des Wärme- und Wasserhaushalts der von ihnen eingenommenen Standorte entsprechend unterscheiden wie das Carici-Fagetum vom Elymo-Fagetum, ist es mangels eigner Kennarten nicht möglich, die Subassoziationsgruppe mit *Convallaria majalis* als eigene Assoziation Carici umbrosae-Fagetum abzutrennen, wie es Oberdorfer 1957 vorgeschlagen hat, wobei er damals nur die Ausbildungen auf etwas frischeren Standorten mit angereicherten *Carex umbrosa* erfaßt hatte. Die Subassoziationsgruppe mit *Convallaria majalis* ist vor allem in tiefgelegenen Wärmegebieten auf tiefgründig entkalkten, aber in der Regel nicht besonders basenarmen Lehmböden (vorwiegend Lößlehme), in Keupergebieten oft auch auf Zweischichtböden zu finden. In der Nachbarschaft sind auf buchenungünstigen Standorten, z. B. auf Pelosolen oder ausgeprägten Pseudogleyen, Galio-Carpineten anzutreffen. Die räumliche und standörtliche Nähe zu diesen drückt sich u. a. in den Trennarten der Subassoziationsgruppe aus, die alle auch im Galio-Carpinetum vorkommen. Die Wuchsleistung der Bäume ist hier meistens schlechter als bei der typischen Subassoziationsgruppe. Deshalb sind manche Laubwaldbestände durch Nadelholzforste ersetzt, wobei wir im Standortsbereich der Subassoziationsgruppe mit *Convallaria majalis* häufig Kiefern- und Lärchenforste (vor allem im Standortsbereich der Subassoziation mit *Vaccinium myrtillus*), aber auch Douglasien-Forste auf mehr frischen Standorten finden können.

Im westlichen Süddeutschland tritt die Vikariante mit *Teucrium scorodonia* (Tab. 324/1a, 1b) auf. Im Kaiserstuhl (was Rochow 1942 als Fagetum luzuletosum aufführt, gehört nur zu einem kleinen Teil hierher; beim größeren Teil der Aufnahmen handelt es sich um ein Carici-Fagetum luzuletosum), Kraichgau und Neckarbecken zeichnet sich eine Gebietsausbildung mit reichlich *Hedera helix* (oft bis in die Baumkronen kletternd) und etwas *Sarothamnus scoparius* ab, während *Calamagrostis arundinacea* bezeichnenderweise fehlt (Tab. 324/1a), alles Hinweise auf die verhältnismäßig milden Winter in diesen Gebieten. Im Neckargebiet, auf der Schwäbischen Alb und in ihrem Vorland sowie im Spessart-Rhön-Vorland mit deutlich kälteren Wintern stellt sich eine Gebietsausbildung der „westlichen" *Teucrium scorodonia*-Vikariante ein, in der *Hedera helix* schon fast ganz ausfällt, dafür aber *Calamagrostis arundinacea, Poa chaixii* und *Carex brizoides* auftreten (Tab. 324/1b). Im weiteren fränkischen Raum beobachten wir eine „östliche" Vikariante (Tab. 3241c), in der subatlantische Arten praktisch fehlen, dafür aber neben *Calamagrostis arundinacea* auch *Tilia cordata* hervortritt. Die standörtliche Gliederung ist beispielhaft in Tabelle 325 für die Gebietsausbildung des Neckargebiets etc. der *Teucrium*-Vikariante dargestellt; dem Tabellenbild nach zeichnet sich diese aber auch bei der anderen Vikariante bzw. Gebietsausbildung in entsprechender Weise ab, wobei zu betonen ist, daß die Subassoziation mit *Carex brizoides* nur hier auftritt. Auf verhältnismäßig trockenen, sauren Standorten ist die Subassoziation mit *Vaccinium myrtillus* (Tab. 325/1a, 1b; *Vaccinium myrtillus* greift zwar vereinzelt auch in andere Subassoziationen über, aber dann nie so deckend wie hier) in einer typischen Variante (Tab. 325/1 a) und auf zusätzlich wechseltrockenen Standorten in der Variante mit *Molinia arundinacea* (Tab. 325/1 b) anzutreffen. Im Standortsbereich der Subassoziation mit *Molinia arundinacea* (Tab. 325/2) auf nicht mehr so sauren, dafür aber betont wechseltrockenen, schweren und tonreichen Lehmböden kann die Rotbuche an die Grenze ihrer Wuchsmöglichkeit gelangen und sich dann an Stelle des Luzulo-Fagetum das Galio-Carpinetum einstellen. Die typische Subassoziation (Tab. 325/3) nimmt mäßig frische Standorte ein und ist im ganzen Verbreitungsgebiet ziemlich häufig. Auf etwas grundfrischen Standorten in luftfeuchter Lage stellt sich die Subassoziation mit *Luzula sylvatica* ein (Tab. 325/4), während auf betont grundfrischen, gelegentlich auch etwas durchsickerten oder staufrischen Böden die Subassoziation mit *Athyrium filix-femina* (Tab. 325/6) bzw. auf ausgesprochen wechselfrischem Standort die Subassoziation mit *Carex brizoides* (Tab. 325/5) zu finden sind. Die beiden zuletzt genannten Subassoziationen wie auch die Subassoziation mit *Milium effusum* (Tab. 325/7) vermitteln insgesamt zum Galio odorati-Fagetum, wobei bei zunehmender Feuchtigkeit − vor allem bei wechselnder Staunässe, die die Rotbuche schlecht erträgt − auch Übergänge zum Galio-Carpinetum beobachtet werden können.

Die Wälder der typischen Subassoziationsgruppe (Tab. 324/2a−2g; 326) besiedeln meist Braunerden (bis mäßig ausgebildete Podsole) über von Natur aus schon verhältnismäßig basen- und nährstoffarmen Ausgangsgesteinen wie Kristallin, verschiedene Sandsteine (häufig Buntsandstein, aber auch Keupersandsteine, Doggersandstein etc.), kommen aber auch auf tiefgründig entkalkten Parabraunerden vor. Sie ist deshalb vorwiegend in Silikat- und Sandstein-Bergländern zu finden, wo sie die kollin bis submontane Stufe einnimmt, jedoch an warmen, häufig auch felsigen Hängen aber auch bis in die Montanstufe reichen kann. Auch bei dieser Subassoziationsgruppe können wir wieder eine vielfältige Gliederung in Vikarianten, Gebiets- und Lokalausbildungen sowie standörtlich bedingte Subassoziationen und Varianten beobachten. Im Westen des Bearbeitungsgebiets kommt die Vikariante mit *Teucrium scorodonia* (Tab. 324/2a−2d) vor, die durch subatlantische Arten wie *Teucrium scorodonia, Lonicera periclymenum, Hedera helix* und *Digitalis purpurea* ausgezeichnet ist. Im Pfälzer Wald, Odenwald und Spessart begegnen wir einer Gebietsausbildung, in der immer wieder *Castanea sativa* neben *Sarothamnus scoparius* und *Galium harcynicum* − im Pfälzer Wald auch *Festuca tenuifolia* − auftreten (Tab. 324/2a). Für diese Gebietsausbildung wird in Tabelle 326 beispielhaft die standörtliche Gliederung dargestellt, wie sie sich in ähnlicher oder entsprechender Art auch bei den anderen Vikarianten, Gebiets- und Lokalausbildungen wiederholt. Auf verhältnismäßig sauren und nährstoffarmen Standorten findet man die Subassoziation mit *Vaccinium myrtillus* (Tab. 326/1a−1c), in deren Standortsbereich die Bäume meist nur mäßige Wuchsleistungen aufweisen. Sie tritt auf relativ trockenen Standorten in der typischen Variante (Tab. 326/1a) auf, während − mehr lokal begrenzt − in betont luftfeuchten, meist steinschuttreichen Hanglagen die Variante mit *Bazzania trilobata* (Tab. 326/1 b; korrespondiert mit dem Luzulo-Abietetum des westlichen Schwarzwaldes) und auf tonreichen, wechseltrockenen Buntsandsteinverwitterungsböden die Variante mit *Molinia arundinacea* (Tab. 326/1c) anzutreffen sind. Neben der typischen *Luzula luzuloides*-reichen Subassoziation (Tab. 326/2) auf mäßig trockenen bis mäßig frischen Standorten entwickeln sich auf grundfrischen Böden in luftfeuchter Lage die Subassoziation mit *Luzula sylvatica* (Tab. 326/3), auf feuchten (auch wechselfeuchten) Standorten die Subassoziation mit *Athyrium filix-femina* (Tab. 326/4) und auf nur mäßig nährstoffarmen, frischen Standorten die Subassoziation mit *Milium effusum*, oft auch als Subassoziation mit *Oxalis acetosella* bezeichnet (Tab. 326/5), deren Trennarten teilweise in die beiden letztgenannten Subassoziationen übergreifen. Die drei letzten Subassoziationen vermitteln damit insgesamt zum Galio odorati-Fagetum, mit dem sie häufig in Kontakt stehen. In ihrem Standortsbereich weisen die Bäume schon recht gute Wuchsleistungen auf.

Die Gebietsausbildung des Schwarzwalds (Tab. 324/2b, 2c) zeichnet sich neben dem Vorkommen der subatlantischen Arten der Vikariante durch die — wenn auch nicht immer optimale Anwesenheit — von *Abies alba* aus. Deutlich hebt sich eine Lokalausbildung des westlichen Schwarzwaldrands (Tab. 324/2b; Trennarten *Ilex aquifolium, Castanea sativa*) mit seinen hohen Niederschlägen und verhältnismäßig milden Wintern ab von einer Lokalausbildung der nordöstlichen Schwarzwaldrandplatten (Tab. 324/2c; ohne Trennarten), die keine so hohen Niederschläge genießen und auch kältere Winter aufweisen. Hier tritt die Weißtanne verstärkt auf, und auch *Pinus sylvestris* dürfte natürliche Vorkommen haben, wenn auch ihr Anteil im Naturwald heute sehr schwer abzuschätzen ist. Damit vermittelt diese Lokalausbildung zum Vaccinio-Abietetum; dies gilt insbesondere für die Subassoziation mit *Vaccinium myrtillus* auf betont sauren und nährstoffarmen, mehr oder weniger trockenen Standorten. Neben einer typischen Subassoziation auf mäßig trockenen bis mäßig frischen Standorten kommen wieder eine Subassoziation mit *Luzula sylvatica*, die in luftfeuchten Lagen zum Festuco-Fagetum vermittelt, eine auf (stau)feuchten Böden ziemlich häufige Subassoziation mit *Athyrium filix-femina* sowie die Subassoziation mit *Milium effusum* (oder mit *Oxalis acetosella*) auf frischen, nur mäßig nährstoffarmen Standorten vor. Die beiden letzten Subassoziationen vermitteln zum Galio-Fagetum. Dagegen sind bei der Lokalausbildung des Westschwarzwaldrands neben der *Luzula luzuloides*-reichen typischen Subassoziation auf mäßig trockenen bis mäßig frischen Standorten folgende von standörtlicher Bedeutung: die Subassoziation mit *Vaccinium myrtillus* auf verhältnismäßig trockenen, sauren Standorten mit nur mäßiger Wuchsleistung der Bäume in einer typischen Variante und einer Variante mit *Pteridium aquilinum* (Trennarten *Frangula alnus* und *Pteridium aquilinum*) wechseltrockener Standorte; die an regenreichen West- und Nordwesthängen große Flächen einnehmende und relativ beste Wuchsleistungen der Bäume zeigende Subassoziation mit *Luzula sylvatica* (Trennarten *Luzula sylvatica* in Massenwuchs, *Atrichum undulatum, Athyrium filix-femina, Festuca altissima, Dryopteris filix-mas, Milium effusum*), die zum benachbarten Galio-Fagetum, *Festuca-Abies*-Gebietsausbildung überleitet; schließlich die an warmen Hängen auf Lehmstandorten örtlich begrenzt vorkommende Subassoziation mit *Calamagrostis arundinacea* (Trennarten *Calamagrostis arundinacea* und *Lathyrus linifolius*), die zur Subassoziationsgruppe mit *Convallaria maialis* vermittelt oder als deren letzter Ausklang im niederschlagsreichen Klima angesehen werden kann.

Bei der Gebietsausbildung des Strom- und Heuchelbergs (Tab. 324/2d) treten die subatlantischen Arten der *Teucrium scorodonia*-Vikariante schon sehr stark zurück, so daß man sie auch schon zur *Poa chaixii*-Vikariante des Neckargebiets ziehen könnte; allerdings fehlen ihr eben *Poa chaixii* sowie die im Neckargebiet recht häufige Subassoziation mit *Carex brizoides*, so daß es dennoch gerechtfertigt erscheint, sie als eigene Gebietsausbildung zu behandeln. Standörtlich gliedert sich diese Gebietsausbildung in eine Subassoziation mit *Vaccinium myrtillus* mit einer typischen und einer Variante mit *Molinia arundinacea*, in eine hier relativ häufig auftretende Subassoziation mit *Molinia arundinacea*, in eine typische Subassoziation, in eine verhältnismäßig nur schwach ausgeprägte Subassoziation mit *Luzula sylvatica*, in eine Subassoziation mit *Athyrium filix-femina* und in eine Subassoziation mit *Milium effusum*, wobei die drei letzten Subassoziationen zum Galio-Fagetum vermitteln.

Die Vikariante mit *Poa chaixii* des Neckargebiets, der Schwäbischen Alb und ihres Vorlands sowie der Randhöhen des Schwäbisch-Fränkischen Waldes (Tab. 324/2e) ist ausgezeichnet durch das Ausfallen der subatlantischen Arten der *Teucrium scorodonia*-Vikariante und durch das Auftreten der praealpiden, subozeanisch-montanen *Poa chaixii*. Standörtlich können unterschieden werden: auf ziemlich nährstoffarmen, sauren, mehr oder weniger trockenen Sandsteinverwitterungsböden (vor allem von Keupersandsteinen, aber auch von Lias- und Doggersandsteinen) die ziemlich verbreitete Subassoziation mit *Vaccinium myrtillus* (die Wuchsleistung der Laubbäume ist meist nur mäßig, weshalb sie häufig durch Waldkiefer oder Fichte ersetzt sind); auf tonreichen, wechseltrockenen Böden die Subassoziation mit *Molinia arundinacea* (Trennarten neben *Molinia arundinacea* und *Frangula alnus* auch *Carex flacca* und *Calamagrostis arundinacea*); die typische Subassoziation auf mäßig trockenen bis mäßig frischen Standorten; die Subassoziation mit *Luzula sylvatica* auf frischen Standorten in luftfeuchter Lage; die ziemlich verbreitete Subassoziation mit *Carex brizoides* (Trennarten hochstete und flächendeckende *Carex brizoides*, dazu *Deschampsia cespitosa, Atrichum undulatum, Oxalis acetosella, Carex sylvatica, Athyrium filix-femina, Milium effusum*) auf wechselfeuchten Böden (meist Pseudogley-Parabraunerde); die Subassoziation mit *Athyrium filix-femina* auf betont frischen bis feuchten, auch sickerfeuchten Böden; die Subassoziation mit *Milium effusum* auf mäßig nährstoffreichen, tiefgründig entkalkten Böden (zum großen Teil Parabraunerden aus Lößlehm). Die drei letzten Subassoziationen vermitteln wieder zum Galio-Fagetum, zum Teil auch zu deren *Festuca-Abies-Luzula sylvatica*-Gebietsausbildung, und zeigen relativ die besten Wuchsleistungen der Bäume, wobei die Buchenverjüngung in Beständen der Subassoziation mit *Carex brizoides* oft Schwierigkeiten bereitet.

Die Vikariante des fränkischen Gebiets (Tab. 324/2f) weist keine besonderen Trennarten auf, sieht man von der nur mit geringer Stetigkeit (50%) auftretenden *Tilia cordata* ab. Allerdings könnte *Pinus sylvestris* in dieser Vikariante, vor allem in der Subassoziation mit *Vaccinium myrtillus*, natürliche Vorkommen besitzen, da entsprechende Wälder nicht selten im Kontakt mit Genisto-Quercenion-Wäldern stehen, in denen *Pinus sylvestris* mindestens teilweise natürlich auftritt. Der Nachweis der Bodenständigkeit der Waldkiefer ist allerdings selten eindeutig zu erbringen. Von *Pinus sylvestris* beherrschte Waldbilder gehen aber immer auf menschlich-forstliche Tätigkeit zurück. Dabei ist auch damit zu rechnen, daß durch menschliche Eingriffe Hainsimsen-Buchenwälder dieses Gebiets zu Genisto-Quercenion-Wäldern und diese sekundär weiter zu Kiefern-Beständen degradiert worden sind. Da außerdem *Poa chaixii* fehlt und sich die Verteilung der Subassoziationen von der Vikariante des Neckargebiets unterscheidet, erscheint es insgesamt gerechtfertigt, für den fränkischen Raum eine eigene Vikariante auszuweisen. Neben der Subassoziation mit *Vaccinium myrtillus* auf betont basen- und nährstoffarmen, sauren, mehr oder weniger trockenen Böden ist auf nur mäßig trockenen bis mäßig frischen Standorten die typische Subassoziation zu beobachten. Die Subassoziationen mit *Athyrium filix-femina* und die mit *Carex brizoides* fehlen zwar dem Gebiet nicht ganz, sind aber verhältnismäßig selten anzutreffen. Die Subassoziation mit *Luzula sylvatica* fällt in dem Gebiet mit schon deutlich subkontinental getöntem Klima ganz aus. Dagegen ist die Subassoziation mit *Milium effusum* in den Lößgebieten – soweit in den hier vorherrschenden Ackerlandschaften überhaupt noch Wälder vorhanden sind – nicht selten. Aus dem Gebiet dieser Vikariante (Spessart-Vorland) beschreiben Rückert und Wittig (1984) einen Flattergras-Buchenwald (Oxali-Fagetum v. Glahn 81 = Milio-Fagetum Burrichter et Wittig 77 non Frehner 63; das Milio-Fagetum Frehner 63 ist ein Galio-Fagetum). In deren Tabellen 1 und 2 mit 8 Aufnahmen aus dem Spessart-Vorland taucht *Luzula-luzuloides* nur in 1 Aufnahme auf; die Trennarten des Luzulo-Fagetum wie auch die der Subassoziation mit *Milium effusum* sind vorhanden. Insgesamt stimmt die Artenkombination – abgesehen von der nur geringen Stetigkeit bei *Luzula luzuloides* – mit unserem Luzulo-Fagetum milietosum überein. In dem Luzulo-Fagetum milietosum tritt allgemein *Luzula luzuloides* zurück oder kann in dem einen oder anderen Bestand auch einmal fehlen; die Trennarten des Luzulo-Fagetum sind aber immer vorhanden, so daß damit eine Zuordnung zum Luzulo-Fagetum stets möglich ist. Im Vorkommensbereich des Luzulo-Fagetum sehen deshalb Oberdorfer und Müller keine Notwendigkeit, zwischen Galio-Fagetum und

Luzulo-Fagetum eine weitere, kennartenlose Assoziation Oxali-Fagetum v. Glahn 81 einzuschieben, die ihrer Artenkombination nach gut als Luzulo-Fagetum milietosum gefaßt werden kann. Daran ändert auch die Tatsache nichts, daß entsprechende Bestände großflächig vorkommen. Selbstverständlich vermittelt das Luzulo-Fagetum milietosum zum Galio-Fagetum, dessen bezeichnende Arten ihm aber fehlen. Das Galio-Fagetum ist selbst bei gelegentlichem Fehlen der Kennart *Galium odoratum* gegen das benachbarte Luzulo-Fagetum milietosum durch *Lamium galeobdolon, Phyteuma spicatum* oder *Melica uniflora* eindeutig abzugrenzen.

Insofern ist zu prüfen, ob die Spalten des Oxali-Fagetum mit hochstetem *Lamium galeobdolon* bei Burrichter und Wittig 1977, bei v. Glahn 1981 und bei Rückert und Wittig 1984 nicht noch zum Galio-Fagenion (evtl. als artenverarmtes Galio-Fagetum) zu stellen sind. Schließlich bleibt zu klären, ob es sich im norddeutschen Flach- und Hügelland wirklich um eine selbständige, allerdings kennartenlose Assoziation „Oxali-Fagetum" handelt oder ob die Bestände — unserem Vorgehen beim Luzulo-Fagetum entsprechend — als Holco-Quercetum milietosum (= Fago-Quercetum milietosum) bzw. als Deschampsio-Fagetum milietosum gefaßt werden können.

Schließlich ist noch die Vikariante des Alpenvorlands (Tab. 324/2 g) anzusprechen, in der *Quercus petraea* durch *Quercus robur* ersetzt wird. Nach dem vorliegenden Material lassen sich hier wieder eine Subassoziation mit *Vaccinium myrtillus,* eine typische Subassoziation sowie die beiden, recht häufig anzutreffenden, zum Galio-Fagetum überleitenden Subassoziationen mit *Milium effusum* und die mit *Carex brizoides* unterscheiden. Inwieweit *Picea abies* in dieser Vikariante natürliche Vorkommen hat, ist heute kaum mehr eindeutig festzustellen, nachdem durch forstliche Maßnahmen die Fichte im Alpenvorland einseitig auf Kosten der Laubbäume gefördert worden ist. Allerdings ergaben sich dabei im Standortsbereich der Subassoziation mit *Carex brizoides* dadurch Probleme, daß durch den Fichtenanbau die Pseudovergleyung der Böden zunahm und dadurch in gleichem Umfange die Gefahr des Sturmwurfs der Fichten wuchs. Um dem entgegenzuwirken, muß versucht werden, hier wieder verstärkt Laubholz einzubringen, vor allem die Stieleiche, aber auch die Rotbuche, um stabile Bestände zu erzielen.

Die (submontan-) **montane Form** (Luzulo-Fagetum montanum Oberd. (50) 57; Tab. 324/ 3a−3e; Tab. 327) ist in den höheren Lagen des Gebiets anzutreffen. In dieser Höhenform ist der Typ des Luzulo-Fagetum am reinsten ausgeprägt, fehlen ihm doch weitgehend einerseits die übergreifenden Quercion robori-petraeae-Arten der kollin-submontanen Form einschließlich der Eichen (lediglich die größere Extreme ertragende *Quercus robur* kommt noch vereinzelt vor, vielleicht durch frühere Bewirtschaftungsformen wie Mittelwald oder Waldweide begünstigt), andererseits die übergreifenden Arten der Piceetalia abietis bzw. der Adenostyletalia der orealen Form. Wenn auch die Grenze zu der kollin-submontanen bzw. zu der orealen Form im Einzelfall nicht immer eindeutig festzulegen ist, so besiedeln Wälder der montanen Form im allgemeinen Höhenlagen von (500) 600−1 000 m. Sie können aber in kühlen Lagen (Nordhänge) bereits tiefer einsetzen, wie sie umgekehrt in warmen Lagen auch höher steigen können. Die Wuchsleistung der Bäume ist im Gefolge des kühleren und feuchteren Klimas in den Berglagen im Verhältnis zur kollin-submontanen Form deutlich besser, läßt aber im Vergleich zu den im Kontakt mit ihnen stehenden Galio-Fagenion-Wäldern (bzw. Galio-Fagion-Wälder) gelegentlich dennoch zu wünschen übrig.

Im Westen des Gebiets kann wieder eine „westliche" Vikariante mit *Digitalis purpurea* (Tab. 324/3 a, 3 b) benannt werden, in der subatlantische Arten wie *Digitalis purpurea, Sarothamnus scoparius, Galium harcynicum,* gelegentlich auch einmal sogar *Teucrium scorodonia* auftreten. Selbstverständlich handelt es sich dabei um „Lichtpflanzen", die nicht in allen Beständen vorhanden sind; es ist aber für die pflanzengeographische Situation dennoch sehr bezeichnend, daß, wenn in den Wäldern Lichtlücken (auch kleinere) entstehen, diese Arten sich ziemlich schnell einstellen, so vor allem *Digitalis purpurea,* der schon mit verhältnismäßig wenig Licht auskommen kann.

In den Hochlagen des Odenwalds ist eine Gebietsausbildung (Tab. 324/3 a) zu beobachten, die durch das gelegentliche Vorkommen von Eichen (besonders *Quercus robur*) noch Beziehungen zu der kollin-submontanen Form zeigt, andererseits aber klimabedingt, weniger durch die Meereshöhe, montanen Charakter aufweist, wie es sich u. a. im verstärkten Auftreten von *Prenanthes purpurea* ausdrückt; der besonderen Situation wird man am besten dadurch gerecht, daß man von einer paenemontanen Form im Sinne von Schlenker 1960 spricht. Die Rotbuche beherrscht hier das Waldbild, die Weißtanne fehlt natürlicherweise ganz. Als wichtige standörtliche Ausbildungen zeichnen sich ab: die ziemlich häufige Subassoziation mit *Vaccinium myrtillus* auf verhältnismäßig trockenen, ziemlich nährstoffarmen und sauren Standorten mit nur mäßiger Wuchsleistung der Bäume; die ebenfalls weit verbreitete typische Subassoziation auf mäßig trockenen bis mäßig frischen Standorten mit etwas besserer Wuchsleistung der Bäume; die verhältnismäßig seltene Subassoziation mit *Luzula sylvatica* auf frischen Standorten in luftfeuchter Lage; die Subassoziation mit *Athyrium filix-femina* auf feuchten (auch stau- und sickerfeuchten) Standorten; die Subassoziation mit *Milium effusum* (oder *Oxalis acetosella*) auf frischen, etwas günstiger mit Nährstoffen ausgestatteten Standorten. Die drei letzten Subassoziationen vermitteln zum Galio-Fagetum, mit dem sie oft in Kontakt stehen.

Die Gebietsausbildung des Schwarzwaldes (Tab. 324/3 b; Tab. 327) ist durch die gegenüber dem Odenwald deutlich höheren Niederschläge und Lagen besonders reich an subatlantischen Arten, u. a. *Ilex aquifolium. Abies alba* hat als natürlicher Bestandteil zu gelten, tritt aber mengen- wie leistungsmäßig gegenüber dem häufig in Kontakt stehenden Galio-Fagetum, *Festuca-Abies*-Gebietsausbildung, deutlich zurück. Schließlich treten auch noch einige „montane" Arten wie *Dryopteris dilatata* oder selten *Stellaria nemorum, Thelypteris limbosperma, Melampyrum sylvaticum, Polygonatum verticillatum* auf. Die in vielen Beständen vorhandene *Picea abies* verdankt ihr Vorkommen der Forstwirtschaft, die sie vielseitig gefördert hat. Ursprünglich den Beständen fehlend, muß sie allerdings heute im Luzulo-Fagetum des Schwarzwalds als eingebürgert angesehen werden, da sie sich meist auch recht gut verjüngt. Die Bestände des artenarmen Hainsimsen-Tannen-Buchenwalds (= Luzulo-[Abieti-]Fagetum Hartmann in Hartm. et Jahn 1967) stocken auf basenarmen Braunerden aus Verwitterungsböden von Buntsandstein, Granit, Gneis und anderen Gesteinen geringen Basengehalts. Die Böden können gelegentlich mehr oder weniger podsoliert, in Hangmulden oder Unterhängen auch pseudovergleyt sein. Besiedelt werden Hänge, Bergrücken und -kuppen, aber auch Plateaulagen in montaner Lage (in kühler Situation, wie in engen Tälern oder an Nordhängen, auch tiefer herabreichend). Die oft wenig ertragreichen Bestände sind zu einem großen Teil in Nadelbaumbestände (vor allem Fichtenforste) umgewandelt worden. Allerdings werden die Wuchsleistungen sehr stark durch die Standortsausbildungen bestimmt. Wie die Tabelle 327 beispielhaft zeigt, können folgende unterschieden werden: Auf verhältnismäßig trockenen, nährstoffarmen und sauren Standorten die Subassoziation mit *Vaccinium myrtillus* (Tab. 327/1 a, 1 b) mit flächendeckender *Vaccinium myrtillus,* die aber in Einzelexemplaren auch in die anderen Subassoziationen übergreift, dazu mit nur mäßiger Wuchsleistung der Bäume eine typische Variante (= *Deschampsia flexuosa*-Variante Oberd. 57; Tab. 327/1 a; ohne Trennarten) auf betont trockenen Standorten (deshalb hier die Weißtanne oft zurück- und die Buche hervortretend) und eine Variante mit *Oxalis acetosella* (= *Myrtillus*-Variante Oberd. 57; Tab. 327/1 b) auf etwas frischeren Standorten (deshalb Weißtanne stärker vertreten); die typische Subassoziation (Tab. 327/2) mit vorherrschender *Luzula luzuloides* auf mäßig trockenen bis mäßig frischen Standorten; die Subassoziation mit

Luzula sylvatica (Tab. 327/3) auf frischen Standorten in luftfeuchter Lage und die Subassoziation mit *Festuca altissima* (Tab. 327/4) auf betont frischen Standorten (beide Subassoziationen vermitteln zum in Kontakt stehenden Galio-Fagetum, *Festuca-Abies*-Gebietsausbildung und weisen schon recht gute Wuchsleistungen der Bäume auf); die verhältnismäßig selten auftretende Subassoziation mit *Valeriana tripteris* (Tab. 327/5) auf felsigen Hangstandorten (Bestände dieser bis jetzt kaum beachteten Subassoziation, die ausgesprochenen Schutzwaldcharakter aufweisen, gibt es auch in den Vogesen, weshalb in der Tabelle auch eine Aufnahme von Issler 1942 aufgenommen wurde); schließlich ist noch die Subassoziation mit *Calamagrostis arundinacea* (Tab. 327/6) zu nennen, die vor allem in warmen Süd- und Westlagen des Südschwarzwalds auf nicht zu basenarmen Gneisverwitterungsböden auftritt, ebenfalls zum Galio-Fagetum vermittelt und recht gute Waldbilder aufweist.

Das Gegenstück zur Gebietsausbildung der Schwarzwaldhochlagen stellt die Vikariante ohne besondere Trennarten der östlichen Gebietsteile (Frankenwald, Fichtelgebirge, Bayerischer und Böhmerwald) und des Alpenvorlands (Tab. 324/3 c) dar, in der die Weißtanne zurücktritt und die subatlantischen Arten ganz ausfallen. Die Fichte, die in dieser Vikariante schon ziemlich reichlich auftritt, dürfte im Gebiet natürliche Vorkommen haben, doch ist heute ihr Anteil im Naturwald sehr schwer abzuschätzen, da sie schon über lange Zeit forstlich gefördert worden ist. Sonst ist das Erscheinungsbild dem anderer montaner Luzulo-Fageten sehr ähnlich, wie auch die standörtlichen Ausbildungen ganz entsprechend sind. Dem ausgewerteten Aufnahmematerial nach ist die Subassoziation mit *Vaccinium myrtillus* ziemlich häufig, und auch die typische Subassoziation ist reichlich vertreten, während die Subassoziationen mit *Festuca altissima*, mit *Athyrium filix-femina* und die mit *Milium effusum* (oder mit *Oxalis acetosella*) verhältnismäßig wenig auftreten und die Subassoziation mit *Luzula sylvatica* ziemlich selten ist.

Eine eigene Vikariante mit *Poa chaixii* (Tab. 324/3 d, 3 e) erscheint auf der Schwäbischen Alb und ihrem südwestlichen Vorland sowie im Schwäbisch-Fränkischen Wald. Auch ihr fehlen die subatlantischen Arten, dafür tritt aber die praealpide, subozeanisch-montane *Poa chaixii* auf. Wir können eine Gebietsausbildung mit Weißtanne (Tab. 324/3 d) des südwestlichen Albvorlandes, des nördlichen Härtsfelds und des Schwäbisch-Fränkischen Waldes von einer Gebietsausbildung ohne Weißtanne (Tab. 324/3 e) der Hochfläche der Schwäbischen Alb unterscheiden. Bei der Gebietsausbildung mit Weißtanne vermittelt die Subassoziation mit *Vaccinium myrtillus* (Trennarten: flächendeckend *Vaccinium myrtillus*, dazu *Leucobryum glaucum*, *Melampyrum pratense*, *Dicranum rugosum*, *Ptilium crista-castrensis*) zum Vaccinio-Abietetum, das auf noch nährstoff- und basenärmeren, oder sonst vom Boden oder Klima her für die Buche ungünstigen Standorten im Kontakt — wie z. B. im Schwäbisch-Fränkischen Wald — vorkommt; als weitere Subassoziationen sind recht häufig die typische Subassoziation, zerstreut die Subassoziation mit *Luzula sylvatica*, die zum Festuco-Fagetum vermittelnde Subassoziation mit *Festuca altissima* sowie die zum Galio-Fagetum überleitenden Subassoziationen mit *Athyrium filix-femina* und die mit *Milium effusum*. Die Gebietsausbildung ohne Tanne der Hochfläche der Schwäbischen Alb ist im Hinblick auf die gesamte Schwäbische Alb verhältnismäßig selten, wenn sie auch auf tiefgründig entkalkten und lessivierten Verwitterungsböden immer wieder auftaucht; allerdings dürften viele Wuchsorte ihrer tiefgründigen Böden wegen in landwirtschaftliche Nutzflächen umgewandelt worden sein. Im Albuch und auf dem nördlichen Härtsfeld (Ostteil der Schwäbischen Alb) dagegen ist das Luzulo-Fagetum auf den sehr nährstoff- und basenarmen, ziemlich sauren, alten Verwitterungsböden (Feuersteinlehme der geologischen Karten, die aber ganz unterschiedliche Bodentypen bis hin zu Podsolen darstellen, vgl. dazu Jänichen et al. 1961; S. Müller et al. 1967) meist recht häufig. Bedingt durch alte Nutzungen (Waldweide, Glashütten, Köhlerei zur Gewinnung von Holzkohle für die Eisenerzverhüttung) sind diese Wälder schon früh devastiert und anschließend mit der mehr Ertrag versprechenden Fichte aufgeforstet worden, so daß reine Laubwälder in diesem Gebiet schon fast Seltenheitswert haben. Die standörtliche Gliederung entspricht im wesentlichen der bei der Gebietsausbildung mit Weißtanne, nur fehlt hier die Subassoziation mit *Luzula sylvatica* ganz, und die Subassoziation mit *Festuca altissima* ist äußerst selten; dafür tritt hier aber die Subassoziation mit *Carex brizoides* auf, die zum benachbarten Galio-Fagetum vermittelt.

In den höchsten Lagen des Südschwarzwalds stellt sich die **oreale (hochmontane) Form** des Luzulo-Fagetum (Verticillato-Fagetum Oberd. 57) ein (Tab. 324/4; 328). Diese orealen Hainsimsen-(Tannen-Fichten-)Buchenwälder sind genau so wie die Hainsimsen-Buchenwälder der kollin-submontanen und montanen Stufe artenarm und an mäßig trockene bis frische, modrighumose Böden vom Typus der Braunerde gebunden. Hauptbaumart bleibt die Buche, die – wenn auch nicht mehr so wüchsig – von Natur aus das Aufkommen der hier auftretenden Nadelbäume *Abies alba* und *Picea abies* nur im Einzelstand duldet. Deutlicher als anderswo ist allerdings im orealen Luzulo-Fagetum die Einflußnahme des Forstmannes zu spüren, der vielerorts die als Nutzholz begehrte und von Natur aus dem Buchenbestand nur einzeln beigemischte Fichte gefördert und zur absoluten Vorherrschaft gebracht hat. Abgesehen von Buchenjungwuchs und gelegentlicher *Sorbus aucuparia* (als Strauch oder kleiner Baum) fehlen Sträucher ganz, und die Bodenflora, an der man auch noch die zugehörenden Fichtenforste erkennen kann, zeigt das gewohnte Bild. Allerdings treten als besondere Arten der orealen Form jetzt reichlich *Dryopteris dilatata* und *Polygonatum verticillatum* hinzu; letztere verhält sich im Schwarzwald ausgesprochen oreal, während sie in anderen Gebieten – z. B. in der Vikariante mit *Poa chaixii* (Tab. 324/3d, 3e) und in der Vikariante der östlichen Gebietsteile und des Alpenvorlands (Tab. 324/3c) – auch schon in der montanen Stufe auftritt. Dazu gesellen sich mit geringer Stetigkeit noch Adenostyletalia-Arten wie *Rumex alpestris, Ranunculus serpens, Cicerbita alpina* oder sogar *Adenostyles alliariae,* welche die Nähe des Aceri-Fagetum anzeigen, mit dem das oreale Luzulo-Fagetum in Kontakt steht. An standörtlichen Ausbildungen kann man unterscheiden: die typische Subassoziation (Tab. 328/1) auf mäßig trockenen Standorten mit reichlich *Luzula luzuloides;* die Subassoziation mit *Festuca altissima* (Tab. 328/2) auf betont frischen Standorten; die Subassoziation mit *Luzula sylvatica* (Tab. 328/3) auf Standorten mit hoher Luftfeuchtigkeit bzw. größerer Oberflächen-Durchfeuchtung; die Subassoziation mit *Oxalis acetosella* (entspricht der Subassoziation mit *Milium effusum* der anderen Formen, *Milium effusum* ist in diesen orealen Lagen ziemlich selten; Tab. 328/4) auf frischen, nur mäßig nährstoffarmen Standorten; schließlich die Subassoziation mit *Calamagrostis arundinacea* (Tab. 328/5) an warmen Hängen.

Eigenartigerweise fällt in der orealen Stufe des Bayerischen Waldes in der dem orealen Luzulo-Fagetum des Schwarzwalds entsprechenden Gesellschaft (Tab. 324/5) *Luzula luzuloides* aus. Man kann deshalb mit Petermann und Seibert 1979 nur von einer *Dryopteris-Fagus*-Gesellschaft sprechen, die wiederum im Kontakt mit dem Aceri-Fagetum vorkommt. Die *Dryopteris-Fagus*-Gesellschaft bei Petermann und Seibert enthält allerdings noch eine weitere Gesellschaft, das dem westlichen (ozeanischen) Luzulo-Abietetum entsprechende Calamagrostio villosae-Fagetum Mik. 72, so daß die von Petermann et Seibert konzipierte Gesellschaft emendiert werden muß und sich nur auf die artenarmen Buchenwälder des Ostraums ohne *Calamagrostis villosa* und weitere Vaccinio-Piceetalia-Arten wie *Homogyne alpina* oder *Soldanella montana* bezieht. Herrschende Baumart ist nach wie vor *Fagus sylvatica,* regelmäßig beigemengt ist *Picea abies; Abies alba* tritt etwas zurück. Allerdings dürfte das Gleichgewicht zwischen Fichte, Weißtanne und Buche heute durch historische Nutzungen gestört sein. „Naturnahe Bergmischwälder sind bestimmt durch den «Baumartendreiklang» aus Fichte, Tanne und

Buche. Die Fichte kann besonders dort von Natur aus einen hohen Anteil erreichen, wo die Buche aus klimatischen oder edaphischen Gründen am Rande ihres Verbreitungsgebietes angelangt ist, so an der Grenze zu den Hochlagen, den Aufichtenwäldern und den mineralischen Naßböden. Aber auch in den durchschnittlichen Hanglagen hatte sie von Natur aus einen mehr oder weniger hohen, heute nicht mehr genau feststellbaren Anteil. In einigen Beständen, in denen die Fichte heute einen sehr hohen Anteil aufweist, wurde sie gepflanzt oder durch entsprechende begünstigende Pflege der Naturverjüngung gegenüber der Buche zur Dominanz gebracht" (Petermann und Seibert 1979). Darüber hinaus gibt es forstlich begründete Fichtenreinbestände. So wie im Schwarzwald zeichnet sich auch die oreale *Dryopteris-Fagus*-Gesellschaft durch das mehr oder weniger stete Vorkommen von *Polygonatum verticillatum* und *Dryopteris dilatata* sowie das gelegentliche Hinzutreten von Adenostyletalia-Arten aus, wodurch sich die Gesellschaft − neben dem Ausfallen von *Luzula luzuloides* − vom montanen Luzulo-Fagetum des Gebiets (Tab. 324/3 c) abhebt. An standörtlichen Ausbildungen unterscheiden Petermann und Seibert 1979 eine *Vaccinium myrtillus*-Ausbildung mit mehreren Unterausbildungen, eine reine Ausbildung, eine *Gymnocarpium dryopteris*-Ausbildung und eine *Deschampsia cespitosa*-Ausbildung, deren Trennarten *Lysimachia nemorum, Deschampsia cespitosa, Stellaria nemorum, Carex echinata* und *Circaea alpina* sind, und die auf sickernassen bis sickerfeuchten, relativ nährstoffreichen Schattlagen den Subassoziationen mit *Athyrium filix-femina* anderer Höhenformen, Vikarianten und Gebietsausbildungen entspricht.

14*

4 b. Unterverband: Galio odorati-Fagenion (Tx. 55) Th. Müller (= Eu-Fagenion Oberd. 57, Fagion medio-europaeum Soó [60] 62)

Waldmeister-Buchen- und -Tannen-Buchenwälder, mesophile mitteleuropäische Buchen- und Tannen-Buchenwälder (Tab. 323/2−3; 329−334)

Die Waldgesellschaften dieses Unterverbandes stellen so wie das Luzulo-Fagetum landschaftsbeherrschende Waldtypen dar. Die hier gut- bis bestwüchsige Rotbuche bildet ausgeprägte Hallenwälder aus, in denen außer Baumjungwuchs Sträucher häufig ganz fehlen oder nur sehr vereinzelt auftreten. Im Verbreitungsgebiet der Weißtanne baut diese mit der Rotbuche entsprechend wüchsige Mischbestände auf; ansonsten können einzelne Edellaubbäume, in tiefen Lagen auch Eichenwaldarten des Carpinion, beigemengt sein. In der Krautschicht sind anspruchsvolle Kräuter, Gräser und Farne vorhanden, durch die sich diese Wälder deutlich von denen des Luzulo-Fagetum unterscheiden. Dazu gehören vor allem Arten wie *Galium odoratum* (V), *Lamium galeobdolon* ssp. *montanum* (O), *Phyteuma spicatum* (O), *Polygonatum multiflorum* (O) und *Melica uniflora* (K), deren Vorhandensein die Grenze der Galio odorati-Fagenion-Wälder gegen die des Luzulo-Fagetum markiert. Die Waldmeister-Buchen- und -Tannen-Buchenwälder stocken meist auf frischen, ± nährstoff- und basenreichen Böden. Die Humusform ist meist Mull, gelegentlich auch Moder.

So wie beim Luzulo-Fagetum kann auch bei Tieflagen-Formen der Galio odorati-Fagenion-Wälder durch Eichenbegünstigung − z. B. durch Niederwaldwirtschaft oder Waldweide − die natürlicherweise herrschende Rotbuche zurück- oder sogar verdrängt werden. Zusammen mit den Eichen schieben sich dann Carpinion-Arten in den Vordergrund: anstelle der natürlichen Galio-Fagenion-Wälder treten real Carpinion-Wälder. Gar manche Carpinion-Wälder dürften so entstanden sein.

2. Ass.: Galio odorati-Fagetum Rübel 30 ex Sougnez et Thill 59
(Melico-Fagetum Lohm. in Seibert 54 p. p., Milio-Fagetum Frehner 63, einschließlich Abieti-Fagetum sensu Oberd. 38 = Festuco-altissimae-Fagetum Schlüter in Grüneberg et Schlüter 57 non Kuhn 37)

Artenarmer Waldmeister-Buchen- und -Tannen-Buchenwald (Tab. 323/2; 329−332)

Die Bezeichnung „Melico-Fagetum", wie sie von vielen Autoren verwendet worden ist, kann nicht beibehalten werden, weil

- *Melica uniflora* überhaupt keine Galio odorati-Fagion-Art ist, da sie genau so im Carpinetum, ja sogar in Quercetalia pubescenti-petraeae-Gesellschaften auftritt, also eine Querco-Fagetea-Art ist;
- *Melica uniflora* in manchen Gebieten − z. B. im Alpenvorland − nicht vorkommt, obwohl der artenarme Waldmeister-Buchenwald dort nicht selten und deshalb die Bezeichnung „Melico-Fagetum" nicht zutreffend ist;
- *Melica uniflora* nur in den Tieflagen vorkommt, in den Begriff des artenarmen Waldmeister-Buchen- und -Tannen-Buchenwalds konsequenterweise aber auch die montane Form ohne *Melica uniflora* einbezogen werden muß, wofür die Bezeichnung Melico-Fagetum dann irreführend ist;
- das Melico-Fagetum, wie es bisher verwendet wurde, das Galio odorati-Fagetum und das Hordelymo-Fagetum in unserem Sinne umfaßt.

Insofern wird auf die umfassendere, schon von Rübel 1930 vorgeschlagene Bezeichnung Galio odorati-Fagetum zurückgegriffen, die von Sougnez und Thill 1959 validiert und später auch von anderen belgischen Autoren aufgegriffen wurde.

Das Galio odorati-Fagetum ist gegenüber dem mit ihm häufig in Kontakt vorkommenden Luzulo-Fagetum deutlich mit mehr Arten ausgestattet; im Verhältnis zum Hordelymo-Fagetum – das ja ebenfalls zu den Waldmeister-Buchen- und -Tannen-Buchenwäldern gehört – besitzt es aber immer noch wenig Arten, so daß es durchaus berechtigt ist, vom artenarmen Waldmeister-Buchen- und -Tannen-Buchenwald zu sprechen. Als Kennart des Galio-Fagetum ist zunächst die Verbandskennart *Galium odoratum* zu nennen, die allerdings aus noch nicht geklärten Gründen (vielleicht frühere Streunutzung) nicht in allen Beständen vorhanden ist. Meist ist aber in solchen Beständen wenigstens eine der oben schon genannten Arten *(Lamium galeobdolon* ssp. *montanum, Phyteuma spicatum, Polygonatum multiflorum, Melica uniflora)* vorhanden, die zur bezeichnenden Artenkombination des Galio-Fagetum gehören, und mit deren Hilfe die Abgrenzung gegen das benachbarte Luzulo-Fagetum vollzogen werden kann. Als Trennarten können *Rubus* ser. *glandulosi* (häufig *R. pedemontanus = R. bellardii)* angesehen werden, die hier einen deutlichen Verbreitungsschwerpunkt aufweisen. *Dryopteris carthusiana* kann als Trennart gegen das Hordelymo-Fagetum gewertet werden. Als weitere häufige und zur bezeichnenden Artenkombination gehörende Arten sind zu erwähnen: *Prenanthes purpurea* (V), *Senecio fuchsii* (DV), *Milium effusum* (O), *Carex sylvatica* (O), *Viola reichenbachiana* (O), *Dryopteris filix-mas* (O), *Scrophularia nodosa* (O), *Anemone nemorosa* (K), *Atrichum undulatum* (K), *Poa nemoralis* (K), *Oxalis acetosella* (B), *Athyrium filix-femina* (B), *Luzula pilosa* (B), *Hieracium sylvatica* (B) u. a.

Eine besondere Rolle spielt im Galio-Fagetum der Waldschwingel *(Festuca altissima).* Einerseits kommt er nur lokal in kühlen, luftfeuchten Lagen über etwas modrigem, oft steinigem Untergrund (nach Ellenberg 1986 auch auf Fallaubanhäufungen) vor, hier eine standörtlich bedingte Subassoziation bildend, die bei gleicher Artenzusammensetzung wie bei der typischen Subassoziation sich von dieser nur durch das Auftreten von *Festuca altissima* (vgl. Tab. 330/1C, 3C) unterscheidet; es ist aber auch darauf hinzuweisen, daß durch Nadelholzanbau und der dadurch auftretenden Nadelstreu *Festuca altissima* gefördert werden kann. Andererseits kommt er in Silikatgebirgen mit einem deutlich ozeanisch getönten Klima (z. B. Schwarzwald, Schwäbisch Fränkischer Wald, Frankenwald) zusammen mit *Abies alba* jeweils in allen standörtlich bedingten Subassoziationen durchgehend vor, so daß man von einem Waldschwingel-Tannen-Buchenwald sprechen kann. Derartige Waldgesellschaften wurden als Festuco altissimae-Fagetum Schlüt. in Grüneberg et Schlüter 57 non Kuhn 37 (= Abieti-Fagetum sensu Oberd. 38) beschrieben (vgl. Tab. 329/4, 9–11; 330/4A–5D; 332). Da *Festuca altissima* als Fagenion-Verbandskennart angesprochen werden muß, liegt es auf der Hand, in diesen Waldschwingelreichen Gesellschaften eine selbständige Assoziation mit eigener Kennartengarnitur zu sehen. Andererseits muß man festhalten, daß diese sich eben nur durch das Vorkommen des Waldschwingels vom Galio-Fagetum unterscheidet; die Weißtanne ist keine differenzierende Art, denn sie kann im Galio-Fagetum auch ohne hochsteten Waldschwingel auftreten (vgl. Tab. 329/12). Bei dieser Sachlage und bei dem geringen floristischen Unterschied bei sonst gleicher Gesamtartenkombination zieht es deshalb Müller im Gegensatz zu Oberdorfer vor, statt von einem selbständigen Festuco-Fagetum nur von *Festuca altissima*-Subassoziationen bzw. von *Festuca altissima-Abies alba*-Gebietsausbildungen des Galio-Fagetum zu sprechen, darin der Beschreibung des Galio-Fagetum durch Sougnez und Thill 1959 folgend, die ebenfalls eine „sous-association à Festuca silvatica" mitteilen. Geht man von einem Festuco-Fagetum als Assoziation aus, so wäre das regional in eine Vikariante mit *Abies alba* (und teilweise *Picea abies*) und eine solche ohne die Nadelhölzer zu gliedern. Standörtlich würden sich ein mehr trockener Flügel, der zum Luzulo-Fagenion vermittelt, und ein Flügel mit Frischezeigern ergeben.

Galio-Fagetum-Wälder stocken meist auf tiefgründigen, mesotrophen Braun- und Parabraunerden mit mittlerem Basen- und Nährstoffgehalt sowie Mull, seltener Moder als Humusform. Ellenberg (1986) bezeichnet das Galio-Fagetum auch als Braunerde-Mullbuchenwald bzw. in der Kurzform als Braunmull-Buchenwald. Infolge der tiefgründigen Böden ist die Nährstoff- und Wasserversorgung sehr gut, weshalb die Galio-Fageten die bestwüchsigen Buchenwälder Mitteleuropas darstellen. Bei diesen Standortsverhältnissen ist es kaum verwunderlich, daß wir in unserer Kulturlandschaft in ebener Lage nur noch wenige Bestände des Galio-Fagetum vorfinden, da die Wuchsorte − soweit sie nicht zu hängig sind − weitestgehend landwirtschaftlich genutzt werden.

Das Galio-Fagetum ist wie das Luzulo-Fagetum eine Zentralassoziation und weist deshalb eine reiche regionale (geographische) und standörtliche Gliederung auf. Zunächst können wir in den tieferen Lagen eine kollin-submontane (-paenemontane) Form ausscheiden (Tab. 329/1−10; 330/1A−4E; 331, 332), in der vor allem aus dem Carpinion übergreifende Arten wie *Quercus petraea, Carpinus betulus, Stellaria holostea, Prunus avium,* dazu auch *Melica uniflora* auftreten, die der montanen Form (Tab. 329/11−13; 330/5A−5D) fehlen. Dafür stellen sich dort montane Arten wie *Polygonatum verticillatum* (DV), *Actaea spicata* (O), *Dentaria bulbifera* (V, im Schwarzwald ausschließlich submontan), *Knautia dipsacifolia* (B) und *Petasites albus* (DV) ein, die mit geringer Stetigkeit auch auf submontan-paenemontane Formen übergreifen (Tab.329/7, 9, 10).

Innerhalb der Tieflagen-Form zeichnet sich eine Vikariante mit *Teucrium scorodonia* und *Luzula sylvatica* der westlichen Silikatgebirge (Tab. 329/1−4; 330/1A−4E) ab, in der Arten wie *Teucrium scorodonia, Lonicera periclymenum, Ilex aquifolium, Luzula sylvatica, Polypodium vulgare, Viola riviniana, Castanea sativa, Digitalis purpurea, Blechnum spicant* sowie mit höherer Stetigkeit *Melica uniflora* auftreten, und die dem entspricht, was Oberdorfer 1957 als Melico-Fagetum beschrieben hat. Sie gliedert sich in eine Gebietsausbildung ohne besondere Trennarten des Odenwalds, Pfälzerwalds, Taunus, Spessarts und Rhönvorlandes (Tab. 329/1; 330/1A−1E), in der aber *Ilex aquifolium, Blechnum spicant* und *Digitalis purpurea* fehlen sowie *Luzula sylvatica* stark zurücktritt (die auftretende *Abies alba* ist gepflanzt), in eine Gebietsausbildung mit hervortretender *Ilex aquifolium* des westlichen Schwarzwaldrands mit einer Lokalausbildung ohne *Abies alba* der Ettlinger Randhügel (Tab. 329/2; 330/2A, 2B) und einer Lokalausbildung mit *Abies alba* der westlichen Schwarzwaldvorberge und des westlichen Schwarzwaldrands (Tab. 329/3; 330/3A−3F; die Weißtanne war hier bestimmt schon immer vereinzelt vorhanden, war aber, wie Oberdorfer 1957 schon treffend schreibt, am Naturwald nur untergeordnet beteiligt gewesen und wurde erst durch menschlichen Einfluß gefördert) und in eine Gebietsausbildung mit *Festuca altissima* und *Abies alba* der nördlichen und östlichen Schwarzwaldrandplatten sowie der Tieflagen des mittleren Schwarzwalds (Tab. 329/4; 330/4A−4E). Die standörtliche Gliederung ist bei all diesen Gebiets- und Lokalausbildungen ganz entsprechend, wobei zu sagen ist, daß bei der Lokalausbildung der Ettlinger Randhügel mangels Aufnahmematerial die volle Amplitude der Standortsausbildungen nicht herausgearbeitet werden konnte. Wir finden auf nur mäßig frischen und relativ sauren Standorten die zum Luzulo-Fagetum vermittelnde Subassoziation mit *Luzula luzuloides* (Tab. 330/1A, 3A). Bei der Lokalausbildung der Ettlinger Randhügel (Tab. 330/2A, 2B) und der Gebietsausbildung der nördlichen und östlichen Schwarzwaldrandplatten (Tab. 330/4A−4E) kann diese Subassoziation floristisch nicht von der typischen Subassoziation abgetrennt werden, da auf den relativ sauren

Buntsandsteinstandorten die Azidophyten in allen Subassoziationen ± gleichmäßig vorhanden sind. Ähnliches gilt auch für *Festuca altissima*, die auf die über Buntsandstein fast immer vorhandene modrige Auflage reagiert und deshalb dort durchgehend verbreitet ist, wie es Tab. 329/4 und Tab. 330/4A—4E für die Gebietsausbildung der nördlichen und östlichen Schwarzwaldrandplatten zeigt, und die deshalb von Oberdorfer als Festuco-Fagetum bezeichnet wird. Die typische Subassoziation (Tab. 330/1B, 2A, 3B, 4A = nach Oberdorfer Festuco-Fagetum typicum) besiedelt frische, vorwiegend lehmige Standorte, während die Subassoziation mit *Festuca altissima* (= nach Oberdorfer Festuco-Fagetum typicum; Tab. 330/1C, 3C; vielleicht läßt sich bei vermehrtem Material diese Subassoziation bei Spalte 2A ebenfalls noch herausarbeiten) auf frischen, mehr steinigen Standorten mit einer modrigen Auflage steht. Auf mäßig feuchten, auch durchsickerten Standorten stellt sich die Subassoziation mit *Circaea lutetiana* ein (Tab. 330/1D, 2B, 3D, 4B = nach Oberdorfer Festuco-Fagetum circaeetosum; in den Spalten 2B und 3D kommt hin und wieder *Festuca altissima* vor, dessen Standortsansprüche hier ebenfalls erfüllt sind; nach Oberdorfer handelt es sich dann ebenfalls um das Festuco-Fagetum circaeetosum, neben dem allerdings ohne besondere Standortsunterschiede das Galio-Fagetum circaeetosum steht). Die Bestände dieser Subassoziation zeigen eine große Produktionskraft; so weist die Esche in ihnen sehr gute Wuchsformen auf. Eine Besonderheit auf staufeuchten (pseudovergleyten) Lehmböden stellt die Subassoziation mit *Carex brizoides* dar (Tab. 330/4C = nach Oberdorfer Festuco-Fagetum caricetosum brizoidis), in deren Beständen des dichten, verdämmenden Wuchses von *Carex brizoides* wegen die Buchenverjüngung oft Schwierigkeiten bereitet, während die Wuchsleistung der Bäume dennoch recht gut ist. Nimmt an den Standorten der beiden letztgenannten Subassoziationen die Feuchtigkeit zu, werden sie für die Rotbuche mehr und mehr ungünstig, sie tritt zurück, während Carpinion-Arten zunehmen und sich damit Übergänge zum Stellario-Carpinetum ergeben. Mehr von lokaler Bedeutung ist die Subassoziation mit *Gymnocarpium dryopteris* (wurde von Tüxen 1937 schon unter der Bezeichnung Fagetum boreoatlanticum dryopteridetosum linnaeanae beschrieben), die sich an absonnigen, betont luftfeuchten Hanglagen auf frisch-feuchten Böden mit einer modrigen Auflage findet, weshalb sich hier auch der Waldschwingel wohl fühlt (Tab. 330/1E, 3E, 4D = nach Oberdorfer Festuco-Fagetum gymnocarpietosum). In dieser Subassoziation gedeihen Farne wie *Gymnocarpium dryopteris*, *Thelypteris phegopteris*, *Polystichum aculeatum* und *setiferum*, *Dryopteris affinis* und *Thelypteris limbosperma*, aber auch *Dryopteris filix-mas*, *carthusiana* und *dilatata* sowie *Athyrium filix-femina* besonders reichlich und üppig. Ebenfalls meist nur lokal begrenzt kommt auf steinschuttreichen Hängen — vorzugsweise in absonniger Lage — mit einer ± modrigen Auflage, weshalb auch hier *Festuca altissima* recht gut gedeiht, die Subassoziation mit *Ulmus glabra* (Tab. 330/3F, 4E = nach Oberdorfer Festuco-Fagetum ulmetosum), die mit den Edellaubbäumen *Acer pseudoplatanus*, *Ulmus glabra*, *Tilia platyphyllos* und *Acer platanoides*, sowie auch mit *Fraxinus excelsior* zu Tilio-Acerion-Wäldern überleitet.

Als weitere Vikariante der Tieflagen-Form kann die mit *Dactylis polygama* der — vor allem östlichen — Lehmgebiete ausgeschieden werden (Tab. 329/5—10; 331, 332), die auch das umfaßt, was Oberdorfer 1952 als Dactylo-Fagetum mitgeteilt hat. Die Vikariante ist ausgezeichnet durch Lehmzeiger wie *Dactylis polygama*, *Galium sylvaticum*, *Carex umbrosa*, *Rosa arvensis*, *Lathyrus linifolius*, *Potentilla sterilis*, *Tilia cordata*, *Festuca heterophylla*, *Asarum europaeum* und *Vinca minor*, von denen ein Teil gemäßigt kontinentale Verbreitungstendenz aufweist. Bei Eichenbegünstigung z. B. durch Niederwaldwirtschaft wird die Rotbuche zurückgedrängt; zusammen mit den Eichen treten verstärkt Carpinion-Arten auf, so daß sich als reales Bild meist ein Galio-Carpinetum entwickelt. Viele Galio-Carpinetum-Wälder dürften auf diese Weise entstanden sein.

Die Gebietsausbildung mit *Ilex aquifolium* und hervortretender *Rosa arvensis* des südlichen Hügellands (Kaiserstuhl, Markgräfler Hügelland) zeigt mit ihren Trennarten noch gewisse Beziehungen zur „westlichen" *Teucrium scorodonia-Luzula sylvatica*-Vikariante, weist aber auch schon Anklänge an das Hordelymo-Fagetum auf (Tab. 329/5; Subassoziationen: convallarietosum ≙ dem caricetosum montanae, typicum, luzuletosum und circaeetosum; ein festucetosum altissimae fehlt in dem warmen kollinen Gebiet vollständig). Weit verbreitet ist die Gebietsausbildung ohne Trennarten (Tab. 329/6—7). Sie kommt einmal in einer kollinen (− submontanen) Form im nördlichen Hügelland, Neckar-Maingebiet, Steigerwald und nördlichen Oberschwaben vor (Tab. 329/6; 331). Ihr fehlen „montane" Arten wie *Prenanthes purpurea, Festuca altissima* (mit dem mehr zufälligen Vorkommen einzelner Exemplare kann kein Festuco-Fagetum begründet werden) und *Luzula sylvatica* fast ganz. An standörtlich bedingten Untereinheiten begegnen wir in den sommerwarmen und -trockenen Gebieten (die Trockenheit wirkt sich aber auf den tiefgründigen Parabraunerden meist nicht besonders aus) ziemlich häufig die zum Carici-Fagetum vermittelnde Subassoziation mit *Convallaria majalis* (Tab. 331/1; diese Subassoziation hat Oberdorfer 1952 als Dactylo-Fagetum beschrieben; die Wuchsleistung der Bäume sind gegenüber der typischen Subassoziation deutlich als geringer, aber im Verhältnis zum Carici-Fagetum immer noch als gut zu bezeichnen), auf frischen Standorten die typische Subassoziation (Tab. 331/2; einschließlich einer *Mercurialis perennis*-Variante, die zum Hordelymo-Fagetum vermittelt), auf im Oberbereich stärker entbasten und versauerten Böden die Subassoziation mit *Luzula luzuloides* (Tab. 331/3; einschließlich einer Variante mit *Deschampsia cespitosa* auf mäßig feuchten, versauerten Böden), auf pseudovergleyten Parabraunerden ziemlich häufig die Subassoziation mit *Carex brizoides* (Tab. 331/4; einschließlich einer typischen und einer Variante mit *Luzula luzuloides,* jeweils mit einer typischen und einer Subvariante mit *Convallaria majalis* auf mehr wechseltrockenen Standorten), auf mäßig feuchten Standorten die Subassoziation mit *Circaea lutetiana* (Tab. 331/5) und sehr selten die Subassoziation mit *Gymnocarpium dryopteris* (Tab.331/6) an luftfeuchten Standorten. Zum anderen finden wir die Gebietsausbildung ohne Trennarten im Bereich des vorderen Schwäbisch-Fränkischen Waldes, der Schwäbischen und Fränkischen Alb und deren Vorland, des mittleren Oberschwaben und Unterbayerischen Hügellands in einer submontan-paenemontanen Form (Tab. 329/7; Subassoziationen: caricetosum montanae, typicum, luzuletosum, caricetosum brizoidis, circaeetosum und verhältnismäßig selten gymnocarpietosum dryopteridis), in der neben *Prenanthes purpurea, Festuca altissima* (meist nur gelegentlich in Einzelexemplaren auftauchend, spiegelt er mehr die „kühlere" Submontanlage wider, als daß mit ihm eine Subassoziation festucetosum = Festuco-Fagetum nach Oberdorfer ausgeschieden werden kann) und *Luzula sylvatica* sowie weitere montane Arten wie *Polygonatum verticillatum* und *Knautia dipsacifolia* immer wieder eingestreut vorkommen.

Die Gebietsausbildung mit *Carex pilosa* (Tab. 329/8; Carici pilosae-Fagetum Oberd. 57; Subassoziationen: typicum, luzuletosum, caricetosum brizoidis und circaeetosum, kein festucetosum altissimae) reicht in einer kollin-submontanen Form vom bayerischen Alpenvorland bis in das baden-württembergische Alpenvorland, das Bodenseegebiet und die Nordschweiz, kommt aber auch im Neckargebiet bei Tübingen (vgl. Faber 1933) und in Oberhessen (Streitz 1968) vor, wobei im Alpenvorland und Bodenseegebiet *Quercus petraea* gegenüber *Quercus robur* zurücktritt bzw. durch letztere ersetzt wird und im bayerischen Bereich bei sonst gleicher Zusammensetzung noch *Aposeris foetida* und *Symphytum tuberosum* mit geringer Stetigkeit hinzukommen.

Die Gebietsausbildung mit *Festuca altissima, Abies alba* und *Luzula sylvatica* des inneren Schwäbisch-Fränkischen Waldes ist zugleich eine paenemontane Form (Tab. 329/9; 332; Carici-Abietetum Oberd. 57) und stellt einen artenarmen Waldmeister-Tannen-Buchenwald dar, in dem außer der Weißtanne hochstet *Festuca altissima* und mit mittlerer Stetigkeit *Luzula sylvatica* auftreten, weshalb sie nach Oberdorfer als Festuco-Fagetum bezeichnet werden kann. Mit diesen Arten zeigen sich gewisse Beziehungen zu den entsprechenden Gebietsausbildungen des Schwarzwaldes der *Teucrium scorodonia-Luzula sylvatica*-Vikariante. Es fehlen aber hier die ausgeprägt subatlantischen Arten wie *Teucrium scorodonia, Lonicera periclymenum* und *Ilex aquifolium,* wofür gemäßigtkontinentale Arten wie *Galium sylvaticum* und *Asarum europaeum* vorhanden sind. Bedingt durch die teilweise schweren Keuperböden kann die Weißtanne stärker hervor- und die Rotbuche zurücktreten; die Fichte − ursprünglich nur im östlichen Teil des Schwäbisch-Fränkischen Waldes (Virngrund) auf lokalen Sonderstandorten vorkommend − ist von dort aus bis 1650 in alle Teile des inneren Schwäbischen Waldes vorgestoßen (Jänichen 1956), so daß sie heute, zumal sie sich recht gut verjüngt, als eingebürgert angesehen werden muß. Diese Baumartenkombination zusammen mit dem Vorkommen von *Galium rotundifolium* und *Rhytidiadelphus loreus* ergeben Waldbilder, die schon an solche des Galio rotundifolii-Abietenion erinnern, was Oberdorfer 1957 bewog, vom „Carici-Abietetum", dem schwäbischen Tieflagen-Tannenwald zu sprechen; dem Gesamtartengefüge nach läßt sich aber auch diese Waldgesellschaft dem Galio-Fagetum (bzw. nach Oberdorfer dem Festuco-Fagetum) zuordnen, so daß die Aufstellung einer eigenen Gebietsassoziation nicht erforderlich ist. Nach Rodi 1956 (etwas abgeändert) kann man folgende standörtlich bedingte Untereinheiten ausscheiden: die Subassoziation mit *Luzula luzuloides* (Tab. 332/1; mit einer zum Luzulo-Fagetum überleitenden typischen Variante, einer Variante mit *Vaccinium myrtillus,* in der *Luzula luzuloides* zurücktritt, dafür aber *Vaccinium myrtillus* sehr stet und reichlich vorkommt und damit zum Vaccinio-Abietetum vermittelt, und einer Variante mit reichlich *Luzula sylvatica* in luftfeuchter Lage), die Subassoziation mit *Carex brizoides* auf staufeuchten Standorten (Tab. 332/2), die Subassoziation mit *Molinia arundinacea (Carex flacca)* in etwas wärmeren Lagen auf ± wechseltrockenen Böden (Tab. 332/3; auf diesen Standorten kommt die Rotbuche an ihre Wuchsgrenze), auf wasserzügigen Standorten die Subassoziation mit *Equisetum sylvaticum* (Tab. 332/4; auch hier gelangt die Rotbuche an ihre Standortsgrenze und überläßt bei zunehmender Vernässung der Weißtanne ganz das Feld, die hier dann das Galio-Abietetum equisetosum sylvatici bildet), auf mäßig feuchten, auch durchsickerten Standorten die Subassoziation mit *Circaea lutetiana* (Tab. 332/5), auf feuchten Böden in luftfeuchter Lage die Subassoziation mit *Gymnocarpium dryopteris* (Tab. 332/6), an steinigen Hängen die zu Tilio-Acerion-Wäldern überleitende Subassoziation mit *Ulmus glabra* (Tab. 332/7) und schließlich die typische Subassoziation (Tab. 332/8; mit einer typischen sowie Varianten mit *Asarum europaeum* und *Mercurialis perennis,* die zum Hordelymo-Fagetum vermitteln). Die Gebietsausbildung mit *Festuca altissima* und *Abies alba* des Frankenwalds (Tab.329/10 = nach Oberdorfer Festuco-Fagetum; Abieto-Fagetum Zeidler 53; Subassoziationen: vaccinietosum myrtilli zum Vaccinio-Abietetum vermittelnd, typicum mit einer typischen und einer Variante mit *Mercurialis perennis,* gymnocarpietosum dryopteridis) schließlich besitzt wie die Vikariante der westlichen Silikatgebiete reichlich *Melica uniflora* bei Fehlen der für jene bezeichnenden subatlantischen Arten. Wie bei der Gebietsausbildung des inneren Schwäbisch-Fränkischen Waldes kommt hier neben *Galium rotundifolium* und *Rhytidiadelphus loreus* auch die Fichte vor, die im Frankenwald einzeln schon immer beigemengt war, ihre starke Ausbreitung auf Kosten der Weißtanne und Rotbuche aber der Förderung durch den Menschen verdankt. Damit weist auch diese Gebietsausbildung gewisse Beziehungen zu Galio-Abietenion-Wäldern auf. Unterschiedlich zum Schwäbisch-Fränkischen Wald ist das reichlichere Vorkommen von *Polygonatum verticillatum, Actaea spicata* und *Dentaria bulbifera* sowie auch *Lonicera nigra,* womit sich die Gebietsausbildung als paenemontane Form ausweist.

Bei der montanen Form (Tab. 329/11−13) zeigt sich bei weitem keine so reiche regionale Gliederung wie bei der Tieflagenform. Dies mag daran liegen, daß es einerseits nicht viele genügend hohe Berggebiete gibt, in denen sich die montane Form des Galio-Fagetum (bzw. Festuco-Fagetum) ausbilden kann, und daß vermutlich die extremeren Klimabedingungen der Berglagen die geographischen Ausbildungen sich einander ähnlicher werden lassen. Im Schwarzwald löst die montane Form in der Gebietsausbildung mit *Festuca altissima* und *Abies alba,* der Schwarzwälder Waldschwingel-Tannen-Buchenwald (Tab. 329/11 = nach Oberdorfer Festuco-Fagetum s. o.) in kühlen Nordlagen etwa ab 400 m über NN, in Südlagen erst um 600 m über NN oder sogar darüber die *Teucrium scorodonia-Luzula sylvatica*-Vikariante der Tieflagen ab, reicht ungefähr bis 1050 m über NN und grenzt dann nach oben an das Aceri-Fagetum. Die Gesellschaft besiedelt ausgeprägt frische Braunerden und umschließt − wie Oberdorfer 1957 schreibt − die schönsten und ergiebigsten Buchen- und Tannenwüchse des Schwarzwaldes. Die Trennarten der Gebietsausbildung *(Luzula sylvatica, Digitalis purpurea, Ilex aquifolium)* wie auch das klimatisch und edaphisch bedingte reichliche Vorkommen von *Festuca altissima* verleihen ihr eine subatlantische Note. Die Fichte, ursprünglich fehlend, kann heute als eingebürgert angesehen werden; der Bergahorn spielte dagegen schon immer auf allen Standorten als Nebenholzart eine nicht unwesentliche Rolle. Die standörtliche Gliederung entspricht der, die wir auch bei den Tieflagenwäldern des Schwarzwalds finden (Tab. 330/5A−5D): auf frischen Standorten die typische Subassoziation (Tab. 330/5A), auf feuchten, öfters auch durchsickerten Standorten die Subassoziation mit *Circaea lutetiana (Impatiens noli-tangere;* Tab. 330/5B), an absonnigen Hängen auf feuchtem, modrig-humosem Untergrund die Subassoziation mit *Gymnocarpium dryopteris* (Tab. 330/5C) und schließlich auf Steinschutthängen wieder die zu Tilio-Acerion-Wäldern überleitende Subassoziation mit *Ulmus glabra* (Tab. 330/5D). Östlich des Schwarzwalds finden wir auf den Hochflächen der Baaralb auf tiefgründigen, entkalkten Böden sowie in den montanen Lagen des westlichen Alpenvorlands nördlich des Bodensees die Gebietsausbildung mit *Carex pilosa* (Tab. 329/13), die mit der entsprechenden Gebietsausbildung der Tieflagen korrespondiert. Die Weißtanne kommt zwar gelegentlich eingestreut vor, spielt aber insgesamt keine wesentliche Rolle. *Festuca altissima* fehlt hier, dagegen treten montane Arten, darunter vor allem *Polygonatum verticillatum,* stärker in Erscheinung. In den artenarmen Waldmeister-Tannen-Buchenwäldern des Vorlands und der Vorberge der südwestlichen Schwäbischen Alb, des höheren Alpenvorlands, des Oberpfälzer und Bayerischen Waldes tritt *Festuca altissima* stark zurück und kommt nur noch in der Subassoziation festucetosum (nach Oberdorfer Festuco-Fagetum) vor; ihnen war die Fichte von Natur aus schon immer in kleinerer oder größerer Anzahl beigemischt, während subatlantische Arten praktisch fehlen. Sieht man von den in den einzelnen Bereichen etwas unterschiedlich vorkommenden, standörtlich bedingten Untereinheiten ab, sind sie alle so ähnlich zusammengesetzt, daß man sie zu einer Gebietsausbildung mit *Abies alba* (Tab. 329/12) mit subborealem Charakter zusammenfassen und der subatlantisch getönten Gebietsausbildung mit *Festuca altissima* und *Abies alba* des Schwarzwalds gegenüberstellen kann. An standörtlichen Untereinheiten treten auf: die Subassoziation mit *Carex montana* an wärmebegünstigten Stellen und die Subassoziation mit *Carex flacca* auf wechseltrockenen Standorten (beide Subassoziationen nur im Bereich des Vorlandes und der Vorberge der südwestlichen Schwäbischen Alb), die typische Subassoziation, die Subassoziation mit *Festuca altissima* (= nach Oberdorfer Festuco-Fagetum), Subassoziation mit *Luzula luzuloides,* die im Bereich des Oberpfälzer und Bayerischen Walds durch die Subassoziation mit *Vaccinium myrtillus* ersetzt wird, die Subassoziation mit *Carex brizoides* (nur im Bereich der südwestlichen Schwäbischen Alb), die Subassoziation mit *Circaea lutetiana* bzw. *Impatiens noli-tangere,* die Subassoziation mit *Gymnocarpium dryopteris* und die Subassoziation mit *Petasites albus* auf sickerfeuchten bis schwach-nassen Standorten (nur im Bereich des Oberpfälzer und Bayerischen Waldes). Nicht selten − so vor allem im Bereich des Oberpfälzer und Bayerischen Waldes − fehlt *Galium odoratum* (vgl. Petermann und Seibert 1979); derartige Bestände können als *Lamium galeobdolon-Fagus*-Gesellschaft gefaßt und damit immer noch dem Typus des Galio-Fagetum zugeordnet werden, wie dies Petermann und Seibert 1979 getan haben.

3. Ass.: Hordelymo-Fagetum (Tx. 37) Kuhn 37 em. Jahn 72

(Brometo ramosi-Fagetum Rübel 30 p. p., Fagetum calcareum Faber 33 p. p., Helleboro foetidi-Fagetum Kuhn 37 p. p., Fagetum boreoatlanticum elymetosum Tx. 37, Lathyro-Fagetum Hartm. 53 p. p., Melico-Fagetum Lohm. in Seibert 54 p. p., Pulmonario-Fagetum Frehner 63, Violo reichenbachianae-Fagetum Moravec 79)

Waldgersten-Buchenwald, Kalk-Buchenwald frischer Standorte (Tab. 323/3; 333−334)

Die Bezeichnung „Hordelymo-Fagetum" ist symbolisch zu verstehen, denn die Kennart *Hordelymus europaeus* kommt nicht überall vor und tritt in Tieflagen sehr stark zurück (vgl. Tab. 333/9). Im Hauptverbreitungsgebiet der Assoziation − auf der Fränkischen und Schwäbischen Alb − kommt die Waldgerste an den Hängen nur vereinzelt und mehr sporadisch vor oder fehlt sogar ganz (vgl. Tab. 334/1−7), während sie dagegen auf den Hochflächen reichlich und häufig vorhanden ist (vgl. Tab. 334/8 Aa−8 Bb). Dies bewog Kuhn 1937, für die Schwäbische Alb die Hochflächen- oder Plateau-Buchenwälder (Künne 1969) als „Elymo-Fagetum", die Hang-Buchenwälder dagegen als „Helleboro foetidi-Fagetum" zu beschreiben, wobei letzteres auch unser heutiges Carici-Fagetum umfaßt. Dem Gesamtartenbestand nach handelt es sich aber um ein und dieselbe Waldgesellschaft. Für die Bezeichnung der Assoziation wird auf den umfassenderen Namen Hordelymo-Fagetum zurückgegriffen, zumal gleichzeitig Tüxen 1937 für Nordwestdeutschland als Kalk-Buchenwald das Fagetum boreoatlanticum elymetosum beschrieben hat (vgl. Tab. 333/2), das seiner Gesamtartenkombination nach genau so wie der Kalk-Buchenwald der Eifel (Tab. 333/1) − für den Jahn 1972 konsequent die Bezeichnung Elymo-Fagetum verwendet − zur gleichen Assoziation gehört.

Gerade umgekehrt wie *Hordelymus europaeus* verhält sich *Actaea spicata*, die in den Hochflächenwäldern zurücktritt. Da aber *Actaea spicata* auch in Tilio-Acerion-Wäldern vorkommt, ist sie hier keine Kennart, sondern als Ordnungskennart nur eine gute Differentialart.

So schwach das Hordelymo-Fagetum durch eigene Kennarten auch gekennzeichnet ist, so weist es doch eine Reihe von sehr guten Trennarten auf, durch die es immer gegen das Galio-Fagetum abgegrenzt werden kann, wie reichlich *Mercurialis perennis*, dazu *Lonicera xylosteum*, *Daphne mezereum*, *Campanula trachelium*, *Bromus ramosus* ssp. *benekenii*, *Carex digitata*, *Pulmonaria obscura*, *Lilium martagon*, *Crataegus laevigata*, *Epipactis helleborine* und *Neottia nidus-avis*, wozu sich weitere Arten gesellen wie *Lathyrus vernus*, *Asarum europaeum*, *Hepatica nobilis*, *Helleborus foetidus* und *Euphorbia amygdaloides*, die allerdings nicht überall vorkommen, sondern auf bestimmte geographische Ausbildungen beschränkt sind.

Die Rotbuche ist absolut herrschend, im Verbreitungsgebiet der Weißtanne ist diese beigemengt; weitere Baumarten, vor allem Bergahorn, teilweise auch Esche, sowie in bestimmten Ausbildungen Bergulme, Sommerlinde und Spitzahorn können eingestreut sein. Die Wuchsleistung der Rotbuche ist − wenn auch nicht mehr so optimal wie im Galio-Fagetum − im allgemeinen gut, teilweise sehr gut; sie wächst ausgesprochen schäftig, und die Kronenverzweigungen setzen weit oben am Stamm an. So kann sich ein Hallenwald ausbilden, in dem die hohen und geraden Stämme freien Durchblick gewähren. Mit Ausnahme einzelner, meist klein bleibender Exemplare von *Lonicera xylosteum, Daphne mezereum* und *Crataegus laevigata* fehlen Sträucher. Die Krautschicht ist gut entwickelt und zeigt in den einzelnen Standortsausbildungen eine etwas unterschiedliche Zusammensetzung.

Pflanzengeographisch gesehen setzt das Hordelymo-Fagetum die Waldgesellschaften des Lonicero alpigenae-Fagenion — unter Ausfall der für diese bezeichnenden Arten — nach Norden hin fort. Das Hordelymo-Fagetum besiedelt frische Standorte in höheren Lagen sowohl an Hängen aller Expositionen und auch auf ebenen Flächen, während es in tieferen Lagen auf Schatthänge, Hangmulden, Unterhänge und ebene Flächen beschränkt ist. Die Standorte sind im allgemeinen nährstoff- und sehr basenreich, häufig sogar kalkreich. Die Bezeichnung „Kalk-Buchenwald" trifft deshalb im Grunde genommen nur für den Spezialfall der Böden über Kalkstein zu (Rendzinen, Terra fusca), da nährstoffreiche eutrophe Braunerden mit starker biologischer Aktivität, z. B. über Basalt, genau so vom Hordelymo-Fagetum besiedelt werden. Die oben genannten Trennarten des Hordelymo-Fagetum gegen das Galio-Fagetum können deswegen nicht einfach nur als Kalkzeiger, sondern müssen allgemein als Basenzeiger angesehen werden, auch wenn sie in der Mehrzahl der Fälle kalkreiche Standorte anzeigen.

So wie das Galio-Fagetum durch Übergänge mit dem Luzulo-Fagetum verbunden ist und durch bestimmte Nährstoffzeiger von diesem abgetrennt werden kann, so weist entsprechend das Hordelymo-Fagetum Übergänge zum Carici-Fagetum auf. So gut sich die Basen(Kalk)zeiger als Trennarten gegenüber dem Galio-Fagetum eignen, sind sie für die Abgrenzung Hordelymo-/ Carici-Fagetum ungeeignet, da die meisten dort genau so vorkommen. Hier markieren Frischezeiger die Grenze gegen das Carici-Fagetum, die meist auch eine deutliche Grenze der Wuchsleistung der Bäume ist. Zunächst ist wieder *Lamium galeobdolon* ssp. *montanum* zu nennen. Es kennzeichnet sehr gut die ökologische Spanne der Galio odorati-Fagenion-Wälder und grenzt diese gegen benachbarte Luzulo- und Cephalanthero-Fagenion-Wälder ab. Weitere Frischezeiger, welche das Hordelymo- gegen das Carici-Fagetum abgrenzen, sind die Kennart *Hordelymus europaeus,* die Trennart *Actaea spicata* und die Verbandskennart *Dentaria bulbifera,* alle drei meist nur in höheren Lagen vorhanden, während die Ordnungskennarten *Pulmonaria officinalis / obscura, Milium effusum, Dryopteris filix-mas, Paris quadrifolia, Primula elatior* auch in tieferen Lagen wichtige Trennarten sind.

Die Tabelle 333 zeigt die regionale Gliederung des Hordelymo-Fagetum, wobei zum Vergleich auch Aufnahmen aus der Eifel (Jahn 1972) und aus Nordwestdeutschland (Tüxen 1937) herangezogen worden sind. Dabei zeichnen sich 3 Vikarianten ab: 1. Die Vikariante mit *Phyteuma nigrum* (Tab. 333/1) der Kalkeifel mit einer ausgeprägt subatlantischen Note; 2. die Vikariante mit *Lathyrus vernus* (Tab. 333/2−10) mit mehr subkontinentalem Charakter und 3. die Vikariante mit *Aposeris foetida* (Tab. 333/11) in einer submontan-montanen Form des bayerischen Alpenvorlands, die ostpraealpide Züge aufweist (sie wurde bisher meist als Asperulo-Fagetum hepaticetosum bezeichnet, z. B bei Petermann 1970). Die im Gebiet am weitesten verbreitete Vikariante ist die mit *Lathyrus vernus,* die deshalb auch weiter untergliedert werden kann. Eine Gebietsausbildung ohne Trennarten (Tab. 333/3) kann für den bayerischen Teil der Rhön ausgeschieden werden (dazu gehören auch bei Bohn 1981 das aus dem Vogelsberg und der Rhön dargestellte Lathyro-Fagetum sowie ein großer Teil dessen, was dort als Dentario-Fagetum und Melico-Fagetum beschrieben ist), die hier in einer montanen Form auftritt (bei Bohn 1981 verschiedene Höhenformen). Die Gebietsausbildung mit *Hepatica nobilis* (Tab. 333/ 3), bei der die subkontinentale Prägung am reinsten ausgebildet ist, finden wir in einer submontanen Form auf der Fränkischen Alb, im Frankenwald und im Fichtelgebirge (hierher dürfte auch die Gebietsausbildung der Kalkberge Südhannovers zu stellen sein, die in Tabelle 333/2 vergleichsweise herangezogen wurde). Mit den Trennarten *Helleborus foetidus, Euphorbia amygdaloides* und *dulcis* zeigt die Gebietsausbildung der Schwäbischen Alb, des Schwäbisch-Fränkischen Waldes und des Neckar-Main-Gebiets (Tab. 333/5−9) auch eine gewisse subatlantisch-submediterrane Tendenz, die zur Gebietsausbildung mit *Hepatica nobilis* der Fränkischen Alb überleitende Lokalausbildung mit *Hepatica nobilis,* submontane Form (Tab. 333/5) ist auf der östlichen Schwäbischen Alb weit verbreitet, während die Lokalausbildung mit *Abies alba* und *Hepatica nobilis,* submontane Form (Tab. 333/6), in die die Weißtanne aus dem Schwäbisch-Fränkischen Wald her einstrahlt, auf einen verhältnismäßig kleinen Bereich des Traufs der östlichen Schwäbischen Alb (Braunenberg bei Aalen bis Lauchheim) begrenzt ist. Die Lokalausbildung ohne Trennarten (submontan-)montane Form (Tab. 333/7) finden wir im Bereich der mittleren Schwäbischen Alb und der Hegaualb (im Westen jeweils an das Lonicero alpigenae-Fagetum angrenzend, vgl. Abbildung 2 in Oberdorfer und Müller 1984), aber auch im Gebiet der Vorberge der mittleren Schwäbischen Alb und im Westteil des Schwäbisch-Fränkischen Waldes (außerhalb des Weißtannengebiets), sofern es hier entsprechend sehr basen-bzw. kalkreiche Böden gibt; diese Lokalausbildung zeigt den Typus der *Helleborus foetidus-Euphorbia amygdaloides*-Gebietsausbildung am reinsten. Sozusagen eine kolline Tieflagenform stellt die Lokalausbildung mit *Convallaria majalis* (Tab. 333/9) des mittleren Neckar- und Main-Tauber-Gebiets dar. In ihr sind − bedingt durch die Wärme und verhältnismäßig geringen Niederschläge im Verbreitungsgebiet − Arten wie *Convallaria majalis, Carex montana, Festuca heterophylla* und *Cornus sanguinea,* die sonst die Subassoziation mit *Convallaria majalis* differenzieren, in allen Standortsausbildungen vorhanden. Damit vermittelt sie insgesamt zum Carici-Fagetum, mit dem diese Lokalausbildung genau so in Kontakt steht wie mit der Subassoziation mit *Carex montana* der kollinen Form des Galio-Fagetum, Vikariante mit *Dactylis polygama* (vgl. Tab. 331/1). Anders strukturiert ist dagegen die Lokalausbildung mit *Abies alba* und *Melampyrum sylvaticum,* submontan-montane Form (Tab. 333/8) des oberen Neckargebiets, wo sie die Talhänge des Neckartals und seiner Seitentäler sowie die nährstoff- und basen(kalk)reichen Kalkverwitterungsböden der Hochflächen einnimmt. Mit dem stärkeren Hervortreten der Weißtanne, verbunden mit dem Vorkommen bezeichnender Begleiter wie *Melampyrum sylvaticum* und *Lonicera nigra* bei gleichzeitigem Zurücktreten der Rotbuche, zeigt diese Lokalausbildung schon deutliche Anklänge an Galio rotundifolii-Abietenion-Gesellschaften, die auf den angrenzenden Hochflächen auf ± tiefgründigen, meist lehmig-tonigen Böden in Kontakt vorkommen. Andererseits weist die gelegentlich, dann aber in Mengen vorkommende *Dentaria pentaphyllos* auch schon auf eine gewisse Beziehung zum Lonicero alpigenae-Fagetum hin. Auffallend ist das Fehlen von *Euphorbia amygdaloides,* auf das schon Sebald 1966 ausdrücklich hinweist (Kaltluftgefährdung im Talraum?). Schließlich korrespondiert auf sehr nährstoff- und basen(kalk)reichen Böden die Gebietsausbildung mit *Carex pilosa,* submontane Form (Tab. 333/ 10) des Bodenseegebiets und des westlichen Alpenvorlandes mit der entsprechenden *Carex pilosa*-Gebietsausbildung des Galio-Fagetum.

Sehr gleichbleibend ist die standörtliche Gliederung, weshalb es genügt, sie an einem Beispiel darzustellen (Tab. 334; Vikariante mit *Lathyrus vernus,* Gebietsausbildung mit *Helleborus foetidus* und *Euphorbia amygdaloides,* Lokalausbildung ohne Trennarten der mittleren Schwäbischen Alb, nur die Kuppelalb ist erfaßt). Es kann zunächst in die Ausbildungen der Hänge (Tab. 334/ 1−6; Hang-Buchenwälder, entsprechen zum Teil dem Helleboro-foetidi-Fagetum bei Kuhn 1937) und die Subassoziation mit *Luzula luzuloides* der Hochflächen (Tab. 334/7Aa−7Bb; Plateau-Buchenwälder, entsprechen weitgehend dem Elymo europaei-Fagetum bei Kuhn 1937, das aber auch Aufnahmen des Lonicero-alpigenae-Fagetum enthält) gegliedert werden.

Unter den „Hang-Buchenwäldern" besiedeln Bestände der Subassoziation mit *Convallaria majalis* (Tab. 334/1) verhältnismäßig flachgründige, meist skelettreiche Rendzinen an unterschiedlichen Expositionen, wobei südliche Auslagen meist gemieden werden. Mit ihren Trennarten leitet diese Subassoziation unmittelbar über zum Carici-Fagetum, von dem sie sich aber durch den Besitz der auf S. 220 aufgeführten Frischezeiger unterscheidet. Weit verbreitet ist die typische Subassoziation (Tab. 334/2 A, 2 B), die man vorwiegend an absonnigen Hängen auf frischen, oft skelettreichen Mull- und verbraunten Rendzinen findet. Sie kommt in einer typischen Variante (Tab. 334/2 B) und an mehr oder weniger ausgehagerten Stellen wie z. B. an Hangkanten, an denen der Wind das Fallaub wegbläst, in der Variante mit *Melica uniflora* (Tab. 334/A) vor. An kühlen, sehr luftfeuchten Stellen in absonniger Lage – wie z. B. in Schluchten oder besonders geschützten Nordhängen – auf meist flachgründigen, oft sogar felsigen Böden mit einer modrig-humosen Fallaubauflage findet man die Subassoziation mit *Festuca altissima* (Tab. 334/3; entspricht dem Festuco silvaticae-Fagetum bei Kuhn 1937), in der der Waldschwingel dominierend auftritt. Unterhalb von Felsen auf mehr oder weniger ruhendem Steinschutt vorzugsweise in nördlicher Exposition stellen sich Bestände der Subassoziation mit *Tilia platyphyllos* (Tab. 334/4) ein, die zu Tilio-Acerion-Wäldern überleitet. Die Rotbuche hat auf diesen Standorten gewisse Verjüngungsschwierigkeiten; sie bleibt zwar noch Hauptbaumart, ist aber der Konkurrenz der Edellaubbäume Sommerlinde, Bergahorn, Esche, Bergulme und Spitzahorn ausgesetzt, die sich ebenfalls am Aufbau der Baumschicht beteiligen. Werden die Bedingungen an solchen Steinschutthalden extremer, indem laufend noch Schutt nachgeliefert wird und dieser noch in Bewegung oder ziemlich grob ist, dann vermag die Rotbuche sich nicht mehr zu behaupten und überläßt das Feld ganz den Edellaubbäumen, die dann Tilio-Acerion-Wälder aufbauen. Häuft sich an solchen Schutthalden oder an Hangfüßen tiefgründig Feinerde und Humus an, und sind diese Standorte ausgeprägt frühlingsfrisch, dann wachsen dort Bestände der Subassoziation mit *Corydalis cava* (Tab. 334/5), in der einerseits außer dem Hohlen Lerchensporn weitere Frühjahrsgeophyten auftreten, darunter gelegentlich in großen Beständen der Märzenbecher *(Leucojum vernum),* andererseits die Edellaubbäume immer noch eine gewisse Rolle spielen und damit die Verwandt-schaft zur Subassoziation mit *Tilia platyphyllos* anzeigen. Auf gut durchfeuchteten, aber nicht nassen oder staunassen, nicht austrocknenden, biologisch sehr tätigen und nährstoffreichen, skelettarmen Mergelböden ist die Subassoziation mit *Allium ursinum* (Tab. 334/6) anzutreffen, in der der Bärenlauch im Frühjahr meist eine geschlossene Decke bildet, in der man die übrigen Arten geradezu suchen muß, und die erst nach dem Einziehen des Bärenlauchs richtig sichtbar werden. Die Standorte sind deutlich feuchter als bei der Subassoziation mit *Corydalis cava.* Neben dem Massenauftreten von *Allium ursinum* treten weitere Feuchtigkeitszeiger auf, die aber meist nur einzeln eingestreut sind; in der Baumschicht spielen neben der vorherrschenden Rotbuche vor allem die Esche, aber auch der Bergahorn eine gewisse Rolle. Schließlich sind auf betont grundfrischen (bis grundfeuchten) Hangstandorten (vorzugsweise in Rinnen und Hangverflachungen) mit ruhendem Hangschutt und häufig Mergel im Unterboden Bestände der Subassoziation mit *Stachys sylvatica* (Tab. 334/7) zu finden. Auch hier haben Esche und Bergahorn noch eine gewisse Bedeutung. Stocken die Hang-Buchenwälder auf Rendzinen unterschiedlicher Ausbildungen, so die Plateau-Buchenwälder (Tab. 334/8 Aa – 8 Bb) auf Kalkverwitterungsböden (Terra fusca) unterschiedlicher Mächtigkeit und Tondurchschlämmung. Bezeichnend für diese Böden ist, daß sie eine 10–30 cm mächtige, kalkfreie Lehmschicht über kalkhaltigem Untergrund besitzen. Für die Wälder ist deshalb typisch, daß sie neben den Basen(Kalk)- und Nährstoffzeigern – den Trennarten des Hordelymo-Fagetum – eine Reihe von Basenverarmungszeigern wie *Luzula pilosa* und *luzuloides, Poa chaixii, Polytrichum formosum, Atrichum undulatum, Maianthemum bifolium, Hylocomium splendens* u. a. aufweisen, die als Trennarten der Subassoziation mit *Luzula luzuloides* anzusehen sind (von Wilmanns 1956 wurde diese Subassoziation nach *Poa chaixii* als

„Kapuzengras-Buchenwald" bezeichnet, wobei wir, um im Rahmen der sonst üblichen Bezeichnungen für zum Luzulo-Fagetum vermittelnden Ausbildungen zu bleiben, es vorziehen, von einer Subassoziation mit *Luzula luzuloides* zu sprechen). In dieser Subassoziation hat *Hordelymus europaeus* ihren Schwerpunkt und kommt reichlich und regelmäßig vor, wie auch *Milium effusum, Poa nemoralis* und *Carex sylvatica*. Auf flach- bis mittelgründiger Terra fusca finden wir die Variante mit *Mercurialis perennis* (Tab. 334/8 Aa—8 Ad), in der besonders anspruchsvolle Arten wie *Mercurialis perennis, Campanula trachelium, Bromus ramosus* ssp. *benekenii, Pulmonaria obscura, Lilium martagon, Helleborus foetidus, Epipactis helleborine, Neottia nidus-avis* und *Euphorbia dulcis* noch vorhanden sind, der typischen Variante aber fehlen. Innerhalb der *Mercurialis*-Variante kann man auf flachgründiger, meist steiniger Terra fusca in mäßig trockener Lage auf Kuppen und Flachhängen (häufig südexponiert) die Subvariante mit *Carex montana* (Tab. 334/8 Aa), auf flach- bis mittelgründiger, häufig steiniger Terra fusca in frischer Lage die typische Subvariante (Tab. 334/8 Ab), dazu ziemlich selten in luftfeuchter Situation die Subvariante mit *Festuca altissima* (Tab. 334/8 Ac) und schließlich die Subvariante mit *Stachys sylvatica* (Tab. 334/8 Ad) unterscheiden, die meist in grundfrischer bis grundfeuchter Muldenlage auf mittel- bis tiefgründiger, teilweise kolluvialer, aber auch tonreicher und zum Teil schon etwas durchschlämmter Terra fusca vorkommt, wobei gelegentlich auch seitliche Wasserzufuhr stattfindet. Die typische Variante (Tab. 334/8 Ba, 8 Bb) stellt sich auf mittel- bis tiefgründiger Terra fusca ein, die meist mehr oder weniger Tondurchschlämmung aufweist (Parabraunerde-Terra fusca, Schichtlehm); die Entkalkung ist weiter fortgeschritten, weshalb die Trennarten der *Mercurialis*-Variante ausfallen. Hier wird die Standortsgrenze des Hordelymo-Fagetum erreicht. Die noch tiefgründigeren Böden mit tiefreichender Tondurchschlämmung (Terra fusca-Fahlerde, Schichtlehm) oder die aus den verlagerten Feinlehmen dieser Böden hervorgegangenen Parabraunerden werden dem Galio odorati- bzw. Luzulo-Fagetum überlassen. Es kann eine typische Subvariante (Tab. 334/8 Ba) auf frischen und eine Subvariante mit *Athyrium filix-femina* (Tab. 334/8 Bb) auf betont frischen bis grundfeuchten Böden unterschieden werden.

Anmerkung: Nach Ansicht des Herausgebers sollte die Assoziation noch zum Lonicero-Fagenion gestellt werden, da sie maßgeblich durch die hochstete, ost-praealpide *Dentaria enneaphyllos* geprägt wird und die eigentlichen Kennarten des Dentario glandulosae-Fagenion noch fehlen. Zweifellos tragen die Bestände aber durch den Ausfall zahlreicher weiterer Lonicero-Fagenion-Arten Übergangscharakter.

4c. Unterverband: Dentario glandulosae-Fagenion Oberd. et. Müll. 84

(Fagion dacicum Soó 60 p. p.)

Drüsenzahnwurz-Buchen- und -Tannen-Buchenwälder

4. Ass.: Dentario enneaphylli-Fagetum Oberd. 57 ex W. et A. Matuszkiewicz 60

(Fagetum sudeticum Preis 38)

Quirlblattzahnwurz-Buchen- und -Tannen-Buchenwälder (Tab. 323/4)

Am besten entwickelt sind die Wälder dieses osteuropäisch-karpatischen Unterverbands in der Montanstufe. Die Rotbuche ist hier herrschende Baumart; ziemlich regelmäßig beigemengt sind Weißtanne, Bergahorn und Fichte, die ursprünglich sein dürften. In tieferen Lagen treten die Nadelbäume und der Bergahorn zurück oder fallen ganz aus. Es handelt sich um straucharme bis sogar strauchlose, hochwüchsige Hallenwälder mit einer gut ausgebildeten Krautschicht.

Wichtigste Assoziation des Unterverbands ist das karpatische Dentario glandulosae-Fagetum Matuszkiewicz 64 ex Guzikowa et Kornas 69 (= Abieti-Fagetum Dziubaltowski 28) mit den Kennarten *Dentaria glandulosa, Symphytum cordatum* und *Polystichum braunii*, wozu sich im westlichen Teil seines Areals, z. B. in den Beskiden, die südosteuropäischen *Dentaria enneaphyllos* gesellt (vgl. Moravec, Husova, Neuhäusl und Neuhäuslova-Novotna 1982). Weiter nach Westen fallen die karpatischen Arten aus, und es bleibt lediglich *Dentaria enneaphyllos* als Kennart übrig, weshalb diese kennartenverarmte Assoziation als Dentario enneaphylli-Fagetum bezeichnet wird. Dieses reicht bis in die Sudeten und über das böhmisch-mährische Stufenland bis in den Böhmer-, Bayerischen und Oberpfälzer Wald mit letzten Ausstrahlungen in der Fränkischen Alb und im Schwäbisch-Fränkischen Wald.

Da dem Dentario enneaphylli-Fagetum die spezifischen Karpatenarten fehlen und *Dentaria enneaphyllos* schwerpunktmäßig eine ostpraealpide Lonicero-Fagenion-Art ist, könnte man daran denken, es auch als Randerscheinung zum praealpiden Lonicero alpigenae-Fagenion zu stellen. Weil aber dessen bezeichnende praealpide Arten genau so fehlen und im Gegensatz zum Dentario glandulosae-Fagetum auch keine direkte Arealverbindung besteht, liegt es näher, das Dentario enneaphylli-Fagetum als verarmte Ausstrahlung des Dentario glandulosae-Fagenion zu betrachten. Für die isolierten Vorkommen in der Fränkischen Alb und im Schwäbisch-Fränkischen Wald könnte − da alle alpiden Arten fehlen und die Basen(Kalk)zeiger sehr stark in den Vordergrund treten − an die Möglichkeit gedacht werden, von einer *Dentaria enneaphyllos*-Ausbildung des Hordelymo-Fagetum zu sprechen (s. Anm. S. 223).

Wie die Kennart *Dentaria enneaphyllos* ist auch das Dentario enneaphylli-Fagetum in den nordostbayerischen Waldgebirgen verhältnismäßig selten, weil geeignete Standorte nur vereinzelt gegeben sind. Dabei handelt es sich in den sonst von Galio odorati-Fagetum (einschl. *Lamium galeobdolon-Fagus*-Gesellschaft) und Luzulo-Fagetum bzw. *Dryopteris-Fagus*-Gesellschaft bestimmten Landschaften um ausgeprägte, meist nur kleinflächige Sonderstandorte.

Nach dem vorliegenden Aufnahmematerial kann man neben einer typischen Subassoziation auf frischen eine Subassoziation mit *Impatiens noli-tangere* (Trennarten *Impatiens noli-tangere, Stellaria nemorum, Circaea alpina* u. a.) auf feuchteren Standorten unterscheiden; im Bereich der Fränkischen Alb und des Schwäbisch-Fränkischen Waldes findet man außerdem selten die Subassoziation mit *Festuca altissima* mit stärker hervortretendem Waldschwingel auf modrighumosen und die Subassoziation mit *Corydalis cava* auf betont frühjahrsfrischen, ± tiefgründigen, humosen Böden.

4d. Unterverband: Lonicero alpigenae-Fagenion Borhidi 63 em. Oberd. et Th. Müll. 84

(Fagion illyricum Horvat 38 p. p.)

Alpenheckenkirschen-Buchen- und -Tannen-Buchenwälder, alpigene Buchen- und Tannen-Buchenwälder (Tab. 323/5−8; 335−337)

Auch die Gesellschaften dieses Unterverbandes sind wie die des Dentario glandulosae-Fagenion in der Montanstufe am besten ausgebildet, in der sich zur vorherrschenden Rotbuche regelmäßig auch Weißtanne und Bergahorn, teilweise auch die Fichte (so vor allem in den Ostalpen) gesellen. Stehen Rotbuche und Weißtanne mehr oder weniger im Konkurrenzgleichgewicht, so ist die Fichte als Mischbaumart häufig durch direkte und indirekte anthropogene Einflüsse gefördert worden und oft überrepräsentiert. Es gibt aber auch reine Buchenwälder, z. B. in tieferen Lagen, in denen lediglich der Bergahorn mehr oder weniger stet einzeln beigemengt ist; wir müssen aber auch damit rechnen, daß sie im Verbreitungsgebiet von Weißtanne und Fichte durch jahrhundertelange Entnahme der Nadelbäume entstehen können, wie dies v. Bülow (1962) am Beispiel der oberbayerischen Salinenwälder aufzeigt.

Die Lonicero alpigenae-Fagenion-Wälder besiedeln ebenfalls sehr nährstoff- und basenreiche, mehr oder weniger frische Standorte. Sie bilden ausgesprochen hochwüchsige Hallenwälder aus, in denen mangels Licht die Strauchschicht fehlt oder kümmerlich bleibt. Treten Sträucher massiv auf, ist dies immer ein Hinweis auf Störungen. Die Krautschicht ist wohl entwickelt, aber selten deckend. Die Moosschicht ist in Buchenbeständen unbedeutend; erst in den nadelbaumreichen Beständen der höheren Lagen treten Moose verstärkt auf. Am artenreichsten sind die Gesellschaften am südlichen und südöstlichen Alpenrand ausgebildet (vgl. Aichinger 1933; Knapp 1944; Oberdorfer und Hofmann 1967; Mayer und Hofmann 1969). Von dort strahlen sie unter Artenverarmung in den Nordsaum der Alpen ein sowie ebenso an Kennarten verarmend in den Süden der Balkan- und Apenninnen-Halbinsel.

Maximal kennartenreich ist das „slowenische" Anemone trifoliae-Fagetum Treg. 57. Das südlich anschließende Calamintho-Abietetum Borh. 65 ist bereits an Kennarten verarmt (Calamintha grandiflora, Dentaria enneaphyllos, Cardamine trifolia). Kommt man noch weiter nach Bosnien, so fallen bereits Calamintha grandiflora und Cardamine trifolia aus, und es bleiben als spezifische Arten nur Dentaria enneaphyllos und D. bulbifera übrig (vgl. Abieti-Fagetum Fuk. 52). In Mazedonien sah Oberdorfer (Aufn. n. p.) in einigen hochmontanen Fageten nur noch Dentaria bulbifera, dazu Doronicum orientale und Euphorbia amygdaloides, übrigens neben Gesellschaften des Cephalanthero- und Luzulo-Fagenion. Viele der für die illyrischen Fageten als bezeichnend geschilderten Arten wie Aremonia agrimonioides, Lamium orvala, Vicia oroboides oder Rhamnus fallax − übrigens alle auch in Italien vorkommend − sind nach den Beobachtungen Oberdorfers (mündl.) keine spezifischen Buchenwaldarten, sondern Verlichtungs- und Störungszeiger mit anderen soziologischen Schwerpunkten z. B. im Alliarion (vgl. dazu S. 194).

Naturgemäß kann es in den Arealgrenzbereichen zwischen den einzelnen Lonicero alpigenae-Fagenion-Gesellschaften wie auch zwischen diesen und dem Hordelymo-Fagetum Zweifel geben, ob ein Waldbestand zur einen oder anderen Assoziation gehört, zumal es auch im Areal der einzelnen Kennarten durchaus Einzelbestände ohne diese gibt, so vor allem am Arealrand, an dem sich die betreffenden Arten „verdünnen". Wir folgen hier Braun-Blanquet und anderen Klassikern der Pflanzensoziologie, die Einzelbestände innerhalb des Verbreitungsgebiets bestimmter Charakterarten auch dann zu der durch sie charakterisierten Assoziation stellen (ggf. als Assoziationsfragment), wenn diese im Einzelfall fehlen, sie aber die charakteristische Artenkombination aufweisen. So haben z. B. W. u. A. Matuszkiewicz 1960 anerkannt das Dentario enneaphylli-Fagetum validiert, obwohl in der mitgeteilten Tabelle mit drei Aufnahmen die Kennart Dentaria enneaphyllos nur in einer Aufnahme mit + vorkommt; die charakteristische Artenkombination ist aber in allen drei Aufnahmen die gleiche. Selbstversändlich läßt es sich trefflich darüber streiten, ob bei letzter

Artenverarmung der Lonicero alpigenae-Fagenion-Artengarnitur, z. B. wenn im Lonicero alpigenae-Fagetum nur noch *Lonicera alpigena*, und diese am Arealrand zusätzlich auch noch vereinzelt auftritt, es sich dabei um den letzten Ausklang des Lonicero alpigenae-Fagetum oder um eine zu diesem vermittelnde *Lonicera alpigena*-Vikariante des Hordelymo-Fagetum handelt. Letztlich handelt es sich dabei aber um ein Scheinproblem, denn unter synchorologischer Betrachtung ist vegetationskundlich allein relevant, daß hier etwas endet bzw. etwas „Neues" beginnt. Für die Praxis der Standorts-Ansprache spielen diese Überlegungen nur eine untergeordnete Rolle, denn vielfach finden sich auf der „anderen Seite" einer synchorologischen Grenze die entsprechenden Standortsverhältnisse wieder, wie wir das in Tabelle 337 für den Alpenheckenkirschen-Tannen-Buchenwald der südwestlichen Schwäbischen Alb darstellen.

5. Ass.: Cardamino trifoliae-Fagetum (Mayer et Hofmann 69 n. n.) Oberd. 69 ex Oberd. et Müll. 84

(Aposidero-Fagetum Oberd. 57 p. p., Dentario-Fagetum cardaminetosum trifoliae Mayer et Hofmann 69, Helleboro-Fagetum Zukrigl 73 non Kuhn 37 p. p.).

Kleeblattschaumkraut-Buchen- und -Tannen-Buchenwälder (Tab. 323/5)

Von Südosten her erreicht das ostpraealpide Cardamino trifoliae-Fagetum mit seinen Kennarten *Cardamine trifolia* und *Dentaria enneaphyllos*, sowie den Trennarten *Helleborus niger* und *Cyclamen purpurascens* den bayerischen Alpenrand, wobei die einzelnen Kennarten – da sie nicht genau die gleiche ökologische Amplitude aufweisen – in einzelnen standörtlichen Ausbildungen hervor- bzw. zurücktreten können. Die Assoziation besitzt im Gebiet von Berchtesgaden praktisch noch die gesamte Kennartengarnitur; sieht man von einzelnen Sondervorkommen ab, dann machen hier bereits *Helleborus niger* und *Cyclamen purpurascens* halt, *Dentaria enneaphyllos* reicht ungefähr bis zur Isar und *Cardamine trifolia* schließlich bis ins Ostallgäu östlich der Iller. Gegen die Voralpen und das Alpenvorland macht sich zusätzlich eine weitere Artenverarmung bemerkbar, indem Lonicero-Fagenion-Arten wie *Lonicera alpigena, Veronica urticifolia, Salvia glutinosa* und *Euonymus latifolia* mehr und mehr ausfallen. Seibert (in litteris) möchte deshalb alle diese kennartenverarmten Ausbildungen als Vikarianten zum Lonicero alpigenae-Fagetum stellen.

An wichtigen Standortsausbildungen treten neben der typischen Subassoziation (häufig in einer *Mercurialis perennis*-Variante auf stark humusreichen Böden) auf sauerhumosen Standorten die Subassoziation mit *Festuca altissima*, auf ± kalkarmen Standorten die Subassoziation mit *Luzula luzuloides* bzw. mit *Vaccinium myrtillus* oder in höheren Lagen mit *Luzula luzulina*, auf feuchten Standorten mit sehr guter Wasserversorgung die Subassoziation mit *Impatiens noli-tangere* (oft tritt hier die Weißtanne stärker hervor), auf Feinschuttböden die Subassoziation mit *Adenostyles alpina*, auf felsigen Örtlichkeiten in frisch-feuchter Situation die Subassoziation mit *Neckera crispa*, in mehr trockener Situation die Subassoziation mit *Carex alba* auf. Letztere ist gegenüber angrenzenden Cephalanthero-Fagenion-Gesellschaften ausgezeichnet durch ziemlich hochstetes und reichliches Vorkommen von *Hordelymus europaeus, Galium odoratum, Lamium galeobdolon, Carex sylvatica* und *Brachypodium sylvaticum*.

6. Ass.: Dentario heptaphylli-Fagetum (Br.-Bl. 32) Th. Müll. 66

(Fagetum praealpino-jurassicum Br.-Bl. 32, Fagetum sylvaticae sensu Moor 52 einschließlich Tilio-Fagetum Moor 52 und Abieti-Fagetum sensu Moor 52)

Fiederzahnwurz-Buchen- und -Tannen-Buchenwälder (Tab. 323/7; 335/2 A−2 C; 336)

Diese Assoziation ist in den südlichen Randalpen und im Nordapennin (vgl. Oberdorfer und Hoffmann 1967) am reichsten mit Kennarten *(Dentaria heptaphyllos, D. polyphylla, D. pentaphyllos, D. bulbifera)* ausgestattet. Unter Artenverarmung strahlt direkt von Süden her das Dentario polyphyllae-Fagetum Oberd. et Th. Müll. 84 inselartig in die Nordostschweiz ein, das als Kennart nur noch *Dentaria polyphylla* besitzt, und das zum Vergleich in Tabelle 323, Spalte 8 dargestellt ist.

Auf seinem Weg nach Norden tritt das Dentario heptaphylli-Fagetum bereits im Schweizer Jura kennartenverarmt auf (Tab. 335/2 C): *Dentaria polyphylla* fehlt hier ganz, *Veronica urticifolia* ist äußerst selten, während *Dentaria heptaphyllos, Polystichum aculeatum, Lonicera alpigena* und *nigra* sowie *Dentaria pentaphyllos* mehr oder weniger stet vorhanden sind; bezeichnend ist das Auftreten von *Rubus ser. glandulosi, Luzula sylvatica, Daphne laureola, Ilex aquifolium, Polypodium vulgare* und *Primula vulgaris,* die Ellenberg (1979) als ozeanische Arten ansieht. Moor (1952) unterscheidet zunächst eine Form der unteren Montanstufe − das Fagetum sylvaticae in seinem Sinne mit fast nie fehlender, aber mengenmäßig zurücktretender Weißtanne − von einer Form der mittleren Montanstufe mit regelmäßig mitherrschender Weißtanne − das Abieti-Fagetum in seinem Sinne. Standörtlich wurden von ihm neben einer typischen Subassoziation eine mit *Allium ursinum,* eine mit *Hordelymus europaeus* und eine mit *Festuca altissima* angegeben. Als Subassoziation mit *Tilia platyphyllos* auf schattigen Geröllhalden der unteren Montanstufe ist das von Moor 1952 als eigene Assoziation herausgestellte „Tilio-Fagetum" anzusehen, worauf auch Ellenberg und Klötzli 1972 hinweisen. Genauso ist das Adenostylo-Fagetum Moor 70 auf Geröllhalden der mittleren Montanstufe keine selbständige Assoziation, sondern nur eine Subassoziation mit *Adenostyles alpina (glabra)* des Dentario heptaphylli-Fagetum.

Vom Schweizer Jura aus erreicht das Dentario heptaphylli-Fagetum das oberrheinische Markgräfler Land bis zum Schönberggebiet südlich von Freiburg (Tab. 335/2 B; 336). Von den Kennarten ist nur noch *Dentaria heptaphyllos* vorhanden; mit der Vikariante des Schweizer Jura verbinden ozeanische Arten, unter denen vor allem *Ilex aquifolium* hervortritt, weshalb man hier von einer *Ilex aquifolium*-Vikariante sprechen kann. Standörtlich kann man neben einer typischen Subassoziation (Tab. 336/2) eine zum Carici-Fagetum vermittelnde Subassoziation mit *Convallaria majalis* (Tab. 336/1), eine zu Tilio-Acerion-Gesellschaften überleitende Subassoziation mit *Tilia platyphyllos* oder *Ulmus glabra* (Tab. 336/3) und schließlich eine selten auftretende Subassoziation mit *Allium ursinum* (Tab. 336/4) unterscheiden.

Schließlich klingt das Dentario heptaphylli-Fagetum nach Nordosten hin im Klettgau, Alb-Wutachgebiet und westlichen Randen in einer Vikariante mit *Lathyrus vernus* aber ohne *Abies alba* (Tab. 335/2 A) aus. Sie besitzt an kennzeichnenden Arten *Dentaria heptaphyllos* und *Lonicera alpigena;* die „ozeanischen" Arten fehlen ganz. Insgesamt steht diese Vikariante in ihrer Gesamtartenkombination dem Hordelymo-Fagetum schon ziemlich nahe, worauf auch Ellenberg und Klötzli (1972) hinweisen.

Man könnte sie deshalb auch als *Dentaria heptaphyllos*-Vikariante des Hordelymo-Fagetum fassen, wie dies Müller (1977) getan hat. Standörtlich treten hier wieder neben einer typischen Subassoziation eine mit *Convallaria majalis* und eine mit *Tilia platyphyllos* auf.

7. Ass.: Lonicero alpigenae-Fagetum Oberd. et Müll. 84

(Elymo-Fagetum Kuhn 37 p. p., Aposeri-Fagetum Oberd. 50 p. p., Abieti-Fagetum sensu Kuoch 54 p. p., Abieti-Fagetum jurassicum Oberd. 57)

Alpenheckenkirschen-Buchen- und -Tannen-Buchenwälder (Tab. 323/6; 335/1A−1Bb 3)

Zwischen dem Areal des Cardamino trifoliae-Fagetum im Osten − das ungefähr bis in das Ostallgäu reicht − und dem Fuß des Schweizer Jura im Westen gibt es am Nordalpenrand schöne Fageten bzw. „Abieti-Fageten", die in ihrer Grundstruktur mit allen für die praealpiden Fageten charakteristischen Lonicero alpigenae-Fagenion-Kennarten ausgestattet sind, aber eigener spezifischer Kennarten ermangeln. Sie bilden eine Art Grundassoziation im Rahmen der praealpiden Fageta-Gruppe des Lonicero alpigenae-Fagenion, die nur mit einer spezifischen Unterverbandskennartengarnitur ausgestattet ist und die deshalb konsequent als Lonicero alpigenae-Fagetum bezeichnet worden ist.

Ziemlich gut mit Lonicero alpigenae-Fagenion-Arten ausgestattet ist die Vikariante mit *Veronica urticifolia* des Alpenraumes vom Ostallgäu bis zum Bodensee (Tab. 335/1 Aa−1 Ac), wobei es sich durchgehend um „Tannen-Buchenwälder" handelt. Neben *Veronica urticifolia* sind *Lonicera alpigena* und *nigra, Galium rotundifolium, Salvia glutinosa* und *Euonymus latifolius* mehr oder weniger stet vorhanden. Dazu kommen „ozeanische" Arten wie *Rubus* ser. *glandulosi, Luzula sylvatica, Ilex aquifolium* und *Primula vulgaris,* die bezeichnend sind für den Alpenrand mit seinen hohen Niederschlägen. Im Osten (Allgäu) schließt die Gebietsausbildung mit *Aposeris foetida* (Tab. 335/1 Aa) an das Cardamino trifoliae-Fagetum an. Sie entspricht zu einem guten Teil dem, was Oberdorfer 1950 und 1957 als Fagetum boreoalpinum bezeichnet hat, wobei er 1957 in Klammern „Aposidero-Fagetum" hinzufügte und unsere Vikariante als „westbayerische Rasse" des Fagetum boreoalpinum einer „ostbayerischen Rasse" mit häufiger *Cardamine trifolia* (dem heutigen Cardamino trifoliae-Fagetum) gegenüberstellte. Der Gebietsausbildung mit *Ranunculus nemorosus* (Tab. 335/1 Ab) der Illervorberge, des Vilser Gebirges und Vorderen Bregenzer Waldes fehlt zwar bereits die ostpraealpide *Aposeris foetida,* sie weist aber eine Reihe gemeinsamer Arten mit der *Aposeris*-Vikariante auf wie *Ranunculus nemorosus* oder *Adenostyles alpina* u. a. (vgl. Tab. 335/1 Aa, 1 Ab). Schließlich finden wir im Gebiet der Adelegg und des Westallgäuer Hügellands eine Gebietsausbildung ohne Trennarten (Tab. 335/1 Ac). Im außeralpinen Raum fehlen die Arten der *Veronica urticifolia*-Vikariante, wofür aber *Lathyrus vernus* auftritt, weshalb man von einer *Lathyrus vernus*-Vikariante (Tab. 335/1 Ba−1 Bb3) sprechen kann. Die Gebietsausbildung mit *Carex pilosa* (Tab. 335/1 Ba) des Oberschwäbischen Hügellands schließt mit dem ostpraealpiden *Euonymus latifolius* und mit *Abies alba* an die *Veronica urticifolia*-Vikariante an und könnte genau so noch zu dieser als ihr letzter Ausklang gestellt werden, zumal ihr die Trennarten der *Euphorbia dulcis-Poa chaixii*-Gebietsausbildung (Tab. 335/1 Bb−1 Bb3) der südwestlichen Schwäbischen Alb und des Wutachgebiets fehlen. Mit den Arten *Euphorbia amygdaloides* und *dulcis, Poa chaixii, Helleborus foetidus, Cephalanthera damasonium, Viola mirabilis* und *Rosa arvensis* − die teilweise selten und auf bestimmte Standortsausbildungen beschränkt sind − vermittelt diese Gebietsausbildung zum Dentario heptaphylli-Fagetum bzw. kann als dessen weiter artenverarmte Fortsetzung angesehen werden, die aber ihrer Artenkombination nach zum Lonicero alpigenae-Fagetum zu stellen ist. Da die Lonicero alpigenae-Fagenion-Artengarnitur praktisch auf *Lonicera alpigena* reduziert ist und diese am Arealrand mehr und mehr vereinzelt auftritt, könnte man auch daran denken, von einer *Lonicera alpigena*-Vikariante des Hordelymo-Fagetum zu sprechen. Im Gebiet des Randen, der Hegau- und Baaralb sowie des Oberen Donautals tritt eine Lokalausbildung ohne *Abies alba* (Tab. 335/1 Bb1) als reine *Fagus*-Lokalausbildung auf. Im Wutachgebiet finden wir eine

Lokalausbildung mit reichlich *Abies alba,* aber fehlender *Euphorbia amygdaloides* (Tab. 335/ 1 Bb2), die hier als „ozeanische" Art vermutlich aus dem gleichen Grund — Kaltluftgefährdung im Talraum — wie im Hordelymo-Fagetum des oberen Neckargebiets ausfällt; dafür ist aber hier *Lonicera alpigena* noch hochstet vorhanden. Im Bereich der Lokalausbildung mit *Abies alba* und *Euphorbia amygdaloides* des Traufgebiets der südwestlichen Schwäbischen Alb (Tab. 335/ 1 Bb3) erreicht *Lonicera alpigena* ihre Arealgrenze und vereinzelt sich, weshalb nicht mehr jeder Einzelbestand die Kennart aufweist. Dennoch ist es zweckmäßig, die Bestände am südwestlichen Albtrauf mit Weißtanne insgesamt noch zum „Alpenheckenkirschen-Tannen-Buchenwald" zu stellen. Standörtlich treten ganz entsprechende Ausbildungen auf wie beim Hordelymo-Fagetum, wobei zu beachten ist, daß hier die Höhen größer und die Niederschläge höher sind als auf der mittleren Schwäbischen Alb und daß die Weißtanne fast nur die Hänge des Traufs besiedelt und kaum auf die Hochfläche geht; deshalb ist die Subassoziation mit *Luzula luzuloides* (Tab. 337/5 a, 5 b) insgesamt verhältnismäßig selten und tritt nur in der Variante mit *Mercurialis perennis* auf (mit einer typischen und einer Subvariante mit *Melica uniflora* an verhagerten Stellen). Wieder können wir auch eine Subassoziation mit *Convallaria majalis* (Tab. 337/1 a−1 c; mit einer *Melica uniflora*-Variante an verhagerten, einer typischen und einer zur typischen Subassoziation überleitenden Variante mit *Carex sylvatica*) beobachten, die hier auf nur mäßig frischen Standorten mehr zum Seslerio-Fagetum als zum Carici-Fagetum vermittelt. Neben einer typischen Subassoziation (Tab. 337/2 a, 2 b, mit einer selteneren *Melica uniflora*-Verhagerungsvariante und einer sehr häufigen typischen Variante) finden wir auf gut durchfeuchteten, nährstoffreichen, ± skelettarmen Mergelböden nicht selten die Subassoziation mit *Allium ursinum* (Tab. 337/3) und schließlich an luftfeuchten Stellen und an Nordhängen auf meist skelettreichen Böden mit einer modrig-humosen Laubstreuauflage die Subassoziation mit *Festuca altissima* (Tab. 337/4), wobei diese — bedingt durch das gegenüber der mittleren Schwäbischen Alb deutlich kühlere und feuchtere Klima im Gefolge der größeren Höhen und dem damit verbundenen gehemmten Abbau der Laubstreu — hier im Traufgebiet der südwestlichen Schwäbischen Alb wesentlich häufiger auftritt als auf der mittleren Schwäbischen Alb im Bereich des Hordelymo-Fagetum.

4e. Unterverband: Aceri-Fagenion Ellenberg 63
(Unterverband Acerion Oberd. 57 p. p.)

Bergahornreiche Hochlagen-Buchenwälder

Oberdorfer 1957 hat in seinem Unterverband Acerion die an Bergahorn reichen Schluchtwälder und Hochlagen-Buchenwälder zusammengefaßt, die aber von ihrer floristischen Zusammensetzung und ihren Standorten her zwei ganz unterschiedliche Gesellschaftsgruppen darstellen. Zu Recht hat deshalb Ellenberg 1963 den Unterverband aufgelöst und die an Bergahorn reichen Hochlagen-Buchenwälder im Unterverband Aceri-Fagenion zusammengeschlossen.

Infolge der Lebensansprüche der Baumarten baut bei wintermildem, aber schneereichem, d. h. ozeanisch getöntem Klima in der hochmontanen (orealen) Stufe unserer Gebirge auf frischen, tätigen Böden die Rotbuche und nicht die Tanne oder Fichte die Waldbestände auf, die bis an die Waldgrenze reichen können. Mehr oder weniger reichlich und stet sind Bergahorn, gelegentlich auch Bergulme beigemengt und die Vogelbeere eingestreut. Weißtanne und Fichte fehlen zwar fast nie, sie können sich aber im ozeanischen Klima der Rotbuche gegenüber i. a. nur unter Sonderbedingungen durchsetzen. Das Nachlassen der Vitalität der Fichte, die im Schwarzwald die absolute Westgrenze ihres natürlichen Areals erreicht, ist mit einem komplexen Wechselspiel verschiedener Ursachen zu erklären. So erliegt der Fichtenaufwuchs in wintermilden und schneereichen Gebieten — und zwar gegenwärtig auffälliger als vor 60 oder 70 Jahren (Oberdorfer in litt.) — im Schnee begraben häufig dem sog. „Schneeschimmel" (*Herpotrichia juniperi;* vgl. dazu Ellenberg 1963, 1986; H. Mayer 1976). Im übrigen gibt es aber am Feldberg (Schwarzwald) hochstaudenreiche Fichtenbestände, die offensichtlich durch Fichtenanflug auf aufgelassenen Weideflächen im Bereich potentieller Aceri-Fagenion-Standorte entstanden sind. Dazu kommt, daß die hier vorkommenden Laubbäume in der Jugend wegen ihrer biegsamen Stämmchen dem oft meterhohen, hangabwärts kriechenden Schnee und später auf Grund ihrer größeren Regenerationskraft dem infolge hoher Belastung durch Schnee und Rauhreif nicht selten auftretenden Astbruch besser gewachsen sind als die Nadelbäume (vgl. Lenz 1967; Pfadenhauer 1973).

Je kontinentaler das Klima in Gebirgen wird, um so mehr kann sich die Weißtanne bzw. Fichte der Rotbuche gegenüber durchsetzen; die an Bergahorn reichen Hochlagen-Buchenwälder ziehen sich dann auf lokal begünstigte Spezialstandorte zurück wie besonders schneereiche oder durchsickerte Mulden und Rinnen, während sie in den ozeanisch getönten westlichen Gebirgen (z. B. westliche Kalkalpen, Hochschwarzwald, Vogesen, Jura) die beherrschende Gesellschaft der orealen Stufe darstellen.

Im Gebiet, wie auch in weiten Teilen Europas, gibt es nur eine Assoziation, das Aceri-Fagetum, das weithin einen ziemlich gleichförmig zusammengesetzten Grundstock von Arten aufweist, zu dem sich in den einzelnen Teilgebieten seines Areals weitere Arten gesellen und damit eine vielseitige geographische Gliederung ermöglichen.

Theurillat und Beguin 1985 stellen zu dem Unterverband eine zweite Assoziation, das Adenostylo alliariae-Fagetum Moor 70. Das von Moor 1970 beschriebene Adenostylo-Fagetum ist aber auf *Adenostyles alpina* (= *A. glabra*) bezogen und nicht auf *Adenostyles alliariae*; es gehört genau so wie das Tilio-Fagetum Moor 52 als Subassoziation zum Dentario heptaphylli-Fagetum und hat überhaupt nichts mit dem Aceri-Fagenion zu tun. Als weitere Assoziation kann z. B. für die Balkanhalbinsel das Aceri heldreichii-Fagetum Fuk. 58 genannt werden.

8. Ass.: Aceri-Fagetum Rübel 30 ex J. et M. Bartsch 40

(Fagetum subalpinum Issler 32, Fagetum adenostyletosum Oberd. 38)

Hochstauden-Buchenwälder, oreale Bergahorn-Buchenwälder (Tab. 323/9; 338)

Das Aceri-Fagetum wie auch der Unterverband Aceri-Fagenion sind ausgezeichnet durch eine Reihe überwiegend aus den Betulo-Adenostyletea übergreifender Hochstauden wie *Ranunculus platanifolius, Senecio nemorensis, Adenostyles alliariae, Cicerbita alpina* u. a. sowie Sträucher wie *Rosa pendulina, Salix appendiculata* und *Ribes petraeum* (Tab. 323/9, 338). So bezeichnend diese Artengruppe – zu der im Alpenraum noch weitere Arten wie *Chaerophyllum hirsutum* ssp. *villarsii, Astrantia maior, Saxifraga rotundifolia, Viola biflora* u. a. (Trennarten der Vikariante des Alpenraums und Schweizer Juras) hinzutreten – für das Aceri-Fagetum und den Aceri-Fagenion sind, so markant sie sich damit gegenüber anderen Buchenwäldern abheben, so muß man sich dennoch darüber im klaren sein, daß es sich streng genommen um keine eindeutigen Kennarten handelt.

Die Bäume sind meist krummwüchsig und erreichen bestenfalls eine Höhe von 15–20 m, ein Zeichen dafür, daß hier die Rotbuche trotz ihres Vorherrschens sich nicht mehr in ihrem Optimum befindet. An windexponierten Stellen und an der Waldgrenze bleiben die Bäume krüppelig, erreichen nur wenige Meter Höhe, sind von Grund an beastet und bilden dann dichte, manchmal fast undurchdringliche Bestände. Die Bäume sind dank der hohen Luftfeuchtigkeit vielfach dicht mit Epiphyten überzogen, meist mit Flechten, aber auch mit Moosen, die hier eigene Unionen bilden wie z. B. das Lescuraetum mutabilis (Greter 36) Wilm. 62, Nephrometum laevigati (Hil. 25) Barkm. 58 u. a.; vgl. Willmanns 1962). Die Krautschicht ist in der Regel üppig entwickelt; eine eigentliche Moosschicht fehlt meist.

Das Aceri-Fagetum besiedelt in schneereichen orealen Lagen unterschiedliche Böden, sofern sie nicht zu nährstoff- und basenarm sind (diese werden der orealen Form des Luzulo-Fagetum überlassen). Die Böden sind biologisch sehr aktiv, da ihr Bodenleben durch die mächtige Schneedecke so lange vor Frost geschützt wird, bis die Temperaturen nicht mehr unter den Gefrierpunkt sinken. Der Wasserhaushalt an den Aceri-Fagetum-Wuchsorten ist allgemein als günstig anzusprechen.

Geographisch gesehen kann zunächst eine Vikariante ohne Trennarten der Mittelgebirge (Tab. 338/1–3B) von einer alpiden Vikariante mit *Chaerophyllum hirsutum* ssp. *villarsii* (Tab. 338/4A–6) unterschieden werden. Als Ergänzung ist in Tab. 338/7 eine artenverarmte Gebietsausbildung von der Schwäbischen Alb aufgeführt, die verhältnismäßig selten in kaltluftbeeinflußten Lagen (Mulden, Karstwannen, Trockentäler) anzutreffen ist. Sie vermittelt insgesamt zum Hordelymo- bzw. Lonicero alpigenae-Fagetum und kann genau so gut als besondere Form zu diesen Assoziationen gestellt werden. Die Mittelgebirgs-Vikariante ist besonders gut in den westlichen Gebirgen ausgebildet, in denen ihre Bestände die Waldgrenze bilden. In den Vogesen tritt sie in einer Gebietsausbildung mit *Digitalis purpurea* und der seltenen *Cicerbita plumieri* bei Ausfall von *Picea abies* als Konkurrent (Tab. 338/1) auf, im Schwarzwald in der Gebietsausbildung mit *Blechnum spicant* (Tab. 338/2A, 2B), in der *Picea abies* schon eine gewisse Rolle spielen kann. Das Gegenstück zu den Gebietsausbildungen von Schwarzwald und Vogesen ist die mit *Acer platanoides* und *Galeopsis bifida* des Bayerischen- und Böhmerwaldes (Tab. 338/3A, 3B), in der zum Bergahorn gelegentlich auch der Spitzahorn tritt und zusätzlich auch schon Fichtenwaldarten wie *Calamagrostis villosa* und *Soldanella montana* eingestreut sind. Insgesamt ist die Gebietsausbildung gegenüber den westlichen Mittelgebirgen sowohl an Artenzahl als auch an Flächenausdehnung geschrumpft und bildet nicht mehr die Waldgrenze, sondern wird zur Spezialgesellschaft. Bei der Vikariante des Alpenraums und des Schweizer Jura sind die

Gebietsausbildungen ohne Trennarten des Allgäus (Tab. 338/4 A, 4 B) und die mit *Dentaria heptaphyllos* des Schweizer Juras (Tab. 338/6) wieder besonders gut mit Arten ausgestattet, und ihre Bestände bilden da und dort die Waldgrenze. Die Gebietsausbildung mit *Aposeris foetida* und *Doronicum austriacum* der Bayerischen Alpen dagegen ist deutlich weniger artenreich und ist − da bereits unter kontinentalen Klimaeinflüssen stehend − auf lokal begünstigte Standorte beschränkt. Sie durchbricht deshalb nur selten den geschlossenen orealen Nadelwaldgürtel.

Nach Oberdorfer 1982 a und b kann man bei allen Gebietsausbildungen auf feinerdereichen, meist feingrusigen Böden eine Subassoziation unterscheiden, in der die großblättrigen Hochstauden zurücktreten und sich vereinzeln, dafür aber niedere Kräuter wie *Stellaria nemorum, Galium odoratum, Circaea alpina* u. a. das Bild der Bodenvegetation bestimmen (Tab. 338/ 2 A−5 A). Oft treten variantenbildend einige Gräser wie *Calamagrostis arundinacea* oder *Festuca altissima* oder auch *Allium ursinum* dazu. Man könnte hierbei physiognomisch gesehen an eine oreale Form des Galio odorati-Fagetum denken. Oberdorfer betont aber ausdrücklich, daß die qualitative Zusammensetzung so viel Ähnlichkeit mit der hochstaudenreichen typischen Subassoziation aufweist, daß sie mit ihr zum Aceri-Fagetum zu stellen ist. Die hochstaudenreiche typische Subassoziation (Tab. 338/2 B−5 B) ist auf frischen Standorten anzutreffen. In ihren Beständen gedeihen die großblättrigen, schön blühenden Hochstauden und stattliche Farne besonders üppig. Sie können standörtlich differenziert in ganz verschiedenartigen Mengenverhältnissen auftreten und entsprechende Varianten bilden. Auf betont frischen, auch durchsickerten Böden häufen sich die großblättrigen Stauden mit *Adenostyles alliariae*, auf besonders nährstoffreichen Böden tritt *Allium ursinum* hinzu, während an etwas trockeneren Stellen Farne wie *Athyrium distentifolium* und *A. filix-femina* in den Vordergrund treten, denen sich an noch etwas trockeneren Örtlichkeiten *Calamagrostis arundinacea* zugesellen kann. Daran schließt sich die Subassoziation mit *Vaccinium myrtillus* an, die schon Issler 1932 aus den Vogesen beschrieben hat und die auch Pfadenhauer 1969 aus den bayerischen Alpen erwähnt (Tab. 338/5 C).

4f. Unterverband: Galio rotundifolii-Abietenion Oberd. 62

(Piceo-Abietion Ellenb. et Klötzli 72)

Labkraut-Tannenwälder, artenreiche Tannenwälder (Tab. 323/10, 11; 339, 340)

Die Weißtanne kann sich in ihrem Areal gegenüber der Rotbuche nur dort behaupten bzw. durchsetzen, wo deren Konkurrenzkraft vermindert ist durch ein kühleres Klima mit kürzerer Vegetationsperiode, durch kontinentaleres Klima (tiefere Wintertemperaturen und größere Temperaturunterschiede zwischen Winter und Sommer, Spätfröste, zurückgehende Niederschläge) oder durch sehr basenarme und saure sowie vernässende und schwere, tonige Böden. So bildet die Weißtanne in der kühleren montanen Stufe der Mittelgebirge und des Alpenrands auf durchaus noch buchengünstigen Standorten zunächst Mischbestände mit der Rotbuche, die diversen „Abieti-Fageta" innerhalb der Unterverbände Luzulo-, Galio odorati-, Dentario glandulosae- und Lonicero alpigenae-Fagenion.

Werden die klimatischen und edaphischen Bedingungen extremer, d. h. buchenungünstiger, so gelangt die Weißtanne zur Vorherrschaft und baut Tannenwälder (verschiedene „Abieteta") auf, denen die Fichte meist in einem kleineren oder größeren Anteil natürlicherweise beigemengt ist, während die Rotbuche entweder ganz fehlt oder im Unterstand eine unbedeutende Rolle spielt. In vielen Fällen ist allerdings schon seit vorgeschichtlicher Zeit durch Waldfeldbau und in neuerer Zeit durch Aufforstungen und forstwirtschaftliche Begünstigung die Fichte so gefördert worden, daß wir statt Fichten-Tannenwäldern reine Fichtenbestände antreffen. Eingestreut sein können der Vogelbeerbaum, gelegentlich auch der Bergahorn, ohne daß diese eine besondere Rolle spielen. Die Waldkiefer kann in bestimmten Standortsausbildungen beigemengt sein.

So begegnen wir auf besonders basenarmen, sauren Silikatböden – so vor allem bei zunehmender Kontinentalität – artenarmen Tannenwäldern, die aber ihrer Gesamtartenkombination nach zum Verband Piceion abietis gehören. Auf basen- und nährstoffreichen Böden finden wir zunächst dort artenreiche Tannenwälder, wo in montaner Lage die Rotbuche durch ein kontinentaleres Klima gehemmt und dadurch die Weißtanne und in gewissem Umfange auch die Fichte indirekt gefördert werden wie z. B. auf der Ostabdachung des Südschwarzwalds, in der Baarhochmulde oder in den Zwischenalpen. Dann kommen reiche Tannenwälder edaphisch bedingt auf schweren Tonböden (Pelosole), insbesondere aber auf vernässenden Böden (Pseudogley, auch Pseudogley-Pelosole) vor, und zwar nicht nur in montaner Lage sondern auch bis in die paene- und submontane Stufe herabsteigend wie z. B. auf dem Randen (über Juranagelfluh-Mergeln), im südwestlichen und nordöstlichen Vorland der Schwäbischen Alb, im Schwäbisch-Fränkischen Wald und auch im Alpenvorland. Es handelt sich dabei um Standorte, die in tieferen Lagen von Carpinion-Wäldern eingenommen werden (vgl. Stoffler 1975). Dabei ergeben sich gerade im Albvorland Übergänge: reiner Eichen-Hainbuchenwald – Eichen-Hainbuchenwald mit einzelnen Weißtannen – Tannenwald mit einzelnen Eichen (vorwiegend Stieleiche) und gelegentlich einzelnen Fichten – reiner Tannenwald mit Fichte. Es handelt sich also bei den artenreichen Tannenwäldern weithin um edaphisch bedingte Spezialgesellschaften. Entsprechend finden wir am Alpennordrand des Bearbeitungsgebiets mit seinem durch hohe Niederschläge insgesamt ozeanisch getönten Klima so gut wie keine klimatisch, sondern nur edaphisch bedingte Tannenwälder auf die Rotbuche hemmenden und die Weißtanne fördernden Unterlagen, so vor allem auf Flysch. Die Abgrenzung der „Tannenwälder" gegenüber „Tannen-Buchenwäldern" ist allerdings oft unklar und schwierig, da vielfach die Nadelbäume direkt oder indirekt durch den Menschen gefördert worden sind. Der Verbreitungsschwerpunkt der artenreichen Tannenwälder liegt im Bereich der Zwischenalpen; dort sind sie am reichsten mit Arten ausgestattet − auch mit Arten des Lonicero-Fagenion − und zeigen damit, daß sie hier bei kontinentalerem Klima die „Tannen-Buchenwälder" des Lonicero-Fagenion der ozeanisch getönten Randalpen ersetzen.

Der Unterverband Galio rotundifolii-Abietenion ist durch Kennarten nur sehr schwach charakterisiert. Als Kennart kann *Galium rotundifolium* angesehen werden, das aber weit in „Abieti-Fageta" und „Piceetea" übergreift und zusätzlich durch den Fichtenanbau weit verschleppt wurde. Daneben gibt es eine Reihe von Trennarten, unter denen in erster Linie *Hylocomium splendens, Vaccinium myrtillus, Melampyrum sylvaticum* und *Rhytidiadelphus loreus* zu erwähnen sind, die innerhalb der Galio odorati-Fagion-Wälder hier einen eindeutigen Schwerpunkt haben und damit recht gut den Galio rotundifolii-Abietenion gegenüber den anderen Unterverbänden differenzieren. Es handelt sich dabei im wesentlichen um Vaccinio-Piceetea-Arten, zu denen sich weitere mit geringer Stetigkeit wie *Pyrola secunda, Lycopodium annotinum, Corallorhiza trifida, Bazzania trilobata, Plagiothecium undulatum, Ptilium crista-castrensis, Huperzia selago* und *Listera cordata* sowie in den Vikarianten des Alpenraums (Tab. 339/1 B, 2 B) auch *Homogyne alpina, Luzula luzulina, Blechnum spicant* und *Calamagrostis villosa* gesellen. Damit vermitteln diese „Tannenwälder" zu den Vaccinio-Piceetea, gehören aber bei dem Übergewicht der Querco-Fagetea-Laubwaldarten (einschließlich Fagetalia- und Galio odorati-Fagion-Arten) noch eindeutig zu dieser Klasse.

Man kann zwei Assoziationen − das Galio rotundifolii-Abietetum und das Pyrolo-Abietetum − unterscheiden, die sich hinsichtlich ihrer floristischen Zusammensetzung und des Basengehalts der von ihnen besiedelten Standorte so zueinander verhalten wie das Galio odorati-Fagetum zum Hordelymo-Fagetum. Allerdings sind bei dem in Tabelle 323, Spalten 10 und 11, sowie in Tabelle 339 und 340 dargestellten Aufnahmematerial die floristischen Unterschiede zwischen den beiden Galio rotundifolii-Abietenion-Assoziationen wesentlich geringer als bei den beiden des Galio odorati-Fagenion; sie umfassen zudem eigentlich nur Differentialarten, weshalb man daran denken könnte, beide zu einer Assoziation Piceo-Abietum Oberd. 50 zusammenzufassen und nur von einer silicolen bzw. calcicolen Subassoziationsgruppe zu sprechen, wie dies Oberdorfer 1950 ursprünglich getan hat. Zieht man aber weiteres Material aus den Alpen heran, dann zeigt sich sehr deutlich, daß die Ausweisung zweier Assoziationen durchaus gerechtfertigt ist. Man muß bedenken, daß das Kerngebiet der Galio rotundifolii-Abietenion-Wälder in den Zwischenalpen und Süddeutschland mehr oder weniger am Arealrand dieser Waldgesellschaften liegt, weshalb sie − wie man dies auch bei anderen Gesellschaften am Arealrand beobachten kann − hier zu Spezialisten-Gesellschaften werden. Dem Galio rotundifolii-Abietetum und dem Pyrolo-Abietetum kann man eigentlich alle montanen artenreichen Tannenwälder, ggf. als Vikarianten (Rassen), zuordnen, die allerdings unter ganz unterschiedlichen Namen publiziert worden sind (s. u.). Von den orealen Lagen der Zwischenalpen wird darüber hinaus das Adenostylo alliariae-Abietetum Kuoch 54 angegeben, das mit dem Aceri-Fagetum der ozeanisch getönten Randalpen korrespondiert und durch dieselben Hochstauden ausgezeichnet ist wie jenes.

Die Tannenwälder wurden früher vielfach, da sie tatsächlich meist anthropogen begünstigt durch eine Vorherrschaft (manchmal sogar Alleinherrschaft) der Fichte ausgezeichnet sind, als „Fichtenwälder" („Piceeta") beschrieben, z. B. das Galio rotundifolii-Abietetum als *Picea-Galium rotundifolium*-Ass. durch J. und M. Bartsch 1940. Oberdorfer (1950) hat als erster die Selbständigkeit der Tannenwälder als verschiedene „Abieteta" herausgearbeitet; ihm folgend haben später verschiedene Autoren diese „Abieteta" präziser gefaßt, aber auch manche Synonyme geschaffen.

9. Ass: Galio rontundifolii-Abietetum Wraber (55) 59

(Galio-Piceetum Bartsch 40, Piceeto-Abietetum silicole Subassoziationsgruppe Oberd. 50, Myrtillo-Abiete-
tum Kuoch 54 p. p. [Lysimachia-Variante, typische Variante; Mastigobryum-Variante = Luzulo-Abiete-
tum], Abietetum H. Mayer 63 p. p., Oxali-Abietetum H. Mayer 69 p. p., Galio-Abietetum Lingg 86)

Labkraut-Tannenwald, artenreicher Silikat-Tannenwald (Tab. 323/10; 339/1A, 1B; 340/
1A−1D)

Wie das Galio odorati-Fagetum im Galio odorati-Fagenion, so stellt auch das Galio rotundifolii-
Abietetum im Galio rotundifolii-Abietenion eine Grundassoziation dar, bei der die Assoziations-
Kenn- und -Trennarten mit denen des Unterverbands zusammenfallen. Bezeichnend für das
Galio rotundifolii-Abietetum ist aber, daß es auch feuchte bis nasse Standorte besiedeln kann;
die Trennarten der Subassoziation mit *Equisetum sylvaticum* auf diesen Standorten können
geradezu zu Trennarten gegen das Pyrolo-Abietetum werden. Das Galio rotundifolii-Abietetum
besiedelt unterschiedliche Böden (Braunerden, Pelosole, Pseudogleye) mittleren Basen- und
Nährstoffgehalts mit Mull oder modrigem Humus und einer guten Wasserversorgung. Auf diesen frischen bis feuchten Standorten zeigt die Weißtanne als Hauptholzart im allgemeinen gute
bis sogar sehr gute Wuchsleistungen.

Das Galio rotundifolii-Abietetum gliedert sich in eine Vikariante mit *Milium effusum* des
außeralpiden Gebiets (Tab. 339/1A) und eine Vikariante mit *Luzula luzulina* des Alpenraums
(Tab. 339/1B). Am Beispiel der *Milium*-Vikariante soll im folgenden kurz die standörtliche
Gliederung dargestellt werden. Auf relativ trockenen, d. h. nur mäßig frischen Standorten
vorwiegend südlicher Exposition des Südostschwarzwalds, der Baar, der Oberen Gäue und des
südwestlichen Vorlands der Schwäbischen Alb ist die Subassoziation mit *Knautia dipsacifolia*
und *Calamagrostis arundinacea* (Tab. 340/1A) anzutreffen. Sie enthält eine Reihe von licht-
und wärmebedürftigen Arten, die zum Teil auch im Pyrolo-Abietetum wiederkehren und damit
die Beziehung zu dieser Assoziation anzeigen. Es könnte möglich sein, daß in Beständen dieser
Subassoziation die Waldkiefer natürliche Einzelvorkommen gehabt hat. Die typische Subassoziation (Tab. 340/1Ba, 1Bb) nimmt ausgesprochen frische, mehr oder weniger skelettreiche,
biologisch tätige Böden ein und ist vor allem auf den Granit- und Gneisflächen der Ostabdachung des Südschwarzwalds, aber auch in den Oberen Gäuen, dem südwestlichen Vorland der
Schwäbischen Alb und im Alpenvorland zu finden. Auf skelettreicheren und deshalb basenreicheren Standorten tritt eine Variante mit *Mercurialis perennis* (Tab. 340/1Ba) der typischen
Subassoziation auf, die aber wesentlich seltener ist als die typische Variante (Tab. 340/1Bb).
Die floristisch nur schwach gekennzeichnete Subassoziation mit *Vaccinium myrtillus* (Tab. 340/
1C) kommt auf etwas versauerten Böden vor und vermittelt zum Vaccinio vitis-idaeo-Abiete-
tum, mit dem ihre Bestände im Südostschwarzwald und auf der Baar nicht selten in Kontakt
stehen; im Alpenvorland leitet sie dagegen mehr zur montanen Form des Luzulo-Fagetum bzw.
zum Luzulo-Abietetum über. Stärker abweichend ist die Subassoziation mit *Equisetum sylvaticum* (Tab. 340/1D), die deshalb auch schon als selbständige Assoziation Equiseto sylvatici-
Abietetum Moor 52 beschrieben worden ist; ihrem gesamten Artengefüge nach gehört sie aber
− da ohne eigene Kennarten − immer noch zum Galio rotundifolii-Abietetum. Sie besiedelt
feuchte bis nasse, oft stark wasserzügige Standorte mit meist tiefgründigen, ± tonreichen Böden
und besitzt eine größere Zahl von „Feuchtarten" als Differentialarten, bei denen es sich zu
einem guten Teil um Alno-Ulmion-Arten handelt. Die Subassoziation leitet zum Carici remotae-
Fraxinetum bzw. auch zum Equiseto telmatejae-Fraxinetum über, mit denen ihre Bestände öfters
in Kontakt stehen bzw. in höheren Lagen sie auch ersetzen. Diese Subassoziation kommt nicht
nur im Südostschwarzwald, auf der Baar, in dem südwestlichen Vorland der Schwäbischen

Alb und im Alpenvorland sondern auch im Schwäbisch-Fränkischen Wald vor, hier allerdings etwas artenverarmt und ohne praealpide Arten wie *Lonicera nigra*. Kann sich in den drei anderen Subassoziationen die Rotbuche gerade noch behaupten und ist im Nebenbestand einzeln beigemischt, so verschwindet sie hier auf den schlecht durchlüfteten Böden fast ganz und gedeiht im Gegensatz zu der vollwüchsigen Weißtanne ausgesprochen schlecht. Die Bestände der Subassoziation mit *Equisetum sylvaticum* sind vielerorts sehr stark rutschgefährdet, oft sind in ihrem Standortsbereich Hangpartien oder ganze Hänge in Bewegung, was an den oft säbelwüchsigen Bäumen zu erkennen ist.

10. Ass.: Pyrolo-Abietetum Oberd. 57 ex Stoffler 75

(Piceo-Abietetum, calcicole Subassoziationsgruppe Oberd. 50, Abietetum albae Kuoch 54 p. p. [melampyretosum sylvatici, festucetosum und elymetosum], Piceetum montanum galietosum rotundifolii Br.-Bl. in Br.-Bl. et al. 39 sowie Br.-Bl., Pallm. et Bach 54, Abietetum H. Mayer 63 p. p., Oxali-Abietetum H. Mayer 69 p. p., Adenostylo glabrae-Abietetum H. Mayer 69, Carici-Abietetum Ellenberg et Klötzli 72, Carici albae-Abietetum Zukrigl 73, Carici albae-Abietetum Lingg 86)

Wintergrün-Tannenwald, artenreicher Kalk-Tannenwald, Seggen-Tannenwald (Tab. 323/11; 339/2 A, 2 B; 340/2 A−2 C)

Das Pyrolo-Abietetum ist gegen das Galio rotundifolii-Abietetum durch eine Reihe von Arten abgegrenzt, darunter *Daphne mezereum, Melica nutans, Pyrola secunda, Epipactis atrorubens, Carex montana, Rubus saxatilis, Pyrola uniflora, Corallorhiza trifida*, um die wichtigsten zu nennen; dazu kommen sowohl in der Vikariante mit *Milium effusum* des außeralpiden Gebiets (Tab. 339/2 A) wie auch in der Vikariante mit *Veronica urticifolia* des Alpenraums (Tab. 339/ 2 B) weitere auf diese Gebiete beschränkte Arten. Auch wenn es sich bei all diesen Arten im Grunde genommen um keine Kennarten im strengen Sinne handelt, sind die beiden Waldgesellschaften Galio rotundifolii-Abietetum und Pyrolo-Abietetum in ihrer Gesamtartenkombination, in der Ausbildung von Subassoziationen, bei den besiedelten Standorten und in der Wuchsleistung der Bestände so unterschiedlich, daß es gerechtfertigt ist, zwei Assoziationen zu unterscheiden. Das Pyrolo-Abietetum besiedelt sehr basenreiche, meist kalkhaltige Böden unterschiedlicher Typen (bei edaphisch bedingtem Pyrolo-Abietetum vorwiegend Pararendzina- und Kalkbraunerde-Pelosole, bei klimatisch bedingten auch Rendzinen und Terra fusca). Der Wasserhaushalt der Böden ist nicht so günstig wie bei den vom Galio-Abietetum besiedelten. Die Standorte sind als mäßig frisch bis mäßig trocken anzusprechen, wobei die Böden oberflächlich auch austrocknen können. Damit ist der Streuabbau verlangsamt, und es kommt zu einer oberflächlichen Anhäufung von Moderhumus über kalkhaltigen Bodenschichten. Diese Bedingungen sind für manche „Moderpflanzen" wie *Pyrola*-Arten und Orchideen besonders günstig, und so dürfte gerade das Pyrolo-Abietetum neben dem Carici-Fagetum, zu dem es Beziehungen gibt, eine unserer orchideenreichsten Waldgesellschaften sein. Unter diesen Standortsbedingungen ist hier auch die Wuchsleistung der Weißtanne und Fichte geringer als im Galio-Abietetum und als gut bis mittelwüchsig zu bezeichnen.

Wie schon angedeutet, kann man wie beim Galio-Abietetum auch beim Pyrolo-Abietetum eine Vikariante mit *Milium effusum* des außeralpiden Gebiets (Tab. 339/2 A; Südostschwarzwald, Baar, südwestliches Vorland der Schwäbischen Alb, Randen im Bereich von Juranagelfluh-Mergeln) und eine Vikariante mit *Veronica urticifolia* des Alpenraums (Tab. 339/2 B; entspricht teilweise dem Piceetum montanum Br.-Bl. 39 boreo-alpine Rasse Oberd. 57) unterscheiden. Bei der letzten Vikariante tauchen auch Arten wie *Calamagrostis varia, Adenostyles alpina, Carex alba, Sesleria varia, Polygala chamaebuxus, Ranunculus montanus* grp u. a. auf, die auf das Vorkommen entsprechender Subassoziationen „caricetosum albae" und „adenostyletosum alpinae" hinweisen; sie können zwanglos als Subassoziationen dem Begriff des Pyrolo-Abietetum untergeordnet werden, ohne daß die Notwendigkeit besteht, selbständige Assoziationen „Carici albae-Abietetum" oder „Adenostylo glabrae-Abietetum" auszuweisen, die noch weniger zu charakterisieren sind als schon das Pyrolo-Abietetum.

Beispielhaft sei hier wiederum kurz die standörtliche Gliederung der *Milium*-Vikariante wiedergegeben. Die relativ trockensten Standorte nimmt die Subassoziation mit *Carex montana* (Tab. 340/2A) ein. Sie wurde von Oberdorfer 1950 und 1957 nach *Brachypodium pinnatum* benannt, doch ist gerade dieses Gras, wie er selbst und Stoffler 1975 schreiben, einerseits wohl Ausdruck ehemaliger Waldweide, andererseits Zeiger junger Feldaufforstungen, auf deren Flächen im Gefolge der Bodenbearbeitung durch Ackerbau Bodendevastationen und andere Schäden aufgetreten waren. Diese Situation zeigt sich auch in dem verhältnismäßig häufigen Vorkommen der Waldkiefer als Pionierbaumart, die im Standortsbereich dieser Subassoziation einzelne natürliche Vorkommen haben dürfte.

Da es nun durchaus Bestände auf alten Waldböden gibt, die kein *Brachypodium pinnatum*, aber *Carex montana* besitzen, ist es richtiger, die Subassoziation nicht nach dem Devastationszeiger sondern nach der Art zu benennen, die auch in anderen Waldgesellschaften auf entsprechend trockenen Standorten vorkommt.

Die Bäume sind in den Beständen dieser Subassoziation mittelwüchsig, d. h. ihre Wuchsleistung ist befriedigend. Günstiger sind die Standortsverhältnisse bei der typischen Subassoziation (Tab. 340/2B), in deren Beständen die Nadelbäume gute Wuchsformen und -leistungen zeigen. Auf etwas sauren Böden – z. B. über würmeiszeitlichen Schottern der Feldbergdonau – finden wir schließlich die Subassoziation mit *Melampyrum pratense* (Tab. 340/2C), in der die Basen(Kalk-)zeiger zurücktreten und die damit einerseits zum Galio-Abietetum, andererseits zum Vaccinio-Abietetum vermittelt. Dieser Eindruck wird auch dadurch bestärkt, daß nach Oberdorfer (1950, 1957) Bestände dieser Subassoziation „vermutlich, wenigstens ortweise oder als Pionierbaum, auch von Natur aus die Waldkiefer beherbergt haben dürften".

4g. Unterverband: Cephalanthero-Fagenion Tx. 55 ex Tx. et Oberd. 58

Seggen- oder Orchideen-Buchenwälder, Kalk-Buchenwälder flachgründiger und/oder warm-trokkener Standorte (Tab. 323/12a, 12b, 13; 341−345)

Der Unterverband umfaßt Buchenwälder auf ± kalkreichem Untergrund meist in hängiger Lage, die als Dauergesellschaften anzusehen sind. Bedingt durch flachgründige Böden und/oder ein warm-trockenes (Lokal-)Klima ist die Wuchsleistung der Bäume − insbesondere die der Rotbuche − nur mäßig bis ziemlich gering. Durch das gegenüber Galio odorati- oder Lonicero-Fagenion-Wäldern günstigere Lichtklima − infolge des etwas lichteren Kronenschlusses der ± schlechtwüchsigen Rotbuche und der Hanglage − können sich verschiedene Prunetalia-Sträucher ansiedeln, die aber im allgemeinen keine geschlossene Strauchschicht bilden und meist auch nicht zum Blühen gelangen. Aus dem gleichen Grunde ist in der Regel die Krautschicht gut ausgebildet, und es findet sich eine ganze Reihe relativ lichtbedürftiger Arten, die zum Teil auch wärmebedürftig und trockenheitsertragend sind.

Dem submediterran getönten Carici-Fagetum Moor 52 (Tab. 323/13), das seine reichste Entfaltung in warmen Tieflagen erfährt, steht das alpigene Seslerio-Fagetum Moor 52 em. (Tab. 323/12a, 12b) gegenüber. Da dieses keine echten Kennarten besitzt, will es Oberdorfer nur als Subassoziation des Carici-Fagetum bewertet wissen.

Anmerkung des Herausgebers:

Auch die „Seslerio-Fageten" werden durch dieselben Kennarten − wenn auch im ganzen in geringerer Stetigkeit − charakterisiert wie die „Carici-Fageten"! Sie sind deshalb auch meist als Subassoziationen des Carici-Fagetum gefaßt worden. Allerdings fällt auf, daß die entsprechenden Gesellschaften der Alpen und Voralpen eine viel reichere und anders geartete Garnitur geographischer, meist dealpider Trennarten aufweisen als die im Norden anschließenden Gesellschaften Mitteleuropas, so daß man hier auf jeden Fall von einer alpiden Vikariante (oder Rasse) der Assoziation sprechen kann, die am besten als *Carex alba*-Vikariante des Carici-Fagetum bezeichnet wird. Sie ist auch ± identisch mit dem, was Th. Müller für die Bayerischen Alpen (und den Schweizer Jura) als Seslerio-Fagetum benennt. Da die Übersichtstabelle 323 *Sesleria albicans* nur mit 50% Stetigkeit enthält, liegt es auf der Hand, daß die *Carex alba*-Vikariante des Carici-Fagetum auch eine Differentialartengruppe mit *Sesleria,* also ein Carici-Fagetum seslerietosum, umschließt (vgl. auch Oberdorfer u. Müller 1984).

Demgegenüber fällt alles, was an Cephalanthero-Fagenion-Gesellschaften nördlich der Alpen − vom süddeutschen Jurazug bis zum Maingebiet und darüber hinaus bis Mitteldeutschland − vorkommt, durch das Zurückbleiben von *Carex alba* (nur örtlich und sporadisch im Süden) und durch das Hervortreten der *Carex montana* (die umgekehrt in den Alpen seltener wird) sowie das reichliche Vorkommen thermophiler, in den Alpen fehlender oder seltener Arten auf. Man kann die Gesamtheit dieser Gesellschaften als *Carex montana*-Vikariante des Carici-Fagetum bezeichnen. Dabei zeigt sich schließlich, daß das Seslerio-Fagetum, das Th. Müller aus dem süddeutschen Jura darstellt, zwanglos als Subassoziation mit *Sesleria* der *Carex montana*-Vikariante des Carici-Fagetum (in seiner jurassischen Gebietsausbildung) gefaßt werden kann (vgl. Tab. 233, 12b u. 13).

Mit Recht haben Böttcher et al. (1981), die ein großes mitteleuropäisches Material zusammengestellt haben, auf die großen floristischen Unterschiede zwischen den Carici-Fageten der Alpen (bzw. des Schweizer Jura) und den im Norden anschließenden kollin-montanen Gesellschaften hingewiesen. Es wurde dabei zur Diskussion gestellt, ob die *Carex alba*-Vikariante des Carici-Fagetum der Alpen und die *Carex montana*-Vikariante des Carici-Fagetum wegen der großen Unterschiede bei den Trennarten nicht in den Rang von Gebietsassoziationen erhoben werden sollten, wobei das alpide Carici albae-Fagetum Moor 52 (wie es sowieso korrekt heißen müßte) auf die Alpen (sowie Schweizer Jura) beschränkt bleiben und die *Carex montana*-reichen Gesellschaften nördlich der Alpen als emendiertes Cephalanthero-Fagetum Oberd. 57 bezeichnet werden sollten. Besser wäre allerdings, sie als Carici montanae-Fagetum zu fassen.

Tabelle 323 zeigt, durch wie viele Arten, darunter eine ganze Reihe alpigener oder praealpider wie *Sesleria albicans, Calamagrostis varia, Polygala chamaebuxus, Aster bellidiastrum, Knautia dipsacifolia, Carduus defloratus, Epipactis atrorubens, Centaurea montana, Ranunculus montanus* grp, *Galium anisophyllum, Laserpitium latifolium, Chrysanthemum adustum, Thesium bavarum* u. a., sich das Seslerio-Fagetum vom Carici-Fagetum unterscheidet. Bei zunehmender Entfernung von den Alpen verarmt das Seslerio-Fagetum an alpigenen Arten und nähert sich mehr und mehr der Artenverbindung des Carici-Fagetum. Deshalb ist es durchaus berechtigt, entsprechende Waldgesellschaften mit *Sesleria albicans* an der Weser bei Höxter (Lohmeyer 1953), des Göttinger Waldes (Winterhoff 1963; Dierschke 1985), des Harzvorlandes (Schönfelder 1978) oder in Thüringen (Hofmann 1958 und 1959) nur als Subassoziation des Carici-Fagetum zu werten, obwohl auch hier noch Unterschiede zwischen der Subassoziation mit *Sesleria albicans* und den übrigen Subassoziationen des Carici-Fagetum deutlich sichtbar werden. Diese treten selbstverständlich beim Seslerio-Fagetum des Alpenraums und Jurazugs (Schweizer Jura, Schwäbische und Fränkische Alb) wesentlich schärfer in Erscheinung. So übernimmt im Seslerio-Fagetum − wie auch im mittel- und norddeutschen Carici-Fagetum seslerietosum − *Epipactis atrorubens* die Rolle von *Cephalanthera damasonium* im Carici-Fagetum und kann deshalb innerhalb des Cephalanthero-Fagenion als Trennart des Seslerio-Fagetum angesehen werden. Dann treten *Galium odoratum* und *Asarum europaeum,* zwei im Carici-Fagetum verbreitete Arten, im Seslerio-Fagetum zurück oder fehlen ganz. Dazu kommt, daß das Seslerio-Fagetum im Gegensatz zum Carici-Fagetum nicht an warme Standorte sondern an flachgründige Böden in Steillage gebunden ist. Es kann deshalb verhältnismäßig hoch steigen und Hänge aller Expositionen besiedeln, was wiederum zur Folge hat, daß die Subassoziationen anders ausgebildet sind als beim Carici-Fagetum. Unter Berücksichtigung dieser Gesichtspunkte kann man − bei überregionaler Betrachtung und vom Kerngebiet der Verbreitung des Seslerio-Fagetum ausgehend − mit gleicher Berechtigung das mittel- und norddeutsche Carici-Fagetum seslerietosum als an alpigenen Arten verarmte, dem Carici-Fagetum angenäherte Ausbildungen des Seslerio-Fagetum ansehen. Kontaktgesellschaften im Hauptverbreitungsgebiet des Seslerio-Fagetum sind Erico-Pinion-Gesellschaften (Cytiso-Pinetum, Coronillo-Pinetum, Calamagrostio-Pinetum, Molinio-Pinetum, Erico-Pinetum sylvestris), die des Carici-Fagetum dagegen Quercetalia pubescenti-petraeae-Gesellschaften.

Auch wenn es sich bei den das Seslerio-Fagetum kennzeichnenden Arten im Grunde genommen um keine Kennarten im strengen Sinne handelt, weist es gegenüber dem Carici-Fagetum doch so deutliche Unterschiede in der Gesamtartenkombination, in der Ausbildung der Subassoziationen, bei den besiedelten Standorten, bei den Kontaktgesellschaften und in seiner Verbreitung auf, daß es Müller entsprechend dem Vorgehen beim Aceri-Fagetum oder beim Galio rotundifolii-Abietetum und Pyrolo-Abietetum für gerechtfertigt hält, das Seslerio-Fagetum als selbständige Assoziation zu betrachten, wie es auch Ellenberg 1986 tut. Theurillat in Theurillat et Béguin 1985 geht noch einen Schritt weiter und stellt dem Cephalanthero-Fagenion einen Unterverband „Seslerio-Fagenion" gegenüber, dem er das Seslerio-Fagetum Moor 52 und das Taxo-Fagetum Etter 47 zuordnet. Müller will nicht so weit gehen, sondern das Seslerio-Fagetum aufgrund des Besitzes von gemeinsamen Trennarten zum Cephalanthero-Fagenion stellen. Weil die wesentlichen bezeichnenden Arten des Seslerio-Fagetum auch im Taxo-Fagetum vorkommen (vgl. Tab. 342/1−5), bezieht er dieses in ein erweitertes Seslerio-Fagetum als Subassoziation ein.

Kennarten des Unterverbands sind die Orchideen *Cephalanthera damasonium, rubra* und *longifolia,* sowie *Cypripedium calceolus* und *Epipactis microphylla,* von denen *Cephalanthera damasonium* Kennart des Carici-Fagetum ist und nur dort eine höhere Stetigkeit aufweist. Die übrigen Arten sind insgesamt relativ selten. Größere Stetigkeiten weisen dagegen die Trennarten des Unterverbandes auf, durch die er sich von den anderen Unterverbänden deutlich unterscheidet: *Melica nutans, Carex flacca, Sorbus aria, Rubus saxatilis, Carex alba* und *Malus sylvestris.* Dazu kommen außerhalb des Alpenraums (dort sehr selten): *Galium sylvaticum, Convallaria majalis, Carex montana, Vincetoxicum hirundinaria, Chrysanthemum corymbosum, Cornus sanguinea, Campanula persicifolia, Viburnum lantana, Primula veris* ssp. *canescens, Brachypodium pinnatum, Viola hirta, Festuca heterophylla, Ligustrum vulgare* u. a.

11. Ass.: Seslerio-Fagetum Moor 52 em. Th. Müller

Blaugras-Buchenwald, Steilhang-Buchenwald, Fels- und Mergelhang-Buchenwald (Tab. 323/ 12a, 12b; 341−342)

Tab. 323/12a: *Carex alba*-Vikariante des Carici-Fagetum (Oberdorfer); Tab. 323/12b: *Carex montana*-Vikariante des Carici-Fagetum, Subass. mit *Sesleria* (Oberdorfer)

Da die Bäume an den meist steilen Hängen nicht so dicht schließen, gelangt zusammen mit dem Seitenlicht relativ viel Licht auf den Boden, wodurch sich die Krautschicht gut entwickeln kann. Auffallend sind Rasenflächen von *Sesleria albicans* und/oder *Calamagrostis varia,* auch verschiedener *Carex*-Arten, zwischen denen die übrigen Arten eingestreut sind. Die Vikariante mit *Adenostyles alpina* des Alpenraums (Tab. 323/12a; 341/1.1−1.4) unterscheidet sich von der mit *Galium sylvaticum* des außeralpiden Gebiets (Tab. 323/12b; 341/2A−2Bh; 342) nicht nur durch eine Reihe von Arten, sondern auch durch unterschiedliche Subassoziationen, weshalb beide getrennt besprochen werden sollen.

Bei dem sehr niederschlagsreichen, feucht-kühlen Klima am süddeutschen Alpenrand (Allgäuer- und Bayerische Alpen) kommt es nicht zur Bildung von Carici-Fageten.[1]) Es gibt zwar durchaus *Carex alba*-reiche Waldbilder, diese gehören aber − so weit sie hochstetes und reichliches Vorkommen von *Hordelymus europaeus, Galium odoratum, Lamium galeobdolon* (teilweise *L. flavidum*), *Carex sylvatica* und *Brachypodium sylvaticum* aufweisen − noch eindeutig zum Cardamino trifoliae- bzw. Lonicero alpigenae-Fagetum als Subassoziation mit *Carex alba.* Dagegen tritt an ± flachgründigen und steilen Karbonatfels-, -steinschutt- und Mergel-Hängen das Seslerio-Fagetum in der Vikariante mit *Adenostyles alpina* auf (= Adenostylo glabrae-Abieti-Fagetum H. Mayer in Mayer et Hofmann 69, auct. p. p.; Tab. 323/12a; 341/ 1.1−1.4), die Oberdorfer als *Carex alba*-Vikariante des Carici-Fagetum ansieht. Neben der Rotbuche sind mehr oder weniger regelmäßig auch Fichte, Berg-Ahorn, Tanne, seltener Mehlbeerbaum und ziemlich selten Wald-Kiefer in der Baumschicht vertreten; weitere Baumarten spielen keine Rolle. Dank der hohen Niederschläge ist die Wuchsleistung der Bäume wesentlich besser als bei den Beständen der *Galium sylvaticum*-Vikariante. Sträucher spielen keine wesentliche Rolle. In der Krautschicht fehlen gegenüber dem Cardamino- bzw. Lonicero-Fagetum *Galium odoratum, Festuca altissima, Hordelymus europaeus, Carex sylvatica, Asarum europaeum* u. a. fast ganz. Dafür sind die kennzeichnenden Arten des Seslerio-Fagetum reichlich vertreten. Die Vikariante ist ausgezeichnet durch das Auftreten eines Gemischs von Erico-

---

[1]) Die klimatisch bedingte relative Armut an Cephalanthero-Fagenion-Arten kann aber kein Grund sein, diese alpiden Gesellschaften nicht doch zum Carici-Fagetum (als oberbayerische Gebietsausbildung) zu stellen, zumal für das Seslerio-Fagetum, wie schon gesagt, gar keine spezifisch eigene Kennarten genannt werden können (vgl. Anmerkung S. 238. Außerdem wird die Abgrenzung der Assoziationen gegeneinander unscharf! (Oberdorfer)

Pinion-Arten (z. B. *Polygala chamaebuxus, Erica herbacea, Aquilegia atrata, Rhododendron hirsutum,* auch *Pinus sylvestris*) und damit dessen Nachbarschaft andeutend, von Piceetalia-Arten (z. B. *Picea abies, Vaccinium myrtillus, Homogyne alpina, Huperzia selago, Melampyrum sylvaticum* u. a.) und damit darauf hinweisend, daß dank des herrschenden Klimas auch Fichtenwälder in der Nähe sind, und schließlich Fagetalia- bzw. Fagion-Arten (z. B. *Aposeris foetida, Veronica urticifolia, Lonicera alpigena* u. a.). Werden die Standorte extrem flachgründig und damit auch ziemlich trocken oder neigen zu Rutschungen, dann vollzieht sich der Übergang zum Erico- bzw. Calamagrostio-Pinetum. Häuft sich dagegen an absonnigen Lagen Moder und Rohhumus an, dann führt die Entwicklung zum Homogyno-Piceetum.

Wir können 2 Gruppen von Subassoziationen unterscheiden, einmal die der Montanstufe, zum anderen die der Orealstufe, wobei es sich um Verbreitungsschwerpunkte handelt, da sich beide in ihrer Höhenverbreitung weit überlappen, indem bei jeweiliger Klimabegünstigung die einen hinauf-, die anderen herabsteigen. Als „montane" Subassoziationen haben die mit *Carex alba* (Tab. 341/1.1) der mehr trockenen und auch wärmeren Hänge in vorwiegend südlicher Exposition und die typische Subassoziation (Tab. 341/1.2) der nicht so trockenen Hänge in mehr nördlicher Exposition zu gelten. Ihnen entsprechen in der orealen (hochmontanen) Stufe an ± trockenen, feinerdearmen, gelegentlich auch unter Föhneinfluß stehenden Standorten vor allem in südlicher Exposition die Subassoziation mit *Carex sempervirens* (Tab. 341/1.3) und an weniger trockenen Standorten nördlicher Exposition die Subassoziation mit *Carex ferruginea* (Tab. 341/1.4). Bestände dieser beiden Subassoziationen können zusammen mit dem Aceri-Fagetum bis an die Waldgrenze vordringen und dabei die flachgründigen Böden einnehmen, während die mittel- bis tiefgründigen vom Aceri-Fagetum bestockt werden.

Die Vikariante mit *Galium sylvaticum* des außeralpiden Gebiets (Fränkische und Schwäbische Alb, westliches Alpenvorland; Tab. 323/12b; 341/2A−2Bh) ist neben den für das Seslerio-Fagetum kennzeichnenden Arten ausgezeichnet durch mit dem Carici-Fagetum gemeinsame Trennarten des Unterverbands, durch das stärkere Hervortreten von *Laserpitium latifolium* und *Buphthalmum salicifolium* sowie das Auftreten von *Campanula rotundifolia* grp, *Anthericum ramosum, Digitalis grandiflora, Silene vulgaris, Polygonatum odoratum, Bupleurum falcatum, Thesium bavarum, Thlaspi montanum* und *Chrysanthemum adustum* (nur in der Gebietsausbildung mit *Euphorbia amygdaloides* der Schwäbischen Alb und des westlichen Alpenvorlands.) Die Bestände dieser Vikariante werden von der Rotbuche beherrscht, auch wenn sie auf den sehr flachgründigen Böden der kalkigen Kalkfels- und Mergel-Steilhänge verschiedener Expositionen schlecht gedeiht. Forstlich gesehen handelt es sich um „Nichtwirtschaftswald", der im besten Fall Brennholz liefert und der häufig „Schutzwald" darstellt. Die Buche ist extrem kurzschäftig, erreicht meist kaum 10 m Höhe, selten 15 m. Meusel (1939, 1942) spricht deshalb zu recht vom „Blaugras-Krüppelbuchenwald". Die Stämme sind krumm, vielfach sind sie vom Boden an beastet, oder es gehen in wenigen Metern Höhe Grobäste mehr oder weniger waagerecht ab. Früher Laubabwurf − in trockenen Sommern u. U. schon im August −, Wipfeldürre und dürre Äste gehören hier zum Erscheinungsbild der Rotbuche. Oft stirbt deshalb der Hauptstamm nach nicht allzu langer Lebenszeit ab (dieses Totholz ist mancherorts Habitat des Alpenbocks *Rosalia alpina*). Meist richtet sich dann ein Seitenast auf und bildet einen neuen, krummen Stamm, oder es treiben aus der Stammbasis neue Äste aus, von denen dann einer zum Stamm wird. So entsteht auf natürliche Weise ein mittelwaldartiges Bild, wie man es z. B. sehr schön im Naturschutzgebiet Nägelesfels bei Bad Urach beobachten kann. Der Rotbuche ziemlich regelmäßig beigemengt ist der Mehlbeerbaum, der in Wuchsleistung voll mit ihr konkurriert. In einzelnen Gebiets- bzw. Lokalausbildungen können Wald-Kiefer, Fichte und Tanne eine gewisse Rolle spielen; weitere Baumarten sind unwesentlich. Sträucher sind meist vorhanden, sie bilden aber der Trockenheit wegen fast nie eine geschlossene Strauchschicht, sondern sind einzeln eingestreut. Bei dem lockeren Stand der Bäume und ihren lichten Kronen gelangt reichlich Licht auf den Boden, so daß die Krautschicht im allgemeinen gut entwickelt ist. Teilweise spielen auch Moose eine gewisse Rolle, z. B. *Ctenidium molluscum* oder *Tortella tortuosa*.

Die Gebietsausbildung mit *Polygala chamaebuxus* und *Hepatica nobilis* der Fränkischen Alb (Tab. 341/2A) zeichnet sich außer durch diese beiden Arten noch durch ein ± regelmäßiges Vorkommen der Wald-Kiefer aus. Es kommen vor: die Subassoziation mit *Anthericum ramosum* auf sehr flachgründigen, oft nur 5−10 cm mächtigen mullartigen Rendzinen vorwiegend in westlicher Exposition, einschließlich einer *Molinia arundinacea*-Variante auf wechseltrockenen Standorten, und die Subassoziation mit *Pyrola secunda* auf flachgründigen Dolomitmoder-Rendzinen (entspricht der Subassoziation mit *Hylocomium splendens*).

Die Gebietsausbildung mit *Euphorbia amygdaloides* der Schwäbischen Alb und des westlichen Alpenvorlands (Tab. 341/2Ba−2Bh) besitzt als differenzierende Arten neben der genannten *Euphorbia amygdaloides* noch *Helleborus foetidus* und *Euphorbia dulcis* ssp. *purpurata* − alle drei mit subatlantisch-submediterraner Verbreitung − sowie die praealpide *Chrysanthemum adustum*. Sie gliedert sich von Osten nach Südwesten in mehrere Lokalausbildungen: die im Übergang zur Gebietsausbildung der Fränkischen Alb im nordöstlichen Teil der Schwäbischen Alb vorkommende Lokalausbildung mit *Hepatica nobilis* (Tab. 341/2Ba), die Lokalausbildung mit *Carex alba* und *Melittis melissophyllum* der südöstlichen Schwäbischen Alb (Tab. 341/2Bb), die Lokalausbildung ohne Trennarten der mittleren Schwäbischen Alb (Tab. 341/2Bc), die Lokalausbildung mit *Lonicera alpigena* und *Abies alba* des Traufgebiets der westlichen Schwäbischen Alb und des westlichen Alpenvorlands (Tab. 341/2Bd), die im Bereich der höchsten Erhebungen der Schwäbischen Alb mit dem − gegenüber den anderen Teilen der Schwäbischen Alb − kühleren und niederschlagsreicheren Klima dem von Moor 1952 beschriebenen Seslerio-Fagetum am nächsten kommt, die Lokalausbildung mit *Lonicera alpigena* aber ohne *Abies alba* der Hohen Schwäbischen Alb (Heuberg) und ihrer Täler (Tab. 341/2Be), die Lokalausbildung mit *Lonicera alpigena* und *Carex alba* des Oberen Donautals und der Baaralb (Tab. 341/2Bf), mit spärlichem Wald-Kiefervorkommen (steht im Kontakt mit dem Coronillo-Pinetum Rich. 72), die Lokalausbildung mit *Lonicera alpigena* und *Polygala chamaebuxus* der Hegaualb (Tab. 341/2Bg) mit vermutlich natürlichem Wald-Kiefervorkommen und schließlich die Lokalausbildung mit *Lonicera alpigena* und *Coronilla emerus* der Randenalb (Tab. 341/2Bh), die mit ihren Trennarten zum Carici-Fagetum vermittelt; unklar ist hier die Rolle der Wald-Kiefer.

An der Lokalausbildung mit *Lonicera alpigena* und *Abies alba* (Tab. 341/2Bd) soll im folgenden beispielhaft die standörtliche Gliederung für das Seslerio-Fagetum, Vikariante mit *Galium sylvaticum* des außeralpiden Gebiets kurz dargestellt werden. An relativ trockenen Standorten tritt die Subassoziation mit *Anthericum ramosum* (Tab. 342/1A−1D) auf, deren Trennarten entweder aus dem Quercion pubescenti-petraeae oder aus dem Geranion sanguinei stammen. Sie wurde bereits von Moor 1952 beschrieben und entspricht zum Teil dem, was von verschiedenen Autoren als „Steppenheide-Buchenwald" bezeichnet wird. Vom Boden her gesehen besiedeln Bestände der Variante mit *Teucrium chamaedrys* und *Carex humilis* (Tab. 342/1A) ebenso wie die typische Variante (Tab. 342/1B) sehr flachgründige mullartige Rendzinen, doch ist der Standort der Variante mit *Teucrium chamaedrys* infolge seiner Südwestexposition besonders warm und damit auch besonders trocken. Dies ist bei der typischen Variante, die bei westlichen, südlichen und östlichen Expositionen vorkommt, nicht mehr in diesem Umfange gegeben. Die Variante mit *Calamagrostis varia* (Tab. 342/1C) finden wir auf wechseltrockenen Mergelböden (Mullartige Mergel-Pararendzina) in westlichen bis südlichen Expositionen. Verhältnismäßig selten tritt auf oberflächlich entkalkter und daher etwas saurer, flachgründiger Terra fusca in vorwiegend westlicher bis nördlicher Exposition die Variante mit *Calamagrostis arundinacea* (Tab. 342/1D) auf, deren Artenzusammensetzung sehr an das Sorbo-Calamagrostietum arundinaceae Oberd. (36) 57 em. Carbiener 69 (vgl. Süddeutsche Pflanzengesellschaften, 2. Auflage, Teil II S. 340) erinnert und vegetationshistorisch als Überlagerung des Sorbo-Calamagrostietum durch Buchenwald aufgefaßt werden kann. Die weiteren Subassoziationen entsprechen weitgehend dem, was Gradmann 1950 als „Bergwald" bezeichnet hat. In der Subassoziation mit *Hylocomium splendens* (Tab. 342/2), die Moor 1952 schon eingehend beschrieben hat, treten als Trennarten eine Gruppe von Arten mit unterschiedlichen Standortsansprüchen auf: teils sind es Kühle-, teils Frische- und teils Mäßigsäure-Zeiger. Dies ist verständlich, wenn man die Standortsbedingungen der Subasssoziation betrachtet. Ihre Bestände wachsen auf absonnig gelegenen Felssteilhängen meist nördlicher Exposition, die teilweise zusätzlich beschattet werden. Das Lokalklima ist zwar feucht-kühl, doch ist der flachgründige Boden verhältnismäßig trocken, so daß die Mullbildung gestört ist und sich eine oberflächlich saure Kalkmoder-Rendzina bildet. Die Subassoziation mit *Tilia platyphyllos* (Tab. 342/3) vermittelt zu Tilio-Acerion-Wäldern; ihre Bestände stocken an Steinschutthalden, an denen der Steinschlag im Frühjahr eine gewisse Rolle spielt (Hauff 1977), doch darf dieser nicht allzu stark sein, da sonst die Rotbuche und das Blaugras ausgeschlossen würden. Die Subassoziation mit *Petasites albus* (Tab. 342/4) wurde erstmals von Koch und v. Gaisberg 1938 unter den Bezeichnungen „Ulmen-Ahornwald mit Pestwurz" (ist der Tabelle und dem Text nach aber ein Buchenwald) von Mergelhalden bzw. mergelreichen Steinschutthalden aus dem Naturschutz- und Bannwaldgebiet „Untereck" auf der Schwäbischen Alb bei Balingen beschrieben und mit Aufnahmen belegt. Von Steilhängen der oberen Süßwassermolasse des schweizerischen Alpenvorlandes beschrieb und belegte Etter 1947 eine ganz entsprechende Waldgesellschaft unter dem Namen „Taxo-Fagetum", das Moor 1952 auch im Schweizer Jura und Kuoch 1954 in den Schweizer Voralpen nachwiesen. Schließlich behandelte Hauff 1977 von der südwestlichen Schwäbischen Alb diesen Wald unter der Bezeichnung „Bergreitgraswald auf Mergelsteilhängen". Vergleicht man die süddeutschen Bestände (Tab. 342/4; Schwäbische Alb und westliches Alpenvorland) mit den schweizerischen (Tab. 342/5), dann kann man leicht feststellen, daß es sich um ein und dieselbe Gesellschaft handelt. Da in ihr die gleichen kennzeichnenden Arten vorkommen wie in den übrigen Subassoziationen des Seslerio-Fagetum, von denen sie sich nur durch Trennarten unterscheidet, kann sie zwanglos in das Seslerio-Fagetum als Subassoziation einbezogen werden. Für ihre Bezeichnung wurde bewußt auf *Taxus baccata* verzichtet, da nach der gründlichen Studie von Hofmann 1958 über „Die eibenreichen Waldgesellschaften Mitteldeutschlands" und nach Ellenberg 1986 die Eibe in ganz unterschiedlichen Buchenwaldgesellschaften vorkommen kann; sie hat sich nur in den „Mergelsteilhangwäldern" besonders gut gehalten, weil diese als Schutzwälder meist nicht bewirtschaftet und vom Rehwild gemieden werden. Es wurde vielmehr auf die erste Beschreibung durch Koch und v. Gaisberg 1938 zurückgegriffen, in der ausdrücklich auf *Petasites albus* Bezug genommen wird. Die Bäume sind in dieser Subassoziation etwas besser wüchsig als in den anderen, werden durchschnittlich ungefähr 15 m hoch und erreichen selten die Höhe von 20 m. Insgesamt zeigen die Bestände nur mäßige Wuchsleistungen, die Bäume bleiben kurz und weisen am Steilhang zudem schlechte Wuchsformen auf. In den ± lockeren Bestand der Rotbuche sind häufig Berg-Ahorn, Mehlbeerbaum und Esche, weniger häufig Tanne, Berg-Ulme, Fichte und im Unterstand die Eibe, gelegentlich auch die Waldkiefer eingestreut. Die Strauchschicht, in der − neben Sträuchern des Mehlbeerbaums und weiterer Bäume − vor allem *Lonicera xylosteum, Daphne mezereum, Viburnum lantana, Rosa pendulina* und *Lonicera alpigena* anzutreffen sind, ist meist nur locker augebildet (10−25 % deckend). Die

16*

Krautschicht deckt den Boden ungefähr zur Hälfte bis zu zwei Dritteln. Auffallend in ihr sind das herdenweise Auftreten des Bunten Reitgrases (Berg-Reitgras, *Calamagrostis varia*) und der Blaugrünen Segge *(Carex flacca),* während das Blaugras etwas zurücktritt. Dazwischen wachsen zahlreiche Kräuter, Gräser und Seggen, unter denen *Lathyrus vernus, Aster bellidiastrum, Knautia dipsacifolia, Solidago virgaurea, Centaurea montana, Laserpitium latifolium, Angelica sylvestris, Galium sylvaticum, Prenanthes purpurea, Phyteuma spicatum, Convallaria majalis, Senecio fuchsii, Gentiana lutea, Lilium martagon* und *Petasites albus* besonders auffallen. Hin und wieder ist erstaunlicherweise die Moosschicht ganz gut ausgebildet, und es treten dann Arten wie *Rhytidiadelphus triquetrus, Ctenidium molluscum, Hylocomium splendens, Eurhynchium striatum* und *Tortella tortuosa* auf. Bestände der Subassoziation besiedeln Mergel- und mergelige Steinschutt-Steilhänge, wie sie im Bereich der westlichen Schwäbischen Alb in den Schichten der Oxfordmergel (Weißer Jura α) oder im Alpenvorland in den Schichten der Oberen Süßwassermolasse vorkommen. Es werden so gut wie ausschließlich absonnige Hänge nördlicher Auslage besiedelt; werden andere Expositionen eingenommen, dann handelt es sich um sonngeschützte Einschnitte, Rinnen oder Mulden (südexponierte Mergelhänge tragen das Calamagrostio variae-Pinetum). Die bestockten Hänge sind zwar stabil, aber es muß bei den steilen Lagen mit einem erosiven Oberflächenabtrag gerechnet werden. An rutschenden Nordhängen stellt sich als Pioniergesellschaft das Anthyllido-Leontodontetum hyoseroides petasitetosum albi, dem das Laserpitio-Calamagrostietum variae oder Pionierbestände des Seslerio-Fagetum petasitetosum albi folgen. Die Böden sind ziemlich flachgründige Mullartige bis Mull-Mergel-Pararendzinen. Den Trennarten nach handelt es sich um frische Standorte, doch können die Mergelhänge selbst in Schattlagen im Sommer oberflächlich austrocknen. Wie bei den anderen Subassoziationen des Seslerio-Fagetum handelt es sich auch bei der Subassoziation mit *Petasites albus* um eine Dauergesellschaft.

12. Ass.: Carici-Fagetum Rübel 30 ex Moor 52 em. Lohm. 53

(Fagetum calcareum Faber [33] 36 p.p., Helleboro foetidi-Fagetum Kuhn 37 p.p., Bupleuro longifolii-Fagetum Kuhn 37 p.p., Fagetum finicola Etter 47, Fagetum sylvaticae caricetosum digitatae v. Rochow 48, Lathyro verni-Fagetum Hartm. 53 p.p. Cephalanthero-Fagetum Oberd. 57 p.p., Carex montana-Vikariante des Carici-Fagetum [typicum] Oberdorfer, s. o.)

Seggen-Buchenwald, Orchideen-Buchenwald, wärmeliebender Kalk-Buchenwald trockener Standorte (Tab. 323/13; 343—345).

Leider ist die Abgrenzung und Benennung dieser Rotbuchen-Waldgesellschaft etwas verworren, weshalb kurz auf die Geschichte ihrer Beschreibungen eingegangen werden soll.

Die Bezeichnung Carici albae-Fagetum taucht erstmalig bei Rübel 1930 ohne jede weitere Beschreibung auf. Bei Rübel 1932 findet sich unter „Fagetum caricosum" die Bemerkung: „Eine Soziation, die Domin dieser Assoziation einfügt, ist die der dominierenden *Carex alba*. Weißseggenreiche Buchenwälder sind auch aus der Schweiz von kalkreichen, windgeschützten Böden bekannt, aber soziologisch noch nicht bearbeitet".

Moor 1945 beschreibt das Fagetum caricosum albae aus dem nordwestlichen Tafeljura und faßt dieses 1952 als eigene Assoziation Carici-Fagetum, eine „thermophile Waldgesellschaft" trockener Standorte. Diese Assoziationsbeschreibung bezieht sich aber nur auf die Subassoziation „caricetosum albae". Erst Lohmeyer 1953 erweitert den einseitig auf *Carex alba* bezogenen Begriff, indem er neben der Subassoziation mit *Sesleria albicans* eine typische Subassoziation mit *Carex digitata, flacca* und *montana* einführte. Er schuf damit — inhaltlich über Moor 1952 hinausgehend — den Begriff Carici-Fagetum, so wie er heute in Deutschland allgemein verwendet wird. Er ließ allerdings offen, ob es sich bei dem von ihm beschriebenen Carici-Fagetum nicht um eine besondere Gebietsassoziation „Carici-Fagetum boreoatlanticum" handeln würde, was im heutigen Sprachgebrauch einer Vikariante entspricht. Oberdorfer 1957 beschrieb das Cephalan-thero-Fagetum, in dem er alle submontanen Kalkbuchenwälder zusammenfaßte; es enthielt aber nicht nur das Carici-Fagetum als thermophile Waldgesellschaft trockener Standorte, sondern auch Tieflagenformen des Hordelymo-Fagetum ausgesprochen frischer Standorte. Oberdorfer übernahm im weiteren dann den Begriff des Carici-Fagetum im Sinne von Lohmeyer 1953. Moor 1972 gab sein Konzept von 1952, daß es sich beim Carici-Fagetum um eine thermophile Waldgesellschaft trockener Standorte handle, auf und bezog Tieflagen-formen des Dentario heptaphyllidi-Fagetum ausgeprägt frischer Standorte − wie z. B. die Subassoziationen „dentarietosum heptaphyllidi", „actaeetosum spicatae", „circaeetosum lutetianae", „hordelymetosum euro-paei" usw. − ein. Das Carici-Fagetum im Sinne von Moor 1972 umfaßt also wieder alle submontanen Kalkbuchenwälder und entspricht damit dem Cephalanthero-Fagetum Oberd. 57 (ein „Carici-Fagetum" in diesem Sinne muß nach den Nomenklaturregeln dann „Cephalanthero-Fagetum Oberd. 57 heißen). Wir können diesen Schritt von Moor 1972 nicht nachvollziehen und bleiben bei dem Carici-Fagetum im Sinne von Lohmeyer 1953. Boettcher et al. haben dann 1981 angeregt, den praealpinen Komplex Carici albae-Fagetum Moor 52 (einschließlich Seslerio-Fagetum Moor 52) und die mitteleuropäische Gesellschaftsgruppe als Cephalanthero-Fagetum Oberd. 57 em. Boettch. et al. 81 zu fassen.

Im Carici-Fagetum herrscht eindeutig die Rotbuche. In naturnahen Beständen, wie sie z. B. an Hängen der Schwäbischen Alb nicht selten sind, spielen die meist einzeln eingestreuten Nebenbaumarten keine wesentliche Rolle oder sind − wenn sie häufiger auftreten − auf bestimmte Standortsausbildungen (trocken, wechseltrocken, steinschuttreich usw.) beschränkt, bei denen die Rotbuche sie als Konkurrenten dulden muß (vgl. Tab. 344). In Beständen, die lange als Nieder- oder Mittelwald bewirtschaftet wurden, sind sie dagegen häufiger, so vor allem *Carpinus betulus*, *Acer campestre* und Eichen (vgl. z. B. Tab. 343 die Spalte 2Ac mit 2D oder Tab. 344 mit 345). Entsprechendes gilt auch für die Strauchschicht, die zwar in naturnahen Beständen arten-reich sein kann, aber nur selten höhere Deckungswerte als 20% erreicht. Außerdem sind die Sträucher meist niedrig (kniehoch) und kommen kaum zum Blühen und Fruchten mit Ausnahme ausgesprochener „Waldsträucher" wie *Lonicera xylosteum* und *Daphne mezereum*. Wenn deshalb Moor 1952 schreibt: „Die Strauchschicht ist arten- und individuenreich und bedeckt Flächen mehr oder weniger gleichmäßig" oder v. Rochow 1948 ihr Fagetum caricetosum digitatae (= heutiges Carici-Fagetum) als „Strauchbuchenwald" bezeichnet, dann gehen sie von alten Nieder- und Mittelwäldern aus, wie dies auch Moor 1952 und 1972 gleichlautend schreibt: „Die Bestände des Carici-Fagetum sind meistens auswachsende Buchen-Stockausschlagwälder und zeigen alle mögli-chen Übergänge vom buschigen Niederwald bis zum auswachsenden Altholzbestand mit Hoch-waldcharakter". Dies wirkt sich selbstverständlich auch in der Krautschicht aus, die in solchen Beständen sehr reichlich entwickelt sein und viele ± lichtbedürftige Arten enthalten kann, auch wenn die Standortsverhältnisse in keiner Weise extrem sind (vgl. dazu Wilmanns und Bogenrieder 1986). Aber auch in naturnahen Wäldern kann dies der Fall sein, wenn z. B. an etwas steileren Hängen Seitenlicht einfällt oder auf ± trockenen Standorten die Baumkronen nicht mehr dicht schließen und deshalb mehr Licht auf den Boden gelangt. In der Krautschicht fallen verschiedene Seggen (*Carex alba*, *C. digitata*, *C. flacca*, *C. montana* und *C. ornithopoda*) auf, von denen vor allem *Carex alba* dank ihrer Ausläufer größere, manchmal flächendeckende Herden bilden kann. Dazwischen stehen Gräser und Kräuter, darunter die kennzeichnenden Orchideen *Cephalanthera damasonium* und *C. rubra* sowie die hier einen Schwerpunkt ihres Vorkommens aufweisende *Neottia nidus-avis*; weitere wie *Platanthera bifolia*, *Orchis mascula*, *Cephalanthera longifolia*, *Orchis pallens*, *Cypripedium calceolus* und *Epipactis microphylla* sind aber insgesamt zu selten, um das Carici-Fagetum zu charakterisieren. Ein Teil dieser Orchideen ist heute vorwiegend in Mesobromion-Gesellschaften verbreitet; sie dürften aber im Carici-Fagetum ihre ursprünglichen Wuchsorte gehabt haben, zumal die Mesobromion-Rasen weitestgehend Ersatzgesellschaften des Carici-Fagetum sind. Moose spielen im Carici-Fagetum kaum eine Rolle.

Die Wuchsleistung der Rotbuche ist nur mäßig bis im besten Fall mäßig gut; sie ist deutlich besser als im Seslerio-Fagetum, aber genau so deutlich schlechter als in Galio- oder Lonicero-Fagenion-Gesellschaften. Ihre Stammschäfte sind hier kürzer als in jenen, sie ist ziemlich grobästig und nicht selten zwieselig. Das Carici-Fagetum besiedelt wärmebegünstigte, mäßig-trockene Standorte, wie es auch die Kenn- und Trennarten der Assoziation und des Unterverbands anzeigen, bei denen es sich zum größten Teil um Wärme- und Trockniszeiger handelt, während Frischezeiger wie *Lamium galeobdolon, Pulmonaria obscura, Dryopteris filix-mas, Scrophularia nodosa* weitgehend fehlen (sie markieren angrenzende Galio-bzw. Lonicero-Fagenion-Wälder). Demzufolge kann das Carici-Fagetum in warm-trockenen Tieflagen − z. B. im Kaiserstuhl und Neckarbecken − auch ebene Flächen und Hänge nahezu aller Expositionen besiedeln. Aber schon im Submontanbereich werden südlich exponierte und damit wärmebegünstigte Hänge bevorzugt; je höher man steigt, um so stärker wird die Bindung an Süd- bis Südwesthänge, wobei sich örtlich aus lokalklimatischen Gründen auch Abweichungen ergeben können. An den Hängen wird die Trockenheit der meist flach- bis mittelgründigen Böden noch dadurch verstärkt, daß ein Teil des Niederschlagswassers oberflächlich abfließt. Das Carici-Fagetum besiedelt lockere, gut durchlüftete, basen- und meist kalkreiche Böden unterschiedlicher Typen (Rendzina, Pararendzina, Terra fusca, jeweils in verschiedenen Ausbildungen). Entscheidender Standortsfaktor für das Carici-Fagetum ist − worauf auch Ellenberg 1986 ausdrücklich hinweist − die in der Vegetationszeit verfügbare Wassermenge, die oft begrenzt ist, so daß die Böden deshalb austrocknen können. Infolge der zeitweiligen Trockenheit wird die anfallende Streu nicht kurzfristig, d. h. innerhalb eines Jahres, abgebaut, sondern bleibt als Decke liegen. Allerdings bildet sich an Hängen selten eine vollständig geschlossene Streudecke, da sie teils vom abfließenden Niederschlagswasser verschwemmt, teils von den Hangaufwinden verweht wird. Dadurch entsteht vielfach ein kleinflächiges Mosaik von offenem Boden, normaler Streulage und Streuanhäufung, verbunden mit einem geringfügig unterschiedlichen Wasserhaushalt. Dadurch können sich sowohl Pflanzen, die auf offenen Boden ohne Laubstreubedeckung, als auch solche, die auf Laubstreu und den unter ihr sich bildenden Kalkmoder oder auf den hier − wenn auch nur geringfügig − verbesserten Wasserhaushalt angewiesen sind, ansiedeln und halten.

Bei der weiten Verbreitung des Carici-Fagetum in den süddeutschen Kalkgebieten, zu denen in gewissem Umfange auch die Lößgebiete zu zählen sind, weist es eine differenzierte regionale Gliederung auf (Tab. 343). Wir können zunächst 3 Vikarianten unterscheiden: 1. eine gemäßigt-kontinentale mit *Hepatica nobilis* der östlichen Gebiete (Fränkische Alb; Tab 343/1); 2. eine mehr subatlantisch-submediterran getönte mit *Euphorbia amygdaloides* der westlichen Gebiete (Schwäbische Alb, westliches Bodensee- und Hochrheingebiet, Südliches Hügelland, Kraichgau, Neckar-Maingebiet; Tab. 343/2 Aa−2D); 3. eine ostpraealpide mit *Euonymus latifolia* des östlichen Bodenseegebiets und Alpenvorlands (nur in der Subassoziation „caricetosum albae" vorkommend; Tab. 343/3 A, 3 B), die sich in eine randlich gelegene Gebietsausbildung mit *Carex pilosa* des östlichen Bodenseegebiets mit nur gelegentlich und einzelstammweise eingestreuter *Abies alba* (Tab. 343/3 A) und eine mit *Veronica urticifolia* und *Aposeris foetida* des östlichen Alpenvorlands zwischen württembergischem Allgäu und Inn mit etwas regelmäßigerer Beteiligung von *Abies alba* am Bestandsaufbau (Tab. 343/3 B) gliedert, mit der − zumindest im süddeutschen Bereich − das Carici-Fagetum gegen den Alpenrand ausklingt.

Die Vikariante mit *Euphorbia amygdaloides* gliedert sich weiter in:

A. Die Gebietsausbildung ohne Trennarten der mittleren und östlichen Schwäbischen Alb (Tab. 343/2 Aa-2 Ac), die mit dem Hordelymo-Fagetum in Kontakt steht und folgende Lokalausbildungen aufweist:

a. mit *Hepatica nobilis* der nordöstlichen Schwäbischen Alb (Tab. 343/2 Aa), die zur Vikariante mit *Hepatica nobilis* (Tab. 343/1) überleitet.

b. mit *Carex alba* der südöstlichen Schwäbischen Alb (Tab. 343/2 Ab), in der allerdings *Carex alba* nicht in allen Standortsausbildungen vorkommt, sondern nur in den Subassoziationen „primuletosum veris" und „caricetosum albae".

c. ohne Trennarten der mittleren Schwäbischen Alb (Tab. 343/2 Ac).

B. Die Gebietsausbildung mit *Lonicera alpigena* der westlichen Schwäbischen Alb und des Wutachgebiets (Tab. 243/2 Ba−2 Bd). Sie steht in Berührung mit dem Lonicero-Fagetum und gliedert sich in folgende Lokalausbildungen:

a. mit *Abies alba* des Traufgebiets der westlichen Schwäbischen Alb und des mittleren Wutachgebiets (Tab. 343/2 Ba). *Abies alba* kommt zwar in rund der Hälfte der Bestände vor, ist aber ziemlich schlechtwüchsig, da ihr die ± trockenen Standorte des Carici-Fagetum nicht zusagen.

b. ohne Trennarten der Hohen Schwäbischen Alb und ihrer Täler (Tab. 343/2 Bb), die der vorigen entspricht, aber keine *Abies alba* besitzt.

c. mit *Melittis melissophyllum* des Oberen Donautals und der Länge (Schwäbische Alb; Tab. 343/2 Bc). Auch hier kommen wieder *Carex alba* in den Subassoziationen „primuletosum veris", „caricetosum albae" und „tilietosum platyphylli" sowie durchgehend *Hepatica nobilis* vor.

d. mit *Melittis melissophyllum* und *Coronilla emerus* des Randengebiets (Schwäbische Alb; Tab. 343/2 Bb), die zur folgenden Gebietsausbildung überleitet. Auch hier tritt die praealpide *Carex alba* auf, und zwar in den Subassoziationen „primuletosum veris" und „caricetosum albae", und durchgehend verbreitet ist wiederum *Hepatica nobilis*.

C. Die Gebietsausbildung mit *Coronilla emerus* des Südlichen Hügellands, des Hochrhein- und westlichen Bodenseegebiets (Tab. 343/2 Ca, 2 Cb). In dieser kommt ebenfalls *Carex alba* vor, fast ausschließlich in der Subassoziation „caricetosum albae". Mit ihren Trennarten weist sie deutliche submediterran-subatlantische Züge auf. Sie kann in 2 Lokalausbildungen aufgeteilt werden:

a. mit *Hepatica nobilis* und *Carex pilosa* des Hochrhein- und westlichen Bodenseegebiets (Tab. 343/2 Ca), die mit der Gebietsausbildung mit *Carex pilosa* des östlichen Bodenseegebiets der praealpiden Vikariante mit *Euonymus latifolia* (Tab. 343/3 A) in Verbindung steht.

b. ohne Trennarten des südlichen Hügellands (Tab. 343/2 Cb) mit noch verstärktem submediterranen Einschlag. *Buxus sempervirens* ist keine Art einer standörtlichen Ausbildung, etwa eines „Carici-Fagetum buxetosum", sondern eine Differentialart der regionalen Gliederung.

D. Die Gebietsausbildung mit *Dactylis polygama* des Kraichgaus, der Bergstraße, des Neckar-Main-Gebiets und Steigerwaldes (Tab. 343/2 D). Innerhalb der Vikariante mit *Euphorbia amygdaloides*, deren Trennarten hier verhältnismäßig schwach vertreten sind, zeigt sie mit *Dactylis polygama* gemäßigtkontinentale Züge und vermittelt zur Vikariante mit *Hepatica nobilis,* die ebenfalls mittelstet *Dactylis polygama* enthält.

Exemplarisch sei die standörtliche Gliederung an 2 Beispielen dargestellt:

einmal an der Lokalausbildung ohne Trennarten der mittleren Alb, Gebietsausbildung ohne Trennarten der Vikariante mit *Euphorbia amygdaloides* (Tab. 343/2 Ac; 344). Sie stellt eine submontan-montane Form dar. Ihre Bestände wachsen ausschließlich an Weißjura-Hängen vorwiegend südlicher Exposition und sind verhältnismäßig naturnah, zum anderen an der

Gebietsausbildung mit *Dactylis polygama* der Vikariante der *Euphorbia amygdaloides* des Kraichgaus, der Bergstraße, des Neckar-Main-Gebiets und Steigerwalds (Tab. 343/2D; 345). Es handelt sich hierbei um eine kolline Form warmer, verhältnismäßig tief gelegener Gebiete. Infolgedessen kommt das Carici-Fagetum hier an Hängen fast aller Expositionen vor, wenn auch gehäuft an Hängen südlicher Auslage, ja sogar auf nahezu ebenen Flächen. Der geologische Untergrund ist unterschiedlich und reicht von Muschelkalk bis zum Keuper und Löß. Die bestockten Böden sind im allgemeinen etwas lehmreicher als die der Alb, weshalb sich hier *Dactylis polygama* verstärkt durchsetzt. Die Bestände gehen zu einem guten Teil auf alte Nieder- und Mittelwälder zurück, was an der stärkeren Beteiligung von *Quercus petraea, Carpinus betulus* und *Acer campestre* an der Baumschicht ersichtlich wird. Bestimmt ist auch *Sorbus torminalis* dadurch gefördert worden. Man muß aber auch daran denken, daß der Elsbeerbaum in den warmen Tieflagen den Mehlbeerbaum ersetzt, und daß tonreichere Böden, wie sie hier auftreten, ihn zusätzlich begünstigen.

Die standörtliche Gliederung wiederholt sich bei den verschiedenen regionalen Ausbildungen in gleicher Weise, praktisch durch die gleichen Pflanzengruppen angezeigt, wenn sich auch bei diesen von Gebiet zu Gebiet gewisse Verschiebungen in Menge und Stetigkeit ergeben. In beiden Beispielen kommt *Carex alba* nicht vor; sie dringt von den Alpen nach Norden vor und erreicht die Donauseite der Fränkischen und Schwäbischen Alb, das Wutach- und Hochrheingebiet, und stößt im Oberrheingebiet noch weiter nach Norden vor. In ihrem Verbreitungsgebiet tritt *Carex alba* einmal in das Gefüge verschiedener Subassoziationen ein, bildet aber auf lockeren, mäßig trockenen Böden (Mull-Rendzina über Muschelkalk- und Weißjuraschutt, Mull-Pararendzina über Unterer Süßwassermolasse, kalkhaltigen Terrassenschottern und Löß) die Subassoziation „caricetosum albae", die durch das Fehlen der Trennarten der anderen Subassoziationen und das vielfach flächendeckende Massenauftreten der Weiß-Segge ausgezeichnet ist. Ihr entspricht auf etwas lehmigeren Böden die im folgenden als typische Subassoziation angegebene, die in letzter Konsequenz als „caricetosum montanae" bezeichnet werden müßte. Es können folgende Subassoziationen ausgeschieden werden:

1. Die Subassoziation mit *Primula veris* ssp. *canescens* (Tab. 344/1−3; 345/1), die durch eine Reihe von Trockniszeigern differenziert wird, und deren Bestände die für das Carici-Fagetum trockensten Standorte besiedeln. Sie umfaßt das, was von verschiedenen Autoren als „Steppenheide-Buchenwald" bezeichnet wird. Die Wuchsleistung der Rotbuche ist sehr mäßig, sie wird selten höher als 12−15 m. Auf der Schwäbischen Alb gliedert sich die Subassoziation weiter in die Variante mit *Sesleria albicans* (Tab. 344/1) auf Mullartiger bis Mull-Rendzina, die zum Seslerio-Fagetum der Felshänge vermittelt; in die typische Variante (Tab. 344/2) auf Mull-Rendzina, von der evtl. auf etwas lehmreicheren, aber besonders warmen Standorten eine *Carex humilis*-Variante abzutrennen ist; sie ist im Bereich der mittleren Alb kaum richtig ausgebildet (*Carex humilis* kommt hier eigentlich erst in Quercion pubescenti-petraeae-Gesellschaften vor), während sie im allgemein wärmeren Randengebiet der Schwäbischen Alb schon recht deutlich ausgeprägt ist (Keller 1975); schließlich ist auf etwas tonigen Böden (meist flachgründige Terra fusca) der Schwäbischen Alb die Variante mit *Molinia arundinacea* (Tab. 344/3) stark wechseltrockener Standorte zu beobachten, die zur nächsten Subassoziation vermittelt.

2. Die Subassoziation mit *Molinia arundinacea* (Tab. 345/2) wechseltrockener Standorte finden wir vor allem im Bereich der *Dactylis polygama*-Gebietsausbildung, da hier über Keuper und Muschelkalk nicht selten ± tonreiche, bei der gegebenen Wärme zu Wechseltrockenheit neigende Böden vorhanden sind (Tonmergelpelosol-Pararendzina, Terra fusca). Die Wuchs-

leistung der Rotbuche entspricht der bei der Subassoziation mit *Primula veris*. Die Rotbuche kommt auf den wechseltrockenen Tonböden bald an ihre Existenzgrenze und überläßt ausgesprochene Tonmergelpelosole dem Galio-Carpinetum.

3. Die Subassoziation mit *Carex flacca* und *Deschampsia cespitosa* (Tab. 344/4) der Schwäbischen Alb, die auf entsprechend tonreichen Böden die letzte Subassoziation ersetzt, und deren Wuchsorte nicht mehr so ausgeprägt wechseltrocken sind und eher zu Wechselfrische neigen. Sie ist neben gewissen Wechselfrischezeigern wie *Deschampsia cespitosa* vor allem durch das Massenvorkommen von *Carex flacca* ausgezeichnet. Die Wuchsleistung der Rotbuche ist etwas besser als bei der Subassoziation mit *Molinia arundinacea*.

4. Die typische Subassoziation (Tab. 344/5; 345/3), die — wie oben schon dargelegt — bei überregionaler Betrachtung konsequent als Subassoziation mit *Carex montana* bezeichnet werden müßte; da aber in beiden dargestellten Regionalausbildungen *Carex alba* nicht vorkommt, kann sie für diese Gebiete durchaus als „typische Subassoziation" bezeichnet werden, zumal sie hier die häufigste standörtliche Ausbildung ist. Sie besiedelt etwas lehmige, mäßig trockene Böden (Verbraunte Rendzina und Pararendzina, Braunerde-Rendzina und -Pararendzina, Terra fusca-Rendzina). Die Wuchsleistung der Rotbuche ist mäßig, sie erreicht durchschnittlich Höhen von 18—20 m, selten mehr.

5. Die Subassoziation mit *Carex sylvatica* (Tab. 344/6; Tab. 345/4) ist durch das Vorkommen von einigen Mäßigfrischezeigern ausgezeichnet. Ihre Bestände besiedeln die für das Carici-Fagetum frischesten Standorte in weniger hängigen bis fast ebenen Lagen auf ± lehmigen Böden, die vor allem oberflächennah etwas verdichtet sein können (Braunerde-Rendzina und -Pararendzina, Terra fusca und Braunerde-Terra fusca, Kalk-Braunerde). Der Wasserhaushalt ist nicht mehr besonders extrem; die Standorte sind zeitweise frisch, können aber auch etwas trocken werden, aber nie austrocknen; man könnte hier von einem wechselfrischen Standort sprechen. Die Wuchsleistung der Rotbuche ist mäßig bis mäßig gut, sie kann Wuchshöhen von 20—22 m, ja sogar bis 25 m erreichen.

6. Die Subassoziation mit *Luzula luzuloides* (Tab. 344/7; Tab. 345/5) besitzt einige Säurezeiger. Zu diesen kann sich in mehr subkontinental getönten Gebieten (z. B. Schwäbische Alb im oberen Donautal) noch *Calamagrostis arundinacea* gesellen. Sie stellt sich auf ähnlich lehmigen Böden ein wie die Subassoziation mit *Carex sylvatica*, doch sind diese hier bereits oberflächlich etwas entkalkt und daher auch etwas sauer. Auch die Wuchsleistung der Rotbuche entspricht der bei der Subassoziation mit *Carex sylvatica*.

7. Die Subassoziation mit *Tilia platyphyllos* (Tab. 344/8; 345/6) stellt sich in der Nähe von Felsen und Felsrippen des Muschelkalks und Weißjuras mit etwas bewegtem Steinschutt auf mäßig trockener Syrosem- bzw. sehr steiniger Mull-Rendzina ein. Mit den Trennarten (*Tilia platyphyllos*, *Acer platanoides* und *A. pseudoplatanus*, *Ulmus glabra*, z. T. auch *Fraxinus excelsior*) vermittelt sie zu Tilio-Acerion-Wäldern. Keller (1975) unterscheidet neben der Subassoziation mit Tilia platyphyllos noch eine solche mit *Actaea spicata* (diese ist nicht identisch mit der gleichnamigen Subassoziation bei Moor 1972), in der *Tilia platyphyllos* und *Acer platanoides* genau so vorkommen, und die deshalb besser nur als Variante mit *Actaea* dieser Subassoziation bewertet wird. Die Wuchsleistung der Bäume ist hier ebenfalls mäßig bis mäßig gut.

Das Carici-Fagetum ist an den Hängen so gut wie überall eine Dauergesellschaft; eine Sukzession findet — solange sich die Standortsverhältnisse nicht grundlegend ändern — praktisch nicht statt.

Schriftenverzeichnis

zusammengestellt von Michaela Conrad-Brauner und Paul Seibert

Ahlmer, W., 1989: Die Donau-Auen bei Osterhofen. Eine vegetationskundliche Bestandsaufnahme als Grundlage für den Naturschutz. Hoppea, Denkschr. Regensb. Bot. Ges. **47**, S. 403–503, Regensburg.

Aichinger, E., 1933: Vegetationskunde der Karawanken. Pflanzensoziologie **2**, 329 S., Jena.

– 1943: Vergleichende Studien über prähistorische und historische Waldentwicklung; Zur Frage der postglazialen Wärmezeit und Klimaentwicklung. Mitt. H. Göring Ak. dtsch. Forstwiss. I, S. 80–105.

– u. R. Siegrist, 1930: Das Alnetum incanae der Auenwälder an der Drau in Kärnten. Forstwiss. Centralbl. **52**, S. 793–809, Wien.

Allorge, P., 1922: Les associations végétales du Vexin français. Rev. gén. Bot. **33**, 342 S.

Asmus, U., 1985: Die Vegetation der Fließgewässer im Einzugsbereich der Regnitz. Diss. 350 S., Erlangen.

– 1987: Die Vegetation der Fließgewässer im Einzugsbereich der Regnitz. Hoppea **45**, S. 23–277. Regensburg.

Baier, H., 1974: Vegetationskundlich-ökologische Untersuchungen im Gemeindegebiet von Menzenschwand/Südschwarzwald, mit besonderer Berücksichtigung der Talwiesen und Allmendweiden. Dipl.-Arb. TU München, 83 S., München-Weihenstephan.

Bank, P., 1984: Waldgesellschaften auf dem Hohen Landsberg bei Bad Windsheim und seinen Nachbarbergen. 131 S., Dipl.-Arb. Erlangen.

Barkman, J. J., J. Moravec u. S. Rauschert, 1976: Code der pflanzensoziologischen Nomenklatur. Vegetatio **32** (3), S. 131–185, Den Haag.

Bartsch, J., 1925: Die Pflanzenwelt im Hegau und nordwestlichen Bodenseegebiet. Schrift. Ver. Geschichte Bodensee, 194 S., Überlingen.

– 1935: Das Pfrunger Ried und seine Bedeutung für die Florengeschichte Südwestdeutschlands. Beih. Bot. Centralbl. B. **54**, S. 185–243, Dresden.

– u. M., 1940: Vegetationskunde des Schwarzwaldes. Pflanzensoziologie 4, 229 S., Jena.

– – 1952: Der Schluchtwald und der Bach-Eschenwald. Angew. Pflanzensoziologie **8**, 109 S., Wien.

Baur, K., 1967: Erläuterungen zur vegetationskundlichen Karte 1:25000 Bl. 8326 Isny. 31 S., Stuttgart.

– 1968: Erläuterungen zur vegetationskundlichen Karte 1:25000 Bl. 8225 Kißlegg. 58 S., Stuttgart.

– 1968a: Erläuterungen zur vegetationskundlichen Karte 1:25000 Bl. 8226 Herlazhofen. 25 S., Stuttgart.

– u. K. Müller, 1972: Erläuterungen zur vegetationskundlichen Karte 1:25000 Bl. 7624 Schelklingen. 41 S., Stuttgart.

Beck, R., 1951: Pflanzensoziologische Untersuchungen über die Waldgesellschaften im Strom- und Heuchelberg. Diss., 99 S., Tübingen.

Becker, W., 1987: Zur pflanzensoziologisch-systematischen Stellung der Wälder und Gebüsche auf entwässerten Mooren. Dipl.-Arb., 100 S., München.

Béguin, C., et J.-P. Theurillat, 1984: Quelques aspects du complexe des falaises rocheuses sur silica dans le Haut-Valais (Alpes, Suisse). Candollea **39** (2), S. 647–673, Genève.

Benzing, A., 1956: Das Vegetationsmosaik zwischen Schwarzwald und Oberem Neckar als Indikator der Landschaftsökologie und seine Bedeutung für die naturräumliche Gliederung. Diss., 136 S., Tübingen.

Bergmeier, E., 1990: Wälder und Gebüsche des Niederen Olymp (Káto Olimbos, NO-Thessalien). Ein Beitrag zur systematischen und orographischen Vegetationsgliederung Griechenlands. Phytocoenologia **18** (2/3), S. 161–342, Berlin, Stuttgart.

Bodeux, A., 1954: La Chênaie sessiliflore de la Haute-Champins (Belgique) et sa lande de substitution. Vegetatio **5/6**, S. 136–141.

– 1955: Alnetum glutinosae. Mittl. flor.-soz. Arb.gem. N.F. **5**, S. 114–137, Stolzenau/W.

Bohn, U., 1981: Vegetationskarte der Bundesrepublik Deutschland 1:200000 – Potentielle natürliche Vegetation – Blatt CC 5518 Fulda. Schriftenreihe f. Vegetationskunde **15**, 330 S., Bonn-Bad Godesberg.

Boiselle, R., u. E. Oberdorfer, 1957: Der Pfälzer Wald, ein natürliches Verbreitungsgebiet der Kiefer. Allg. Forst- u. Jagdztg. **128**, S. 216−219, Frankfurt/M.

Böttcher, H., Bauer, I., u. H. Kirchner, 1981: Die Buchenwaldgesellschaften des Fagion sylvaticae im südlichen Niedersachsen. Ber. Intern. Symp. I. V. V. (Syntaxonomie Rinteln 1980), S. 547−577, Vaduz.

Brackel, W. v., u. R. Zintl, 1983: Die Pflanzengesellschaften der Ehrenbürg bei Forchheim. Hoppea, Denkschr. Regensb. Bot. Ges. **41**, S. 205−288, Regensburg.

Braun, W., 1961: Die Vegetationsverhältnisse des Naturschutzgebietes „Eggstätt-Hemhofer Seenplatte" im Chiemgau. Zulassungsarb., 60 S., München.

− 1966: Die Pflanzendecke. I. Naturnahe Vegetation. Erläut. Bodenkarte Bayern 1:25000, Bl. 7439 Landshut Ost, S. 98−113, München.

− 1968: Die Pflanzendecke. Erläut. Bodenkarte Bayern 1:25000, Bl. 8134 Königsdorf, S. 86−110, München.

− 1969: Die Pflanzendecke. Erläut. Bodenkarte Bayern 1:25000, Bl. 5540 Neunburg vorm Wald, S. 64−84, München.

− 1972: Die Pflanzendecke. Erläut. Bodenkarte Bayern 1:25000, Bl. 5737 Schwarzenbach a. d. sächs. Saale, S. 51−71, München.

− 1978: Die Pflanzendecke. Erläut. Bodenkarte Bayern 1:25000, Bl. 7644 Triftern, S. 53−71, München.

− 1978a: Die Pflanzendecke. Erläut. Bodenkarte Bayern 1:25000, Bl. 7029 Oettingen i. Bayern, S. 56−72, München.

Braun-Blanquet, J., 1928: Pflanzensoziologie, 1. Aufl., Berlin.

− 1932: Zur Kenntnis nordschweizerischer Waldgesellschaften. Beih. Bot. Centralbl. **49**, Erg.Bd. 1932, S. 7−42.

− 1945: Über den Deckungswert der Arten in den Pflanzengesellschaften der Ordnung Vaccinio-Piceetalia. Jahresber. Naturf. Ges. Graubünden **80**, S. 117−119.

− 1950: Übersicht der Pflanzengesellschaften Rhätiens V und VI. Vegetatio **2**, S. 214−237, 341−360, Den Haag.

− 1951: Pflanzensoziologie. 2. Aufl., 631 S., Wien.

− 1959: Zur Vegetation der nordbündnerischen Föhrentäler. Vegetatio **8** (4), S. 235−249, Den Haag.

− 1961: Die inneralpine Trockenvegetation. Geobotanica selecta I, 273 S., Stuttgart.

− 1967: Vegetationsskizzen aus dem Baskenland mit Ausblicken auf das weitere Ibero-Atlantikum. Vegetatio **14**, S. 1−126, Den Haag.

− N. Roussine et R. Nègre, 1952: Les Groupements Végétaux de la France Méditerranéenne 297 S., Montpellier.

− G. Sissingh u. J. Vlieger, 1939: Prodromus der Pflanzengesellschaften **6**, Klasse der Vaccinio-Piceetea, 123 S., Montpellier.

− u. R. Sutter, 1977: Die Petasites albus-Aruncus dioicus-reiche Hochstaudenvegetation Graubündens (Arunco-Petasition all. nov.). Mitt. flor.-soz. Arb.gem. N.F. **19/20**, S. 313−317, Todenmann, Göttingen.

− u. R. Tüxen, 1952: Irische Pflanzengesellschaften. In: Die Pflanzenwelt Irlands. Veröff. Geobot. Inst. Rübel Zürich **25**, S. 224−415.

Braunhofer, H., 1978: Die Vegetation westlich des Staffelsees und ihre Standortsbedingungen. Diss., 167 S., München.

Bresinsky, A., 1959: Die Vegetationsverhältnisse der weiteren Umgebung Augsburgs. Ber. Naturf. Ges. **11**, S. 59−234, Augsburg.

Buck-Feucht, G., 1962: Vegetationskundliche Beobachtungen an der Tannengrenze. Mitt. Ver. Forstl. Standortskunde u. Forstpflanzenzüchtung **12**, S. 68−89, Stuttgart.

Bülow, G. v., 1962: Die Sudwälder von Reichenhall. Mitt. Staatsforstverw. Bayerns **33**, München.

Bundesanstalt f. Vegetationskunde, Natursch. u. Landsch.pfl., 1973: Gutachten über die Vegetation des Landschaftsschutzgebietes „Isteiner Klotz" und deren Schutzwürdigkeit. 59 S., Bonn-Bad Godesberg.

Burrichter, E., u. R. Wittig, 1977: Der Flattergras-Buchenwald in Westfalen. Mitt. flor.-soz. Arb.gem. N.F. **19/20**, S. 377−382, Todenmann, Göttingen.

Carbiener, R., 1974: Die linksrheinischen Naturräume und Waldungen der Schutzgebiete von Rheinau und Daubensand (Frankreich): eine pflanzensoziologische und landschaftsökologische Studie. In: Das Taubergießengebiet, Natur- und Landschaftsschutzgeb. Bad.-Württ. **7**, S. 438—535, Ludwigsburg.

Clot, F., 1989: Les associations d'érablaies des Préalpes occidentales. Beitr. Geobot. Landesaufn. Schweiz **65**, 201 S., Anhang. Teufen.

Conrad, M., 1987: Lebensbedingungen und Sukzession der Pflanzengesellschaften in der Staustufe Ering am unteren Inn. Dipl.-Arb., 126 S., München.

Conrad-Brauner, M., 1990: Naturnahe Vegetation im Naturschutzgebiet „Unterer Inn" und seiner Umgebung. Eine vegetationskundlich-ökologische Studie zu den Folgen des Staustufenbaus. Diss. Univ. München, 295 S., Anhang. München.

Dafis, S., 1966: Stathmologikaí kai dasoapodotikaí érevnai ís premnofií driodasí kai kastanóta tís vorioanatolikís Chalkidikis. (Standorts- und ertragskundliche Untersuchungen in Eichen- und Kastanienwäldern der nordöstlichen Chalkidiki), 120 S., Thessaloniki.

Dagnelie, P., 1956/57: Recherches sur la productivité des hêtraies d'Ardenne en relation avec les types phytosociologiques et les facteurs écologiques. Bull. Inst. Agr. et Stat. Rech. Gembloux **24**, S. 249—284, 369—410 und **25**, S. 44—94.

— J. P. Huberty et A. Noirfalise, 1960: Recherches sur la productivité des hêtraites des macignes et des marnes du Bas-Luxembourg. Bull. Inst. Agr. et Stat. Rech. Gembloux **28**, S. 18—32.

Dahmen, F. W., 1955: Soziologische und ökologische Untersuchungen über die Xerothermvegetation der Untermosel unter besonderer Berücksichtigung des Naturschutzgebietes Dortebachtal bei Klotten. Dis. Univ. Bonn, 309 S. Mskr., Bonn.

Del Pino, I., 1972: Über die Verbreitung verschiedener Auwaldgesellschaften in den Donauauen zwischen Ulm und Dillingen. Dipl.-Arb., 28 S., München.

Delelis-Dusollier, A., 1973: Contribution a l'étude des haies, des fourrés préforestiers, des manteaux sylvatiques de France. Thèse, U.E.R. de Pharmacie, 146 S., Lille.

Delelis, A., u. J. M. Géhu, 1975: Apport a la phytosociologie de quelques forêts thermo-acidophiles ligeriennes et de leurs stade d'alteration. Coll. phytosoc. **3**, S. 141—159, Lille.

Dierschke, H., 1985: Pflanzensoziologische und ökologische Untersuchungen in Wäldern Süd-Niedersachsens. II. Syntaxonomische Übersicht der Laubwald-Gesellschaften und Gliederung der Buchenwälder. Tuexenia **5**, S. 491—521, Göttingen.

— 1986: Pflanzensoziologische Untersuchungen in Wäldern Süd-Niedersachsens. III. Syntaxonomische Gliederung der Eichen-Hainbuchenwälder, zugleich eine Übersicht der Carpinion-Gesellschaften Nordwest-Deutschlands. Tuexenia **6**, S. 299—323, Göttingen.

Dierssen, B., u. K. Dierssen, 1984: Vegetation und Flora der Schwarzwald-Moore. Beih. Veröff. Natursch. Landschaftspfl. Bad.-Württ. **39**, 512 S., Karlsruhe.

Doing, H., 1962: Systematische Ordnung und floristische Zusammensetzung niederländischer Wald- und Gebüschgesellschaften. 85 S., Amsterdam, (Proefschr.).

— 1969: Assoziationstabellen von niederländischen Wäldern und Gebüschen. 29 S., Wageningen.

Doing Kraft, H., 1955: De natuurlijke Standplaats von Cornus mas L. Jaarb. Ned. Dendrolog. Ver. **20**, S. 169—201. Wageningen.

Donită, N., 1970: Submediterrane Einflüsse in der Waldflora und -vegetation der Danubischen Provinz. Feddes Repert. **81** (1—5), S. 269—277, Berlin.

— 1970: Waldflora und Vegetation von Nord-Dobrogea. Com. bot., S. 89—92, Bukarest. (rumän.)

Dumont, J., 1975: Les anciens taillis à écorce de la region du plateau de Tailles (Haute-Ardenne Belge). Coll. phytosoc. **3**, S. 89—106, Bailleul.

Dunzendorfer, W., 1974: Pflanzensoziologie der Wälder und Moore des oberösterreichischen Böhmerwaldes. Natur- u. Landsch.schutz in Oberösterreich **3**, 110 S., Linz.

Durin, L., J.-M. Géhu, A. Noirfalise et N. Sougnez, 1967: Les Hêtraies Atlantiques et leur Essaim Climacique dans le Nord-Ouest et l'Ouest de la France. Bull. Soc. bot. Nord France **20**, S. 59—89, Lille.

— W. Mullenders et C. Vanden Berghen, 1964: Les forêts à Buxus des bassins de la Meuse française et de la haute Marne. Bull. de la Soc. roy. de Botanique de Belgique 98, S. 77—100, Bruxelles.

Dziubałtowski, S., 1928: Étude phytosociologique du Massiv de St. Croix. I. Les forêts de la partie centrale de la chaîne principale et des montagnes: „Stanciana" et „Miejska". Acta Soc. Bot. Pol. 5 (5), S. 1—42, Warszawa.

Eckmüllner, O., 1940: Der oberrheinische Sanddornbusch. Mitt. Naturk. Natursch. N.F. 4, S. 157—168, 185—205, 229—243, Freiburg i. Br.

Eggler, J., 1952: Übersicht der höheren Vegetationseinheiten der Ostalpen. Mitt. naturwiss. Ver. Steiermark 81/82, S. 28—41, Graz.

Ellenberg, H., 1963, 1986: Vegetation Mitteleuropas mit den Alpen. 1. Aufl. 943 S., 4.Aufl. 989 S., Stuttgart.

— 1979: Zeigerwerte der Gefäßpflanzen Mitteleuropas. 2. Aufl. Scripta geobotanica 9, 122 S., Göttingen.

— u. F. Klötzli, 1972: Waldgesellschaften und Waldstandorte der Schweiz. Mitt. Schweiz. Anst. Forstl. Versuchswesen 48 (4), S. 587—930, Zürich.

Etter, H., 1943: Pflanzensoziologische und bodenkundliche Studien an schweizerischen Laubwäldern. Mitt. Schweiz. Anst. Forstl. Versuchsw. 23, S. 5—132, Zürich.

— 1947: Über die Waldvegetation am Südostrand des schweizerischen Mittellandes. Mitt. Schweiz. Anst. Forstl. Versuchsw. 25 (1), S. 141—210, Zürich.

— 1949: Über die Ertragsfähigkeit verschiedener Standortstypen. Mitt. Schweiz. Anst. Forstl. Versuchsw. 26, S. 91—152, Zürich.

Faber, A., 1933: Pflanzensoziologische Untersuchungen in Süddeutschland; Über Waldgesellschaften in Württemberg. Bibl. Bot. 108, 68 S., Stuttgart.

— 1936: Über Waldgesellschaften auf Kalksteinböden und ihre Entwicklung im Schwäbisch-Fränkischen Stufenland und auf der Alb. Anh. z. Vers.-Ber. 1936 der Landesgr. Württ. d. Deutschen Forstvereins, 53 S., Tübingen.

Fajmonová, E., et J. Simeková, 1973: Beitrag zur phytocönologischen Klassifikation der Kalkstein-Buchenwälder in den Westkarpaten. Acta Fac. Rerum Nat. Univ. Comen. Botanica 21, S. 31—49, Bratislava.

Feldner, R., 1978: Waldgesellschaften, Wald- und Forstgeschichte und Schlußfolgerungen für die waldbauliche Planung im Naturschutzgebiet Ammergauer Berge. Diss., 283 S., Wien.

— 1981: Waldgesellschaften, Wald- und Forstgeschichte und waldbauliche Planung im Naturschutzgebiet Ammergauer Berge, Diss., 164 S., Wien.

Felser, E., 1954: Soziologische und ökologische Studien über die Steppenheiden Mainfrankens. Diss. Univ. Würzburg, 65 S., Würzburg.

Fijałkowski, D., 1960: Plant associations of Lakes between Leczna and Wlodawa and a Peat-bogs adjacent to these lakes. Ann. Univ. M.C.-S. sect. B, 14 (3), S. 131—206, Lublin.

Firbas, F., 1928: Vegetationsstudien auf dem Donnersberg im Böhmischen Mittelgebirge. Lotos 76, S. 113—172, Prag.

Fischer, H., 1985: Zur Soziologie und Ökologie der Forstgesellschaften des nördlichen Sebalder Reichswaldes. Dipl.-Arb., 118 S., Erlangen.

Förster, M., 1968: Über xerotherme Eichenmischwälder des deutschen Mittelgebirgsraumes. Diss. Univ. Göttingen, 424 S. u. Anhang, Hann.-Münden.

— 1979: Gesellschaften der xerothermen Eichenmischwälder des deutschen Mittelgebirgsraumes. Phytocoenologia 5 (4), S. 367—446, Stuttgart, Braunschweig.

Frehner, H. K., 1963: Waldgesellschaften im westlichen Aargauer Mittelland. Beitr. geobot. Landesaufn. Schweiz 44, 96 S., Bern.

Freiberg, H. M., 1980: Pflanzensoziologische Untersuchungen im Bereich der alpinen Baumgrenze am Glunkerer im Funtenseegebiet — Nationalpark Berchtesgaden. Dipl.-Arb., 43 S., München.

Fukarek, F., 1961: Die Vegetation des Darß und ihre Geschichte. Pflanzensoziologie 12, 321 S., Jena.

Gauckler, K., 1938: Steppenheide und Steppenheidewald der Fränkischen Alb in pflanzensoziologischer, ökologischer und geographischer Betrachtung. Ber. Bayer. Bot. Ges. 23, S. 5—134. München.

— 1957: Die Gipshügel in Franken, ihr Pflanzenkleid und ihre Tierwelt. Abhandl. Naturhistor. Ges. Nürnberg 29, 92 S., Neustadt/Aisch.

Gaim, H.-J., 1980: Gebüschgesellschaften des Regensburger Raumes. Ex.-Arb., 85 S., Regensburg.

Gaisberg, E. v., 1939: Die floristischen Verhältnisse der untersuchten Buchenbestände. In: Die Buche der Ostalb. Eine Standortsuntersuchung. Mitt. Württ. Forstl. Versuchsanst., S. 187−216, Stuttgart.

Géhu, J. M., 1961: Les groupements végétaux du Bassin de la Sambre française. Vegetatio 10, S. 69−372, Den Haag.

− 1973: Unités taxonomiques et végétation potentielle naturelle du nord de la France. Documents phytosociologiques 4, S. 1−22, Lille.

− u. J. Géhu, 1975: Les fourrés des sables littoraux du Sud-ouest de la France. Beitr. naturk. Forsch. Südw.-Dtld. 34, S. 79−94, Karlsruhe.

Glahn, H. v., 1981: Über den Flattergras- oder Sauerklee-Buchenwald (Oxali-Fagetum) der niedersächsischen und holsteinischen Moränenlandschaften. Drosera 81, S. 57−74, Oldenburg.

Glavac, V., u. A. Krause, 1969: Über bodensaure Wald- und Gebüschgesellschaften trocken-warmer Standorte im Mittelrheingebiet. Schriftenr. Vegetationsk. 4, S. 85−102, Bad Godesberg.

Glenk-Geißendörfer, E., 1980: Vegetationsprofile an Bachläufen im inneren Fichtelgebirge. Dipl.-Arb., 95 S., Erlangen.

Görs, S., 1961: Das Pfrunger Ried. Veröff. Landesst. Natursch. Landschaftspfl. Bad.-Württ., S. 1−45, Ludwigsburg.

− 1968: Der Wandel der Vegetation im Naturschutzgebiet Schwenninger Moos unter Einfluß des Menschen in zwei Jahrhunderten. In: Das Schwenninger Moos, Natur- u. Landschaftsschutzgeb. Bad.-Württ. 5, S. 190−284, Ludwigsburg.

Gradmann, R.: Das Pflanzenleben der Schwäbischen Alb. 1. Band.

   1. Aufl. 1898, 376 S., Tübingen.

   2. Aufl. 1900, 401 S., Tübingen.

   3. Aufl. 1936, 470 S., Stuttgart.

   4. Aufl. 1950, 449 S., Stuttgart.

Grüneberg, H., u. H. Schlüter, 1957: Waldgesellschaften im Thüringischen Schiefergebirge. Arch. Forstw. 6, S. 861−932, Berlin.

Guzikowa, M., et J. Kornas, 1969: Materialy do atlasu sormieszczenia róslin maczyniowych w Karpatach polskich. 2. *Melica uniflora* Retz. Frag. flor. et geobot. 15 (2), S. 131−145.

Haeupler, H., 1976: Atlas zur Flora von Niedersachsen. Scripta geobot. 10, 367 S., Göttingen.

Haffner, P., 1978: Zur Verbreitung und Vergesellschaftung von Quercus pubescens an Obermosel und Unterer Saar. Abh. Arb. gem. tier- u. pflanzengeogr. Heimatforsch. Saarland 8, S. 101−122, Saarbrücken.

Hahner, M., 1984: Die bachbegleitende Vegetation im Bereich des Kartenblattes Lauf/Pegnitz. Dipl.-Arb., 119 S., Erlangen.

Hailer, N., 1965: Die pflanzensoziologische Standortserkundung im Staatswald des Forstamtes Germersheim. Mitt. Pollichia (Pfälz. Ver. Naturk.) 12, S. 246−280, Bad Dürkheim.

Hartmann, F. K., 1953: Waldgesellschaften der deutschen Mittelgebirge und des Hügellandes. Umschaudienst d. Forschungsausschusses „Landespflege und Landschaftsgestaltung" d. Akad. f. Raumforsch. u. Landesplanung 4−6, S. 141−182, Hannover.

Hartmann, F., 1963: Schwerpunkte und Grenzen von Laub- und Nadelholz-Mischungen auf Standorten von Waldgesellschaften des deutschen Mittelgebirges. Schriftenr. Forstl. Fak. Univ. Gött. 33, Frankfurt/Main.

− u. G. Jahn, 1967: Waldgesellschaften des mitteleuropäischen Gebirgsraumes nördlich der Alpen. 636 S., Stuttgart.

Hauff, R., 1935: Die Rauhe Wiese bei Böhmenkirch-Bartholomä. Ein Beitrag zur Kenntnis der Ostalbflora. Veröff. Wttb. Landesst. Natursch. 12, S. 78−141, Stuttgart.

− 1937: Die Buchenwälder auf den kalkarmen Lehmböden der Ostalb und die nacheiszeitliche Waldentwicklung auf diesen Böden. Jh. Ver. vaterl. Naturk. Württ. 93, S. 51−97, Stuttgart.

− 1964: Erläuterungen zur vegetationskundlichen Karte 1:25000 Bl. 8123 Weingarten. 47 S., Stuttgart.

− 1965: Die Bodenvegetation älterer Fichtenbestände auf aufgeforsteten Schafweiden der mittleren Alb. Mitt. d. Ver. f. Forstl. Standortskunde u. Forstpflanzenzüchtung 15, S. 39−43, Stuttgart.

– 1977: Erläuterungen zur vegetationskundlichen Karte 1:25000 Bl. 7818 Wehingen. 53 S., Stuttgart.

– G. Schlenker u. G. Krauss, 1950: Zur Standortsgliederung im nördlichen Oberschwaben. Allg. Forst- u. Jagdztg. **122**, S. 3–28, Frankfurt/M.

Hausrath, H., 1899: Zum Vordringen der Kiefer und Rückgang der Eiche in den Waldungen der Rheinebene. Verh. Naturwiss. Ver. Karlsruhe **13**.

Heinis, F., 1933: Die Pflanzengesellschaften der Richtifluh bei Waldenburg. Verh. Naturf. Ges. Basel **44**, S. 336–364, Basel.

Herter, W., 1990: Zur aktuellen Vegetation der Allgäuer Alpen: Die Pflanzengesellschaften des Hintersteiner Tales. Diss. Bot. **147**, 124 S., Tabellenanhang, Berlin-Stuttgart.

Hofmann, G., 1958: Die eibenreichen Waldgesellschaften Mitteldeutschlands. Arch. Forstw. **7** (6/7), S. 502–558, Berlin.

– 1958: Vegetationskundliche Untersuchungen an wärmeliebenden Gebüschen des Meininger Muschelkalkgebiets. Archiv Forstwesen **7** (4/5), S. 370–387, Berlin.

– 1959: Die Wälder des Meininger Muschelkalkgebietes. Feddes Repert. Beih. **138**, S. 56–140, Berlin.

Hofmann, W., 1966: Laubwaldgesellschaften der fränkischen Platte. Eine vegetationskundliche, pflanzengeographische und bodenkundliche Untersuchung. 195 S., Würzburg.

Hohenester, A., 1960: Grasheiden und Föhrenwälder auf Diluvial- und Dolomitsanden im nördlichen Bayern. Ber. Bayer. Bot. Ges. **33**, S. 1–56, München.

– 1967: Silbergrasfluren in Bayern. Festuco-Sedetalia in Bayern. Mitt. flor.-soz. Arb.gem. N. F. **11/12**, S. 11–21, Todenmann, Rinteln.

– 1977: Die potentielle natürliche Vegetation im östlichen Mittelfranken (Region 7). Mitt. Fränk. Geogr. Ges. **23/24**, S. 1–57, Erlangen.

Horvat, I., 1958: Laubwerfende Eichenzonen Südosteuropas in pflanzensoziologischer, klimatischer und bodenkundlicher Betrachtung. Angewandte Pflanzensoziologie **15**, S. 50–62, Stolzenau/Weser.

– 1959: Sistematski odnosi termofilnik hrastovih i borovih suma Jugoistocne Europe (Wärmeliebende Eichen- und Kiefernwälder Südosteuropas in systematischer Betrachtung). Biol. Glasnik **12**, S. 1–40, Zagreb.

– 1959: Composition et circonstances des forêts thermophiles de chêne et de pin de l'Europe du Sud-Est. L'institut de la botanique de la faculté vétérinaire de l'Université de Zagreb, Vervielfältigung. 20 S. mit 2 Tab., Zagreb.

– V. Glavač u. H. Ellenberg, 1974: Vegetation Südosteuropas. Geobotanica selecta **4**, 768 S., Stuttgart.

Hueck, K., 1931: Erläuterung zur vegetationskundlichen Karte des Endmoränengebietes von Chorin (Uckermark). Beitr. Denkmalpfl. **14**, S. 107–214, Neudamm Berlin.

Hügin, G., 1956: Wald-, Grünland-, Acker- und Reben-Wuchsorte im Markgräflerland. Diss., 129 S., Freiburg.

– 1979: Die Wälder im Naturschutzgebiet Buchswald bei Grenzach. Eine pflanzensoziologisch-bodenkundliche Untersuchung. In: Der Buchswald bei Grenzach (Grenzacher Horn). Natur- u. Landschaftsschutzgeb. Bad.-Württ. **9**, S. 147–199, Karlsruhe.

– 1982: Die Mooswälder der Freiburger Bucht. Beih. Veröff. Landesst. Natursch. Landschaftspfl. Bad.-Württ. **29**, 88 S., Karlsruhe.

Ilschner, G., 1959: Die Pflanzengesellschaften des Wurzacher Rieds. Diss., 207 S., Tübingen.

Imchenetzky, A., 1926: Les associations végétales de la partie supérieure de la vallée da la Lane. Thèse, 120 S., Besançon.

Issler, E., 1926: Les associations végétales des Vosges méridionales et de la plaine rhenane avoisinante, 1. partie. Les forêts. Documents sociologiques, 109 S., Colmar.

– 1932: Die Buchenwälder der Hochvogesen. In: Die Buchenwälder Europas. Veröff. Geobot. Inst. Rübel Zürich **8**, S. 464–489, Bern, Berlin.

– 1942: Vegetationskunde der Vogesen. Pflanzensoziologie **5**, 192 S., Jena.

– 1951: Trockenrasen und Trockenwaldgesellschaften der oberelsässischen Niederterrasse und ihre Beziehung zu denjenigen der Kalkhügel und der Silikatberge des Osthangs der Vogesen. Ber. Schweiz. Bot. Ges. **61**, S. 664–699, Bern.

Jahn, G., 1972: Forstliche Wuchsraumgliederung und waldbauliche Rahmenplanung in der Nordeifel auf vegetationskundlich-standörtlicher Grundlage. Diss. Bot. **16**, 288 S., Lehre.

– 1977: Die Fichtenwaldgesellschaften in Europa. In: Schmidt-Vogt, H.: Die Fichte **1**, S. 468–560, Hamburg, Berlin.

Jakucs, P., 1959: Über die ostbalkanischen Flieder-Buschwälder. Acta bot. Acad. Scient. Hung. **5** (3–4), S. 357–390, Budapest.

– 1960: Nouveau classement cénologique des bois de chênes xérothermes (Quercetea pubescenti-petraeae cl. nova) de l'Europe. Acta Bot. Acad. Scient. Hung. **6** (3–4), S. 267–303, Budapest.

– 1961: Die phytozönologischen Verhältnisse der Flaumeichen-Buschwälder Südostmitteleuropas. 314 S., Budapest.

– u. G. Fekete, 1957: Der Karstbuschwald des nordöstlichen ungarischen Mittelgebirges (Quercus pubescens-Prunus mahaleb nova Ass.) Acta bot. Acad. Scient. Hung. **3** (3–4), S. 253–259, Budapest.

– – u. J. Gergely, 1959: Angaben zur Vegetation der Dobrudscha. Ann. Hist. Nat. Mus. Na. Hung. **51**, S. 211–225, Budapest.

Jänichen, H., 1956: Die Holzarten des Schwäbisch-Fränkischen Waldes zwischen 1650 und 1800. Mitt. Ver. Forstl. Standortskartierung **5**, S. 10–31, Stuttgart.

– Müller, S., Schlenker, G., u. O. Sebald, 1951: Die Waldstandorte des nördlichen Härdtsfeldes (Nordostalb). Mitt. Ver. Forstl. Standortskartierung **1**, S. 3–36 und Anlagen, Stuttgart.

Jensen, U., 1961: Die Vegetation des Sonnenberger Moores im Oberharz und ihre ökologischen Bedingungen. Natursch. Landschaftspfl. Niedersachsen **1**, 73 S., Hannover.

Jeschke, L., 1964: Die Vegetation der Stubnitz (Naturschutzgebiet Jasmund auf der Insel Rügen). Natur u. Naturschutz in Mecklenburg **2**, 154 S., Stralsund-Greifswald.

Jonas, F., 1935: Die Vegetation der Hochmoore am Nordhümmling. Feddes Rep. Beih. **78**, Berlin-Dahlem.

Jurko, A., 1964: Feldheckengesellschaften und Uferweidengebüsche des Westkarpatengebietes. Biol. Práce **10** (6), 100 S., Bratislava.

Kappen, L. u. E. D. Schulze, 1979: Die Auwaldreste des Mains im Garstädter Holz und Elmuß bei Schweinfurt (Unterfranken). Mitt. flor.-soz. Arb.gem. N. F. **21**, S. 181–195, Göttingen.

Karl, J., 1954: Die Vegetation der Lechauen zwischen Füssen und Deutenhausen. Ber. Bayer. Bot. Ges. **30**, S. 65–70, München.

Kaule, G., 1969: Vegetationskundliche und landschaftsökologische Untersuchungen zwischen Inn und Chiemsee. Mskr.druck, 153 S., TH München, Institut f. Landschaftspflege, Freising.

– 1973: Die Vegetation der Moore im Hinteren Bayerischen Wald. TELMA **3**, S. 67–100, Hannover.

– 1974: Die Übergangs- und Hochmoore Süddeutschlands und der Vogesen. Diss. Bot. **27**, 345 S., Lehre.

Keller, W., 1972: Lindenwälder im Kanton Schaffhausen. Mitt. Naturf. Ges. Schaffhausen **29**, S. 145–157, Schaffhausen.

– 1974: Der Lindenmischwald des Schaffhauser Randens. Ber. Schweiz. Bot. Ges. **84** (2), S. 105–122, Wetzikon.

– 1975: Waldgesellschaften im Reservat Gräte. Mitt. Naturf. Ges. Schaffhausen **30**, S. 105–121, Schaffhausen.

– 1975a: Querco-Carpinetum calcareum Stamm 1938 redivivum. Schweiz. Zeitschr. Forstw. **126** (10), S. 729–749, Zürich.

– 1984: Über wärmeliegende Carpinion-Wälder im Schaffhauser Stadtwaldrevier Herblingen. Sonderdruck aus Mitt. Naturf. Ges. Schaffhausen **32**, 24 S., Schaffhausen.

– 1984a: Lerchenspornreiche Wälder im Kanton Schaffhausen. Sonderdruck aus Mitt. Naturf. Ges. Schaffhausen **32**, 22 S., Schaffhausen.

– 1987: Zum Nachweis des Carici-Fagetum luzuletosum im östlichen Jura. Bot. Helvetica **97** (2), S. 305–310, Basel.

Kersting, G., 1986: Die Pflanzengesellschaften des unteren Schwarza- und Schlüchttales im Südostschwarzwald. Dipl. Arb. Univ. Freiburg.

Kissling, P., 1983: Les chênaies du Jura central suisse. Mitt. Eidgen. Anst. Forstl. Versuchsw. **59** (3), S. 213–437, Birmensdorf.

Klauck, E.-J., 1987: Diskussionsbeitrag zur Kenntnis natürlicher Waldgesellschaften im Hunsrück. Beitr. Landespfl. Rheinland-Pfalz **11**, S. 5−14, Oppenheim.

Klika, J., 1928: Une étude géobotanique sur la végétation de Velká hora pres de Karlštejn. Bull. internat. Ac. tchéque Sc., cl. math.-natur.-med. **29**, S. 17−42, Prague.

− 1932: Lesy v xerothermi oblasti Cech (Wälder im xerothermen Gebiet Böhmens). Sborn. čs. Akad. Zemed **7**, S. 321−359, Praha.

− 1939: Zur Kenntnis der Waldgesellschaften im Böhmischen Mittelgebirge. Beih. Bot. Centralbl. **60 B**, S. 249−286, Dresden.

Klötzli, F., 1975: Edellaubwälder im Bereich der südlichen Nadelwälder Schwedens. Ber. Geobot. Inst. ETH, Stiftung Rübel, Zürich **43**, S. 23−53, Zürich.

Knapp, H. D., 1979/80: Geobotanische Studien an Waldgrenzstandorten des herzynischen Florengebietes. Teil 1 u. 2. Flora **168**, S. 276−319 und 468−510. Teil 3. Flora **169**, S. 177−215, Jena.

Knapp, R., 1942: Systematik der Wälder, Zwergstrauchheiden und Trockenrasen des eurosibirischen Vegetationskreises. Als Mskr. vervielfältigt, 178 S., Stolzenau.

− 1944: Vegetationsstudien im Rheingau und in den angrenzenden Landschaften. Als Mskr. vervielfältigt, 39 S., Halle/Saale.

− 1944 a: Vegetationsaufnahmen der Alpenostrand-Gebiete. Teil 3: Subalpine Buchen-Mischwälder (Fagetum silvaticae 1), 37 S., Teil 4: Buchenwälder der niederen Bergländer (Fagetum silvaticae 2), Eschen-Ahorn-Schluchtwälder, 75 S. Als Mskr. vervielfältigt, Halle/Saale.

− 1946: Über Pflanzengesellschaften der Wälder im Odenwald. Als Mskr. vervielfältigt, 47 S., Erbach/ Odenwald.

− 1946 a: Wälder und Landschaften der nordöstlichen Oberrhein-Ebene. Als Mskr. vervielfältigt, Heidelberg.

− 1948: Die Pflanzengesellschaften Mitteleuropas. Einführung in die Pflanzensoziologie 2. 94 S., Stuttgart/ Ludwigsburg.

− 1962: Die Vegetation des kleinen Walsertales, Vorarlberg, Nordalpen. Geobot. Mitt. **12**, S. 1−53, Gießen.

− 1963: Die Vegetation des Odenwaldes. Schriftenr. Inst. Natursch. Darmstadt **6** (4), 150 S., Darmstadt.

− 1977: Die Pflanzenwelt der Rhön. 2. Aufl., 136 S., Fulda.

− u. H. Ackermann, 1952: Die natürliche Vegetation an der nördlichen Bergstraße. Schriftenr. Naturschutzst. Darmstadt **1**, 43 S.

Knoch, D., 1962: Die Waldgesellschaften und ihre standörtliche Gliederung im südöstlichen Schwarzwald (St. Blasier Gebiet). Staatsexamensarb., 69 S., Freiburg.

Kobendza, R., 1930: Les rapports phytosociologiques dans l'ancienne grande forêt de Kampinos. Planta polonica **2**, 200 S., Warszawa.

Koch, H. u. E. v. Gaisberg, 1937: Die standörtlichen und forstlichen Verhältnisse des Naturschutzgebietes Untereck. Veröff. Württ. Landesst. Natursch. **14**, S. 5−58, Stuttgart.

Koch, W., 1926: Die Vegetationseinheiten der Linthebene unter Berücksichtigung der Verhältnisse in der Nordostschweiz. Jb. Naturwiss. Ges. St. Gallen **61**, 144 S., St. Gallen.

Kohler, A., 1960: Ökologische Untersuchungen an Pflanzengesellschaften des Landschaftsschutzgebietes Spitzberg bei Tübingen. 155 S., Diss. Univ. Tübingen.

Korneck, D. u. Th. Müller, 1967: Galium anisophyllum Vill. auf der Schwäbischen Alb. Veröff. Landesst. Natursch. Landschaftspfl. Bad.-Württ. **35**, S. 28−31, Ludwigsburg.

− 1974: Xerothermenvegetation in Rheinland-Pfalz und Nachbargebieten. Schriftenr. Vegetationsk. **7**, 196 S., Bonn-Bad Godesberg.

Krammer, H., 1953: Die Vegetation der Innauen bei Braunau. Diss. Pflanzenphysiolog. Inst., 89 S., Wien.

Krause, A., 1972: Laubwaldgesellschaften im östlichen Hunsrück, Diss. Bot. **15**, 117 S., Lehre.

− u. R. Schröder, 1979: Vegetationskarte der Bundesrepublik Deutschland 1:200000, Bl. CC 3118 Hamburg-West. Schriftenr. Vegetationsk. **14**, 138 S., Bad Godesberg.

Kreh, W., 1938: Verbreitung und Einwanderung des Blausterns (Scilla bifolia) im mittleren Neckargebiet. Jh. Ver. vaterl. Naturk. Bad.-Württ. **94**, S. 41−94, Schwäbisch-Hall.

‒ 1949: Die Pflanzenwelt der Keuperklingen in der Umgebung von Stuttgart. Jahresh. Ver. f. vaterländ. Naturk. Wttb. **97‒101**, S. 212‒219, Stuttgart.

Kreutzer, K. u. P. Seibert, 1985: Unterschiede im Angebot von Phosphor und anderen Nährelementen in der Eschen-Ulmenau südbayerischer Flußgebiete. Forstwiss. Centralbl. **103**, S. 139‒149, Hamburg u. Berlin.

Krisai, R., 1975: Die Ufervegetation der Trumer Seen (Salzburg). Diss. Bot. **29**, 197 S., Vaduz.

Kubíček, F. et A. Jurko, 1975: Waldgesellschaften des östlichen Orana-Gebietes. Biologické Práce **21** (3), S. 83‒128, Bratislava.

Kuhn, K., 1937: Die Pflanzengesellschaften im Neckargebiet der Schwäbischen Alb. Landesst. Natursch. u. Ver. vaterl. Naturk. Bad.-Württ. **2**, 340 S., Öhringen.

Kuhn, N., 1967: Natürliche Waldgesellschaften und Waldstandorte der Umgebung von Zürich. Veröff. Geobot. Inst. ETH, Stiftung Rübel Zürich **40**, 84 S., Zürich.

Künne, H., 1969: Laubwaldgesellschaften der Frankenalb. Diss. Bot. **2**, 177 S., Lehre.

‒ 1980: Waldgesellschaften des Naturwaldreservates Wasserberg (Forstamt Betzenheim/Nördl. Frankenalb). Natur u. Landschaft **55** (4), S. 150‒153, Köln.

Kuoch, R., 1954: Wälder der Schweizer Alpen im Verbreitungsgebiet der Weißtanne. Mitt. Schweiz. Anst. Forstl. Versuchswesen 30, S. 133‒314, Zürich.

Lang, G., 1973: Die Vegetation des westlichen Bodenseegebietes. Pflanzensoziologie **17**, 451 S., Jena.

‒ G. Philippi, 1972: Vegetationskundliche Karte Karlsruhe-Nord. Kartenblatt. Stuttgart.

Leippert, H., 1962: Waldgesellschaften und ihre Böden im Spessart-Rhön-Vorland. Diss., 159 S., Würzburg.

Lemée, G., 1937: Recherches écologiques sur la végétation du Perche. Thèse, 388 S., Paris.

Lenz, O., 1967: Action de la neige et du gel sur les arbres de montagne, en particulier sur leur forme et l'anatomie de la tige. Mitt. Schweiz. Anst. Forstl. Versuchswesen **43**, S. 293‒316, Zürich.

Libbert, W., 1932/33: Die Vegetationseinheiten der neumärkischen Staubeckenlandschaft unter Berücksichtigung der angrenzenden Landschaften, 1. Teil Verh. Bot. Ver. Prov. Brandenburg **74** (1932), S. 10‒93. 2. Teil Ebenda **75** (1933), S. 229‒348, Berlin-Dahlem.

‒ 1939: Pflanzensoziologische Untersuchungen im mittleren Kocher- und Jagsttale. Veröff. Württ. Landesstelle Naturschutz **15**, S. 65‒102, Stuttgart.

Linhard, H., 1964: Die natürliche Vegetation im Mündungsgebiet der Isar und ihre Standortsverhältnisse. Ber. Naturw. Ver. Landshut **24**, S. 1‒74.

‒ 1968: Naturnahe Vegetation zwischen Inn und unterer Rott. Ber. Naturw. Ver. Landshut **25**, S. 23‒24, Landshut.

‒ u. E. Stückl, 1972: Xerotherme Vegetationseinheiten an Südhängen des Regen- und Donautales im kristallinen Bereich. Hoppea **30**, S. 245‒279, Erlangen.

‒ u. J. Wenninger, 1980: Die naturnahe Vegetation des unteren Inntales. Gutachten i. A. d. Bayer. Landesamtes Umweltschutz, 92 S., München.

Lippert, W., 1966: Die Pflanzengesellschaften des Naturschutzgebietes Berchtesgaden. Ber. Bayer. Bot. Ges. **39**, S. 67‒122, München.

Lisbach, B., 1988: Der Südwesthang des Ursulabergs bei Pfallingen ‒ Bestandsaufnahme und waldbauliches Pflegekonzept. Dipl. Arb. FH Nürtingen, 159 S., Nürtingen.

Lohmeyer, W., 1953: Beitrag zur Kenntnis der Pflanzengesellschaften in der Umgebung von Höxter a. d. Weser. Mitt. flor.-soz. Arb. gem. N. F. **4**, S. 59‒76, Stolzenau/Weser.

‒ 1957: Der Hainmieren-Schwarzerlenwald [Stellario-Alnetum glutinosae (Kästner 1938)]. Mitt. flor.-soz. Arb. gem. N. F. **6/7**, S. 247‒257, Stolzenau/W.

‒ 1960: Über die Pflanzengesellschaften der Pupplinger Au und der Kloster-Au zwischen „Aujäger" und „Aumühle", unter besonderer Berücksichtigung ihrer Abhängigkeit vom Grundwasser. Mskr., 17 S., Stolzenau/W.

‒ 1962: Zur Gliederung der Zwiebelzahnwurz (Cardamine bulbifera)-Buchenwälder im nördlichen Rheinischen Schiefergebirge. Mitt. flor.-soz. Arb. gem. N. F. **9**, S. 187‒193, Stolzenau/W.

‒ 1967: Über den Stieleichen-Hainbuchenwald des Kern-Münsterlandes und einige seiner Gehölz-Kontaktgesellschaften. Schriftenr. Vegetationsk. **2**, S. 161‒180, Bad Godesberg.

– 1986: Der Besenginster (Sarothamnus scoparius) als bodenständiges Strauchgehölz in einigen natürlichen Pflanzengesellschaften der Eifel. Abh. Westf. Mus. Naturknde **48** (2/3), S. 157–174, Münster.

– u. U. Bohn, 1972: Karpatenbirkenwälder als kennzeichnende Gehölzgesellschaften der Hohen Rhön und ihre Schutzwürdigkeit. Natur u. Landschaft **47**, S. 196–200, Stuttgart.

– u. W. Trautmann, 1974: Zur Kenntnis der Waldgesellschaften des Schutzgebietes „Taubergießen" – Erläuterungen zur Vegetationskarte. In: Das Taubergießengebiet, Natur- und Landschaftsschutzgeb. Bad.-Württ. **7**, S. 422–437, Ludwigsburg.

– u. R. Tüxen, 1958: Kurzer Bericht über die Exkursionen. Angew. Pflanzensoziologie **15**, S. 181–203, Stolzenau/W.

Lüdi, W., 1921: Die Pflanzengesellschaften des Lauterbrunnentales und ihre Sukzession. Beitr. Geobot. Landesaufn. Schweiz **9**, 350 S., Bern.

Lutz, J., 1950: Über den Gesellschaftsanschluß oberpfälzischer Kiefernstandorte. Ber. Bayer. Bot. Ges. **28**, S. 64–124, München.

– 1956: Spirkenmoore in Bayern. Ber. Bayer. Bot. Ges. **31**, S. 58–69, München.

– u. H. Paul, 1947: Die Buckelwiesen bei Mittenwald. Ber. Bayer. Bot. Ges. **27**, S. 98–138, München.

Malcuit, G., 1929: Les associations végétales de la vallée de la Lauterne. Extrait de Archives de Botanique **2** (6), 211 S., Caen.

Matuszkiewicz, W., 1962: Zur Systematik der natürlichen Kiefernwälder des mittel- und osteuropäischen Flachlandes. Mitt. flor.-soz. Arb. gem. N. F. **9**, S. 145–186, Stolzenau/W.

– 1963: Zur systematischen Auffassung der oligotrophen Bruchwaldgesellschaften im Osten der Pommerschen Seenplatte. Mitt. flor.-soz. Arb. gem. N. F. **10**, S. 149–155, Stolzenau/W.

– 1964: Tymczasowa klasyfikacja zespołów leśnych Polski. Mater. Zakl. Stos. U. W., Warszawa et Białowieza 4.

– 1965: Badania geobotaniczne w pótnocnej cześci Karkonoszy. Opera corcontica **2**, S. 43–59, Praha.

– 1984: Die Karte der potentiellen natürlichen Vegetation von Polen. Braun-Blanquetia **1**, 99 S., Camerino.

– u. A., 1960: Pflanzensoziologische Untersuchungen der Waldgesellschaften des Riesengebirges. Acta Soc. Bot. Pol. **29** (3), S. 499–530, Warszawa.

– u. H. u. T. Traczyk, 1958: Zur Systematik der Bruchwaldgesellschaften (Alnetalia glutinosae) in Polen. Acta Soc. Bot. Pol. **27**, S. 21–44, Warszawa.

Mayer, H., 1962: Der Block-Fichtenwald (Asplenio-Piceetum) in den Berchtesgadener, Chiemgauer und Kitzbühler Alpen. Mitt. Ostalpin-dinar. Pflanzensoz. Arb. gem. **2**, S. 47–53, Padova.

– 1963: Tannenreiche Wälder am Nordabfall der mittleren Ostalpen. 208 S., München.

– 1964: Die Salemer Lärche im Bodenseegebiet. Forstwiss. Centralbl. **83** (11/12), S. 321–384, Hamburg.

– 1974: Wälder des Ostalpenraumes. 344 S., Stuttgart.

– 1976: Gebirgswaldbau – Schutzwaldpflege. 436 S., Stuttgart.

– u. A. Hofmann, 1969: Tannenreiche Wälder am Südabfall der mittleren Ostalpen. 259 S., München.

Medwecka-Kornaś, A., 1952: Les associations forestières du Jura cracovien (poln. mit franz. Resumée). Ochrony Przyrody, R. **20**, S. 133–236, Krakow.

Meisel-Jahn, S., 1955: Die Kiefernforstgesellschaften des nordwestdeutschen Flachlandes. Angew. Pflanzensoziologie **11**, 126 S., Stolzenau/W.

Merkel, J., 1982: Die Vegetation der Naturwaldreservate in Oberfranken. Ber. ANL **6**, S. 135–230, Laufen/Salzach.

Meusel, H., 1935: Die Waldtypen des Grabfelds und ihre Stellung innerhalb der Wälder zwischen Main und Werra. Beih. Bot. Centralbl. **53**, Abt. B, H. 1, S. 175–251, Dresden.

– 1939: Die Vegetationsverhältnisse der Gipsberge im Kyffhäuser und im südlichen Harzvorland. Hercynia **2**, 372 S., Halle/Saale.

– 1942: Der Buchenwald als Vegetationstyp. Botan. Arch. **43**, S. 305–321, Leipzig.

– 1952: Vegetationskundliche Studien über mitteleuropäische Waldgesellschaften III. Über einige Waldgesellschaften der Insel Rügen. Ber. Dtsche. Bot. Ges. **64**, S. 222–270, Berlin.

– u. E. Niemann, 1971: Der Silgen-Stieleichenwald (Selino-Quercetum roboris) – Struktur und pflanzengeographische Stellung. Arch. Naturschutz u. Landschaftsforschung **11** (4), S. 203–233, Berlin.

Meyer, P., 1949: Das Mastigobryeto-Piceetum abietetosum im schweizerischen Mittelland und seine forstlich-waldbauliche Bedeutung. Vegetatio 1 (4/5), S. 203−216, Den Haag.

Michiels, H. G., 1986: Erhebung der potentiell natürlichen Vegetation im Bereich der Inn-Jungmoräne unter Verwendung von Unterlagen und Karten der forstlichen Standortserkundung. Dipl. Arb., 98 S., München.

Milbradt, J., 1987: Beiträge zur Kenntnis nordbayerischer Heckengesellschaften. Beih. Berichtsbände Naturwiss. Ges. Bayreuth 2, 305 S., Bayreuth.

Miram, W., 1961: Waldgesellschaften des Hafenlohrtales (Spessart). Staatsexamensarb., 72 S., Würzburg.

Möltgen, E., 1979: Geobotanische Untersuchungen im MTB 5835 Stadtsteinach. Dipl. Arb., 82 S., Erlangen.

Moor, M., 1938: Zur Systematik der Fagetalia. Ber. Schweiz. Bot. Ges. 48, S. 417−469, Bern.

− 1945: Das Fagetum im nordwestlichen Tafeljura. Verh. Naturf. Ges. Basel 56 (2), S. 187−203, Basel.

− 1952: Die Fagion-Gesellschaften im Schweizer Jura. Beitr. Geobot. Landesaufn. Schweiz 31, 201 S., Bern.

− 1958: Die Pflanzengesellschaften schweizerischer Flußauen. Mitt. Schweiz. Anst. forstl. Versuchsw. 34, 221−360, Zürich.

− 1960: Waldgesellschaften und ihre zugehörigen Mantelgebüsche am Mückenberg südlich von Aesch (Basel). Bauhinia 1 (3), S. 211−221, Basel.

− 1962: Einführung in die Vegetationskunde der Umgebung Basels. 464 S., Basel.

− 1967: × Sorbus latifolia (Lam.) Pers. in der Nordschweiz, Fundorte und soziologische Bindung. Bauhinia 3 (2), S. 117−128, Basel.

− 1970: Adenostylo-Fagetum, Höhenvikariant des Linden-Buchenwaldes. Bauhinia 4 (2), S. 161−185, Basel.

− 1972: Versuch einer soziologisch-systematischen Gliederung des Carici-Fagetum. Vegetatio 24 (1−3), S. 31−69, Den Haag.

− 1973: Das Corydali-Aceretum, ein Beitrag zur Systematik der Ahornwälder. Ber. Schweiz. Bot. Ges. 83 (2), S. 106−132, Wetzikon.

− 1975: Der Ulmen-Ahornwald (Ulmo-Aceretum Issler 1926). Ber. Schweiz. Bot. Ges. 85 (3), S. 187−203, Wetzikon.

− 1975: Ahornwälder im Jura und den Alpen. Phytocoenologia 2 (3/4), S. 244−260, Stuttgart.

− 1975: Die soziologisch-systematische Gliederung des Hirschzungen-Ahornwaldes. Beitr. naturk. Forsch. Südw.-Dtl. 34, S. 215−223, Karlsruhe.

− 1976: Gedanken zur Systematik mitteleuropäischer Laubwälder. Schweiz. Z. Forstwesen 127, S. 327−340, Zürich.

− 1978: Die Klasse der Eschen-Buchenwälder (Fraxino-Fagetea). Phytocoenologia 4, S. 433−445, Stuttgart-Lehre.

− 1979: Das Felsbirnen-Gebüsch (Cotoneastro-Amelanchieretum), eine natürliche Mantelgesellschaft im Jura. Phytocoenologia 6, S. 388−402, Stuttgart, Braunschweig.

Moravec, J., 1979: Das Violo reichenbachianae-Fagetum − eine neue Buchenwaldassoziation. Phytocoenologia 6, 484−504, Berlin, Stuttgart.

− Husova, M., Neuhäusl, R., u. Z. Neuhäuslova-Novotna, 1982: Die Assoziationen mesophiler und hygrophiler Laubwälder in der Tschechischen Sozialistischen Republik. Vegetace ČSSR, A 12, 292 S., Praha.

− et al., 1983: Rostlinna Spoleĉenstra české socialistické republiky a Jejich Ohrozeni (Red list of plant communities of the Czech. socialist Republic and their Endangerment). Sever. přírodon, Příloha 1, 110 S., Litomerice.

Mráz, K., 1958: Beitrag zur Kenntnis der Stellung des Potentillo-Quercetum. Archiv f. Forstwesen 7 (9), S. 703−728, Berlin.

Müller, K., 1948: Die Vegetationsverhältnisse im Feldberggebiet. In K. Müller: Der Feldberg im Schwarzwald. S. 211−362, Freiburg.

Müller, S., et al., 1967: Südwestdeutsche Waldböden im Farbbild. Schriftenr. Landesforstverw. Bad.-Württ. 23, 312 S., Stuttgart.

Müller, Th., 1962: Die Saumgesellschaften der Klasse Trifolio-Geranietea sanguinei. Mitt. flor.-soz. Arb-.gem. **9**, S. 95−140, Stolzenau/Weser.

− 1966: Die Wald-, Gebüsch-, Saum-, Trocken- und Halbtrockenrasengesellschaften des Spitzbergs. In: Der Spitzberg bei Tübingen. Natur- u. Landschaftsschutzgeb. Bad.-Württ. **3**, S. 278−475, Ludwigsburg.

− 1967: Die geographische Gliederung des Galio-Carpinetum und des Stellario-Carpinetum in Südwestdeutschland. Beitr. naturk. Forsch. Südw.-Dtld. **26**, S. 47−65, Karlsruhe.

− 1968: Die Waldvegetation im Naturschutzgebiet Schenkenwald. Veröff. Landesst. Natursch. Landschaftspfl. Bad.-Württ. **36**, S. 55−64, Ludwigsburg.

− 1969: Die Vegetation im Naturschutzgebiet Zweribach. Veröff. Landesst. Natursch. Landschaftspfl. Bad.-Württ. **37**, S. 81−101, Ludwigsburg.

− 1974: Gebüschgesellschaften im Taubergießengebiet. In: Das Taubergießengebiet, Natur- und Landschaftsschutzgeb. Bad.-Württ. **7**, S. 400−421, Ludwigsburg.

− 1975: Natürliche Fichtengesellschaften der schwäbischen Alb. Beitr. naturk. Forsch. Südw.-Dtld. **34**, Oberdorfer-Festschrift, S. 233−249, Karlsruhe.

− 1977: Buchenwälder mit der Fiederzahnwurz (Dentaria heptaphyllos) in Südwestdeutschland. Mitt. flor.-soz. Arb.gem. N. F. **19/20**, S. 383−392, Todenmann, Göttingen.

− 1980: Der Scheidenkronwicken-Föhrenwald (Coronillo-Pinetum) und der Geißklee-Föhrenwald (Cytiso-Pinetum) auf der Schwäbischen Alb. Phytocoenologia 7, S. 392−412, Stuttgart, Braunschweig.

− 1985: Das Ribeso sylvestris-Fraxinetum Lemée 1937 corr. Pass. 1958 in Südwestdeutschland. Tuexenia **5**, S. 395−412, Göttingen.

− 1986: Prunus mahaleb-Gebüsche. Abh. Westfäl. Mus. Naturk. **48** (2/3), S. 143−155, Münster.

− 1987: Der Traufwald. Natur und Landschaft **62** (9), S. 344−346, Stuttgart.

− u. S. Görs, 1958: Zur Kenntnis einiger Auenwaldgesellschaften im württembergischen Oberland. Beitr. naturk. Forsch. Südw.-Dtld. **17**, S. 88−165, Karlsruhe.

− u. D. Kast, 1969: Die geschützten Pflanzen Deutschlands. 348 S., Stuttgart.

− u. E. Oberdorfer, 1974: Die potentielle natürliche Vegetation von Baden-Württemberg. Beih. Veröff. Landesstelle Natursch. u. Landsch.pflege Baden-Württemberg **6**, 46 S. mit Karte, Ludwigsburg.

Müller-Stoll, W., u. H. Krausch, 1968: Der azidophile Kiefern-Traubeneichenwald und seine Kontaktgesellschaften in Mittel-Brandenburg. Mitt. flor.-soz. Arb.gem. **13**, S. 101−121, Todenmann.

Murmann-Kristen, L., 1987: Das Vegetationsmosaik im Nordschwarzwälder Waldgebiet. Diss. Bot. **104**, 290 S., Berlin, Stuttgart.

Nebel, M., 1986: Vegetationskundliche Untersuchungen in Hohenlohe. Diss. Bot. **97**, 253 S., Berlin, Stuttgart.

Nègre, R., 1972: La végétation du bassin de l'One (Pyrénées centrales). Quatrième note: les forêts. Veröff. Geobot. Inst. ETH, Stiftung Rübel, Zürich **49**, 125 S., Zürich.

Neuhäusl, R., 1969: Systematisch-soziologische Stellung der baumreichen Hochmoorgesellschaften Europas. Vegetatio **18**, S. 104−121, Den Haag.

− 1972: Subkontinentale Hochmoore und ihre Vegetation. Studie CSAV, o **13**, 121 S., Praha.

− 1977: Comparative ecological study of european Ook-Hornbeam forests. Naturalist can. **104**, S. 109−117, Québec.

− u. Z. Neuhäuslova-Novotna, 1964: Vegetationsverhältnisse am Südrand des Schemnitzer Gebirges. Biol. Práce SAV **10** (4), S. 1−77, Bratislava.

− − 1967: Syntaxonomische Revision der azidophilen Eichen- und Eichenmischwälder in westlichen Teilen der Tschechoslowakei. Folia geobot. u. Phytotax. **2**, S. 1−42, Praha.

Nevole, J., 1931: Die Pflanzengesellschaften der Kalkberge bei Smolenice und Jablonice der kleinen Karpaten. Pr. Morav. Přírod. Společ. **6** (5), S. 65−124, Brno.

Noirfalise, A., 1968: Le Carpinion dans l'Ouest de l'Europe. Feddes Repert. **79** (1−2), S. 69−85, Berlin.

− u. N. Sougnez, 1956: Les Chênaies de l'Ardenne Vervietose. Pedologie **6**, S. 119−143, Gand (Gent).

− − 1961: Les Forêts riveraines de Belgique. Bulletin du Jardin Botanique de l'État **30**, S. 199−288, Bruxelles.

− − 1963: Les forêts du bassin de Mans. Pedologie **13** (2), S. 200−215, Gand.

– u. A. Thill, 1958: Les Chênaies de l'Ardenne centrale. Bull. Inst. Agr. et St. de Recherches Gembloux **26**, S. 362–376, Gembloux.

Oberdorfer, E., 1934: Die höhere Pflanzenwelt am Schluchsee (Schwarzwald), Ber. Naturf. Ges. Freiburg i. Br. **34**, S. 213–245, Freiburg i. Br.

– 1936: Erläuterungen zur vegetationskundlichen Karte des Oberrheingebietes bei Bruchsal. Beitr. z. Naturdenkmalpflege **16** (2), S. 1–126, Neudamm.

– 1936a: Bemerkenswerte Pflanzengesellschaften und Pflanzenformen des Oberrheingebietes. Beitr. naturk. Forsch. Südw.-Dtld. **1**, S. 49–88, Karlsruhe.

– 1938: Ein Beitrag zur Vegetationskunde des Nordschwarzwaldes. Beitr. naturk. Forsch. Südw.-Dtld. **3**, S. 149–270, Karlsruhe.

– 1939: Nordschwarzwald und Südschwarzwald in pflanzengeographischer Betrachtung. Mitt. Bad. Landesver. Naturk. Natursch. **4**, S. 84–88, Freiburg.

– 1941/1942: Ulicion. In: Tüxen, R.: Wiss. Mitt. **10**, Rdbrf. Zentralst. Veg.kartierung, S. 41–43, Hannover.

– 1948: Gliederung und Umgrenzung der Mittelmeervegetation auf der Balkanhalbinsel. Ber. Geobot. Forschungsinst. Rübel **3**, S. 84–111, Zürich.

– 1949: Die Pflanzengesellschaften der Wutachschlucht. Beitr. naturk. Forsch. Südw.-Dtld. **8**, S. 22–60, Karlsruhe.

– 1950: Beitrag zur Vegetationskunde des Allgäu. Beitr. naturk. Forsch. Südw.-Dtld. **9**, S. 29–98, Karlsruhe.

– 1949/1950a: Zur Frage der natürlichen Waldgesellschaften des Südschwarzwaldes. Allg. Forst- u. Jagdztg. **129**, S. 16–19, 50–60, Frankfurt.

– 1950b: Eine pflanzensoziologische Kartierung im Freiburger Stadtwald als Grundlage waldbaulicher Arbeit. Mitt. flor.-soz. Arb.gem. N. F. **2**, S. 54–59, Stolzenau.

– 1952: Die Vegetationsgliederung des Kraichgaus. Beitr. naturk. Forsch. Südw.-Dtld. **11** (2), S. 12–36, Karlsruhe.

– 1953: Der europäische Auenwald. Beitr. naturk. Forsch. Südw.-Dtld. **12**, S. 23–70, Karlsruhe.

– 1957: Süddeutsche Pflanzengesellschaften. Pflanzensoziologie **10**, 564 S., Jena.

– 1960: Pflanzensoziologische Studien in Chile. Flora et Vegetatio mundi **2**, 208 S., Weinheim.

– 1964: Der insubrische Vegetationskomplex, seine Struktur und Abgrenzung gegen die submediterrane Vegetation in Oberitalien und in der Südschweiz. Beitr. naturk. Forsch. Südw.-Dtld. **23**, S. 141–187, Karlsruhe.

– 1964a: Das Strauchbirkenmoor (Betulo-Salicetum repentis) in Osteuropa und im Alpenvorland, zur Soziologie der Betula humilis Schrank. Beitr. z. Phytologie **30**, S. 1–29, Hohenheim.

– 1970: Pflanzensoziologische Exkursionsflora für Süddeutschland und die angrenzenden Gebiete. 3. Aufl., 987 S., Stuttgart.

– 1971: Die Pflanzenwelt des Wutachgebietes. In: Die Wutach, Natur- u. Landschaftsschutzgeb. Bad.-Württ. **6**, S. 261–321, Freiburg i. Br.

– 1977: Süddeutsche Pflanzengesellschaften I, 2. Aufl., Pflanzensoziologie **10**, 311 S., Jena.

– 1978: Süddeutsche Pflanzengesellschaften II, 2. Aufl., Pflanzensoziologie **10**, 355 S., Jena.

– 1979: Pflanzensoziologische Exkursionsflora. 4. Aufl., 997 S., Stuttgart.

– 1982: Die hochmontanen Wälder und subalpinen Gebüsche. In: Der Feldberg im Schwarzwald. Natur- und Landschaftsschutzgeb. Bad.-Württ. **12**, S. 317–364, Karlsruhe.

– 1982a: Erläuterungen zur vegetationskundlichen Karte Feldberg 1:25000. Beih. Veröff. Natursch. Landschaftspfl. Bad.-Württ. **27**, 83 S., Karlsruhe.

– 1983: Pflanzensoziologische Exkursionsflora. 5. Aufl., 1051 S., Stuttgart.

– 1984: Zur Systematik bodensaurer, artenarmer Buchenwälder. Tuexenia **4**, S. 257–266, Göttingen.

– 1987: Süddeutsche Wald- und Gebüschgesellschaften im europäischen Rahmen. Tuexenia **7**, S. 459–468, Göttingen.

– 1990: Pflanzensoziologische Exkursionsflora. 6. Aufl., 1050 S., Stuttgart.

– u. Mitarb., 1967: Systematische Übersicht der westdeutschen Phanerogamen- und Gefäßkryptogamen-Gesellschaften. Schriftenr. Vegetationsk. **2**, S. 7–62, Bad Godesberg.

– u. A. Hofmann, 1967: Beitrag zur Kenntnis der Vegetation des Nordapennin. Beitr. naturk. Forsch. Südw.-Dtld. **26**, S. 83−139, Karlsruhe.
– u. Th. Müller, 1984: Zur Systematik artenreicher Buchenwälder insbesondere im praealpinen Nordsaum der Alpen. Phytocoenologia **12** (4), S. 539−562, Stuttgart, Braunschweig.

Passarge, H., 1953: Waldgesellschaften des mitteldeutschen Trockengebietes. Arch. Forstwesen **2**, S. 1−58, 182−208, 330−383 u. 532−533, Berlin.
– 1957: Waldgesellschaften des nördlichen Havellandes. Deutsche Akad. Landwirtschaftswissenschaft. Wissenschaftl. Abhandl. **26**, 139 S., Berlin.
– 1957a: Vegetationskundliche Untersuchungen in der Wiesenlandschaft des nördlichen Havellandes. Feddes Rep. Beih. **137**, S. 5−55, Berlin.
– 1959: Vegetationskundliche Untersuchungen in den Wäldern der Jungmoränenlandschaft um Dargun/ Ostmecklenburg. Archiv f. Forstwesen **8** (1), S. 1−74, Berlin.
– 1961: Zur soziologischen Gliederung der Salix cinerea-Gebüsche Norddeutschlands. Vegetatio **10**, S. 209−228, Den Haag.
– 1962: Über Pflanzengesellschaften im nordwestlichen Mecklenburg. Arch. Nat. Meckl. **8**, S. 91−113, Rostock.
– 1962a: Zur Gliederung und Systematik der Kiefernforstgesellschaften im Hagenower Land. Arch. Forstwesen **11**, 295−308, Berlin.
– 1973: Über azidophile Frangula-Gebüsche. Acta Bot. Ac. sc. Hung. **19**, S. 255−267, Budapest.
– 1979: Über montane Rhamno-Prunetea im Unterharz. Phytocoenologia **6**, S. 352−387, Stuttgart, Braunschweig.

Paucă, A., 1941: Étude phytosociologique dans les monts Codru et Muma. S.I.G.M.A. Communication **75**, S. 1−119, Montpellier.

Petermann, R., 1970: Montane Buchenwälder im westbayerischen Alpenvorland zwischen Iller und Ammersee. Diss. Bot. **8**, 227 S., Lehre.
– u. P. Seibert, 1979: Die Pflanzengesellschaften des Nationalparks Bayerischer Wald mit einer farbigen Vegetationskarte. Nationalpark Bayerischer Wald **4**, 142 S., München.

Pfadenhauer, J., 1969: Edellaubholzreiche Wälder im Jungmoränengebiet des bayerischen Alpenvorlands und in den bayerischen Alpen. Diss. Bot. **3**, 212 S., Lehre.
– 1973: Versuch einer vergleichend-ökologischen Analyse der Buchen-Tannen-Wälder des Schweizer Jura (Weissenstein und Chasseral). Veröff. Geobot. Inst. ETH, Stiftung Rübel Zürich **50**, 60 S., Zürich.
– 1975: Beziehungen zwischen Standortseinheiten, Klima, Stickstoffernährung und potentieller Wuchsleistung der Fichte im Bayerischen Flyschgebiet − dargestellt am Beispiel des Teisenbergs. Diss. Bot. **30**, 239 S., Vaduz.
– u. R. Buchwald, 1987: Anlage und Aufnahme einer geobotanischen Dauerbeobachtungsfläche im Naturschutzgebiet Echinger Lohe, Lkr. Freising. Ber. ANL **11**, S. 9−26, Laufen/Salzach.

Pfeiffer, H., 1951: Vergleichend-ökologische und soziologische Beobachtungen am montanen Birkenbruch des Chiemgaues. Phyton **3/4**, S. 242−251.

Philippi, G., 1970: Die Kiefernwälder der Schwetzinger Hardt (nordbadische Oberrheinebene). Veröff. Landesst. Natursch. Landschaftspfl. Bad.-Württ. **38**, S. 46−92, Ludwigsburg.
– 1972: Erläuterungen zur vegetationskundlichen Karte 1:25000 Blatt 6617 Schwetzingen. Landessamml. Naturk. Karlsruhe, 60 S., Stuttgart.
– 1978: Die Vegetation des Altrheingebietes bei Rußheim. In: Der Rußheimer Altrhein, eine nordbadische Auenlandschaft. Natur- u. Landschaftsschutzgeb. Bad-Württ. **10**, S. 103−267, Karlsruhe.
– 1980: Die Vegetation des Altrheins Kleiner Bodensee bei Karlsruhe. Beitr. naturk. Forsch. Südw.-Dtld. **39**, S. 71−114, Karlsruhe.
– 1982: Erlenreiche Waldgesellschaften im Kraichgau und ihre Kontaktgesellschaften. Carolina **40**, S. 15−48, Karlsruhe.
– 1983: Erläuterungen zur vegetationskundlichen Karte 1:25000 Bl. 6323 Tauberbischofsheim-West I. Landessammlg. Naturk. Karlsruhe, Landesvermessungsamt Bad.-Württ., 200 S., Stuttgart.
– 1983a: Erläuterungen zur Karte der potentiellen natürlichen Vegetation des unteren Taubergebietes. 83 S. mit Karte, Stuttgart.

17*

Pignatti, S., 1968: Die Inflation der höheren pflanzensoziologischen Einheiten. In: R. Tüxen (Hrsg.): Pflanzensoziologische Systematik. Ber. Intern. Symposium Stolzenau/Weser 1964, S. 85−88, Den Haag.

Poldini, L., 1988: Übersicht des Verbandes Ostryo-Carpinion orientalis (Quercetalia pubescentis) in SO-Europa. Phytocoenologia 16 (1), S. 125−143, Stuttgart, Braunschweig.

Preising, E., 1949: Die Wälder des Forstamtes Roding/Oberpfalz (Erläuterungen zur Vegetationskarte). Mskr., 52 S., Stolzenau/W.

Rameau, J., 1974: Essai de Synthèse sur les groupements forestiers calcicoles de la Bourgogne et du Sud de la Lorraine. Thèse, 228 S., Univ. Besançon.

− u. J. Royer, 1975: Les forêts acidophiles du Sud-Est du Bassin parisien. Coll. phytosoc. 3, 319−340, Lille.

Raus, Th., 1980: Die Vegetation Ostthessaliens (Griechenland). III. Querco-Fagetea und azonale Gehölzgesellschaften. Bot. Jahrb. Syst. 101 (3), S. 313−361, Stuttgart.

Rauschert, S., 1968: Die xerothermen Gebüschgesellschaften Mitteldeutschlands. Diss., 261 S., Halle-Wittenbg.

Rehder, H., 1970: Zur Ökologie, insbesondere Stickstoffversorgung subalpiner und alpiner Pflanzengesellschaften im Naturschutzgebiet Schachen (Wettersteingebirge). Diss. Bot. 6, 90 S., Lehre.

Reif, A., 1983: Nordbayerische Heckengesellschaften. Hoppea 41, S. 3−204, Regensburg.

− 1985: Flora und Vegetation der Hecken des Hinteren und Südlichen Bayerischen Waldes. Hoppea 44, S. 179−276, Regensburg.

Reinhold, F., 1939: Versuch einer Einteilung und Übersicht der natürlichen Fichtenwälder (Piceion excelsae) Sachsens, Tharandt. forstl. Jb. 90, S. 229−271, Berlin.

− 1944: Ergebnisse vegetationskundlicher Untersuchungen im Erzgebirge, den angrenzenden Gebieten und im nordostsächsischen Heidegebiet. Forstwiss. Centralbl. u. Tharandt. forstl. Jb. 3, S. 167−191, Berlin.

Richard, J.-L., 1961: Les forêts acidophiles du Jura. Etude phytosociologique et écologique. Beitr. z. geobot. Landesaufn. Schweiz 38, 164 S., Bern.

− 1972: La Végétation des Crêtes rocheuses du Jura. Ber. Schweiz. Bot. Ges. 82 (1), S. 68−112, Wetzikon.

− 1984: Quelques associations végétales xérophiles du Val de Binn (Haut-Valais, Suisse). Bot. Helv. 94, S. 161−176, Basel.

Rivas Martinez, S., 1964: Esquema de la vegetación potencial y su correspondencia con los suelos en la España peninsular. An. Inst. Bot. A. I. Cav. 22, S. 341−405, Madrid.

− 1982: Series de vegetación de la región Eurosiberiana de la peninsula Iberica. Lazaroa 4, S. 155−166, Madrid.

− Arnais, C., Barreno, E., y A. Crespo, 1977: Apuntes sobre las provincias corológicas de la peninsula Iberica e islas Canarias. Opuscula Botánica Pharmaciae Complutensis 1, 48 S., Madrid.

− u. J.-M. Géhu, 1978: Observations syntaxonomiques sur quelques vegetations du Valais Suisse. Doc. phytosoc. N. S. 3, S. 371−424, Lille.

Rochow, M. v., 1948: Die Vegetation des Kaiserstuhls. Diss., 255 S., Freiburg.

Rodi, D., 1956: Die Vegetations- und Standortsgliederung im Einzugsgebiet der Lein. (Kreis Schwäbisch Gmünd). Diss., 157 S., Tübingen.

− 1959/60: Die Vegetations- und Standortsgliederung im Einzugsgebiet der Lein. (Kreis Schwäbisch Gmünd). Veröff. Landesst. Natursch. Landschaftspfl. Bad.-Württ. 27/28, S. 76−167, Stuttgart/Tübingen.

− 1975: Die Vegetation des nordwestlichen Tertiär-Hügellandes (Oberbayern). Schriftenr. Vegetationsk. 8, S. 21−79, Bonn-Bad Godesberg.

Roisin, P., u. A. Thull, 1953: Aperçu de la végétation forestière de quelques bois de la région sablo-limoneuse. Bull. soc. roy. for. Belg., S. 1−58, Bruxelles.

Roser, W., 1962: Vegetations- und Standortsuntersuchungen im Weinbaugebiet der Muschelkalktäler Nordwürttembergs. Veröff. Landesst. Natursch. Landschaftspfl. Bad.-Württ. 30, S. 31−147, Ludwigsburg.

Rosskopf, G., 1971: Pflanzengesellschaften der Talmoore an der Schwarzen und Weißen Laber im Oberpfälzer Jura. Denkschr. Regensb. Bot. Ges. 28, N. F. 22, S. 3−115, Regensburg.

Rothmaler, W., 1943: Die Waldverhältnisse im Peloponnes. Intersylva **3**, S. 329−342.

Rübel, E., 1930: Pflanzengesellschaften der Erde. 464 S., Bern.

− 1932: Zusammenfassende Schlußbetrachtung zur Vortragsrunde über die Buchenwälder Europas. In E. Rübel: Die Buchenwälder Europas. Veröff. Geobot. Inst. Rübel Zürich **8**, S. 490−502, Zürich.

Rubner, K., 1954: Die Roterlengesellschaft der oberbayerischen Grundmoräne. Forstarchiv **25**, S. 137−142, Hannover.

Rückert, E., u. R. Wittig, 1984: Der Flattergras-Buchenwald im Spessart. Ber. Bayer. Bot. Ges. **55**, S. 85−93, München.

Rühl, A., 1954: Ein Beitrag zur Kenntnis der Trockenwälder und wärmeliebenden Waldgesellschaften Süddeutschlands. Festschr. f. Erwin Aichinger 1. Angewandte Pflanzensoziologie, S. 423−436, Wien.

− 1956: Über die linksrheinischen wärmeliebenden Trockenwälder. Allg. Forst- u. Jagdztg. **127**, S. 221−227, Frankfurt a. M.

− 1967: Das Hessische Bergland. Eine forstlich-vegetationsgeographische Übersicht. Forsch. dt. Landeskunde **161**, 164 S., Bad Godesberg.

Runge, F., 1975: Die Pflanzengesellschaften der unteren Altmühl und ihrer Altwässer. Hoppea **34**, S. 151−163, Regensburg.

Sauerwein, A., 1981: Geobotanische Untersuchungen im Raum des Kartenblattes Schwabach (MTB 6632). Dipl. Arb., 87 S., Erlangen.

Scamoni, A., u. H. Passarge, 1959: Gedanken zu einer natürlichen Ordnung der Waldgesellschaften. Arch. Forstwesen **8** (5), S. 386−426, Berlin.

Schlenker, G., 1940: Erläuterungen zum pflanzensoziologischen Kartenblatt Bietigheim. 80 S., Tübingen.

− 1960: Zum Problem der Einordnung klimatischer Unterschiede in das System der Waldstandorte Baden-Württembergs. Mitt. Ver. Forstl. Standortskunde u. Forstpflanzenzüchtung **9**, S. 3−15, Stuttgart.

− u. S. Müller, 1973: Erläuterungen zur Karte der Regionalen Gliederung von Baden-Württemberg. I. Teil (Wuchsgebiete Neckarland und Schwäbische Alb). Mitt. Ver. forstl. Standortsk. u. Forstpflanzenzüchtung **23**, S. 3−66, Stuttgart.

Schlüter, H., 1966: Vegetationsgliederung und -kartierung eines Quellgebietes im Thüringer Wald als Grundlage zur Beurteilung des Wasserhaushaltes. Arch. Naturschutz u. Landschaftsforsch. **6**, 3−44, Berlin.

− 1969: Das Calamagrostio villosae-Piceetum des Thüringer Waldes im Vergleich zu anderen Mittelgebirgen. Vegetatio **17**, S. 157−164, Den Haag.

Schmid, E., 1936: Die Reliktföhrenwälder der Alpen. Beitr. Geobot. Landesaufn. Schweiz **21**, 190 S., Bern.

Schmid, H., u. E. v. Gaisberg, 1936: Untersuchungen über Standort und Ertragsleistung der Fichte in württembergischen Waldgebieten. Mitt. Württ. forstl. Versuchsanst. **1**, S. 1−129, Stuttgart.

Schneider, G., 1981: Pflanzensoziologische Untersuchung der Haggesellschaften in der montanen Egarten-Landschaft zwischen Isar und Inn. Ber. ANL **5**, S. 138−155, Laufen/Salzach.

Schönfelder, P., 1978: Vegetationsverhältnisse auf Gips im südwestlichen Harzvorland. Naturschutz u. Landschaftspfl. Nieders. **8**, 110 S., Hannover.

Schrag, H., 1985: Wälder und ihre naturnahen Kontaktgesellschaften auf den bayerischen Salzachleiten. Dipl. Arb., 80 S., München.

Schubert, D., 1984: Waldgesellschaften der Salzachauen zwischen Laufen und der Mündung in den Inn. Dipl. Arb., 62 S., München.

Schubert, R., 1972: Übersicht über die Pflanzengesellschaften des südlichen Teiles der DDR, III Wälder, Teil 2. Hercynia N. F. **9** (2), S. 106−136, Leipzig.

− u. E. Mahn, 1959: Die Pflanzengesellschaften der Gemarkung Friedeburg (Saale). Wiss. Z. Univ. Halle, Math.-Nat. **8** (6), S. 965−1012, Halle.

Schuhmacher, A., 1937: Floristisch-soziologische Beobachtungen in Hochmooren des südlichen Schwarzwaldes. Beitr. naturk. Forsch. Südw.-Dtld. **2**, S. 221−283, Karlsruhe.

Schuhwerk, F., 1973: Die Vegetation des Bannwalds Wehratal im Südschwarzwald. Staatsexamensarb., 70 S., Freiburg.

Schwabe, A., 1985: Zur Soziologie Alnus incana-reicher Waldgesellschaften im Schwarzwald unter besonderer Berücksichtigung der Phänologie. Tuexenia **5**, S. 413−446, Göttingen.
− 1985 a: Monographie Alnus incana-reicher Waldgesellschaften in Europa. Variabilität und Ähnlichkeiten
einer azonal verbreiteten Gesellschaftsgruppe. Phytocoenologia **13**, S. 197−302, Stuttgart, Braunschweig.

Schwabe-Braun, A., 1979: Die Pflanzengesellschaften des Bannwaldes „Flüh" bei Schönau (Südschwarzwald). Waldschutzgebiete **1**, S. 1−69, Freiburg.
− 1980: Eine pflanzensoziologische Modelluntersuchung als Grundlage für Naturschutz und Planung
(Weidfeldvegetation im Schwarzwald). Urbs et Regio **18**, 212 S., Kassel.

Schwarz, G., 1941: Die natürlichen Pflanzengesellschaften des unteren Neckarlandes. Ein Beitrag zur
Urlandschaftsfrage. Beitr. naturk. Forsch. Oberrheingeb. **6**, S. 5−114, Karlsruhe.

Schwickerath, M., 1933: Die Vegetation des Landkreises Aachen und ihre Stellung im nördlichen Westdeutschland. Aach. Beitr. Heimatk. **13**, 135 S., Aachen.
− 1938: Wälder und Waldböden des Hohen Venns und seiner Randgebiete. Mitt. Forstwirtsch. Forstwiss.
3, S. 261−350, Hannover.
− 1938 a: Aufbau und Gliederung der Wälder und Waldböden des Hohen Venns und seiner Randgebiete
nebst Hinweisen auf das Vorkommen der gleichen Wälder und Waldböden im übrigen Rheinland. 3.
Jahresber. d. Gruppe Preußen-Rheinland d. Dtsch. Forstvereins 1937, S. 1−82, Berlin.

Sebald, O., 1966: Erläuterungen zur vegetationskundlichen Karte 1:25000 Bl. 7617 Sulz. 107 S., Stuttgart.
− 1974: Erläuterungen zur vegetationskundlichen Karte 1:25000 Bl. 6923 Sulzbach/Murr (Mainhardter
Wald). 100 S., Stuttgart.
− 1983: Erläuterungen zur vegetationskundlichen Karte 1:25000 Bl. 7919 Mühlheim a. d. Donau. 87 S.,
Stuttgart.

Seibert, P., 1955: Die Niederwaldgesellschaften des südwestfälischen Berglandes. Allg. Forst- u. Jagdztg.
126, S. 1−11, Frankfurt/M.
− 1958: Die Pflanzengesellschaften im Naturschutzgebiet „Pupplinger Au". Landschaftspfl. Vegetationsk.
1, 79 S., München.
− 1962: Die Auenvegetation nördlich der Isar und ihre Beeinflussung durch den Menschen. Landschaftspfl.
Vegetationsk. **3**, 124 S., München.
− 1967: Eine pflanzensoziologische Kartierung als Grundlage für die Planung und Gestaltung einer Parkan-
lage in Bad Reichenhall. Beitr. Landespfl. **3**, S. 90−101, Stuttgart.
− 1968: Übersichtskarte der natürlichen Vegetationsgebiete von Bayern 1:500000 mit Erläuterungen.
Schriftenr. Vegetationsk. **3**, 84 S., Bad Godesberg.
− 1968 a: Die Vegetationskarte als Hilfsmittel zur Kennzeichnung rutschgefährdeter Hänge. Ber. Internat.
Symp. „Pflanzensoziologie und Landschaftsökologie", S. 324−335, Stolzenau/W.
− 1969: Über das Aceri-Fraxinetum als vikariierende Gesellschaft des Galio-Carpinetum am Rande der
bayerischen Alpen. Vegetatio **17**, S. 165−175, Den Haag.
− 1975: Veränderungen der Auenvegetation nach Anhebung des Grundwasserspiegels in den Donauauen
bei Offingen. Beitr. naturk. Forsch. Südw.-Dtld. **34**, (Oberdorfer Festschr.), Karlsruhe.
− 1987: Der Eichen-Ulmen-Auwald (Querco-Ulmetum Issl. 24) in Süddeutschland. Natur u. Landsch. **62**,
S. 347−352, Stuttgart.
− u. W. Zielonkowski, 1972: Landschaftsplan „Pupplinger und Ascholdinger Au". − Naturschutzgebiet
„Flußbett der Isar und Isarauen bei Wolfratshausen". Schriftenr. Natursch. Landschaftspfl. **2**, 40 S.,
München.

Seiffer, B., 1984: Vergleichende Standortsaufnahmen ausgewählter Gehölze im Englischen Garten (München). Dipl. Arb., 225 S., München.

Seybold, S., Sebald, O., u. W. Winterhoff, 1975: Beiträge zur Floristik Südwestdeutschlands 4. Jb. Ges.
Naturk. Württ. **130**, S. 249−259, Stuttgart.

Siede, E., 1960: Untersuchungen über die Pflanzengesellschaften im Flyschgebiet Oberbayerns. Landschaftspfl. Vegetationsk. **2**, 59 S., München.

Siegrist, R., 1913: Die Auenwälder der Aare mit besonderer Berücksichtigung ihres genetischen Zusammenhangs mit anderen flußbegleitenden Pflanzengesellschaften. Jb. aargauisch. naturforsch. Ges. 1913, 1825, Aarau.

– u. H. Gessner, 1925: Über die Auen des Tessinflusses. Studie über die Zusammenhänge der Bodenbildung und der Sukzession der Pflanzengesellschaften. Veröff. Geobot. Inst. Rübel Zürich **3**, S. 127–169, Zürich.

Sillinger, P., 1933: Monografická studie o vegetaci Nízkych Tater. Praha.

Simmerding, E., 1980: Der Lärchen-Zirbenwald und die Strauchformationen auf der Reiteralm (Alpennationalpark Berchtesgaden). Dipl. Arb., 59 S., München.

Sissingh, G., 1975: Forêts caducifoliées acidophiles dans les Pays Bas. Coll. phytosoc. **3**, S. 363–373, Lille.

Sleumer, H., 1933: Die Pflanzenwelt des Kaiserstuhls. In: Der Kaiserstuhl. Herausgegeben bad. Landesver. Naturk. Freiburg, S. 158–268, Freiburg i. Br.

Soó, R., 1927: Geobotanische Monographie von Kolozsvár. Debreceni Honismertetö Bizottság Kiadványad **15/16**, 152 S., Debrecen.

1928: Adatok a Balatonvidék flórájának és vegetációjának ismeretéhez (Beiträge zur Kenntnis der Flora und Vegetation der Balatongebietes I). Magy. Biol. Int. Munkái **2**, S. 132–136.

– 1951: Les associations végétales de la moyenne Transsylvanie. Ann. Hist. Nat. Mus. Nat. Hung. **1**, S. 1–71, Budapest.

– 1955: La végétation de Bátorliget. Acta Bot. Ac. sc. Hung. **1**, S. 301–334, Budapest.

– 1962: Systematische Übersicht der pannonischen Pflanzengesellschaften V. Die Gebirgswälder I. Acta Bot. Acad. Sci. Hung. **8** (3–4), S. 335–366, Budapest.

– 1971: Aufzählung der Assoziationen der ungarischen Vegetation nach den neueren zönosystematisch-nomenklatorischen Ergebnissen. Acta. Bot. Ac. sc. Hung. **17**, S. 127–179, Budapest.

Sougnez, N., 1975: Les Chênaies silicoles de Belgique Coll. phytosoc. **3**, S. 183–224, Lille.

– et A. Thill, 1959: Carte de la végétation de la Belgique (I. R. S. I. A.), planchette du Grupont 195 W. Texte explicatif. 82 S., Bruxelles.

Ssymank, A., 1985: Gibt es eine Koinzidenz von Waldgesellschaften und geologischem Substrat in der Emmendinger Vorbergzone? Wälder und ihre Randstrukturen im Buntsandsteingebiet der Emmendinger Vorberge. Dipl. Arb., 92 S., Freiburg.

Stamm, E., 1938: Die Eichen-Hainbuchenwälder der Nordschweiz. Beitr. geobot. Landesaufn. Schweiz **22**, 163 S., Bern.

Stangl, K., 1985: Die Waldgesellschaften der Alzauen. Dipl. Arb., 58 S., München.

Stöcker, G., 1965: Vorarbeit zu einer Vegetationsmonographie des Naturschutzgebietes Bodetal. II. Waldgesellschaften. Wiss. Z. Univ. Halle, Math.-Naturwiss. Reihe **14** (6), S. 505–561, Halle.

– 1967: Der Karpatenbirken-Fichtenwald des Hochharzes. Eine vegetationskundlich-ökologische Studie. Pflanzensoziologie **15**, 123 S., Jena.

Stoffler, H.-D., 1975: Zur Kenntnis der Tannen-Mischwälder auf Tonböden zwischen Wutach und Eyach (Pyrolo-Abietetum Oberd. 157). Beitr. naturk. Forsch. Südw. Dtld. **34**, S. 357–370, Karlsruhe.

Storch, M., 1978: Sind die Waldgesellschaften der nördlichen Kalkalpen pflanzensoziologisch kartierbar? Dipl. Arb., 85 S., München.

– 1983: Zur floristischen Struktur der Pflanzengesellschaften in der Waldstufe des Nationalparks Berchtesgaden und ihre Abhängigkeit vom Standort und der Einwirkung des Menschen. Diss., 407 S., München.

Streitz, H., 1967: Bestockungswandel in Laubwaldgesellschaften des Rhein-Main-Tieflandes und der hessischen Rheinebene. Diss. Göttingen, 304 S., Hann. Münden.

– 1968: Verbreitung, Standortsansprüche und soziologisches Verhalten der Wimpersegge (Carex pilosa Scop.) in Oberhessen. Hess. Florist. Briefe **17**, S. 11–18, Darmstadt.

Strobl, W., 1986: Die Waldgesellschaften der Flysch- und Moränenzone des Salzburger Alpenrandes. Mitt. Ges. Salzburger Landeskunde **126**, S. 597–665, Salzburg.

Sutter, R., 1978: Systematische Übersicht der Pflanzengesellschaften Graubündens nach Braun-Blanquet. Comm. **24** S.I.G.M.A., 20 S., Bern.

Theurillat, J.-P., et C. Béguin, 1985: Les groupements végétaux du canton de Neuchâtel (Jura, Suisse). Saussurea **16**, S. 67−93, Genève.

Thiele, K., 1978: Vegetationskundliche und pflanzenökologische Untersuchungen im Wimbachgries. Bayer. Landesamt Umweltschutz, 73 S., München.

Trautmann, W., 1952: Pflanzensoziologische Untersuchungen der Fichtenwälder des Bayerischen Waldes. Forstwiss. Centralbl. **71** (9/10), S. 289−313, Berlin.

Türk, W., 1987: Waldgesellschaften im Schweinfurter Becken. 106 S., Dipl.-Arb. Univ. Würzburg.

Tüxen, R., 1929: Über einige nordwestdeutsche Waldassoziationen von regionaler Verbreitung. Jb. Geograph. Ges. Hannover 1929, S. 55−116, Hannover.

− 1931: Pflanzensoziologische Beobachtungen im Feldbergmassiv. Pflanzensoziol.-Pflanzengeogr. Studien in Südwestdeutschland. Beitr. Naturdenkmalpfl. **14**, S. 252−274, Neudamm.

− 1937: Die Pflanzengesellschaften Nordwestdeutschlands. Mitt. flor.-soz. Arb.gem. Niedersachsen **3**, S. 1−170, Hannover.

− 1950: Neue Methoden der Wald- und Forstkartierung (Vortrag). In: Tüxen, R.: Bericht über die Pflanzensoziologen-Tagung vom 28.−30. April 1950 in Stolzenau. Mitt. flor.-soz. Arb.gem. N.F. **2**, S. 217−219, Stolzenau/W.

− 1952: Hecken und Gebüsche. Mitt. Geogr. Ges. Hamburg **50**, S. 85−117, Hamburg.

− 1954: Über die räumliche, durch Relief und Gestein bedingte Ordnung der natürlichen Waldgesellschaften am nördlichen Rande des Harzes. Vegetatio **5/6**, S. 454−478, Den Haag.

− 1955: Das System der nordwestdeutschen Pflanzengesellschaften. Mitt. flor.-soz. Arb.gem. N.F. **5**, S. 155−176, Stolzenau/W.

− 1957: Der Geißbart-Schwarzerlenwald (Arunco-Alnetum glutinosae) (Kästner 1938). Mitt. flor-soz. Arb. gem. N.F. **6/7**, S. 258−263, Stolzenau/W.

− 1960: Zur Systematik der west- und mitteleuropäischen Buchenwälder. Bull. Inst. agron. et Stat. rech. de Gembloux, II, S. 45−58, Gembloux.

− 1975: Le Betulo-Quercetum de l'Allemagne du Nord-Ouest − est-il une veritable association ou non? Colloques phytosociologique **3**, S. 311−317, Vaduz.

− 1976: Alnetea glutinosae. Bibliogr. phytosociol. Syntax., Lfg. **26**, 149 S., Vaduz.

− 1979: Anmerkung zur systematischen Zuordnung der bodensauren Buchenwald-Gesellschaften des nordwestdeutschen Altmoränengebiets. In: O. Wilmanns u. R. Tüxen (Hrsg.): Werden und Vergehen von Pflanzengesellschaften. Ber. Internat. Sympos. IVV, Rinteln 1978, S. 363−365, Vaduz.

− u. W. H. Diemont, 1936: Weitere Beiträge zum Klimaxproblem des nordwesteuropäischen Festlands. Mitt. Nat. Ver. Osnabrück **23**, Osnabrück.

− u. E. Oberdorfer, 1958: Die Pflanzenwelt Spaniens. II. Teil: Veröff. Geobot. Inst. Rübel Zürich **32**, 328 S., Zürich.

Ullmann, I., 1977: Die Vegetation des südlichen Maindreiecks. Hoppea **36**, S. 5−190, Regensburg.

− u. J. Först, 1980: Pflanzengesellschaften des NSG „Gangolfsberg" (Südliche Rhön) und seiner Randgebiete. Mitt. flor.-soz. Arb.gem. N.F. **22**, S. 87−110, Göttingen.

− 1982: Die Vegetation des NSG Lösershag und des Zintersbach-Tales (Bayerische Rhön). Tuexenia **2**, S. 115−134, Göttingen.

− u. K. Rößner, 1983: Zur Wertung gestörter Flächen bei der Planung von Naturschutzgebieten. − Beispiel Spitalwald bei Bad Königshofen im Grabfeld. Ber. ANL **7**, S. 131−140, Laufen/Salzach.

Usinger, H., 1963: Vegetationskundliche Notizen aus dem DIN-Lager in der Schwäbischen Alb (2.−12. 8. 1962). Deutsch. Jugendbl. Naturbeobachtung Jb. 1962/63, S. 3−18, Hamburg.

Volk, O. H., 1937: Über einige Trockenrasengesellschaften des Würzburger Wellenkalkgebietes. Beih. Bot. Centralbl. 57. Abt. B, S. 577−598. Dresden.

Vollrath, H., 1965: Das Vegetationsgefüge der Itzaue als Ausdruck hydrologischen und sedimentologischen Geschehens. Landschaftspfl. Vegetationsk. **4**, 128 S., München.

Voss, Chr., 1979: Pflanzensoziologische und ökologische Studien in den Lindenmischwäldern des Lembergs/Pfalz. Staatsexamensarb. Univ. Mainz, 114 S., Mainz.

Walter, H. u. E., 1953: Das Gesetz der relativen Standortskonstanz, das Wesen der Pflanzengesellschaften. Ber. Dtsch. Botan. Ges. **66**, S. 227−235, Stuttgart.

Weber, H. E., 1967: Über die Vegetation der Knicks in Schleswig-Holstein. Mitt. Arb.gem. Floristik Schleswig-Holstein Hamburg **15** (1/2), S. 1–196, Tab. 1–43, Kiel.

– 1974: Eine neue Gebüschgesellschaft in Nordwestdeutschland und Gedanken zur Neugliederung der Rhamno-Prunetea. Osnabrücker Naturwiss. Mitt. **13**, S. 143–150, Osnabrück.

– 1981: Kritische Gattungen als Problem für die Syntaxonomie der Rhamno-Prunetea in Mitteleuropa. In: H. Dierschke (Red.), Syntaxonomie, Ber. Intern. Sympos. IVV 1980, S. 477–496, Vaduz.

– 1990: Übersicht über die Brombeergebüsche der Pteridio-Rubetalia (Franguletea) und Prunetalia (Rhamno-Prunetea) in Westdeutschland mit grundsätzlichen Bemerkungen zur Bedeutung der Vegetationsstruktur. Ber. Rheinh.-Tüxen-Ges. **2**, S. 91–119, Hannover.

Welß, W., 1985: Waldgesellschaften im nördlichen Steigerwald. Diss. Bot. **83**, 174 S., Vaduz.

Wendelberger, G., 1954: Steppen, Trockenrasen und Wälder des pannonischen Raumes. Angewandte Pflanzensoziologie, Festschr. Erwin Aichinger **1**, S. 573–634, Wien.

Wendelberger-Zelinka, E., 1952: Die Vegetation der Donauauen bei Wallsee. 196 S., Wels.

Wilmanns, O., 1956: Pflanzengesellschaften und Standorte des Naturschutzgebietes „Grenthau" und seiner Umgebung (Reutlinger Alb). Veröff. Landesst. Natursch. Landschaftspfl. Bad.-Württ. **24**, S. 317–451, Ludwigsburg.

– 1962: Rindenbewohnende Epiphytengemeinschaften in Südwestdeutschland. Beitr. naturk. Forsch. Südw.-Dtld. **21**, S. 87–164, Karlsruhe.

– 1973/1989: Ökologische Pflanzensoziologie. 288 S. bzw. 378 S., Heidelberg.

– 1980: Rosa arvensis-Gesellschaften. Mitt. flor.-soz. Arb.gem. N.F. **22**, S. 125–134, Göttingen.

– u. A. Bogenrieder, 1986: Veränderungen der Buchenwälder des Kaiserstuhls im Laufe von vier Jahrzehnten und ihre Interpretation – pflanzensoziologische Tabellen als Dokumente. Abh. Westfäl. Mus. Naturk. **48** (2/3), S. 55–79, Münster.

– Schwabe-Braun, A., u. M. Enter, 1979: Struktur und Dynamik der Pflanzengesellschaften im Reutwaldgebiet des Mittleren Schwarzwaldes. Doc. phytosoc. **4**, S. 983–1024, Lille.

Winteler, R., 1927: Studien über Soziologie und Verbreitung der Wälder, Sträucher und Zwergsträucher des Sernftales. Vierteljahresschr. d. Naturf. Ges. Zürich **72**, S. 1–185, Zürich.

Winterhoff, W., 1963: Vegetationskundliche Untersuchungen im Göttinger Wald. Nachr. Akad. Wiss. Göttingen II. Math.-Phys. Kl. **2**, 79 S., Göttingen.

– 1965: Die Vegetation der Muschelkalkfelshänge im hessischen Werrabergland. Veröff. Landesst. Natursch. u. Landschaftspfl. Bad.-Württemberg **33**, S. 146–197. Ludwigsburg.

– 1975: Vegetations- und Florenentwicklung auf dem Bergsturz am Schickeberg. Hess. Flor. Briefe **24** (3), S. 35–44, Darmstadt.

Witschel, M., 1979: Xerothermvegetation und dealpine Vegetationskomplexe in Südbaden – Vegetationskundliche Untersuchungen und die Entwicklung eines Wertungsmodells für den Naturschutz. Diss. Univ. Freiburg i. Br., 193 S., Freiburg i. Br.

Wittig, R., 1976: Die Gebüsch- und Saumgesellschaften der Westfälischen Bucht. Abh. Landesmus. Naturk. Münster Westf. **38** (3), S. 1–78, Münster.

Zahlheimer, W. A., 1979: Vegetationsstudien in den Donauauen zwischen Regensburg und Straubing als Grundlage für den Naturschutz. Hoppea **38**, S. 3–398, Regensburg.

Zeidler, H., 1953: Waldgesellschaften des Frankenwaldes. Mitt. flor.-soz. Arb.gem. N.F. **4**, S. 88–109, Stolzenau/W.

– u. R. Straub, 1967: Waldgesellschaften mit Kiefer in der heutigen potentiellen natürlichen Vegetation des mittleren Maingebietes. Mitt. flor.-soz. Arb.gem. N.F. **11/12**, S. 88–126, Todenmann/Rinteln.

Zielonkowski, W., 1975: Vegetationskundliche Untersuchungen im Rotwandgebiet zum Problemkreis Erhaltung der Almen. Schriftenr. Natursch. Landschaftspfl. **5**, 28 S., München.

Zimmermann, R., 1982: Waldgesellschaften auf der Forchheimer Langen Meile. Dipl.-Arb., 113 S., Erlangen.

Zintl, F., 1987: Floristische und vegetationskundliche Untersuchungen am Schutzfelsen und im NSG Max-Schultze-Steig bei Regensburg als Grundlage für den Naturschutz. Hoppea, Denkschr. Regensb. Bot. Ges. **45**, S. 345–411, Regensburg.

270   Schriftenverzeichnis

Zoller, H., Geissler, P., u. N. Athanasiadis, 1977: Beiträge zur Kenntnis der Wälder, Moos- und Flechtenassoziationen in den Gebirgen Nordgriechenlands. Bauhinia **6** (1), S. 215−255, Basel.

Zolyomi, B., 1931: Vegetationsstudien an den Sphagnummooren um das Bükkgebirge. Mitt. Bot. Közlem. **28**, S. 89−121, Budapest.

− 1934: Die Pflanzengesellschaften des Hánsag. Folia Sabariensia **1**, Szombathely, S. 146−174.

− 1936: A Pannoniai flortartomány és az északnyugatnak határos területek sziklanövényzetének áttekintése. Ann. Hist. Nat. Mus. Nat. Hung. **30**, S. 136−174, Budapest.

− 1957: Der Tatarenahorn-Eichen-Lößwald der zonalen Waldsteppe (Acereto tatarici-Quercetum). Acta Bot. Hung. **3**, S. 401−424, Budapest.

− 1958: Budapest és környékének természetes növénytakorója. In: Budapest természeti képe, S. 511−642, Budapest.

− 1967: Guide der Exkursionen des internat. Geobot. Sympos. Ungarn. Eger-Vácrátót 5.−10. Juni 1967, 88 S., Vácrátót.

− u. P. Jakucs, 1957: Neue Einteilung der Assoziationen der Quercetalia pubescentis-petraeae Ordnung im pannonischen Eichenwaldgebiet. Ann. Hist. Nat. Mus. Nat. Hung. **8**, S. 227−229, Budapest.

Zöttl, H., 1951: Die Vegetationsentwicklung auf Felsschutt in der alpinen und subalpinen Stufe des Wettersteingebirges. Jb. Ver. Schutz Alpenpfl. u. -tiere **16**, S. 10−74, München.

− 1952: Zur Verbreitung des Schneeheide-Kiefernwaldes im bayerischen Alpenvorland. Ber. Bayer. Bot. Ges. **29**, S. 92−95, München.

Zukrigl, K., 1973: Montane und subalpine Waldgesellschaften am Alpenostrand. Mitt. Forstl. Bundesversuchsanstalt Wien **101**, 422 S., Wien.

Berichtigungen und Ergänzungen zu

Oberdorfer,
„Süddeutsche Pflanzengesellschaften", 2. Aufl.

Teil I, 3. Aufl.

S. 68/69, Tabelle 15: In der Reihe „Zahl der Aufnahmen" muß es in der Spalte 7 statt 25 richtig 31 heißen. In der Reihe „Lemna trisulca" ist in den Spalten 8 Ba und 8 Ca jeweils 100 zu streichen und dafür in den Spalten 8 Bb und 8 Cb jeweils 100 einzusetzen.

S. 74: Bei 4. Ass.: Riccietum rhenanae Knapp et Stoffers 65 muß es richtig Knapp et Stoffers 62 heißen.

S. 97: Das Ranunculo-Siëtum erecto-submersi Th. Müll. 62 wird folgerichtiger als Subassoziation dem Ranunculetum fluitantis All. 22 untergeordnet.

S. 165: Die Sparganio-Glycerion-Gesellschaften müssen durch das Veronico beccabungae-Siëtum erecti (Phil. 73) Passarge 82 ergänzt werden.

S. 242: Die subalpinen Formen des Parnassio-Caricetum werden − zumal die Assoziationskennart *Carex pulicaris* ausfällt − besser im Rang territorialer Assoziationen belassen: für Schwarzwald-Vogesen-Allgäu das Bartsio-Caricetum Bartsch 40, für den Bayerischen Wald auch das Willemetio-Caricetum fuscae Phil. 63.

S. 261: Der Caricion davallianae-Verband ist durch das Campylio-Caricetum dioicae Osv. 25 zu ergänzen, das W. Braun 1968 als Caricetum dioicae für das oberbayerische Alpenvorland beschrieben hat.

S. 268: Das Caricetum frigidae Rüb. 12 sollte floristisch-soziologisch zwangloser dem Caricion davallianae-Verband zugeordnet werden.

S. 289: Das an dieser Stelle dargestellte Pino mugo-Sphagnetum Kästn. et Flößn. 33 ist soziologisch ein Komplex und in das Vaccinio uliginosi-Pinetum rotundatae Oberd. 34 em. (Dicrano-Pinion) und ein Sphagnetum magellanici pinetosum rotundatae (Sphagnion magellanici) aufzugliedern.

Teil II

S. 214: Es muß an Stelle von Nardetum alpigenum Br.-Bl. 49 korrekt Geo montani-Nardetum Lüdi 48 heißen.

S. 325: Das Sambucetum nigrae sollte nicht als Assoziation, sondern nur als „Atropa-Sambucus nigra-Ges." geführt werden.

Teil III

S. 120: Dem Bidention-Verband ist als weitere Assoziation das Polygonetum minori-hydropiperis Phil. 84 anzufügen. Sie ist durch einen Schwerpunkt von *Polygonum minus* und das Fehlen oder Zurücktreten von *Bidens tripartita* u. a. *Bidens*-Arten gekennzeichnet.

S. 336: Das Dactylo-Festucetum arundinaceae Tx. 50 muß dem von nordeuropäischen Küsten beschriebenen Potentillo-Festucetum arundinaceae Nordh. 40 untergeordnet werden; es ist davon nur durch Differentialarten unterschieden und kann nicht den Rang einer eigenen Gebietsassoziation beanspruchen (vgl. Moor 1985).

S. 372: Das Senecioni-Brometum-racemosi auct. ist im Sinne von Bergmeier et al. (1984) und Verbücheln (1987) als Senecietum aquatici Seibert in Oberdorfer et al. 67 beizubehalten. Als im wesentlichen nordwestdeutsche Gesellschaft, die in Süddeutschland ausklingt, wurde sie 1983 nicht genannt. Sie ist inzwischen für den Ausgang einiger Schwarzwaldtäler (A. Schwabe 1987) und auch für Oberfranken (Hauser 1988) nachgewiesen worden. Im Gegensatz zu dem sonst in Süddeutschland vorherrschenden und wechselfeucht stehenden Sanguisorbo-Silaëtum handelt es sich hierbei um eine stets, auch sommerlich, durchfeuchtete Gesellschaft basenarmer Standorte von subatlantischem Charakter. Da der Name aber auch für das Juncetum filiformis verwendet wurde (Lenski 1953; Meisel 1969), empfiehlt sich eine Umbenennung der Assoziation in Senecionetum aquatici Seibert in Oberd. et al. 67 em. (Senecioni-Brometum auct.).

S. 422: Das subkontinentale, für nordostdeutsche Talauen beschriebene Galio molluginis-Alopecuretum pratensis Hundt 58 strahlt kleinflächig auch auf im Frühjahr zeitweilig überschwemmte Auen-Standorte Süddeutschlands ein. Besonders schön ausgeprägt ist es von Philippi (1983) aus dem Main-Tauber-Gebiet mit einer instruktiven Tabelle veröffentlicht worden. Bei fehlender *Arrhenatherum elatius* dominiert *Alopecurus pratensis.* Dazu treten *Galium mollugo, Geranium pratense, Ranunculus repens,* aber nur wenig *Crepis biennis* usw.

Nachtrag zum Schriftenverzeichnis von Teil I und III

Bergmeier, E., B. Nowaku u. Chr. Wedra, 1984: *Silaum silaus-* und *Senecio aquaticus-*Wiesen in Hessen. Tuexenia **4**, S. 163–179, Göttingen.

Hauser, K., 1988: Pflanzengesellschaften der mehrschürigen Wiesen (Molinio-Arrhenatheretea) Nordbayerns. Diss. Bot. **128**, 156 S., Berlin-Stuttgart.

Lenski, H., 1953: Gründlanduntersuchungen im mittleren Oste-Tal. Mittl. Flor.-soziol. Arb.gem. N. F. **4**, S. 26–58, Stolzenau/Weser.

Moor, M., 1985: Das Potentillo-Festucetum arundinaceae, eine Teppichgesellschaft. Tuexenia **5**, S. 233–236, Göttingen.

Passarge, H., 1982: Hydrophyten-Vegetationsaufnahmen. Tuexenia **2**, S. 13–21, Göttingen.

Philippi, G., 1983: Erläuterungen zur vegetationskundlichen Karte 1:25000, 6323 Tauberbischofsheim-West. 200 S., Stuttgart.

– 1984: Bidentetea-Gesellschaften aus dem südlichen und mittleren Oberrheingebiet. Tuexenia **4**, S. 49–79, Göttingen.

Schwabe, A., 1987: Fluß- und bachbegleitende Pflanzengesellschaften und Vegetationskomplexe im Schwarzwald. Diss. Bot. **102**, 368 S., Berlin-Stuttgart.

Verbücheln, G., 1987: Die Mähwiesen und Flutrasen der Westfälischen Bucht und des Nordsauerlandes. Abh. Westf. Museum Naturk. **49**, S. 1–88, Münster.

Register der Vegetationseinheiten

Die Seitenzahlen beziehen sich auf den Textband, die Tabellen-Nummern auf den Tabellenband

Süddeutsche Pflanzengesellschaften

In vier Teilen

Herausgegeben von Prof. Dr. E. OBERDORFER, Freiburg/Br.

Teil 1: Fels- und Mauergesellschaften, alpine Fluren, Wasser-, Verlandungs- und Moorgesellschaften

Bearbeitet von 8 Fachwisssenschaftlern.
3. Auflage 1992. 314 Seiten, 6 Abbildungen, 75 Tabellen,
kt. DM 68,-
ISBN 3-334-60416-0

Teil 2: Sand- und Trockenrasen, Heide- und Borstgras-Gesellschaften, alpine Magerrasen, Saum-Gesellschaften, Schlag- und Hochstauden-Fluren

Bearbeitet von D. KORNECK, Bonn-Bad Godesberg,
T. MÜLLER, Nürtingen, E. OBERDORFER, Freiburg/Br.
2. stark bearbeitete Auflage. 1978. 355 Seiten, 7 Abbildungen,
62 Tabellen, kt. DM 72,-
ISBN 3-437-30282-5

Teil 3: Wirtschaftswiesen und Unkrautgesellschaften

Bearbeitet von T. MÜLLER, Nürtingen, und E. OBERDORFER, Freiburg/Br.
2., stark bearbeitete Auflage. 1983. 455 Seiten, 7 Abbildungen,
110 Tabellen, kt. DM 84,-
ISBN 3-437-30386-4

Interessenten:
Geobotaniker, Phytogeographen, Land- und Forstwirte,
Vegetationskundler, Hydrobiologen, Landschaftsarchitekten, Natur- und
Umweltschützer

Preisänderungen vorbehalten.

GUSTAV FISCHER
SEMPER BONIS ARTIBUS